# 데이터분석과
# 인공지능의 첫걸음

## 오렌지3로 쉽게 시작하기

# 데이터분석과 인공지능의 첫걸음

## 오렌지3로 쉽게 시작하기

**인　쇄**: 2025년 2월 17일 초판 1쇄
**발　행**: 2025년 2월 28일 초판 1쇄

**저　자**: 정은미 · 오종수 · 김소영 · 박희정 · 박주건 · 김경민
**발행인**: 송 준
**발행처**: 도서출판 홍릉
**주　소**: 01093 서울시 강북구 인수봉로 50길 10
**등　록**: 1976년 10월 21일 제5-66호

**전　화**: 02-999-2274~5, 903-7037
**팩　스**: 02-905-6729
**e-mail**: hongpub@hongpub.co.kr
http://www.hongpub.co.kr
**ISBN**: 979-11-5600-268-0(93000)

**정　가**: 29,000원

# 데이터분석과 인공지능의 첫걸음

## 오렌지3로 쉽게 시작하기

정은미, 오종수, 김소영, 박희정, 박주건, 김경민 공저

도서출판 홍릉

## 저자소개

### 정은미 공학박사

현) 국립안동대학교 SW융합교육원 교수
현) 안동시 정보화위원회 위원(2023.03~현재)
현) 안동미래교육지구 운영위원회 위원(2024)
전) 인공지능(AI)교육 선도학교 운영 평가위원 위원장(2022)
전) 부산대학교 정보컴퓨터공학과 강의전담교수
전) 경북대학교, 부산대학교, 국립안동대학교 강사
전) 안동제일컴퓨터학원 원장
전) 안동멀티컴퓨터학원 원장

**주요저서**
한번에 끝내는 빅데이터분석 및 인공지능 기초/ 도서출판 홍릉
데이터 분석 맛보기/ 도서출판 청람

### 오종수

경북대학교 전자공학과 박사수료
국립안동대학교 교양교육원 강사
국립창원대학교 전기전자제어공학부 강사
관심분야 : 병렬 컴퓨팅, 딥러닝, CAD

### 김소영

전) 안동카톨릭상지대학교 스마트 IOT융합과 강사
현) 경북전문대학교 소방안전관리과 겸임교수
현) 안동대학교 교양교육원 강사

### 박희정

안동대학교 컴퓨터공학과(공학사)
안동대학교 컴퓨터교육과(교육학석사)
안동대학교 창의소프트웨어학과(공학박사)
현) 안동대학교 강사

### 박주건

계명대학교 컴퓨터 공학 박사
현) 국립경국대학교 교양교육원 강사
현) ㈜코드브루 대표이사
경력 및 주요 성과 : 네트워크 및 스마트 팩토리 시스템 관련 연구와 산업 프로젝트를 진행

### 김경민

현) 부산대학교 소프트웨어융합교육원 초빙교수
전) 부산대학교 소프트웨어교육센터 강의전담교수
전) 부산대학교 교양교육원 강사
전) 신라대학교 컴퓨터교육과 조교수
전) 신라대학교 컴퓨터공학과 초빙전임강사
전) 한국해양대학교 정보전산원 연구교수

데이터분석과 인공지능의 첫걸음
오렌지3로 쉽게 시작하기

# PREFACE

인공지능(AI)은 오늘날 우리가 살아가는 방식을 급격히 변화시키고 있습니다. 비즈니스, 의료, 교육, 제조, 엔터테인먼트 등 다양한 분야에서 AI 기술의 응용은 더 이상 미래의 이야기가 아닌, 현재 우리의 삶에 깊숙이 스며든 현실입니다. 이러한 변화 속에서 AI와 데이터 분석에 대한 기본 이해는 비전공자들에게도 필수적인 역량으로 자리 잡고 있습니다.

이 책, "데이터 분석과 인공지능의 첫걸음: 오렌지3로 쉽게 시작하기"는 SW 비전공자를 대상으로 AI와 데이터 분석의 기본 개념부터 실질적인 활용 방법까지 쉽게 접근할 수 있도록 구성된 교재입니다. 특히, 프로그래밍 지식이 없는 독자도 오렌지3(Orange3)라는 직관적이고 사용하기 쉬운 오픈소스 도구를 통해 실습하며 데이터를 분석하고 AI모델을 학습시킬 수 있습니다.

### 책의 구성과 특징

이 책은 대학 한 학기 커리큘럼에 맞춰 설계되었으며, 이론보다는 실습 위주의 학습을 강조합니다. 크게 다섯 부분으로 구성되어 있습니다.

**Part Ⅰ**에서는 인공지능의 기초 개념과 발전 과정, 그리고 오렌지3의 설치 및 기본 사용법을 다룹니다.
**Part Ⅱ**에서는 데이터 분석의 핵심 단계를 심도 있게 설명하며, 데이터 수집, 전처리, 시각화, 그리고 탐색적 데이터 분석(EDA)의 기법을 실습을 통해 학습합니다.
**Part Ⅲ**에서는 머신러닝의 주요 개념과 지도학습(회귀와 분류) 및 비지도학습(군집)의 알고리즘을 소개하며, 실생활 데이터를 활용한 모델링과 예측 실습을 진행합니다.
**Part Ⅳ**에서는 딥러닝의 기본 원리를 배우고, 이미지 처리와 자연어 처리 같은 주요 응용 사례를 통해 딥러닝 모델을 학습시키고 활용하는 방법을 다룹니다.
**Part Ⅴ**에서는 실전 프로젝트를 통해 앞서 학습한 내용을 종합적으로 활용할 수 있도록 구성되어 있습니다. 데이터 분석과 AI 기술을 실제 문제 해결에 적용하며 배운 내용을 정리하고 확장하는 기회를 제공합니다.

이 책의 목표는 SW 비전공자가 인공지능과 데이터 분석의 기본 개념을 이해하고, 실습을 통해 데이터를 다루는 감각을 익히며, AI 모델을 활용해 문제를 해결할 수 있는 능력을 기르는 것입니다. 복잡한 수식이나 프로그래밍 없이, 오렌지3의 강력한 시각적 도구를 통해 독자들은 데이터를 탐구하고 AI의 실제 활용 가능성을 체감할 수 있습니다. 또한, 마지막 실전 프로젝트를 통해 배운 지식을 체계적으로 정리하고 응용하는 능력을 키울 수 있습니다.

이 책이 대학에서 한 학기 동안 AI와 데이터 분석을 처음 접하는 학습자들에게 유용한 안내서가 되기를 바랍니다. 첫걸음을 함께하며, 여러분의 성장을 응원합니다.

감사합니다.

저자 일동

데이터분석과 인공지능의 첫걸음
오렌지3로 쉽게 시작하기

# CONTENTS

## PART Ⅰ 오렌지3와 인공지능

## PART III 머신러닝의 이해

## PART Ⅳ 딥러닝의 이해

PART

# I

# 오렌지3와 인공지능

# 01장 인공지능 기초

**학습 목표**

- 인공지능이 무엇인지 설명할 수 있다.
- 인공지능의 발전 과정을 대략 설명할 수 있다.
- 인공지능 서비스를 체험하고 응용 방안을 모색할 수 있다.

## 1 인공지능 소개

### 1.1 인간의 지능을 뒤쫓는 인공지능

인간 뇌의 비밀을 풀기 위한 탐구는 오래전부터 계속되었습니다. 학문의 다각적인 발전에 따라 인간처럼 인식하고 사고하고 계산하고 판단할 수 있는 컴퓨터를 통한 인공지능(artificial intelligence, AI)의 구현은 컴퓨터 분야의 중심이 되었습니다. 패턴인식, 의사결정 등에서 인간의 뇌를 모방한 인공 신경망(neural network, NN 또는 artificial neural network, ANN)에 관한 연구가 가속되고 있으며, 최근 동영상 생성 인공지능인 오픈AI의 소라 모델은 복잡하고 어려운 물리법칙까지 이해한 결과물을 내어놓고 있어 세계를 충격에 빠트리고 있습니다.

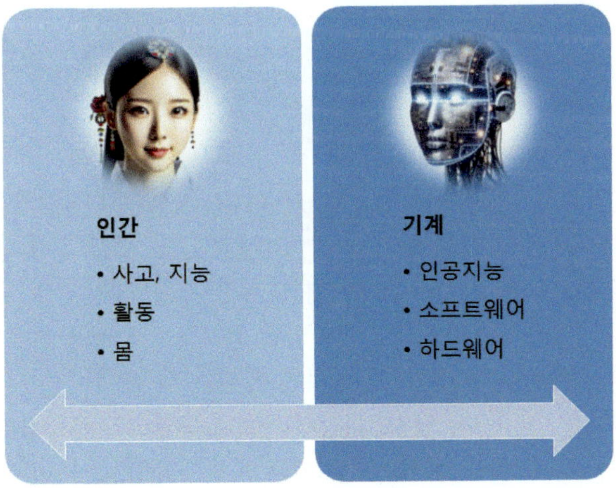


[그림 1-1] 인간과 기계

인공지능이란 컴퓨터가 주어진 상황을 인식하고 학습하고 추론하여 최적의 판단을 끌어낼 수 있도록 하는 방법과 소프트웨어를 연구하고 개발하는 분야를 이릅니다. 인공지능은 인간의 지능과 유사한 능력을 발휘하도록 만들어진 소프트웨어를 결과물로 내어놓습니다.

1955년 존 매카시(John McCarthy) 등은 학습의 모든 측면이나 지능의 다양한 특징은 원칙적으로 매우 정확하게 설명될 수 있으므로 인간의 행동을 시뮬레이션하기 위한 기계를 만들 수 있음을 가정하였고 이듬해 다트머스 회의에서 인공지능이라는 용어를 처음으로 사용하였습니다. 1991년 일레인 리치(Elaine Rich) 등은 인공지능을 현재 시점에서 인간이 더 잘하는 일들을 컴퓨터가 하게 만드는 학문이라고 봤습니다. 1998년 닐스 닐슨(Nils J. Nilsson)은 인공물의 지능적인 행동을 중요하게 보았습니다.

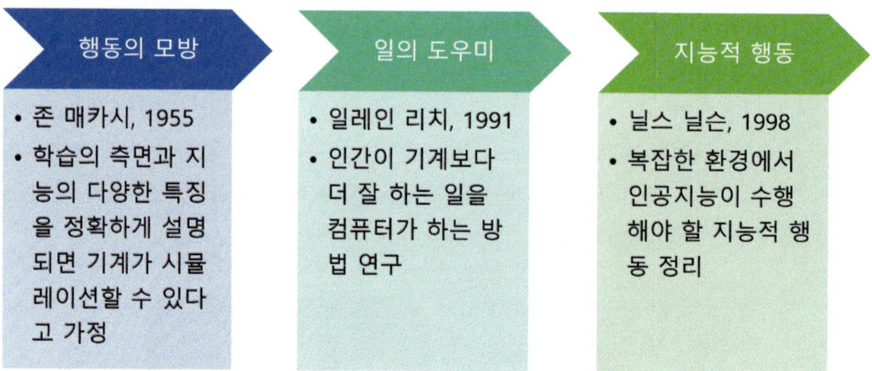


[그림 1-2] 인공지능의 다양한 정의

인공지능의 정의는 학자마다 다양하지만, 사전적으로 인간의 지능이 가지는 학습, 추리, 적응, 논증 따위의 기능을 갖춘 컴퓨터 시스템으로서, 전문가 시스템, 자연어의 이해, 음성 번역, 로봇공학, 인공 시각, 문제 해결, 학습과 지식 획득, 인지 과학 따위에 응용한다고 정의하고 있습니다. 인공적인 지능이란 스스로 사고하고 판단할 수 있는 인간의 지능과 유사한 것입니다. 하지만 현재 보통 일컫는 인공지능은 아직 인간의 지능을 완벽히 모방한 단계가 아닙니다. 단지, 인간이 개입하지 않고 컴퓨터가 대량의 데이터로부터 어떤 피처를 스스로 찾을 수 있게 하는 학습 알고리즘을 연구하는 단계라고 하는 것이 적합할 것입니다.

## 일반적인 소프트웨어와 인공지능 소프트웨어

일반적인 프로그래밍은 인간이 처리 방법을 만들고 프로그램을 컴퓨터에 둔 후, 인간이 처리 방법을 실행함에 따라 컴퓨터가 처리하고 처리 결과를 인간에게 보이는 방식입니다. 즉 인간은 발생할 수 있는 모든 경우에 대해 프로그램으로 구현하는 것이 프로그래밍의 목표입니다. 반면에 인공지능 프로그래밍은 인간이 원하는 결과 샘플 데이터를 준비하여 컴퓨터에 학습시키면 컴퓨터가 처리 방법을 만들고 인간이 실전 데이터를 주면 컴퓨터는 처리하고 처리 결과를 인간에게 보이는 방식입니다. 다시 말해 인공지능은 컴퓨터 스스로 데이터를 학습하여 판단하고 처리하는 것입니다.

[그림 1-3] 일반적인 소프트웨어

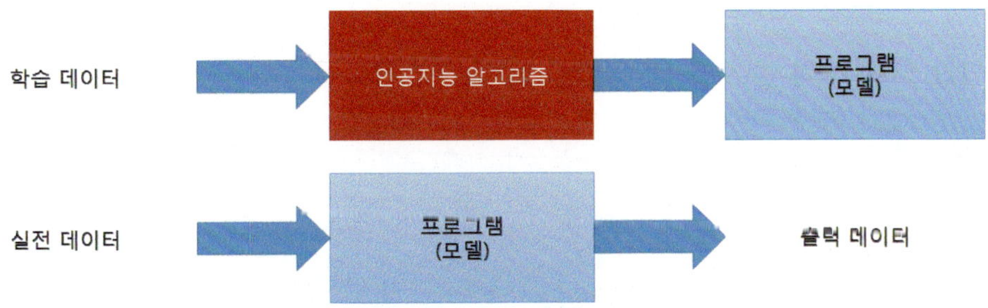


[그림 1-4] 인공지능 소프트웨어

우리가 사용하는 인스타그램에서 화면을 누르고 작성한 이미지와 텍스트를 입력 데이터로 보내면 인스타그램에 업로드됩니다. 은행 자동화기기도 카드를 넣고 찾을 금액과 비밀번호를 누르면 내가 찾는 금액이 나옵니다.

그런데 이런 컴퓨팅 방식으로는 해결할 수 없는 문제가 있습니다. 개와 고양이의 이미지를 가지고 어느 이미지가 개인지 어느 이미지가 고양이인지 판단하는 경우를 생각해 봅시다. 인간은 개와 고양이를 보자마자 알아차립니다. 그러나 컴퓨터는 그러하지 못합니다. 주둥이가 길쭉하면 개이고 두 귀가 뾰족하면 고양이라는 식으로 컴퓨터에 프로그램되어 있어야 합니다. 주둥이가 짧은 개가 있고 두 귀가 접히는 고양이도 있으므로 더 자세한 묘사가 필요합니다. 결국, 너무나 많은 경우를 컴퓨터에 알려줘야 하고 그것에 딱 맞지 않는 경우도 생깁니다.

개와 고양이의 차이점을 일일이 묘사하지 않고 구분할 방법은 있을까요? 어떤 알고리즘에 개와 고양이의 이미지 데이터를 주고 학습시켜서 프로그램을 자동으로 만든 후에 이 프로그램을 이용하여 개와 고양이를 자동으로 맞추게 하는 것이 가능할까요? 이것이 학습하게 하는 알고리즘이고 인공지능 알고리즘입니다.

이 인공지능 알고리즘에 개의 이미지는 개이고 고양이의 이미지는 고양이라는 정답을 학습 데이터로 주고 학습시킵니다. 학습의 결과로 만들어지는 프로그램을 모델이라고 합니다. 최종적으로 모델이 새로운 이미지를 입력받아 개와 고양이를 판단하는 것입니다.

## 1.2 인공지능의 발전

### 배양기(1950~1970년대)

앨런 튜링(Alan Turing)은 1950년 논문 《계산 기계와 지능》에서 기계가 생각할 수 있는지 테스트하는 방법과 지능적 기계의 개발 가능성, 학습하는 기계 등에 대하여 정의하였습니다. 튜링 테스트는 기계가 인간처럼 지능적으로 동작할 수 있는지 판단하는 테스트입니다. 테스트는 인간이 사용하는 언어를 이용합니다. 최초의 튜링 테스트에서는 인간인 심사관이 블라인드 상태에서 컴퓨터와 5분간 채팅하여 상대가 인간인지 컴퓨터인지 판단하고, 여러 심사관 중 상대가 인간일 것으로 판단하는 심사관이 30% 이상이면 컴퓨터는 지능이 있는 것으로 튜링 테스트에 합격 판정을 받습니다. 튜링 테스트는 심사관의 주관적인 평가에 기반하기 때문에 그 의의에 대해 부정적인 견해가 많지만, 그런데도 인공지능이 인간을 어느 정도 수준까지 모방할 수 있는지에 대한 평가로써 아직도 활용되고 있습니다. 또한, 컴퓨터가 실제로 지능을 가질 수 있는지도 다양한 논란이 있습니다. 아직 튜링 테스트를 완전히 통과한 컴퓨터는 개발되지 않았습니다.

## 참고 1-1 캡차(CAPTCHA)

캡차(completely automated public Turing test to tell computers and humans apart, CAPTCHA, **완전 자동화된 사람과 컴퓨터 판별 테스트**)는 2000년 미국 카네기 멜런 대학교의 연구자들이 인간과 로봇을 구별하기 위해 만든 튜링 테스트입니다. 로봇은 구별하기 어려운 문자를 제시하여 이를 맞추면 인간으로 인정하는 방식입니다. 흔히 웹사이트 회원가입 시 자동 가입 방지 프로그램으로 활용되어, 스팸봇이나 악성 프로그램의 접근을 차단하는 데 사용됩니다.

[그림 1-5] 텍스트 캡차

[그림 1-6] 이미지 캡차

1956년 미국 다트머스 대학교에서 열린 회의에 존 매카시, 클로드 섀넌(Claude Shannon), 마빈 민스키(Marvin Minsky) 등 10명의 학자가 모여 인공지능을 컴퓨터 과학의 세부 영역으로 이끌었습니다. 이들은 인공지능이라는 이름과 연구개발 목표, 추진 방향 등을 제안하고 토론하였습니다. 자동 컴퓨터, 자연어 처리, 인공 신경망, 계산 이론, 추상화, 창의성 등 다양한 측면에서 인공지능의 가능성을 모색했습니다. 비록 당

시에는 지금과 같은 수준의 인공지능을 다루는 것이 아니라 경우의 수를 평가하는 수준이었지만, 이러한 출발이 오늘날의 인공지능 기술을 배양하는 데 큰 기여가 되었습니다.

[그림 1-7] 1956년 다트머스 회의 참석자1)

다트머스 회의 이후 많은 학자는 인공지능 개발을 위한 연구에 매진하였습니다. 1970년대 인공지능 시스템이 초기의 기대를 절대 만족시키지 못할 것이라는 인식이 투자 감소로 이어지면서 연구 성과가 낮아졌습니다. 첫 번째 인공지능 겨울이라고 일컫습니다.

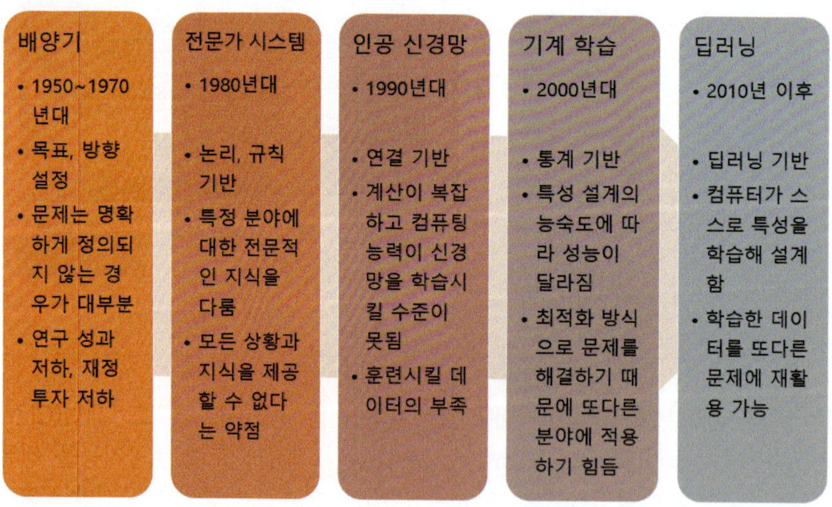


[그림 1-8] 인공지능의 발전 과정

1) 출처: https://spectrum.ieee.org/dartmouth-ai-workshop

### 전문가 시스템(1980년대)

1980년대 전문가가 특정 분야에 대하여 가지고 있는 전문적인 지식을 정리하고 표현한 데이터베이스로 구성한 규칙 기반 시스템이 탄생하였습니다. 컴퓨터에 기억된 지식 데이터베이스를 기반으로 일반인도 질의를 통하여 전문지식을 이용할 수 있게 되었습니다.

1980~1990년대 전문가 시스템의 개발 및 유지보수의 고비용과 비효율성이 나타났습니다. 또한, 전문가들의 지식 중 어떤 것을 추출해야 하는지에 대한 정의가 부정확하고, 지식 데이터베이스에 들어있지 않은 질의에 대하여 예측할 수 없는 응답은 사용자의 불신을 초래하였습니다. 두 번째 인공지능 겨울을 맞이하였습니다.

### 인공 신경망(1990년대)

1990년대 인공지능의 연구는 인터넷의 발전과 함께 다시 한번 중흥기를 맞이하였습니다. 인공 신경망은 기존의 신경망과는 달리 입력층과 출력층 사이에 은닉층이 추가되면서 복잡한 연산이 가능해졌습니다. 인간이 규칙을 만들어 시스템을 구현했던 이전과 달리, 시스템이 규칙을 스스로 만들어 내었습니다.

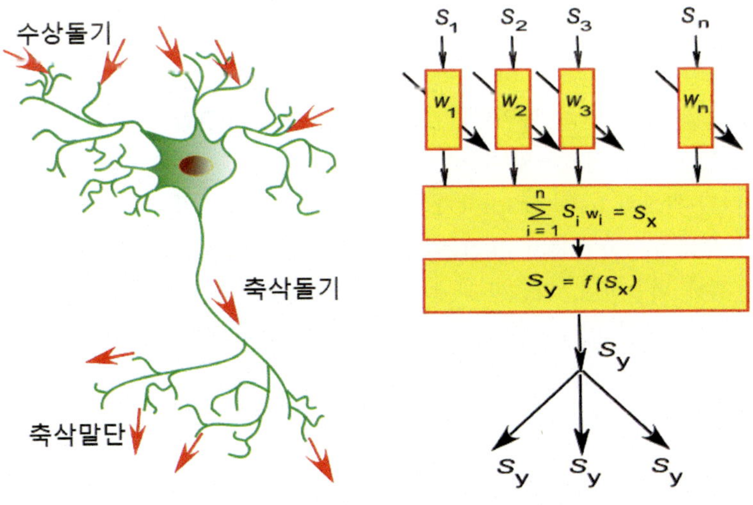


[그림 1-9] 인간의 신경세포(뉴런)와 인공 뉴런[2]

2) 출처: 위키백과

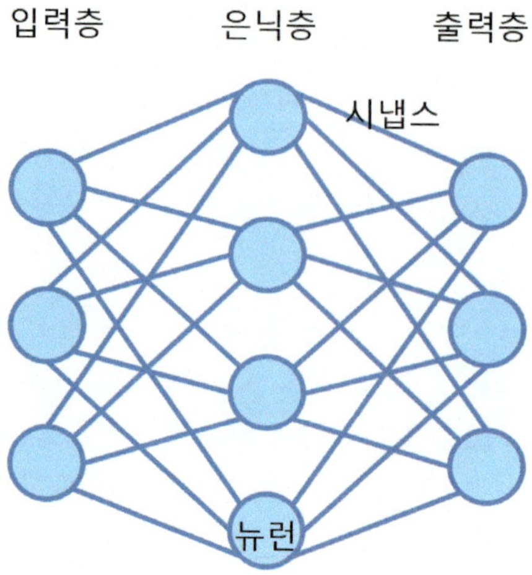


[그림 1-10] 인공 신경망

인공 신경망은 입력층, 은닉층, 출력층으로 구성되며 각 층 사이의 연결 강도는 시냅스에 해당하므로 일정한 자극이 있을 때만 다음 층으로 전달됩니다. 특히 여러 개의 은닉층을 구성함으로써 복잡한 문제를 쉽게 해결할 수 있게 되면서 인공지능은 성숙기를 맞이하게 되었습니다.

### 머신러닝과 딥러닝(2000년 이후)

2000년대 컴퓨터 스스로 데이터를 학습해서 문제를 해결할 수 있게 되었고 학습한 데이터를 다른 문제에 재활용할 수 있게 되었습니다. 또한, 대량의 데이터 처리에 필요한 빅데이터의 확산과 GPU(graphic processing unit) 하드웨어의 성능도 향상되었습니다. 머신러닝(machine learning)은 기본적으로 알고리즘을 이용해 데이터를 분석하고 분석을 통해 학습하며, 학습한 내용을 기반으로 판단이나 예측을 실행합니다. 딥러닝(deep learning)은 인공 신경망에서 발전한 형태의 인공지능으로, 입력층, 은닉층, 출력층을 활용하여 데이터를 학습합니다. 2010년대 인공지능 기술의 발전 가능성에 대한 기대감이 상승하면서 관심이 더욱 높아졌습니다.

GPU는 그래픽 처리 장치로 이름 그대로 컴퓨터의 그래픽 요소를 처리하기 위해 만들어졌는데, 이것을 범용으로 사용하기 위한 GPGPU 기술(general-purpose computing on GPU)이 도입되면서 딥러닝에서 연산을 빠르게 처리할 수 있게 되었고, 그 결과 현재까지의 인공지능 수준으로 발전될 수 있었습니다. 특화된 연산을 빠르게 처리하기 위해 GPU는 다수의 연산처리장치로 구성되어 있습니다.

2016년 딥러닝으로 구현된 딥마인드의 알파고는 인간과의 바둑 대결에서 승리하였습니다. 그 후 업그레이드된 알파고 제로는 학습하는 데 인간의 데이터를 사용하지 않았습니다.

# 2 여러 가지 인공지능

## 2.1 인공지능의 분류

인공지능을 능력, 분야에 따라 분류해 볼 수 있습니다. 설명하지 않겠지만 또 다른 다양한 기준을 적용하여 인공지능을 다르게 분류할 수 있습니다.

### 능력에 따른 분류

능력 수준에 따라 인공지능을 약인공지능(weak AI)과 강인공지능(strong AI)으로 나눌 수 있습니다. 약인공지능이란 특정한 일을 인간처럼 또는 인간보다 더 잘하는 인공지능을 뜻하며, 예로 바둑 인공지능 알파고를 들 수 있습니다. 반면에 강인공지능은 모든 일을 인간처럼 또는 인간보다 더 잘하는 인공지능을 이르며, 영화 속 인공지능 비서 자비스(J.A.R.V.I.S.)를 예로 들 수 있습니다. 강인공지능은 범용 인공지능(artificial general intelligence, AGI)으로 용어를 정리할 수 있습니다.

### 목적에 따른 분류

[그림 1-4]와 같이 인공지능 시스템은 수집된 데이터셋으로부터 모델을 학습하고, 이를 이용하여 어떤 응용시스템을 개발하게 됩니다. 다시 말해 영상, 음성, 텍스트 등의 데이터셋으로부터 목표로 하는 작업을 수행하기 위해 인공지능 알고리즘을 이용하여 데이터에서 추출된 특정 패턴을 인공지능 모델이라고 합니다.

인공지능 모델은 목적에 따라 인식, 예측, 생성, 강화학습의 4가지 모델로 나누어 볼 수 있습니다. 인식 모델로부터 인공지능은 주어진 데이터의 카테고리를 알아낼 수 있습니다. 예측 모델은 주어진 데이터로부터 유도되는 미래의 데이터를 예측할 수 있고, 생성 모델은 이미지, 동영상, 음성, 텍스트 등을 생성할 수 있습니다. 끝으로 강화학습 모델은 주어진 상황에서 취할 최적의 행동을 결정하게 합니다.

〈표 1-1〉 목적에 따른 AI 분류

| 모델 | 기술 | 비고 |
|---|---|---|
| 인식 | 데이터 분류 | 데이터를 미리 정의된 카테고리로 분류함 |
| | 음성 인식 | 음성 명령을 인식하거나 이를 텍스트로 변환함 |
| | 문자 인식 | 이미지나 문서에서 문자를 인식하고 텍스트로 변환함 |
| | 영상 분류/인식 | 이미지 등에서 특정 객체를 인식하고 그 위치를 알아냄 |
| | 자연어 처리 | 인식된 음성, 문자가 의미하는 바를 알아냄 |
| 예측 | 데이터 예측 | 주어진 데이터를 바탕으로 미래의 데이터를 예측함 |
| 생성 | 데이터 생성 | 주어진 데이터를 바탕으로 새로운 데이터를 생성함 |
| 강화학습 | 의사결정 | 주어진 상황에서 취할 최적의 행동을 찾음 |

### 분야에 따른 분류

인공지능의 일반적인 문제는 다양한 하위 문제 영역으로 분류될 수 있습니다. 이는 연구자들이 인공지능 시스템이 갖춰야 할 특정한 능력, 즉 역량으로 구성되며, 인공지능 연구의 주요 관심사를 반영하고 있습니다. 〈표 1-2〉는 인공지능의 연구 분야를 종합하여 나타낸 것입니다.

〈표 1-2〉 분야에 따른 AI 분류[3)]

| 유형 | AI 분야 | AI 세부 분야 |
|---|---|---|
| 핵심 | 추론 | • 지식 표현<br>• 자동화된 추론<br>• 상식적 추론 |
| | 계획 | • 계획 및 일정 관리<br>• 검색<br>• 최적화 |
| | 학습 | • 머신러닝 |
| | 의사소통 | • 자연어 처리 |
| | 인식 | • 컴퓨터 비전<br>• 오디오 처리 |
| 교차 | 통합 및 상호작용 | • 다중 에이전트 시스템<br>• 로봇공학 및 자동화<br>• 지능형 자동차 |
| | 서비스 | • AI 서비스 |
| | 윤리 및 철학 | • AI 윤리<br>• AI 철학 |

3) 출처: Samoili, S., et al., AI Watch: Defining Artificial Intelligence, Publications Office of the European Union, 2020

〈표 1-3〉은 AI 분류로 구성된 AI 세부 분야 내에서 가장 관련성이 높은 것으로 식별된 키워드를 제시합니다.

〈표 1-3〉 AI 분야별 키워드[4)]

| AI 분야 | AI 세부 분야 | 키워드 | |
|---|---|---|---|
| 추론 | • 지식 표현<br>• 자동화된 추론<br>• 상식적 추론 | 귀납적 프로그래밍 | 인과 추론 |
| | | 그래픽 모델 | 잠재 변수 모델 |
| | | 사례 기반 추론 | 전문가 시스템 |
| | | 상식적 추론 | 정보 이론 |
| | | 의미 웹 | 지식 표현 및 추론 |
| | | 인공지능의 불확실성 | 퍼지 논리 |
| | | 인과 모델 | |
| 계획 | • 계획 및 일정 관리<br>• 검색<br>• 최적화 | 경사 하강법 | 제약 조건 만족 |
| | | 계층적 작업 네트워크 | 진화 알고리즘 |
| | | 메타휴리스틱 최적화 | 플래닝 그래프 |
| | | 베이지안 최적화 | 확률적 최적화 |
| | | 유전 알고리즘 | |
| 학습 | • 머신러닝 | 강화학습 | 자동 분류 |
| | | 내용 기반 필터링 | 자동 인식 |
| | | 능동 학습 | 자동화된 기계 학습 |
| | | 다중 작업 학습 | 재귀적 신경망 |
| | | 데이터 마이닝 | 적대적 기계 학습 |
| | | 반지도 학습 | 적대적 네트워크 |
| | | 배깅 | 적응 학습 |
| | | 베이지안 모델링 | 전이 학습 |
| | | 부스팅 | 지도 학습 |
| | | 분류 | 지원 벡터 머신 |
| | | 비정형 데이터 | 추천 시스템 |
| | | 비지도 학습 | 클러스터링 |
| | | 생성 모델 | 통계적 관계 학습 |
| | | 생성적 적대 신경망 | 통계적 학습 |
| | | 순환 신경망 | 패턴인식 |
| | | 신경망 | 피처 추출 |
| | | 심층 신경망 | 합성곱 신경망 |
| | | 심층 학습 | 협업 필터링 |
| | | 앙상블 방법 | 확률적 모델 |
| | | 이상 탐지 | 확률적 학습 |
| | | 인공 신경망 | |
| 의사소통 | • 자연어 처리 | 감정 분석 | 정보 검색 |
| | | 계산 언어학 | 정보 추출 |
| | | 공통 참조 해결 | 질문 답변 |
| | | 기계 번역 | 챗봇 |
| | | 대화 모델 | 텍스트 마이닝 |
| | | 자연어 생성 | 텍스트 분류 |
| | | 자연어 이해 | |

4) 출처: Samoili, S., et al., AI Watch: Defining Artificial Intelligence, Publications Office of the European Union, 2020

| AI 분야 | AI 세부 분야 | 키워드 | |
|---|---|---|---|
| 인식 | • 컴퓨터 비전 | 동작 인식 | 이미지 검색 |
| | | 사물 인식 | 이미지 처리 |
| | | 센서 네트워크 | 인식 기술 |
| | | 시각적 검색 | 제스처 인식 |
| | | 얼굴 인식 | |
| | • 오디오 처리 | 계산 청각 장면 분석 | 스피커 식별 |
| | | 사운드 설명 | 음성 인식 |
| | | 사운드 소스 분리 | 음성 처리 |
| | | 사운드 이벤트 인식 | 음성 합성 |
| | | 사운드 합성 | 음악 정보 검색 |
| 통합 및 상호작용 | • 다중 에이전트 시스템 | q-러닝 | 지능형 에이전트 |
| | | 게임 이론 | 집단 지성 |
| | | 계산 경제학 | 합의 기술 |
| | | 네트워크 인텔리전스 | 협상 알고리즘 |
| | | 에이전트 기반 모델링 | |
| | • 로봇공학 및 자동화 | 로봇 시스템 | 인간-AI 상호작용 |
| | | 산업용 로봇 | 인지 시스템 |
| | | 서비스 로봇 | 제어 이론 |
| | | 소셜 로봇 | |
| | • 지능형 자동차 | 무인 차량 | 자율주행 |
| | | 자율 시스템 | 자율주행 자동차 |
| 서비스 | • AI 서비스 | AI 경쟁 | 분석 플랫폼 |
| | | AI 벤치마크 | 비즈니스 인텔리전스 |
| | | AI 소프트웨어 툴킷 | 빅데이터 |
| | | AI 애플리케이션 | 사물 인터넷 |
| | | 가상 현실 | 서비스로서의 플랫폼 |
| | | 가상 환경 | 의사결정 분석 |
| | | 개인 비서 | 의사결정 지원 |
| | | 계산 신경 과학 | 중앙 처리 장치 |
| | | 계산 창의성 | 지능형 사용자 인터페이스 |
| | | 그래픽 처리 장치 | 지능형 소프트웨어 |
| | | 데이터 분석 | 지능형 소프트웨어 개발 |
| | | 머신러닝 라이브러리 | 지능형 제어 |
| | | 머신러닝 프레임워크 | 지능형 제어 시스템 |
| | | 머신러닝 플랫폼 | 지능형 하드웨어 개발 |
| | | 분산 컴퓨팅 | 텐서 처리 장치 |
| 윤리 및 철학 | • AI 윤리 | 개인 정보 보호 | 안전성 |
| | | 공정성 | 책임성 |
| | | 보안 | 투명성 |
| | | 설명 가능성 | |
| | • AI 철학 | 강인공지능 | 약인공지능 |
| | | 범용 인공지능 | 협소한 인공지능 |

## 2.2 인공지능 응용 사례

인공지능은 다양한 분야에 적용되고 있으며, 그 영향력은 계속해서 증가하고 있습니다. 인공지능은 인간의 삶에 혁명적인 잠재력을 가지고 있습니다. 앞으로 인공지능 기술이 어떻게 발전하고 사용될지 지켜보는 것은 흥미로운 일입니다.

### AI 헬스케어

인공지능은 질병 진단, 치료 계획, 신약 개발에 사용되고 있습니다. 의료영상 처리 소프트웨어 기업 메디컬아이피는 CT, MRI 등 2차원 흑백으로 확인하던 기존 방식에서 벗어나 인공지능 기반 3차원 컬러로 구현한 메딥을 출시하였습니다.

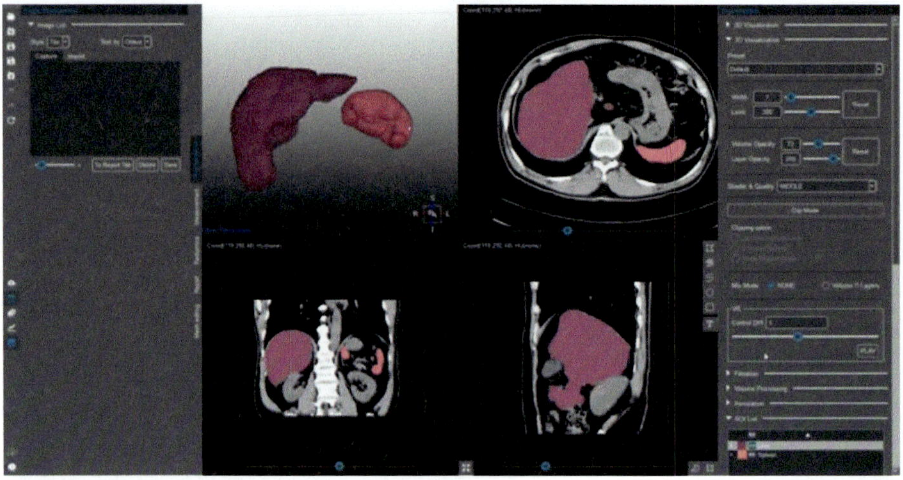

[그림 1-11] 메딥 프로[5]

### AI 금융투자

인공지능은 사기 감지, 위험 평가, 투자 조언에 사용되고 있습니다. 신한투자증권은 인공지능 펀드를 출시하였습니다. NEO라는 인공지능 투자자문 플랫폼은, 국내외 과거 30년 치 정형 및 비정형 데이터, 실시간 뉴스 데이터를 활용한 빅데이터 분석을 통해 최신 동향을 분석하고 예측한 모델을 기반으로, 현재 시점에서 가장 합리적인 행동을 최적화하는 강화학습 알고리즘으로부터 나온 투자 전략을 제시하고 있습니다.

5) 출처: 메디컬아이피

### AI 마켓

인공지능은 개인 맞춤형 추천, 가격 책정, 고객 서비스 개선에 사용되고 있습니다. 아마존의 추천 시스템 역시 기존의 데이터를 통해 상품을 추천하는 알고리즘인데, 고객 수나 아이템 수와 관계없이 대량의 데이터를 처리해서 고품질의 추천을 해줍니다. 상품 간의 상관관계를 결정하는 아이템 매트릭스를 만든 후 고객의 최신 입력 데이터를 기반으로 고객의 기호를 유추해서 상품을 추천합니다. 즉 기존의 온라인 쇼핑몰에서 자주 활용하던 소비자의 패턴 분석에 의한 추천 방식이 아닌 구매한 물건 혹은 검색한 물건을 중심으로 추천하는 방식입니다.

### 스마트 팩토리

인공지능은 제품 검사, 공정 최적화, 예측 유지 관리에 사용되고 있습니다. 철강업계 포스코는 포항 및 광양제철소에 선도적으로 스마트 팩토리 시스템을 도입하였습니다. 고로 및 제강 공정은 물론 제강에서 나온 용강을 반제품으로 만드는 연주 공정에도 인공지능이 설비 이상 유무를 감지할 수 있게 했습니다. 점점 그룹사 전반에 인공지능 기반의 스마트 팩토리 시스템을 확대하는 추세입니다.

### AI 교통

인공지능은 자율주행 자동차 개발, 교통 시스템 관리, 경로 최적화에 사용되고 있습니다. 빅테크 기업 구글은 교통 신호를 최적화에 의한 연료 소비와 교통 체증을 줄이기 위해 인공지능을 개발하고 있다고 밝혔습니다. 이스라엘과 브라질에서 이 기술을 교차로에 배치하여 인공지능이 교통 상황을 분석해 신호등을 바꿀 시기를 결정한다고 알려졌습니다. CEO 순다르 피차이(Sundar Pichai)는 시스템 도입 후 교차로에서 연료 소비와 지연 시간을 10~20% 감소하고 있다고 주장했습니다. 그리고 구글은 구글 지도에 사용자가 이동할 때 가장 연비가 효율적인 주행 경로를 제공할 수 있는 신기능을 추가할 것이라고 발표하였습니다.

## 2.3 인공지능 체험

인공지능은 다양한 분야에 적용되고 있으며, 그 영향력은 계속해서 증가하고 있습니다. 인공지능은 인간의 삶에 혁명적인 잠재력을 가지고 있습니다. 앞으로 인공지능 기술이 어떻게 발전하고 사용될지 지켜보는 것은 흥미로운 일입니다.

## Gemini

Gemini(https://gemini.google.com/)는 구글이 개발한 생성형 인공지능 챗봇입니다. 로그인을 요구하며 인공지능에게 알고 싶은 내용을 프롬프트에 입력하면 답변을 출력합니다. 유료형 고급 버전으로 Gemini Advanced가 있습니다.

이런 대규모 언어 모델 기반의 인공지능 챗봇은 ChatGPT(https://chatgpt.com/), 코파일럿(https://copilot.microsoft.com/), 클로바 X(https://clova-x.naver.com/) 등과 같이 더 있습니다.

[그림 1-12] 제미나이 웹사이트

## Teachable Machine

Teachable Machine(https://teachablemachine.withgoogle.com/)은 누구나 머신러닝 모델을 쉽고 빠르고 간단하게 만들 수 있도록 제작된 웹 기반 도구입니다. 이 도구를 사용하면 머신러닝에 대한 깊은 지식이 없이도 훌륭한 프로그램을 만들 수 있습니다.

[그림 1-13] 티처블 머신 웹사이트

## 예제 1-1 이미지 분류 모델

이미지 분류 모델을 만들어 봅시다.

**01** 시작하기 버튼을 클릭합니다. 이미지 프로젝트를 선택합니다.

[그림 1-14] 프로젝트 선택하기

**02** 이미지 모델을 선택합니다. 이미지 모델은 표준 이미지 모델과 삽입된 이미지 모델이 로 나뉘는데, 주요 차이점은 학습에 사용할 이미지의 크기와 컬러 여부입니다. 일반적인 경우 표준 이미지 모델, 소형 장치에서는 삽입된 이미지 모델을 선택합니다. 우리는 일반 컴퓨터에서 동작시킬 예정이어서 표준 이미지 모델을 선택합니다.

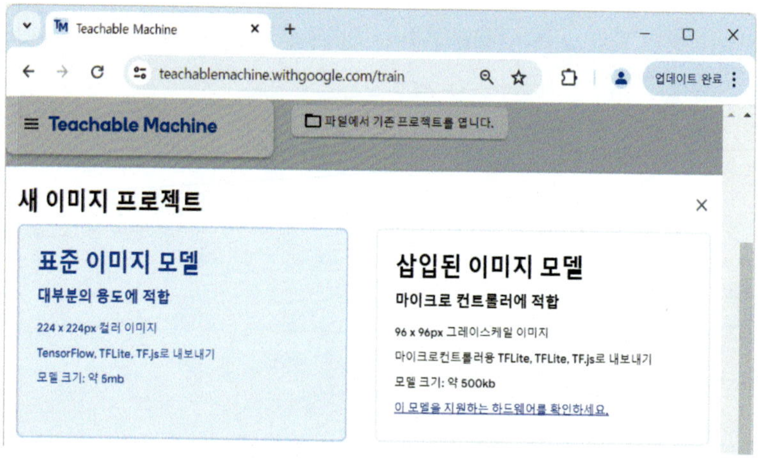


[그림 1-15] 이미지 모델 선택하기

Teachable Machine은 상당히 직관적인 인터페이스를 제공하고 있습니다. 1단계 샘플 수집은 2개 이상의 클래스를 두어 클래스별 학습 데이터로 사용될 이미지를 웹캠 또는 업로드 방식으로 Teachable Machine에 제공합니다. 2단계 모델 학습에서는 모델 학습시키기 버튼을 클릭하여 이미지 분류 모델을 생성합니다. 3단계 모델 내보내기는 모델을 다운로드하거나 웹 또는 앱에 호스팅할 수 있습니다. 모델 내보내기 이전에 2단계에서 만든 모델을 테스트할 수 있도록 미리보기를 제공하는데, 새로운 이미지를 웹캠 또는 업로드 방식으로 모델에 제공하면 어느 클래스로 분류되는지 확률로 제시해 줍니다.

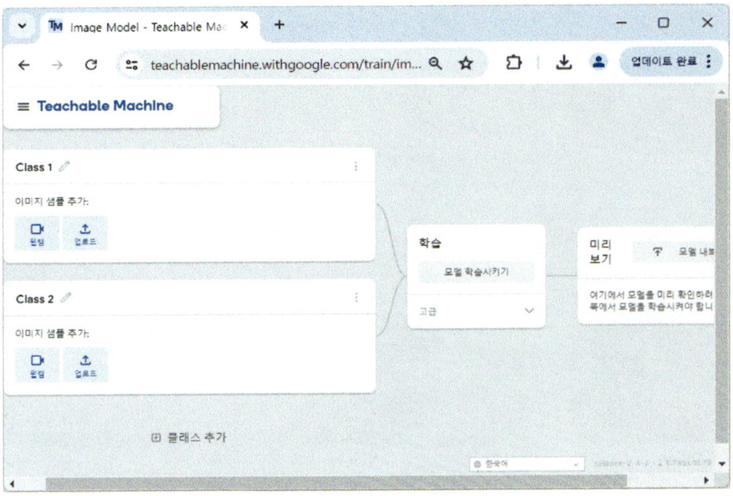


[그림 1-16] 이미지 프로젝트

**03** 학습 데이터를 준비합니다. 검색 웹사이트에서 강아지 얼굴 및 고양이 얼굴을 검색하고 검색된 이미지를 마우스 오른쪽 버튼으로 클릭하여 이미지를 다운로드 합니다. 각 10장을 준비합니다. Teachable Machine 웹사이드에 들어오기 이전에 진행해도 됩니다.

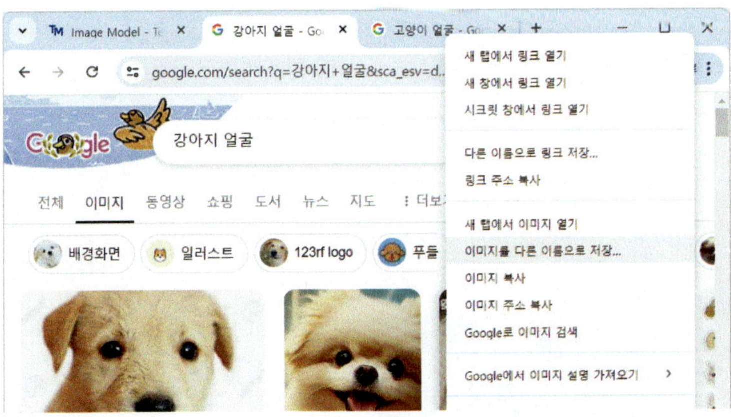


[그림 1-17] 강아지 이미지 다운로드

[그림 1-18] 고양이 이미지 다운로드

**04** Teachable Machine 웹사이트로 돌아가 클래스 이름 Class 1을 강아지로 변경합니다. 미리 준비한 강아지 이미지 10장을 웹사이트에 업로드하여 학습 데이터로 사용합니다.

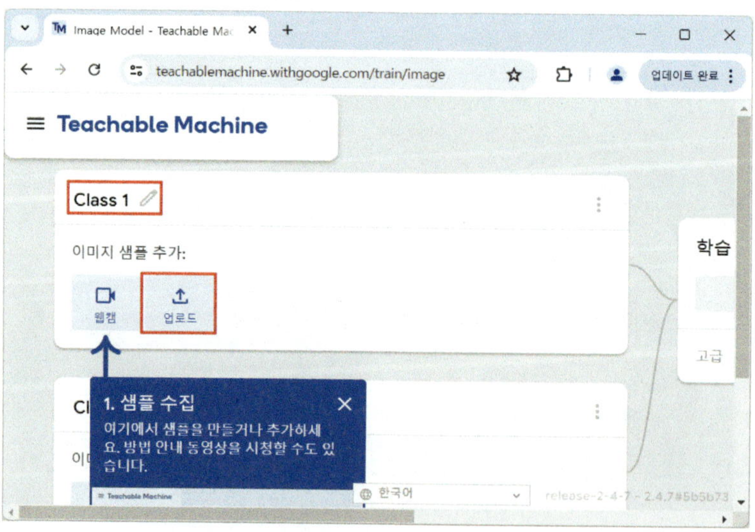


[그림 1-19] 클래스 명명 및 학습 데이터 업로드

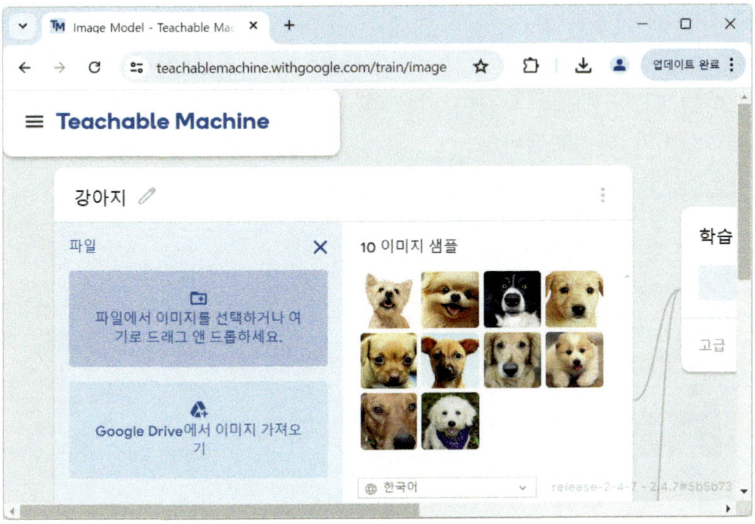


[그림 1-20] 강아지 클래스

**05** 같은 방식으로 고양이 클래스를 작성합니다.

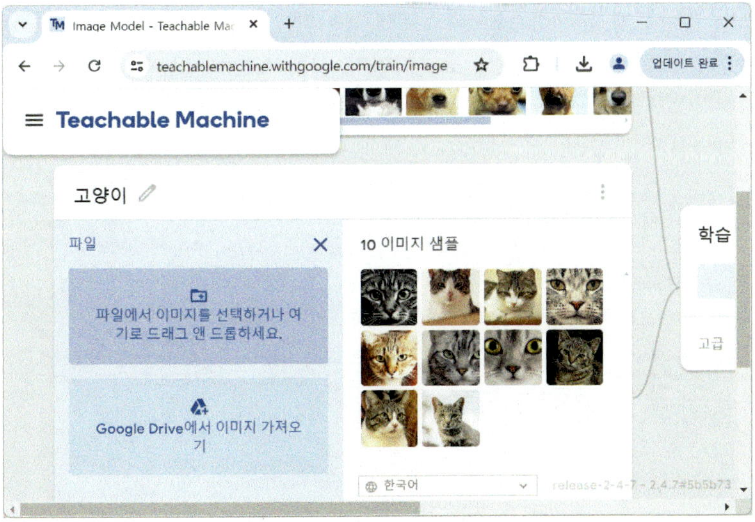


[그림 1-21] 고양이 클래스

**06** 모델 학습을 진행합니다. 두 클래스를 작성하였고 다음 단계의 '모델 학습시키기'를 클릭하면 모델 학습이 시작되며 '학습 중'으로 표시됩니다. 학습 데이터의 양에 따라 어느 정도의 시간이 지난 후 모델 학습 완료됨이 표시되고 다음 단계의 미리보기가 활성화됩니다.

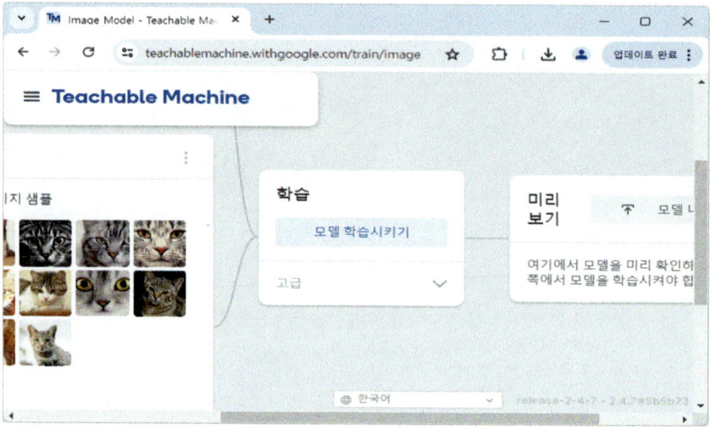


[그림 1-22] 모델 학습시키기

**07** 모델이 올바르게 분류하는지 테스트해 봅니다. 연이어 웹캠으로 입력받은 영상의 이미지에 대하여 강아지인지 고양이인지 실시간으로 분류하고 있습니다. 준비한 이미지가 있다면 웹캠 방식을 파일 방식으로 변경하고 새로운 이미지 파일을 업로드합니다.

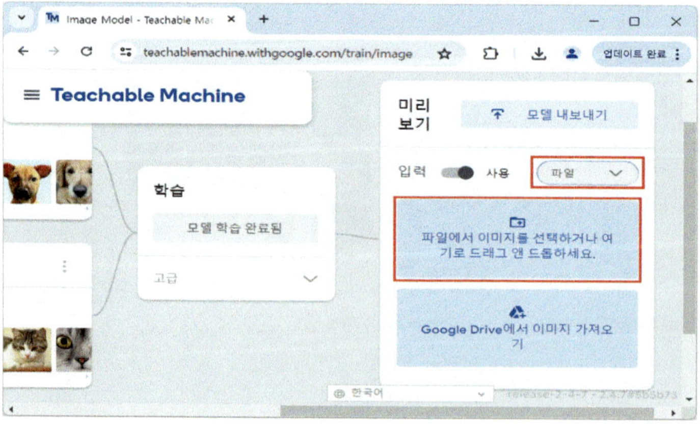


[그림 1-23] 입력 이미지 분류 예측

저자의 사진을 테스트한 경우 강아지 47%, 고양이 53% 유사도가 있다는 결과가 나왔습니다.

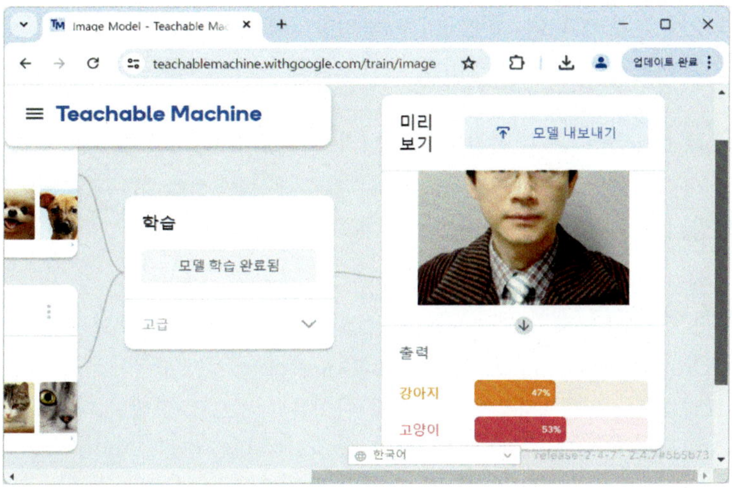


[그림 1-24] 예측 예시 1

호랑이 이미지를 테스트한 경우 강아지 5%, 고양이 95% 유사도가 있다는 결과가 나왔습니다.

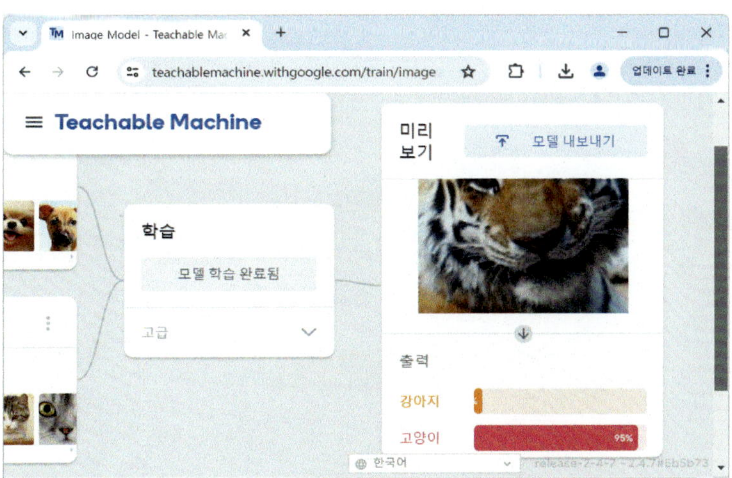


[그림 1-25] 예측 예시 2

학습 데이터의 양이 많지 않아서 정확하다고 말할 수 없지만 짧은 시간에 만든 프로그램치고는 꽤 좋은 성능을 보입니다.

**08** 미리보기 부분의 모델 내보내기를 클릭합니다. 모델을 내보내는 몇 가지 방식이 있으며 방식별 추가적인 조치는 필요합니다. 우리는 더 진행하지 않겠습니다.

Teachable Machine은 이미지뿐만 아니라 오디오 또는 포즈를 학습시킬 수도 있습니다. [그림 1-14] 프로젝트 선택하기에서 다른 대상을 선택하여 각기의 모델을 완성해 보기 바랍니다.

### Quick, Draw!

Quick, Draw!(https://quickdraw.withgoogle.com/)은 구글에서 제공하는 온라인 인공지능 그림 게임입니다. 사용자가 주어진 단어를 그림으로 그리면 머신러닝 기술로 학습한 빅데이터 기반의 인공지능이 그림을 분석하여 정답을 맞히는 방식으로 진행됩니다.

퀵드로우 사용자는 인공지능과 상호작용하는 과정에서 재미와 흥미를 느낄 수 있습니다. 그림을 그리는 동안 음성으로도 상호작용하기 때문에 더 집중할 수 있을 것입니다. 인공지능의 정답과 오답은 어떠한 맥락으로 그러한 답을 내었는지 확인할 수 있습니다. 이 과정을 통해 인공지능에 관한 관심과 이해를 도울 수 있습니다.

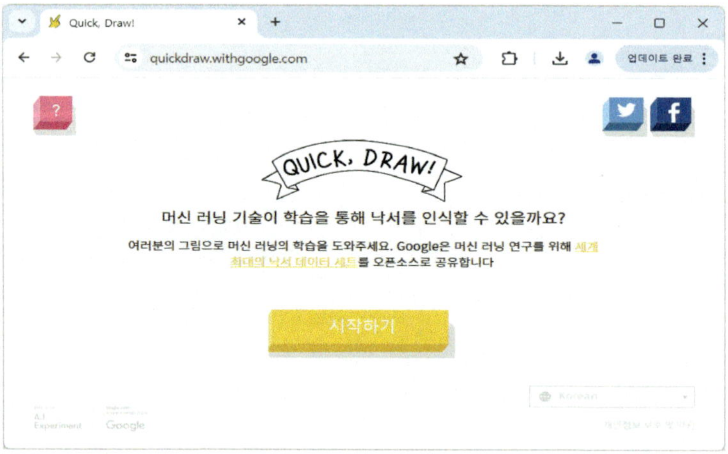


[그림 1-26] 퀵드로우 웹사이트

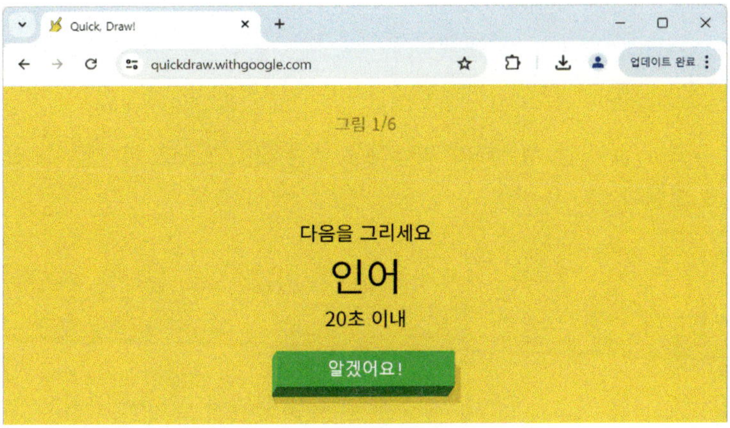


[그림 1-27] 퀵드로우 단어 제시 화면

### 바흐를 기념하는 두들

두들 바흐(https://doodles.google/doodle/celebrating-johann-sebastian-bach/)는 구글이 바흐(Johann Sebastian Bach) 탄생 기념일을 맞아 제작한 특별한 두들입니다.

바흐 탄생 기념 두들인 만큼, 두들 바흐는 바흐의 음악을 테마로 하여 제작되었으며, 사용자가 직접 두들에 참여하여 음악을 만들고 즐길 수 있는 상호작용하는 요소를 가미했습니다. 마치 거대한 디지털 악기처럼, 사용자는 마우스나 터치스크린을 이용하여 다양한 악기를 연주하고, 바흐의 작품을 재해석하여 자신만의 음악을 만들 수 있습니다.

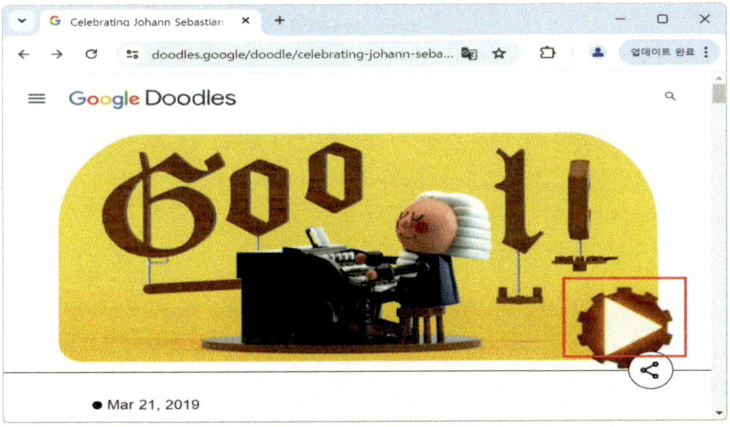


[그림 1-28] 두들 바흐 웹사이트

## 01장 연습문제

**01** (　　　　　　　)(이)란 컴퓨터가 학습하고 추론하여 스스로 판단할 수 있도록 하는 시스템을 말한다.

**02** (　　　　　　　　　)(은)는 기계가 인간처럼 지능적으로 동작할 수 있는지 판단하는 테스트이다.

**03** (　　　　　　　　　　)(은)는 전문가가 특정 분야에 대하여 가지고 있는 전문적인 지식을 정리하고 표현하여 컴퓨터에 기억시킴으로써 일반인도 전문지식을 이용할 수 있도록 하는 시스템이다.

**04** (　　　　)(은)는 그래픽 처리 장치인데, 이것을 범용으로 사용하기 위한 GPGPU 기술이 도입되면서 딥러닝에서 연산을 빠르게 처리할 수 있게 되었고, 그 결과 현재까지의 인공지능 수준으로 발전될 수 있었다.

**05** 인공지능에 대한 설명으로 적절하지 않은 것은?

① 인공지능은 인간의 학습력, 추론력, 지각력, 논증력, 자연어 이해력 등을 인공적으로 구현한 컴퓨터 프로그램 또는 이를 포함한 컴퓨터 시스템이다.
② 머신러닝 또는 딥러닝을 통해 학습되지 않은 상황에서도 어떤 결과가 옳은지 틀리는지 판단할 수 있다.
③ 4차 산업혁명의 핵심 기술 중 하나이다.
④ 인공지능 기술을 활용해 인공지능 챗봇, 외국어 번역기, 자율주행 자동차 등 인공지능 기반의 다양한 서비스와 제품이 출시되고 있다.

**06** 다음 중 인공지능의 특징으로 맞는 것은?

① 데이터가 없어도 학습할 수 있다.
② 모든 분야에서 인간보다 성능이 뛰어나다.
③ 저장할 수 있으나 추론이나 예측은 어렵다.
④ 센서를 이용하여 외부로부터 정보를 인식한다.

07 다음 중 약인공지능의 예로 맞지 않은 것은?

① 스팸메일 필터링 ② 검색 서비스
③ 비서 로봇 ④ 번역 서비스

08 머신러닝 모델을 쉽고 빠르게 만들 수 있도록 제작된 웹 기반 도구인 Teachable Machine을 활용하여 만들어 볼 수 있는 인공지능 프로젝트를 나열하시오.

09 일반적인 소프트웨어와 인공지능 소프트웨어를 비교 설명하시오.

10 제미나이, 챗GPT, 코파일럿, 클로바X 외 대규모 언어 모델 기반의 인공지능 챗봇을 조사해 보시오.

# 스스로 해결하기

## 01 AI 서비스 체험

Teachable Machine을 활용하여 5가지 과일에 대한 클래스를 만들고 모델을 학습시켜 미리보기를 통하여 테스트하시오.

**해결전략**

❶ 선호하는 과일 5가지를 선택한다.
❷ 학습용 같은 양의 과일별 이미지와 테스트용 이미지를 준비한다.
❸ Teachable Machine 사용법에 따라 모델을 만들고 테스트한다.

# 02장

# 오렌지3 데이터 마이닝

**학습 목표**

- 오렌지3가 무엇인지 설명할 수 있다.
- 윈도우 운영체제에 오렌지3를 설치하고 실행할 수 있다.

## 1 오렌지3 소개

### 1.1 오렌지3란

오렌지3(Orange3)는 슬로베니아의 류블랴나 대학교(University of Ljubljana)에서 개발한 데이터 마이닝(data mining) 프로그램으로 데이터 분석과 시각화를 돕습니다. 오렌지3라는 최신 버전이 널리 알려져 있고 파이썬 기반으로 개발되어 있으며 오픈 소스 도구입니다. 오렌지3는 사용자 친화적인 인터페이스와 다양한 기능을 제공하여 코딩 없이 데이터를 분석할 수 있고 다양한 인공지능 모델을 불러와 데이터를 처리할 수 있습니다.

인공지능을 구현하기 위해 공통으로 사용되는 파이썬은 텍스트 기반으로 일일이 프로그램해야 하나, 오렌지3는 그래픽 기반으로 데이터를 탐색하고 데이터에 모델을 적용하면 분류하거나 클러스터링하는 등의 처리를 수행할 수 있습니다.

### 1.2 오렌지3의 주요 특징

오렌지3가 가진 주요 특징은 다음과 같습니다. 첫째, 오렌지3는 드래그 앤드 드롭 인터페이스를 사용하여 사용자가 데이터 분석 파이프라인을 쉽게 생성할 수 있게 해줍니다. 둘째, 분류, 회귀, 클러스터링, 데이터 전처리 및 시각화 도구를 포함한 다양한 데이터 분석 방법을 제공합니다. 셋째, 데이터 탐색 및 분석을 위한 강력한 시각화 기능을 제공합니다. 산점도, 박스 플롯, 히트맵 등이 있습니다. 넷째, 파이썬 스크립트를 사용하여 사용자 지정 데이터 분석 및 처리를 진행할 수 있습니다.

오렌지3는 연구개발 프로젝트, 데이터 분석 교육, 실제 비즈니스 분석 등 다양한 분야에서 활용될 수 있습니다. 사용하기 쉬운 인터페이스와 강력한 기능 때문에 데이터 과학 분야에 처음 입문하는 사람에게도 인기가 높습니다.

## 참고 2-1 파이썬(Python)

파이썬은 귀도 반 로섬(Guido van Rossum)이 만든 프로그래밍 언어로, 대부분의 산업 분야에서 다양하고 강력하게 활용되고 있습니다. 파이썬의 장점으로는 사용의 용이성, 무료 오픈 소스, 다양하고 강력한 외부 라이브러리, 강력한 웹 개발 환경 제공을 꼽을 수 있습니다. 파이썬의 단점으로는 인터프리터 언어이기에 컴파일러 언어보다 실행 속도가 느리다는 것입니다.

[그림 2-1] 파이썬의 로고

```
# Python 3: Fibonacci series up to n
〉〉〉 def fib(n):
〉〉〉     a, b = 0, 1
〉〉〉     while a 〈 n:
〉〉〉         print(a, end=' ')
〉〉〉         a, b = b, a+b
〉〉〉     print()
〉〉〉 fib(1000)
0 1 1 2 3 5 8 13 21 34 55 89 144 233 377 610 987
```

[그림 2-2] 파이썬 코드 예시

# 2 오렌지3 설치하기

## 2.1 오렌지3 설치하기

오렌지3는 어떤 제한 없이 무료로 다운로드받아 설치할 수 있습니다. 오렌지3는 윈도우, 맥, 리눅스 운영체제에서 모두 설치할 수 있습니다. 이 책에서는 윈도우11 환경을 기본으로 오렌지3를 설치합니다.

### 예제 2-1 오렌지3 설치

이제 컴퓨터를 준비하고 오렌지3를 설치해 봅시다.

**01** 사용하는 컴퓨터의 운영체제를 확인해 보는 것이 좋습니다. 윈도우의 [시작]에서 마우스 오른쪽 버튼을 클릭하고 [시스템]-[정보]를 확인하면 현재 윈도우의 에디션과 아키텍처를 알 수 있습니다. 이 책에서는 윈도우11 64비트 운영체제를 기본으로 합니다. 운영체제 정보를 자세히 파악하는 것은 생략해도 됩니다.

**02** 오렌지3를 다운로드받기 위하여 웹브라우저를 실행하고 오렌지 웹사이트(https://orangedatamining.com)에 접속합니다. 검색 사이트에서 오렌지3 또는 orange3를 검색하는 것을 권장합니다. 상단의 메뉴 Download를 클릭하고 윈도우 운영체제를 위한 설치 파일 Orange3-3.37.0-Miniconda-x86_64.exe[6]을 저장합니다.

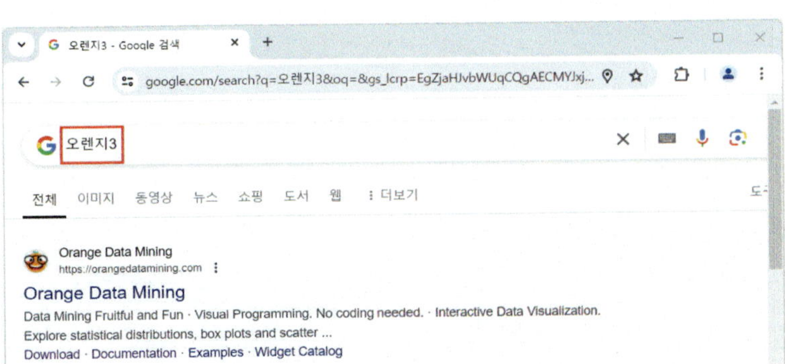


[그림 2-3] 오렌지3를 검색한 화면

6) 설치하는 시점에 따라 오렌지3의 최신 버전은 다를 수 있습니다.

[그림 2-4] 오렌지 웹사이트

윈도우에서의 설치 방법은 독립실행형 설치 프로그램(standalone installer)과 이식성 오렌지(portable Orange)가 있습니다. 독립실행형 설치 방식은 사용이 간편하고 시스템에 완전히 통합되어 자동 업데이트가 가능하지만, 시스템 설정에 영향을 줄 수 있고 다른 파이썬 프로젝트와 호환성 문제가 발생할 수 있습니다. 반면에, 이식성 오렌지는 이식성이 뛰어나고 시스템에 영향을 주지 않으며 별도의 설치 과정이 필요 없지만, 수동 업데이트가 필요하고 외부 메모리에서 실행할 때 성능이 저하될 수 있습니다. 오렌지 웹사이트에서는 독립실행형 설치 방식을 추천하고 있으며, 사용자에 따라 편의성과 통합성을 선호한다면 독립실행형 설치 프로그램이, 이식성과 시스템 영향 최소화를 중요시한다면 이식성 오렌지가 적합하다고 할 수 있습니다. 이 책에서는 웹사이트의 권장대로 독립실행형 설치 방식을 선택합니다.

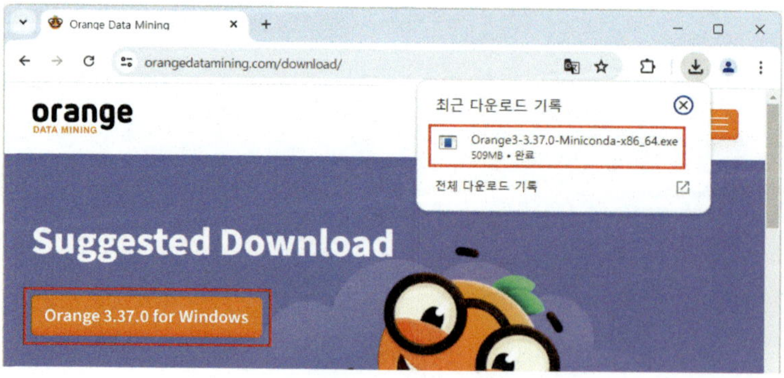


[그림 2-5] 오렌지3 설치 파일 다운로드 화면

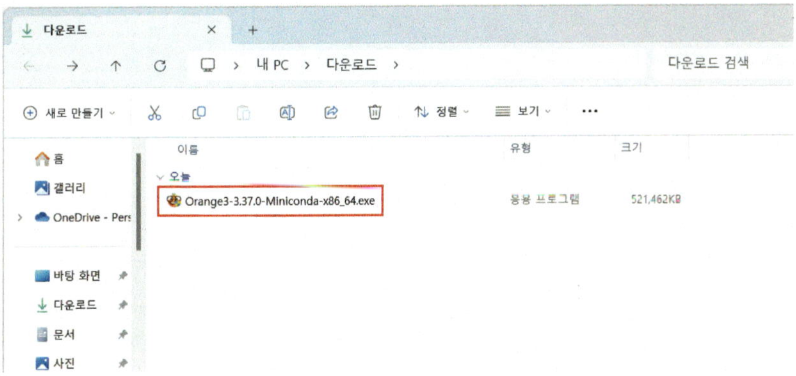


[그림 2-6] 오렌지3 설치 파일 확인

**03** 다운로드한 설치 파일을 더블클릭하여 실행합니다. 오렌지3 설치가 바로 시작됩니다. 아울러 미니콘다도 설치됩니다. 미니콘다는 파이썬과 주요 패키지를 모은 배포판입니다.

사용자 계정 컨트롤 창이 나타나면 예 버튼을 선택합니다.

설치 프로그램이 시작되면 Next 버튼을 클릭해 진행합니다.

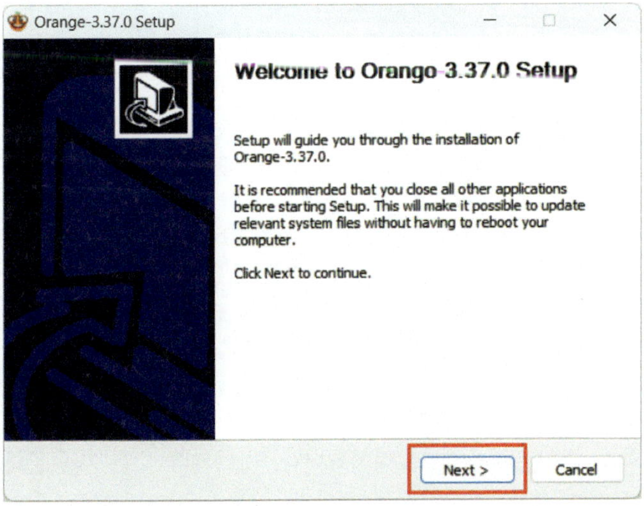


[그림 2-7] 오렌지3 설치 시작 화면

오렌지3 라이선스 동의 화면에서 I Agree 버튼을 클릭합니다.

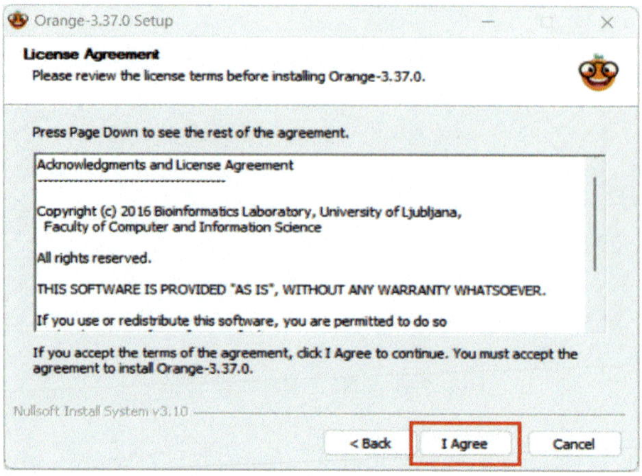


[그림 2-8] 오렌지3 라이선스 동의 화면

이 컴퓨터의 모든 사용자용으로 설치하기 위해 Install for anyone using this computer를 선택하고 Next 버튼을 클릭합니다.

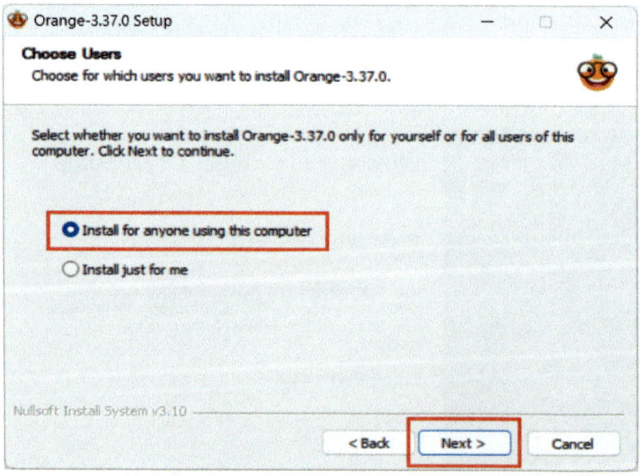


[그림 2-9] 오렌지3 사용자 선택 화면

파이썬을 포함한 미니콘다가 함께 설치됩니다. 아나콘다 또는 미니콘다가 이미 설치되어 있으면 항목이 다르게 나타날 수 있습니다. 기본값을 그대로 두고 Next 버튼을 클릭합니다.

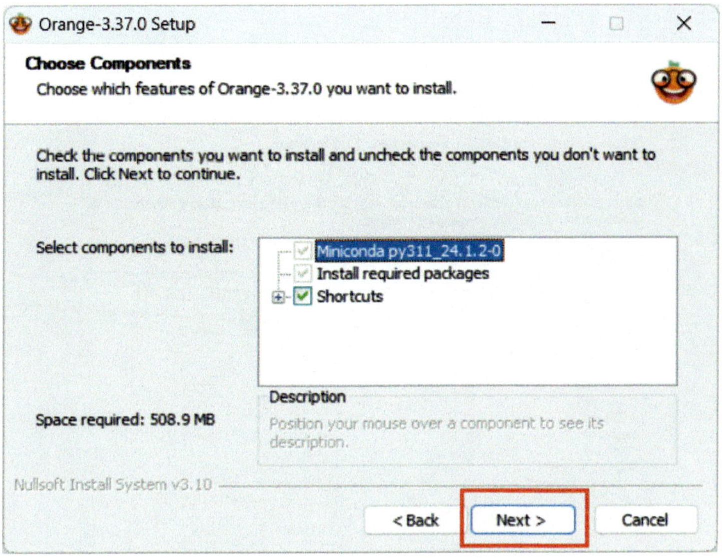


[그림 2-10] 설치할 구성 요소 선택 화면

오렌지3가 설치될 경로를 확인하고 Next 버튼을 클릭합니다.

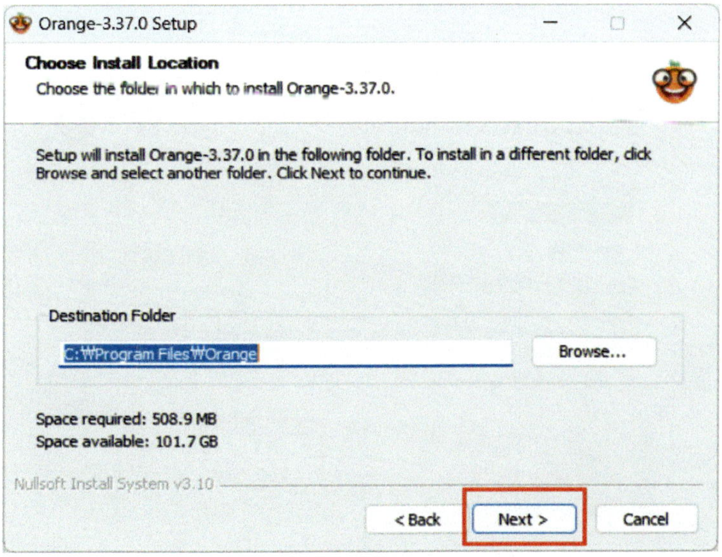


[그림 2-11] 오렌지3 설치 경로 지정 화면

시작 메뉴 폴더를 확인하고 Install 버튼을 클릭합니다.

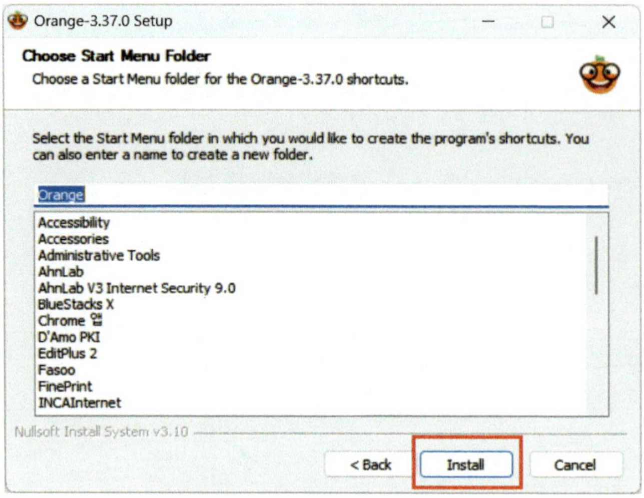


[그림 2-12] 시작 메뉴 폴더 선택 화면

오렌지3는 미니콘다 파이썬 배포판을 기반으로 합니다. 반드시 확인 버튼을 눌러서 미니콘다의 설치를 진행합니다.

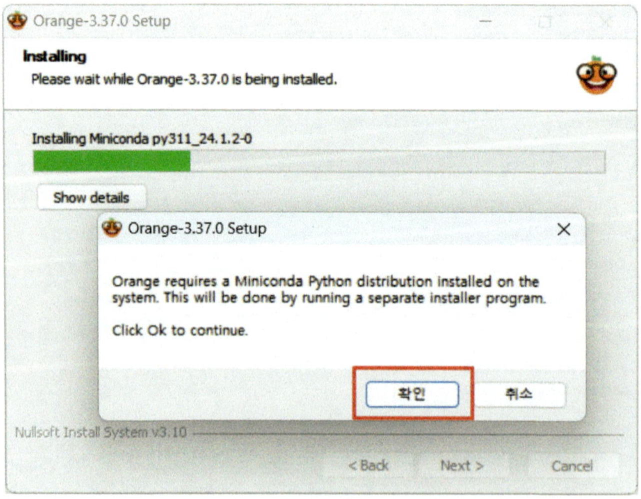


[그림 2-13] 오렌지3 설치 진행 화면

[그림 2-10]에서 선택된 미니콘다가 이제 설치됩니다. Next 버튼을 클릭합니다.

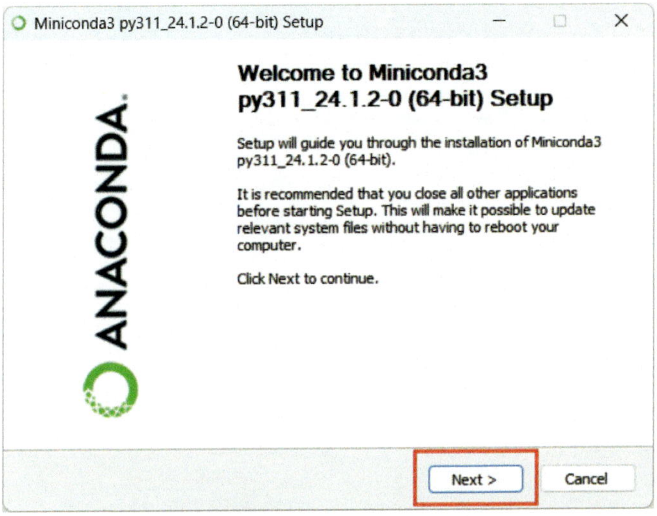


[그림 2-14] 미니콘다 설치 시작 화면

아나콘다 라이선스 동의 화면에서 I Agree 버튼을 클릭합니다.

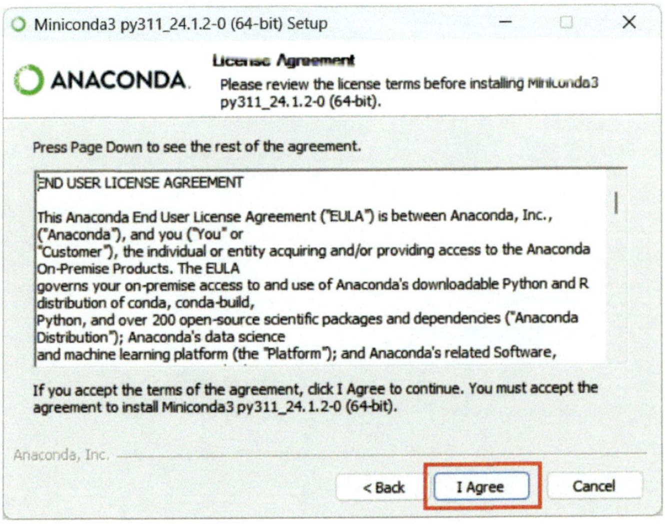


[그림 2-15] 미니콘다 라이선스 동의 화면

미니콘다 설치 타입을 선택합니다. 이 컴퓨터의 모든 사용자용으로 설치하기 위해 All Users를 선택하고 Next 버튼을 클릭합니다.

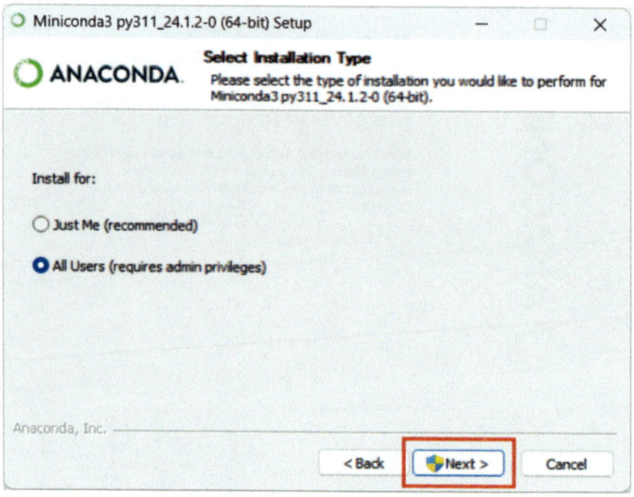


[그림 2-16] 미니콘다 설치 타입 선택 화면

미니콘다가 설치될 경로를 확인하고 Next 버튼을 클릭합니다.

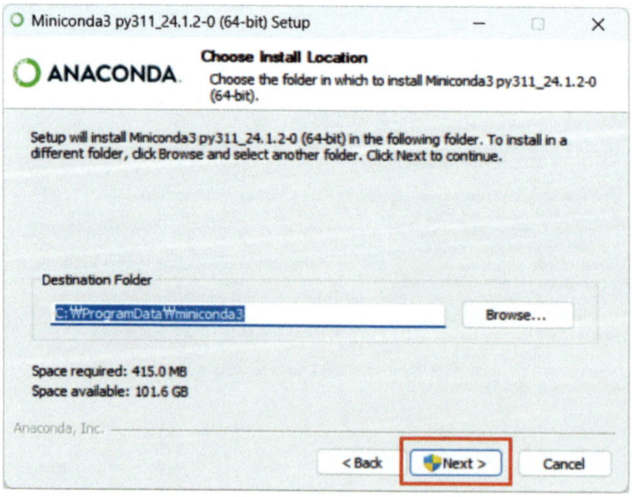


[그림 2-17] 미니콘다 설치 경로 선택 화면

고급 설치 옵션 화면에서 Register Miniconda3 as the system Python 3.11이 선택되어 있습니다. 그대로 Install 버튼을 클릭합니다.

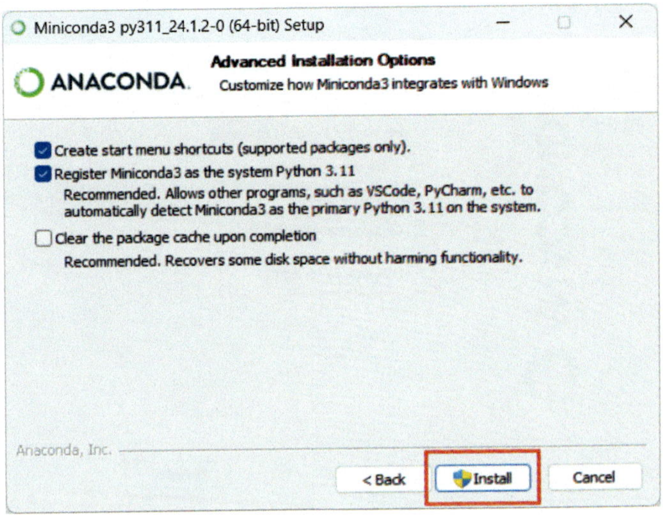


[그림 2-18] 미니콘다 고급 설치 옵션 화면

미니콘다가 설치되면 Next 버튼을 클릭합니다.

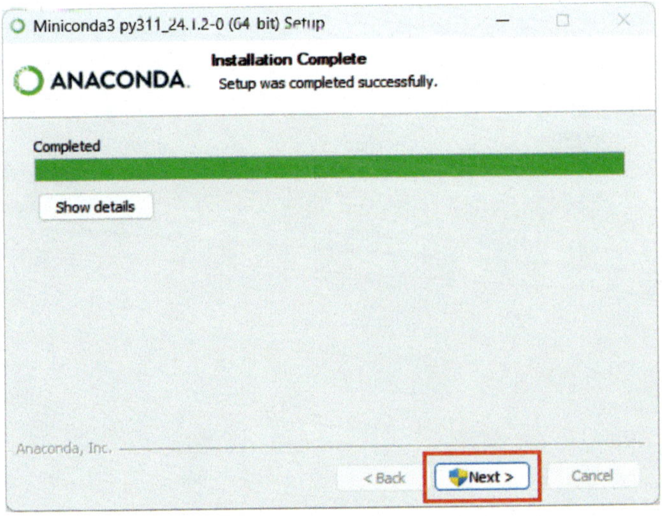


[그림 2-19] 미니콘다 설치 완료 화면

Getting started with Conda 및 Welcome to Anaconda를 선택하지 않고 Finish 버튼을 클릭합니다.

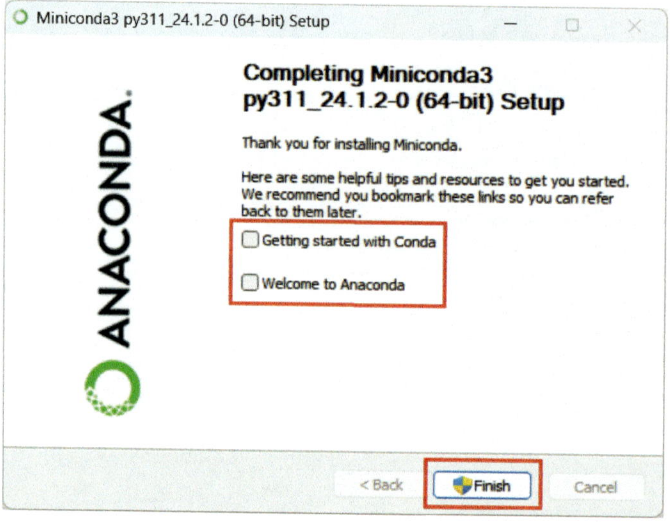


[그림 2-20] 미니콘다 설치 종료 화면

오렌지3 설치가 완료되면 Next 버튼을 클릭합니다.

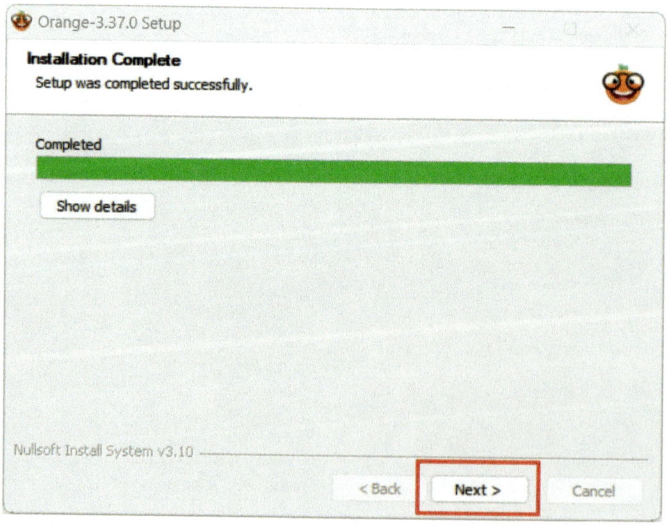


[그림 2-21] 오렌지3 설치 완료 화면

오렌지3 실행은 잠시 보류합니다. Finish 버튼을 클릭합니다.

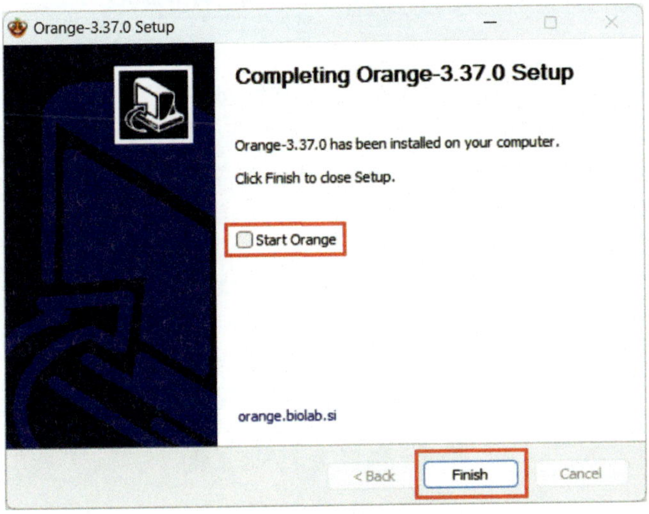


[그림 2-22] 오렌지3 설치 종료 화면

**04** 오렌지3와 미니콘다가 설치되었는지 다양한 방법으로 확인할 수 있습니다. 윈도우의 [시작]에서 마우스 오른쪽 버튼을 클릭하고 [설치된 앱]를 열어서 정렬 기준을 설치 날짜로 선택하면 현재 컴퓨터에 설치된 모든 앱을 확인할 수 있습니다. 설치된 앱을 확인하는 것은 생략해도 됩니다. 더 이상 오렌지3를 필요로 하지 않는다면 [설치된 앱]에 들어와서 앱을 삭제할 수 있습니다.

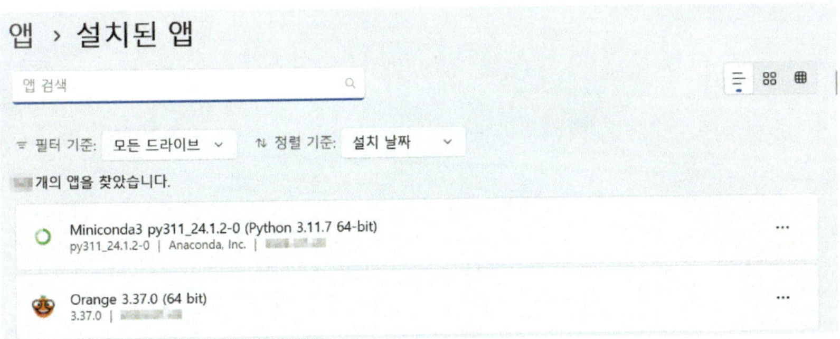


[그림 2-23] 오렌지3 설치 후 설치된 앱 화면

## 참고 2-1 아나콘다(Anaconda)와 미니콘다(Miniconda)

아나콘다는 데이터 과학, 머신러닝 응용, 대규모 데이터 처리, 예측 분석 등의 과학적 컴퓨팅을 위한 파이썬 및 R 프로그래밍 언어의 배포판으로, 패키지 관리 및 배포를 간단하게 하기 좋습니다. 패키지 및 가상 환경을 관리하는 콘다(conda)를 기반으로 합니다. 미니콘다는 데이터 분석에 필요한 최소한의 패키지만 담고 있는 아나콘다의 경량화 버전이라고 할 수 있습니다.

ANACONDA

[그림 2-24] 아나콘다의 로고

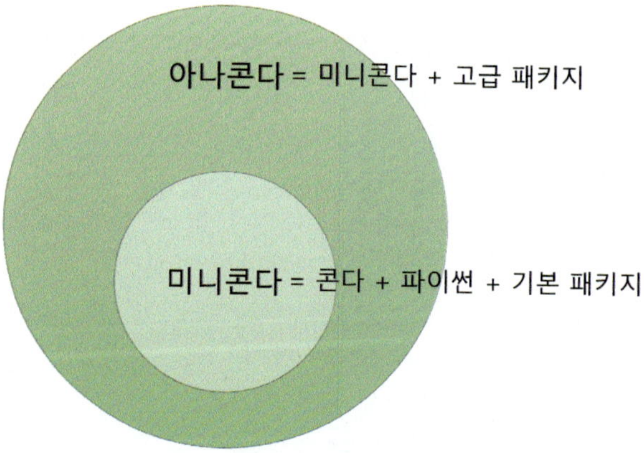


[그림 2-25] 아나콘다와 미니콘다

# 3 오렌지3 실행하기

## 3.1 오렌지3 실행하기

오렌지3의 설치를 완료했으므로 오렌지3 데이터 마이닝을 할 준비가 되었습니다. 오렌지3를 실행하여 우리가 무엇을 할 수 있을지 메뉴를 위주로 둘러보도록 합니다.

### 예제 2-2 오렌지3 실행

이제 오렌지3를 실행해 봅시다.

**01** 바탕 화면의 [Orange] 바로 가기 또는 윈도우의 [시작]-[모든 앱]-[O]-[Orange] 폴더-[Orange] 바로 가기를 클릭하여 오렌지3를 실행합니다.

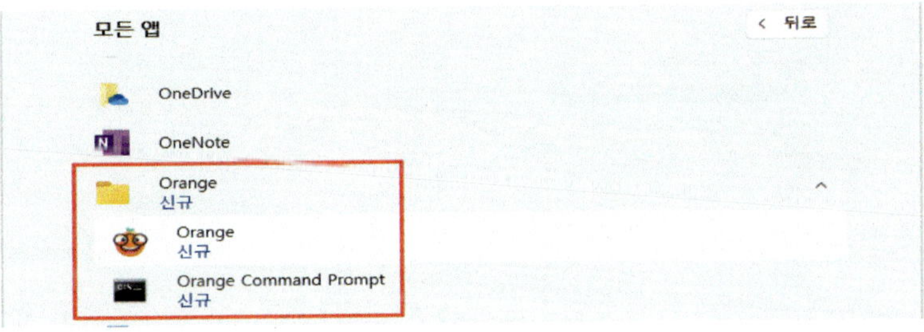


[그림 2-26] 오렌지3의 바로 가기

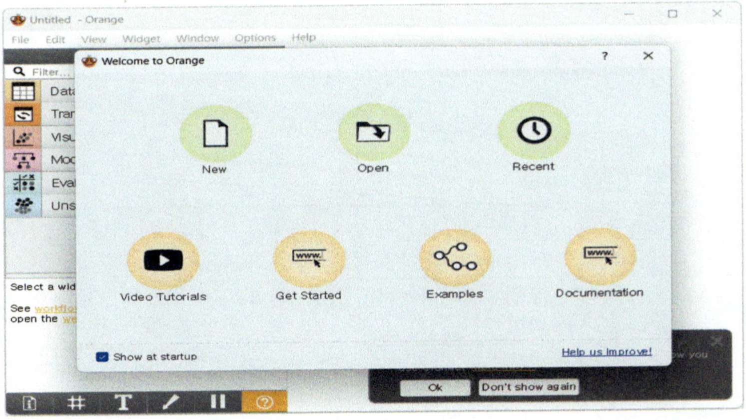


[그림 2-27] 오렌지3 실행

오렌지3의 시작 화면 [Welcome to Orange] 창은 사용자가 쉽게 워크플로우(프로젝트)를 시작하고 관리할 수 있도록 몇 가지 주요 옵션을 제공하고 있습니다.

〈표 2-1〉 시작 화면 메뉴

| 메뉴 | 설명 |
|---|---|
| New | 새로운 워크플로우 시작하기 |
| Open | 기존의 워크플로우 파일 .ows 열기 |
| Recent | 최근 워크플로우 목록 보기 |
| Video Tutorials | 동영상 학습하기 |
| Get Started | 오렌지3의 기능, 사용법 등 살펴보기 |
| Examples | 예제 워크플로우 살펴보기 |
| Documentation | 문서 살펴보기 |

**02** 팝업 [Welcome to Orange] 창을 닫습니다. 오렌지3의 기본 화면이 모든 워크플로우의 출발점입니다.

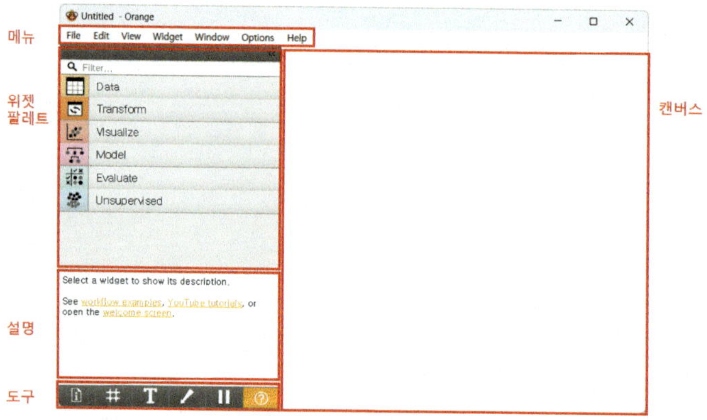


[그림 2-28] 오렌지3의 기본 화면

〈표 2-2〉 오렌지3 화면 구성

| 구성 | 설명 |
|---|---|
| 메뉴 | 파일, 편집, 뷰 등의 전통적인 메뉴 옵션을 제공 |
| 위젯 팔레트 | 데이터 로딩, 전처리 등의 위젯 중 하나를 선택해 캔버스에 드래그 앤드 드롭하여 사용 |
| 설명 | 위젯에 마우스를 가져가면 위젯 이름과 설명을 제공 |
| 도구 | 워크플로우 속성, 위젯 정렬 등을 수정 |
| 캔버스 | 워크플로우를 작성 |

〈표 2-3〉 오렌지3 메뉴 바

| 메뉴 | 설명 |
|---|---|
| File | 오렌지3 파일 저장, 열기 등 |
| Edit | 위젯 복사, 삭제, 편집 되돌리기 등 |
| View | 리포트 보기, 워크플로우 확대/축소 등 |
| Widget | 위젯 이름 변경, 삭제 등 |
| Options | 각종 옵션 설정 등 |
| Help | 도움말 등 |

**03** File 위젯을 추가합니다.

위젯을 추가하는 방법은 세 가지 있습니다. File 위젯을 추가하고 싶다면, 하나는 위젯 팔레트에서 Data 카테고리를 열고 File 위젯을 클릭합니다. 그러면 캔버스에 추가됩니다. 둘은 File 위젯을 캔버스의 원하는 위치로 드래그 앤드 드롭합니다. 셋은 캔버스에서 마우스 오른쪽 버튼을 클릭하면 나오는 위젯 목록에서 File 위젯을 선택합니다.

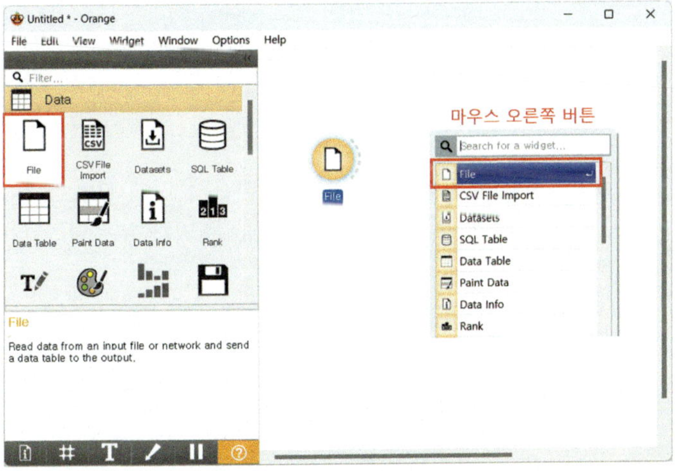


[그림 2-29] 위젯 추가하기

File 위젯은 컴퓨터에 저장된 파일 또는 웹에 있는 파일로부터 데이터를 가져오는 일을 합니다. 위젯이 제 역할을 하려면 위젯을 더블클릭하거나 위젯에서 마우스 오른쪽 버튼-Open을 선택하여 위젯 창을 열고, 몇몇 세부 사항을 설정해 주어야 합니다. 하지만 이 예제에서는 File 위젯의 제 역할을 하지 않겠습니다.

**04** File 위젯을 하나 더 추가합니다.

이미 캔버스에 들어간 위젯을 추가하고 싶다면 기존의 위젯에서 마우스 오른쪽 버튼을 클릭하여 Duplicate를 선택하거나 Copy와 (메뉴 바-Edit-)Paste를 이용하여 추가할 수 있습니다. 또는 기존의 위젯을 선택하고 단축키 Ctrl+D를 누르거나 Ctrl+C와 Ctrl+V를 누릅니다. 이미 캔버스에 들어가 있든 그렇지 않든 위젯 팔레트에서 원하는 위젯을 클릭하면 캔버스에 추가됩니다.

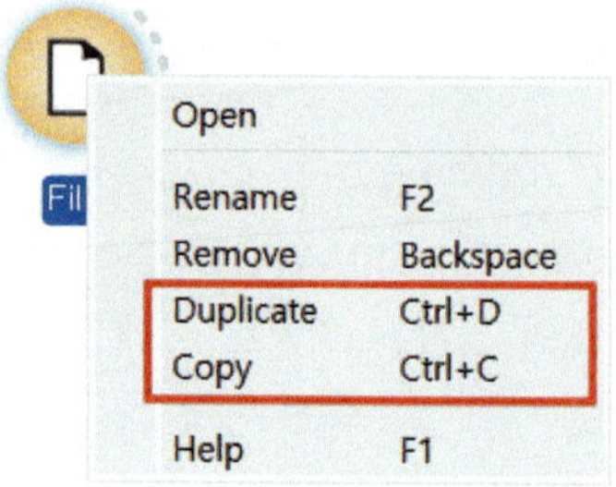


[그림 2-30] 기존의 위젯 추가하기

**05** File (1) 위젯을 삭제합니다.

위젯을 삭제하고 싶다면 위젯에 마우스 오른쪽 버튼을 클릭해 팝업 메뉴 중 Remove를 선택하거나 키보드에서 Backspace 키 또는 Delete 키를 누르면 됩니다.

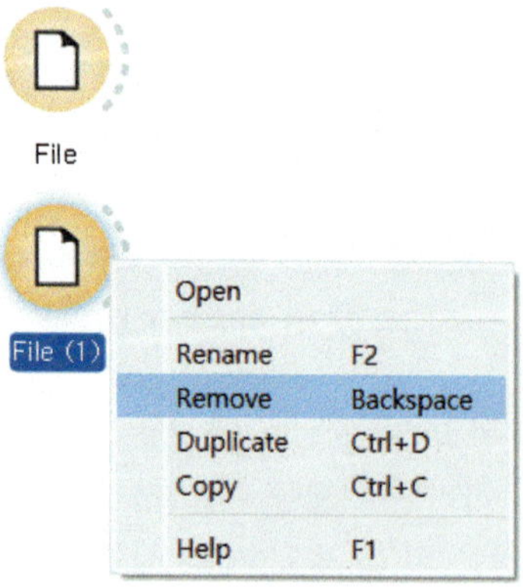


[그림 2-31] 위젯 삭제하기

**06** 위젯 팔레트를 축소하여 위젯을 작은 아이콘으로 보고, 위젯 팔레트를 다시 복원합니다. 위젯 팔레트 우상단의 〈〈 버튼을 클릭하면 위젯을 작은 아이콘으로 볼 수 있고, 위젯 팔레트 상단의 〉〉 버튼을 클릭하면 위젯을 큰 아이콘으로 볼 수 있습니다.

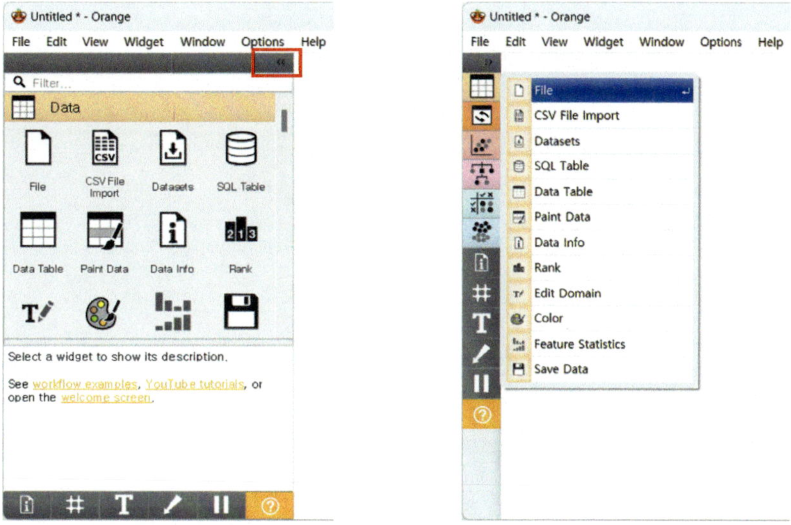


[그림 2-32] 위젯 팔레트 작은 아이콘으로 보기

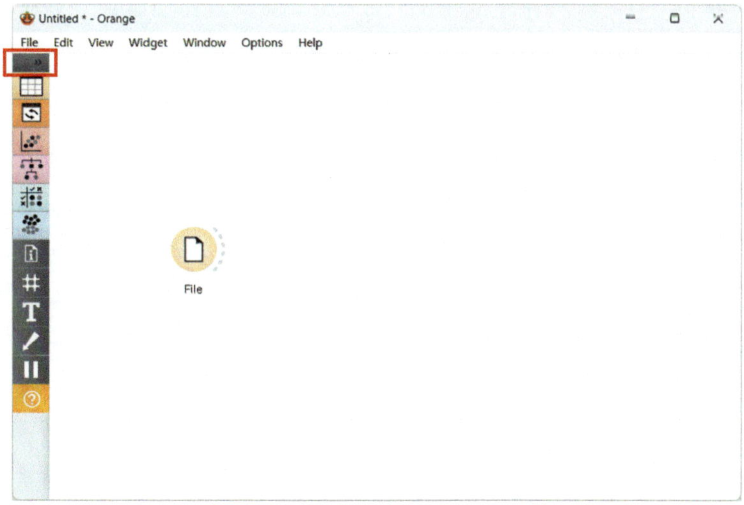


[그림 2-33] 위젯 팔레트 큰 아이콘으로 보기

**07** 여러 위젯을 연결합니다. 한 위젯의 출력에서 클릭하고 다른 위젯의 입력으로 클릭하면 서로 연결됩니다.

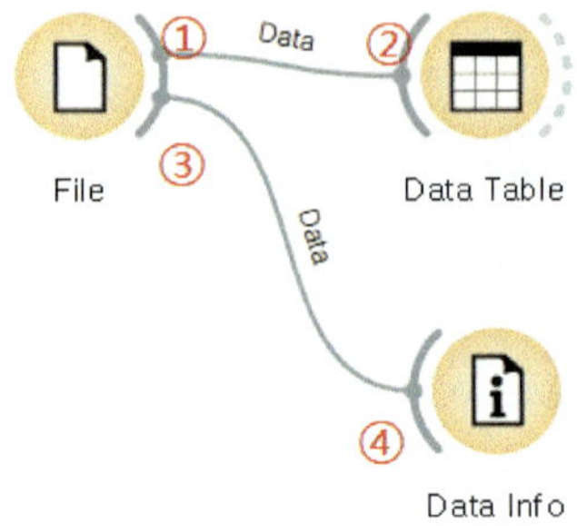


[그림 2-34] 여러 위젯 연결하기

위젯은 데이터가 들어오는 입력 포트와 데이터가 나가는 출력 포트를 가질 수 있으며, 위젯의 입력 포트는 위젯의 왼쪽에 그 출력 포트는 그 오른쪽에 표시됩니다. 위젯은 [그림 2-35]의 File 위젯과 같이 출력을 가지는 위젯, Data Info 위젯과 같이 입력을 가지는 위젯, Data Table 위젯과 같이 입력과 출력을 모두 가지는 위젯으로 나뉩니다. 그리고 워크플로우에는 위젯과 위젯이 서로 연결되었을 때 (b)와 (d), (f) 왼쪽, (g) 양쪽, (h) 오른쪽처럼 포트가 실선으로 표시되고, 연결되지 않았을 때 (a)와 (c), (e) 양쪽, (f) 오른쪽, (h) 왼쪽처럼 점선으로 남아 있게 됩니다. (h) 오른쪽처럼 연결선이 점선으로 표시된 것은 설정에 따라 데이터가 전달되는 조건부 연결을 의미합니다.

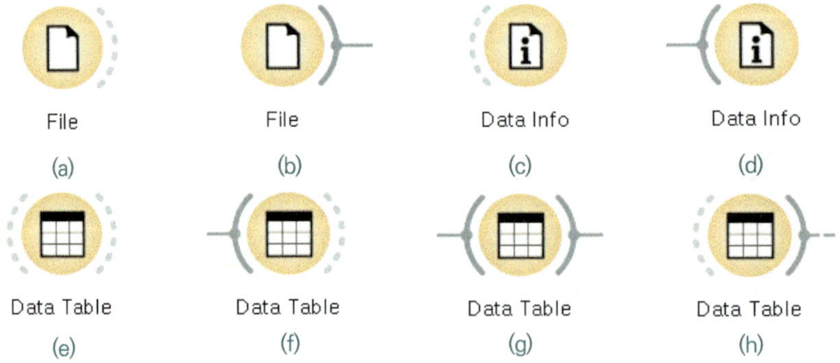


[그림 2-35] 위젯의 입출력 포트와 연결선

이미 연결된 위젯 사이의 연결선을 더블클릭하여 연결 내용을 직접 조정할 수 있습니다.

[그림 2-36]과 같이 Data Info 위젯을 이용하여, Data Table 위젯을 통과한 모든 데이터에 대한 데이터 정보를 확인하고 싶은 경우와 Data Table 위젯에서 선택한 데이터 정보를 확인하고 싶은 경우, 위젯 사이의 연결선을 조정함으로써 원하는 워크플로우를 완성할 수 있습니다.

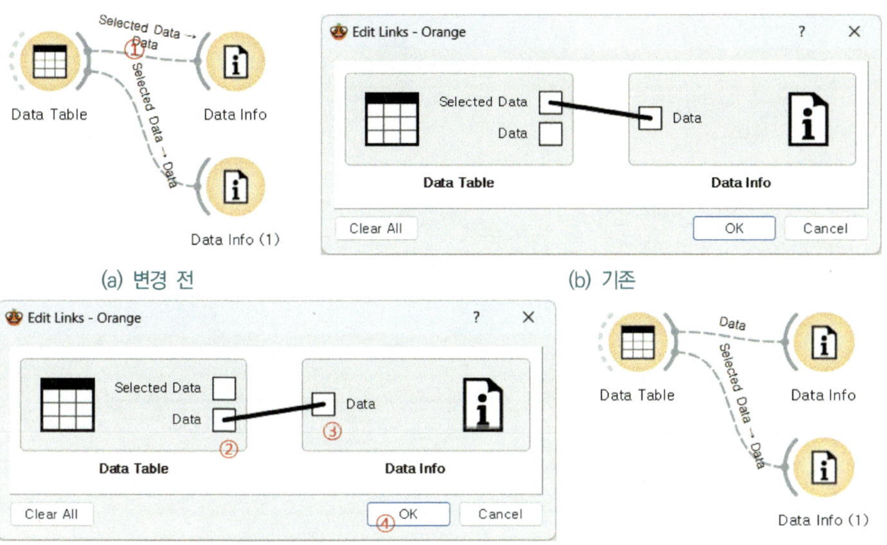


(a) 변경 전 (b) 기존 (c) 변경 (d) 변경 후

[그림 2-36] 다른 종류의 출력 연결하기

**08** 위젯의 이름을 변경합니다. 변경하고 싶은 위젯을 마우스로 클릭하고, 마우스 오른쪽 버튼-Rename을 선택하거나 F2 키를 누르면 위젯의 이름을 변경할 수 있습니다.

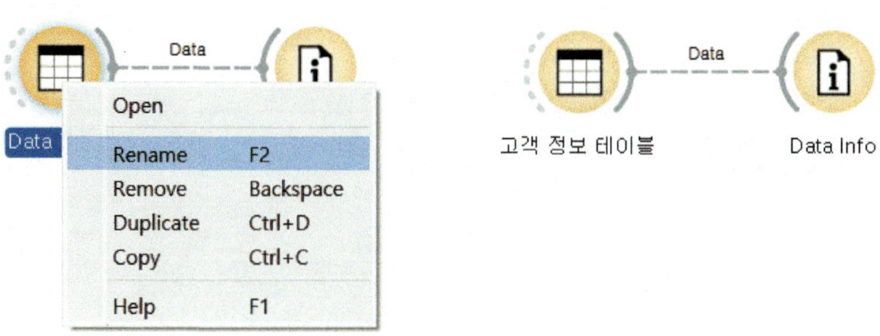


[그림 2-37] 위젯 이름 변경하기

**09** 작성한 워크플로우를 저장합니다.

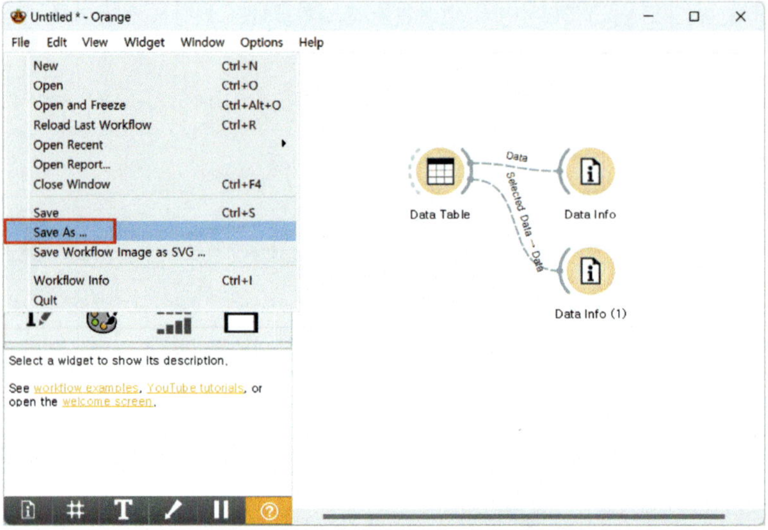


[그림 2-38] 오렌지3 워크플로우 저장하기 1

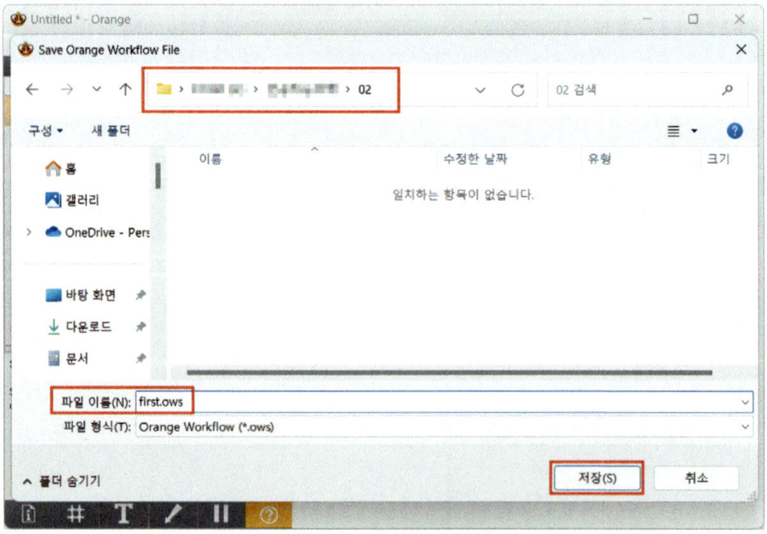


[그림 2-39] 오렌지3 워크플로우 저장하기 2

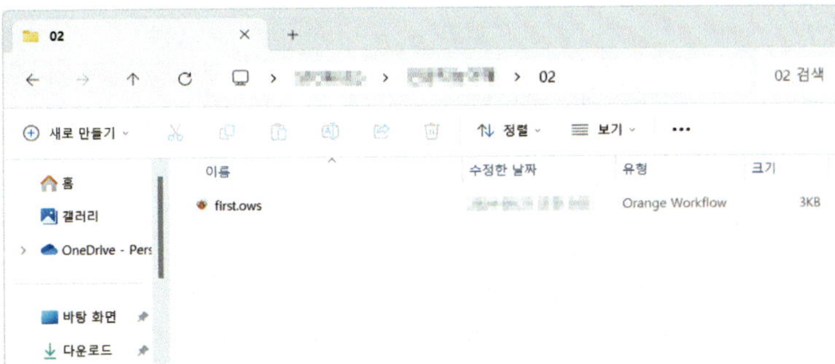


[그림 2-40] 오렌지3 워크플로우 저장하기 3

### 3.2 오렌지3 위젯

오렌지3는 사용자가 위젯을 배치하고 데이터 분석 워크플로우를 만드는 캔버스 인터페이스로 구성되어 있습니다. 위젯은 데이터 읽기, 데이터 테이블 표시하기, 피처 선택하기, 예측 변수 학습하기, 학습 알고리즘 비교하기, 데이터 요소 시각화하기 등과 같은 기본 기능을 제공합니다. 오렌지3 위젯은 Data, Transform, Visualize, Model, Evaluate, Unsupervised 단위로 구분하고 있습니다. 카테고리별 위젯의 기능을 설명해 보겠습니다.

#### Data

Data 카테고리는 데이터 처리 및 관리와 관련된 위젯을 모아 놓은 곳입니다. 이 카테고리의 주요 목적은 데이터셋을 불러오고, 조작하고, 이해하는 데 필요한 도구를 제공하고 있습니다.

〈표 2-4〉 데이터 카테고리의 위젯

| 위젯 | | 설명 | 입력 | 출력 |
|---|---|---|---|---|
| | File | 데이터 파일을 불러오기 | 없음 | Data |
| | CSV File Import | 특히 CSV 형식의 파일을 불러오기 | 없음 | Data, Data frame |
| | Datasets | 오렌지3 서버에 내장된 데이터셋에 접근 | 없음 | Data |

| 위젯 | | 설명 | 입력 | 출력 |
|---|---|---|---|---|
| | SQL Table | 데이터베이스에서 SQL 쿼리를 사용하여 데이터를 직접 가져옴 | 없음 | Data |
| | Data Table | 데이터를 테이블 형태로 보여줌 | Data | Selected data |
| | Paint Data | 사용자가 직접 데이터 포인트를 그려 넣을 수 있게 해줌 | 없음 | Data |
| | Data Info | 데이터셋에 대한 기본 정보를 보여줌 | Data | 없음 |
| | Rank | 데이터의 피처를 중요도에 따라 순위를 매겨줌 | Data, Scorer | Reduced data, Scores, Features |
| | Edit Domain | 데이터셋의 도메인을 편집 | Data | Data |
| | Color | 데이터 포인트를 다양한 색상으로 구분 | Data | Data |
| | Feature Statistics | 데이터의 각 피처에 대한 통계적 요약을 제공 | Data | Reduced data, Statistics |
| | Save Data | 수정하거나 분석한 데이터를 다양한 형식으로 저장 | Data | 없음 |

## Transform

Transform 카테고리는 데이터 전처리 및 변환 작업을 위한 위젯을 모아놓았습니다. 이 카테고리의 주요 목적은 데이터셋을 분석에 적합한 형태로 변환하고 조정하는 것입니다.

〈표 2-5〉 변환 카테고리의 위젯

| 위젯 | | 설명 | 입력 | 출력 |
|---|---|---|---|---|
| | Data Sampler | 데이터셋에서 작은 샘플을 추출 | Data | Data sample, Remaining data |

| 위젯 | 설명 | 입력 | 출력 |
|---|---|---|---|
| Select Columns | 특정 열을 선택하거나 제외 | Data | Data |
| Select Rows | 특정 조건이나 기준에 따라 행을 선택하거나 제외 | Data | Matching data, Non-matching data, Data |
| Transpose | 데이터 행과 열을 전환 | Data | Data |
| Merge Data | 두 데이터셋을 키 기준으로 병합 | Data, Extra data | Data |
| Concatenate | 두 개 이상의 데이터셋을 연결하여 하나의 큰 데이터셋으로 만듦 | Primary data, Additional data | Data |
| Select by Data Index | 데이터의 인덱스나 조건을 기반으로 행을 선택 | Data, Data subset | Matching data, Unmatched data, Annotated data |
| Unique | 데이터셋 내에서 중복된 항목을 제거 | Data | Data |
| Aggregate Columns | 데이터셋의 특정 열에 대한 합계, 평균과 같은 집계값을 계산 | Data | Data |
| Group by | 데이터를 특정 열의 값에 따라 그룹으로 나눔 | Data | Data |
| Pivot Table | 피벗 테이블은 데이터의 다양한 요약 통계를 제공 | Data | Pivot table, Filtered data, Grouped data |
| Apply Domain | 데이터의 도메인을 정의하거나 수정 | Data, Template data | Transformed data |
| Preprocess | 데이터를 분석에 적합하게 만들기 위해 다양한 전처리 단계를 적용 | Data | Preprocessor, Preprocessed data |
| Impute | 데이터셋에서 누락된 값(결측치)을 처리 | Data, Learner | Data |

| 위젯 | 설명 | 입력 | 출력 |
|---|---|---|---|
| Continuize | 범주형 변수를 연속형 변수로 변환 | Data | Data |
| Discretize | 연속형 변수를 범주형 변수로 변환 | Data | Data |
| Randomize | 데이터의 특정 부분을 무작위로 변경 | Data | Data |
| Purge Domain | 사용되지 않는 변수를 데이터셋에서 제거 | Data | Data |
| Melt | 데이터의 형태를 좁고 쌓이고 긴 형태로 변환 | Data | Data |
| Formula | 사용자가 정의한 수식을 데이터에 적용 | Data | Data |
| Create Class | 특정 변수를 클래스 변수로 지정 | Data | Data |
| Create Instance | 새로운 데이터 인스턴스를 생성하거나 기존 인스턴스를 수정 | Data, Reference | Data |
| Python Script | 파이썬 스크립트를 작성 | Data, Learner, Classifier, Object | Data, Learner, Classifier, Object |

## Visualize

Visualize 카테고리는 산점도, 히스토그램, 박스 플롯 등 다양한 시각화 기법을 위한 위젯을 모아놓았습니다. 이 카테고리의 주요 목적은 데이터를 시각화하여 데이터의 분포, 관계 등을 파악하는 데 있습니다.

〈표 2-6〉 시각화 카테고리의 위젯

| 위젯 | 설명 | 입력 | 출력 |
|---|---|---|---|
| Tree Viewer | 의사결정 트리 모델을 시각화 | Tree | Selected data, Data |

| 위젯 | 설명 | 입력 | 출력 |
|---|---|---|---|
| Box Plot | 데이터의 분포와 이상치를 시각화 | Data | Selected data, Data |
| Violin Plot | 박스 플롯과 유사하지만, 데이터의 밀도 분포도 함께 표시 | Data | Selected data, Data |
| Distributions | 변수의 분포를 히스토그램 또는 밀도 그래프로 시각화 | Data | Selected data, Data, Histogram data |
| Scatter Plot | 두 변수 간의 관계를 점으로 표시하여 시각화 | Data, Data subset, Features | Selected data, Data |
| Line Plot | 시계열 데이터 또는 연속적인 데이터의 경향을 선으로 표시하여 시각화 | Data, Data subset | Selected data, Data |
| Bar Plot | 범주형 데이터의 값을 막대로 표시하여 비교 | Data, Data subset | Selected data, Data |
| Sieve Diagram | 두 범주형 변수 간의 관계를 표시하는데 각 셀의 크기가 빈도수를 나타냄 | Data | 없음 |
| Mosaic Display | 범주형 데이터의 상호작용을 타일 형태로 시각화 | Data, Data subset | Selected data |
| FreeViz | 데이터를 2차원 평면에 투영하여 시각화 | Data, Data subset | Selected data, Data, Components |
| Linear Projection | 데이터를 선형 축에 투영하여 시각화 | Data, Data subset, Projection | Selected data, Data, Components |
| Radviz | 데이터 포인트를 원형의 앵커 포인트에 연결하여 시각화 | Data, Data subset | Selected data, Data, Components |
| Heat Map | 데이터값을 색상의 강도로 표시하여 시각화 | Data | Selected data, Data |
| Venn Diagram | 집합 간의 관계를 중첩된 원으로 표시 | Data | Selected data, Data |
| Silhouette Plot | 클러스터의 품질을 평가하는 데 사용 | Data | Selected data, Data |

| 위젯 | 설명 | 입력 | 출력 |
|---|---|---|---|
| Pythagorean Tree | 데이터의 계층적 구조를 트리 형태로 시각화 | Tree, Selected Data | 없음 |
| Pythagorean Forest | 여러 피타고라스 트리를 결합하여 랜덤 포레스트 모델을 시각화 | Random forest | Tree |
| CN2 Rule Viewer | 데이터에서 규칙을 추출하는 데 사용되는 규칙 기반 분류 알고리즘 | Data, CN2 rule classifier | Filtered data |
| Nomogram | 복잡한 수학적 공식이나 모델을 시각적으로 간단하게 표현 | Classifier, Data | Features |

## Model

Model 카테고리는 분류 및 회귀를 위한 지도 학습 알고리즘을 모아놓았습니다. 이 카테고리의 주요 목적은 다양한 머신러닝 모델을 생성하고 학습시키는 데 있습니다.

〈표 2-7〉 모델 카테고리의 위젯

| 위젯 | 설명 | 입력 | 출력 |
|---|---|---|---|
| Constant | 학습 세트에서 가장 빈도가 높은 클래스 또는 평균값을 예측 | Data, Preprocessor | Learner, Model |
| CN2 Rule Induction | CN2 알고리즘을 사용하여 데이터에서 규칙을 유도 | Data, Preprocessor | Learner, CN2 rule classifier |
| Calibrated Learner | 확률 보정 및 의사결정 임계값 최적화를 다른 학습 알고리즘으로 마무리 | Data, Preprocessor, Base learner | Learner, Model |
| kNN | 가장 가까운 학습 인스턴스에 따라 예측 | Data, Preprocessor | Learner, Model |
| Tree | 정방향 가지치기 기능이 있는 트리 알고리즘 | Data, Preprocessor | Learner, Model |
| Random Forest | 의사결정 트리의 앙상블을 사용하여 예측 | Data, Preprocessor | Learner, Model |

| 위젯 | 설명 | 입력 | 출력 |
|---|---|---|---|
| Gradient Boosting | 의사결정 트리에 그라디언트 부스팅을 사용하여 예측 | Data, Preprocessor | Learner, Model |
| SVM | 서포트 벡터 머신은 입력을 고차원 피처 공간에 매핑 | Data, Preprocessor | Learner, Model, Support vectors |
| Linear Regression | L1(LASSO) 또는, L2(Ridge), L1L2(탄성망) 정규화 옵션을 사용하는 선형 회귀 알고리즘 | Data, Preprocessor | Learner, Model, Coefficients |
| Logistic Regression | L1(LASSO) 또는 L2(Ridge) 정규화를 사용하는 로지스틱 회귀 분류 알고리즘 | Data, Preprocessor | Learner, Model, Coefficients |
| Naive Bayes | 피처 간의 독립성을 가정한 베이즈 정리를 기반으로 한 빠르고 단순한 확률 분류기 | Data, Preprocessor | Learner, Model |
| AdaBoost | 약한 학습 알고리즘의 결과물에 가중치를 두어 결합하는 방법으로 최종 결과물을 표현하는 앙상블 메타 알고리즘 | Data, Preprocessor, Learner | Learner, Model |
| PLS | 다변량 데이터 분석을 위한 부분 최소 제곱 회귀 알고리즘 | Data, Preprocessor | Learner, Model, Coefficients and loadings, Data with scores, Components |
| Curve Fit | 함수를 데이터에 맞춤 | Data, Preprocessor | Learner, Model, Coefficients |
| Neural Network | 역전파를 사용하는 MLP(다층 퍼셉트론) 신경망 알고리즘 | Data, Preprocessor | Learner, Model |
| Stochastic Gradient Descent | 경사 하강에 대한 확률적 근사치를 사용하여 목적 함수를 최소화 | Data, Preprocessor | Learner, Model |
| Stacking | 여러 예측 모델을 쌓음 | Data, Preprocessor, Learner, Aggregate | Learner, Model |

| 위젯 | 설명 | 입력 | 출력 |
|---|---|---|---|
| Save Model | 학습된 모델을 파일로 저장 | Model | 없음 |
| Load Model | 파일에서 모델을 로드 | 없음 | Model |

## Evaluate

Evaluate 카테고리는 모델에 대한 교차 검증과, 샘플링 기반 절차, 신뢰도 추정, 예측 방법 점수 매기기를 제공하는 위젯을 모아 놓은 곳입니다. 이 카테고리의 주요 목적은 모델의 성능을 평가하고 비교하는 데 있습니다.

〈표 2-8〉 평가 카테고리의 위젯

| 위젯 | 설명 | 입력 | 출력 |
|---|---|---|---|
| Test and Score | 데이터에 대한 학습 알고리즘을 테스트 | Data, Test data, Learner | Evaluation results |
| Predictions | 데이터에 대한 모델의 예측을 보여줌 | Data, Predictors | Predictions, Evaluation results |
| Confusion Matrix | 예측된 클래스와 실제 클래스 간의 비율을 보여줌 | Evaluation results | Selected data, Data |
| ROC Analysis | 테스트의 적중 확률과 오경보 확률을 비교하여 표시 | Evaluation results | 없음 |
| Performance Curve | 분류기의 평가로부터 성능 곡선을 구성하고 표시 | Evaluation results | Calibrated model |
| Calibration Plot | 분류기의 확률 예측과 실제 클래스 확률이 일치하는지 보여줌 | Evaluation results | Calibrated model |
| Permutation Plot | 학습 알고리즘의 유효성과 과적합 정도를 확인 | Data, Learner | 없음 |

### Unsupervised

Unsupervised 카테고리는 클러스터링을 위한 비지도 학습 알고리즘 및 데이터 투영 기술을 모아 놓은 곳입니다. 이 카테고리의 주요 목적은 정답이 없는 데이터를 분석하여 데이터 내의 숨겨진 구조를 찾아내는 데 있습니다.

〈표 2-9〉 비지도 카테고리의 위젯

| 위젯 | 설명 | 입력 | 출력 |
|---|---|---|---|
| Distance File | 거리 행렬을 저장한 파일을 로드 | 없음 | Distance file |
| Distance Matrix | 거리 행렬에서 거리 측정을 보여줌 | Distances | Distances, Table |
| t-SNE | t-분포 확률적 임베딩을 이용한 2차원 데이터 투영 | Data, Distances, Data subset | Selected data, Data |
| Correlations | 모든 속성 간 상관관계를 계산 | Data | Data, Features, Correlations |
| Distance Map | 항목 간 거리를 보여줌 | Distances | Data, Features |
| Hierarchical Clustering | 계층적 클러스터링 알고리즘을 사용하여 항목을 그룹화 | Distances | Selected data, Data |
| k-Means | k-평균 클러스터링 알고리즘을 사용하여 항목을 그룹화 | Data | Data, Centroids |
| Louvain Clustering | 루뱅 클러스터링 알고리즘을 사용하여 항목을 그룹화 | Data | Data, Graph |
| DBSCAN | DBSCAN 클러스터링 알고리즘을 사용하여 항목을 그룹화 | Data | Data |
| Manifold Learning | 비선형 차원 감소 | Data | Transformed data |
| Outliers | 이상치 감지 | Data | Outliers, Inliers, Data |

| 위젯 | 설명 | 입력 | 출력 |
|---|---|---|---|
| PCA | 입력 데이터의 PCA 선형 변환을 수행 | Data | Transformed data, Components |
| Neighbors | 참조에 따라 데이터의 가장 가까운 이웃을 계산 | Data, Reference | Neighbors |
| Correspondence Analysis | 범주형 다변량 데이터에 대한 대응 분석 | Data | Coordinates |
| Distances | 데이터셋에서 행 사이 또는 열 사이의 거리를 계산 | Data | Distances |
| Distance Transformation | 데이터셋에서 거리를 변환 | Distances | Distances |
| MDS | 다차원 척도(MDS)는 항목을 주어진 점 사이의 거리에 맞춰 평면에 투영 | Data, Distances, Data subset | Selected data, Data |
| Save Distance Matrix | 거리 행렬을 저장 | Distances | 없음 |
| Self-Organizing Map | 자기 조직화 지도의 계산 | Data | Selected data, Data |

### 3.3 애드온 옵션

오렌지3는 기본적으로 다양한 데이터 분석 기능을 제공하지만, 더욱 전문적이고 특화된 분석을 위해 애드온(add-on)을 활용할 수 있습니다. 애드온은 오렌지3의 기능을 확장해 주는 일종의 플러그인(plug-in)으로, 특정 분야의 분석이나 새로운 알고리즘을 지원합니다.

오렌지3 애드온은 일반적으로 오렌지3 내에서 간단한 설치 과정을 통해 추가할 수 있습니다. 오렌지3를 실행할 때 오렌지3 실행 바로 가기 아이콘에 마우스 오른쪽 버튼을 클릭하고 관리자 권한으로 실행을 선택하여 실행합니다. 오렌지3의 옵션-애드온 메뉴를 통해 원하는 애드온을 검색하고 설치하면 바로 사용할 수 있습니다. 설치된 애드온은 새로운 위젯이나 메뉴 항목으로 제공되어 오렌지3의 기본 인터페이스에서 사용할 수 있습니다.

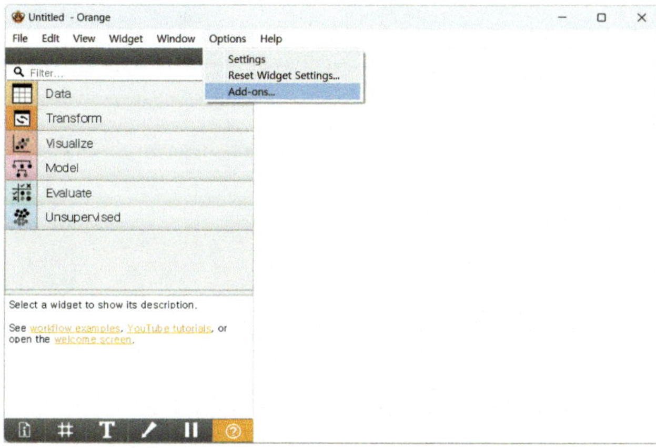


[그림 2-41] 오렌지3 애드온 옵션

대표적인 애드온으로는 이미지 데이터를 분석하기 위한 기능을 제공하는 Image Analytics 애드온, 텍스트 데이터를 분석하기 위한 다양한 기능을 제공하는 Text 애드온, 시계열 데이터를 분석하기 위한 기능을 제공하는 Timeseries 애드온, 생물정보학 데이터를 분석하기 위한 기능을 제공하는 Bioinformatics 애드온 등이 있습니다.

## 예제 2-3 이미지 분석 에드온 설치

**01** [그림 2-41] 처럼 메뉴 바-Options-Add-ons...를 선택하여 Installer 창을 엽니다.

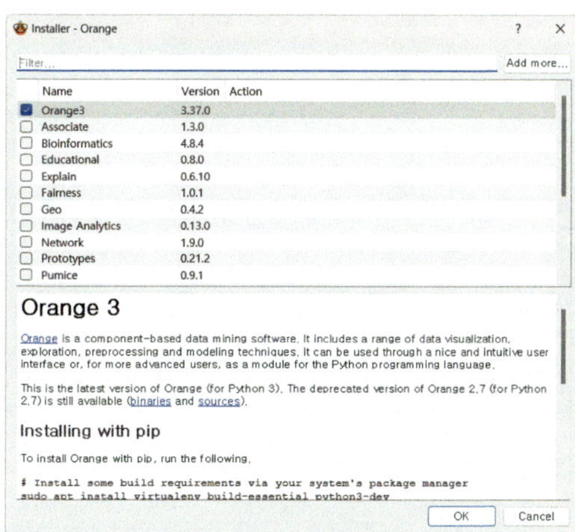


[그림 2-42] 애드온 Installer 창

**02** 곧장 Image Analytics를 선택하거나 Filter... 란에 검색한 후 Image Analytics를 선택합니다. Image Analytics에 대한 기본적인 설명을 아랫부분에서 확인합니다.

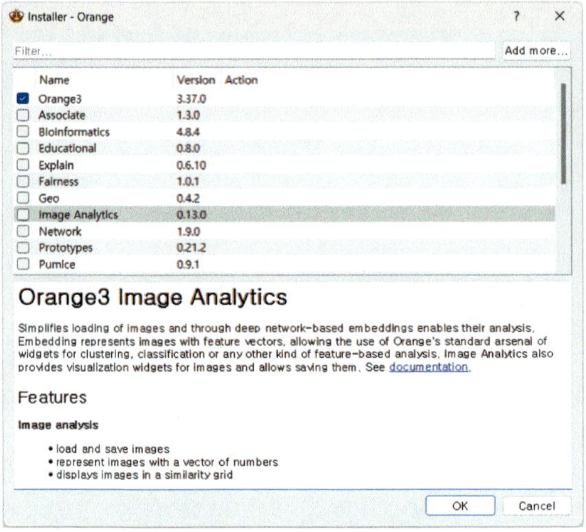


[그림 2-43] Image Analytics 애드온 선택

**03** 왼쪽의 체크박스를 클릭하고 OK 버튼을 클릭하면 애드온 설치가 진행됩니다. 복수 개의 애드온을 체크하고 함께 설치할 수 있습니다.

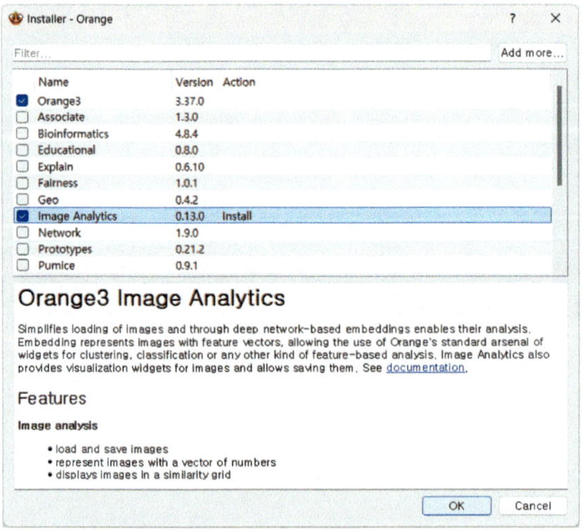


[그림 2-44] Image Analytics 애드온 설치 인가 화면

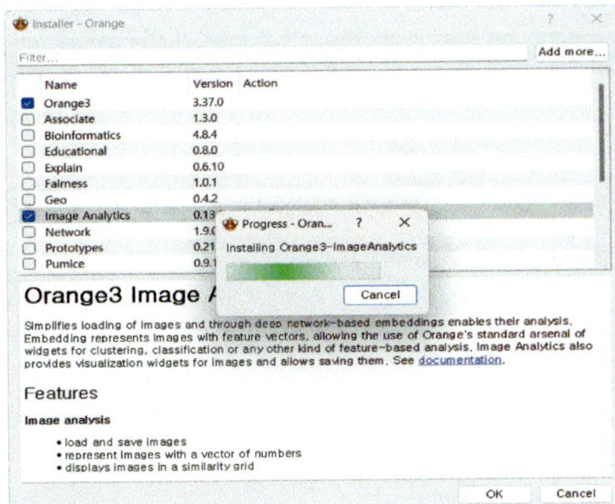


[그림 2-45] Image Analytics 애드온 설치 진행 화면

**04** 애드온 설치가 완료된 정보 창에서 OK를 클릭합니다. 그러면 오렌지3 앱이 종료되고 다시 실행됩니다.

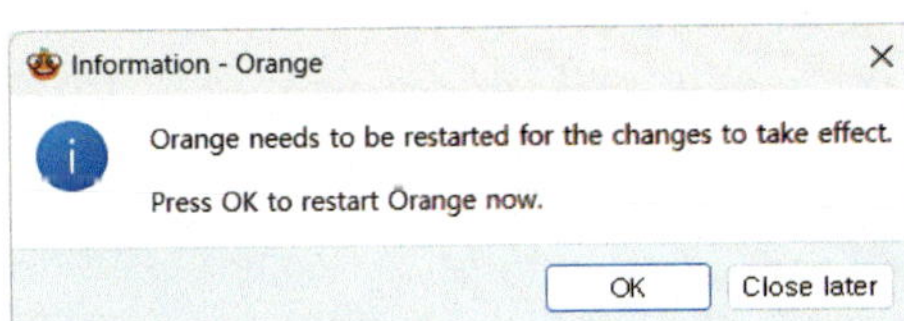


[그림 2-46] Image Analytics 애드온 설치 완료 화면

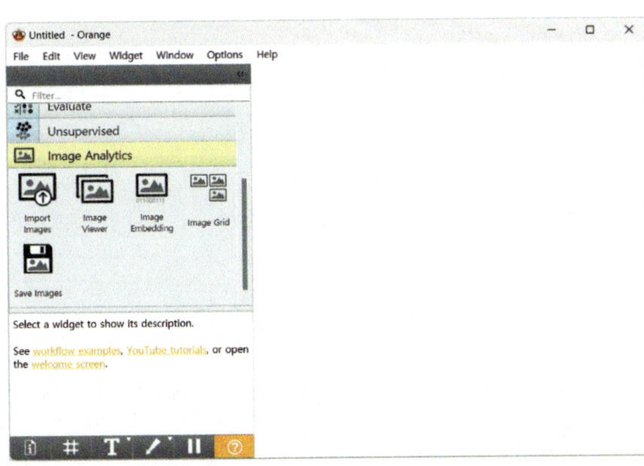


[그림 2-47] Image Analytics 애드온 설치 완료 후 위젯 팔레트

[그림 2-47]과 같이 위젯 팔레트에 Image Analytics 카테고리가 추가되었습니다.

## 02장 연습문제

**01** (                    )(은)는 류블랴나 대학교에서 개발한 오픈 소스 데이터 시각화, 머신러닝, 데이터 마이닝 프로그램이다.

**02** (                )(은)는 오렌지3에서 데이터 처리 과정의 각 단계를 담당하는 작은 구성 요소이다. 마치 레고 블록처럼 다양한 종류의 (                )(을)를 연결하여 하나의 데이터 분석 파이프라인을 구성할 수 있다.

**03** 오렌지3에 대한 설명으로 적절하지 않은 것은?

① 오렌지3는 머신러닝 기법들을 아주 쉽게 활용해 볼 수 있도록 지원해 주는 그래픽 기반의 도구이다.
② 오렌지3는 윈도우 운영체제에서만 설치할 수 있다.
③ 오렌지3의 초기 실행 화면은 크게 위젯과 캔버스로 구성되어 있다.
④ 특정 기능을 가지는 위젯들을 드래그 앤드 드롭 방식으로 연결함으로써 원하는 작업 진행이 가능하다.

**04** 오렌지3가 가진 주요 특징이 아닌 것은?

① 오렌지3는 드래그 앤드 드롭 인터페이스를 사용하여 사용자가 데이터 분석 파이프라인을 쉽게 생성할 수 있게 해준다.
② 분류, 회귀, 클러스터링, 데이터 전처리 및 시각화 도구를 포함한 다양한 데이터 분석 방법을 제공한다.
③ 데이터 탐색 및 분석을 위한 산점도, 박스 플롯, 히트맵 등의 강력한 시각화 기능을 제공한다.
④ 자바스크립트를 사용하여 사용자 지정 데이터 분석 및 처리를 진행할 수 있다.

**05** 오른쪽 그림의 위젯은 위젯 팔레트의 어느 카테고리에 들어있는가?

① Data    ② Transform
③ Visualize    ④ Model

**06** 오렌지3 워크플로우 파일의 확장명은?

① .csv ② .ows
③ .py ④ .xlsx

**07** 오른쪽 그림은 워크플로우의 부분으로 어떤 위젯의 모습인데 이 위젯의 입출력과 다른 위젯과의 연결에 대하여 설명하시오.

Data Table

# 스스로 해결하기

## 01 오렌지3 설치

윈도우가 아닌 다른 운영체제의 컴퓨터를 가지고 있다면, 다른 운영체제에 오렌지3를 설치해 보시오.

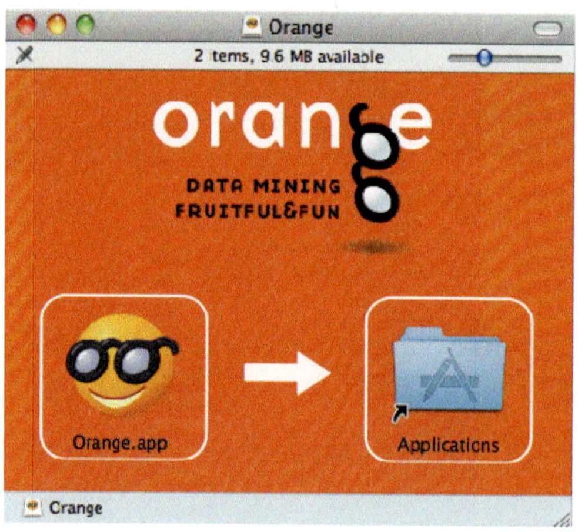


conda install orange3

### ? 해결전략

❶ 컴퓨터의 칩 종류와 운영체제를 확인한다.
❷ 오렌지3 다운로드 페이지에서 알맞은 방법을 찾는다.
(https://orangedatamining.com/download/)
❸ 안내된 방법대로 설치한다. 설치 경험을 다룬 블로그도 참고한다.
❹ 오렌지3를 실행한다.

# 03장

# 오렌지3로 하는 기초 통계

**학습 목표**

- 데이터셋을 이해하고 설명할 수 있다.
- 오렌지3를 이용하여 성적 데이터로부터 기초 통계를 요약할 수 있다.
- 성적 분포를 시각화하고 변수 간의 상관관계를 분석할 수 있다.

## 1 데이터셋

### 1.1 표 다루기

오렌지3에서 다루는 대부분의 데이터는 표에 담깁니다. 표는 [그림 3-1]과 같이 생겼습니다. 가로 방향을 행(row)이라 하고, 세로 방향은 열(column)이라고 부릅니다.

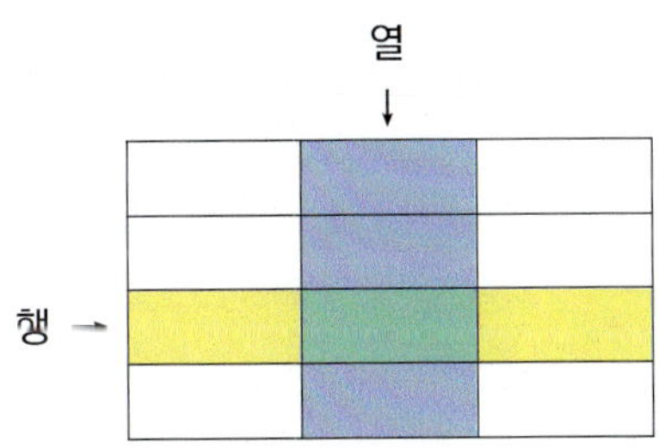


[그림 3-1] 표의 구조

표에 데이터를 넣어 보겠습니다. [그림 3-2]와 같이 2가지 방식이 가능할 것입니다. 현대 데이터 산업에서 오른쪽 방식이 아니라 왼쪽 방식을 채택하여 데이터를 입력하고 있습니다. 표는 데이터의 모음입니다. 즉 데이터셋(data set)이라고 합니다.

| 코드 | 기업명 | 종업원수 | 시작일 |
|---|---|---|---|
| E-2011 | 도움소 | 15 | 23-02-01 |
| L-1011 | 에이디 | 18 | 22-10-17 |
| E-1023 | 포인드 | 10 | 17-02-01 |

| 코드 | E-2011 | L-1011 | E-1023 |
|---|---|---|---|
| 기업명 | 도움소 | 에이디 | 포인드 |
| 종업원수 | 15 | 18 | 10 |
| 시작일 | 23-02-01 | 22-10-17 | 17-02-01 |

[그림 3-2] 표에 데이터 넣기

[그림 3-2]의 왼쪽 표에서 각 행은 기업 하나를 나타냅니다. 그리고 각 열은 각각의 기업이 가진 피처를 나타냅니다. 데이터 산업에서는 행과 열이라는 용어뿐만 아니라 같은 의미를 나타내지만 조금 더 전문적이고 다양한 용어들이 사용됩니다.

행은 다음과 같은 용어로 표현합니다. 우리가 연구하는 개체인 인스턴스(instance)라고도 합니다. 비슷한 의미인 사례 또는 경우의 뜻에서 샘플(sample) 또는 케이스(case)를 사용하기도 하고, 관측한 값이라는 의미로 관측값(observation)이라고도 하며, 기록이란 의미로 레코드(recode)라고도 합니다.

열은 피처(feature)라고도 합니다. 피처는 우리가 연구하는 개체의 일부 특징을 가리킵니다. 그 외에 속성(attribute), 변수(variable), 필드(field)도 열을 열을 의미하는 다른 표현입니다.

데이터셋을 살펴보면 한 건의 데이터는 한 행에 기록하고 그 데이터의 피처를 열로 구분한다는 것을 알 수 있습니다. 이를 이해하는 것이 데이터 과학에 입문하는 가장 중요한 시작점입니다.

오렌지3에서는 행을 인스턴스(instance)로, 열을 변수(variable)로 표현합니다. 또한 변수를 역할에 따라 feature와 target으로 구분하고 있습니다.

# 2 기초 통계

## 2.1 성적 데이터 통계

수강 학생의 성적 데이터를 분석해 봅시다.

### 데이터 준비하기

**예제 3-1** 수강 학생의 성적 데이터 준비

**01** 엑셀 또는 구글 스프레드시트로 간단한 데이터셋을 만듭니다. 11가지 열(학과, 학번, 성명, 학적변동일, 결석시수, 출석, 중간, 기말, 과제, 총점, 등급)에 대한 수강 학생 5명의 데이터를 [그림 3-3]처럼 파일을 작성한 후 파일명은 성적_데이터셋.xlsx로 저장합니다.

| | A | B | C | D | E | F | G | H | I | J | K |
|---|---|---|---|---|---|---|---|---|---|---|---|
| 1 | 학과 | 학번 | 성명 | 학적변동일 | 결석시수 | 출석 | 중간 | 기말 | 과제 | 총점 | 등급 |
| 2 | 영어영문학 | 249151 | 이안동 | 2024-03-04 | 0 | 10 | 29 | 30 | 30 | 99 | A+ |
| 3 | 영어영문학 | 249167 | 윤구미 | 2024-03-04 | 0 | 10 | 18 | 27 | 30 | 85 | B+ |
| 4 | 사회학 | 239100 | 최경주 | 2023-03-02 | 1 | 9.8 | 24 | 25 | 30 | 88.8 | B+ |
| 5 | 사회학 | 239103 | 박상주 | 2023-03-02 | 0 | 10 | 18 | 22 | 19 | 69 | C+ |
| 6 | 수학 | 249180 | 김영주 | 2024-03-04 | 3 | 9.3 | 17 | 24 | 24 | 74.3 | C+ |

[그림 3-3] 성적 데이터셋 엑셀 파일

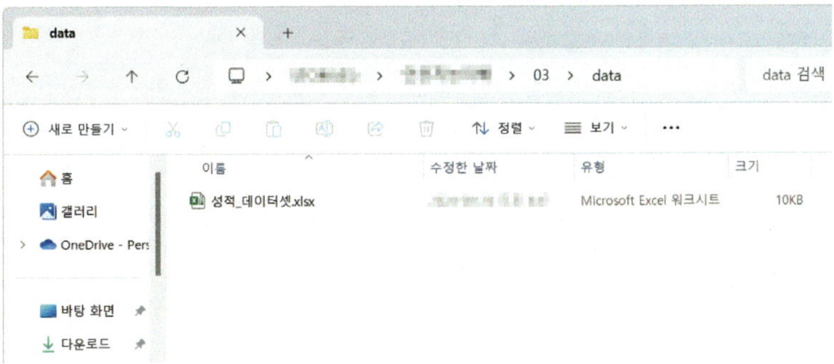


[그림 3-4] 성적 데이터셋 엑셀 파일 저장

## 데이터셋 불러오기

데이터셋를 오렌지3로 불러오기 위하여 File 위젯을 사용합니다. Source는 File을 통하여 컴퓨터에 저장된 파일을 불러올 수 있고, URL을 통하면 URL을 이용하여 데이터를 불러올 수 있습니다. Info를 통하여 데이터에 대한 정보(인스턴스의 개수, 변수의 개수)를 파악할 수 있습니다. Columns에서는 데이터를 사용할 수 있는 변수의 목록이 보이는데 이름(name), 타입(type), 역할(role), 값(value) 4개의 속성이 나타나 있습니다.

### 예제 3-2 성적 데이터셋 불러오기

**01** 오렌지3를 실행하고 새 워크플로우에서 시작합니다.

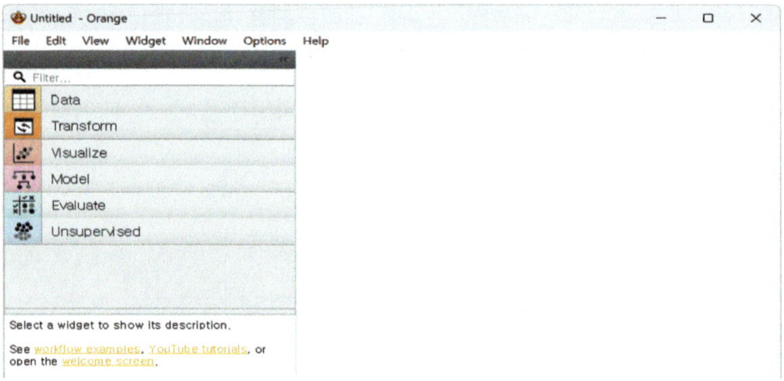


[그림 3-5] 오렌지3 시작하기

**02** 위젯 팔레트-Data-File을 선택합니다. 캔버스에 File 위젯이 추가되었습니다.

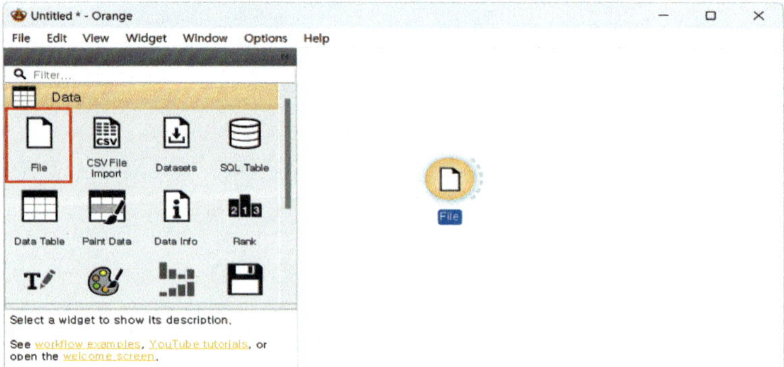


[그림 3-6] 오렌지3에서 데이터셋 불러오기 1

**03** File 위젯에서 마우스 오른쪽 버튼-Open을 선택합니다. File 위젯을 더블클릭 해도 됩니다.

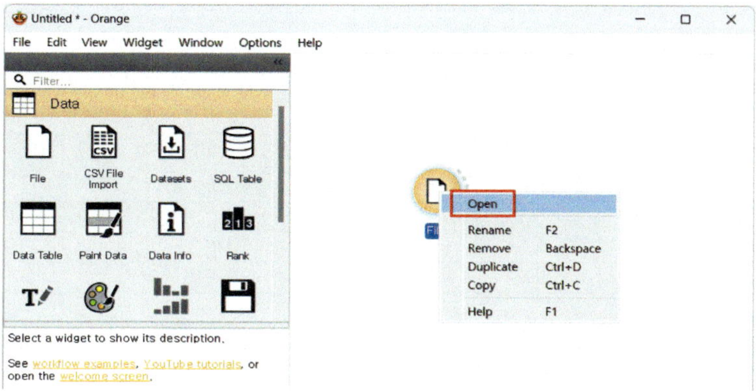

[그림 3-7] 오렌지3에서 데이터셋 불러오기 2

**04** File 창이 열리면 Source-File로 [예제 3-1]에서 작성한 엑셀 파일을 선택합니다.

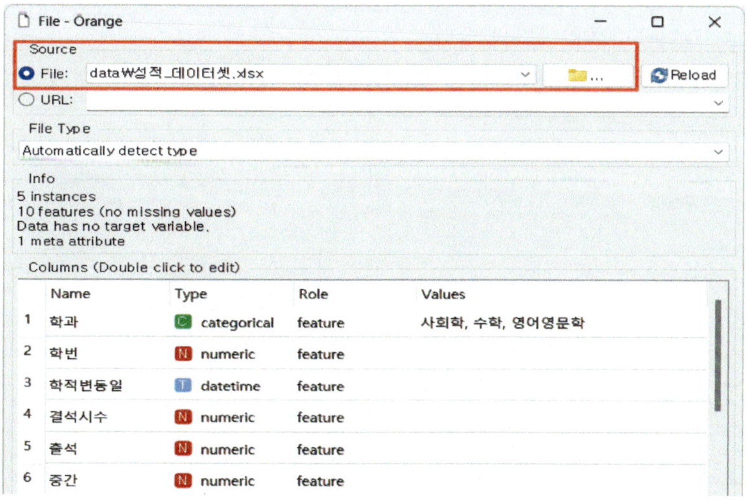

[그림 3-8] 오렌지3에서 데이터셋 불러오기 3

File 창의 Info를 살펴보면 오렌지3는 데이터셋으로부터 5개 인스턴스, 10개 피처, 1개 메타 속성을 탐지하였습니다. 11개 열 중 성명은 텍스트형, 메타 속성으로 처리되었습니다.

### 데이터 타입 확인 및 설정하기

데이터 타입은 수치형(numeric), 날짜형(datetime), 텍스트형(text), 범주형(categorical)이 있습니다. 데이터의 종류에 맞게 타입을 설정해야 데이터를 올바르게 분석할 수 있습니다.

〈표 3-1〉 데이터 타입의 종류

| 데이터 타입 | 설명 | 예시(파일: 성적_데이터셋.xlsx) |
|---|---|---|
| categorical | 정해진 개수의 범주로 나타나는 값 | 학과, 등급 |
| numeric | 수치 데이터 | 점수 등 |
| text | 문자열 | 성명 |
| datetime | 날짜, 시간 | 학적변동일 |

## 예제 3-3 데이터 타입 확인 및 설정

**01** File 창에서 확인할 수 있듯이 불러들인 데이터의 타입을 자동으로 지정해 줍니다. 하지만 잘못 지정되는 경우도 있기 때문에 타입 확인은 필요합니다. 수동으로 변경하면 굵은 표시가 나고 Apply 버튼을 클릭하면 변경된 타입으로 적용됩니다. 원래대로 되돌리려면 Reset 버튼을 클릭합니다.

학번은 수치형으로 탐지되었으나 피처의 역할을 하지 못하므로 텍스트형으로 변경합니다.

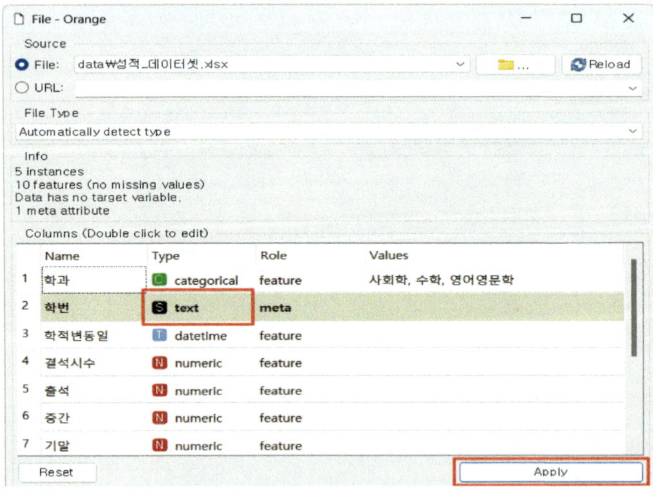


[그림 3-9] 데이터 타입 변경

## 데이터셋 확인하기

### 예제 3-4 성적 데이터셋 확인

**01** Data Table 위젯으로 스프레드시트 형식으로 데이터를 확인할 수 있습니다.

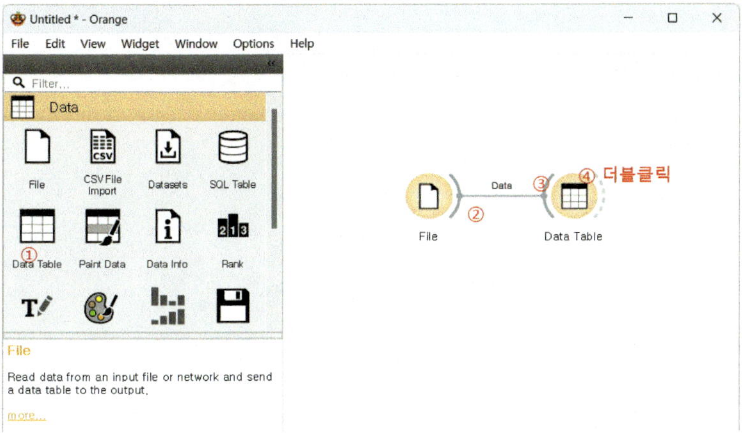


[그림 3-10] Data Table 위젯 추가

Data Table 창에서 Info를 통해 인스턴스의 개수, 변수의 종류 등의 데이터셋 정보를 파악할 수 있습니다. Variables는 데이터 표시 옵션을 설정할 수 있으며, 데이터 영역은 각 인스턴스의 정보를 확인할 수 있습니다.

데이터 영역에서 텍스트형 메타 속성의 학번과 성명은 맨 왼쪽 열에 위치하였습니다.

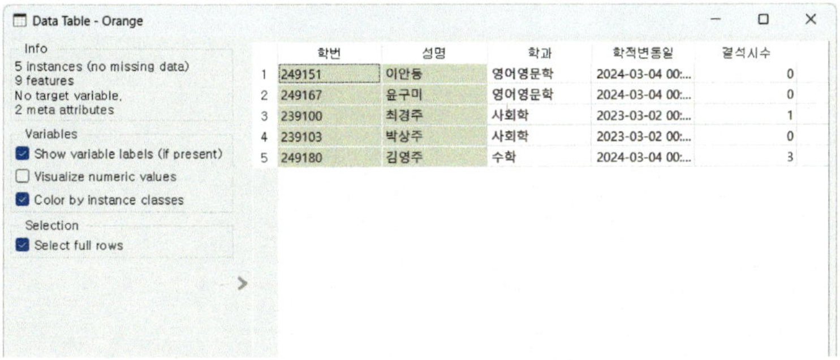


| | 학번 | 성명 | 학과 | 학적변동일 | 결석시수 |
|---|---|---|---|---|---|
| 1 | 249151 | 이안동 | 영어영문학 | 2024-03-04 00:... | 0 |
| 2 | 249167 | 윤구미 | 영어영문학 | 2024-03-04 00:... | 0 |
| 3 | 239100 | 최경주 | 사회학 | 2023-03-02 00:... | 1 |
| 4 | 239103 | 박상주 | 사회학 | 2023-03-02 00:... | 0 |
| 5 | 249180 | 김영주 | 수학 | 2024-03-04 00:... | 3 |

[그림 3-11] Data Table로 데이터셋 확인

## 기초 통계 요약하기

### 예제 3-5 성적 데이터의 기초 통계 요약

**01** Feature Statistics 위젯을 이용하여 기초 통계 요약을 진행해 봅니다. 먼저 위젯을 추가하고 연결합니다.

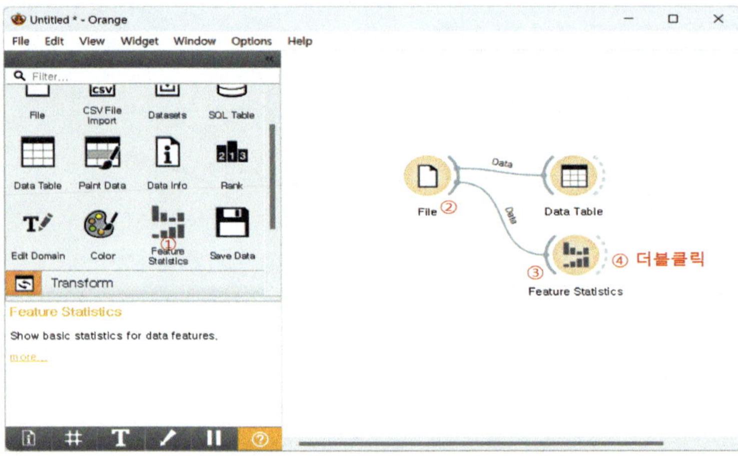


[그림 3-12] Feature Statistics 위젯 추가 및 연결

**02** Feature Statistics 위젯을 더블클릭 또는 마우스 오른쪽 버튼을 클릭하고 "Open"을 선택하여 기초 통계 조사를 수행합니다.

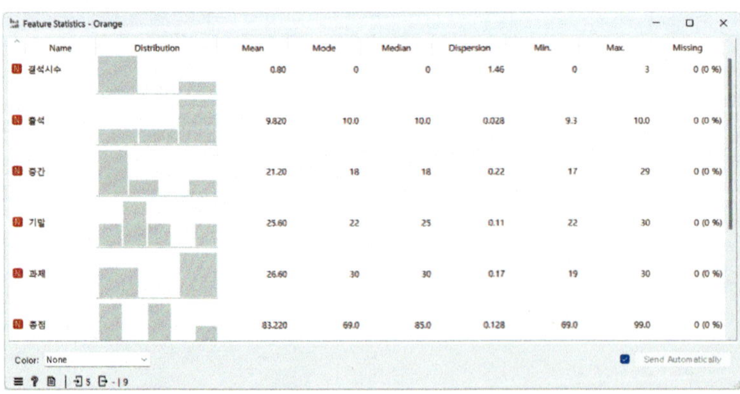


[그림 3-13] Feature Statistics로 통계 요약

Feature Statistics 창에서는 순서대로 분포, 평균, 최빈값, 중앙값, 분산, 최솟값, 최댓값, 결측치를 표시해 줍니다.

〈표 3-2〉 기초 통계량의 종류

| 종류 | 설명 |
|---|---|
| 분포(distribution) | 값이 범위를 일정한 크기로 나누어 빈도수가 나타낸 그래프 |
| 평균(mean) | 값들을 모두 더한 후 그 개수로 나누어 얻은 값 |
| 최빈값(mode) | 가장 자주 등장하는 값 |
| 중앙값(median) | 값들을 크기 순서대로 나열했을 때 가장 가운데에 위치하는 값 |
| 분산(dispersion) | 값들이 평균값에 밀접하여 있는지 퍼져 있는지 나타내는 척도 |
| 최솟값(min) | 값들 중 가장 작은 값 |
| 최댓값(max) | 값들 중 가장 큰 값 |
| 결측치(missing) | 데이터에 값이 없음, 누락된 데이터 |

**03** [예제 3-2]부터 [예제 3-5]까지의 실습을 오렌지3 워크플로우 파일 01_통계요약.ows로 저장합니다.

## 선택에 따른 통계 요약하기

### 예제 3-6 선택에 따른 통계 요약

**01** 선택별 통계 요약을 위하여 워크플로우를 [그림 3-14]처럼 조정합니다.

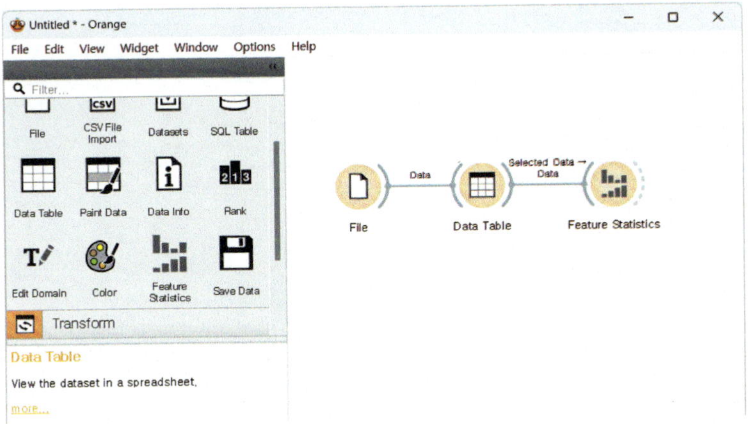


[그림 3-14] 워크플로우 재구성

**02** Data Table 창과 Feature Statistics 창을 동시에 열어두고 Data Table 창의 데이터 영역에서 1, 3, 5번째 데이터만 선택한다면, Feature Statistics 창에서는 선택된 이 세 가지 인스턴스에 대한 기초 통계량만 표시됩니다.

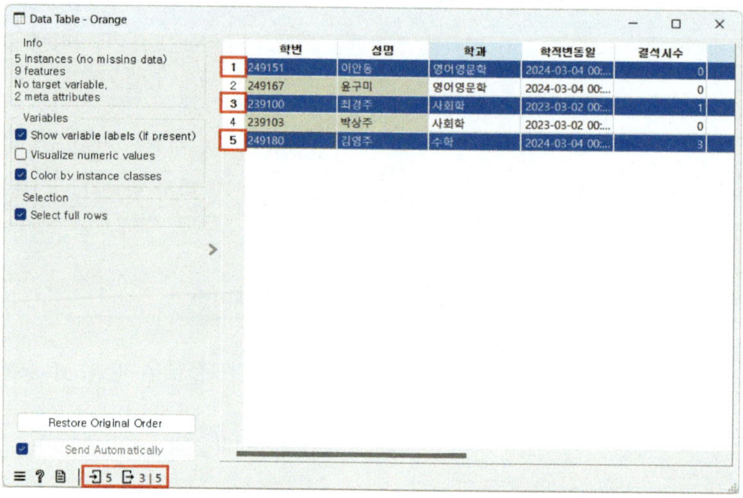

[그림 3-15] Data Table에서 데이터 선택

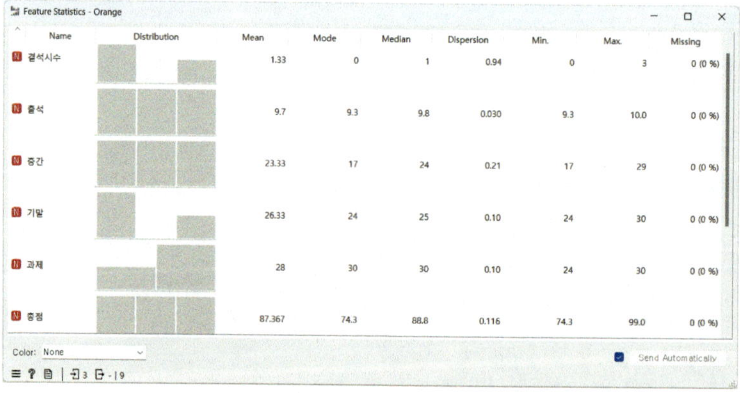

[그림 3-16] 선택별 기초 통계로 전환

**03** File-Save As ...를 클릭하여 오렌지3 워크플로우 파일 02_선택통계요약.ows로 저장합니다.

## 피벗 테이블 작성하기

### 예제 3-7 피벗 테이블 작성

**01** [그림 3-11]처럼 모든 데이터가 선택되지 않은 것으로 환원합니다.

**02** 피벗 테이블을 작성하기 위하여 Pivot Table 위젯을 캔버스에 추가합니다.

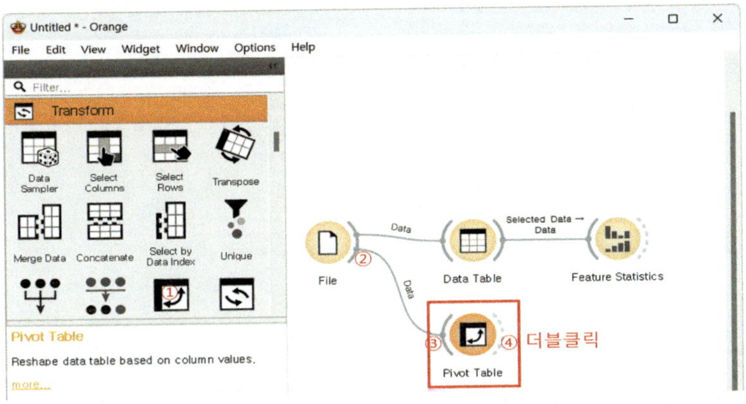


[그림 3-17] Pivot Table 위젯 추가 및 연결

**03** Pivot Table 위젯을 더블클릭 또는 마우스 오른쪽 버튼을 클릭하고 "Open"을 선택하여 피벗 테이블을 작성합니다. 행은 학과로, 열은 등급으로, 값은 없음으로 선택합니다.

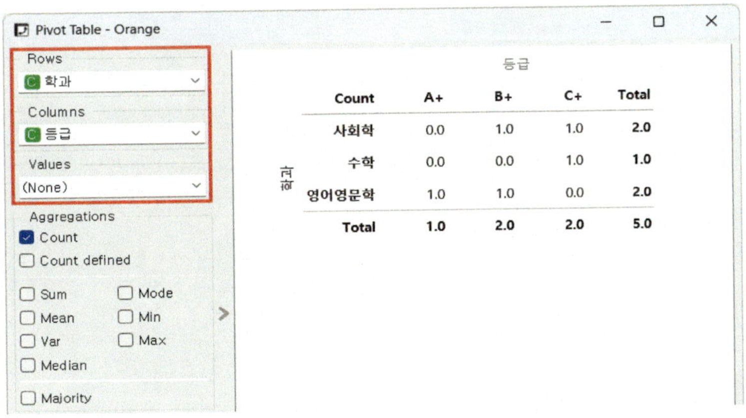


[그림 3-18] Pivot Table 작성하기

**04** 완성한 피벗 테이블을 저장하기 위하여 Save Data 위젯을 추가합니다.

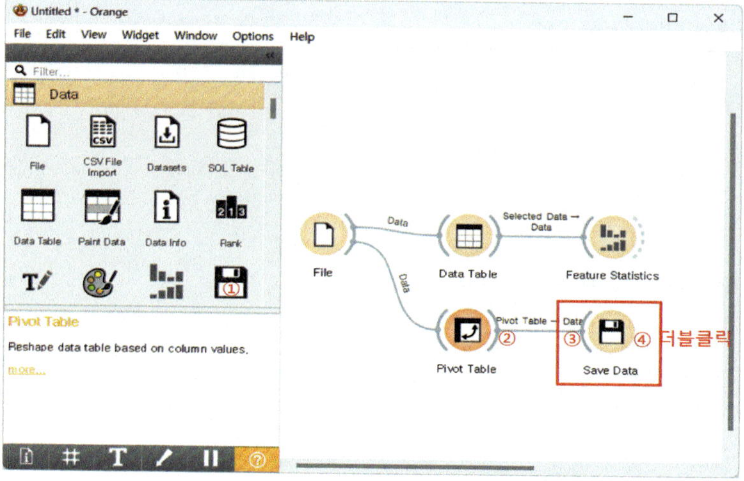


[그림 3-19] Save Data 위젯 추가 및 연결

**05** Save Data 위젯을 더블클릭 또는 마우스 오른쪽 버튼-Open하여 .csv 파일로 저장하기 위한 설정을 완료합니다. Save 버튼을 클릭하고 파일명을 지정하면 원하는 결과 파일을 저장하게 됩니다.

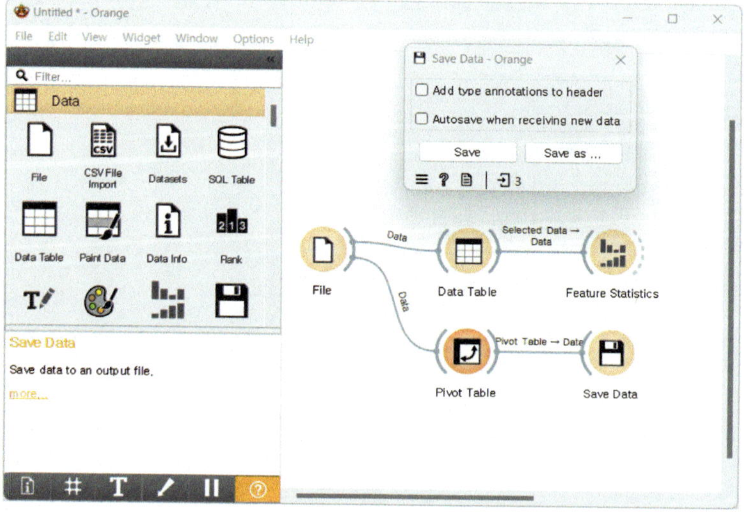


[그림 3-20] 피벗 테이블 저장하기

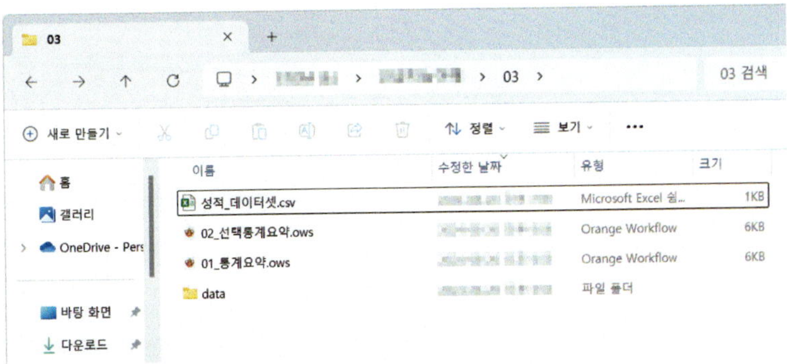

[그림 3-21] 피벗 테이블 .csv 파일 저장

**06** File-Save As ...를 클릭하여 오렌지3 워크플로우 파일 03_피벗테이블.ows로 저장합니다.

## 2.2 성적 데이터 시각화

통계에 의한 통찰을 쉽게 획득할 수 있게 도와주는 시각적인 도구를 살펴보겠습니다. 박스 플롯(Box Plot)과 산점도(Scatter Plot)를 소개합니다.

### 박스 플롯

박스 플롯은 데이터로부터 얻어낸 5가지 요약값인 최솟값, 제1사분위수, 제2사분위수, 제3사분위수, 최댓값을 표시한 그래프입니다.

변량 1, 3, 3, 4, 6, 6을 가지고 박스 플롯을 그려보면 [그림 3-22]를 얻습니다.

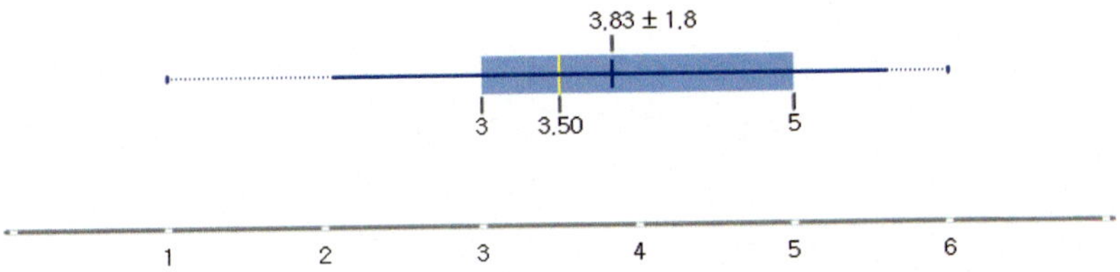


[그림 3-22] 박스 플롯

〈표 3-3〉 Box Plot의 표현

| 통계량 | 표현 |
|---|---|
| 평균 | 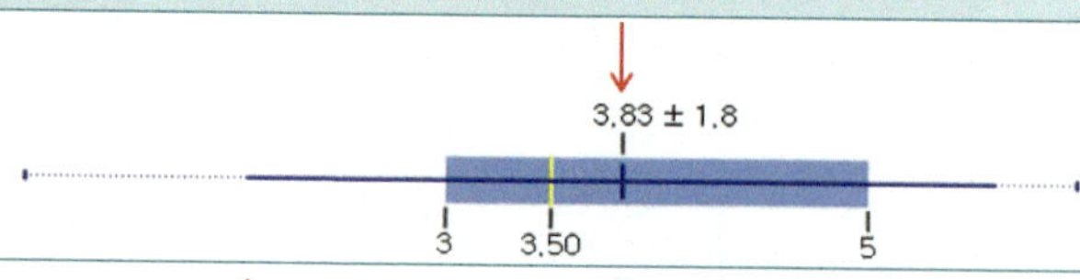 |
| 표준편차 | 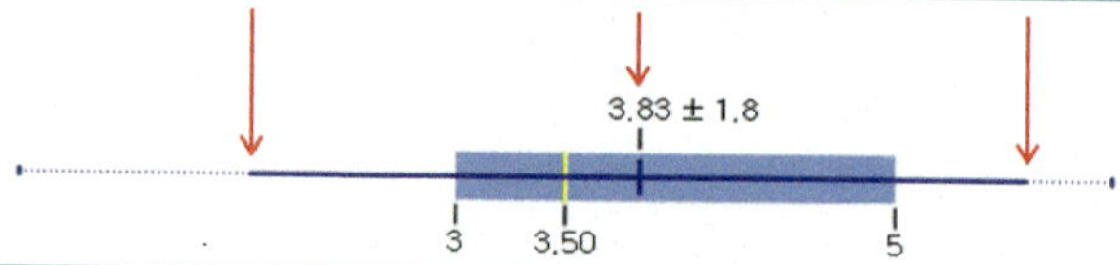 |
| 최솟값 | 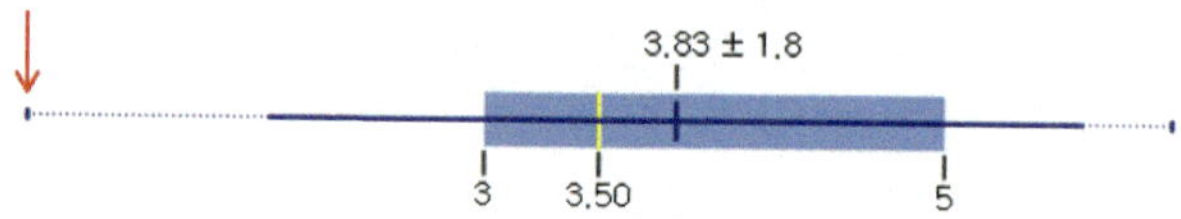 |
| 제1사분위수 | 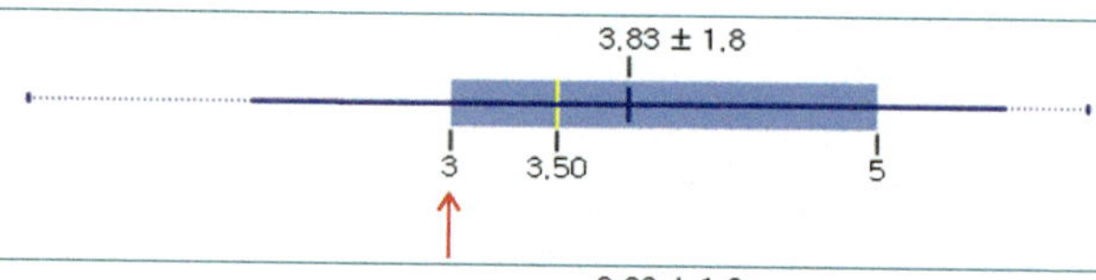 |
| 중앙값(제2사분위수) | 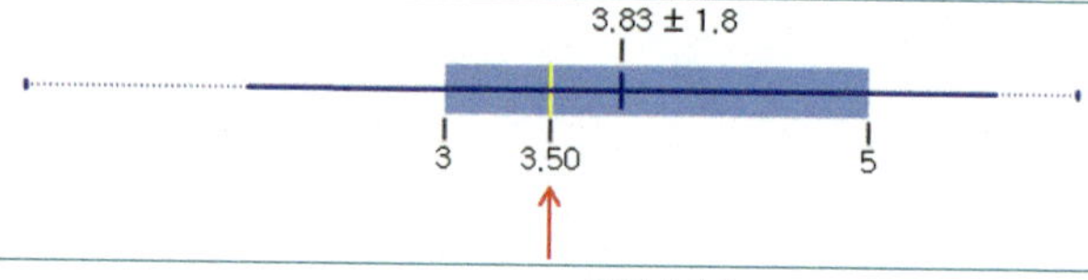 |
| 제3사분위수 | 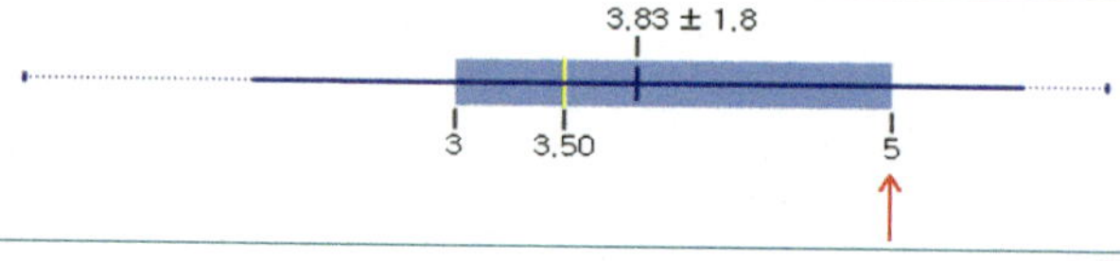 |
| 최댓값 | 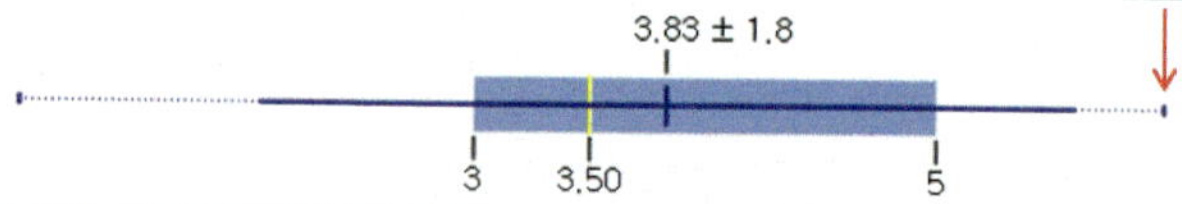 |

각각의 표현이 무엇을 나타내는지 알아보겠습니다. 중앙값이 변량을 값의 크기대로 차례로 늘어놓았을 때 그 중앙에 위치하는 값을 뜻합니다. 사분위수는 변량을 적은 것으로부터 1/4, 3/4 자리의 변량값을 이른 것으로 제1사분위수, 제3사분위수로 구분합니다. 중앙값은 제2사분위수와 똑같습니다.

가운데 큰 파랑 눈금선은 평균 3.83을, 가로 파랑 실선은 표준편차 ±1.8을, 왼쪽 작은 파랑 눈금선은 최솟값을, 상자(사각형) 왼쪽 끝은 제1사분위수 3을, 노랑 눈금선은 중앙값 3.50을, 상자 오른쪽 끝은 제3사분위수 5를, 오른쪽 작은 파랑 눈금선은 최댓값을 각각 표시하고 있습니다.

### 예제 3-8 성적 데이터 박스 플롯 확인

앞서 실습한 [예제 3-1] 데이터 준비, [예제 3-2] 데이터셋 열기, [예제 3-3] 데이터 타입 설정은 엑셀 파일 성적_데이터셋.xlsx로부터 동일하게 진행합니다.

**01** 오렌지3를 실행하고 새 워크플로우에서 시작합니다.

**02** 위젯 팔레트-Data-File을 선택합니다. 캔버스에 File 위젯이 추가되었습니다.

**03** File 위젯을 더블클릭해 File 창을 열고 Source-File로 엑셀 파일을 선택합니다.

**04** Columns에서 학번의 타입을 text로 변경합니다. File 창을 닫습니다.

**05** 위젯 팔레트-Visualize-Box Plot을 선택해 캔버스에 추가합니다.

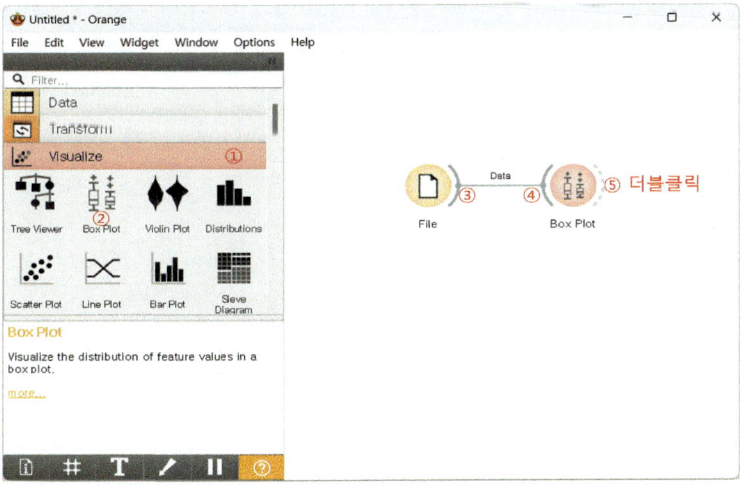


[그림 3-23] Box Plot 위젯 추가 및 연결

**06** Box Plot 위젯을 더블클릭 또는 마우스 오른쪽 버튼-Open하면 박스 플롯이 나타납니다. Box Plot 창의 Variable을 선택하면 피처별 박스 플롯을 확인할 수 있습니다.

Variable 결석시수를 선택하면 결석시수의 박스 플롯을 확인할 수 있습니다. 가운데 큰 파랑 눈금선은 평균 0.80을, 가로 파랑 실선은 표준편차 ±1.2를, 왼쪽 작은 파랑 눈금선은 최솟값을, 상자 왼쪽 끝은 제1사분위수 0을, 노랑 눈금선은 중앙값 0을, 상자 오른쪽 끝은 제3사분위수 1을, 오른쪽 작은 파랑 눈금선은 최댓값을 각각 표시하고 있습니다.

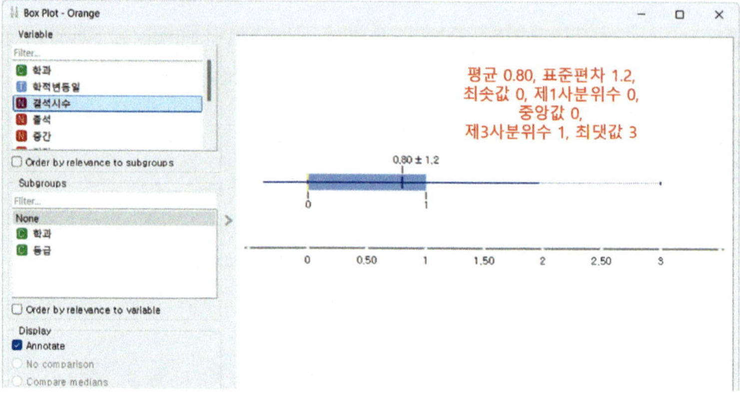


[그림 3-24] 결석시수의 박스 플롯

Variable 총점을 선택하면, 가운데 큰 파랑 눈금선은 평균 83.220을, 가로 파랑 실선은 표준편차 ±10.63을, 왼쪽 작은 파랑 눈금선은 최솟값을, 상자 왼쪽 끝은 제1사분위수 74.3을, 노랑 눈금선은 중앙값 85.0을, 상자 오른쪽 끝은 제3사분위수 88.8을, 오른쪽 작은 파랑 눈금선은 최댓값을 각각 표시하고 있습니다.

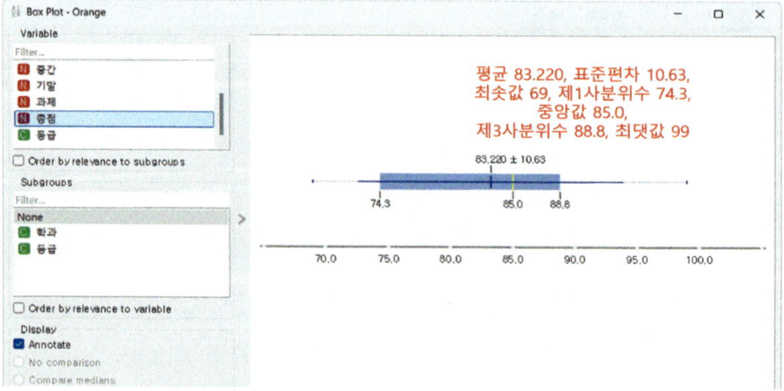


[그림 3-25] 총점의 박스 플롯

**07** 오렌지3 워크플로우 파일 04_박스플롯.ows로 저장합니다.

## 산점도

산점도는 도표 위에 두 변수 X와 Y 값이 만나는 지점을 표시한 그래프입니다. 이 그래프를 통해 두 변수 사이의 관계를 파악할 수 있습니다.

### 예제 3-9 성적 데이터 산점도 확인

앞서 실습한 [예제 3-1] 데이터 준비, [예제 3-2] 데이터셋 열기, [예제 3-3] 데이터 타입 설정은 엑셀 파일 성적_데이터셋.xlsx로부터 동일하게 진행합니다.

**01** 오렌지3를 실행하고 새 워크플로우에서 시작합니다.

**02** 위젯 팔레트-Data-File을 선택합니다. 캔버스에 File 위젯이 추가되었습니다.

**03** File 위젯을 더블클릭해 File 창을 열고 Source-File로 엑셀 파일을 선택합니다.

**04** Columns에서 학번의 타입을 text로 변경합니다. File 창을 닫습니다.

**05** 위젯 팔레트-Visualize-Scatter Plot을 선택해 캔버스에 추가합니다.

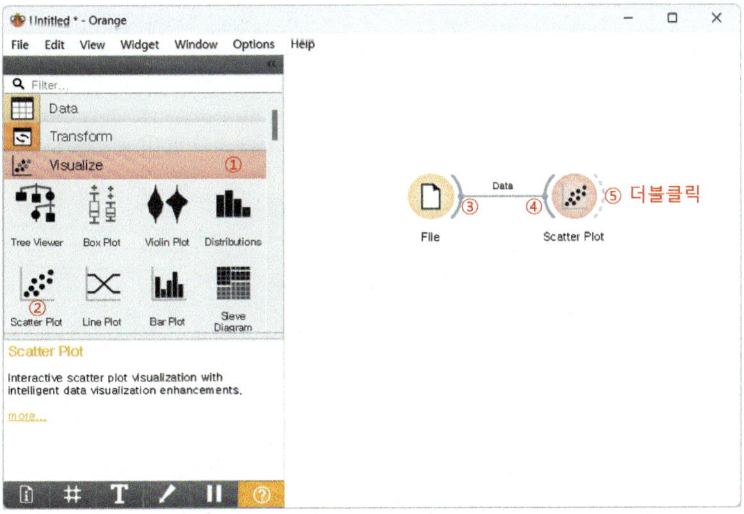


[그림 3-26] Scatter Plot 위젯 추가 및 연결

**06** Scatter Plot 위젯을 더블클릭 또는 마우스 오른쪽 버튼-Open하면 Scatter Plot이 나타납니다.

**07** Scatter Plot 창에서 x축 결석시수를, y축 기말을 선택합니다. 결석시수와 기말의 관계를 나타내는 산점도가 완성되었습니다.

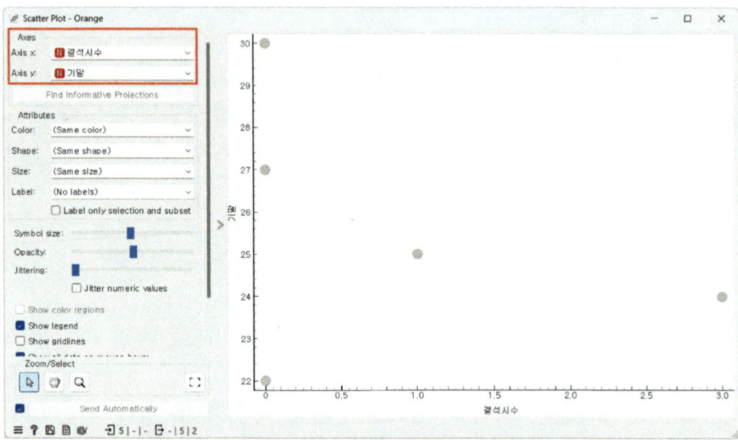


[그림 3-27] 결석시수와 기말의 관계를 나타내는 산점도

**08** Show regression line을 체크합니다. 회귀 직선이 표시됩니다.

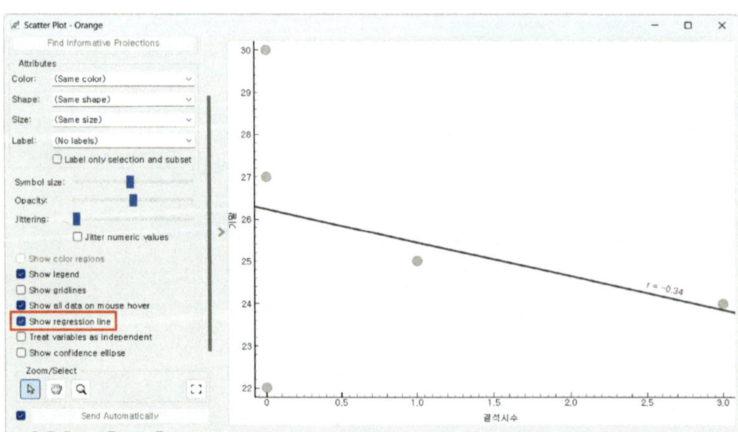


[그림 3-28] 산점도에 회귀 직선 표시

**09** Label 성명을 선택합니다. 각 점에 해당하는 레이블이 표시됩니다.

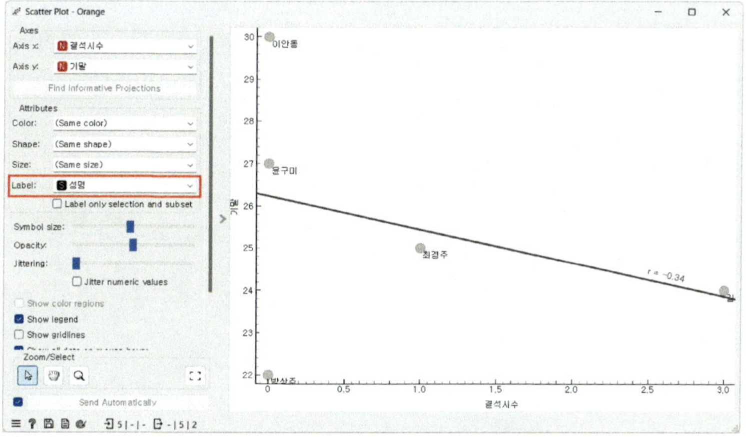


[그림 3-29] 산점도에 성명 레이블 표시

**10** Size 총점을 선택합니다. 점의 크기가 총점을 따라서 표시됩니다.

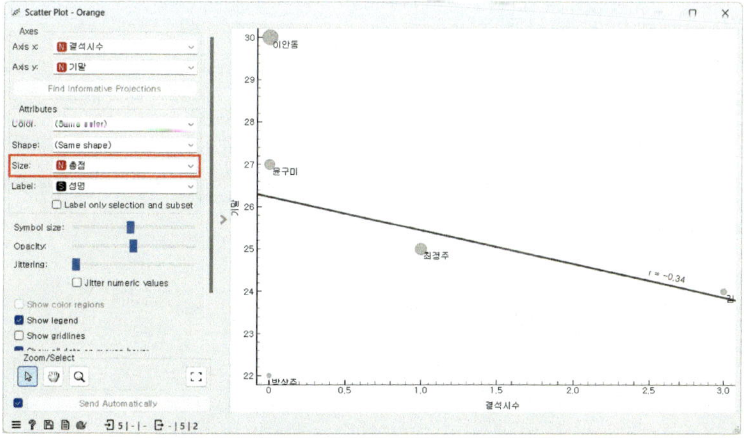


[그림 3-30] 점의 크기를 총점에 따라 표시

인스턴스의 수가 적으나 결석시수와 총점은 약한 음의 상관관계에 있다고 분석할 수 있습니다.

**11** 오렌지3 워크플로우 파일 05_산점도.ows로 저장합니다.

## 03장 연습문제

**01** (                    )(이)란 특정 목적을 위해 수집되거나 생성된 데이터의 집합을 의미합니다. (                    )(은)는 행과 열로 구성됩니다.

**02** 다음 중 범주형 데이터에 해당하는 것은?

① 나이 ② 키 ③ 성별 ④ 온도

**03** 다음 중 통계 자료에서 변량을 크기 순서대로 늘어놓았을 때 그들의 한가운데 있는 값을 무엇이라고 하는가?

① 대푯값 ② 중앙값 ③ 최빈값 ④ 평균

**04** 데이터셋에서 결측치란 무엇을 의미하는가?

① 데이터값이 존재하지 않는 부분
② 데이터값이 너무 큰 부분
③ 데이터값이 너무 작은 부분
④ 데이터값이 다른 값과 일치하지 않는 부분

**05** 다음 중 박스 플롯에 대한 설명으로 부적절한 것은?

① 자료의 크기 순서를 나타내는 5가지 통계량(최솟값, 제1사분위수, 중앙값, 제3사분위수, 최댓값)을 이용하여 시각화하는 방법이다.
② 사분위수를 한눈에 볼 수 있다.
③ 자료의 범위를 개략적으로 알 수 있다.
④ 상자(직사각형)는 데이터의 중간 100%를 보여준다.

**06** 다음 중 산점도에 대한 설명으로 옳지 않은 것은?

① 직교 좌표계를 이용하여 좌표상의 점들을 표현하는 시각화 기법이다.
② 관계 시각화의 유형이다.
③ 두 변수 사이의 상관관계는 알 수 없다.
④ 데이터가 많을 때 유용하다.

# 스스로 해결하기

## 01 데이터 시각화

공공데이터포털(https://www.data.go.kr/)에서 국방부_공군 신체측정정보(남) 데이터를 다운로드받은 다음 키와 몸무게에 대한 산점도를 작성하시오.

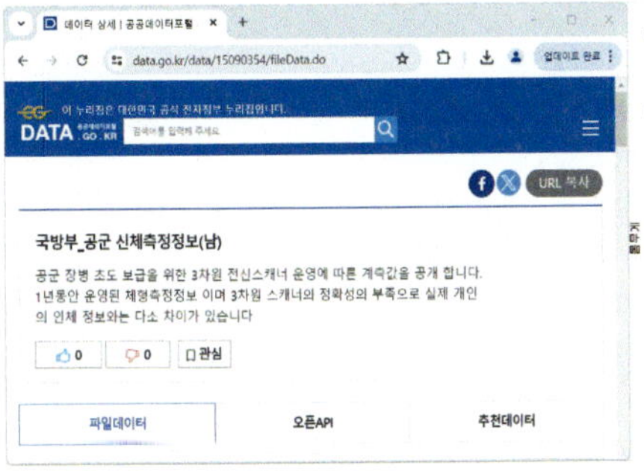


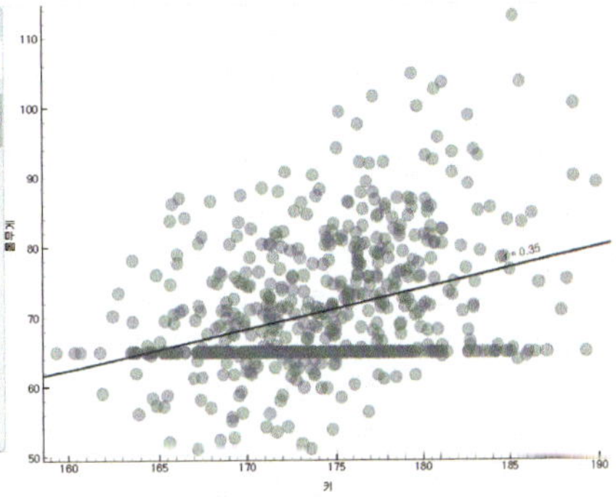

### 해결전략

❶ 국방부_공군 신체측정정보(남) 데이터를 다운로드 받는다.
❷ 오렌지3에서 File 위젯을 놓는다.
❸ Source를 설정한다.
❹ Scatter Plot 위젯을 추가하고 File 위젯과 연결한다.
❺ Axes를 설정한다.
❻ Show regression line을 체크한다.

PART

# Ⅱ 데이터 분석

# 04장

# 데이터 수집 및 정제

**학습 목표**

- 다양한 데이터 소스(예: 웹, 데이터베이스, API)에서 데이터를 효과적으로 수집하는 방법을 이해하고, 각 방법의 장단점을 설명할 수 있다.
- 수집한 데이터의 결측치 처리, 중복 제거, 이상치 탐지 및 수정 등의 전처리 작업을 수행하고, 각 단계에서 수행한 작업의 필요성과 방법을 설명할 수 있다.
- 여러 소스에서 수집된 데이터를 통합하여 하나의 일관된 데이터셋으로 만드는 과정에서 발생하는 문제를 이해하고, 데이터 병합 을 활용하여 이를 해결할 수 있다.

## 1 데이터 수집

### 1.1 데이터 분석 절차

데이터 분석이란 복잡한 문제를 해결하기 위해 체계적이고 단계적인 접근 방식을 요구합니다. 이 절차는 문제 정의, 데이터 정의, 데이터 수집, 데이터 전처리, 분석, 모델링, 평가의 7단계로 구성됩니다. 각각의 단계는 성공적인 데이터 분석의 필수적 요소입니다. 아래의 [그림 4-1]은 데이터 분석의 절차를 나타내었습니다.

데이터 분석의 1단계는 문제를 명확히 정의하는 것입니다. 이 단계에서는 분석의 목적과 목표를 설정합니다. 해결하려는 문제를 구체적으로 정의하고, 성공 기준을 명확히 설정해야 합니다. 예를 들어, 고객 이탈률을 줄이는 것이 목표라면, 현재의 이탈률을 파악하고 목표 이탈률을 설정하는 것이 중요합니다. 이처럼 문제를 명확히 정의함으로써 분석 과정에서 집중해야 할 핵심 요소를 도출할 수 있습니다. 데이터 분석의 2단계는 데이터 정의입니다. 문제를 정의한 후 이를 해결하기 위하여 필요한 데이터를 정의합니다. 이 단계에서는 분석에 필요한 데이터의 종류와 범위를 명확히 해야합니다. 데이터는 어디에서 얻을 수 있는지, 데이터의 주요 속성은 무엇인지 파악하는 것이 중요합니다. 예를 들어, 고객 이탈률 분석을 위해 고객의 거래 내역, 고객 서비스 이용 기록, 인구통계학적 정보 등의 데이터가 필요합니다. 필요한 데이터가 명확해지면 데이터 수집 단계에서 실제 데이터를 수집합니다. 3단계인 데이터 수집 단계에서는 다양한 형식의 데이터를 얻을 수 있으며, 수집 방법도 매우 다양합니다. 데이터베이스, API, 국내외 공개된 데이터를 웹 크롤링 등의 방식을 통해 데이터를 수집할 수 있습니다. 수집된 데이터는 분석을 위해 안전하게 저장되고 관리되어야 합니다. 이 단계에서는 데이터의 품질을 보장하기 위해 정확성과 일관성을 확인하는 과정도 포함됩니다. 데이터 수집이 완료되면, 수집된 데이터를 분석할 준비가 완료됩니다. 수집한 데이터를 분석하기 전에 데이터의 구조와 특성을 파악합니다. 데이터의 분포를 확인하고, 변수 간의 관계를 분석합니다. 이를 통해 데이터의 이상값이나 결측값을 발견하고 처리할 수 있습니다. 데이터 이해 단계는 탐색적 데이터 분석(EDA)을 포함하며, 기술 통계량을 확인하고 데이터를 시각화하여 데이터의 패턴과 특성을 파악합니다. 예를 들어, 히스토그램이나 박스 플롯을 사용하여 데이터의 분포를 시각적으로 확인할 수 있습니다. 데이터의 분석의 5단계는 데이터 전처리 단계에서 파악한 내용을 바탕으로 본격적인 분석을 수행하는 단계입니다. 다양한 분석 기법을 활용하여 데이터를 심층적으로 분석합니다. 기술 통계량을 계산하고, 데이터의 패턴을 파악하며, 가설을 검증합니다. 분석 과정에서 데이터 시각화를 통해 인사이트를 도출하고, 데이터의 특성을 명확히 이해합니다. 예를 들어, 고객 이탈률 분석에서는 이탈 고객과 비이탈 고객의 특성을 비교하고, 이탈의 주요 원인을 파악할 수 있습니다. 6단계는 분석 결과를 바탕으로 적합한 모델을 선택하고 학습하는 단계입니다. 모델링 단계에서는 문제를 해결하기 위한 최적의 모델을 선택하고, 훈련 데이터를 사용하여 모델을 학습시킵니다. 예를 들어, 회귀 분석, 분류 모델, 군집 모델 등을 사용할 수 있습니다. 마지막 7단계는 모델의 성능을 평가하고, 필요에 따라 모델을 개선하고, 모델의 성능을 평가하는 것입니다. 이 단계에서는 모델의 성능을 다양한 지표를 사용하여 평가합니다. 모델의 성능을 평가한 후, 오버피팅(Overfitting)이나 과소적합(Underfitting)의 문제를 확인하고 해결해야 합니다. 모델을 개선하기 위해 추가적인 데이터 수집이나 새로운 특징을 도입할 수도 있습니다. 최종적으로 최적의 모델을 선정하고, 이를 실무에 활용합니다.

이와 같이 데이터 분석 절차는 체계적으로 데이터를 분석하고, 유의미한 결과를 도출하여, 이를 실무에 적용하는 데 필수적입니다. 각 단계는 프로젝트의 특성에 따라 유동적으로 조정될 수 있으며, 필요에 따라 반복될 수 있습니다. 이러한 절차를 통해 데이터 기반의 의사결정을 지원하고, 비즈니스 문제를 효과적으로 해결할 수 있습니다.

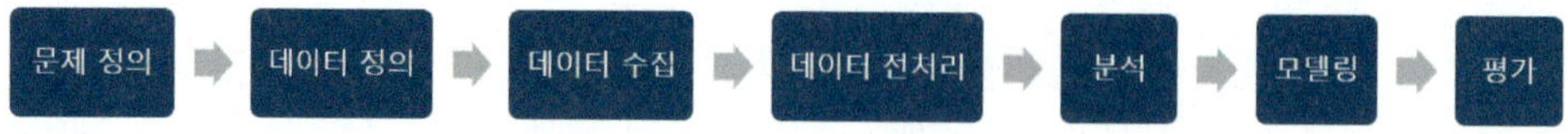


[그림 4-1] 데이터 분석 절차

## 1.2 데이터 수집의 중요성

데이터 수집은 다양한 소스에서 다양한 형식의 데이터를 수집하여 분석 가능한 형태로 변환하는 과정을 포함합니다. 이는 데이터 분석의 품질과 정확성에 중대한 영향을 미칩니다. 데이터 수집의 중요성은 분석의 결과를 결정짓는 요소 중 하나입니다. 정확한 정보의 데이터 수집은 정확한 분석 결과를 도출하는 데 결정적인 역할을 하며, 데이터 수집 단계에서 발생할 수 있는 오류나 부정확성은 이후 분석 과정에 큰 영향을 미칠 수 있습니다.

따라서 데이터 수집 단계에서는 데이터의 출처와 품질을 신중하게 고려해야 하며, 적절한 데이터 수집 방법과 도구를 선택하여 데이터를 정확하게 수집하고 관리하는 것이 데이터 분석의 효율성을 높이는 핵심 요소입니다. 데이터 수집은 필요한 정보를 시스템의 외부 또는 내부에서 정기적 또는 비정기적으로 수집하여 데이터 분석에 활용됩니다.

데이터를 수집하는 과정에는 여러 중요한 요소들을 고려해야 합니다. 첫째, 데이터 수집 과정에서는 데이터의 출처가 신뢰할 수 있는지를 판단하는 것이 매우 중요하다. 데이터의 출처가 불명확하거나 정확성이 의심스러운 경우, 그 데이터로부터 얻는 분석 결과도 신뢰성이 떨어질 수 있습니다. 두 번째, 데이터 수집 과정에서는 데이터의 품질을 유지하는 것은 필수요소입니다. 데이터가 정확하고 완전하며 일관성 있세 수집되어야 후에, 이를 바탕으로 한 데이터 분석이 신뢰할 수 있는 결과를 도출할 수 있습니다. 세 번째는 적절한 데이터 수집 방법과 도구의 선택입니다. 데이터 수집 방법과 도구는 데이터의 특성과 수집 대상에 따라 선택되어야 합니나. 대용량의 데이터를 다루어야 할 경우에는 데이터베이스와 같은 관계형 데이터베이스 시스템을 이용하는 것이 적합할 수 있으며, 데이터의 복잡성에 따라 다양한 데이터 수집 방법을 적용할 수 있습니다. 마지막으로 고려해야 할 사항은 데이터 수집 과정에서는 데이터 보안과 개인정보 보호에 대한 주의가 필요합니다. 데이터 수집 시 발생할 수 있는 보안 위협을 방지하기 위해 적절한 보안 정책과 절차를 마련하는 것이 중요합니다. 결론적으로 데이터 수집은 데이터 분석의 기반을 이루는 중요한 단계입니다. 올바르고 정확한 데이터 수집을 통해 분석의 품질과 결과를 높일 수 있으며, 이는 기업이나 조직이 데이터를 기반으로 한 전략적인 결정을 내릴 수 있는 중요한 요소입니다. 따라서 데이터 수집 단계에서의 신중한 계획과 실행은 사용자의 의도에 맞는 데이터 분석의 성패를 좌우할 수 있습니다.

데이터 선정의 기준은 데이터 수집의 품질과 프로젝트의 성공, 그리고 진행 여부에 중요한 역할을 합니다. 데이터 선정 시 가장 우선적으로 고려해야 할 요소는 수집 가능성입니다. 아무리 유용한 데이터라도 수집이 어렵거나 수집 주기를 통제할 수 없다면, 이를 활용한 데이터 분석 결과의 정확성과 일관성을 보장하기 어렵습니다. 또한, 수집이 용이하더라도 데이터를 서비스에 활용하기 위한 전처리와 후처리 비용이 과도하게 높다면, 이는 효과적인 데이터 선정이라고 할 수 없습니다. 또한 수집한 데이터가 개인정보 보호나 저작권 문제를 야기하지 않는지 반드시 확인해야 합니다. 데이터에 개인정보 보호 위반이나 저작권 침해 문제가 발생하면, 서비스 이용 시 심각한 문제가 생길 수 있으므로 이를 면밀히 검토해야 합니다. 특히 개인정보를 포함하는 데이터의 경우, 데이터 보호법과 같은 법적, 윤리적 요구사항을 준수해야 합니다. 수집한 데이터가 서비스에서 요구하는 세부 항목들을 정확하게 포함하고 있는지 검토하는 것은 필수적입니다. 목적에 맞게 데이터를 효과적으로 수집하기 위해서는 사전 처리 과정이 필요하며, 수집 후 데이터를 적절하게 활용할 수 있도록 사후 처리 계획도 세워야 합니다. 이러한 요소들은 데이터 수집의 난이도를 결정하며, 프로젝트의 초기 단계에서 이러한 요소들을 충분히 고려하여 계획을 세우는 것이 중요합니다.

공공데이터란 정부, 공공기관, 지방자치단체 등 공공기관에서 생산하거나 관리하는 데이터를 의미합니다. 이러한 데이터는 국민의 삶의 질 향상, 사회 문제 해결, 혁신적인 서비스 개발 등을 위해 누구나 자유롭게 접근하고 활용할 수 있도록 개방됩니다. 공공데이터에는 교통 정보, 기상 정보, 통계 데이터, 지도 정보 등 다양한 분야의 정보가 포함되며, 법률에 따라 개인정보나 기밀 사항이 제외된 형태로 제공됩니다.

정확한 데이터 분석을 위한 성공적인 데이터 수집을 위한 세부 계획을 수립하는 과정은 다음과 같습니다. 먼저, 프로젝트의 목표를 근거로 필요한 데이터의 유형, 양, 품질을 명확하게 정의합니다. 그 후 필요한 데이터를 제공할 수 있는 내부 및 외부 데이터 소스를 식별하며, 이 과정에서 데이터의 접근성, 법적 제약, 비용, 신뢰성 등을 평가합니다.

데이터가 조직 내부의 다른 시스템과 연계되어야 할 경우, 인터페이스와 연계 방식을 신중히 계획해야 합니다. 데이터 수집 빈도, 저장 방식, 실시간 수집 필요 여부, 배치 처리 가능성 등을 고려해야 하며, 수집된 데이터를 분석에 적합하게 만들기 위한 데이터 전처리 및 정제 작업도 함께 계획해야 합니다. 또한 데이터의 품질을 보장하기 위한 절차를 설정하고, 수집 프로세스를 테스트하여 실제 운영 환경에서의 실행 가능성과 정확성을 검증해야 합니다. 이러한 체계적인 과정을 통해 데이터 수집이 프로젝트 목표에 부합하고, 분석의 질을 높일 수 있습니다.

## 1.3 데이터 유형 및 수집방법

### 데이터 유형

데이터는 여러 가지 형태로 존재하며, 각 형태는 고유의 특성과 용도를 가지고 있습니다. 이를 크게 정형 데이터, 반정형 데이터, 비정형 데이터로 나눌 수 있습니다.

첫 번째, 정형 데이터는 미리 정해진 데이터 모델에 따라 조직화된 데이터를 말합니다. 이러한 데이터는 행과 열로 구성된 테이블 형태로 존재하며, 데이터베이스 시스템에서 쉽게 검색, 저장, 조회할 수 있습니다. 주로 CSV(.csv), 엑셀 파일(.xlsx), SQL 데이터베이스(.sql), 데이터베이스 파일(.db) 형식으로 저장됩니다. 정형 데이터는 명확한 구조 덕분에 관리와 처리가 용이합니다.

두 번째, 비정형 데이터는 특정한 형태나 모델이 없이 다양한 형식으로 존재하는 데이터를 의미합니다. 텍스트 파일(.txt), 이미지 파일(.jpg, .png), 비디오 파일(.mp4), PDF 파일(.pdf)등과 같은 형식이 이에 해당합니다. 이메일, 소셜 미디어 등도 비정형 데이터에 포함됩니다. 비정형 데이터는 정보의 양이 많고 분석하기 어려울 수 있지만, 머신러닝 등의 현대 기술을 통해 유용한 인사이트를 도출할 수 있습니다.

세 번째, 반정형 데이터는 정형 데이터와 비정형 데이터의 중간 형태지만, 표준 데이터베이스에 저장하기에는 불규칙한 데이터를 말합니다. 태그나 마크업 언어를 사용하여 요소를 구별하는 계층적인 구조를 가지며, XML(.xml), JSON(.json), HTML(.html) 형식이 이에 해당합니다. 반정형 데이터는 일정한 패턴이나 규칙이 존재하지만, 그 구조가 복잡하고 가변적일 수 있습니다.

이처럼 데이터는 〈표 4-1〉과 같이 그 형태와 특성에 따라 정형, 반정형, 비정형으로 구분되며, 각 유형에 따라 다양한 확장자가 존재합니다. 이러한 데이터 유형을 이해하고 적절히 활용하는 것은 데이터 분석과 관리에 있어 매우 중요합니다.

〈표 4-1〉 데이터 유형

| 데이터 형태 | 설명 | 주요확장자 |
|---|---|---|
| 정형 데이터<br>(Structured Data) | • 미리 정해진 데이터 모델에 따라 조직화됨<br>• 열과 행을 갖는 테이블 형태로 구성<br>• 데이터베이스 시스템에서 쉽게 검색, 저장, 조회가 가능 | .csv, .xlsx, .sql, .db |

| 데이터 형태 | 설명 | 주요확장자 |
|---|---|---|
| 비정형 데이터<br>(Unstructured Data) | • 특정한 형태나 모델이 없으며, 텍스트, 이미지, 비디오, 이메일, 소셜 미디어 포스트 등 다양한 형태<br>• 이 데이터는 정보의 양이 많고 분석하기 어렵지만, 머신러닝 등 현대 기술을 통해 인사이트를 제공 | .txt, .jpg, .png, .mp4, .pdf |
| 반정형 데이터<br>(Semi-structured Data) | • 정형 데이터와 비정형 데이터의 중간 형태<br>• 구조는 존재하지만 표준 데이터베이스에 저장하기에는 불규칙한 구조<br>• 태그나 마크업 언어를 사용하여 요소를 구별하는 계층적인 구조 | .xml, .json, .html |

### 데이터 수집

데이터의 특성과 프로젝트의 요구에 맞게 적합한 데이터 수집 방법으로는 API를 통한 수집, 웹 크롤링, 센서 데이터 수집, 수동 입력 등의 분석 플랫폼 선정 단계에 포함될 수 있습니다.

〈표 4-2〉 데이터 수집 종류

| 데이터 종류 | 정의 |
|---|---|
| 파일 형식 | CSV, Excel 등의 형식으로 저장된 파일 |
| 웹 스크래핑 | 웹 페이지에서 HTML 코드를 파싱하여 수집한 데이터 |
| API 활용 | 웹 서비스가 제공하는 데이터를 API를 통해 수집한 데이터 |
| 데이터베이스 연결 | 데이터베이스에 저장된 데이터 |

다양한 데이터 수집 방법 중에서, 구글 확장 프로그램인 Listly-웹 스크래핑 프로그램을 설치하여 데이터를 쉽게 수집하는 방법을 활용합니다. 이를 통해 다양한 데이터를 생성해 볼 수 있습니다. Listly-웹 스크래핑 프로그램을 활용하여 실시간 변동 데이터를 엑셀파일 형태로 수집합니다.

**예제 4-1** Listly를 이용하여 네이버의 과일가격의 실시간 데이터를 엑셀 파일형태로 수집해 봅니다.

**01** 크롬을 접속하여 LISTLY를 검색하여 크롬 확장프로그램 추가를 선택합니다.

**02** Listly-웹 스크래핑 프로그램을 크롬에 추가 기능을 이용하여 확장프로그램으로 추가합니다.

**03** 네이버에 접속한 후 쇼핑 메뉴를 선택하고, 과일을 검색한 뒤 검색 결과 개수를 80으로 설정합니다.

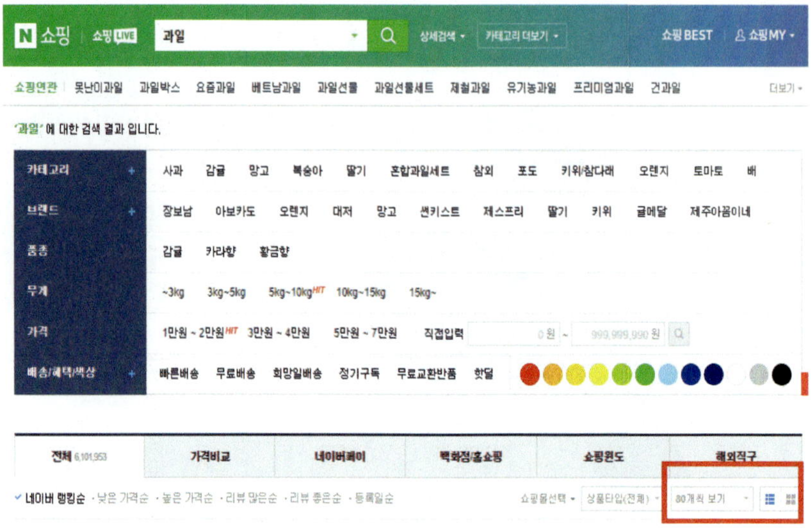


**04** 데이터가 검색되면 Listly-웹 스크래핑 프로그램 메뉴를 선택하여 엑셀파일로 다운로드합니다.

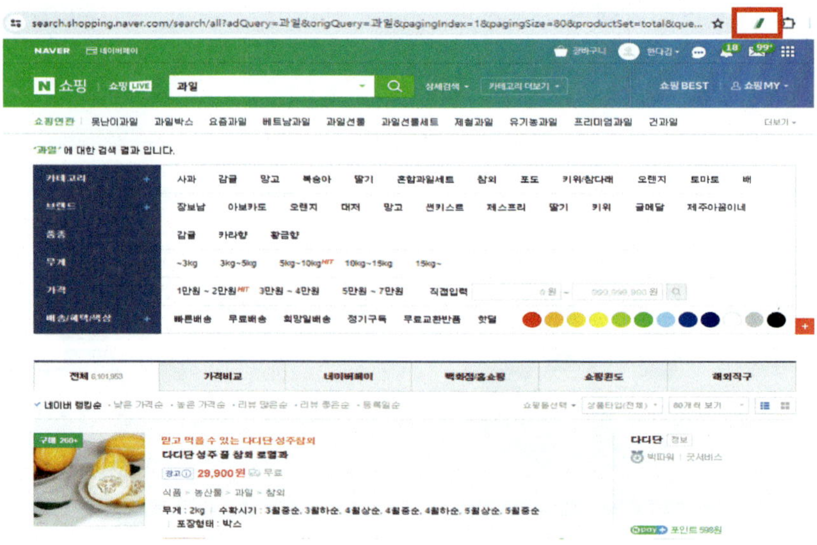

**05** 엑셀형식으로 다운로드 된 파일을 필요한 내용의 데이터로 정제작업 후 오렌지3로 로드합니다.

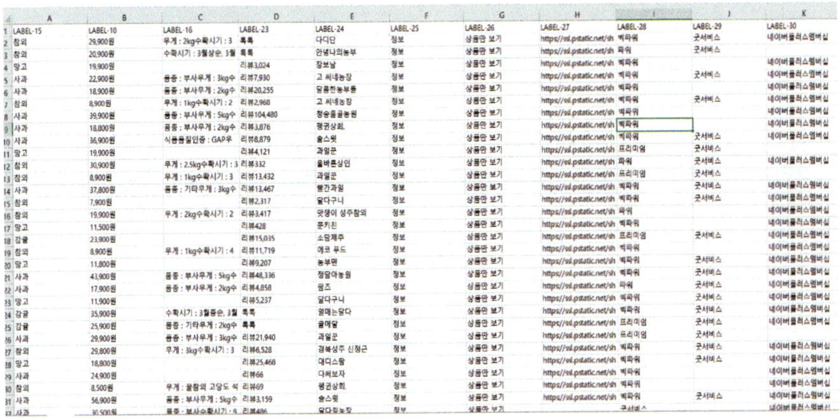

**예제 4-2** Listly를 활용하여 멜론 사이트의 실시간 차트 100개 데이터를 엑셀 파일 형식으로 수집해 봅니다.

**01** https://www.melon.com 사이트를 접속하여 멜로차트 메뉴 선택합니다.

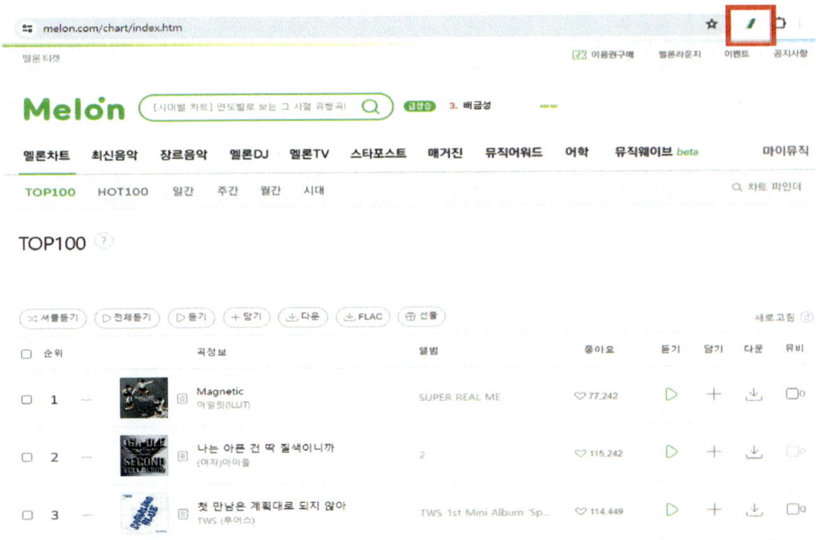

**02** 멜론 차트 100개의 데이터를 엑셀 파일로 다운로드 하기위해 Listly 확장프로그램을 클릭하여 전체메뉴를 선택한 후 엑셀 메뉴 클릭합니다.

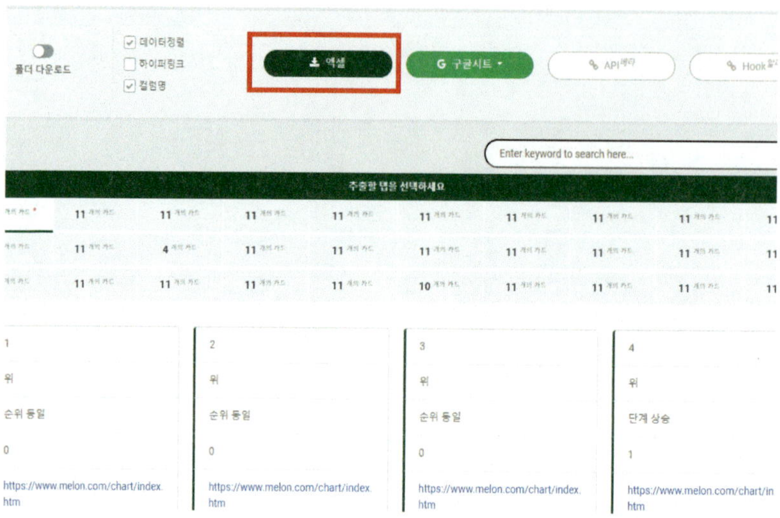


**03** 멜론 차트 100곡의 대한 상세 데이터를 파일형태로 수집합니다.

| | A | B | C | D | E | F |
|---|---|---|---|---|---|---|
| 1 | 순위 | 변동사항 | 앨범링크 | 곡정보 | 가수명 | 앨범 |
| 2 | 1 | 순위 동일 | https//cdnimg.melon.c | Magnetic | 아일릿(ILLIT) | SUPER REAL ME |
| 3 | 2 | 순위 동일 | https//cdnimg.melon.c | 나는 아픈 건 딱 질색이 | (여자)아이들 | 2 |
| 4 | 3 | 순위 동일 | https//cdnimg.melon.c | 첫 만남은 계획대로 되 | TWS (투어스) | TWS 1st Mini Album |
| 5 | 4 | 단계 상승 | https//cdnimg.melon.c | 천상연 | 이창섭 | 천상연 (웹툰 '선녀외전' |
| 6 | 5 | 단계 하락 | https//cdnimg.melon.c | 밤양갱 | 비비 (BIBI) | 밤양갱 |
| 7 | 6 | 순위 동일 | https//cdnimg.melon.c | Love wins all | 아이유 | The Winning |
| 8 | 7 | 순위 동일 | https//cdnimg.melon.c | EASY | LE SSERAFIM (르세라 | EASY |
| 9 | 8 | 순위 동일 | https//cdnimg.melon.c | 예뻤어 | DAY6 (데이식스) | Every DAY6 February |
| 10 | 9 | 단계 상승 | https//cdnimg.melon.c | 고민중독 | QWER | 1st Mini Album |
| 11 | 10 | 단계 하락 | https//cdnimg.melon.c | Smart | LE SSERAFIM (르세라 | EASY |
| 12 | 11 | 순위 동일 | https//cdnimg.melon.c | 한 페이지가 될 수 있게 | DAY6 (데이식스) | The Book of Us : |
| 13 | 12 | 순위 동일 | https//cdnimg.melon.c | 비의 랩소디 | 임재현 | 비의 랩소디 |
| 14 | 13 | 단계 상승 | https//cdnimg.melon.c | 사랑은 늘 도망가 | 임영웅 | 신사와 아가씨 OST |
| 15 | 14 | 단계 하락 | https//cdnimg.melon.c | To. X | 태연 (TAEYEON) | To. X - The 5th Mini |
| 16 | 15 | 단계 상승 | https//cdnimg.melon.c | 모래 알갱이 | 임영웅 | 모래 알갱이 |
| 17 | 16 | 단계 상승 | https//cdnimg.melon.c | 우리들의 블루스 | 임영웅 | IM HERO |
| 18 | 17 | 단계 하락 | https//cdnimg.melon.c | 그대만 있다면 (여름날 | 너드커넥션 (Nerd | 그대만 있다면 (여름날 |
| 19 | 18 | 단계 상승 | https//cdnimg.melon.c | Do or Die | 임영웅 | Do or Die |
| 20 | 19 | 단계 상승 | https//cdnimg.melon.c | 다시 만날 수 있을까 | 임영웅 | IM HERO |
| 21 | 20 | 단계 상승 | https//cdnimg.melon.c | 무지개 | 임영웅 | IM HERO |
| 22 | 21 | 단계 상승 | https//cdnimg.melon.c | 이제 나만 믿어요 | 임영웅 | 내일은 미스터트롯 우승 |
| 23 | 22 | 단계 하락 | https//cdnimg.melon.c | Love 119 | RIIZE | Love 119 |
| 24 | 23 | 단계 상승 | https//cdnimg.melon.c | London Boy | 임영웅 | Polaroid |
| 25 | 24 | 단계 하락 | https//cdnimg.melon.c | Perfect Night | LE SSERAFIM (르세라 | Perfect Night |
| 26 | 25 | 단계 상승 | https//cdnimg.melon.c | Polaroid | 임영웅 | Polaroid |
| 27 | 26 | 단계 상승 | https//cdnimg.melon.c | 아버지 | 임영웅 | IM HERO |

# 스스로 해결하기

## 01 Listly를 이용하여 크롤링 연습문제

Listly를 이용하여 다음 사이트에서 뉴스 중 실시간 경제뉴스를 크롤링하여 news.csv 파일로 저장하시오.

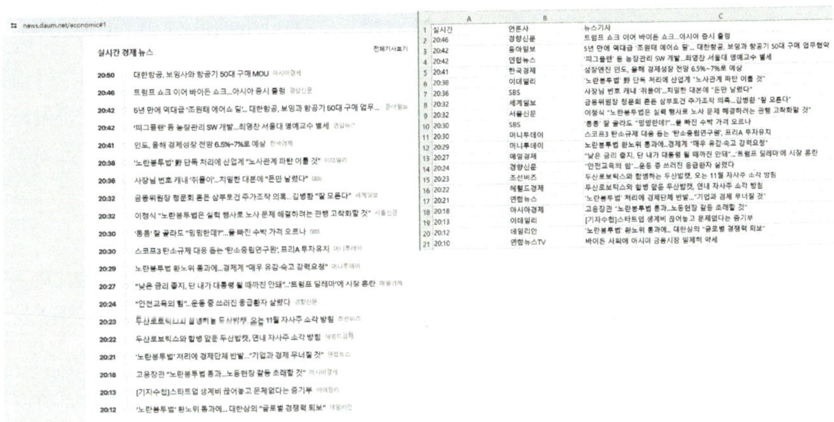

**해결전략**

❶ 다음 뉴스 〉 경제 〉 실시간 경제 뉴스를 선택합니다.
(https://news.daum.net/economic#1)
❷ Listly를 이용하여 해당 웹페이지의 뉴스 목록 정보를 추출합니다.
❸ 필요한 항목을 선택합니다.
❹ 추출한 경제뉴스의 실시간, 언론사, 뉴스기사의 제목을 입력하여 파일로 저장합니다.

## 2 데이터 전처리

데이터 분석에서 데이터 전처리는 매우 중요한 단계입니다. 데이터 전처리는 분석 및 모델링을 위해 원시 데이터를 준비하는 과정으로, 데이터의 품질과 유효성을 보장하기 위해 필요한 단계입니다. 이를 통해 데이터의 일관성을 확보하고, 결측값이나 이상값 등 데이터의 불완전성을 해결할 수 있습니다. 데이터 전처리 단계는 데이터 수집 후 데이터 정제, 데이터 변환, 데이터 통합, 그리고 데이터 축소로 구분할 수 있습니다.

전처리의 첫 번째 단계는 데이터 정제입니다. 데이터 정제는 수집된 데이터의 품질을 개선하는 과정입니다. 이 단계에서는 결측값 처리, 중복 데이터 제거, 오류 수정 등이 포함됩니다. 결측값은 데이터 분석의 정확도를 낮출 수 있는 요소로, 삭제, 평균값 대체, 또는 예측 모델을 통해 채워 넣는 방법으로 처리할 수 있습니다. 중복 데이터는 데이터의 일관성을 저해할 수 있으므로, 중복된 데이터를 식별하고 제거하는 과정이 필요합니다. 오류 데이터는 잘못된 값이나 비논리적인 값을 의미하며, 이를 수정하거나 제외해야 합니다.

두 번째 단계는 데이터 변환입니다. 데이터 변환은 데이터의 형식을 일관되게 맞추는 과정입니다. 데이터 변환에는 표준화, 정규화, 이산화 등이 포함됩니다. 표준화는 데이터의 범위를 특정 값으로 맞추는 과정으로, 모델의 학습 속도를 개선할 수 있습니다. 정규화는 데이터의 크기를 일정 범위로 변환하는 과정이며, 이산화는 연속형 데이터를 범주형 데이터로 변환하는 과정입니다.

세 번째 단계는 데이터 통합입니다. 데이터 통합은 여러 소스에서 수집된 데이터를 하나의 일관된 데이터셋으로 통합하는 과정입니다. 데이터 통합은 데이터의 불일치나 중복을 해결하고, 데이터의 일관성을 높이는 과정이 중요합니다. 이를 위해 동일한 엔티티의 데이터를 통합하거나, 여러 테이블 간의 관계를 이용해 데이터를 결합할 수 있습니다. 따라서, 데이터 통합 과정에서는 데이터의 중복를 삭제하고, 서로 다른 데이터 소스 간의 상호 호환성을 확보하는 것이 중요합니다. 마지막 단계는 데이터 축소입니다. 데이터 축소는 데이터의 크기를 줄여 분석의 효율성을 높이는 과정입니다. 데이터 축소에는 차원 축소와 특징 선택이 포함됩니다. 차원 축소는 데이터의 차원을 줄이는 방법으로, 주성분 분석(PCA)과 같은 방법이 사용됩니다. 특징 선택은 분석에 중요한 특징만을 선택하여 데이터의 크기를 줄이는 방법입니다. 이를 통해 분석의 속도를 높이고, 모델의 성능을 개선할 수 있습니다. 데이터 전처리는 데이터 분석의 성공 여부를 결정짓는 중요한 단계입니다. 데이터의 품질과 일관성을 확보하지 않으면, 분석 결과의 신뢰도가 떨어질 수 있습니다. 따라서 데이터 전처리 단계에서 충분한 시간과 노력을 투자하여, 데이터의 품질을 높이는 것이 중요합니다. 좋은 데이터 전처리는 정확하고 신뢰할 수 있는 분석 결과를 도출을 위해 거쳐야 하는 필수 단계입니다.

### 2.1 데이터 결측치 처리

데이터 분석 과정에서 결측치는 자주 접하는 문제 중 하나입니다. 결측치는 특정 데이터 값이 수집되지 않거나 누락된 상황을 지칭하며, 이는 데이터의 품질과 분석 결과에 중대한 영향을 미칠 수 있습니다. 결측치는 크게 세 가지 유형으로 분류할 수 있습니다.

첫째, 완전히 무작위 결측(MCAR, Missing Completely at Random)입니다. 이는 결측치가 완전히 무작위로 발생하며, 다른 관찰된 데이터들과 무관한 경우입니다. 예를 들어, 설문 조사에서 응답자가 실수로 질문을 놓쳤을 때 발생할 수 있습니다.

둘째, 조건부 무작위 결측(MAR, Missing at Random)입니다. 이 경우 결측치가 다른 관찰된 변수들과 관련이 있지만, 결측된 데이터 자체와는 무관합니다. 예를 들어, 고소득자가 특정 소비 관련 질문에 답변하지 않는 경우입니다. 셋째, 결측 비무작위(MNAR, Missing Not at Random)입니다. 이는 결측치가 자체 데이터의 값과 관련된 경우입니다.

결측치 데이터 처리는 여러 가지 방법이 있습니다. 첫 번째로 데이터 제거는 결측치가 포함된 행이나 열을 삭제하는 방법입니다. 결측치가 적은 경우에 효과적이나, 중요한 데이터를 잃을 위험이 있습니다. 두 번째는 평균, 중간값, 최빈수로 대체하는 방법입니다. 데이터의 분포를 크게 왜곡하지 않고 결측치를 채울 수 있는 방법입니다. 세 번째 방법은 예측 대체입니다. 머신러닝 모델을 사용하여 결측치를 예측하고 채우는 방법으로 다른 데이터들을 사용하여 결측치를 추정할 수 있습니다. 네 번째 방법은 지정된 특정 데이터 값으로 대체하는 방법입니다. 분석 목적에 따라 적절한 값을 선택할 수 있습니다.

**예제 4-3** Orange 3를 이용하여 누락 데이터 예측 대체 처리(Impute)를 위한 데이터 전처리 과정을 실습해봅니다.

**01** 누락된 데이터 처리를 실습하기 위해 [data] 카테고리에서 [file] 위젯을 캔버스로 드래그 후 더블클릭하여 Ch04\경상북도_관광지 현황.csv 파일을 선택합니다.

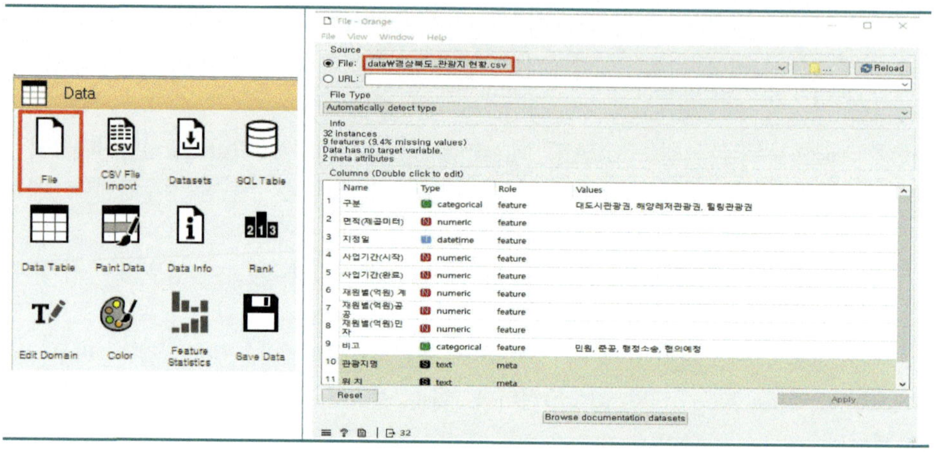

**02** 업로드 된 데이터 셋을 확인하기 위해 [Data Table] 위젯을 캔버스로 드래그하고, [file] 위젯과 [Data Table] 위젯을 연결합니다. [Data Table] 위젯을 더블클릭하여 업로드 된 Ch04\경상북도_관광지 현황.csv 파일의 누락된 데이터를 확인합니다.

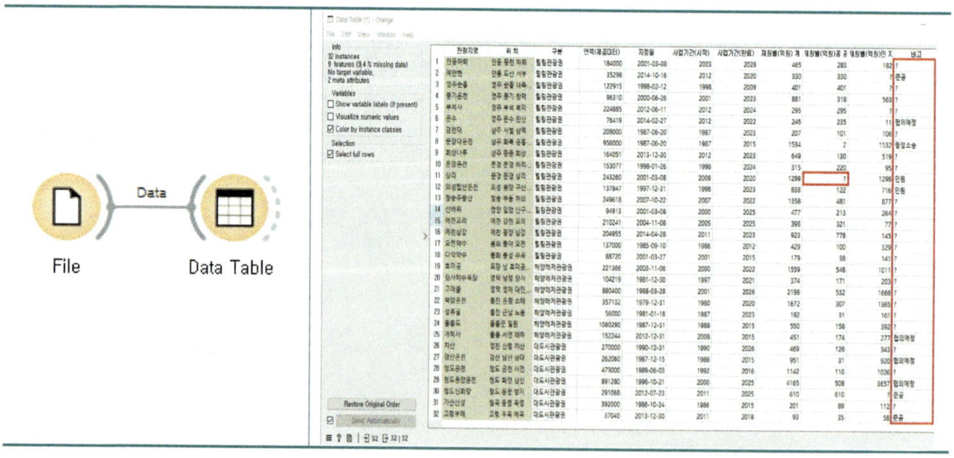

**03** 누락된 데이터를 그래프로 확인하기 위하여 [Data] 카테고리의 [Feature Statistics] 위젯을 캔버스로 드래그하여 [File] 위젯을 연결합니다. [Feature Statistics] 위젯을 더블클릭하여 누락된 데이터 열을 확인합니다. [Missing] 항목을 살펴보면 재원별(억원) 공공 데이터는 1(3%)개의 데이터 누락, 재원별(억원)민자 데이터는 4(12%)개 데이터 누락, 비고 데이터는 22(69%)개로 비고 데이터가 가장 많이 누락된 결과를 확인할 수 있습니다.

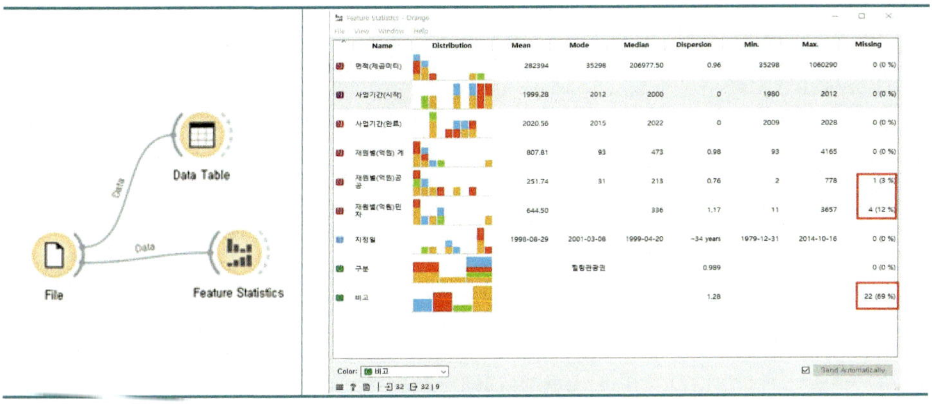


**04** 누락된 데이터를 채우기 위해 [Transform] 카테고리에서 [Impute] 위젯을 캔버스로 드래그하고, [Flie] 위젯을 [Impute] 위젯과 연결합니다. [Impute] 위젯을 더블클릭하여, [Impute] 위젯 창을 실행합니다.

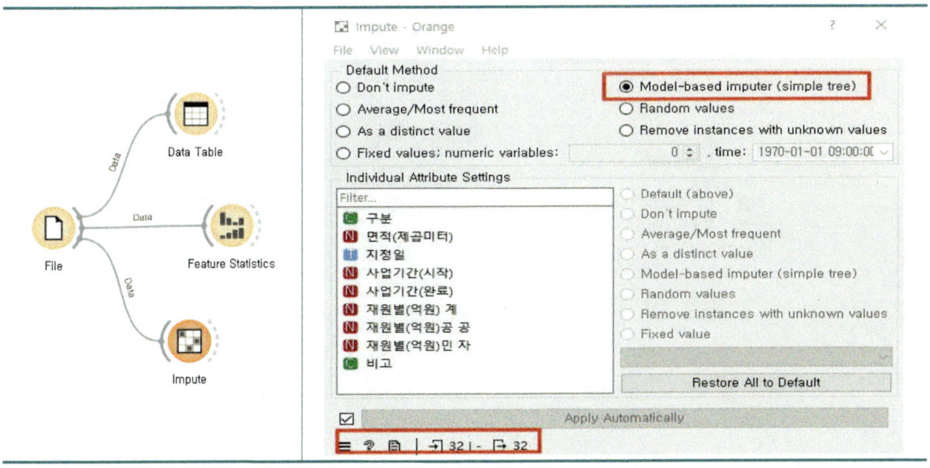

**05** [Impute] 위젯을 더블클릭하여, [Impute] 위젯 창을 실행합니다. 누락된 데이터를 처리하는 방법은 총 7가지의 [Default Method]로 구성됩니다.

| Default Method | 기능 |
|---|---|
| Don't impute | 누락된 데이터 미생성 |
| Average/Most frequent | 숫자 - 데이터에 대하여 평균/문자 - 최빈수 데이터 생성 |
| As a distinct value | 누락여부 입력(데이터 존재(있음), 데이터 미존재(없음)) |
| Model-base imputer (simple tree) | 임의의 존재 데이터를 참고하여 예측 데이터를 생성 (내부적으로 계산 후 합리적으로 예측하여 데이터 생성) |
| Random values | 입력데이터의 분포된 데이터 값을 살펴본 후 임의의 데이터 입력 (범주안에서 누락 데이터 생성) |
| Remove instances with unknown values | 입력된 데이터에서 알 수 없는 데이터 삭제 |
| Fixed value; numeric variables | 누락 데이터에 지정된 데이터 입력(일반적으로 잘 사용하지 않음) |

**06** 컬럼의 개수 및 입력, 출력데이터가 동일한지 확인 후, [Impute] 기능 중 임의의 존재 데이터를 참고하여 예측 데이터를 생성하는 [Model-base imputer(simple tree)] 기능을 선택합니다. 전체 컬럼에 대해 데이터를 생성할 수 있으며, 특정 컬럼에 대해서만 데이터를 생성하려면 해당 컬럼을 선택합니다.

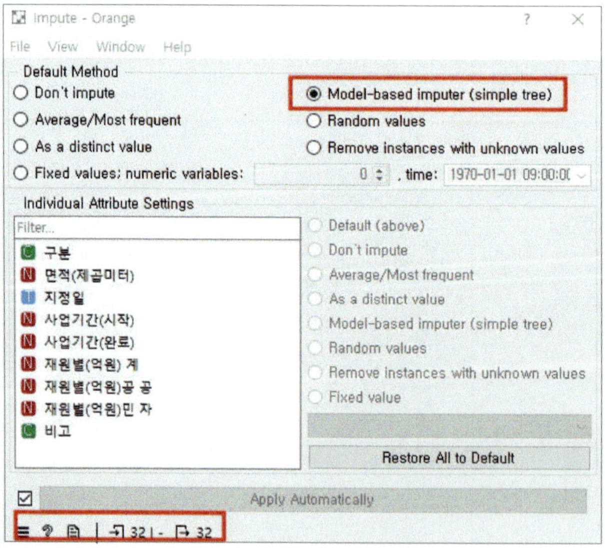

**07** 누락데이터가 생성된 데이터 셋을 확인하기 위해 [Data Table] 위젯을 캔버스로 드래그하고, [Impute] 위젯과 [Data Table] 위젯을 연결합니다. [Data Table] 위젯을 더블클릭하여 생성된 데이터를 확인합니다. 입력된 데이터를 참고하여 예측 데이터를 생성한 결과 값을 확인할 수 있습니다.

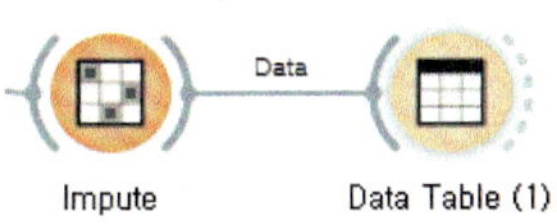


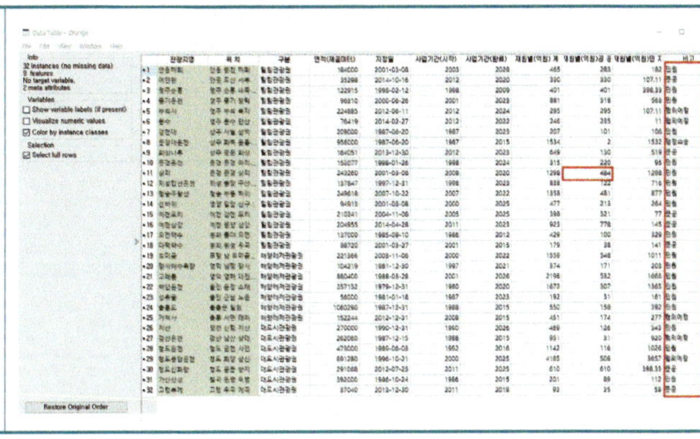

## 전체 워크 플로우

**데이터 결측치 처리를 위한 데이터 전처리 과정 실습 워크 플로우**

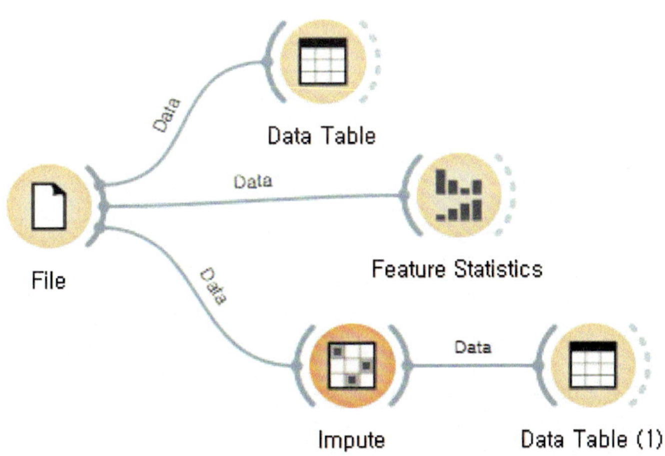

**예제 4-4** Listly를 이용하여 네이버 사이트의 쇼핑 항목을 선택하고, 과일을 검색 후 크롤링하여 엑셀파일을 다운로드 합니다. 누락 데이터 처리(Impute)를 이용하여 데이터 전처리 과정을 실습해봅니다.

**01** Listly를 이용하여 네이버 사이트의 쇼핑 항목을 선택하고, 과일을 검색합니다. [상품타입]은 [전체]로 선택하고, [80개씩 보기]로 설정하여 검색합니다.

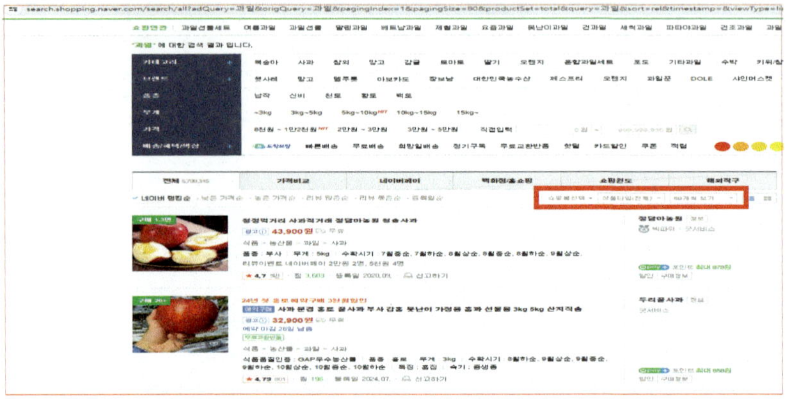

**02** Listly를 선택하여 [부분] 카테고리를 이용하여 데이터를 크롤링합니다. [RUN LISTLY]를 선택하여 엑셀파일의 데이터를 생성합니다. 사용자의 맞는 데이터 셋을 선택한 후 엑셀파일로 다운로드합니다.

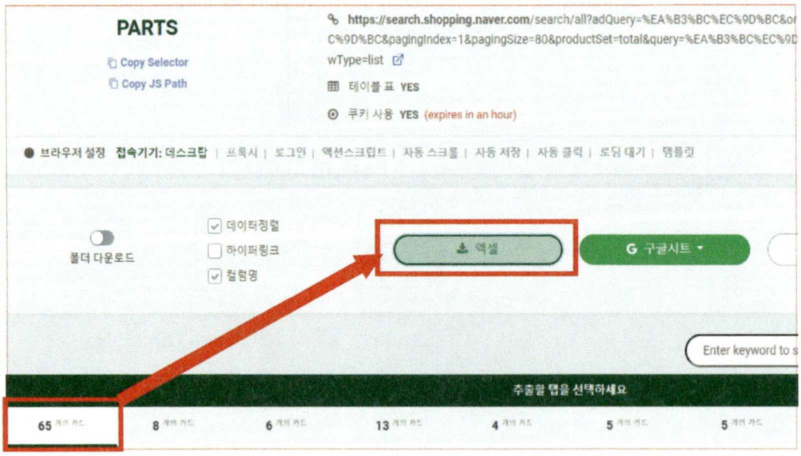

**03** 다운로드 한 엑셀 파일을 실행하여 불필요한 컬럼은 삭제하고, 컬럼명을 각 데이터 속성에 맞게 수정합니다. 아래의 이미지를 참고하여 컬럼명을 수정합니다.

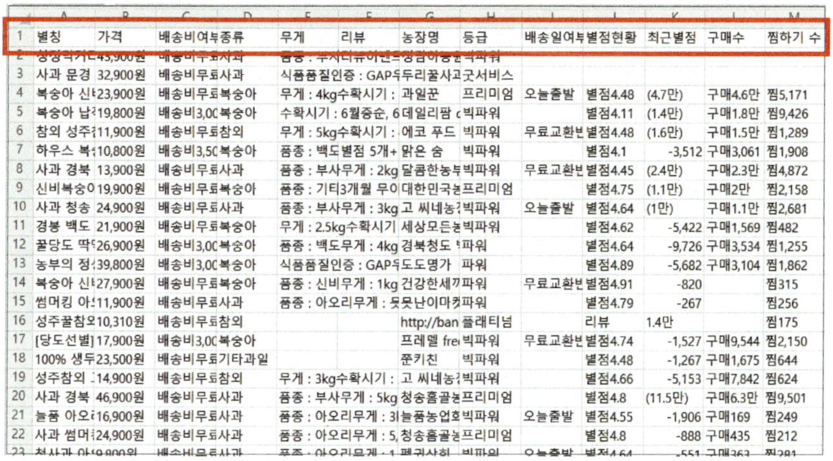


**04** 누락된 데이터 처리를 실습하기 위해 [data] 카테고리에서 [file] 위젯을 캔버스로 드래그 후 더블클릭하여 Ch04\fruit_impute.csv 파일을 선택합니다. 모든 컬럼의 [Type]을 분석용 데이터로 사용하기 위해 [categorical]로 변경, [Role]을 [feature]로 변경하고 [Apply]를 클릭합니다.

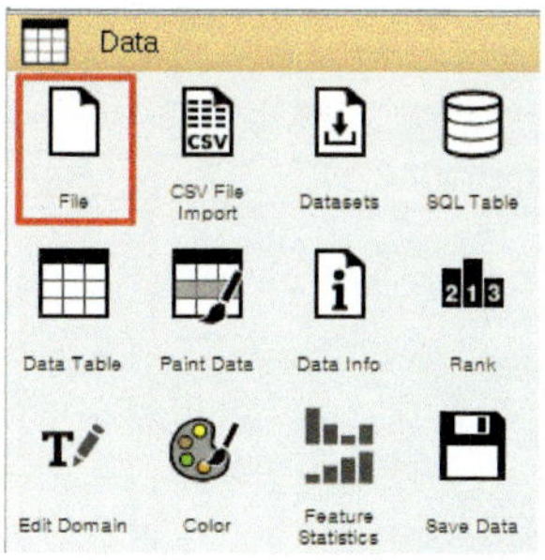


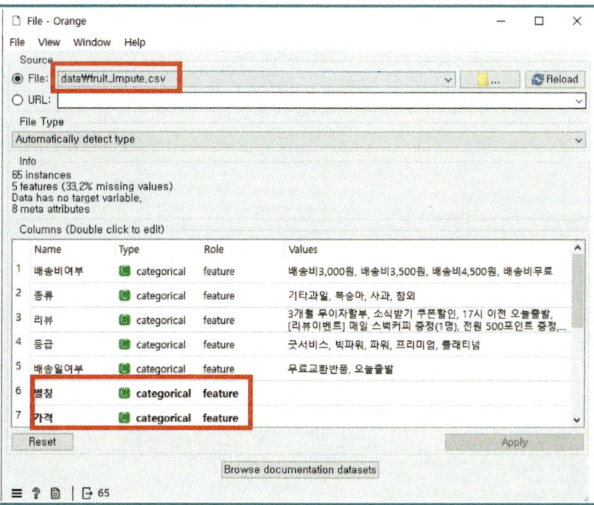

**05** 업로드 된 데이터 셋을 확인하기 위해 [Data Table] 위젯을 캔버스로 드래그하고, [file] 위젯과 [Data Table] 위젯을 연결합니다. [Data Table] 위젯을 더블클릭하여 업로드 된 Ch04\fruit_impute.csv 파일의 누락된 데이터를 확인합니다. 무게, 별점현황, 최근별점, 구매수, 찜하기 수, 리뷰, 배송일여부 컬럼의 누락된 데이터가 존재함을 확인할 수 있습니다.

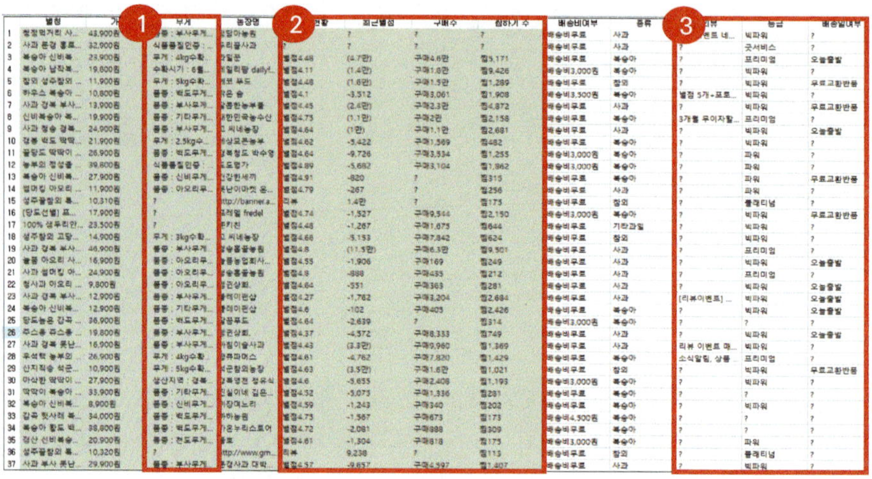

**06** 누락된 데이터를 정보를 확인하기 위해 [Data] 카테고리의 [Feature Statistics] 위젯을 캔버스로 드래그하여 [File] 위젯과 연결합니다. 누락데이터가 제일 많은 컬럼은 리뷰이고, 배송비 여부, 구매수, 등급, 무게 등의 순으로 출력됩니다.

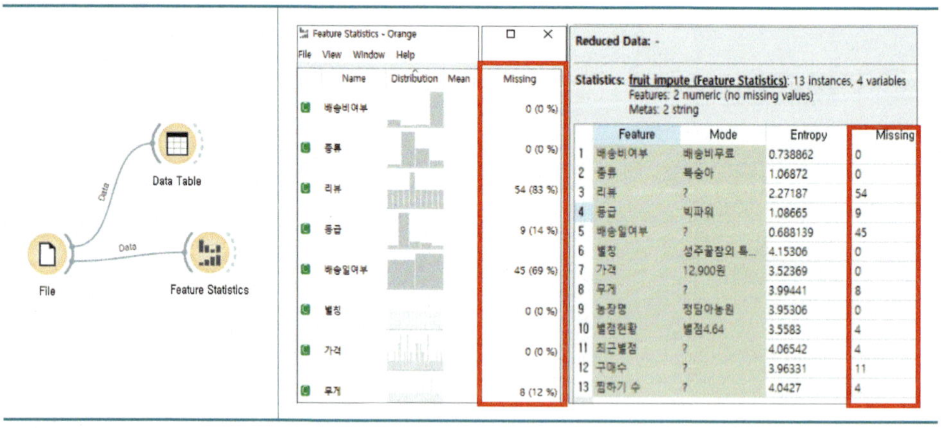

**07** 누락된 데이터를 채우기 위해 [Transform] 카테고리에서 [Impute] 위젯을 캔버스로 드래그하고, [Flie] 위젯을 [Impute] 위젯과 연결합니다. 컬럼의 개수 및 입력, 출력데이터가 동일한지 확인 후, [Impute] 기능 중 숫자 데이터는 평균값을 생성하고, 문자 데이터는 최빈수 데이터 생성 기능인 [Average/Most frequent] 선택합니다. 전체 컬럼에 대해 데이터를 생성할 수 있으며, 특정 컬럼에 대해서만 데이터를 생성하려면 해당 컬럼을 선택합니다.

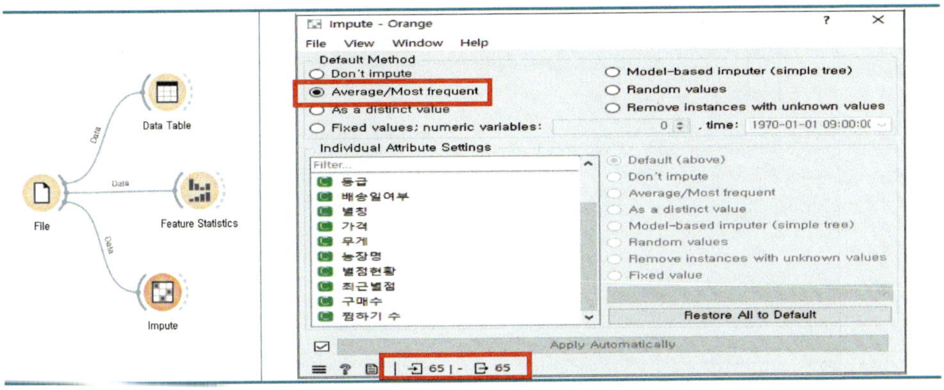


**08** 누락데이터가 생성된 데이터 셋을 확인하기 위해 [Data Table] 위젯을 캔버스로 드래그하고, [Impute] 위젯과 [Data Table] 위젯을 연결합니다. [Data Table] 위젯을 더블클릭하여 생성된 데이터를 확인합니다. 입력된 컬럼 중 배송일여부, 리뷰, 별점현황, 최근별점, 구매수, 찜하기 수를 참고하여 숫자 데이터는 평균 데이터, 문자데이터는 최빈 데이터를 생성한 결과 값을 확인할 수 있습니다.

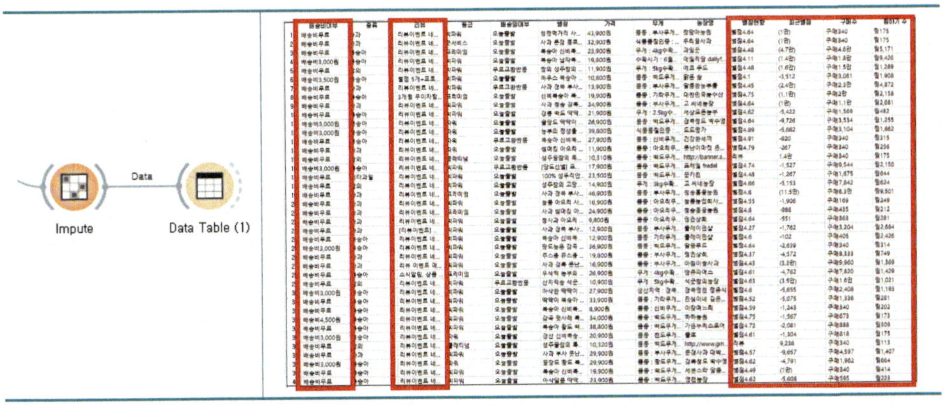

## 전체 워크 플로우

**데이터 결측치 처리를 위한 데이터 전처리 과정 실습 워크 플로우**

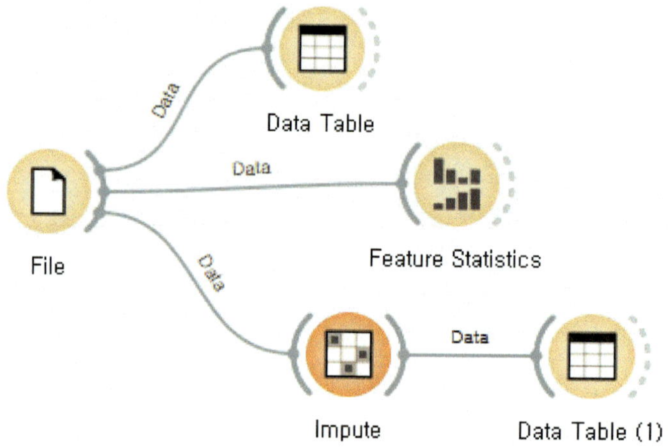

# 스스로 해결하기

## 01 데이터 결측처리 연습문제

Ch04\impute_data_exam.csv파일을 이용하여 언론사, 제목 필드의 결측치를 제거하고 Ch04\impute_result.csv 파일로 저장하시오.

| | 시간 | 언론사 | 제목 |
|---|---|---|---|
| 1 | 2024-08-01 0... | 연합뉴스 | 경제 성장률, 올... |
| 2 | 2024-08-01 0... | ? | ? |
| 3 | 2024-08-01 0... | 한국경제 | 미국 금리 인상... |
| 4 | 2024-08-01 0... | 조선일보 | 물가 상승, 가계... |
| 5 | 2024-08-01 0... | 연합뉴스 | 금값 급등...투... |
| 6 | 2024-08-01 0... | ? | ? |
| 7 | 2024-08-01 0... | 중앙일보 | 부동산 시장, 안... |
| 8 | 2024-08-01 0... | 연합뉴스 | 한국 경제의 향... |
| 9 | 2024-08-01 0... | 서울경제 | 국내 자동차 산... |
| 10 | 2024-08-01 0... | ? | ? |
| 11 | 2024-08-01 0... | 한국경제 | 유럽 경제 위기,... |
| 12 | 2024-08-01 0... | 연합뉴스 | 글로벌 주식 시... |
| 13 | 2024-08-01 1... | 조선일보 | 반도체 산업, 새... |
| 14 | 2024-08-01 1... | ? | ? |
| 15 | 2024-08-01 1... | 중앙일보 | 국내 주택 시장,... |
| 16 | 2024-08-01 1... | 매일경제 | 전기차 시장의 ... |
| 17 | 2024-08-01 1... | 한겨레 | 전세계 에너지 ... |
| 18 | 2024-08-01 1... | 연합뉴스 | 원자재 가격 상승 |
| 19 | 2024-08-01 1... | ? | ? |
| 20 | 2024-08-01 1... | 매일경제 | 비트코인 가격, ... |

| | 시간 | 언론사 | 제목 |
|---|---|---|---|
| 1 | 2024-08-01 08:00:00 | 연합뉴스 | 경제 성장률, 올... |
| 2 | 2024-08-01 08:20:00 | 한국경제 | 미국 금리 인상... |
| 3 | 2024-08-01 08:30:00 | 조선일보 | 물가 상승, 가계... |
| 4 | 2024-08-01 08:40:00 | 연합뉴스 | 금값 급등...투... |
| 5 | 2024-08-01 09:00:00 | 중앙일보 | 부동산 시장, 안... |
| 6 | 2024-08-01 09:10:00 | 연합뉴스 | 한국 경제의 향... |
| 7 | 2024-08-01 09:20:00 | 서울경제 | 국내 자동차 산... |
| 8 | 2024-08-01 09:40:00 | 한국경제 | 유럽 경제 위기,... |
| 9 | 2024-08-01 09:50:00 | 연합뉴스 | 글로벌 주식 시... |
| 10 | 2024-08-01 10:00:00 | 조선일보 | 반도체 산업, 새... |
| 11 | 2024-08-01 10:20:00 | 중앙일보 | 국내 주택 시장,... |
| 12 | 2024-08-01 10:30:00 | 매일경제 | 전기차 시장의 ... |
| 13 | 2024-08-01 10:40:00 | 한겨레 | 전세계 에너지 ... |
| 14 | 2024-08-01 10:50:00 | 연합뉴스 | 원자재 가격 상승 |
| 15 | 2024-08-01 11:10:00 | 매일경제 | 비트코인 가격, ... |

### ? 해결전략

❶ file 위젯을 캔버스로 드래그하여 Ch04\impute_data_exam.csv파일을 선택한다.
❷ Data Tabel을 이용하여 결측치 데이터를 확인한다
❸ Feature Statistics를 이용하여 Missing 데이터를 확인한다.
❹ Impute 위젯을 이용하여 결측치가 존재하는 데이터행은 삭제한다.
❺ Impute 위젯 옵션 중 Remove instances with unknown values를 이용하여 결측치 데이터를 제거한다.
❻ 결측치 데이터가 제거된 데이터를 확인한 후 impute_result.csv 파일로 저장한다.

## 2.2 중복 데이터 처리

데이터 분석의 전처리 과정에서 중복 데이터 처리는 데이터의 정확성과 일관성을 보장하기 위해 중요한 단계입니다. 중복 데이터는 동일한 데이터가 여러 번 반복되어 나타나는 경우를 말하며, 이는 데이터 입력 오류, 데이터 수집 과정에서의 중복, 여러 소스에서 데이터를 통합하는 과정에서 발생할 수 있습니다. 이러한 중복 데이터는 분석 결과에 왜곡을 초래하고, 통계적 분석의 유효성을 떨어뜨리며, 모델의 성능을 저하시킬 수 있습니다.

중복 데이터를 처리하는 첫 번째 단계는 중복 데이터를 식별하는 것입니다. 이는 일반적으로 고유 식별자(unique identifier)를 사용하거나, 여러 열을 조합하여 데이터의 고유성을 확인함으로써 수행됩니다. 중복 데이터가 식별되면, 이를 제거하거나 병합하는 과정이 필요합니다. 중복 제거(deduplication)는 동일한 데이터가 하나만 남도록 중복된 레코드를 삭제하는 과정입니다. 이 과정에서 모든 중복 데이터를 제거할지, 특정 조건에 따라 일부 중복 데이터를 유지할지 결정해야 합니다. 예를 들어, 최신 데이터만을 남기거나 특정 기준에 따라 데이터를 선택할 수 있습니다. 또한, 중복 데이터를 병합하는 과정도 중요한데, 이는 중복된 레코드가 포함된 서로 다른 정보를 결합하여 하나의 완전한 레코드로 만드는 것입니다. 이를 통해 데이터의 완전성을 높이고, 분석의 정확성을 개선할 수 있습니다.

중복 데이터 처리는 데이터의 품질을 향상시키고, 분석의 신뢰성을 높이며, 모델의 성능을 최적화하는 데 중요한 역할을 합니다. 따라서 데이터 전처리 과정에서 중복 데이터의 식별, 제거, 병합 등의 단계는 반드시 수행되어야 하며, 이를 통해 고품질의 데이터셋을 구축할 수 있습니다. 아래의 〈표 4-3〉은 [Unique] 위젯의 [Instance to select in each group] 메뉴입니다.

〈표 4-3〉 [Unique] 위젯의 [Instance to select in each group]

| method | 설명 |
|---|---|
| Last instance | 동일한 중복 데이터가 여러 번 등장할 경우, 마지막으로 등장한 데이터만 유지 |
| First instance | 동일한 중복 데이터가 여러 번 등장할 경우, 처음 등장한 데이터만 유지 |
| Middle instance | 동일한 중복 데이터가 여러 번 등장할 경우, 중간을 등장한 데이터만 유지 |
| Random instance | 동일한 중복 데이터가 여러 번 등장할 경우, 임의로 하나를 선택하여 유지 |
| Discard non-unique instances | 데이터셋에서 중복된 데이터를 완전히 제거하고, 고유한 데이터만을 유지, 동일한 값을 가진 모든 행이 하나의 행으로 병합 |

**예제 4-5** Orange 3의 [Unique] 위젯을 이용하여 중복 데이터를 제거한 후, 산포도 [Scatter Plot] 위젯을 사용하여 데이터를 시각화하는 과정을 실습해봅니다.

**01** 데이터 이상치 처리를 실습하기 위해 [data] 카테고리에서 [file] 위젯을 캔버스로 드래그 후 더블클릭하여 미리 준비해 놓은 Ch04\student_example_data.csv 파일을 선택합니다.

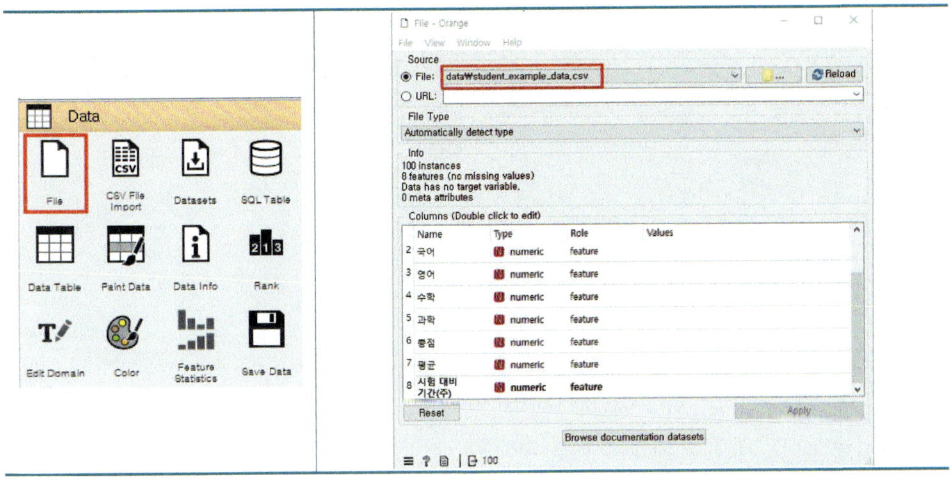

**02** [Data Table] 위젯을 캔버스로 드래그 후 [File] 위젯과 연결하여 업로드 된 데이터를 확인합니다. Ch04\student_example_data.csv 파일의 데이터 수는 100개의 값으로 확인할 수 있습니다.

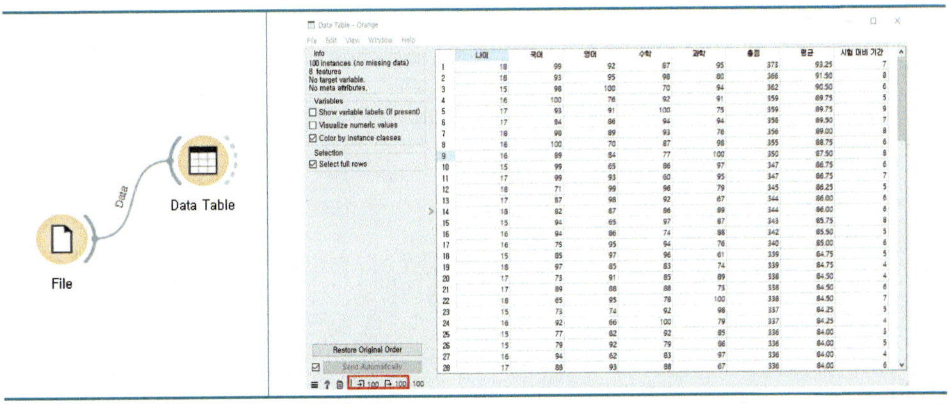

**03** 데이터에서 필요한 열을 선택하기 위해 [Transform] 카테고리에서 [Select Columns] 위젯을 캔버스로 드래그 후 [File] 위젯과 연결합니다. [Select Columns] 위젯을 더블클릭하여 분석에 필요한 나이, 평균, 시험 대비 기간 열은 [Features] 섹션으로, 나머지 열은 [Ignored] 섹션으로 이동합니다.

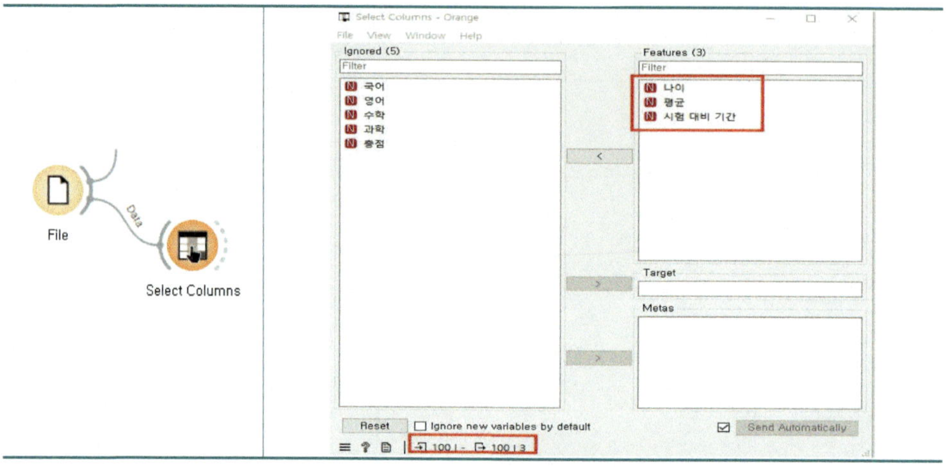


**04** 시험 대비 기간 열을 기준으로 중복된 데이터를 제거하기 위해 [Transform] 카테고리의 [Unique] 위젯을 캔버스로 드래그하여, [Select Columns] 위젯과 [Unique] 위젯을 연결합니다. [Unique] 위젯을 더블클릭하여, [Group by] 섹센의 열을 시험 대비 기간으로 설정하고, [Instance to select each group]메뉴를 [First instance]로 설정합니다.

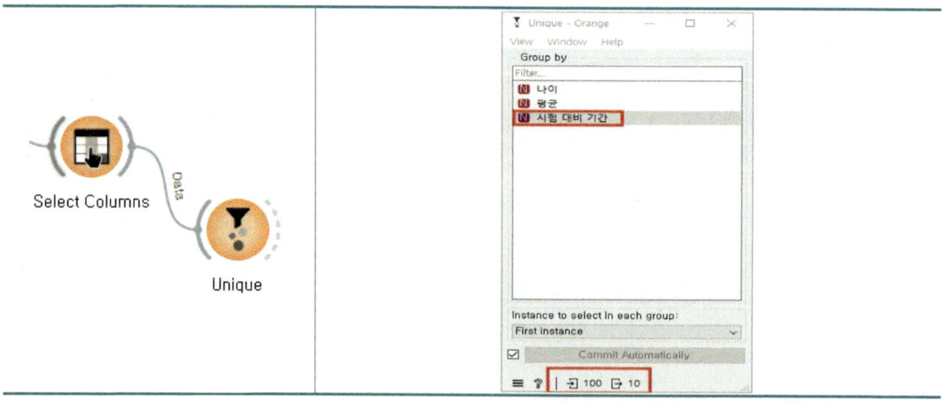

**05** 중복데이터를 제거한 결과 데이터를 확인하기 위해 [Data Table] 위젯을 캔버스로 드래그하여, [Unique] 위젯과 [Data Table] 위젯을 연결합니다. [Data Table] 위젯을 더블클릭하여 100개의 데이터 중 중복데이터를 제거한 결과 10개의 데이터가 필터됨을 확인합니다.

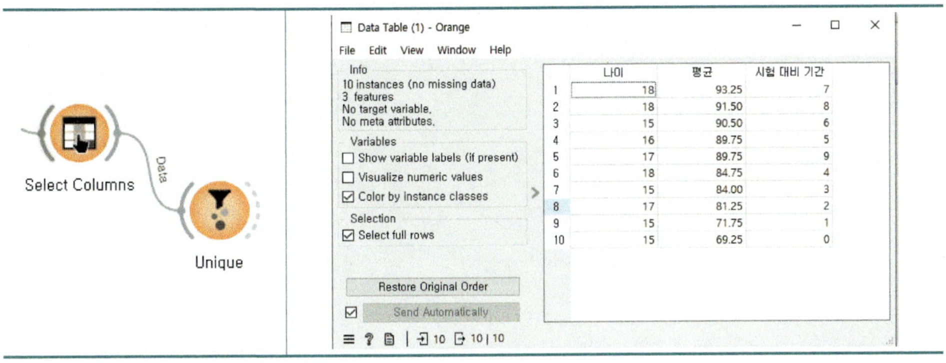


**06** 중복 데이터를 제거한 후, 평균 점수와 시험 준비 기간(주) 간의 관계를 산포도를 통해 시각화한 결과입니다. 이 이미지는 데이터를 시각적으로 분석하여 평균 점수와 시험 준비 기간 사이의 상관 관계를 확인하였습니다. X축은 평균점수, Y축은 시험 대비 기간(주), 속성의 색상은 각 데이터 포인트는 학생의 나이에 따라 색상으로 구분됩니다. 결과를 살펴보면 나이 범위는 15세에서 18세까지 다양합니다. 산포도에 회귀선을 보면 평균 점수와 시험 대비 기간 사이의 상관 관계를 시각적으로 확인할 수 있습니다. 상관 계수 r=0.90는 강한 양의 상관 관계를 나타냅니다. 즉, 평균 점수가 높을수록 시험 대비 기간도 길어지는 경향이 있음을 의미합니다.

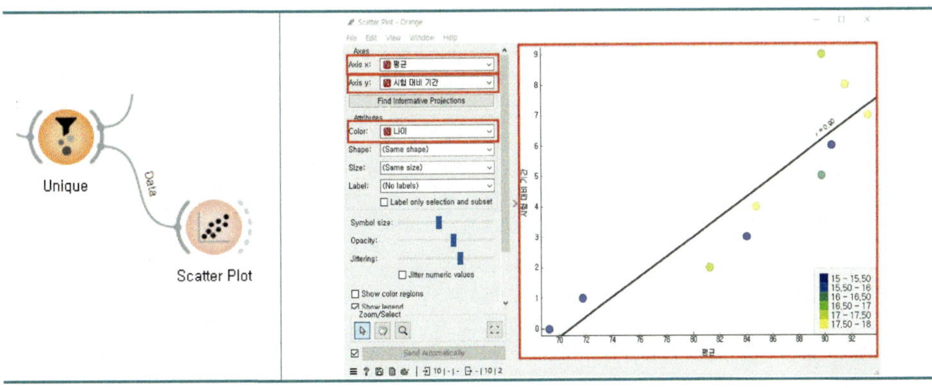

## 전체 워크 플로우

### 데이터 중복 제거 실습 워크 플로우

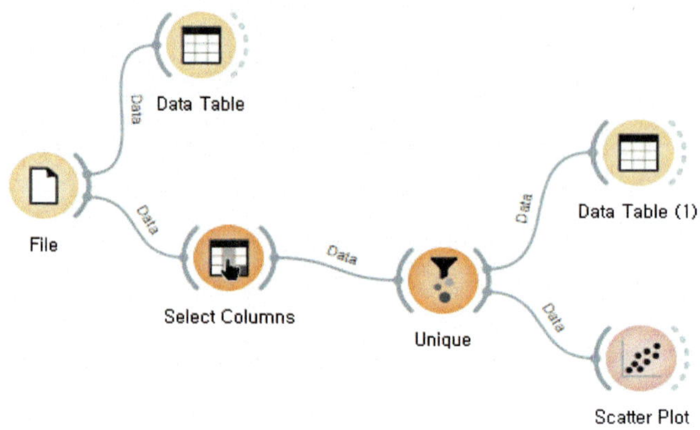

# 스스로 해결하기

## 01 중복 데이터 제거 연습문제

Ch04\unique_data_exam.csv파일을 이용하여 Age, Name 필드를 기준으로 중복된 데이터를 제거하고 Ch04\unique_result.csv 파일로 저장하시오.

| | ID | Age | Name | City |
|---|---|---|---|---|
| 1 | 1 | 25 | Alice | New York |
| 2 | 2 | 30 | Bob | Los Angeles |
| 3 | 3 | 35 | Charlie | Chicago |
| 4 | 4 | 40 | David | Houston |
| 5 | 5 | 22 | Eve | Phoenix |
| 6 | 6 | 28 | Frank | Philadelphia |
| 7 | 7 | 33 | Grace | San Antonio |
| 8 | 8 | 26 | Hannah | San Diego |
| 9 | 9 | 31 | Isaac | Dallas |
| 10 | 10 | 29 | Jack | San Jose |
| 11 | 11 | 25 | Alice | New York |
| 12 | 12 | 30 | Bob | Los Angeles |
| 13 | 13 | 35 | Charlie | Chicago |
| 14 | 14 | 40 | David | Houston |
| 15 | 15 | 22 | Eve | Phoenix |
| 16 | 16 | 28 | Frank | Philadelphia |
| 17 | 17 | 33 | Grace | San Antonio |
| 18 | 18 | 26 | Hannah | San Diego |
| 19 | 19 | 31 | Isaac | Dallas |
| 20 | 20 | 29 | Jack | San Jose |

| | ID | Name | Age | City |
|---|---|---|---|---|
| 1 | 1 | Alice | 25 | New York |
| 2 | 2 | Bob | 30 | Los Angeles |
| 3 | 3 | Charlie | 35 | Chicago |
| 4 | 4 | David | 40 | Houston |
| 5 | 5 | Eve | 22 | Phoenix |
| 6 | 6 | Frank | 28 | Philadelphia |
| 7 | 7 | Grace | 33 | San Antonio |
| 8 | 8 | Hannah | 26 | San Diego |
| 9 | 9 | Isaac | 31 | Dallas |
| 10 | 10 | Jack | 29 | San Jose |

| | ID | Name | Age | City |
|---|---|---|---|---|
| 5 | 5 | Eve | 22 | Phoenix |
| 1 | 1 | Alice | 25 | New York |
| 8 | 8 | Hannah | 26 | San Diego |
| 6 | 6 | Frank | 28 | Philadelphia |
| 10 | 10 | Jack | 29 | San Jose |
| 2 | 2 | Bob | 30 | Los Angeles |
| 9 | 9 | Isaac | 31 | Dallas |
| 7 | 7 | Grace | 33 | San Antonio |
| 3 | 3 | Charlie | 35 | Chicago |
| 4 | 4 | David | 40 | Houston |

### ? 해결전략

❶ file 위젯을 캔버스로 드래그하여 Ch04\unique_data_exam.csv파일을 선택한다.
❷ Data Tabel을 이용하여 Age, Name 데이터 기준으로 중복된 데이터를 확인한다.
❸ Select Columns 위젯을 이용하여 필드의 순서를 ID, Name, Age, City순으로 정렬한다.
❹ Unique 위젯을 이용하여 Age, Name를 기준으로 중복된 데이터를 제거한다.
❺ Age 기준으로 오름차순 정렬하여 중복된 데이터 제거 여부를 확인한다.
❻ 중복 데이터가 제거된 데이터를 확인한 후 Ch04\unique_result.csv 파일로 저장한다.

## 2.3 데이터 형식 변환(Edit Domain)

데이터 형식은 여러 가지 이유로 중요합니다. 첫 번째, 데이터 정확성과 일관성을 유지하기 위해 필요합니다. 데이터가 다양한 형식으로 존재할 때, 이를 일관된 형식으로 변환하면 분석 과정에서 발생할 수 있는 오류를 줄일 수 있습니다. 예를 들어, 날짜 데이터가 문자열 형식으로 입력된 경우 이를 날짜 형식으로 변환하면 날짜별 데이터 분석을 정확하게 수행할 수 있습니다. 두 번째, 데이터 처리 및 분석의 효율성을 높이기 위해 데이터 형식 변환이 필요합니다. 데이터 형식 변환은 데이터 처리와 분석이 더 쉽고 효율적으로 이루어질 수 있습니다. 수치 데이터는 수치형으로, 범주형 데이터는 범주형으로 변환함으로써 분석 도구들이 데이터를 올바르게 인식하고 처리할 수 있습니다. 세 번째, 데이터 형식 변환은 시각화 및 모델링에 대한 정확한 결과를 도출합니다. 예를 들어, 문자열로 되어 있는 나이 데이터를 수치형으로 변환하면 시각화 그래프나 회귀 분석에서 정확한 결과를 얻을 수 있습니다. 마지막으로, 데이터 형식 변환은 데이터 통합 및 병합의 용이성을 제공합니다. 데이터 형식을 일관되게 맞추면 여러 데이터 소스를 통합하거나 병합할 때의 어려움이 줄어듭니다. 다른 소스에서 가져온 데이터가 서로 다른 형식으로 되어 있을 때 이를 동일한 형식으로 변환하면 데이터 통합이 더 용이해집니다. 오렌지3에서는 데이터 형식 변환은 두 가지 방법이 있습니다. 데이터를 업로드할 때 사용하는 [Data] 메뉴 [file] 위젯, [Edit Domain] 위젯에서 데이터 형식 변환이 가능합니다.

**예제 4-6** 오렌지3의 [Edit Domain] 위젯을 이용하여 data.xlsx 파일을 업로드하고, 업로드된 항목의 필드 이름과 데이터 타입을 변환하는 실습해봅니다.

**01** 실습하기 위해 [data] 카테고리에서 [file] 위젯을 캔버스로 드래그 후 더블클릭하여 미리 준비해 놓은 Ch04\data.xlsx 파일을 선택합니다.

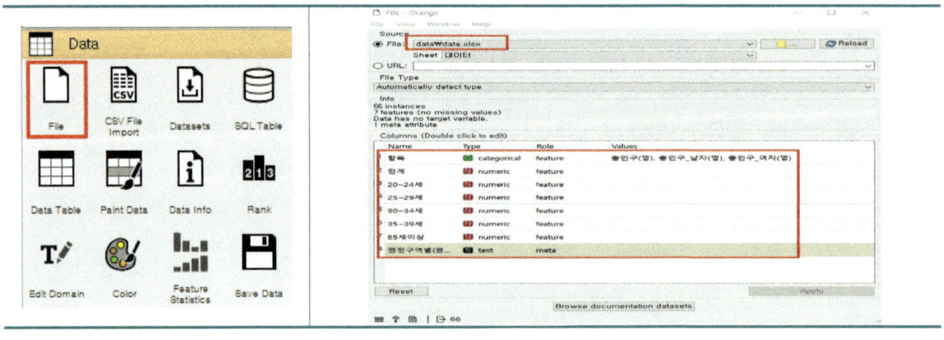

**02** [Data Table] 위젯을 캔버스로 드래그 후 [File] 위젯과 연결하여 업로드 된 데이터를 확인합니다. Ch04\data.csv 파일의 데이터 수는 총 66개의 데이터를 확인할 수 있습니다. 데이터를 확인한 결과 행정구역별(읍면동) 열의 이름, 항목 열 이름을 변경해 봅니다.

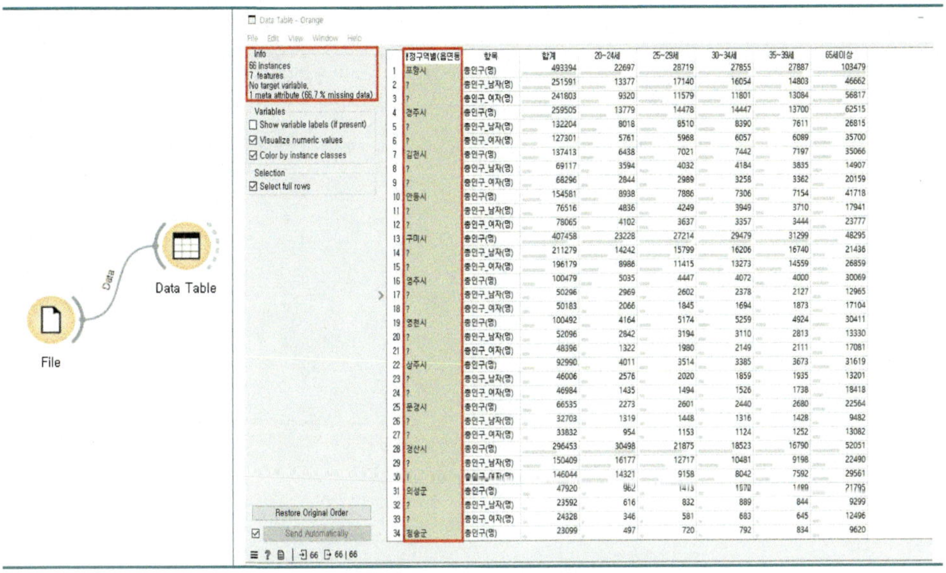


**03** 필드의 속성 변경을 위해 [Data] 카테고리의 [Edit Domain] 위젯을 캔버스로 드래그 한 후 [File] 위젯과 연결합니다. [Edit Domain] 위젯의 화면구성은 다음과 같습니다.

| 화면구성 | 설명 |
|---|---|
| Variables 목록 | 현재 데이터셋의 변수 목록 |
| Edit 영역 | 선택한 변수의 이름, 유형 및 값을 편집 |
| Name 필드 | 변수의 이름을 표시하며, 필요에 따라 이름을 변경 |
| Type 드롭다운 메뉴 | 변수의 유형을 선택<br>ex)범주형(Categorical), 숫자형(Numeric), 문자형(Text) |
| Values 영역 | 선택한 변수의 값 목록이 표시 |
| + / - / = / M 버튼 | 값을 추가(+), 삭제(-), 값을 동일하게 설정(=), 값을 병합(M) |
| Labels 영역 | 변수의 라벨 설정 |
| Output table name | 편집된 데이터 테이블의 출력 이름을 설정 |
| Apply 버튼 (하단 우측) | 편집된 설정을 적용 |

**04** [Variables] 창에 항목 필드를 선택 후 [Name]을 구분으로 변경 [Type]을 Categorical, [Values]의 총인구(명)를 더블클릭하여 합계, 총인구_남자(명)을 남자, 총인구_여자(명)을 여자로 변경하고, [Apply] 버튼을 클릭합니다.

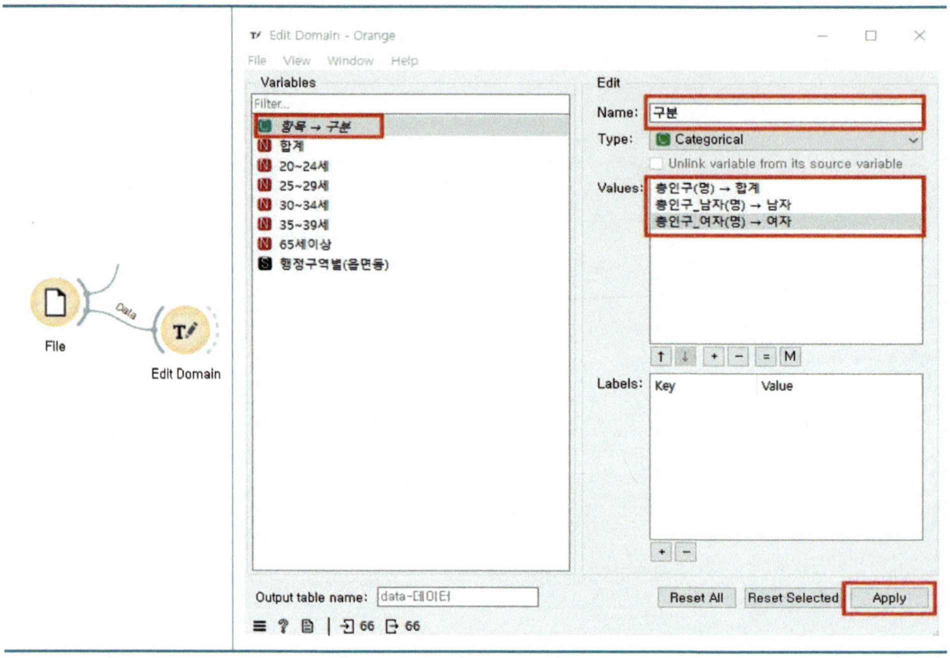


**05** [Variables] 창에 합계 필드를 선택 한 후 [Name]을 인구수로 변경하고 [Apply] 버튼을 클릭합니다.

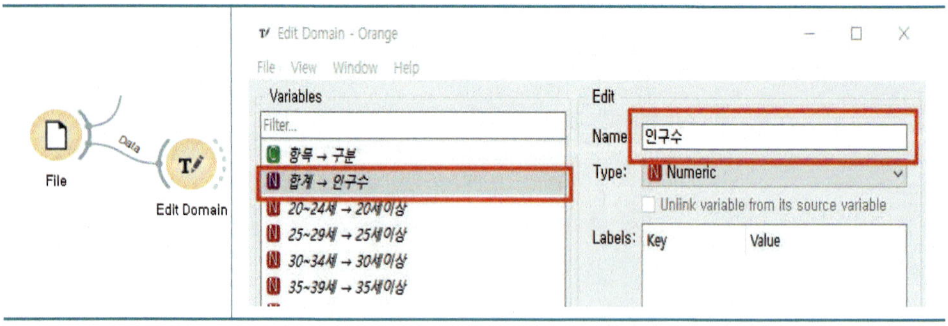

**06** [Variables] 창에 아래 표을 참고하여 나이와 관련된 각 필드명을 변경하고, [Apply] 버튼을 클릭합니다.

| 필드명 수정 전 | 필드명 수정 후 |
|---|---|
| 20~24세 | 20세이상 |
| 24~29세 | 25세이상 |
| 30~34세 | 30세이상 |
| 35~39세 | 35세이상 |

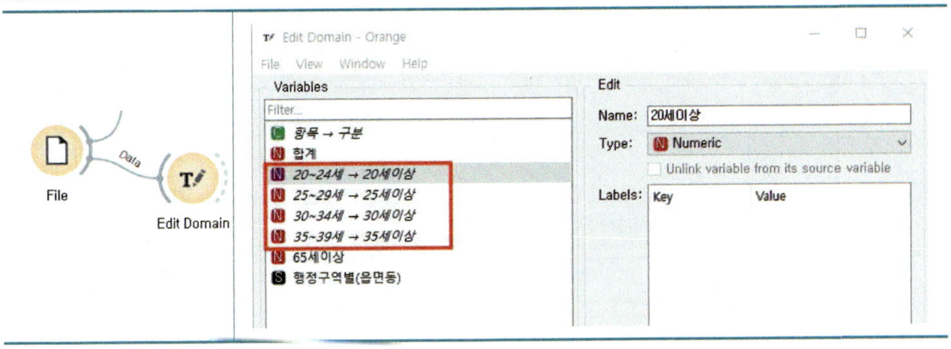

**07** [Variables] 창에 행적구역별(읍면동) 필드를 선택 한 후 [Name]을 시도로 변경하고, [Type]을 Categorical로 변경 후 [Apply] 버튼을 클릭합니다.

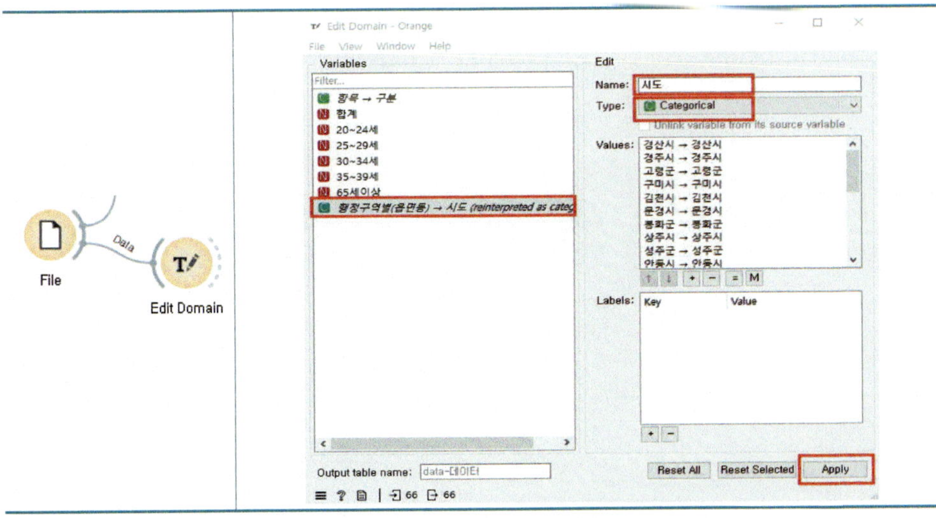

**08** 변화된 필드명 및 데이터 타입을 확인하기 위해 [Data Table]을 캔버스로 드래그하고, [Edit Domain]을 연결합니다. [Data Table]을 더블클릭하여 변경된 필드명을 확인합니다.

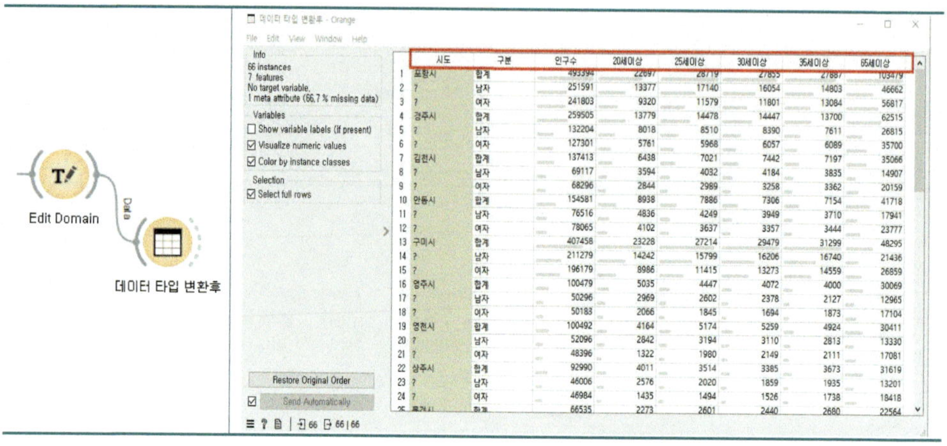

## 전체 워크 플로우

**데이터 타입을 위한 [Edit Domain] 워크 플로우**

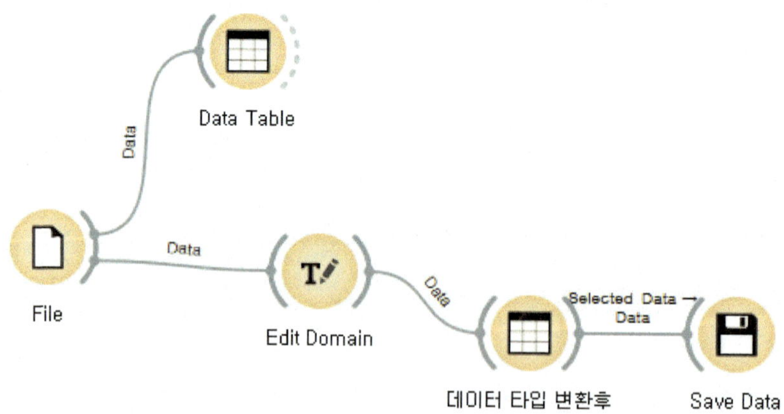

**예제 4-7** Orange 3의 [Edit Domain] 위젯을 이용하여 항목의 필드 이름을 한글로 변경하고, 문자열 데이터(Male, Female)로 구성되어 있는 Gender 필드를 [Values]값을 F, M으로 변경하는 실습을 진행해봅니다.

**01** 실습하기 위해 [data] 카테고리에서 [file] 위젯을 캔버스로 드래그 한 후 더블클릭하여 미리 준비해 놓은 Ch04\datatype_exam.xlsx 파일을 선택합니다.

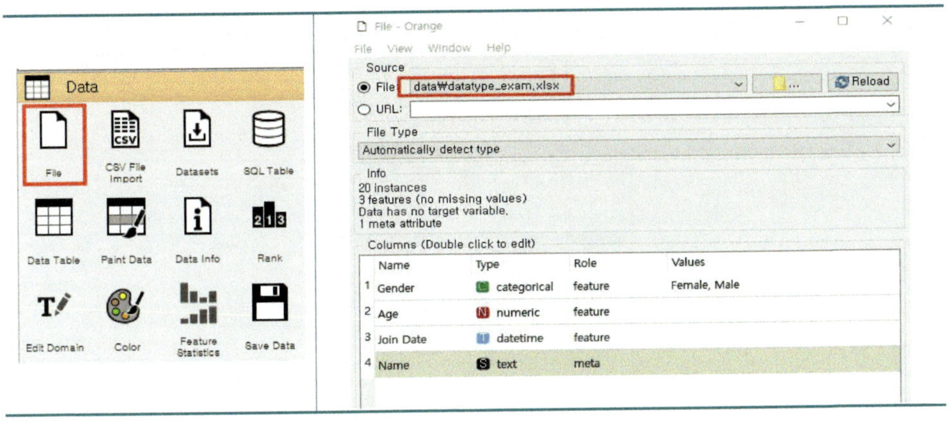


**02** [Data Table] 위젯을 캔버스로 드래그 한 후 [File] 위젯과 연결하여 업로드 된 데이터를 확인합니다. Ch04\datatype_exam.csv 파일의 데이터 수는 총 20개의 데이터를 확인할 수 있습니다. Name, Gender, Age, Join Date 필드명을 한글로 변경해 봅니다.

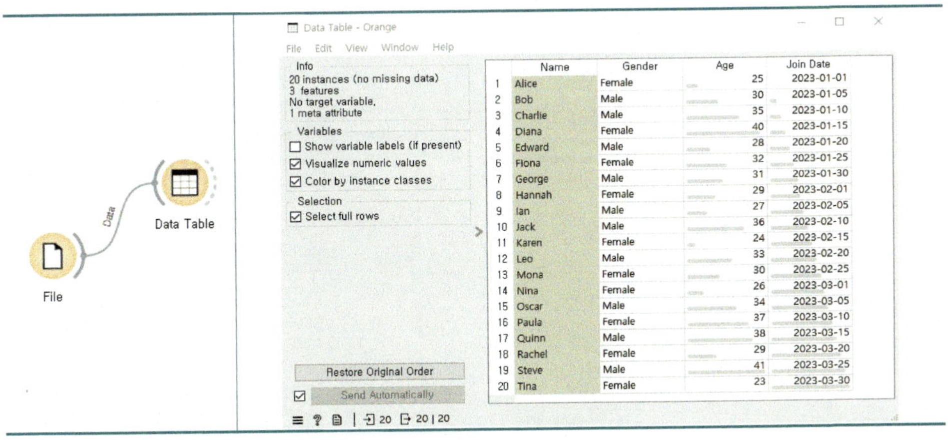

**03** 필드의 속성 변경을 위해 [Data] 카테고리의 [Edit Domain] 위젯을 캔버스로 드래그 한 후 [File] 위젯과 연결합니다. [Variables] 창에 각 필드를 선택 후 아래 표를 참고하여 필드명을 수정한 후 [Apply] 버튼을 클릭합니다.

| 필드명 수정 전 | 필드명 수정 후 |
| --- | --- |
| Gender | 성별 |
| Age | 나이 |
| Join Date | 날짜 |
| Name | 이름 |

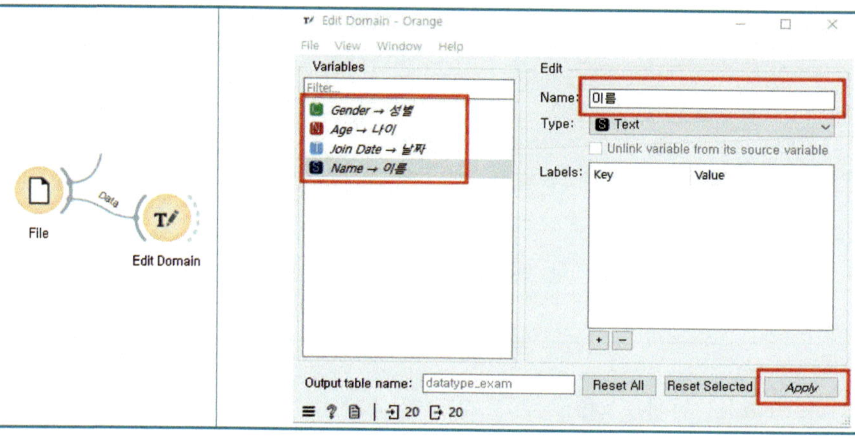


**04** [Variables] 창에 성별 필드를 선택하고, [Values] 값을 Female을 F, Male을 M으로 변경하고 [Apply] 버튼을 클릭합니다.

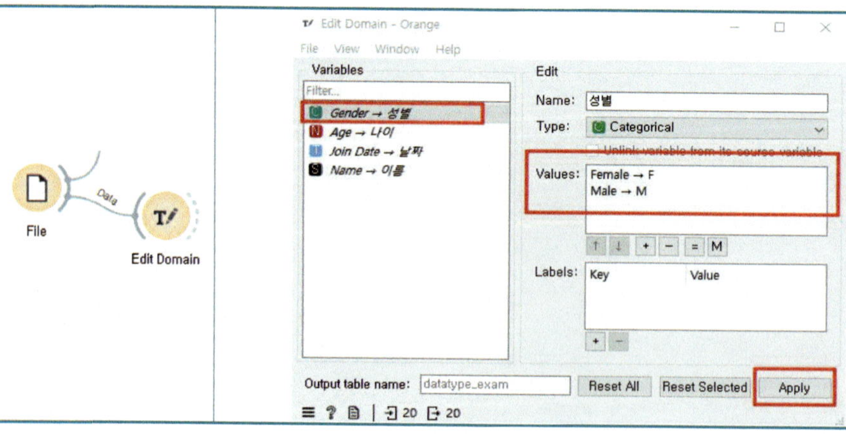

**05** 변화된 필드명 및 데이터 타입을 확인하기 위해 [Data Table]을 캔버스로 드래그하고, [Edit Domain]을 연결합니다. [Data Table]을 더블클릭하여 변경된 필드명을 확인합니다.

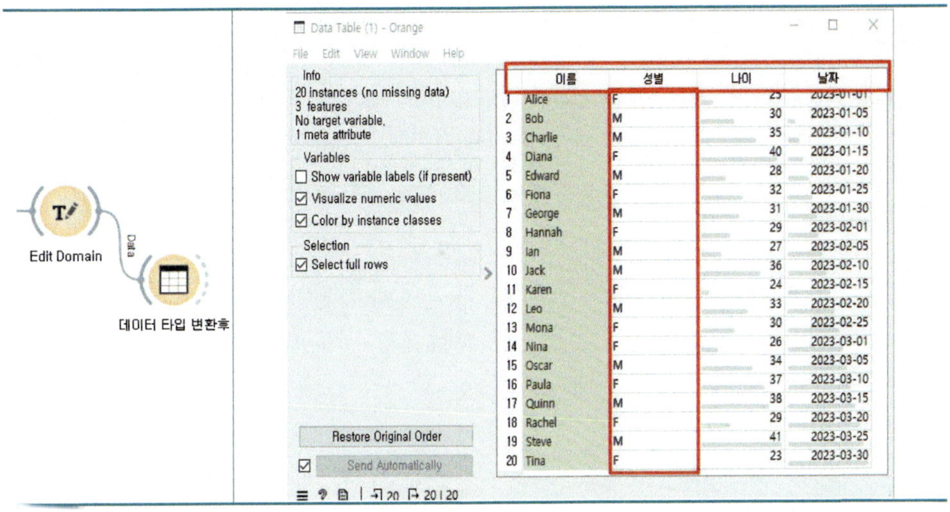


## 전체 워크 플로우

**데이터 타입 실습 워크 플로우**

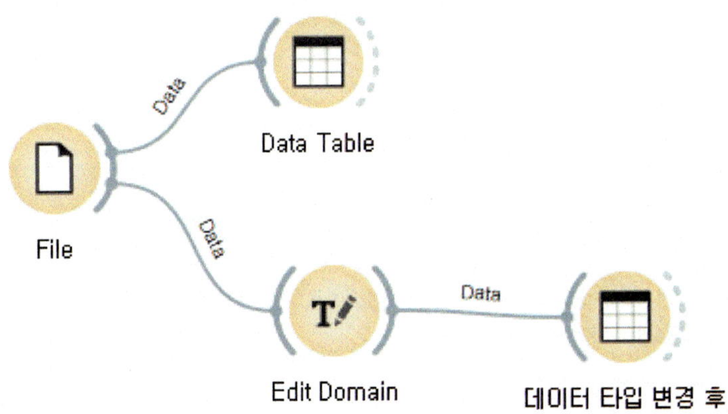

# 스스로 해결하기

## 01 데이터 타입 변환 연습문제

Edit Domain_data_exam.csv파일을 이용하여 아래의 테이블을 참고하여, 데이터의 필드명 및 데이터를 수정합니다. 변환된 데이터를 Edit Domain_result.csv 파일로 저장하시오.

| | Name | ID | Age | Date_of_Birth | Is_Student |
|---|---|---|---|---|---|
| 1 | Alice | 1 | 25 | 1997-04-01 | Yes |
| 2 | Bob | 2 | 30 | 1992-05-12 | No |
| 3 | Charlie | 3 | 35 | 1987-06-23 | No |
| 4 | David | 4 | 40 | 1982-07-14 | Yes |
| 5 | Eve | 5 | 22 | 2000-03-30 | Yes |
| 6 | Frank | 6 | 28 | 1994-09-08 | No |
| 7 | Grace | 7 | 33 | 1989-12-19 | Yes |
| 8 | Hannah | 8 | 26 | 1996-11-27 | No |
| 9 | Isaac | 9 | 31 | 1991-01-15 | Yes |
| 10 | Jack | 10 | 29 | 1993-08-09 | No |
| 11 | Kara | 11 | 24 | 1998-02-20 | No |
| 12 | Liam | 12 | 32 | 1991-04-04 | Yes |
| 13 | Mia | 13 | 38 | 1985-05-29 | No |
| 14 | Nina | 14 | 45 | 1978-06-10 | Yes |
| 15 | Oscar | 15 | 21 | 2001-02-25 | Yes |
| 16 | Paul | 16 | 27 | 1995-10-18 | No |
| 17 | Quinn | 17 | 34 | 1988-03-12 | Yes |
| 18 | Rita | 18 | 23 | 1999-07-07 | No |
| 19 | Sam | 19 | 39 | 1984-09-16 | Yes |
| 20 | Tina | 20 | 41 | 1982-11-03 | No |

| 필드명 수정 | | 데이터 수정 | |
|---|---|---|---|
| ID | 번호 | | |
| Age | 나이 | | |
| Date_of_Birth | 생년월일 | | |
| Is_Student | 학생여부 | no => 비학생 | yes => 학생 |
| Name | 이름 | | |

| | 이름 | 번호 | 나이 | 생년월일 | 학생여부 |
|---|---|---|---|---|---|
| 1 | Alice | 1 | 25 | 1997-04-01 | 학생 |
| 2 | Bob | 2 | 30 | 1992-05-12 | 비학생 |
| 3 | Charlie | 3 | 35 | 1987-06-23 | 비학생 |
| 4 | David | 4 | 40 | 1982-07-14 | 학생 |
| 5 | Eve | 5 | 22 | 2000-03-30 | 학생 |
| 6 | Frank | 6 | 28 | 1994-09-08 | 비학생 |
| 7 | Grace | 7 | 33 | 1989-12-19 | 학생 |
| 8 | Hannah | 8 | 26 | 1996-11-27 | 비학생 |
| 9 | Isaac | 9 | 31 | 1991-01-15 | 학생 |
| 10 | Jack | 10 | 29 | 1993-08-09 | 비학생 |
| 11 | Kara | 11 | 24 | 1998-02-20 | 비학생 |
| 12 | Liam | 12 | 32 | 1991-04-04 | 학생 |
| 13 | Mia | 13 | 38 | 1985-05-29 | 비학생 |
| 14 | Nina | 14 | 45 | 1978-06-10 | 학생 |
| 15 | Oscar | 15 | 21 | 2001-02-25 | 학생 |
| 16 | Paul | 16 | 27 | 1995-10-18 | 비학생 |
| 17 | Quinn | 17 | 34 | 1988-03-12 | 학생 |
| 18 | Rita | 18 | 23 | 1999-07-07 | 비학생 |
| 19 | Sam | 19 | 39 | 1984-09-16 | 학생 |
| 20 | Tina | 20 | 41 | 1982-11-03 | 비학생 |

### ? 해결전략

❶ file 위젯을 캔버스로 드래그하여 Edit Domain_data_exam.csv 파일을 선택한다.

❷ Data Tabel을 이용하여 입력된 데이터를 확인한다.

❸ Edit Domain 위젯을 이용하여 필드명을 수정하고, 학생여부 필드의 데이터는 위 테이블을 참고하여 수정한다.

❹ Data Tabel을 이용하여 수정된 데이터를 확인한 후 Edit Domain_result.csv 파일로 저장한다.

## 3 데이터 통합

### 3.1 데이터 병합(Marge Data)

데이터 분석에서 데이터 병합은 두 개 이상의 데이터셋을 하나로 결합하는 과정입니다. 이 과정은 일반적으로 공통된 키 또는 속성(열)을 기준으로 이루어집니다. 데이터 병합은 데이터 통합의 중요한 부분으로, 여러 출처에서 데이터를 수집하고 분석하는데 필수적입니다. 병합 키는 두 데이터셋에서 공통적으로 사용되는 열을 기준으로 데이터가 결합됩니다. 예를 들어, 고객 데이터와 주문 데이터를 고객 ID를 기준으로 병합할 수 있습니다.

데이터를 병합하는 방식에는 여러 종류가 있습니다. 내부 조인은 두 데이터셋에서 병합 키가 일치하는 행만 결합합니다. 외부 조인은 일치하는 행이 없는 경우에도 모든 데이터를 포함합니다. 왼쪽 외부 조인은 첫 번째 데이터셋의 모든 행을 포함하고, 두 번째 데이터셋에서 일치하는 데이터가 있는 경우 결합합니다. 오른쪽 외부 조인은 두 번째 데이터셋의 모든 행을 포함하고, 첫 번째 데이터셋에서 일치하는 데이터가 있는 경우 결합합니다. 전체 외부 조인은 두 데이터셋의 모든 행을 포함하며, 일치하는 행이 없는 경우 NaN 또는 NULL 값으로 채워집니다.

병합할 속성 또는 열은 중복되지 않고 고유한 값을 가져야 합니다. 여러 속성을 조합하여 병합할 수도 있으며, 이 경우 해당 속성들의 조합이 기준이 됩니다. 예를 들어, 고객 정보와 구매 내역을 병합할 때 고객 ID를 기준으로 고객의 개인정보와 구매 내역 데이터를 결합하여 고객의 구매 패턴을 분석할 수 있습니다. 또한, 제품 코드 기준으로 제품의 상세 정보와 현재 재고 상태를 결합하여  재고 관리 효율성을 높일 수 있습니다. 데이터를 통합하여 데이터의 일관성을 유지하며, 분석의 정확성을 높이는 중요한 과정입니다. 이를 통해 다양한 출처에서 수집된 데이터를 체계적으로 결합하고, 중복된 정보나 결측값을 처리하여 신뢰할 수 있는 분석 결과를 도출할 수 있습니다.

**예제 4-8** Orange 3의 [Merge Data] 위젯을 사용하여 제품 정보(products.csv)와 재고 상태(inventory.csv) 데이터를 제품 ID를 기준으로 병합하는 예제를 실습해 봅니다.

**01** 실습하기 위해 [data] 카테고리에서 [file] 위젯을 캔버스로 드래그 한 후 더블클릭하여 미리 준비해 놓은 Ch04\products.csv 파일과 Ch04\inventory.csv 파일을 선택합니다.

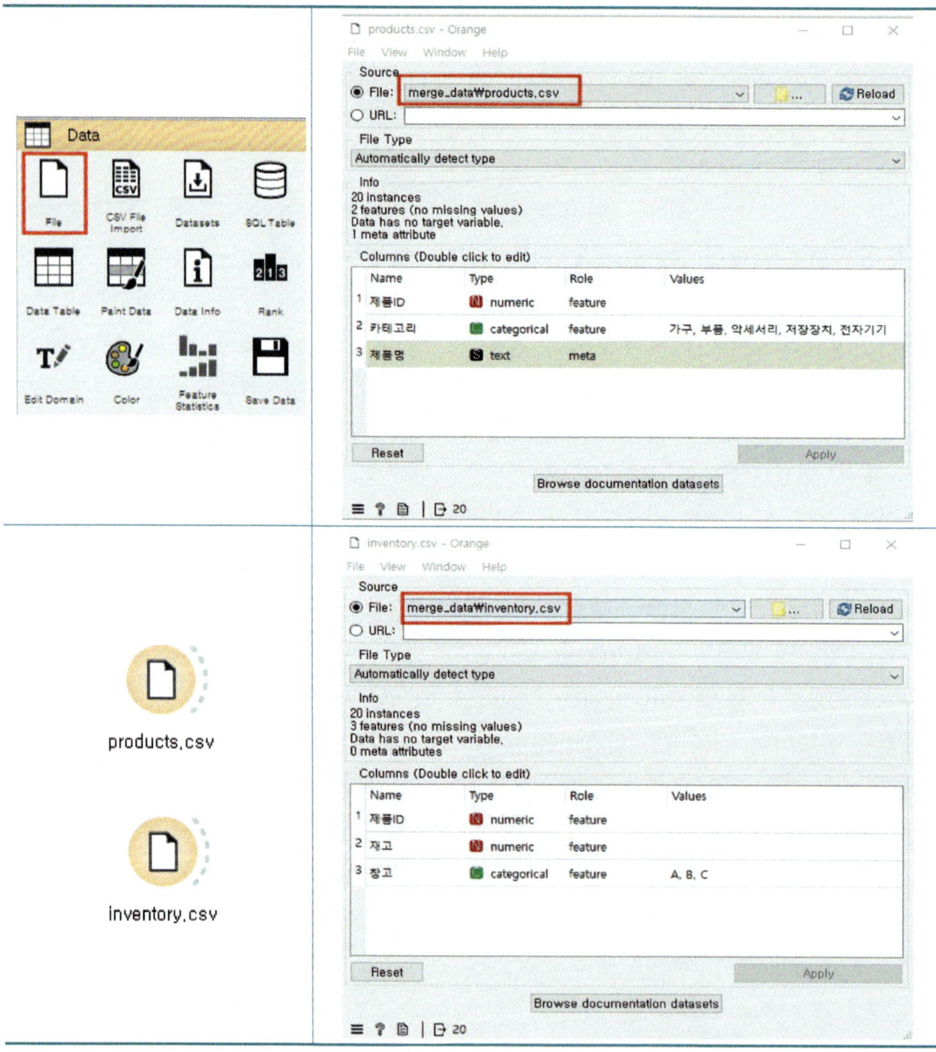

**02** [Data Table] 위젯을 캔버스로 드래그 한 후 [File] 위젯과 연결하여 업로드 된 데이터를 확인합니다. Ch04\products.csv 파일과 Ch04\inventory.csv 파일을 더블 클릭하여 각각의 총 20개의 데이터 수를 확인합니다.

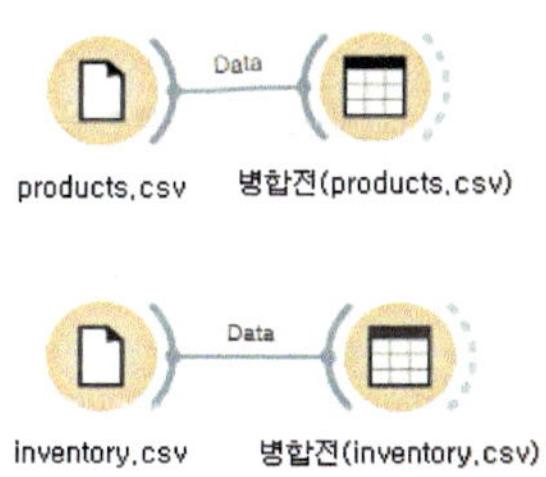


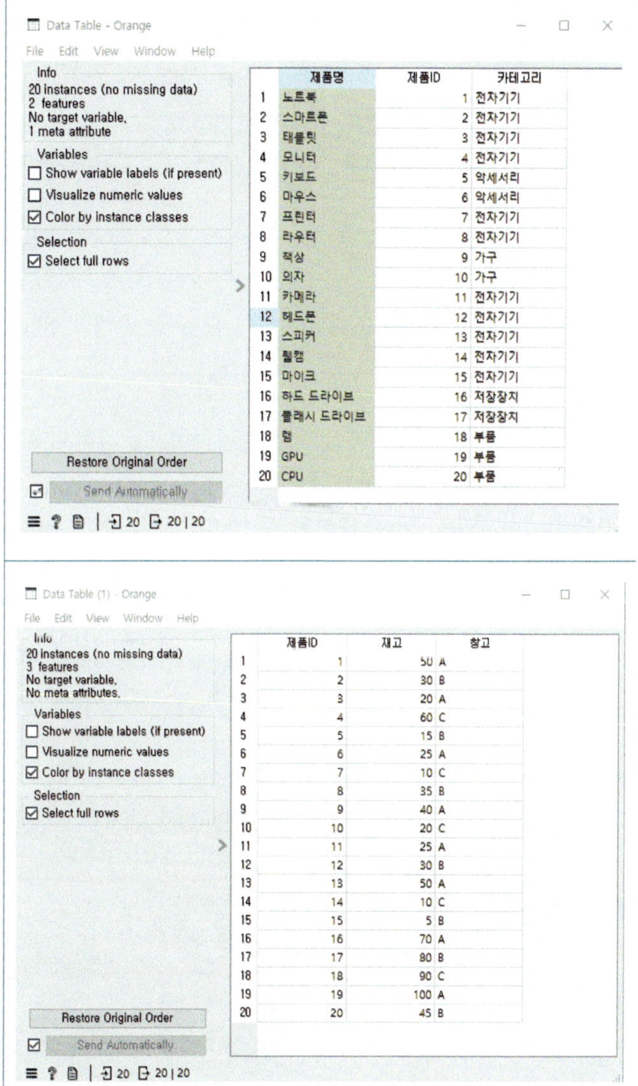

**03** Ch04\products.csv 파일과 Ch04\inventory.csv 파일을 데이터 병합을 위해 [Transform] 카테고리의 [Merge Data] 위젯을 캔버스로 드래그하고, 두 개의 병합전 [Data Table] 위젯을 연결합니다. [Merge Data] 위젯을 옵션은 다음과 같습니다.

| 항목 | | 설명 |
|---|---|---|
| Merging | Append columns from Extra data | 데이터 열을 기준으로 엑스트라 데이터 열을 기준 열에서 찾아 열을 추가하여 병합 |
| | Find matching pairs of rows | 행을 일치하는 데이터를 찾아 병합 |
| | Concatenate tables | 행과 행을 병합 |
| Row matching | Row index matches Row index | 행의 인덱스 값을 기준으로 매칭 |

**04** [Merge Data] 위젯을 더블클릭하여 행 기준으로 데이터 값이 일치하는 데이터, 즉 교집합의 데이터를 찾아 병합하는 [Find matching pairs of rows]옵션을 선택합니다. [Row matching] 옵션은 두 개의 데이터에서 제품ID를 기준으로 데이터 병합할 수 있도록 선택하여 최종 데이터 출력의 개수를 확인합니다.

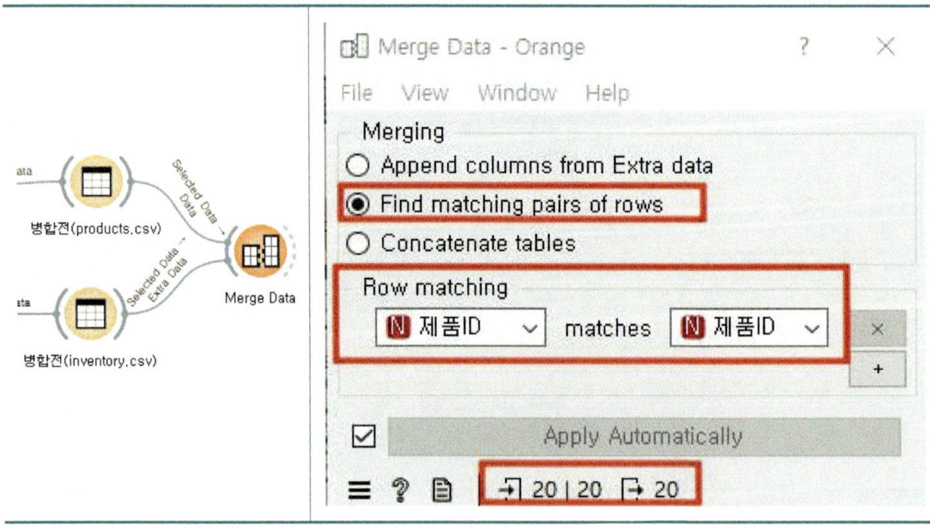

**05** [Data Table] 위젯을 캔버스로 드래그한 후 [Merge Data] 위젯과 연결합니다. [Data Table] 위젯을 더블클릭하여, 주 Data 데이터와 Extra data의 제품 ID를 기준으로 총 20개의 데이터가 병합된 결과를 확인합니다.

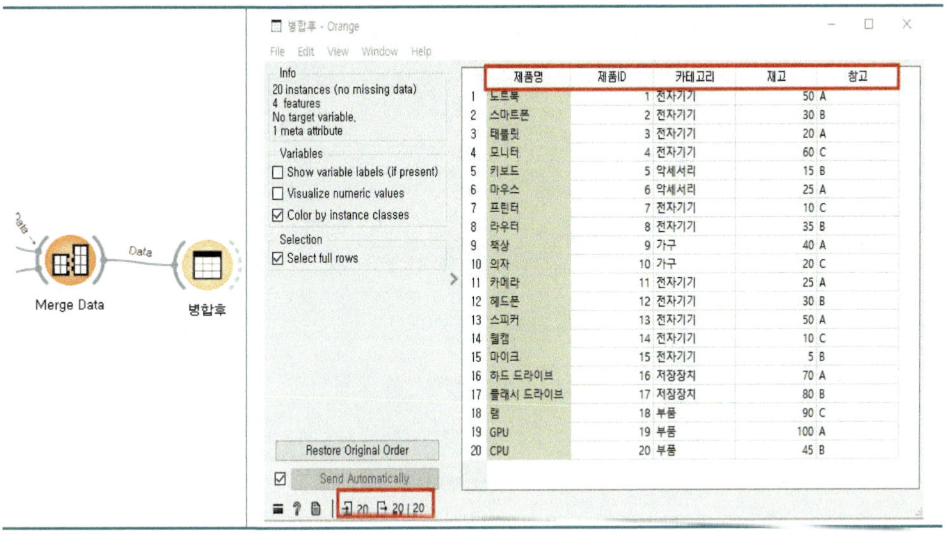


## 전체 워크 플로우

### 데이터 병합(Merge Data) 워크 플로우

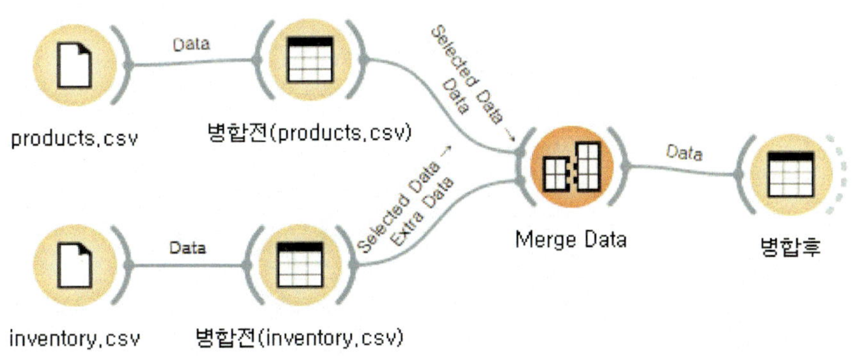

**예제 4-9** Orange 3의 [Merge Data] 위젯을 사용하여 제품 정보(customers.csv)와 재고 상태(purchases.csv) 데이터를 고객번호와 고객 ID를 기준으로 병합하는 예제를 실습해 봅니다.

**01** 실습하기 위해 [data] 카테고리에서 [file] 위젯을 캔버스로 드래그 후 더블클릭하여 미리 준비해 놓은 Ch04\customers.csv 파일과 Ch04\purchases.csv을 선택합니다.

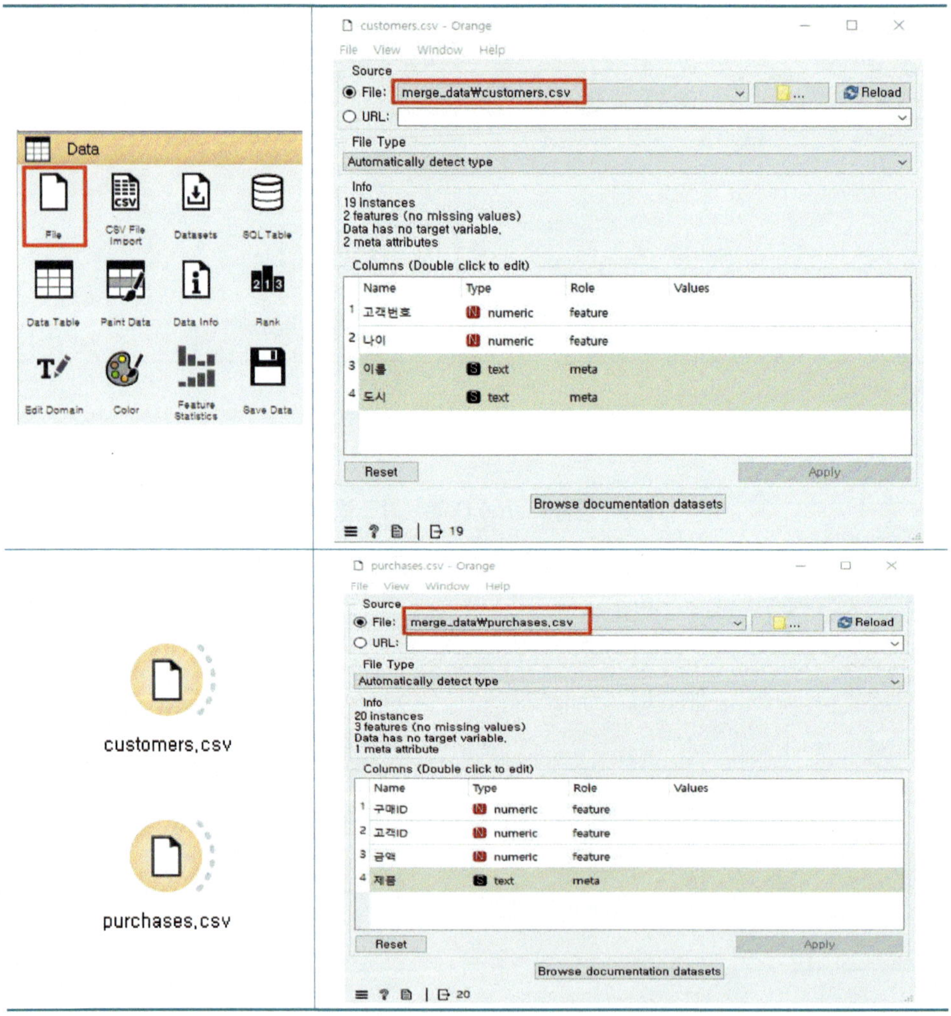

**02** [Data Table] 위젯을 캔버스로 드래그 후 [File] 위젯과 연결하여 업로드 된 데이터를 확인합니다. 두 개의 [Data Table] 위젯을 더블클릭하여 데이터 개수를 확인합니다. Ch04\customers.csv 파일에는 총 19개의 데이터, Ch04\purchases.csv 파일에는 총 20개의 데이터가 있음을 확인합니다.

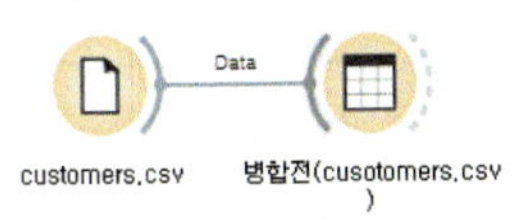


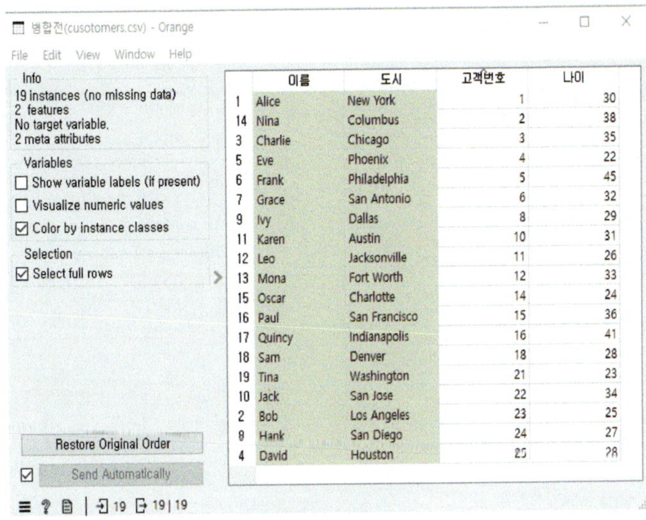


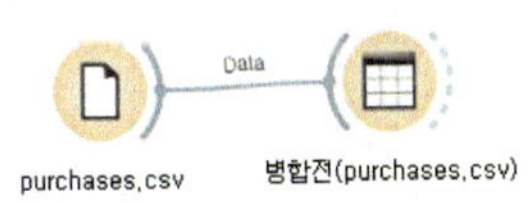


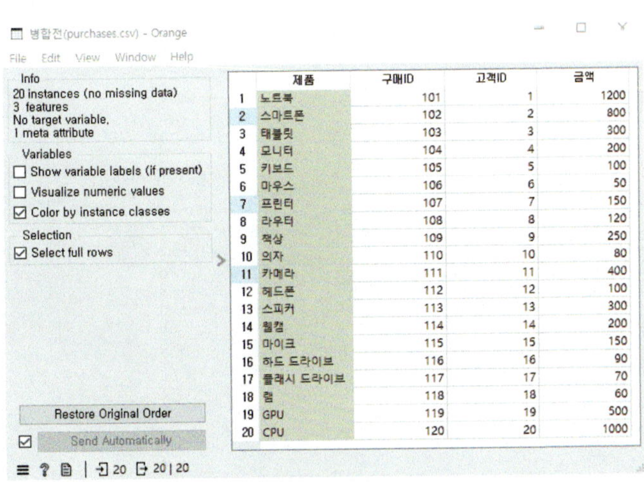

**03** Ch04\customers.csv 파일과 Ch04\purchases.csv 파일을 데이터 병합을 위해 [Transform] 카테고리의 [Merge Data] 위젯을 캔버스로 드래그하고, 두 개의 병합전 [Data Table] 위젯을 연결합니다. [Merge Data] 위젯을 더블클릭하여 Data 기준 데이터 셋의 [고객번호] 필드에서 Extra 데이터 셋의 [고객ID]를 찾아 일치하는 데이터 오른쪽으로 열을 추가하여 병합하는 [Append columns from Extra data] 옵션을 선택합니다. [Row matching] 옵션은 두 개의 데이터에서 고객번호와 고객ID를 기준으로 데이터 병합할 수 있도록 선택하여 최종 데이터 출력의 개수를 확인합니다.

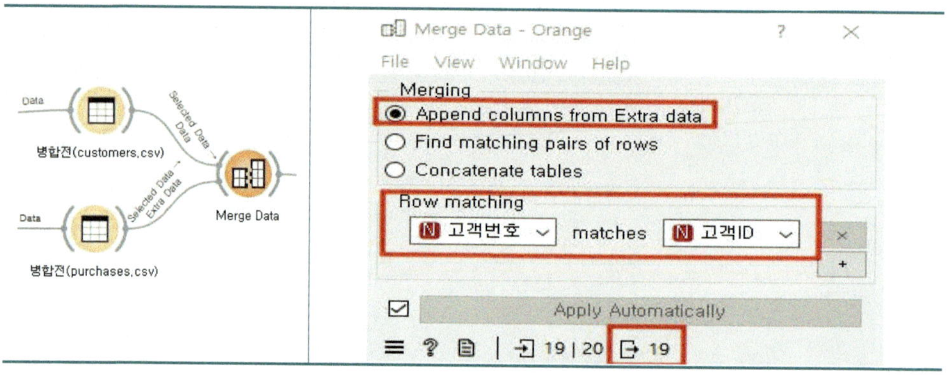


**04** [Data Table] 위젯을 캔버스로 드래그한 후 [Merge Data] 위젯과 연결합니다. [Data Table] 위젯을 더블클릭하여, 주 Data 데이터의 고객번호 열과 Extra data의 고객 ID를 기준으로 총 19개의 데이터가 출력되는 것을 확인할 수 있습니다.

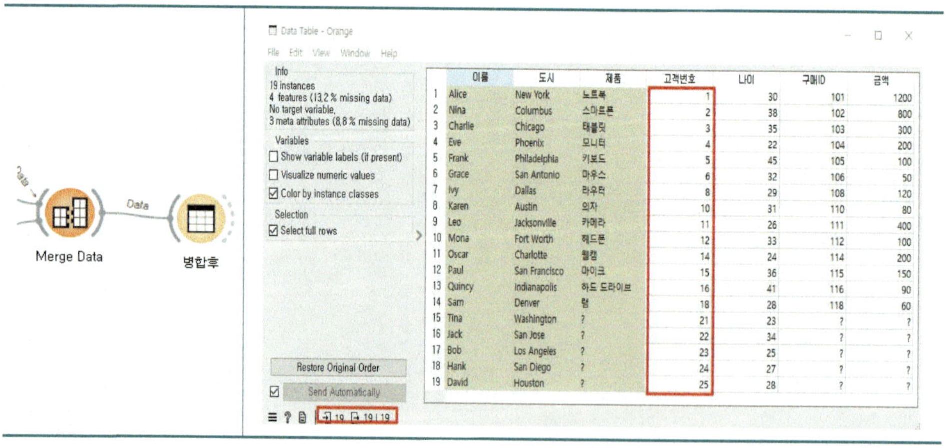


| | 이름 | 도시 | 제품 | 고객번호 | 나이 | 구매ID | 금액 |
|---|---|---|---|---|---|---|---|
| 1 | Alice | New York | 노트북 | 1 | 30 | 101 | 1200 |
| 2 | Nina | Columbus | 스마트폰 | 2 | 38 | 102 | 800 |
| 3 | Charlie | Chicago | 태블릿 | 3 | 35 | 103 | 300 |
| 4 | Eve | Phoenix | 모니터 | 4 | 22 | 104 | 200 |
| 5 | Frank | Philadelphia | 키보드 | 5 | 45 | 105 | 100 |
| 6 | Grace | San Antonio | 마우스 | 6 | 32 | 106 | 50 |
| 7 | Ivy | Dallas | 라우터 | 8 | 29 | 108 | 120 |
| 8 | Karen | Austin | 의자 | 10 | 31 | 110 | 80 |
| 9 | Leo | Jacksonville | 카메라 | 11 | 26 | 111 | 400 |
| 10 | Mona | Fort Worth | 헤드폰 | 12 | 33 | 112 | 100 |
| 11 | Oscar | Charlotte | 웹캠 | 14 | 24 | 114 | 200 |
| 12 | Paul | San Francisco | 마이크 | 15 | 36 | 115 | 150 |
| 13 | Quincy | Indianapolis | 하드 드라이브 | 16 | 41 | 116 | 90 |
| 14 | Sam | Denver | 램 | 18 | 28 | 118 | 60 |
| 15 | Tina | Washington | ? | 21 | 23 | ? | ? |
| 16 | Jack | San Jose | ? | 22 | 34 | ? | ? |
| 17 | Bob | Los Angeles | ? | 23 | 25 | ? | ? |
| 18 | Hank | San Diego | ? | 24 | 27 | ? | ? |
| 19 | David | Houston | ? | 25 | 28 | ? | ? |

## 전체 워크 플로우

데이터 병합(Merge Data) 워크 플로우

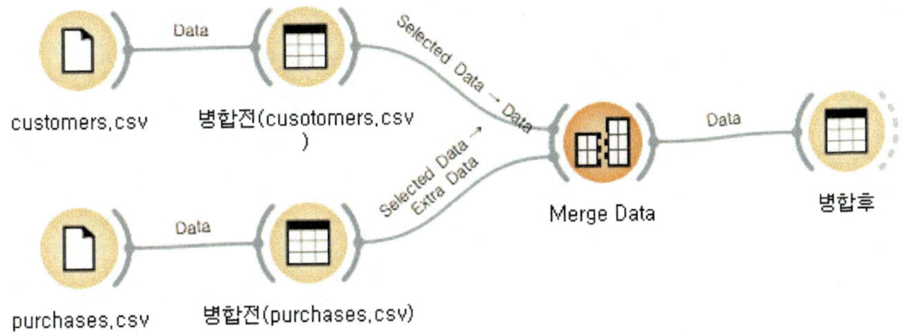

### 3.2 데이터 그룹(Group by)

데이터 전처리 과정은 데이터를 분석하기 전에 데이터를 정리 및 일관성을 유지하기 위한 단계입니다. 데이터 그룹이란 특정 기준이나 조건에 따라 데이터를 여러 개의 하위 집합으로 나누는 것입니다. 각 하위 집합은 그룹으로 간주되며, 그룹 내의 데이터는 공통적인 속성을 공유합니다. 데이터 그룹을 정의하는 방법에는 여러 가지가 있으며, 일반적으로 다음과 같은 기준을 사용합니다. 첫 번째, 범주형(Categorical) 변수에 의한 그룹화입니다. 범주형 변수는 명목형 또는 순서형 데이터를 나타내며, 이러한 변수를 기준으로 데이터를 그룹화할 수 있습니다. 예를 들어, 성별(남성, 여성), 객실 등급(1등급, 2등급, 3등급), 생존 여부(생존, 사망) 등을 나타낼 수 있습니다. 두 번째는 연속형 변수에 의한 그룹화입니다. 연속형 변수는 연속적인 값을 가지며, 특정 범위로 나누어 그룹화할 수 있습니다. 예를 들어, 나이(0-10세, 10-20세, 20-30세 등), 요금(0-50달러, 50-100달러 등이 있습니다. 세 번째, 조건에 의한 그룹화입니다. 특정 조건이나 필터를 적용하여 데이터를 그룹화할 수 있습니다. 특정 조건을 만족하는 데이터 집합 즉, 나이가 18세 이상인 생존자 또는 요금이 100달러 이상인 승객 등의 예를 들 수 있습니다.

데이터 그룹을 정의하면, 각 그룹에 대한 통계적 분석을 수행할 수 있습니다. 각 객실 등급별 생존율, 성별에 따른 평균 나이 등의 데이터 그룹을 기반으로 시각화를 수행하면, 그룹 간의 차이와 관계를 명확히 이해할 수 있습니다. 또한 그룹화된 데이터를 통해 이상치를 식별하고 처리 할 수 있으며, 데이터의 일관성을 확보할 수 있습니다. 예측 모델을 구축할 때, 특정 그룹에 대한 모델을 별도로 생성하여 예측 성능을 향상시킬 수 있습니다.

**예제 4-10** Orange 3에서 Ch04\train.csv 파일을 이용하여, [Group by] 위젯을 사용해 객실 등급별 평균 객실 요금을 구해 봅시다. 또한, 등급별 객실 요금의 차이, 최솟값, 최댓값을 분석하고, 이를 시각화하는 과정을 실습해봅니다.

**01** 실습하기 위해 [data] 카테고리에서 [file] 위젯을 캔버스로 드래그 한 후 더블클릭하여 미리 준비해 놓은 Ch04\train_1.csv 파일을 선택합니다.

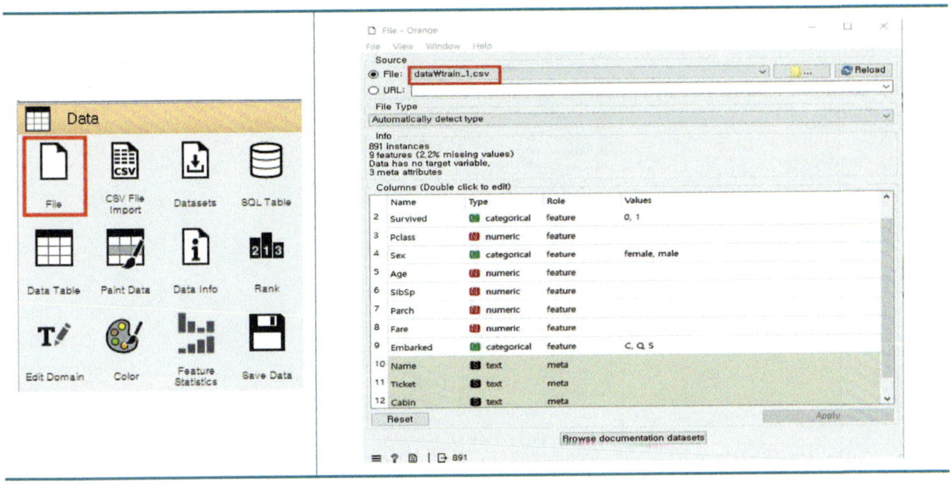

**02** [Data Table] 위젯을 캔버스로 드래그 후 [File] 위젯과 연결하여 업로드 된 데이터를 확인합니다. Ch04\train.csv 파일의 데이터 수는 총 891개의 데이터를 확인할 수 있습니다.

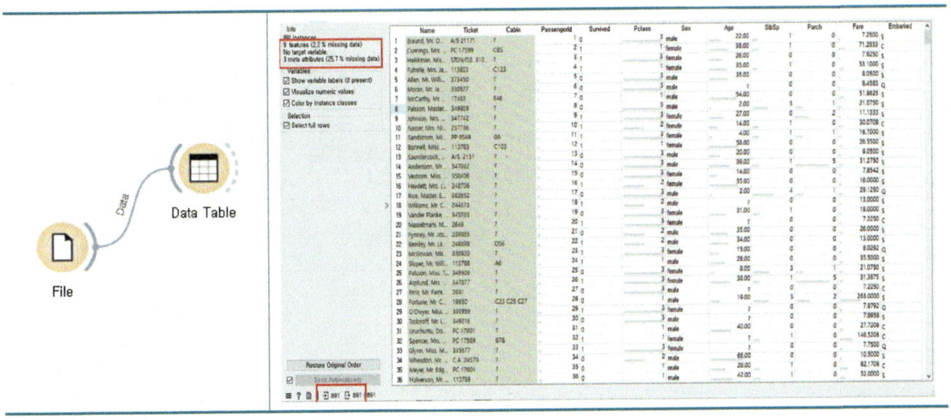

**03** 업로드된 데이터의 특성(변수)들을 수정하고 관리에 사용하는 [Data] 카테고리의 [Edit Domain] 위젯을 이용하여 [Name] 열명을 한글로 변환합니다. [Edit Domain] 위젯을 더블클릭하여 열명을 수정합니다. [Edit Domain] 위젯은 열명, 데이터 타입, 레이블을 설정할 수 있습니다.

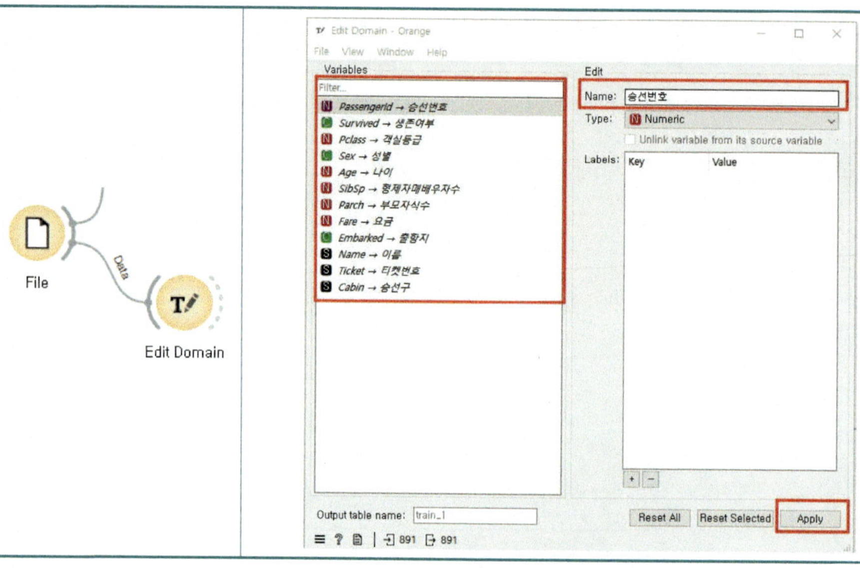


※ 수정할 열 명 참고

| 수정전 열 이름(Name) | 수정후 열 이름(Name) |
|---|---|
| PassengerId | 승선번호 |
| Survived | 생존여부 |
| Pclass | 객실등급 |
| Name | 성별 |
| Sex | 나이 |
| Age | 형제자매배우자수 |
| SibSp | 부모자식수 |
| Parch | 요금 |
| Ticket | 출항지 |
| Fare | 이름 |
| Cabin | 티켓번호 |
| Embarked | 승선구 |

**04** 결측치 및 이상치 데이터를 확인하기 위해 [Data] 카테고리의 [Feature Statistics] 위젯을 캔버스로 드래그하고, [Data Table] 위젯과 연결하여 Missing 데이터 비율을 확인합니다.

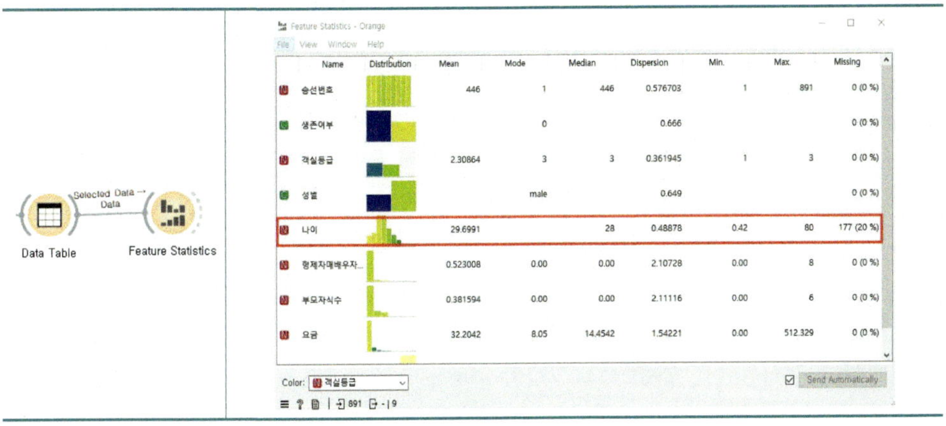


**05** 데이터셋에서 분석에 사용할 열을 선택하기 위해 [Transform] 카테고리에서 [Select Columns]를 캔버스로 드래그합니다. [Data Table]위젯과 [Select Columns] 위젯을 연결하고 [Select Columns] 위젯을 더블클릭하여 사용할 열을 선택합니다. 객실등급별 사용요금을 분석하기위해, 객실등급, 나이, 요금 열을 [Features]에 위치하고, 사용하지 않는 열은 [Ignored]에 위치합니다.

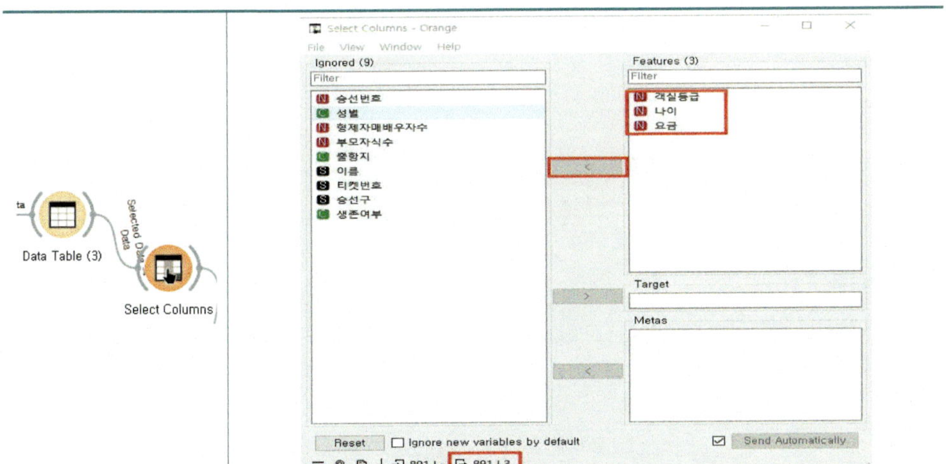

※ 수정할 열 명 참고

| 기능 | 설명 |
|---|---|
| Ignored | 분석에 사용하지 않는 열 |
| Features | 분석에 사용될 열 |
| Target | 예측하거나 분류할 대상 |
| Metas | 메타 데이터로 사용할 열을 설정 |
| Apply Automatically | 설정된 내용 자동으로 적용 |
| Restore All to Default | 모든 설정을 기본값으로 초기화 |

**06** 특정 열을 기준으로 그룹하여 데이터를 분석하기 위해 [Transform] 카테고리의 [Group by] 위젯을 캔버스로 드래그하고 [Select Columns] 위젯과 연결합니다. [Group by] 위젯을 더블클릭하여 왼쪽에 위치한 [Group by] 창에서 객실등급을 필드를 선택하여 객실등급을 기준으로 그룹합니다.

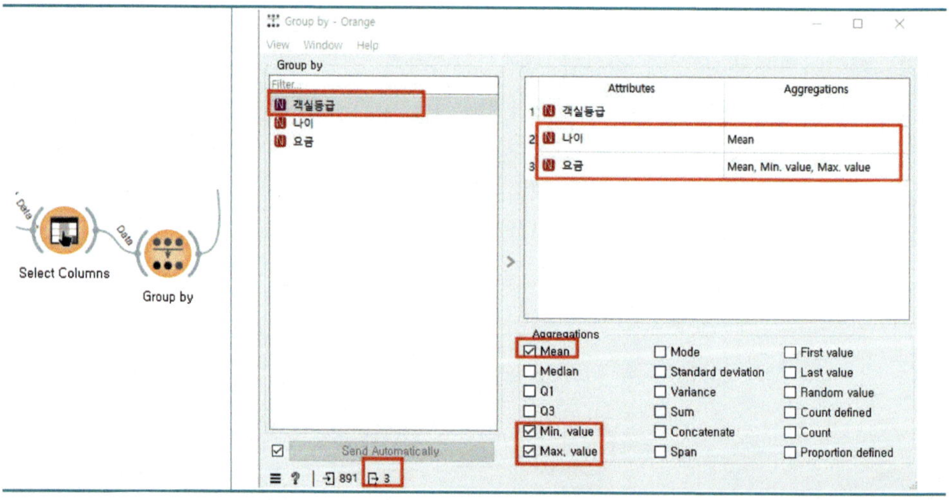


※ 그룹될 열 설정 및 옵션 설정

| 그룹의 기준 열 | 옵션 |
|---|---|
| 객실등급 | 그룹 기준 열 |
| 나이 | 평균값 |
| 요금 | 평균값, 최솟값, 최댓값 |

※ [Group by] 위젯 옵션 설정

| Aggregations | 설명 | Aggregations | 설명 |
|---|---|---|---|
| Mean | 평균 | Sum | 합계 |
| Median | 중간값 | Concatenate | 하나의 문자열로 표시 |
| Q1 | 그룹의 1분위 | Span | 최댓값과 최솟값 차이 |
| Q3 | 그룹의 3분위 | First value | 첫 번째 값 |
| Min.value | 최솟값 | Last value | 마지막 값 |
| Max.value | 최댓값 | Random value | 무작위 값 |
| Mode | 최빈수 | Count defined | 그룹의 정의된 값의 개수 |
| Standard deviation | 표준편차 | Count | 전체 개수 |
| Variance | 분산 | Proportion defined | 정의된 값의 비율계산 |

**07** 그룹화 된 결과 확인하기 위해 [Data Table] 위젯을 캔버스로 드래그하고, [Group by] 위젯과 연결합니다. [Data Table] 위젯을 더블클릭하여 결과를 확인합니다.

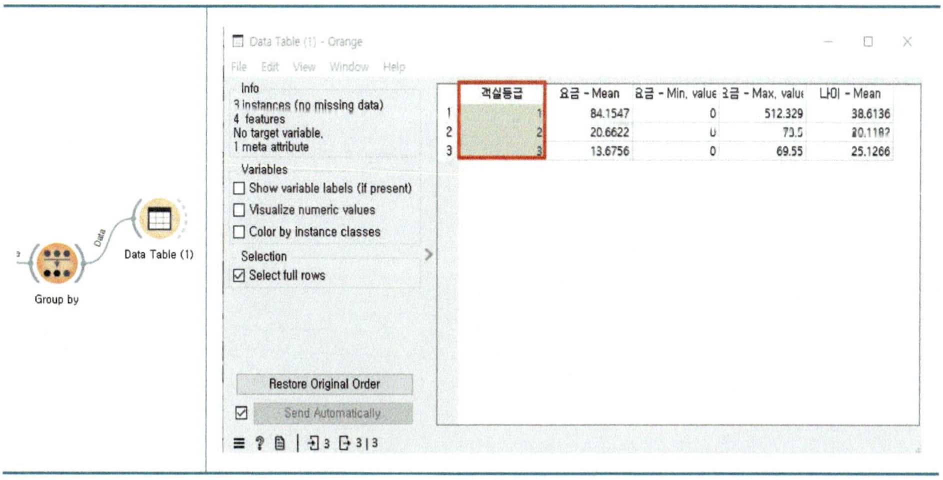

## 전체 워크 플로우

### 데이터 그룹화(Group by) 실습워크 플로우

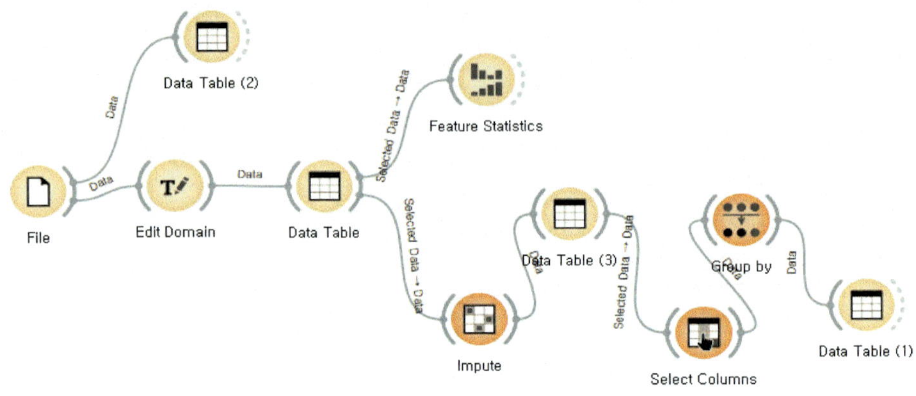

# 스스로 해결하기

## 01 Merge Data 및 Group by 연습문제

Ch04\Group_merge_scores.csv파일과 Ch04\Group_merge_students.csv 파일을 이용하여 Merge Data 및 Group By 기능을 실습합니다. 최종 데이터를 Ch04\Group_Merge_result.csv 파일로 저장하시오.

**Group_merge_scores.csv 파일**

| | ID | Subject | Score |
|---|---|---|---|
| 1 | 1 | Math | 85 |
| 2 | 2 | Math | 78 |
| 3 | 3 | Math | 92 |
| 4 | 4 | Math | 88 |
| 5 | 5 | Math | 76 |
| 6 | 6 | Math | 95 |
| 7 | 7 | Math | 80 |
| 8 | 8 | Math | 77 |
| 9 | 9 | Math | 89 |
| 10 | 10 | Math | 84 |
| 11 | 11 | Science | 90 |
| 12 | 12 | Science | 82 |
| 13 | 13 | Science | 87 |
| 14 | 14 | Science | 85 |
| 15 | 15 | Science | 79 |
| 16 | 16 | Science | 91 |
| 17 | 17 | Science | 83 |
| 18 | 18 | Science | 78 |
| 19 | 19 | Science | 88 |
| 20 | 20 | Science | 86 |

**Merge Data 실습 결과**

| | ID | Class | Name | Subject | Score |
|---|---|---|---|---|---|
| 1 | 1 | A | Alice | Math | 85 |
| 2 | 2 | B | Bob | Math | 78 |
| 3 | 3 | A | Charlie | Math | 92 |
| 4 | 4 | C | David | Math | 88 |
| 5 | 5 | B | Eve | Math | 76 |
| 6 | 6 | A | Frank | Math | 95 |
| 7 | 7 | C | Grace | Math | 80 |
| 8 | 8 | B | Hannah | Math | 77 |
| 9 | 9 | A | Isaac | Math | 89 |
| 10 | 10 | C | Jack | Math | 84 |
| 11 | 11 | B | Kara | Science | 90 |
| 12 | 12 | C | Liam | Science | 82 |
| 13 | 13 | A | Mia | Science | 87 |
| 14 | 14 | B | Nina | Science | 85 |
| 15 | 15 | C | Oscar | Science | 79 |
| 16 | 16 | A | Paul | Science | 91 |
| 17 | 17 | C | Quinn | Science | 83 |
| 18 | 18 | B | Rita | Science | 78 |
| 19 | 19 | A | Sam | Science | 88 |
| 20 | 20 | C | Tina | Science | 86 |

**Group_merge_students.csv 파일**

| | ID | Class | Name |
|---|---|---|---|
| 1 | 1 | A | Alice |
| 2 | 2 | B | Bob |
| 3 | 3 | A | Charlie |
| 4 | 4 | C | David |
| 5 | 5 | B | Eve |
| 6 | 6 | A | Frank |
| 7 | 7 | C | Grace |
| 8 | 8 | B | Hannah |
| 9 | 9 | A | Isaac |
| 10 | 10 | C | Jack |
| 11 | 11 | B | Kara |
| 12 | 12 | C | Liam |
| 13 | 13 | A | Mia |
| 14 | 14 | B | Nina |
| 15 | 15 | C | Oscar |
| 16 | 16 | A | Paul |
| 17 | 17 | C | Quinn |
| 18 | 18 | B | Rita |
| 19 | 19 | A | Sam |
| 20 | 20 | C | Tina |

**Group By 실습 결과**

| | Subject | Score - Mean |
|---|---|---|
| 1 | Math | 84.4 |
| 2 | Science | 84.9 |

### 해결전략

❶ file 위젯을 캔버스로 드래그하여 Ch04\Group_merge_scores.csv 파일을 선택한다.

❷ file 위젯을 캔버스로 드래그하여 Ch04\Group_merge_students.csv 파일을 선택한다.

❸ 각각의 file 위젯에 Data Tabel 위젯을 연결하여 입력된 데이터를 확인한다

❹ Merge Data 위젯을 이용하여 ID 필드를 기준을 데이터를 병합한다.
(Merge Data 옵션 : Find matching pairs of rows, row matching : id)

❺ Data Table 위젯을 이용하여 병합된 데이터를 확인한다.

❻ Group by 위젯을 이용하여 Subject필드를 기준으로 그룹화하고, Score의 평균값을 출력하고, Data Table 위젯을 이용하여 그룹된 데이터를 확인한다.

## 3.3 수식을 활용한 데이터 피처링

데이터 피처링(feature engineering)은 원본 데이터로부터 새로운 피처(특징)를 생성하거나 기존 피처를 변형하는 과정을 말합니다. 이 과정에서 수식을 활용하는 것은 매우 일반적이며, 데이터의 특성과 문제에 적합한 유용한 정보를 추출하는 데 중요합니다. 수식을 통해 피처를 생성하거나 변형하면 모델의 성능을 향상시킬 수 있으며, 더 나은 예측 결과를 도출할 수 있습니다. 이러한 피처링 작업에는 산술 연산, 로그 변환, 지수 변환, 폴리노미얼(polynomial) 변환, 조합 피처 생성 등이 포함됩니다. 예를 들어, 주어진 데이터셋에 고객의 월별 소비 금액과 월별 방문 횟수가 포함되어 있다고 가정해봅시다. 고객의 방문당 평균 소비 금액을 새로운 피처로 생성할 수 있습니다. 이를 위해 각 고객의 월별소비금액을 고객의 방문 횟수로 나누어 계산합니다. 월별 소비 금액이 200이고 방문 횟수가 5인 경우, 방문당 평균 소비 금액은 40이 됩니다.

또 다른 예로, 판매량 데이터가 비대칭적으로 분포되어 있을 때, 로그 변환을 통해 새로운 피처를 생성할 수 있습니다. 예를 들어, 판매량이 100인 경우 자연로그 e=2.71828로 로그 변환된 값은 약 4.61이 됩니다. 로그 변환은 데이터의 스케일을 조정하여 정규 분포에 가깝게 만들어주며, 이는 모델이 데이터를 더 잘 이해하고 예측할 수 있도록 돕습니다. 이와 같은 피처링 작업은 데이터의 숨겨진 패턴을 드러내고, 모델의 성능을 높이는 데 기여합니다.

**예제 4-11** Ch04\고객데이터1.csv파일과 Ch04\고객데이터2.csv 파일을 고객ID 기준을 병합하고, [formula] 위젯을 사용하여 방문당평균 소비금액, 고객등급의 새로운 필드를 생성하는 피처링 예제를 실습해봅니다.

**01** 실습하기 위해 [data] 카테고리에서 [file] 위젯을 캔버스로 드래그 한 후 더블클릭하여 미리 준비해 놓은 Ch04\고객데이터1.csv 파일과 Ch04\고객데이터2.csv을 선택합니다.

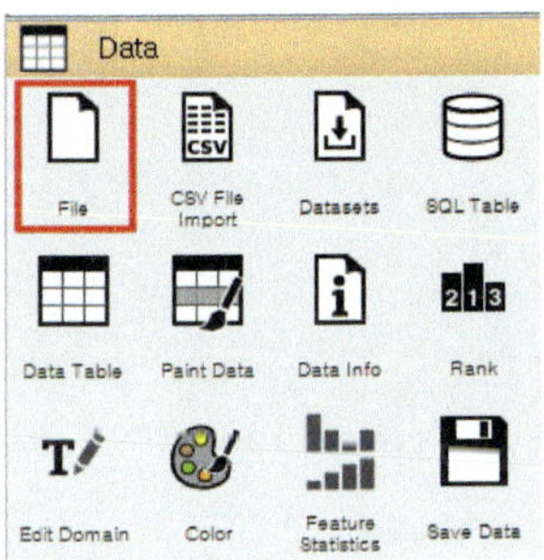


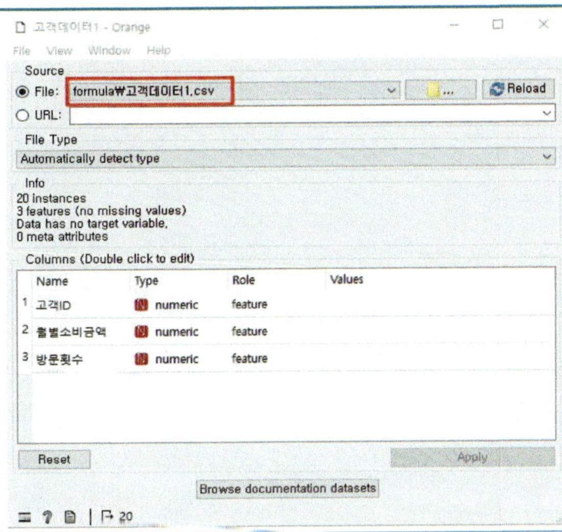

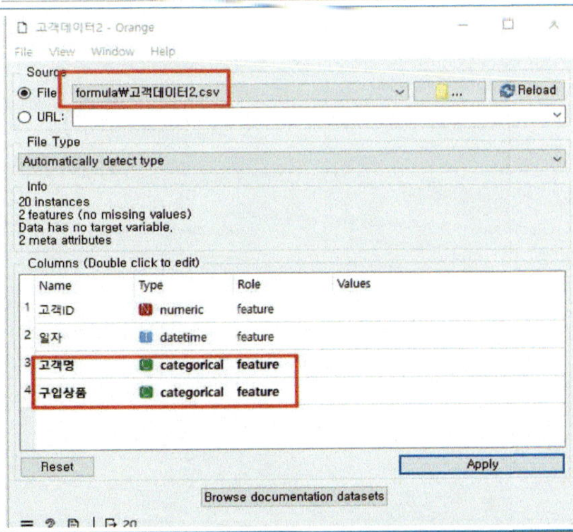

**02** [Data Table] 위젯을 캔버스로 드래그 한 후 [File] 위젯과 연결하여 업로드 된 데이터를 확인합니다. 두 개의 [Data Table] 위젯을 더블클릭하여 데이터 개수를 확인합니다. Ch04\고객데이터1.csv 파일과 Ch04\고객데이터2.csv 파일에는 총 20개의 데이터가 있음을 확인합니다.

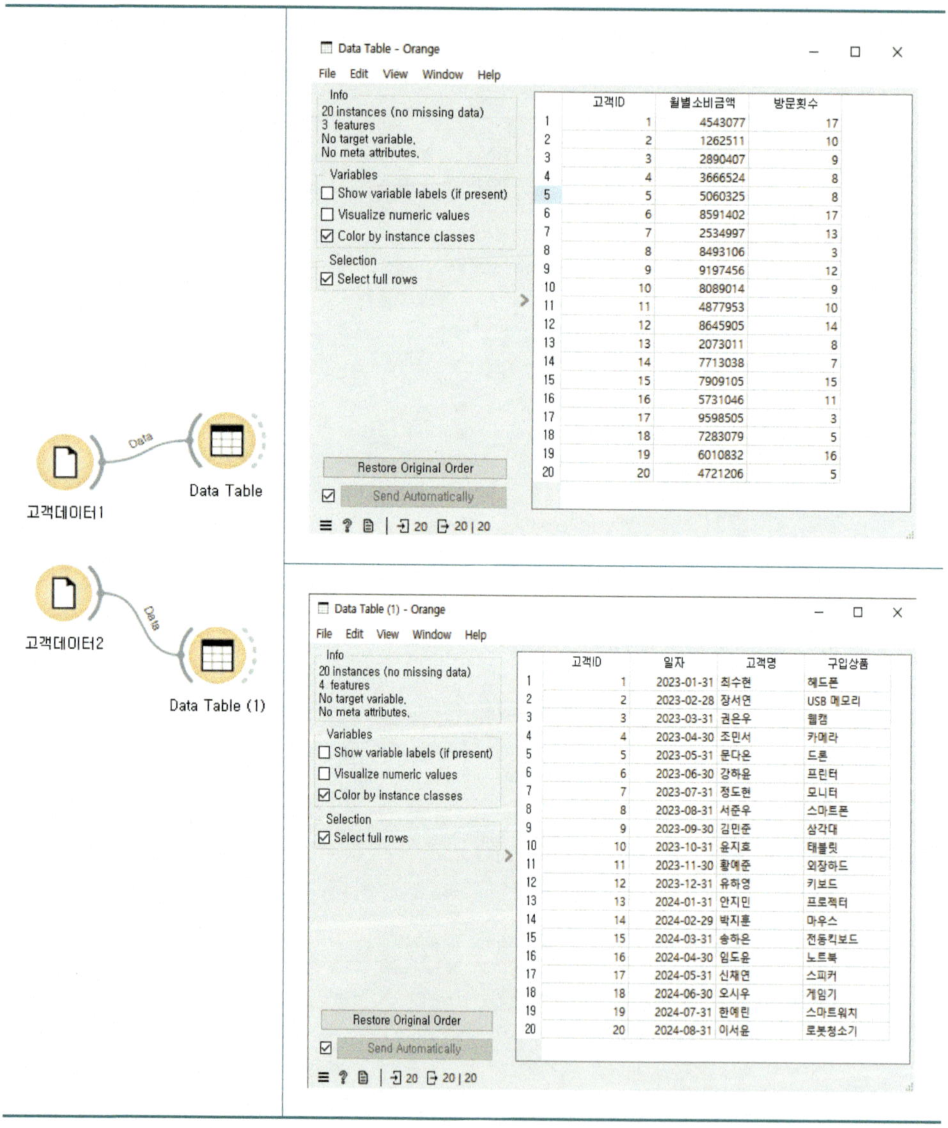


| | 고객ID | 월별소비금액 | 방문횟수 |
|---|---|---|---|
| 1 | 1 | 4543077 | 17 |
| 2 | 2 | 1262511 | 10 |
| 3 | 3 | 2890407 | 9 |
| 4 | 4 | 3666524 | 8 |
| 5 | 5 | 5060325 | 8 |
| 6 | 6 | 8591402 | 17 |
| 7 | 7 | 2534997 | 13 |
| 8 | 8 | 8493106 | 3 |
| 9 | 9 | 9197456 | 12 |
| 10 | 10 | 8089014 | 9 |
| 11 | 11 | 4877953 | 10 |
| 12 | 12 | 8645905 | 14 |
| 13 | 13 | 2073011 | 8 |
| 14 | 14 | 7713038 | 7 |
| 15 | 15 | 7909105 | 15 |
| 16 | 16 | 5731046 | 11 |
| 17 | 17 | 9598505 | 3 |
| 18 | 18 | 7283079 | 5 |
| 19 | 19 | 6010832 | 16 |
| 20 | 20 | 4721206 | 5 |

| | 고객ID | 일자 | 고객명 | 구입상품 |
|---|---|---|---|---|
| 1 | 1 | 2023-01-31 | 최수현 | 헤드폰 |
| 2 | 2 | 2023-02-28 | 장서연 | USB 메모리 |
| 3 | 3 | 2023-03-31 | 권은우 | 웹캠 |
| 4 | 4 | 2023-04-30 | 조민서 | 카메라 |
| 5 | 5 | 2023-05-31 | 문다온 | 드론 |
| 6 | 6 | 2023-06-30 | 강하윤 | 프린터 |
| 7 | 7 | 2023-07-31 | 정도현 | 모니터 |
| 8 | 8 | 2023-08-31 | 서준우 | 스마트폰 |
| 9 | 9 | 2023-09-30 | 김민준 | 삼각대 |
| 10 | 10 | 2023-10-31 | 윤지호 | 태블릿 |
| 11 | 11 | 2023-11-30 | 황예준 | 외장하드 |
| 12 | 12 | 2023-12-31 | 유하영 | 키보드 |
| 13 | 13 | 2024-01-31 | 안지민 | 프로젝터 |
| 14 | 14 | 2024-02-29 | 박지훈 | 마우스 |
| 15 | 15 | 2024-03-31 | 송하은 | 전동킥보드 |
| 16 | 16 | 2024-04-30 | 임도윤 | 노트북 |
| 17 | 17 | 2024-05-31 | 신채연 | 스피커 |
| 18 | 18 | 2024-06-30 | 오시우 | 게임기 |
| 19 | 19 | 2024-07-31 | 한예린 | 스마트워치 |
| 20 | 20 | 2024-08-31 | 이서윤 | 로봇청소기 |

**03** Ch04\고객데이터1.csv 파일과 Ch04\고객데이터2.csv 파일을 데이터 병합을 위해 [Transform] 카테고리의 [Merge Data] 위젯을 캔버스로 드래그하고, 두 개의 병합 전 [Data Table] 위젯을 연결합니다. [Merge Data] 위젯을 더블클릭하여 Data 기준 데이터 셋의 [고객 ID] 필드에서 Extra 데이터 셋의 [고객 ID]가 일치하는 데이터 행을 기준으로 병합하는 옵션인 [Find matching pairs of rows] 옵션을 선택합니다. [Row matching] 옵션은 두 개의 데이터에서 고객 ID와 고객 ID를 기준으로 데이터 병합할 수 있도록 선택하여 최종 데이터 출력의 개수를 확인합니다.

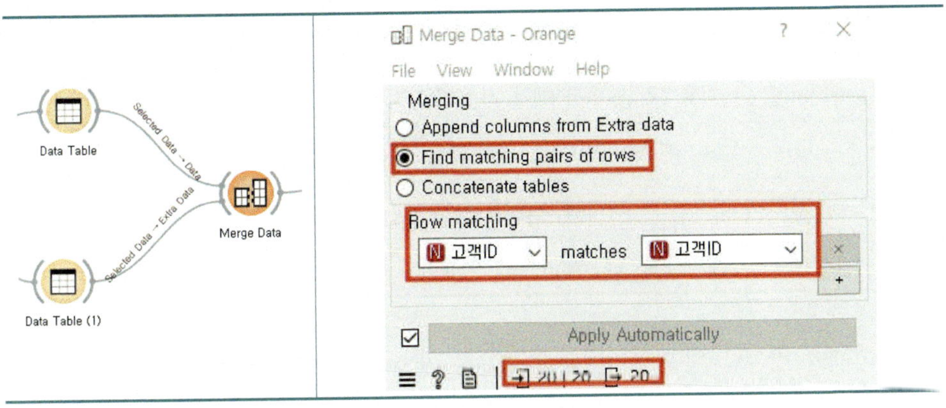

**04** [Data Table] 위젯을 캔버스로 드래그한 후 [Merge Data] 위젯과 연결합니다. [Data Table] 위젯을 더블클릭하여, 총 20개의 데이터가 출력되는 것을 확인할 수 있습니다.

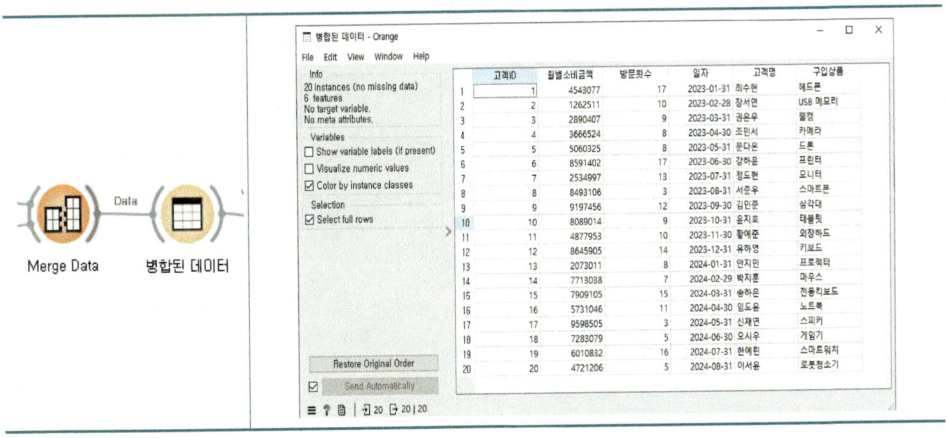

**05** 고객의 방문당 평균 소비 금액 필드과 고객등급의 새로운 피처를 생성하기 위해 [Transform] 카테고리의 [Formula] 위젯을 캔버스로 드래그 한 후 [Select Columns] 위젯과 연결합니다. [Formula] 위젯의 옵션을 다음과 같습니다.

| 항목 | 설명 |
|---|---|
| New | 필드생성 및 필드 타입 선택 |
| Name | 필드 이름 설정 |
| Expression | 수식 입력 |
| Mata attribute | 생성한 변수를 메타 속성으로 지정할지 여부를 선택하는 체크박스 |
| Select Feature | 기존 피처(변수)를 선택하는 드롭다운 메뉴 |
| Select Funtion | 선택한 피처에 적용할 수 있는 함수를 선택하는 드롭다운 메뉴 |
| send | 정의한 변수와 수식을 적용하여 필드 생성 |

**06** 고객의 방문당 평균 소비 금액 필드를 생성하기 위해 [New]의 데이터 타입을 [Numeric]으로 설정하고, [Name] 필드 이름을 방문당 평균 소비 금액으로 정의합니다.

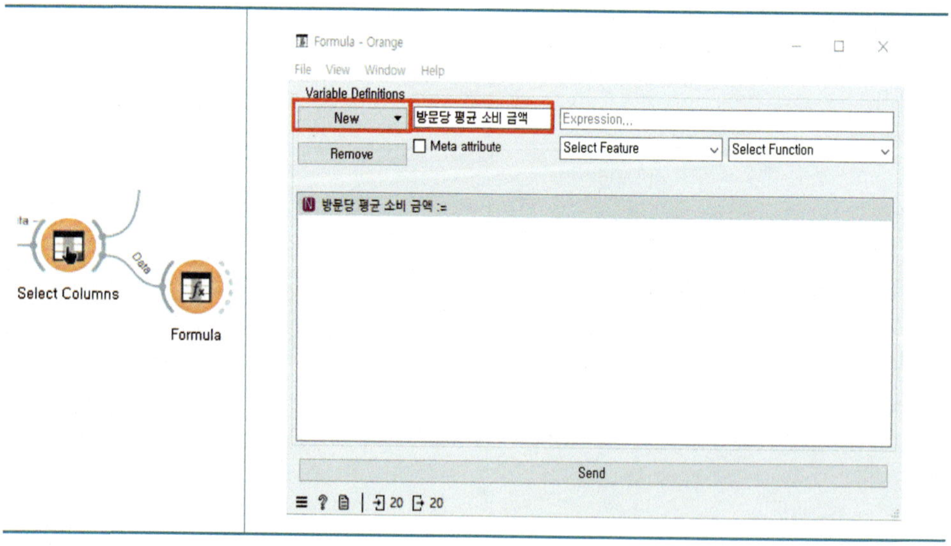

**07** 고객의 방문당 평균 소비 금액 필드를 생성하기 위해 [new]의 데이터 타입을 [Numeric]으로 설정하고, [name]의 필드 이름을 방문당 평균 소비 금액으로 정의합니다. [Expression] 란에 수식을 정의 합니다.

**수식 : 방문당 평균 소비 금액 : 월별소비금액/방문횟수**

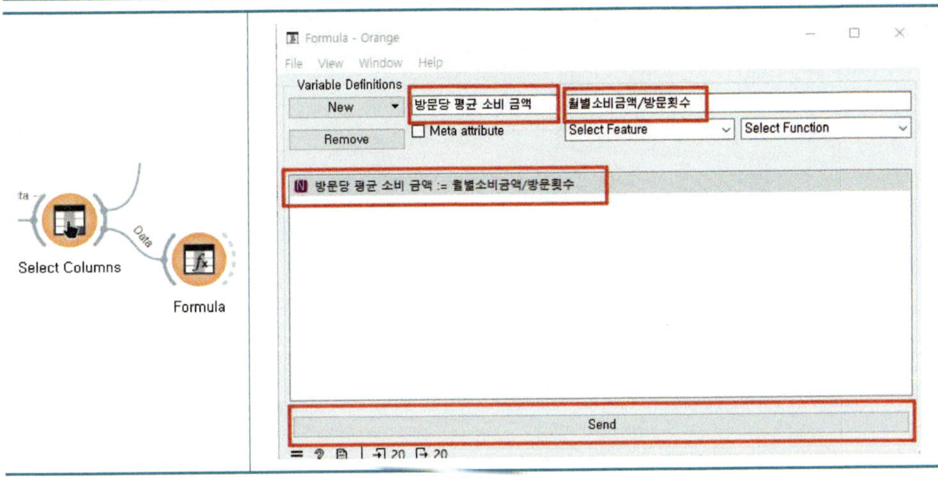


**08** 생성된 방문당 평균 소비 금액 필드를 확인하기 위해 [Data Table]을 캔버스로 드래그하여 [Formula]와 연결합니다. 더블클릭하여 생성된 필드를 확인합니다.

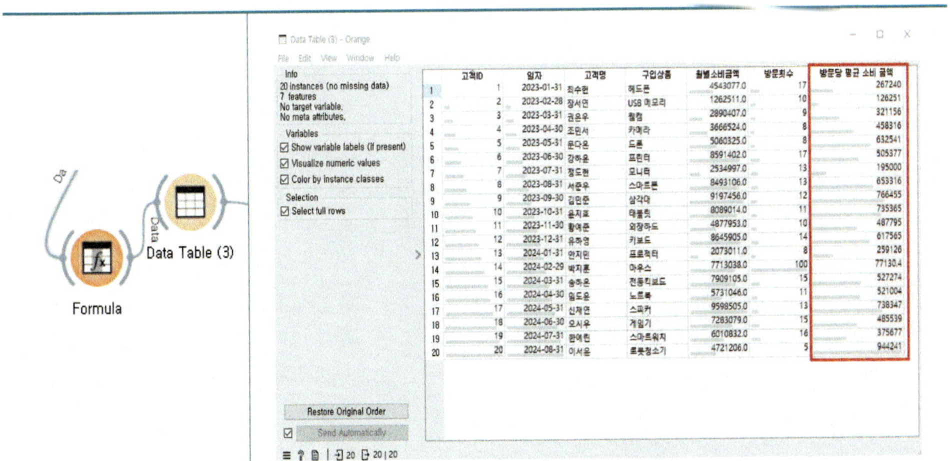

**09** 고객의 고객등급 필드를 생성하기 위해 [new]의 데이터 타입을 [catagorical]으로 설정하고, [name]의 필드 이름을 고객등급으로 정의합니다. [Expression] 란에 수식을 정의 합니다. if문 형식은 아래의 [참고 4-1]을 확인합니다.

수식 : 고객등급 : VVIP if 방문당_평균_소비_금액>=700000
else VIP if 방문당_평균_소비_금액>=600000
else 우수 if 방문당_평균_소비_금액>=500000 else 보통

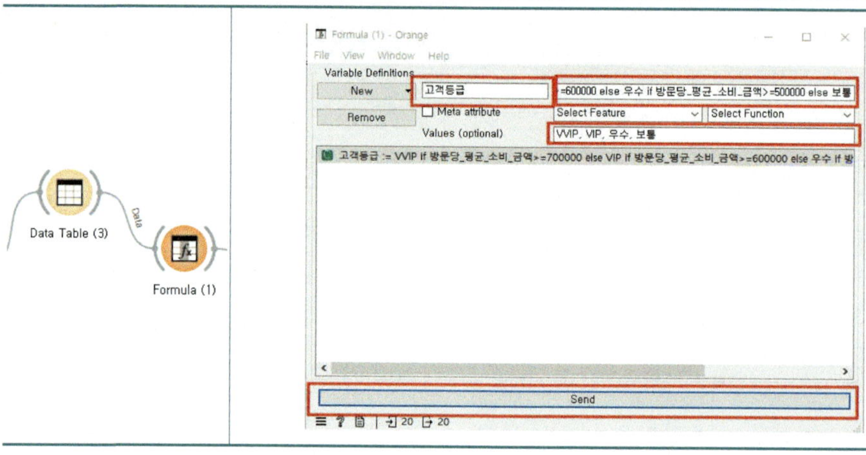

**10** 생성된 고객등급 필드를 확인하기 위해 [Data Table]을 캔버스로 드래그하여 [Formula]와 연결합니다. 더블클릭하여 생성된 필드를 확인합니다.

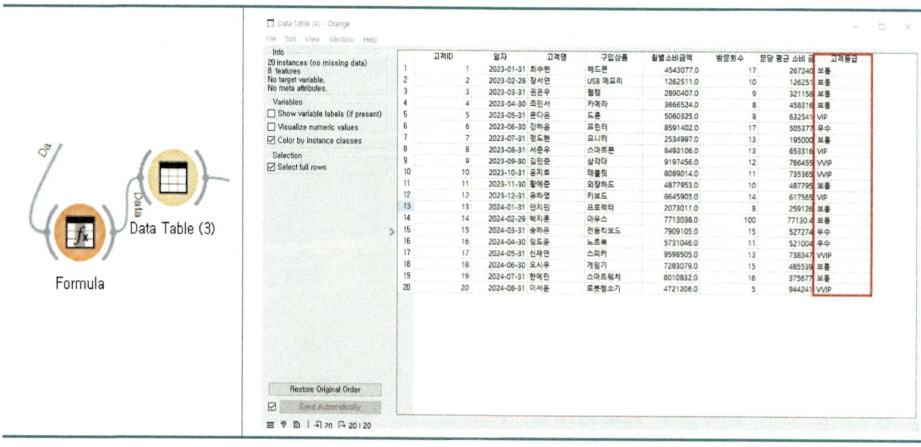

## 전체 워크 플로우

### 피처링 생성 실습 워크 플로우

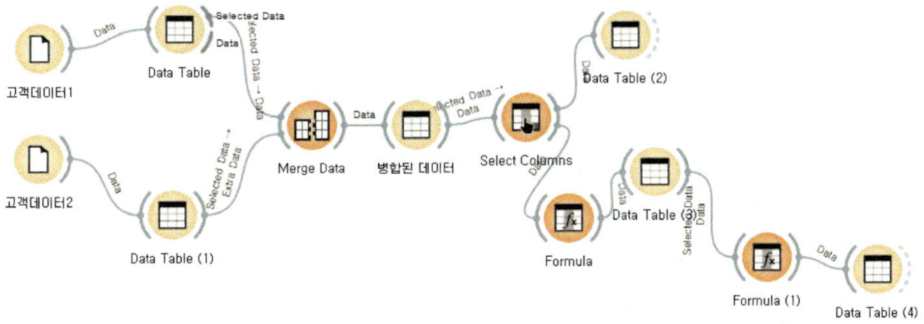


### 참고 4-1 if 함수의 정의

단일 if :

참일 때 수행문 if 조건
else 거짓일 때 수행문

다중 if :

'조건1이 참일 때 수행문' if 조건1
else '조건2가 참일 때 수행문' if 조건2
else '조건2가 거짓일 때 수행문'

## 04장 연습문제

**01** 데이터 분석의 첫 번째 단계는 무엇인가?

① 데이터 모델링
② 데이터 수집
③ 데이터 정제
④ 데이터 시각화

**02** 다음 중 데이터 분석 절차에 해당하지 않는 단계는 무엇인가?

① 데이터 수집
② 데이터 전처리
③ 데이터 마이닝
④ 데이터 배포

**03** 데이터 분석 절차는 일반적으로 다음의 어느 순서로 진행되는가?

① 데이터 시각화 → 데이터 수집 → 데이터 분석
② 데이터 수집 → 데이터 전처리 → 데이터 분석
③ 데이터 분석 → 데이터 전처리 → 데이터 수집
④ 데이터 전처리 → 데이터 분석 → 데이터 수집

**04** 다음 중 비정형 데이터 수집 방법으로 적합한 것은 무엇인가?

① 설문지
② 웹 크롤링
③ 엑셀 시트 업로드
④ 구조화된 SQL 쿼리

**05** 다음 중 XML 파일은 어떤 데이터 유형에 속하는가?

(                                        )

**06** 다음 중 데이터 결측치가 존재할 때 적합한 처리 방법이 아닌 것은 무엇인가?

① 결측치를 모두 0으로 채운다.
② 결측치를 해당 열의 평균값으로 대체한다.
③ 결측치를 제거한다.
④ 결측치를 예측 모델을 이용해 대체한다.

**07** 결측치가 전체 데이터셋에서 차지하는 비율이 높을 때 가장 적절한 처리 방법은 무엇인가?

① 해당 열의 결측치를 평균값으로 대체한다.
② 해당 행을 삭제한다.
③ 결측치를 예측 모델로 대체한다.
④ 분석 방법을 변경한다.

**08** 결측치를 처리할 때, 다음 중 평균값으로 대체할 경우 발생할 수 있는 단점은 무엇인가?

① 데이터의 분산을 증가시킨다.
② 이상치가 많을 때 데이터가 왜곡될 수 있다.
③ 모든 결측치를 제거하게 된다.
④ 데이터의 패턴을 파악하기 쉬워진다.

**09** 데이터 결측치를 처리하기 전에 데이터의 결측 여부를 확인하는 것을 무엇인가?

(　　　　　　　　　　)

**10** 결측치를 다른 데이터의 평균, 중위수 또는 최빈값으로 대체하는 방법을 무엇인가?

(　　　　　　　　　　)

**11** 데이터 분석에서 중복 데이터가 존재하는 경우 결과의 신뢰도를 높이기 위해 수행해야 하는 작업은 무엇인가?

(　　　　　　　　　　)

12 중복 데이터를 처리할 때, 모든 열의 값이 동일한 행을 제거하는 방법을 무엇인가?

(                                        )

13 다음 중 데이터 분석 시 중복 데이터를 처리하는 일반적인 방법이 아닌 것은 무엇인가?

① 중복 행을 삭제한다.
② 중복된 값들을 평균으로 병합한다.
③ 중복 데이터를 별도의 데이터베이스로 분리한다.
④ 중복 행의 하나만 남겨두고 나머지는 제거한다.

14 중복 데이터가 존재하는지 확인하기 위해 가장 먼저 수행해야 하는 작업은 무엇인가?

① 데이터 시각화
② 데이터 정규화
③ 데이터 탐색
④ 데이터 분할

15 데이터셋에서 중복 데이터가 많을 경우 발생할 수 있는 문제로 올바른 것은 무엇인가?

① 데이터의 다양성이 높아진다.
② 데이터 처리 속도가 빨라진다.
③ 분석 결과가 편향될 수 있다.
④ 데이터의 정확성이 향상된다.

16 오렌지3에서 데이터의 형식을 변환하기 위해 사용하는 위젯은 무엇인가?

① Data Table
② Preprocess
③ Select Columns
④ File

17 데이터셋의 열 이름을 변경하는 데 사용할 수 있는 오렌지3의 위젯은 무엇인가?

( )

18 데이터셋의 열을 선택하거나 제외하여 원하는 열만 남길 때 사용할 수 있는 오렌지3 위젯은 무엇인가요?

( )

19 오렌지3에서 문자열 변수를 숫자형으로 변환할 때 사용하는 기능은 무엇인가?

① Discretize
② Continuize
③ Convert
④ Select Columns

20 오렌지3에서 결측값을 특정 값으로 대체하기 위해 사용할 수 있는 위젯은 무엇인가?

① Impute
② Edit Domain
③ Preprocess
④ Select Columns

21 오렌지3에서 두 개의 데이터셋을 공통 열을 기준으로 병합하기 위해 사용되는 위젯은 무엇인가?

( )

22 오렌지3에서 특정 열을 기준으로 데이터를 그룹화하고 통계 정보를 얻기 위해 사용하는 위젯은 무엇인가?

( )

**23** Group By 위젯에서 그룹화된 각 그룹의 평균을 계산하는 함수는 무엇인가?

① Mean
② Count
③ Median
④ Sum

**24** 두 데이터셋을 위아래로 단순히 연결하여 하나의 데이터셋으로 만들고자 할 때 오렌지3에서 사용하는 위젯은 무엇인가?

① Merge Data
② Concatenate
③ Group By
④ Edit Domain

**25** 오렌지3에서 Group By 위젯을 사용할 때, 어떤 옵션을 선택하여 그룹별 데이터의 합계를 계산하는 함수는 무엇인가?

① Median
② Sum
③ Variance
④ Count

**26** 오렌지3에서 수식을 작성하여 열을 생성할 때 사용되는 위젯은 무엇인가?

(                                        )

**27** Formula 위젯에서 age 열이 18 이상인지를 나타내는 비교 연산 수식은 무엇인가?

(                                        )

**28** 두 수치형 열 score1과 score2의 평균 열의 계산 수식은 무엇인가?

① (score1 + score2) / 2
② (score1 + score2) * 2
③ score1 / score2
④ (score1 - score2) / 2

**29** Formula 위젯에서 데이터 열을 조건문을 작성하려고 한다. 만약 income 열의 값이 5000 이상이면 High, 그렇지 않으면 Low를 반환하는 새로운 열을 생성하는 수식은 무엇인가?

① if income > 5000: High else: Low
② High if income >= 5000 else Low
③ "High" if income >= 5000 else "Low"
④ income >= 5000 ? "High" : "Low"

**30** Formula 위젯에서 수식을 사용해 열의 값의 반올림 함수는 무엇인가?

( )

# 스스로 해결하기

## 01 수식을 이용한 피처링 연습문제

Ch04\Formula_data_exam.csv파일을 이용하여 Formula 위젯을 이용하여 필드를 생성하는 피처 엔지니어링 연습문제를 실습합니다. 최종 데이터를 Ch04\Formula_result.csv 파일로 저장하시오.

새로 피처 생성 :
합계 : 소프트웨어와 문제해결 + 영어회화기초 + 웹프로그래밍
평균 : (소프트웨어와 문제해결 + 영어회화기초 + 웹프로그래밍)/3(int 함수를 이용하여 정수 출력)
목표 : 출석율이 85%이상이고, 숙제 완료, 참여점수가 7점 이상인 학생은 "성적상승예측", "성적미상승예측" 출력

| | 학생ID | 소프트웨어와 문제해결 | 영어회화기초 | 웹프로그래밍 | 출석률 | 숙제_완료 | 참여_점수 | 이름 |
|---|---|---|---|---|---|---|---|---|
| 1 | 1 | 77 | 82 | 89 | 76 | FALSE | 2 | 김민수 |
| 2 | 2 | 96 | 70 | 82 | 89 | FALSE | 6 | 박지영 |
| 3 | 3 | 82 | 81 | 58 | 86 | TRUE | 9 | 이준호 |
| 4 | 4 | 54 | 72 | 92 | 92 | TRUE | 8 | 최수민 |
| 5 | 5 | 97 | 82 | 97 | 83 | FALSE | 5 | 홍길동 |
| 6 | 6 | 68 | 52 | 88 | 79 | TRUE | 1 | 강하늘 |
| 7 | 7 | 53 | 67 | 78 | 100 | TRUE | 7 | 김수지 |
| 8 | 8 | 84 | 74 | 91 | 96 | FALSE | 5 | 유재석 |
| 9 | 9 | 98 | 91 | 75 | 97 | FALSE | 6 | 박나래 |
| 10 | 10 | 66 | 80 | 84 | 81 | TRUE | 7 | 정현수 |
| 11 | 11 | 93 | 52 | 99 | 76 | FALSE | 3 | 이하은 |
| 12 | 12 | 77 | 89 | 74 | 83 | TRUE | 3 | 김영호 |
| 13 | 13 | 79 | 95 | 73 | 88 | FALSE | 5 | 문지혜 |
| 14 | 14 | 78 | 73 | 62 | 83 | TRUE | 6 | 신동엽 |
| 15 | 15 | 95 | 99 | 56 | 96 | FALSE | 9 | 배수지 |
| 16 | 16 | 55 | 81 | 85 | 82 | TRUE | 5 | 김태호 |
| 17 | 17 | 84 | 96 | 94 | 99 | TRUE | 1 | 박성현 |
| 18 | 18 | 90 | 71 | 69 | 86 | TRUE | 4 | 이유리 |
| 19 | 19 | 86 | 72 | 50 | 96 | FALSE | 5 | 김우빈 |
| 20 | 20 | 73 | 51 | 57 | 80 | TRUE | 5 | 이지훈 |
| 21 | 21 | 78 | 76 | 95 | 85 | TRUE | 7 | 박신혜 |
| 22 | 22 | 98 | 91 | 65 | 92 | FALSE | 4 | 조세호 |
| 23 | 23 | 95 | 51 | 63 | 78 | FALSE | 1 | 강민호 |
| 24 | 24 | 80 | 75 | 61 | 78 | TRUE | 5 | 정유진 |
| 25 | 25 | 84 | 66 | 72 | 99 | TRUE | 7 | 윤아 |

| | 학생ID | 이름 | 소프트웨어와 문제해결 | 영어회화기초 | 웹프로그래밍 | 출석률 | 숙제_완료 | 참여_점수 | 합계 | 평균 | 목표 |
|---|---|---|---|---|---|---|---|---|---|---|---|
| 1 | 1 | 김민수 | 77 | 82 | 89 | 76 | 미제출 | 2 | 248 | 82 | 성적미상승예측 |
| 2 | 2 | 박지영 | 96 | 70 | 82 | 89 | 미제출 | 6 | 248 | 82 | 성적미상승예측 |
| 3 | 3 | 이준호 | 82 | 81 | 58 | 86 | 제출 | 9 | 221 | 73 | 성적상승예측 |
| 4 | 4 | 최수민 | 54 | 72 | 92 | 92 | 제출 | 8 | 218 | 72 | 성적상승예측 |
| 5 | 5 | 홍길동 | 97 | 82 | 97 | 83 | 미제출 | 5 | 276 | 92 | 성적미상승예측 |
| 6 | 6 | 강하늘 | 68 | 52 | 88 | 79 | 제출 | 1 | 208 | 69 | 성적미상승예측 |
| 7 | 7 | 김수지 | 53 | 67 | 78 | 100 | 제출 | 7 | 198 | 66 | 성적상승예측 |
| 8 | 8 | 유재석 | 84 | 74 | 91 | 96 | 미제출 | 5 | 249 | 83 | 성적미상승예측 |
| 9 | 9 | 박나래 | 98 | 91 | 75 | 97 | 미제출 | 6 | 264 | 88 | 성적미상승예측 |
| 10 | 10 | 정현수 | 66 | 80 | 84 | 81 | 제출 | 7 | 230 | 76 | 성적미상승예측 |
| 11 | 11 | 이하은 | 93 | 52 | 99 | 76 | 미제출 | 3 | 244 | 81 | 성적미상승예측 |
| 12 | 12 | 김영호 | 77 | 89 | 74 | 83 | 제출 | 3 | 240 | 80 | 성적미상승예측 |
| 13 | 13 | 문지혜 | 79 | 95 | 73 | 88 | 미제출 | 5 | 247 | 82 | 성적미상승예측 |
| 14 | 14 | 신동엽 | 78 | 73 | 62 | 83 | 제출 | 6 | 213 | 71 | 성적미상승예측 |
| 15 | 15 | 배수지 | 95 | 99 | 56 | 96 | 미제출 | 9 | 250 | 83 | 성적상승예측 |
| 16 | 16 | 김태호 | 55 | 81 | 85 | 82 | 제출 | 5 | 221 | 73 | 성적미상승예측 |
| 17 | 17 | 박성현 | 84 | 96 | 94 | 99 | 제출 | 1 | 274 | 91 | 성적미상승예측 |
| 18 | 18 | 이유리 | 90 | 71 | 69 | 86 | 제출 | 4 | 230 | 76 | 성적미상승예측 |
| 19 | 19 | 김우빈 | 86 | 72 | 50 | 96 | 미제출 | 5 | 208 | 69 | 성적미상승예측 |
| 20 | 20 | 이지훈 | 73 | 51 | 57 | 80 | 제출 | 5 | 181 | 60 | 성적미상승예측 |
| 21 | 21 | 박신혜 | 78 | 76 | 95 | 85 | 제출 | 7 | 249 | 83 | 성적상승예측 |
| 22 | 22 | 조세호 | 98 | 91 | 65 | 92 | 미제출 | 4 | 254 | 84 | 성적미상승예측 |
| 23 | 23 | 강민호 | 95 | 51 | 63 | 78 | 미제출 | 1 | 209 | 69 | 성적미상승예측 |
| 24 | 24 | 정유진 | 80 | 75 | 61 | 78 | 제출 | 5 | 216 | 72 | 성적미상승예측 |
| 25 | 25 | 윤아 | 84 | 66 | 72 | 99 | 제출 | 7 | 222 | 74 | 성적상승예측 |

### 해결전략

❶ file 위젯을 캔버스로 드래그하여 Ch04\Formula_data_exam.csv 파일을 선택한다.
❷ 각각의 file 위젯에 Data Tabel 위젯을 연결하여 입력된 데이터를 확인한다.
❸ Edit Domain 위젯을 이용하여 필드 순서 및 데이터를 변경한다.
(숙제_완료 : True =〉 제출, False =〉 미제출)
(필드순서 : 이름, 소프트웨어와 문제해결, 영어회화기초, 웹프로그래밍, 출석률 숙제_완료, 합계, 평균, 목표)순으로 배치
❹ Formula 위젯을 이용하여 새로운 피처(합계, 평균, 목표)를 생성한다.
❺ Data Table 위젯을 이용하여 새로 생성된 피처 데이터를 확인한다.

05장

# 데이터 시각화

**학습 목표**

- 데이터를 이해하기 위해 막대 그래프, 히스토그램, 산점도 등 기본 시각화 기법을 사용하여 주요 통계량과 분포를 시각화할 수 있다.
- 박스플롯 및 산점도 등을 사용하여 데이터셋 내의 이상값을 시각적으로 탐지하고, 이상값의 영향을 분석할 수 있다.
- 적절한 시각화 도구를 선택하여 데이터를 명확하고 직관적으로 전달하며, 시각화를 통해 얻은 인사이트를 기반으로 데이터를 효과적으로 나타낼 수 있다.

## 1 기초 시각화

데이터 분석에서 시각화 작업은 데이터 내에 숨겨진 패턴, 관계, 경향 등을 직관적으로 이해하고 해석할 수 있도록 시각적인 형식으로 표현하는 과정을 말합니다. 이 작업은 데이터를 단순히 숫자나 텍스트로 나열하는 대신, 그래프, 차트, 맵 등 다양한 시각적 요소를 활용하여 데이터를 더 쉽게 이해하고 분석할 수 있도록 돕습니다. 시각화 작업은 데이터 분석의 모든 단계에서 중요한 역할을 하며, 데이터 수집부터 전처리, 분석, 결과 보고에 이르기까지 광범위하게 사용됩니다. 시각화 작업은 데이터의 특성과 목적에 따라 여러 형태로 나타날 수 있습니다. 예를 들어, 막대 그래프는 카테고리 간의 비교를 시각적으로 명확히 할 수 있으며, 히스토그램은 데이터의 분포를 이해하는 데 유용합니다. 산점도는 두 변수 간의 관계를 시각화하는 데 자주 사용되며, 박스플롯은 데이터의 중앙값, 사분위수, 이상값 등을 보여주는 데 효과적입니다. 이러한 기본 시각화 외에도 복잡한 데이터를 표현하기 위한 트리맵, 히트맵, 네트워크 다이어그램 등 다양한 시각화 기법이 존재합니다.

데이터 시각화의 주요 목적 중 하나는 데이터를 쉽게 이해하고, 중요한 인사이트를 도출하며, 이를 기반으로 의사결정을 지원하는 것입니다. 이를 통해 데이터의 복잡성을 줄이고, 중요한 패턴이나 트렌드를 빠르게 파악할 수 있습니다. 또한, 시각화는 데이터 분석 결과를 공유하고 소통하는 데도 중요한 역할을 합니다. 이해관계자나 팀원들에게 분석 결과를 명확히 전달하기 위해서는 시각적 표현이 필수적입니다. 또한, 시각화는 데이터의 품질을 평가하고, 이상값이나 데이터 오류를 식별하는 데에도 유용합니다. 시각화를 통해 데이터의 불규칙성을 시각적으로 탐지함으로써, 데이터 정제 과정을 효율적으로 진행할 수 있습니다. 이를 통해 분석의 정확성을 높이고, 보다 신뢰할 수 있는 결과를 도출할 수 있습니다.

결론적으로, 데이터 시각화는 데이터 분석에서 필수적인 도구로, 데이터 이해, 분석, 의사 결정을 위한 강력한 수단입니다. 이를 통해 데이터의 가치를 극대화하고, 데이터 기반의 의사결정을 지원할 수 있습니다. 그래프는 데이터의 개수와 연속성의 여부에 따라 사용 용도가 나누어 집니다. 아래 〈표 5-1〉은 데이터 필드의 개수와 유형에 따라 그래프의 용도를 나누어 보았습니다.

〈표 5-1〉 데이터 필드의 개수와 유형에 따라 그래프의 용도

| 데이터 항목의 수 | 데이터 유형 | 그래프 종류 |
|---|---|---|
| 단일 항목 시각화<br>(단일 데이터) | 숫자(연속된 데이터) | Box Plot, Distributions, Violin Plot |
| | 숫자(불연속된 데이터)<br>범주형 데이터 | Bar Plot 등 |
| 다중 항목 시각화<br>(2개 이상의 데이터) | 숫자(연속된 데이터) | Line Plot, Scatter Plot |
| | 범주형 데이터 | Mosaic Display, Heat Map |

## 2 데이터 시각화를 통한 패턴 및 상관관계 분석

### 2.1 막대 차트(Bar Plot)를 활용한 데이터 비교 시각화

막대 차트는 범주형 데이터를 시각화하는 데 사용되며, 각 범주에 해당하는 값의 크기를 막대의 길이로 나타낸 차트입니다. 주로 데이터의 분포를 비교하거나 특정 범주의 값을 강조할 때 사용됩니다. 예를 들어, 제품별 판매량이나 국가별 인구를 비교할 때 막대 차트를 활용하면 직관적으로 결과를 확인할 수 있습니다.

**예제 5-1** Ch05\방문고객별 평균금액 및 등급.xlsx 데이터를 이용하여 고객 등급별 평균 소비 금액을 박스플롯으로 시각화하는 실습해봅니다.

**01** 데이터 시각화 실습하기 위해 [data] 카테고리에서 [file] 위젯을 캔버스로 드래그 한 후 더블클릭하여 Ch05\방문고객별 평균금액 및 등급.xlsx 파일을 업로드합니다. 업로드 된 데이터는 총 20개의 데이터로 구성되어 있고, 이름, 방문당 평균 소비 금액, 고객등급 필드를 이용히어 데이터 시각화를 합니다.

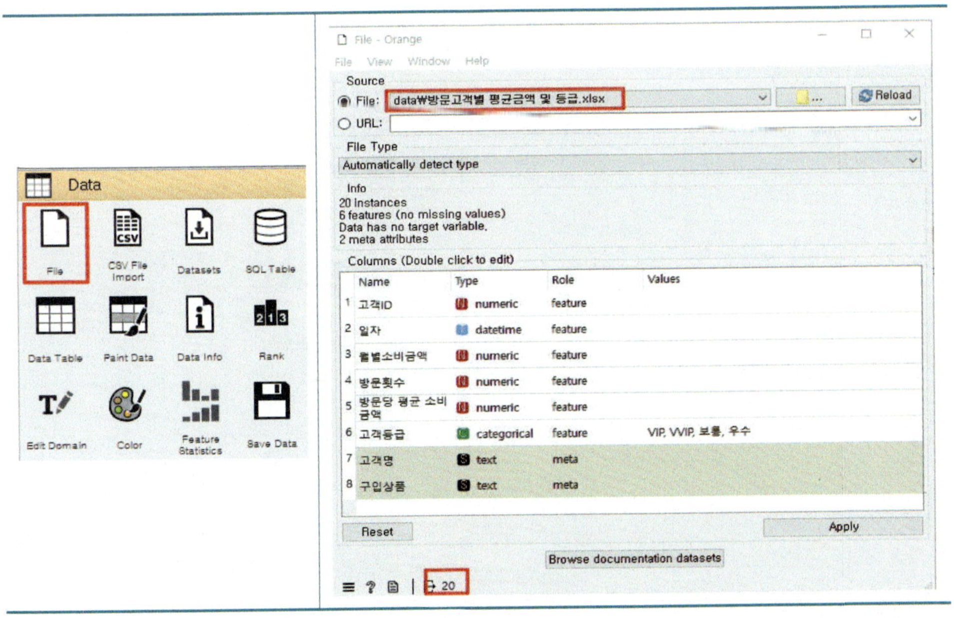

**02** 업로드 된 데이터 셋을 확인하기 위해 [Data Table] 위젯을 캔버스로 드래그하고, [file] 위젯과 [Data Table] 위젯을 연결합니다. [Data Table] 위젯을 더블클릭하여 업로드 된 Ch05\방문고객별 평균금액 및 등급.xlsx 파일의 개수와 필드의 개수를 확인합니다.

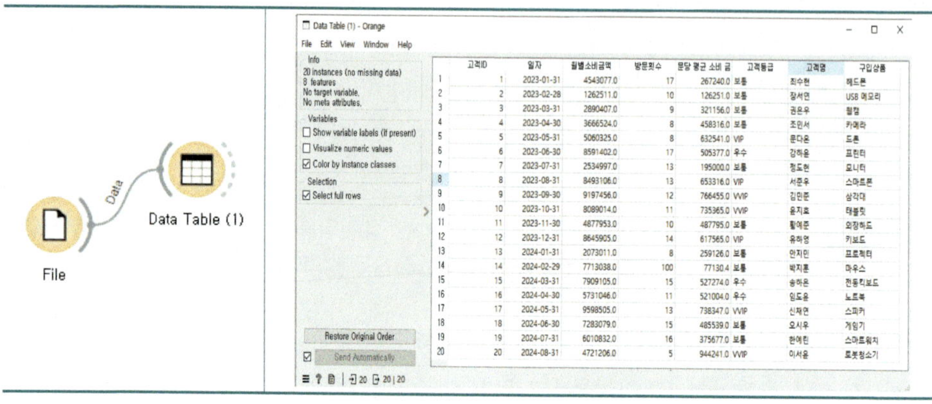


**03** 필요한 필드 선택을 위해 [Transform] 카테고리의 [Select Columns] 위젯을 캔버스로 드래그하고, [file] 위젯과 [Select Columns] 위젯을 연결합니다. [Select Columns] 위젯을 더블클릭하여 [Features] 영역에 고객명, 방문당 평균 소비 금액, 고객등급 필드를 위치합니다.

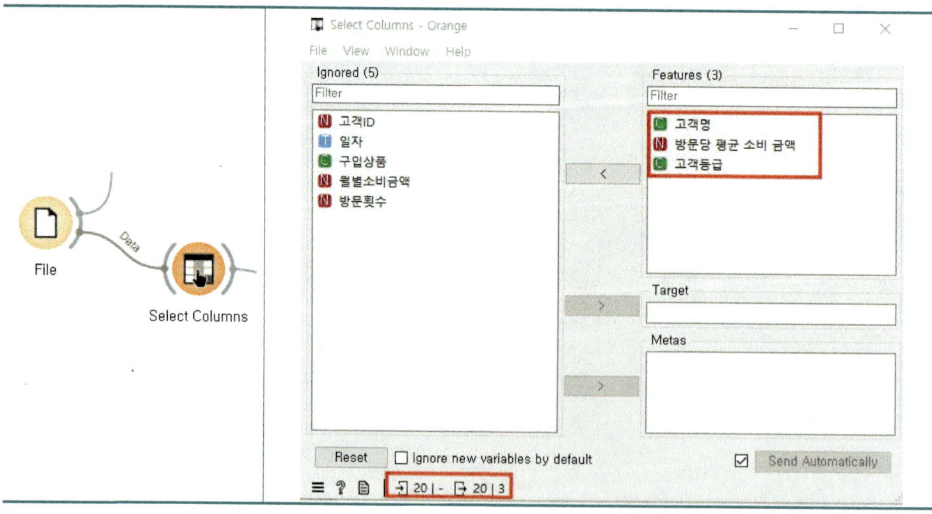

**04** 데이터 셋을 확인하기 위해 [Data Table] 위젯을 캔버스로 드래그하고, [file] 위젯과 [Select Columns] 위젯을 연결합니다. [Data Table] 위젯을 더블클릭하여 선택된 필드와 데이터를 확인합니다.

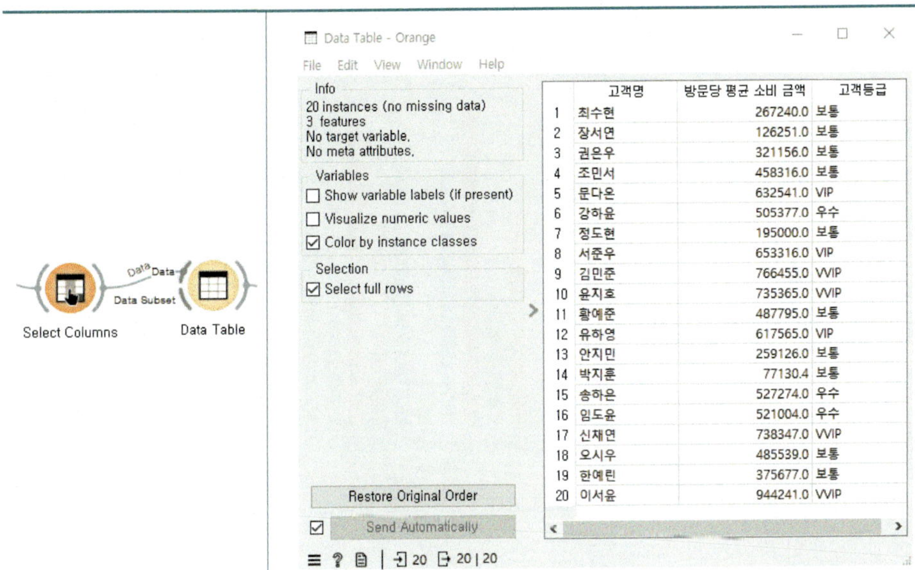


**05** 고객 등급별 평균 소비 금액을 시각화 하기 위해 [Visualize] 카테고리의 [Bar Plot] 위젯을 캔버스로 드래그하고, [Data Table]과 연결합니다. [Bar Plot] 위젯의 옵션은 다음과 같습니다.

| Bar Plot 위젯 | 설명 |
|---|---|
| Values | 막대 차트의 Y축 값으로 사용할 변수<br>ex) "방문당 평균 소비 금액" 선택 |
| Group by | 막대 차트의 X축에 그룹으로 표시할 변수<br>ex) "고객명" 선택 |
| Annotations | 막대에 추가적인 주석을 표시 |
| Color | 막대의 색상을 그룹으로 나눌 변수<br>ex) "고객등급" 선택 |

**06** X축은 고객명, Y축은 방문당 평균 소비 금액, 각 막대의 색상은 고객 등급에 따라 다르게 나타나도록 설정하고, [Bar Plot]을 확인합니다.

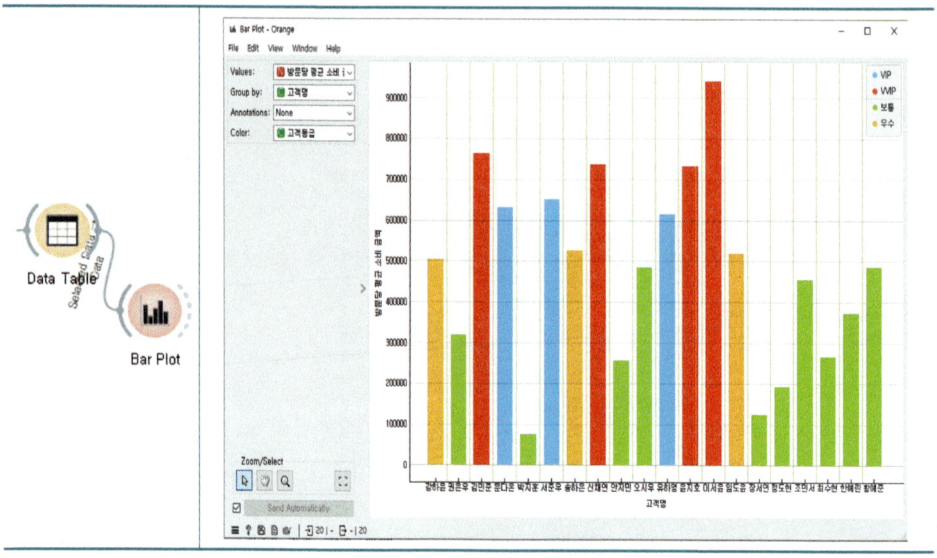


## 전체 워크 플로우

**[Bar Plot] 위젯을 이용한 시각화 실습 전체 워크 플로우**

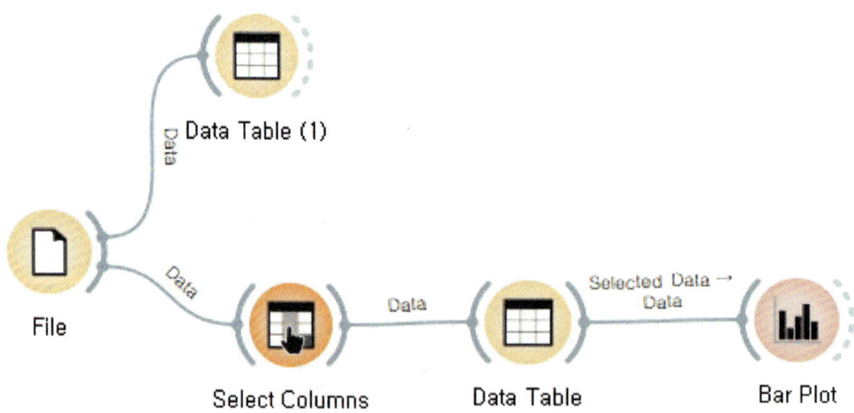

## 2.2 히스토그램(Distributions)을 통한 데이터 분석 시각화

히스토그램은 데이터 값의 범위를 일정 구간으로 나누어 x축의 기준으로 삼고, y축에는 각 구간에 포함되는 값의 개수를 막대 그래프 형태로 표현합니다. 이는 연속형 데이터의 분포를 한눈에 볼 수 있는 그래프입니다. 이는 데이터의 분포와 변동성을 시각적으로 이해하는 데 도움을 주며, 데이터의 중심 경향, 범위, 그리고 데이터가 주로 어느 구간에 집중되어 있는지 한눈에 파악할 수 있는 그래프입니다. 예를 들면 학생들의 시험 점수를 히스토그램으로 표현하여 점수의 분포를 분석할 수 있습니다. 특정 점수대에 학생들이 많이 분포되어 있는지, 평균 점수가 어디에 위치하는지 확인할 수 있습니다. 특정 제품의 사용 시간을 히스토그램으로 나타내어 제품 사용 시간의 분포를 파악할 수 있습니다. 이는 제품의 수명과 사용자 행동을 분석하는 데 유용합니다. 아래 〈표 5-3〉은 히스토그램(Distributions) 위젯의 화면구성입니다.

〈표 5-2〉은 히스토그램(Distributions) 위젯의 화면구성

<table>
<tr><th colspan="3">Distributions 위젯 옵션</th><th>설명</th></tr>
<tr><td colspan="3">Variable</td><td>히스토그램에 사용할 변수</td></tr>
<tr><td rowspan="9">Distribution</td><td rowspan="7">Fitted distribution</td><td>Normal</td><td>평균과 표준 편차를 기준으로 데이터 분포 기준 시각화</td></tr>
<tr><td>Beta</td><td>베타 분포에 데이터를 맞추어 피팅<br>주로 0과 1 사이의 값을 가지는 데이터에 사용</td></tr>
<tr><td>Gamma</td><td>감마 분포에 데이터를 맞추어 피팅<br>양의 실수 값만을 가지는 데이터 사용</td></tr>
<tr><td>Rayleigh</td><td>레일리 분포: 데이터가 반경의 길이와 같은 물리적 현상을 나타낼 때 사용</td></tr>
<tr><td>Pareto</td><td>파레토 분포: 소수의 큰 값과 다수의 작은 값이 존재하는 분포에 사용</td></tr>
<tr><td>Exponential</td><td>지수 분포: 데이터가 시간이 지남에 따라 감소</td></tr>
<tr><td>Kernel</td><td>커널 밀도 추정: 데이터의 분포를 부드럽게 추정하여 히스토그램보다 매끄러운 분포 곡선을 그릴 때 사용</td></tr>
<tr><td colspan="2">Bin width</td><td>히스토그램의 막대 너비를 설정하여 데이터의 구간을 조정</td></tr>
<tr><td colspan="2">Smoothing</td><td>분포 곡선의 매끄러운 정도 조절</td></tr>
<tr><td rowspan="4">Columns</td><td colspan="2">Split by</td><td>택한 변수로 히스토그램을 분할</td></tr>
<tr><td colspan="2">Stack columns</td><td>분할된 히스토그램을 누적형으로 표시</td></tr>
<tr><td colspan="2">Show probabilities</td><td>빈도를 확률로 표시.</td></tr>
<tr><td colspan="2">Show cumulative distribution</td><td>누적 분포를 표시</td></tr>
<tr><td colspan="3">Apply Automatically</td><td>체크상태이면 변경 시 자동으로 업데이트</td></tr>
</table>

**예제 5-2** Ch05\train_1.csv 데이터를 이용하여 성별 기준으로 나이, 생존여부에 대한 히스토그램 시각화의 [Distributilons] 위젯을 실습해봅니다.

**01** 실습하기 위해 [data] 카테고리에서 [file] 위젯을 캔버스로 드래그 한 후 더블클릭하여 미리 준비해 놓은 Ch05\train.csv 파일을 선택합니다.

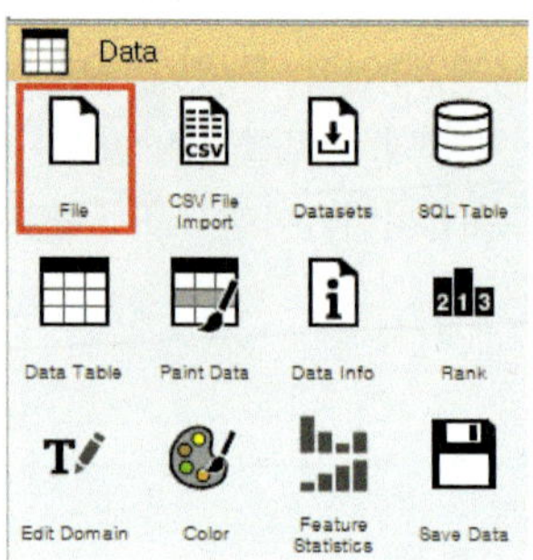


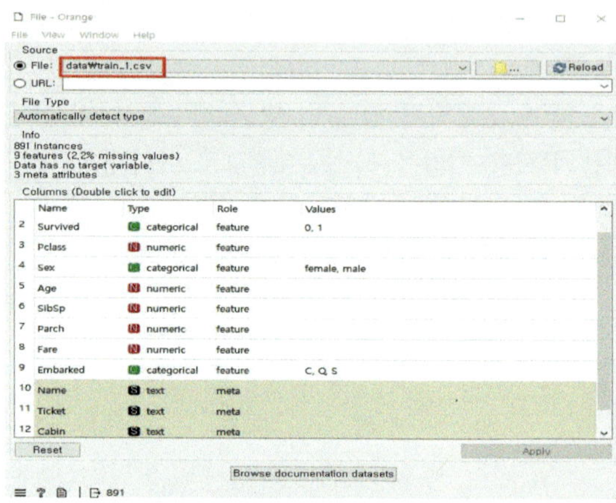


**02** [Data Table] 위젯을 캔버스로 드래그 한 후 [File] 위젯과 연결하여 업로드 된 데이터를 확인합니다. Ch05\train.csv 파일의 데이터 수는 총 891개의 데이터를 확인할 수 있습니다.

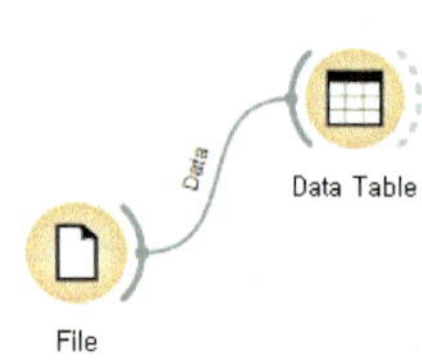


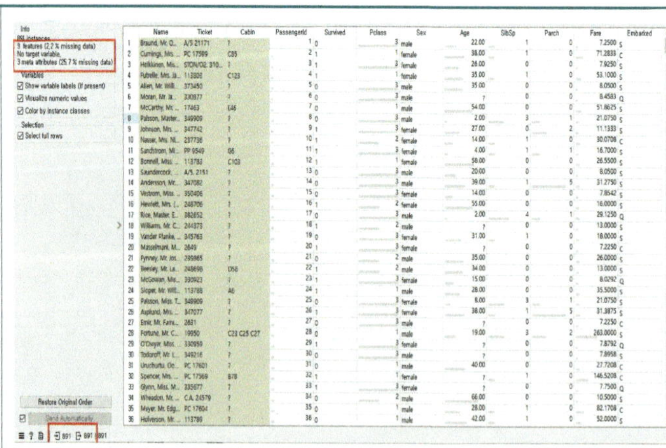

**03** 업로드된 데이터의 특성(변수)들을 수정하고 관리에 사용하는 [Data] 카테고리 아래 [Edit Domain] 위젯을 드래그합니다. [Name] 열명을 한글로 변환하기 위해 [Edit Domain] 위젯을 더블클릭하여 열명을 수정합니다. [Edit Domain] 위젯은 열명, 데이터 타입, 레이블을 설정할 수 있습니다.

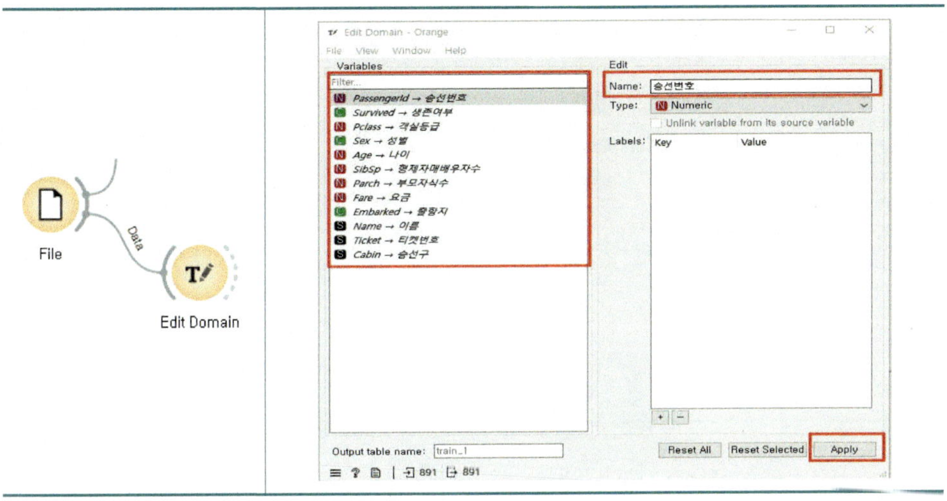


※ 수정할 열 명 참고

| 수정전 열 이름(Name) | 수정후 열 이름(Name) | |
|---|---|---|
| PassengerId | 승선번호 | |
| Survived | 생존여부 | 0 : 사망 |
| | | 1 : 생존 |
| Pclass | 객실등급 | |
| Name | 성별 | female : 여 |
| | | male : 남 |
| Sex | 나이 | |
| Age | 형제자매배우자수 | |
| SibSp | 부모자식수 | |
| Parch | 요금 | |
| Ticket | 출항지 | |
| Fare | 이름 | |
| Cabin | 티켓번호 | |
| Embarked | 승선구 | |

**04** 결측치 및 이상치 데이터를 확인하기 위해 [Data]메뉴의 [Feature Statistics] 위젯을 캔버스로 드래그하고, [Data Table]위젯과 연결하여 Missing 데이터 비율을 확인합니다.

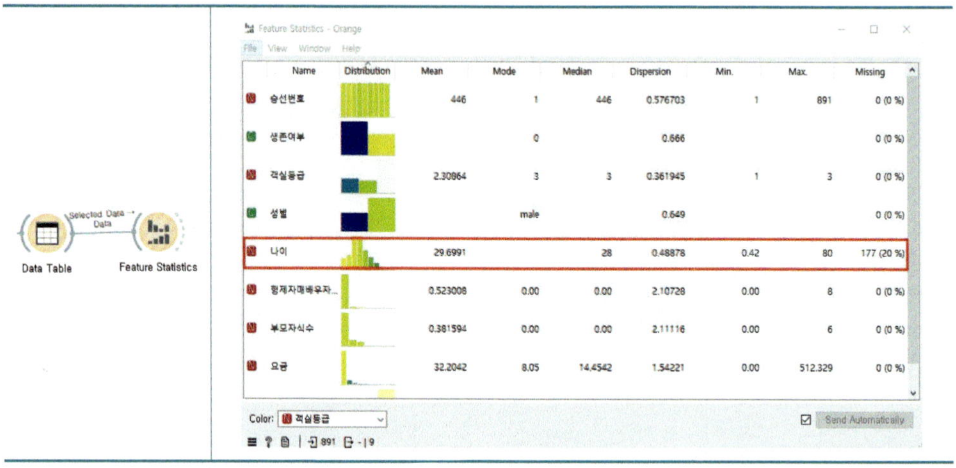


**05** 결측치 데이터를 제거하기 위해, [Transform] 카테고리의 [Impute] 위젯을 캔버스로 드래그하고, [Data Table]위젯과 연결합니다. [Impute] 위젯을 더블클릭하여 [Model-base imputer(simple tree)] 옵션을 선택합니다.

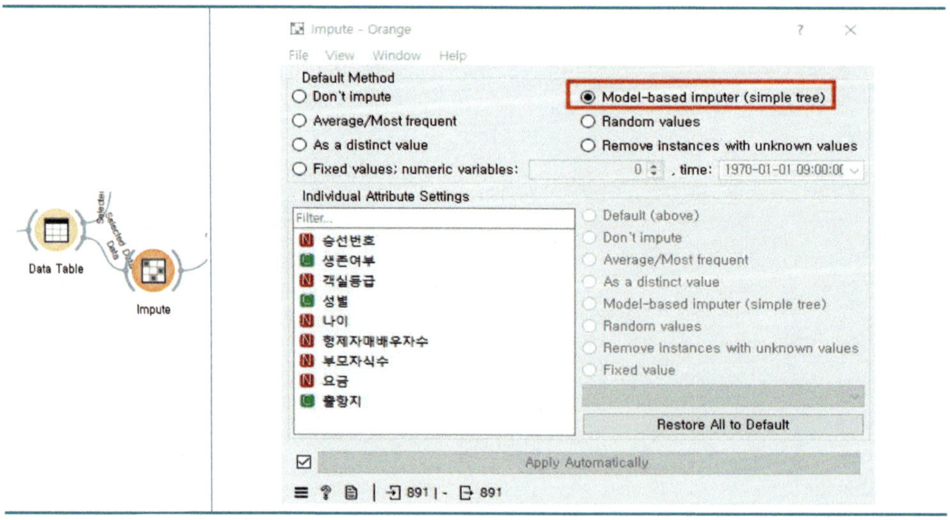

**06** 결측치 데이터를 제거 후 확인을 위해 [Data Table] 위젯을 캔버스로 드래그하고, [Impute] 위젯과 연결한 후 더블클릭하여 데이터를 확인합니다.

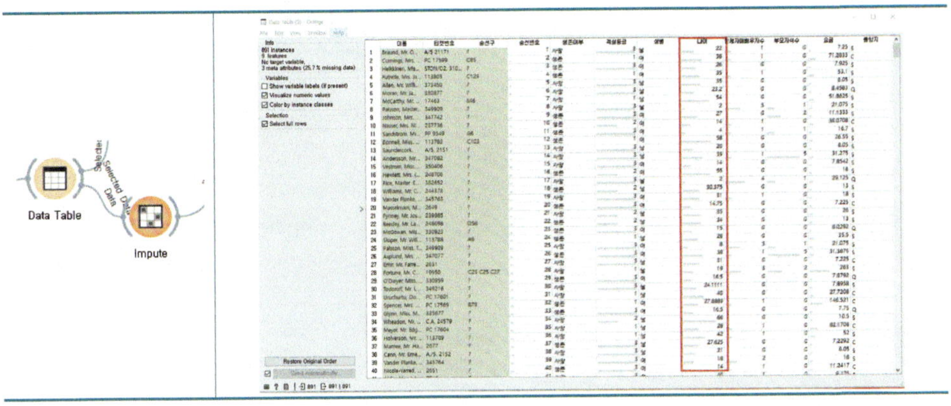


**07** 전처리된 데이터를 시각화 하기 위해 [Distributions] 위젯을 캔버스로 드래그하고 [Data Table]과 연결 한 후 더블클릭하여 히스토그램 시각화 그래프를 확인합니다. 성별기준으로 나이의 분포를 확인합니다. 아래의 히스토그램의 설정은 X축은 나이를 나타내며, Y축은 각 나이 구간에 해당하는 데이터의 빈도(빈도수), 성별에 따라 나이 분포를 비교하기 위해 색상으로 구분하였습니다. 파란색은 여성, 빨간색은 남성으로 출력되고 있습니다. 나이의 분포를 살펴보면 전체적으로 20대에서 30대에 많은 데이터가 집중되어 있는 것을 확인할 수 있습니다. 남성은 여성보다 전반적으로 더 많은 빈도를 차지하고 있습니다.

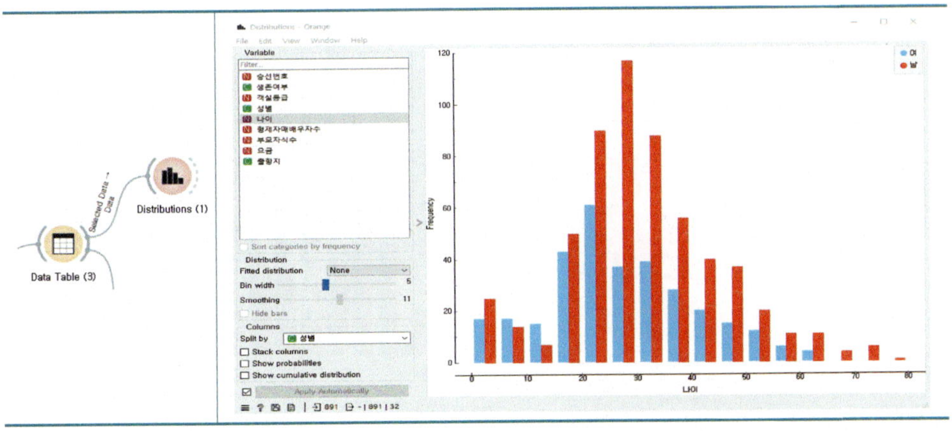

**08** 그래프에 출력되는 색상변경을 위해 [Data] 카테고리의 [Color] 위젯을 캔버스로 드래그하고, [Data Tabel]과 연결합니다. [Color] 위젯을 더블클릭하여 각 항목의 색을 적당하게 조절하면 출력되는 차트의 색이 변경되는 것을 확인 할 수 있습니다.

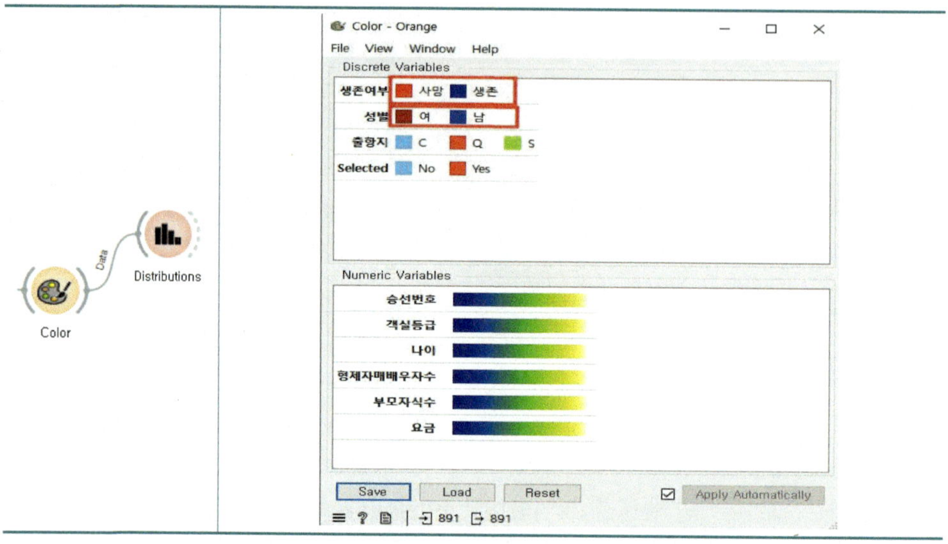


**09** 이 차트의 색 설정은 빨강색은 여성, 파랑색은 남성으로 색을 변경하여 출력결과를 확인합니다.

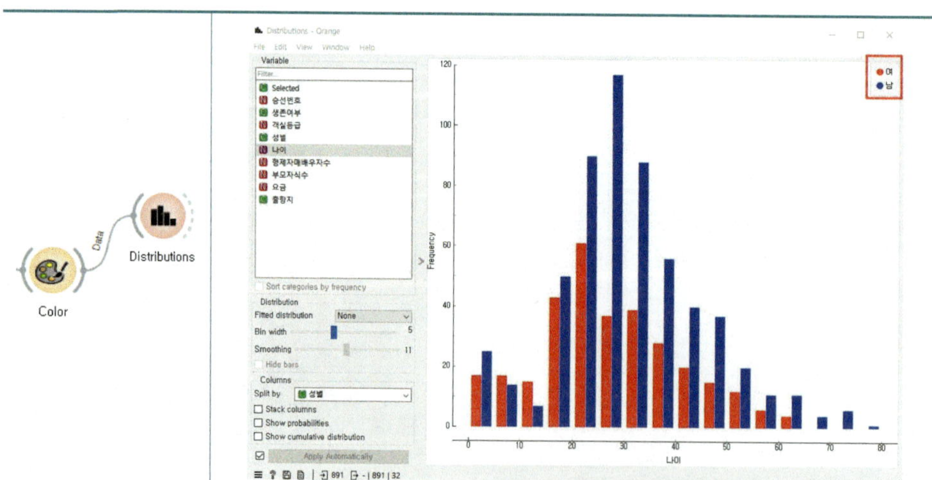

**10** 생존여부별 성별의 비율을 살펴보면 여자는 사망보다 생존비율이 더 높게 나타났고, 남자는 사망보다 생존비율이 낮게 나타난 히스토그램 그래프를 확인할 수 있습니다. 전체적으로 여성이 남성보다 생존비율이 더 높다는 것을 알 수 있습니다.

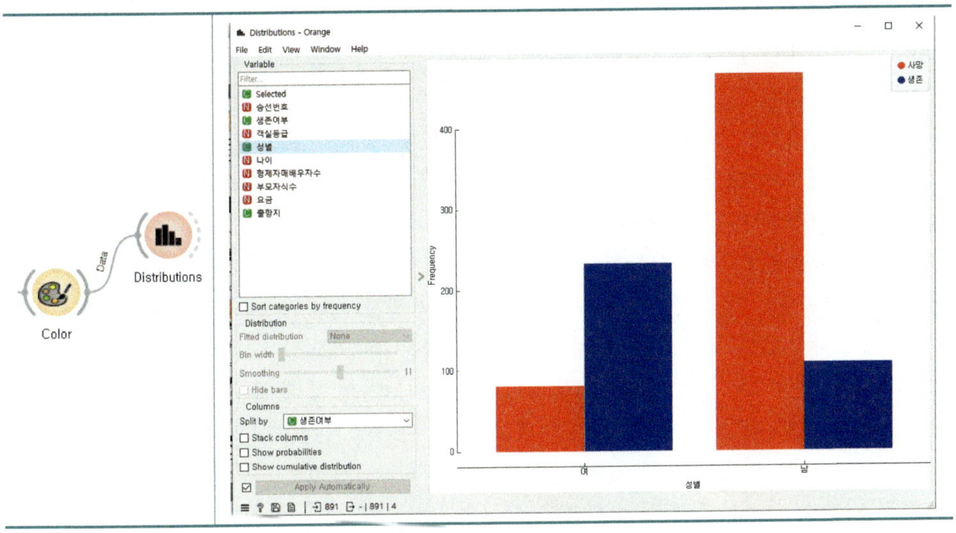


## 전체 워크 플로우

### 히스토그램(Distributions) 워크 플로우

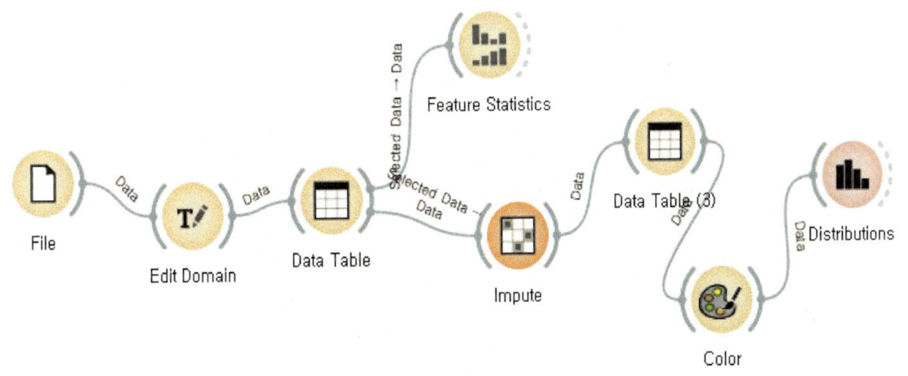

## 2.3 바이올린 플롯(Violin Plot)을 활용한 데이터 밀도 및 분포 분석

바이올린 플롯은 데이터의 분포를 시각적으로 파악하는 데 효과적인 그래프입니다. 박스 플롯(Box Plot)과 커널 밀도 추정(Kernel Density Estimation, KDE)을 결합한 형태로, 데이터의 분포 모양을 보다 직관적으로 파악할 수 있습니다. 박스 플롯은 중앙값, 사분위 범위, 이상치 등을 보여주는 반면, 바이올린 플롯은 여기에 더해 데이터의 전체 분포를 밀도 곡선으로 시각화하여 각 값의 빈도를 나타냅니다. 이를 통해 데이터가 특정 구간에 몰려 있는지, 또는 여러 구간에 걸쳐 퍼져 있는지를 쉽게 알 수 있습니다. 서로 다른 두 그룹의 데이터 분포를 비교할 때 바이올린 플롯을 사용합니다. 환자들의 특정 건강 지표(예: 혈압, 혈당 수치)의 분포를 비교하여 이상치를 탐지하고, 데이터의 패턴을 분석할 때 바이올린 플롯을 사용할 수 있습니다. 예를 들어, 두 개의 환자 그룹에서 측정된 혈압 데이터를 바이올린 플롯으로 시각화한다고 가정합니다. 첫 번째 그룹은 혈압이 정상 범위 내에 대부분 분포되어 있지만, 두 번째 그룹은 두 개의 피크를 가지고 있으며 일부 데이터가 비정상적으로 높은 값을 가지고 있습니다. 이를 통해 두 번째 그룹에서 비정상적으로 높은 혈압을 가진 환자가 더 많음을 쉽게 파악할 수 있습니다. 또한, 밀도 곡선의 형태를 통해 데이터의 이상치가 어디에 위치하는지를 시각적으로 이해할 수 있습니다. 이처럼 바이올린 플롯은 데이터의 분포를 시각적으로 명확하게 나타내어, 단순한 통계 요약보다 더 풍부한 정보를 제공하며, 데이터 분석과 비교에서 매우 유용한 도구입니다. 아래의 〈표 5-3〉은 바이올린 플롯(Violin Plot) 위젯의 화면 구성입니다.

〈표 5-3〉 바이올린 플롯(Violin Plot) 위젯의 화면 구성

| 옵션 | | 설명 |
|---|---|---|
| Variable | | 분석에 사용할 수 있는 변수들 |
| Order by relevance to subgroups | | 하위 그룹과 관련된 변수들을 정렬하는 옵션 |
| Subgroups | | 하위 그룹으로 나눌 수 있는 변수들의 리스트 |
| Order by relevance to variable | | 변수를 관련성에 따라 정렬하는 옵션 |
| Display 옵션 | Box plot | 박스 플롯을 함께 표시하는 옵션 |
| | Density dots | 데이터 포인트를 점으로 표시하는 옵션 |
| | Density lines | 도 곡선을 표시하는 옵션 |
| | Order subgroups | 하위 그룹을 순서대로 정렬하는 옵션 |
| | Show grid | 그리드를 표시하는 옵션 |
| Orientation | | 가로, 세로 방향 설정 옵션 |
| Density Estimation | Kernel | 밀도 곡선을 추정할 때 사용할 커널 유형을 선택하는 옵션 |
| | Scale | 밀도 곡선의 스케일을 설정하는 옵션 |

바이올린 플롯의 구성은 아래 [그림 5-1]과 같습니다.

[그림 5-1] 바이올린 플롯의 구성

**예제 5-3** Ch05\blood.xlsx 데이터를 이용하여 환자들의 혈압 및 혈당 데이터를 이용하여 환자들의 특정 건강 지표인 혈압 및 혈당 수치를 비교하여 이상치를 탐지하고, 환자 그룹의 분포를 바이올린 플롯(Violin Plot)을 이용하여 시각화 실습해 봅니다.

**01** 실습하기 위해 [data] 카테고리에서 [file] 위젯을 캔버스로 드래그 한 후 더블클릭하여 미리 준비해 놓은 Ch05\blood.xlsx 파일을 선택합니다.

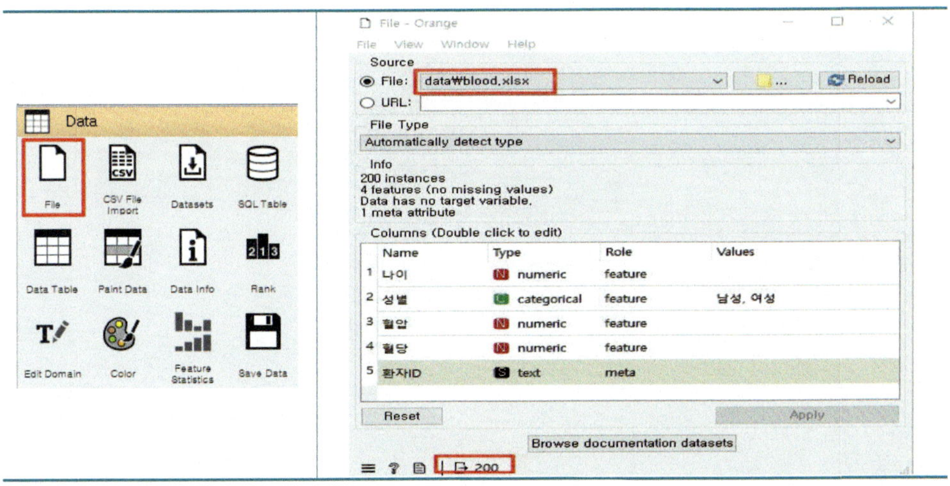

**02** [Data Table] 위젯을 캔버스로 드래그 한 후 [File] 위젯과 연결하여 업로드 된 데이터를 확인합니다. Ch05\blood.xlsx 파일의 데이터 수는 총 200개의 데이터를 확인할 수 있습니다.

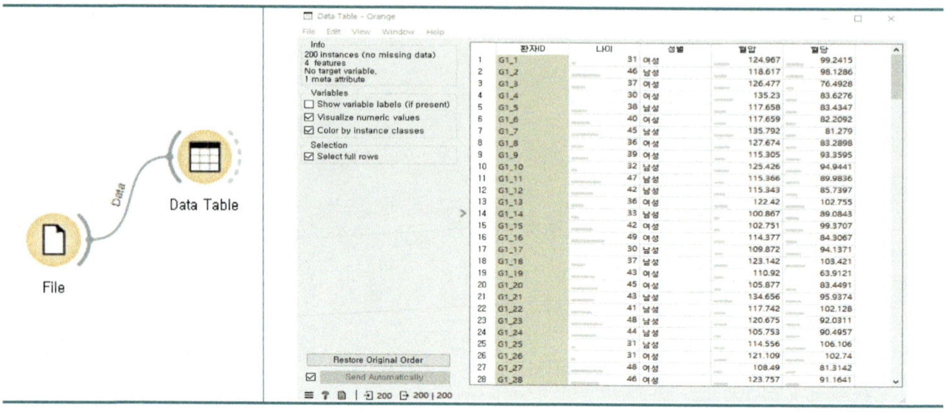


**03** 새로운 필드를 생성하기 위해 [Transform] 카테고리의 [Formula] 위젯을 캔버스로 드래그하여 [File] 위젯과 연결하고, [Formula] 위젯을 더블클릭합니다. 혈당, 혈압 필드의 소수점 자리수를 반올림하여 정수로 출력하기 위해 아래의 수식을 입력하여 혈압_1, 혈당_1 필드를 생성하고, [Send] 버튼을 클릭하여 출력 데이터를 확인합니다.

| 혈압_1 | round(혈압) |
|---|---|
| 혈당_1 | round(혈당) |

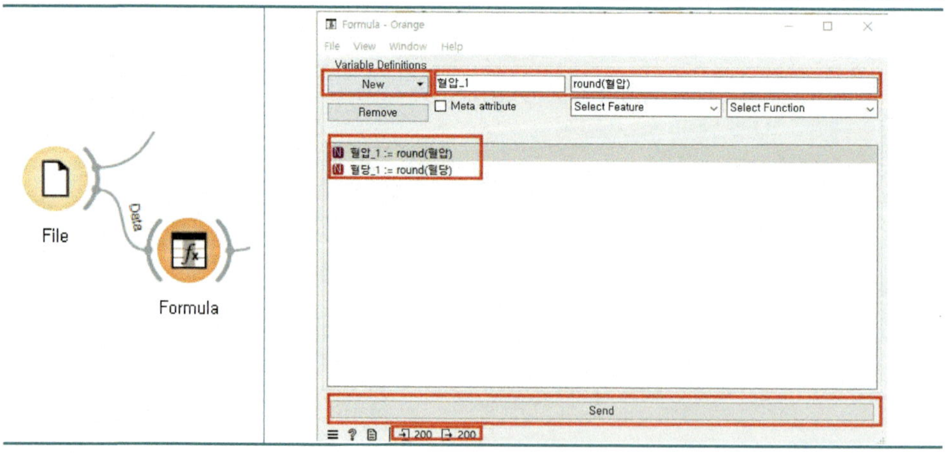

**04** 새로운 필드를 확인하기 위해 [Data Table]을 캔버스로 드래그하고, [Formula]와 연결합니다. [Data Table]을 더블클릭하여 생성된 필드 출력여부를 확인합니다.

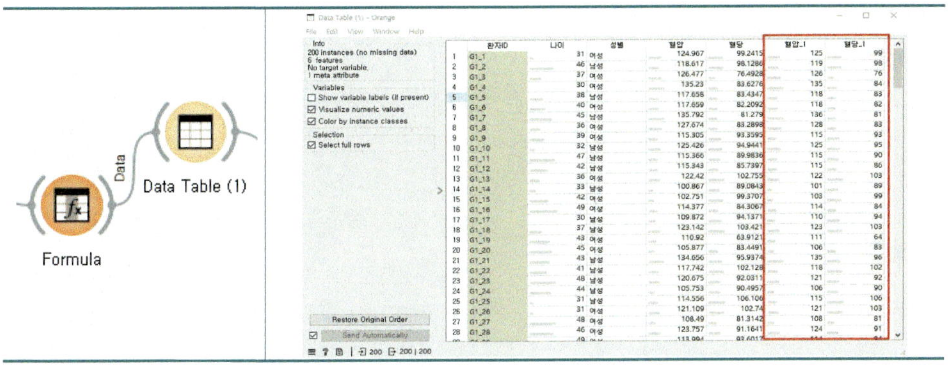


**05** 새로운 필드를 생성하기 위해 [Transform] 카테고리의 [Formula] 위젯을 캔버스로 드래그하여 [Data Table] 위젯과 연결하고, [Formula] 위젯을 더블클릭합니다. 혈당_1, 혈압_1 필드를 혈당수치가 90 이상이고, 140 이하이면 "정상수치", 그렇지 않으면 "조절필요"가 출력되는 [식후 2시간 혈당] 필드를 생성하고, 혈압이 120 미만이면 "정상", 129 미만이면 "주의", 139 미만이면 "고혈압전단계", 그렇지 않으면 "고혈압" 출력되는 [혈압분류] 필드를 생성하고, [Send] 버튼을 클릭하여 출력 데이터를 확인합니다.

| | |
|---|---|
| 식후 2시간 혈당 | 정상수치 if 혈당 1〉=90 and 혈당_1〈=140 else 조절필요 |
| 혈압분류 | 정상 if 혈압_1〈120 else 주의 if 혈압_1〈129 else 고혈압전단계 if 혈압_1〈139 else 고혈압 |

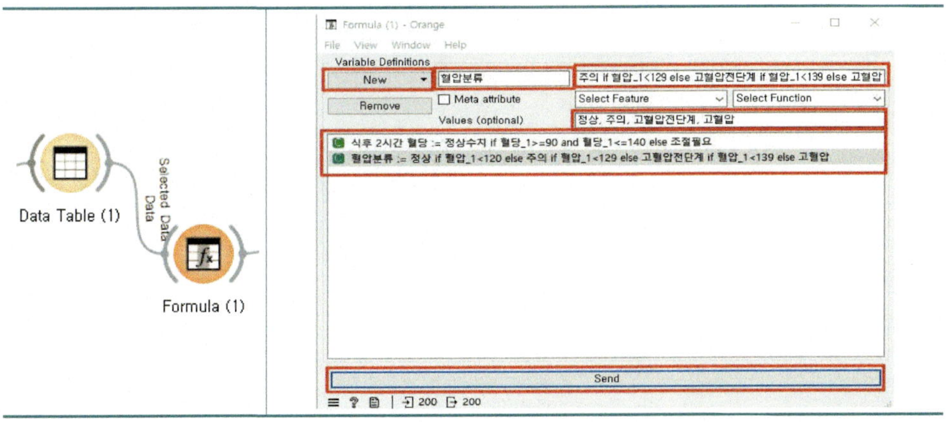

**06** 새로운 필드를 확인하기 위해 [Data Table]을 캔버스로 드래그하고, [Formula]와 연결합니다. [Data Table]을 더블클릭하여 생성된 필드 출력여부를 확인합니다.

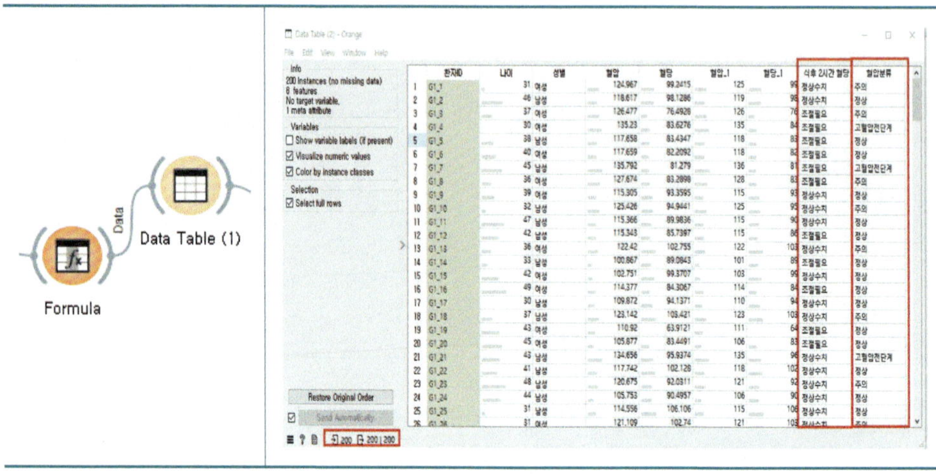


**07** 전처리가 완료된 데이터의 시각화를 위해 확인하기 위해 [Visualize] 카테고리의 [Violin Plot] 위젯을 캔버스로 드래그하고, [Data Table]와 연결합니다. [Violin Plot]을 더블클릭하여 시각화 결과를 확인합니다.

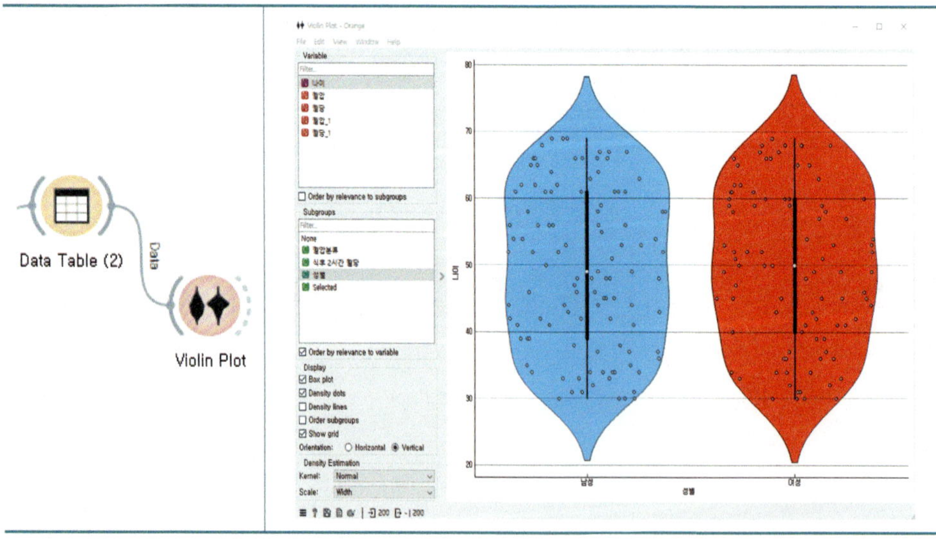

**08** 첫 번째로 출력된 바이올린 차트는 성별에 따른 혈압 분포를 시각화하고 있습니다. X축은 성별, Y축은 혈압으로 설정하고, 혈압의 범위는 60에서 280사이로 출력되고 있습니다.

- 남성 혈압 분포 : 남성의 혈압 분포는 주로 110에서 140 사이에 집중되어 있습니다. 밀도 곡선을 통해 볼 때, 이 범위 내에 혈압이 몰려 있는 것을 알 수 있습니다. 박스 플롯을 통해 중앙값이 약 130 근처에 위치하고 있으며, 사분위 범위가 비교적 좁게 나타나고 있어, 혈압이 특정 범위에 밀집되어 있음을 보여줍니다. 일부 이상치가 240을 넘어 높은 혈압 값을 보이고 있습니다.

- 여성 혈압 분포 :혈압 분포가 남성에 비해 더 넓은 범위에 걸쳐 분포하며, 두 개의 주요한 피크를 보입니다. 첫 번째 피크는 약 100에서 180 사이에 나타납니다. 박스 플롯을 통해 중앙값이 약 130 근처에 위치하고 있으며, 사분위 범위가 넓게 나타나고 있어, 혈압이 남성보다 더 다양하게 분포되어 있음을 보여줍니다. 일부 이상치가 200을 넘어 매우 높은 혈압 값을 보이고 있습니다.

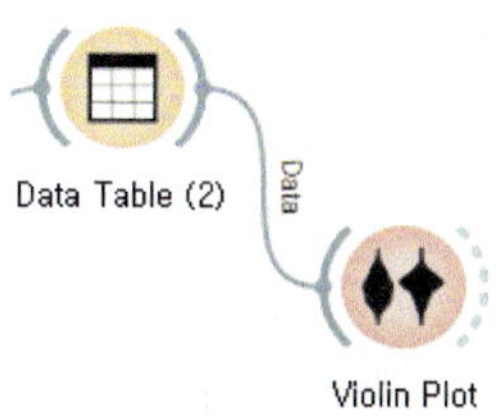


이 바이올린 플롯은 성별에 따른 혈압 분포의 차이를 시각적으로 명확하게 보여주며, 각 성별에서 이상치에 해당하는 혈압 값을 쉽게 확인할 수 있도록 합니다. 특히, 높은 혈압 값을 보이는 이상치는 추가적인 진단 및 치료가 필요할 가능성을 시사합니다.

**09** 두 번째로 출력된 바이올린 차트는 식후 2시간 혈당 수치에 따른 혈당 분포를 시각화하고 있습니다. X축은 식후 2시간 혈당, Y축은 혈당으로 설정하고, 혈당의 범위는 20에서 260 사이로 출력되고 있습니다.

- 정상수치의 혈당 분포 : 정상 혈당 수치는 주로 80~140 사이에 분포되어 있습니다. 밀도 곡선의 모양을 보면, 이 범위 내에 혈당이 몰려 있는 것을 알 수 있습니다. 박스 플롯을 통해 중앙값이 약 100 근처에 위치하고 있으며, 사분위 범위가 약 90에서 120 사이로 나타나고 있어 혈당이 특정 범위에 밀집되어 있음을 보여줍니다.

- 조절필요의 혈당 분포 : 조절이 필요한 혈당 분포는 더 넓게 퍼져 있으며, 두 단계로의 혈당 분포로 나타나며 첫 번째 주요 피크는 60에서 100 사이에 나타납니다. 두 번째 주요 피크는 140에서 180사이로 나타납니다. 박스 플롯을 통해 중앙값이 약 80 근처에 위치하고 있으며, 사분위 범위가 약 80에서 150사이로 나타나고 있어 혈당이 더 넓은 범위에 걸쳐 분포되어 있음을 보여줍니다. 또한 일부 이상치가 200을 넘어 매우 높은 혈당 값을 보이고 있습니다.

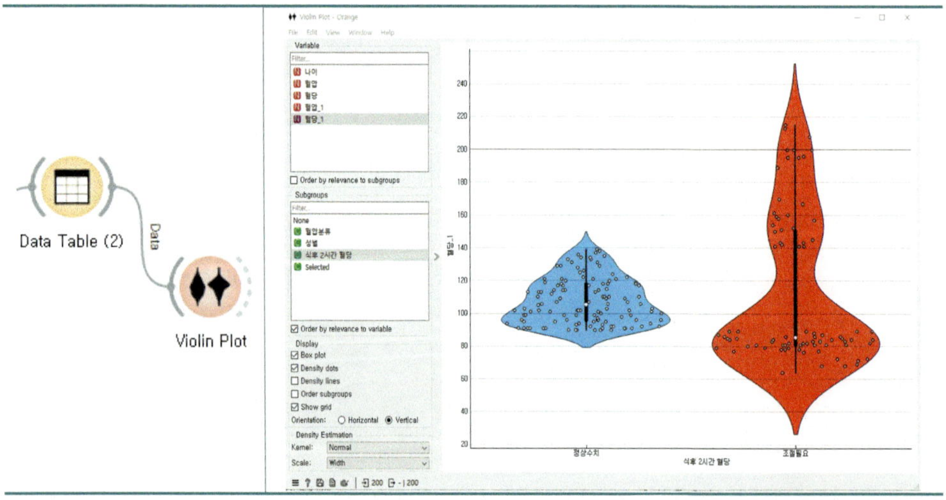


이 바이올린 플롯을 통해 식후 2시간 혈당 수치에 따른 혈압 분포의 차이를 명확하게 시각화할 수 있으며, 각 그룹에서 이상치로 판단되는 혈압 값을 쉽게 식별할 수 있습니다. 높은 혈압 값을 가진 이상치는 추가적인 진단과 치료가 필요할 수 있음을 시사합니다.

## 전체 워크 플로우

### 바이올릿(Violin Plot) 워크 플로우

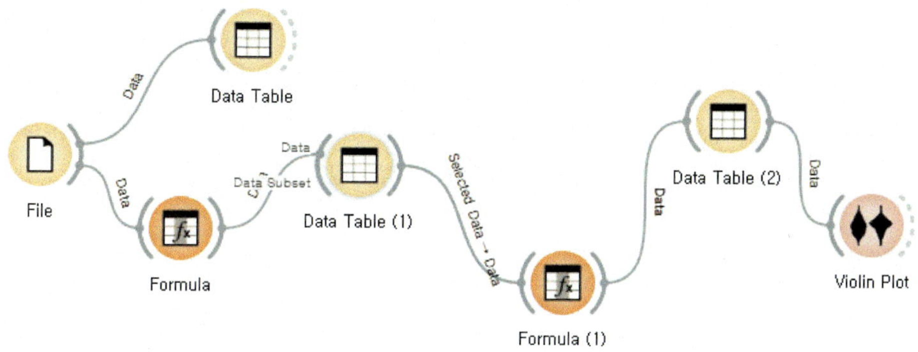

## 2.4 산점도 플롯(Scatter Plot)를 통한 데이터 상관관계 시각화

산점도 그래프(Scatter Plot)는 두 변수 간의 관계를 시각적으로 표현하는 도구입니다. X축과 Y축에 각각의 변수를 배치하고, 데이터 포인트를 좌표평면 상에 점으로 표시하여 두 변수 간의 상관관계를 파악할 수 있습니다. 각 점은 두 변수의 값을 나타내며, 이 점들의 분포를 통해 변수들 간의 관계를 시각적으로 쉽게 이해할 수 있습니다. 산점도 그래프는 주로 연속형 데이터를 다룰 때 사용되며, 변수 간의 상관관계를 분석하거나, 이상치 분석, 다변량 데이터 분석 등을 식별하는 데 유용합니다.

### 상관관계 분석

산점도 그래프는 두 변수 간의 상관관계를 분석하는 데 유용합니다. 예를 들어, 키와 몸무게 간의 관계를 시각화할 때 산점도를 사용하면, 키가 클수록 몸무게가 증가하는 양의 상관관계가 있는지, 또는 반대로 음의 상관관계가 있는지를 시각적으로 확인할 수 있습니다. 이를 통해 변수 간의 관계를 보다 직관적으로 이해할 수 있습니다.

### 이상치 분석

데이터 분석에서 이상치(Outlier)는 분석 결과에 큰 영향을 미칠 수 있습니다. 산점도 그래프는 이상치를 탐지하는 데 효과적입니다. 대부분의 데이터가 특정 패턴을 따를 때, 그 패턴을 벗어나는 점이 이상치로 간주될 수 있습니다. 예를 들어, 매출과 광고비 간의 관계를 분석할 때, 다른 데이터 포인트와 크게 벗어난 값이 있다면 이는 이상치로 식별될 수 있습니다.

### 다변량 데이터 분석

산점도 그래프는 다변량 데이터를 분석하는 데도 사용됩니다. 예를 들어, 3차원 산점도는 세 개의 변수 간의 관계를 시각화할 수 있습니다. 또한, 색상, 점의 크기, 모양 등을 활용하여 추가적인 변수 정보를 포함시킬 수 있습니다. 이를 통해 복잡한 데이터셋을 보다 쉽게 이해하고 분석할 수 있습니다.

**예제 5-4** Ch05\blood(전처리).xlsx 데이터의 혈압과 나이에 따른 환자의 혈압 분류를 산점도 플롯(Scatter Plot)을 이용하여 시각화를 실습해봅니다.

**01** 실습하기 위해 [data] 카테고리에서 [file] 위젯을 캔버스로 드래그 한 후 더블클릭하여 미리 준비해 놓은 Ch05\blood(전처리).xlsx 파일을 선택합니다.

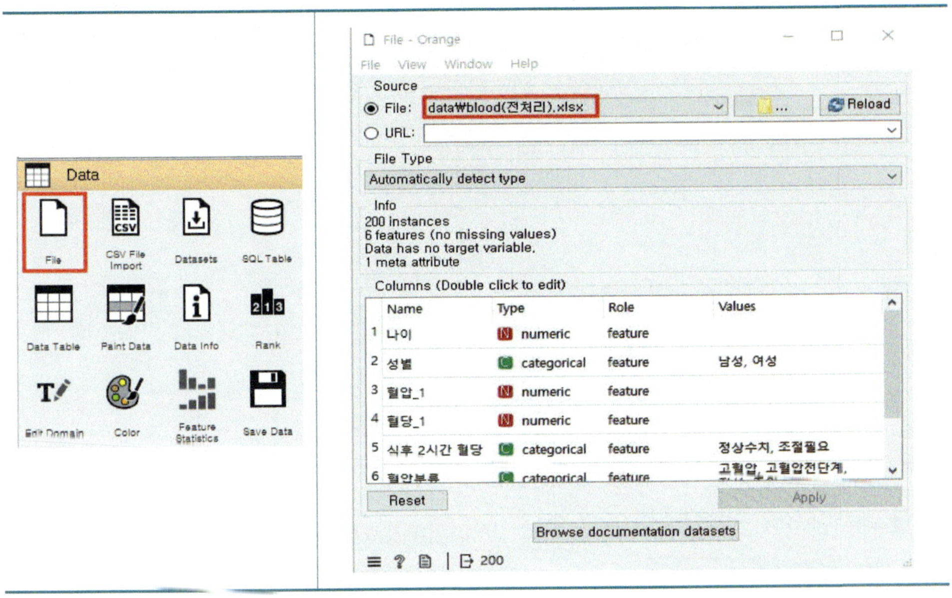

**02** [Data Table] 위젯을 캔버스로 드래그 한 후 [File] 위젯과 연결합니다. [File] 위젯의 Data를 [Data Table] 위젯을 통해 출력하기 위해 연결된 선을 더블클릭하고, [File] 위젯의 Data와 [Data Table] 위젯의 Data를 연결합니다.

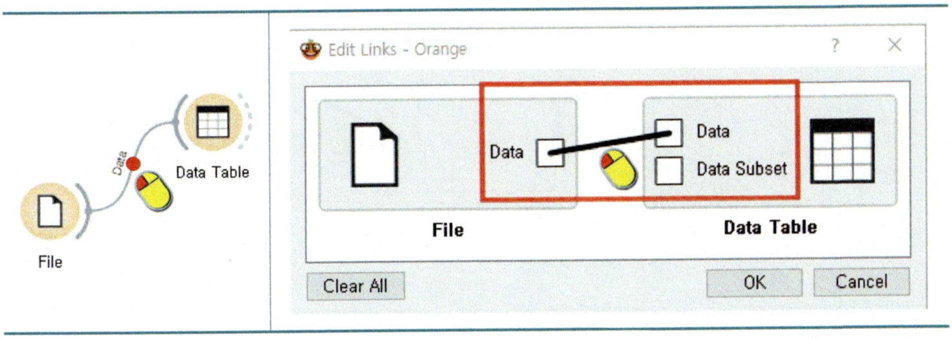

**03** [Data Table] 위젯을 더블클릭하여 업로드 된 Ch05\blood(전처리).xlsx 파일의 개수와 필드의 개수를 확인합니다.

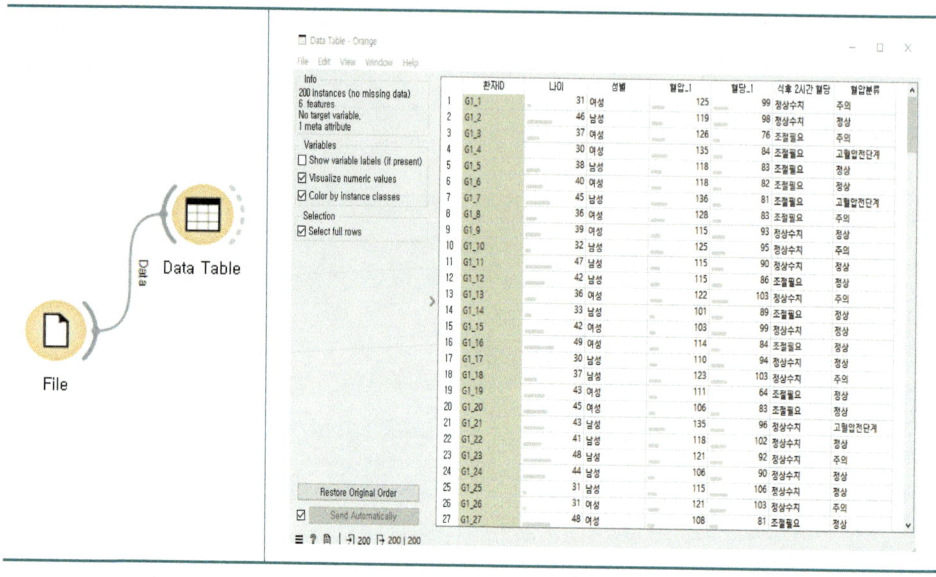


**04** 데이터의 시각화를 확인하기 위해 [Visualize] 카테고리의 [Scatter Plot] 위젯을 캔버스로 드래그하고, [Data Table] 위젯과 연결합니다. [Data Table] 위젯의 [Data]를 [Scatter Plot] 위젯의 [Data] 입력으로 연결하여 데이터를 출력할 수 있도록 설정합니다. 연결된 선을 더블클릭하여 [Data Table] 위젯의 [Data]가 [Scatter Plot] 위젯으로 올바르게 전달되는지 확인합니다.

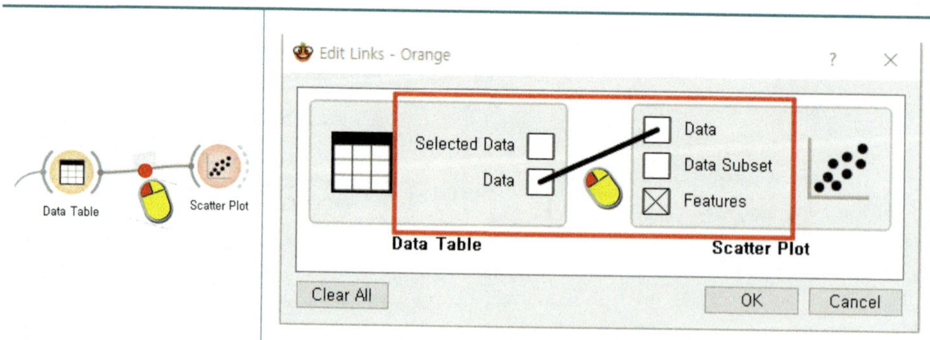

**05** 데이터의 시각화를 위해 확인하기 위해 [Visualize] 카테고리의 [Scatter Plot] 위젯을 캔버스로 드래그하고, [Data Table]와 연결합니다. [Scatter Plot]을 더블클릭하여 시각화 결과를 확인합니다. 이 그래프는 혈압과 나이에 따른 환자의 혈압 분류를 시각화한 것입니다. 출력된 [Scatter Plot]을 분석해보면 다음과 같습니다.

### 주요 관찰사항

(1) 고혈압 (파란색)
(2) 주로 140 이상의 혈압 값을 보이는 환자들로 구성되어 있으며, 나이는 40대에서 70대까지 다양하게 분포되어 있습니다.
(3) 나이가 많은 환자들 사이에서 고혈압이 많이 나타나는 경향이 있습니다.

### 고혈압전단계 (빨간색)

(1) 혈압 값이 130에서 140 사이에 있는 환자들로, 나이는 40대에서 60대에 주로 분포되어 있습니다.
(2) 고혈압전단계 환자들도 나이와 연관성이 있는 것으로 보입니다.

### 정상 (초록색)

(1) 혈압 값이 120 이하인 환자들로 구성되어 있으며, 대부분의 나이대에 걸쳐 분포되어 있습니다.
(2) 30대에서 50대 사이에 주로 위치하며, 비교적 젊은 환자들이 많습니다.

### 주의 (노란색)

(1) 혈압 값이 120에서 130 사이에 있는 환자들로, 주의가 필요한 단계에 해당합니다.
(2) 이들도 30대에서 60대 사이에 걸쳐 다양하게 분포되어 있습니다.

이 산점도는 환자의 혈압과 나이에 따른 혈압 분포를 시각적으로 명확하게 보여줍니다. 고혈압과 고혈압전단계 환자들이 주로 나이가 많을수록 많아지는 경향이 있으며, 정상 혈압을 가진 환자는 주로 젊은 연령대에 분포하는 것을 알 수 있습니다.

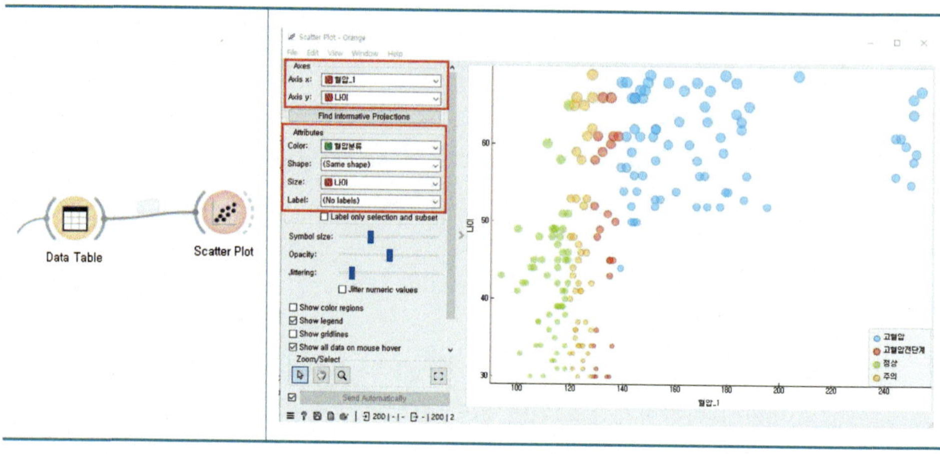


## 전체 워크 플로우

### 산점도(Scatter Plot) 워크 플로우

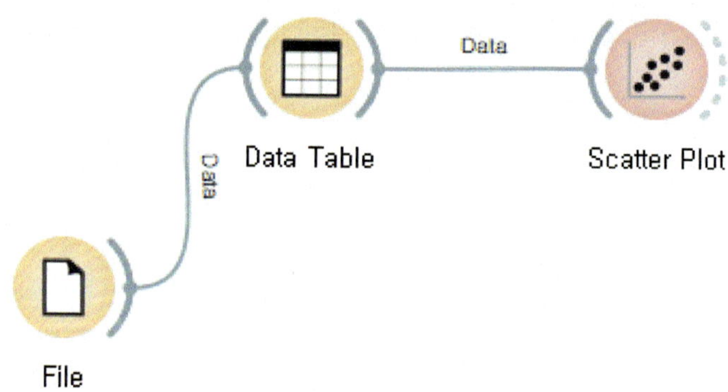

## 05장 연습문제

**01** 오렌지3에서 산점도를 통해 두 수치형 변수의 관계를 시각화하고자 할 때 사용하는 위젯은 무엇인가?

① Heatmap
② Bar Plot
③ Scatter Plot
④ Box Plot

**02** 데이터의 각 범주에 대한 분포를 막대 그래프로 시각화하려고 합니다. 이를 위해 어떤 오렌지3 위젯은 무엇인가?

① Heatmap
② Bar Plot
③ Scatter Plot
④ Box Plot

**03** 히트맵(Heatmap) 위젯을 사용하여 데이터의 행과 열 간의 패턴을 시각화하려고 합니다. 히트맵에서 주로 사용되는 색상은 무엇인가?

① 데이터의 순서
② 데이터의 범주
③ 데이터 값의 크기나 빈도
④ 데이터의 이상치

**04** 산점도(Scatter Plot)를 사용하는 주요 목적은 무엇인가?

① 범주형 데이터
② 연속형 데이터 간의 상관관계
③ 데이터의 빈도수
④ 시간에 따른 데이터 변화

**05** 히스토그램을 사용하는 주요 목적은 무엇인가?

① 데이터의 분포 시각화
② 데이터의 상관관계
③ 시간에 따른 데이터 변화
④ 이상치 탐지

# 스스로 해결하기

## 01 데이터 시각화 연습문제

Ch05\Visualize_data_exam.csv파일을 Bar Plot 위젯으로 학력에 따른 결혼한 나이를 분석 하는 데이터 시각화 연습문제를 실습하시오.

데이터 시각화 조건 :

1. 차트 : Bar Plot 활용
2. Bar Plot 옵션 설정
   Values: 학력, Group by : 결혼한 나이, color:학력

| | 전공 | 부서 | 직무 | 직원 ID | 결혼한 나이 | 성별 | 학력 | 직급 | 성과 등급 |
|---|---|---|---|---|---|---|---|---|---|
| 1 | 경영학 | 마케팅 | 마케팅 관리 | 1 | 45 | 남성 | 학사 | 주니어 | A |
| 2 | 컴퓨터과학 | 개발 | 소프트웨어 개발 | 2 | 32 | 여성 | 석사 | 시니어 | B |
| 3 | 공학 | 생산 | 생산 관리 | 3 | 28 | 남성 | 초대졸 | 주니어 | A+ |
| 4 | 심리학 | 인사 | 인사 관리 | 4 | 40 | 여성 | 학사 | 주니어 | C |
| 5 | 전기공학 | 연구개발 | 연구 | 5 | 35 | 남성 | 석사 | 주니어 | A+ |
| 6 | 경제학 | 마케팅 | 마케팅 분석 | 6 | 29 | 여성 | 학사 | 인턴 | B- |
| 7 | 화학 | 연구개발 | 연구 | 7 | 50 | 남성 | 박사 | 시니어 | B |
| 8 | 생명과학 | 연구개발 | 연구 | 8 | 34 | 여성 | 학사 | 인턴 | C+ |
| 9 | 경영학 | 영업 | 영업 관리 | 9 | 42 | 남성 | 학사 | 주니어 | A |
| 10 | 사회학 | 인사 | 인사 관리 | 10 | 38 | 여성 | 석사 | 주니어 | B |
| 11 | 정보기술 | IT | 네트워크 관리 | 11 | 31 | 남성 | 학사 | 주니어 | A |
| 12 | 문헌정보학 | 데이터 | 데이터 분석 | 12 | 27 | 여성 | 학사 | 인턴 | B+ |
| 13 | 기계공학 | 엔지니어링 | 제품 설계 | 13 | 36 | 남성 | 학사 | 주니어 | A+ |
| 14 | 경영학 | 재무 | 재무 분석 | 14 | 29 | 여성 | 석사 | 인턴 | C |
| 15 | 화학 | 연구개발 | 연구 | 15 | 46 | 남성 | 박사 | 시니어 | A |
| 16 | 의학 | 헬스케어 | 의료관리 | 16 | 33 | 여성 | 학사 | 주니어 | B |
| 17 | 컴퓨터과학 | IT | 시스템 관리 | 17 | 30 | 남성 | 학사 | 주니어 | A- |
| 18 | 경제학 | 마케팅 | 마케팅 전략 | 18 | 41 | 여성 | 석사 | 시니어 | A+ |
| 19 | 전기공학 | 생산 | 생산 관리 | 19 | 28 | 남성 | 초대졸 | 인턴 | C+ |
| 20 | 심리학 | 연구 | 심리 연구 | 20 | 39 | 여성 | 박사 | 시니어 | A |

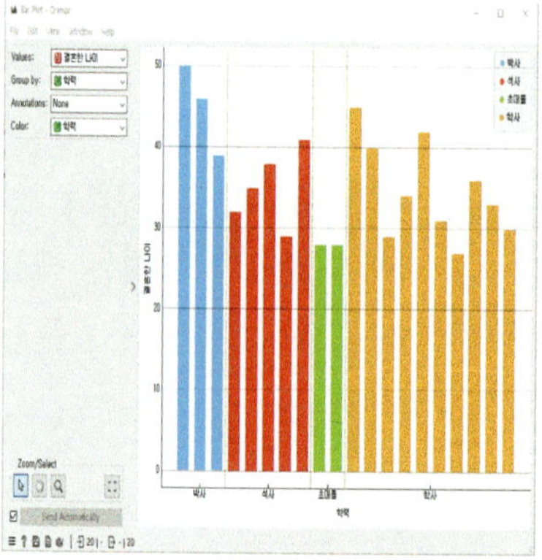

### 해결전략

❶ file 위젯을 캔버스로 드래그하여 Ch05\Visualize_data_exam.csv파일을 선택한다.
❷ 각각의 file 위젯에 Data Tabel 위젯을 연결하여 입력된 데이터를 확인한다.
❸ Bar Plot 위젯을 학력별 결혼한 나이에 대한 막대 분포에 대한 데이터 시각화를 실행한다.

# 06장

# 탐색적 데이터 분석(EDA)

**학습 목표**

- 데이터 요약 및 기초 통계 분석을 통해 데이터의 전반적인 특성과 분포를 파악하고, 이를 기반으로 데이터의 품질과 신뢰성을 평가하는 능력을 배운다.
- 탐색적 데이터 분석(EDA) 기법을 활용하여 데이터 내 숨겨진 패턴, 상관관계, 및 잠재적인 문제점을 발견하고, 이를 통해 데이터 모델링 및 의사결정의 기초 자료를 준비하는 능력을 기른다.

## 1 데이터 기초 통계 분석

### 1.1 시험대비 기간별 평균, 중앙값, 최빈수 분석

탐색적 데이터 분석(Exploratory Data Analysis, EDA)은 데이터 분석 과정에서 데이터를 탐색하고 이해하기 위한 중요한 초기 단계로, 데이터의 본질적 특성을 파악하고 분석의 방향을 설정하기 위해 사용됩니다. EDA는 데이터의 구조, 분포, 관계 등을 시각화 및 요약하여 데이터에 대한 명확한 이해를 돕고, 잠재적인 패턴이나 이상치, 데이터 품질 문제를 식별합니다. 이를 통해 분석의 방향성을 잡고, 이후 단계에서 더욱 정교한 분석과 모델링을 수행할 수 있는 기반이 됩니다. EDA를 실행하는 과정은 다양한 기술 통계와 시각화 기법이 활용됩니다. EDA를 통해 얻은 통찰은 데이터 분석의 후속 단계에서 중요한 역할을 하며, 데이터 모델링의 기초가 됩니다. EDA는 단순히 데이터를 탐색하는 것을 넘어, 데이터 품질을 향상시키고 분석의 신뢰성을 높이는 데 기여합니다.

기술 통계(Descriptive Statistics)는 데이터를 정리하고 요약하여 데이터의 주요 특성을 파악하는 데 사용됩니다. 이를 통해 데이터의 중심 경향, 변동성, 분포 등을 설명할 수 있습니다. 주요 기술 통계 항목은 다음과 같습니다.

〈표 6-1〉 EDA 주요 통계 항목

| 통계 항목 | 설명 |
|---|---|
| 도수분포표 | 데이터 값의 빈도를 나타내는 표 |
| 평균 (Mean) | 데이터 값의 총합을 데이터 개수로 나눈 값 |
| 중앙값 (Median) | 데이터 값을 크기 순으로 정렬했을 때 중앙에 위치한 값 |
| 최빈수 (Mode) | 나타나는 빈도가 높은 데이터 값. |
| 분산 (Variance) | 데이터 값이 평균으로부터 떨어져 있는 위치를 나타내는 값 |
| 표준편차 (Standard Deviation) | 분산의 제곱근으로, 데이터 값의 분포를 나타냄 |
| 상관계수 (Correlation Coefficient) | 두 개의 데이터 간의 관계를 나타내는 값<br>(-1에서 1 사이의 값) |

데이터 시각화(Data Visualization)는 데이터를 직관적으로 이해하고 분석하기 쉽도록 시각적으로 표현하는 과정입니다. 시각적 도구를 사용하면 데이터의 분포, 추세, 이상치 등을 쉽게 파악할 수 있습니다. 주요 시각화 기법은 다음과 같습니다.

〈표 6-2〉 주요 시각화 기법

| 시각화 기법 | 설명 |
|---|---|
| 산점도 (Scatter Plot) | 데이터 간의 관계를 점으로 시각화 |
| 히스토그램 (Histogram) | 데이터 분포를 막대 그래프로 시각화 |
| 선 그래프 (Line Graph) | 시간에 따른 데이터의 변화를 시각화 |
| 막대 그래프 (Bar Chart) | 범주형 데이터의 빈도를 막대로 시각화 |
| 박스 플롯 (Box Plot) | 데이터의 분포와 이상치를 시각화 |

**예제 6-1** Orange 3를 이용하여 Ch06\student_example_data(eda).csv 데이터의 시험 대비 기간별 평균, 중앙값, 최빈수등을 확인하고, boxplot을 이용하여 데이터를 시각화하는 예제를 실습해봅니다.

**01** 데이터 통계를 실습하기 위해 [data] 카테고리에서 [file] 위젯을 캔버스로 드래그 한 후 더블클릭하여 Ch06\student_example_data.csv 파일을 선택합니다. 업로드 된 데이터는 총 100개의 데이터로 구성되어 있고, 나이를 기준으로 기초 통계 값을 확인하도록 합니다.

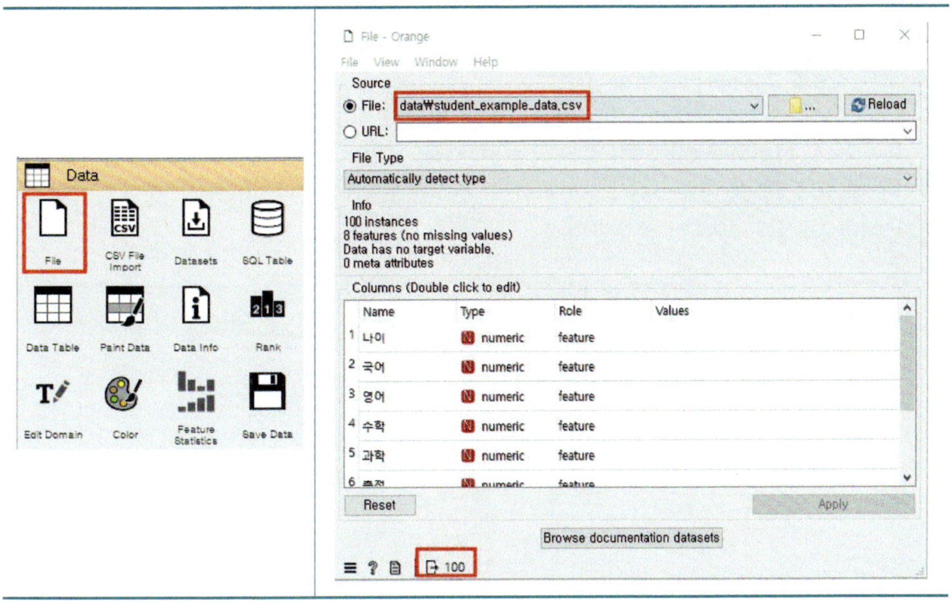


**02** 업로드 된 데이터 셋을 확인하기 위해 [Data Table] 위젯을 캔버스로 드래그하고, [file] 위젯과 [Data Table] 위젯을 연결합니다. [Data Table] 위젯을 더블클릭하여 업로드 된 Ch06\student_example_data(eda).csv 파일의 개수와 필드의 개수를 확인합니다.

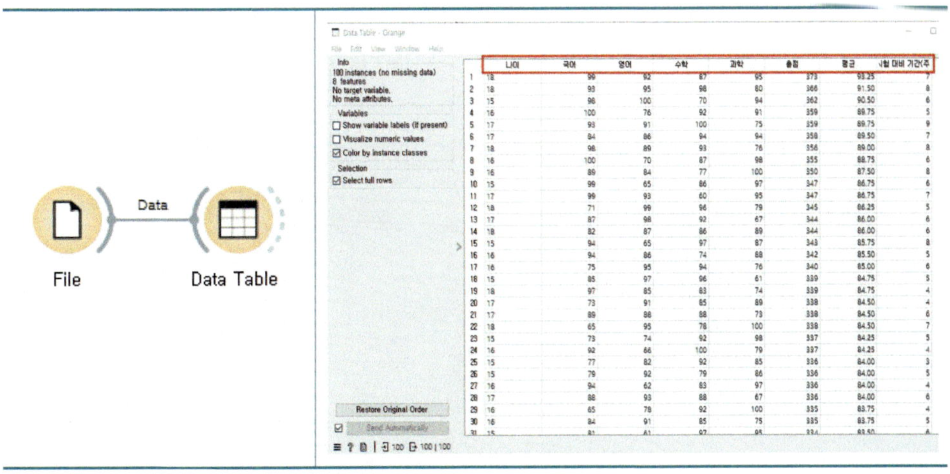

**03** [Data] 카테고리의 [Edit Domain] 위젯을 캔버스로 드래그 한 후, [Edit Domain] 위젯을 더블클릭하여 분석에 기준으로 사용할 시험 준비 기간(주) 열의 데이터 타입을 [Categorical]로 수정합니다. [Values] 창에 값을 소수점을 제거하여 [Numeric] 데이터 타입을 [Categorical] 타입으로 수정합니다. 시험 준비 기간 4주를 대상으로 분석하기위해, 0주~2주, 7주~9주는 제외하고 분석하도록 합니다. [label] 창에 "시험대비기간"이라 라벨링 작업도 완료합니다.

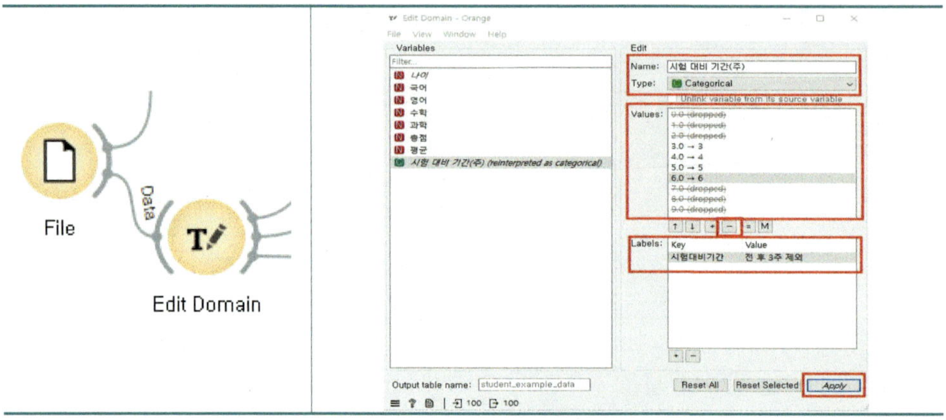


**04** 특정열을 기준으로 데이터를 분석해 보기 위해 [Transform] 카테고리의 [Select Columns] 위젯을 캔버스로 드래그하고, [file] 위젯과 [Select Columns] 위젯을 연결합니다. [Select Columns] 위젯을 더블클릭하여 분석에 필요한 나이, 총점, 평균, 시험 대비 기간(주)의 열을 [Features] 창으로 이동합니다.

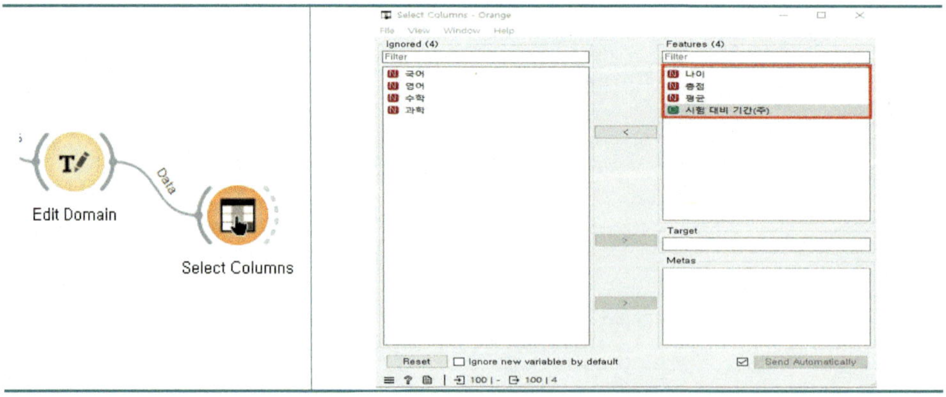

**05** 시험 대비 기간(주)을 기준으로 데이터를 통계 분석 결과를 보기 위해 [Date] 카테고리의 [Feature Statistics] 위젯을 캔버스로 드래그하고, [Select Columns] 위젯과 [Feature Statistics] 위젯을 연결합니다. [Feature Statistics] 위젯을 더블클릭하여 나이대 분포, 평균, 최빈수, 중앙값 등 다양한 통계 정보를 확인할 수 있습니다.

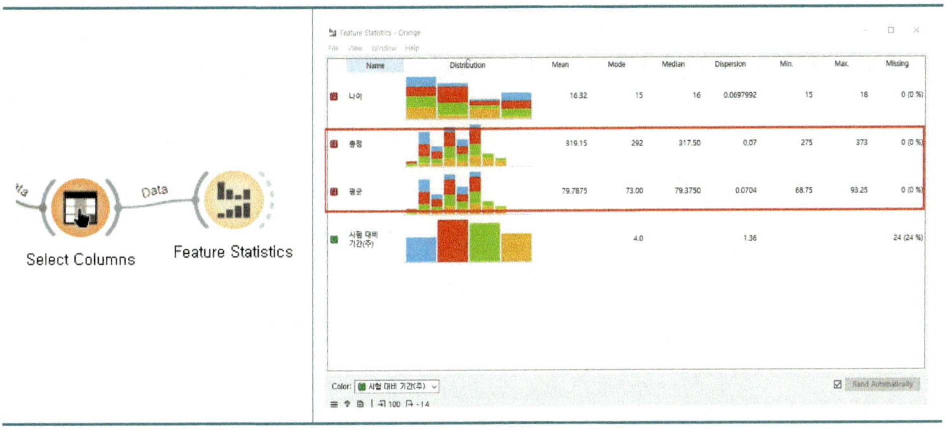


위 결과를 분석해 보면 나이 데이터는 평균 나이는 16.32세이며, 대부분의 학생들은 15세에서 18세 사이에 분포하는 것으로 나타났습니다. 낮은 분산 값은 학생들의 나이가 평균값인 16.32세를 중심으로 좁은 범위에 밀집되어 있음을 의미합니다. 총점 데이터 분석결과를 살펴보면 학생들의 총점 평균은 319.15점으로, 대부분의 총점은 275점에서 373점 사이에 분포합니다. 중앙값은 317.50점, 최빈값은 292점으로 나타났습니다. 총점의 분산이 작아, 총점 값들이 평균으로부터 크게 벗어나지 않음을 의미합니다. 평균 데이터 분석결과를 살펴보면 학생들의 평균 점수는 79.7875점이며, 대부분의 평균 점수는 68.75점에서 93.25점 사이에 분포합니다. 중앙값은 79.3750점, 최빈값은 73.00점으로 나타났습니다. 평균 점수의 분산이 작아, 낮은 분산 값은 과목별 평균 점수가 평균값 주변에 밀집되어 있음을 의미합니다.

**예제 6-2** Ch06\student_example_data(eda).csv 데이터 분석결과를 이용하여 시각화 작업을 실습해 봅니다.

**01** 시험 대비 기간(주)을 기준으로 데이터를 통계 분석 결과를 시각화하기 위해 [Visualize] 카테고리의 [Box Plot] 위젯을 캔버스로 드래그하고, [Select Columns] 위젯과 [Box Plot]] 위젯을 연결합니다. [Box Plot] 위젯을 더블클릭하여 시험 대비 기간(주) 대비하여 평균 점수의 분포를 시각화한 결과입니다. 박스플롯(Box Plot)은 데이터의 분포와 중심 경향을 시각적으로 표현하는 유용한 도구로, 중앙값, 사분위수, 이상치 등을 한눈에 파악할 수 있습니다.

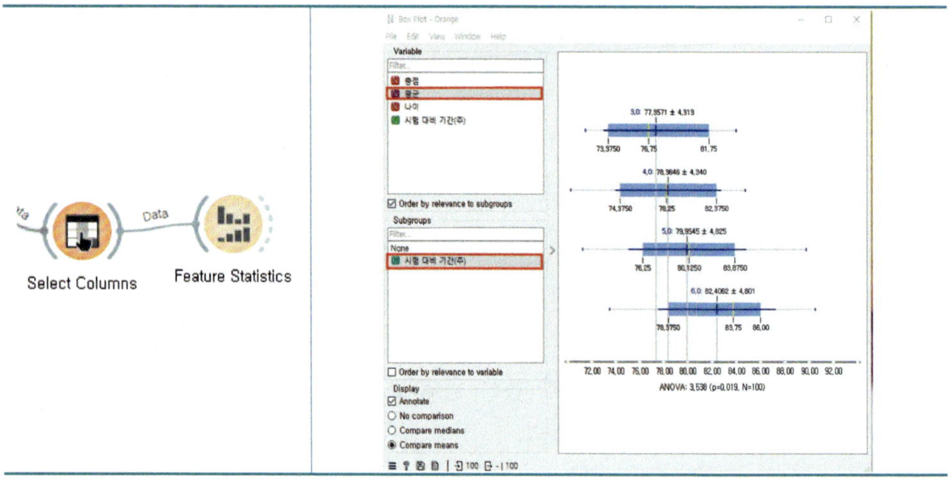


**02** 위 결과를 바탕으로 시험 대비 기간에 따른 평균 점수의 평균, 중앙값, 분석해 보겠습니다.

| 시험 대비 기간(주) | 평균 (Mean) | 중앙값 (Median) | 범위 (Range) | 분포 (Distribution) |
|---|---|---|---|---|
| 3주 | 77.3571 ± 4.313 | 76.75 | 73.375점 ~ 81.75점 | 73.375점 ~ 81.75점 사이값 |
| 4주 | 78.3646 ± 4.340 | 78.25 | 74.375점 ~ 82.375점 | 74.375점 ~ 82.375점 사이값 |
| 5주 | 79.9545 ± 4.825 | 80.125 | 76.25점 ~ 83.875점 | 76.25점 ~ 83.875점 사이값 |
| 6주 | 82.4062 ± 4.801 | 83.75 | 78.375점 ~ 86.00점 | 78.375점에서 86.00점 사이값 |

이 분석 결과는 시험 대비 기간이 길어질수록 평균 점수가 증가하는 경향을 확인할 수 있습니다 즉, 시험 준비에 투자하는 시간이 증가할수록 학생들의 평균 점수가 높아질 가능성이 있다는 것을 의미합니다.

**03** Ch06\student_example_data.csv 데이터를 이용하여 시험 준비 기간(주) 대비하여 총점, 평균, 나이 열을 이용한 통계분석 및 시각화 실습을 위한 최종 화면입니다.

### 전체 워크 플로우

**시험대비기간 별 평균, 중앙값, 최빈수 분석 워크 플로우**

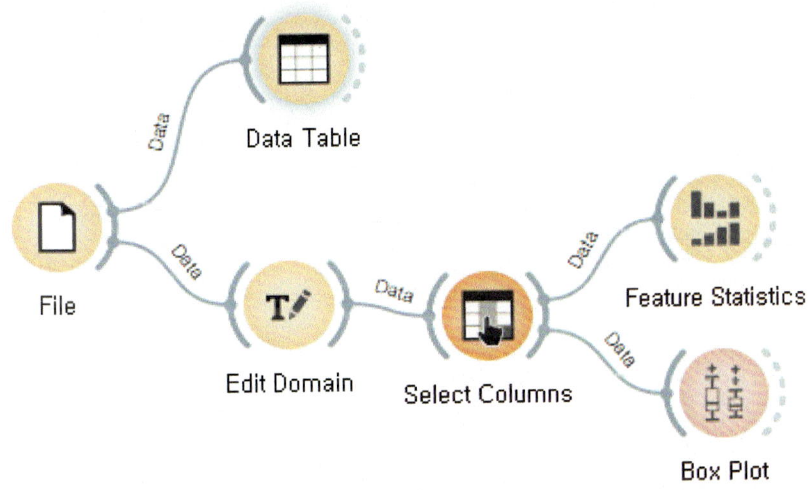

## 1.2 경상북도 행정기관별 인구소멸지역 분석

**예제 6-3** 경상북도 시군 지역의 인구 감소율을 계산하고, 인구 감소율이 특정 임계값 이상인 지역을 소멸위험지역으로 식별하는 특정 임계값을 초과하는 지역을 인구소멸위험지역으로 식별하는 실습을 진행해 봅니다.

**01** 경상북도 지방도시 인구소멸위험지역을 식별하는 실습을 위해 [data] 카테고리에서 [file] 위젯을 캔버스로 드래그 한 후 더블클릭하여 Ch06\data.xlsx 파일을 업로드합니다. 업로드 된 데이터는 총 66개의 데이터로 구성되어 있습니다.

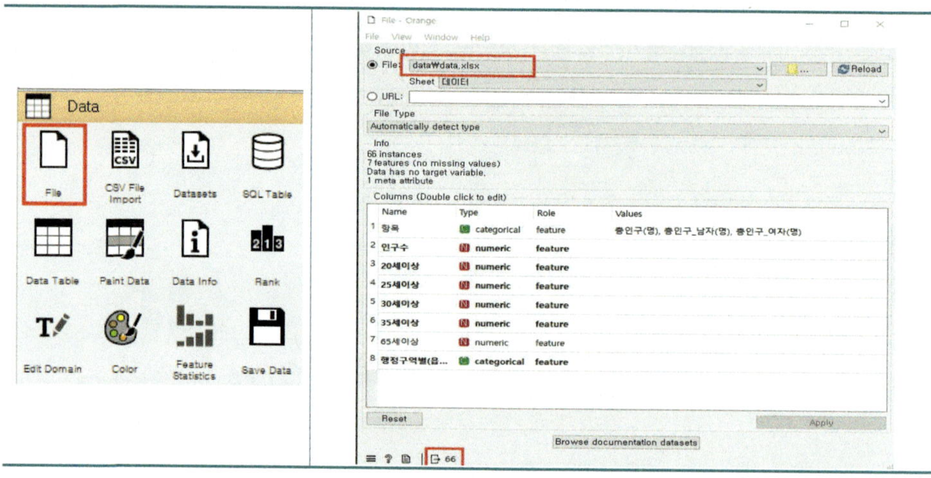


**02** 업로드 된 데이터 셋을 확인하기 위해 [Data Table] 위젯을 캔버스로 드래그하고, [file] 위젯과 [Data Table] 위젯을 연결합니다. [Data Table] 위젯을 더블클릭하여 업로드 된 Ch06\data.xlsx 파일의 개수와 필드의 개수를 확인합니다.

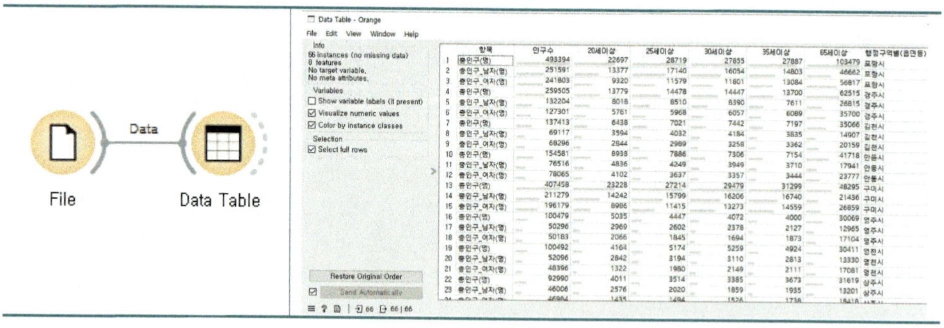

## 데이터 전처리

**03** [Data] 카테고리의 [Edit Domain] 위젯을 캔버스로 드래그 한 후 [Edit Domain] 위젯을 더블클릭하여 항목 필드는 구분으로 필드명을 수정합니다. [Values] 창에 값을 총인구(명)은 합계, 총인구_남자(명)은 남자, 총인구_여자(명)은 여자로 출력값을 수정합니다. 행정구역별(읍면동) 필드는 시군으로 수정합니다.

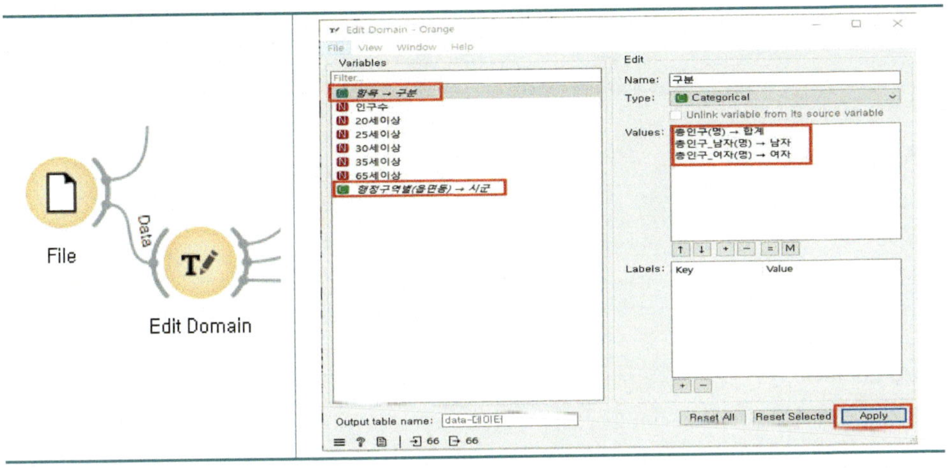


**04** 수정된 필드명을 확인하기 위해 [Data Table] 위젯을 캔버스로 드래그하여 [Edit Domain] 위젯과 연결하고, 더블클릭하여 결과를 확인합니다.

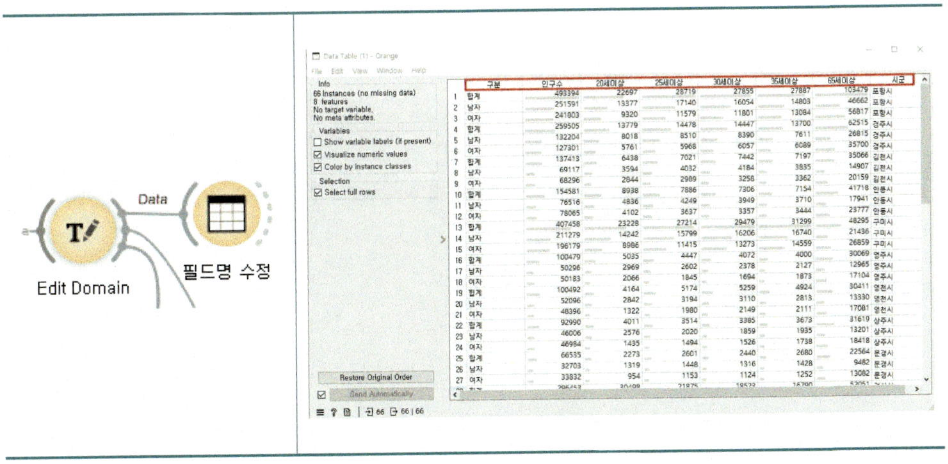

**05** 사용할 필드를 선택하고 필드의 출력순서를 지정하기 위해 [Tranform] 카테고리의 [Select Columns] 위젯를 캔버스로 드래그하여 [Edit Domain]위젯과 연결합니다. 필드의 정렬순서는 시군, 구분, 인구수, 20세이상, 25세이상, 30세이상, 35세이상, 65세이상 순으로 설정합니다.

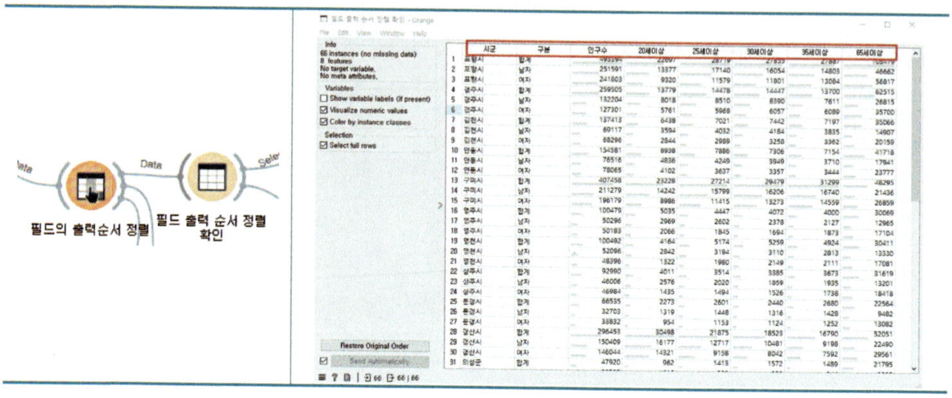


**06** 인구 소멸위험지역을 구하는 공식은 다음과 같습니다. 아래의 수식을 이용하여 필드를 생성하기 위해 [Transform] 카테고리의 [Formula] 위젯을 이용하여 아래 수식을 정의하고 필드를 생성합니다. 생성할 필드명은 20~39세 필드명으로 65세 미만의 데이터의 합계를 구합니다.

인구 소멸위험지역 : 만 20~39세 여성 인구 수 / 만 65세 이상 고령 인구 수의 값이 0.5 미만인 경우

| 필드명 | 20~39세 | 수식 | _20세이상+_25세이상+_30세이상+_35세이상 |
|---|---|---|---|

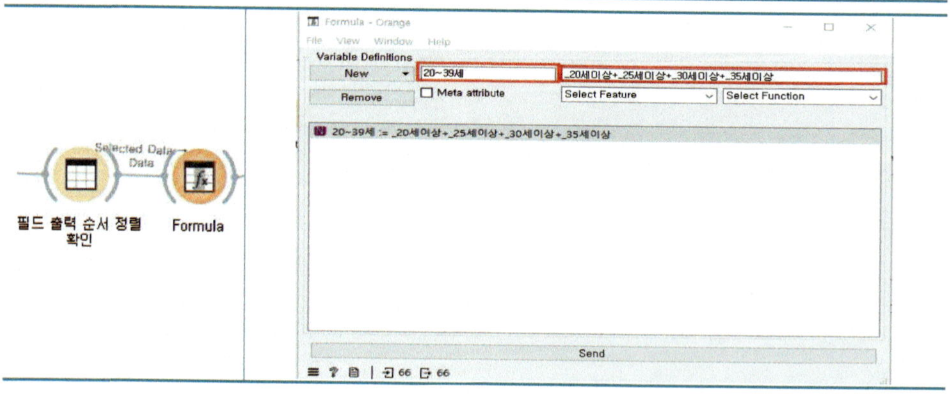

**07** 인구 소멸위험지역을 구하는 공식은 다음과 같습니다. 아래의 수식을 이용하여 필드를 생성을 확인하기 위해 [Data Table] 위젯을 캔버스로 드래그하고, 더블클릭하여 생성된 20~39세 필드를 확인합니다.

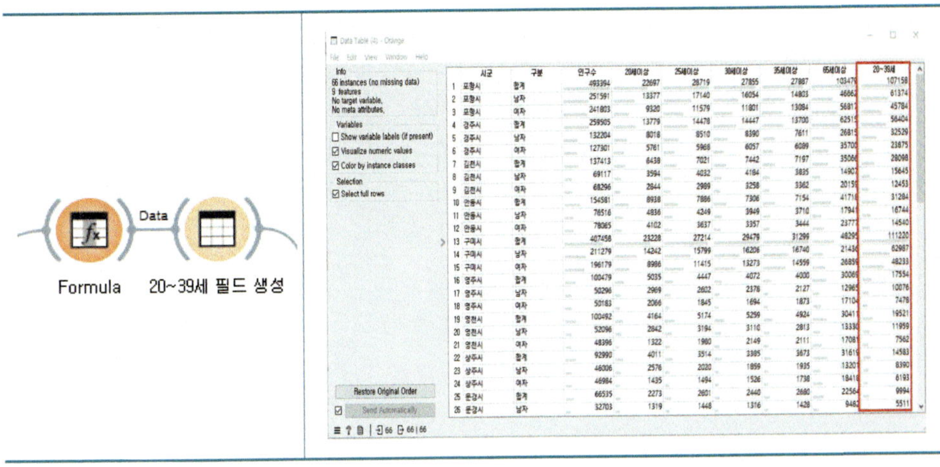


**08** 20~39세 필드의 여사 데이터를 추출하기 위해 [Transform] 카테고리의 [Pivot Table] 위젯을 캔버스로 드래고하고, [Data Table] 위젯과 연결합니다. [Pivot Table] 위젯을 더블클릭하여 [Rows] 항목 값은 시군, [Columns] 항목은 구분, [Values] 항목 값은 20~39세 지정하고, 연산은 [Sum] 항목을 선택하여 20~39세 이상의 시군별 성별 및 합계의 합계를 출력하는 피벗테이블 보고서를 생성합니다.

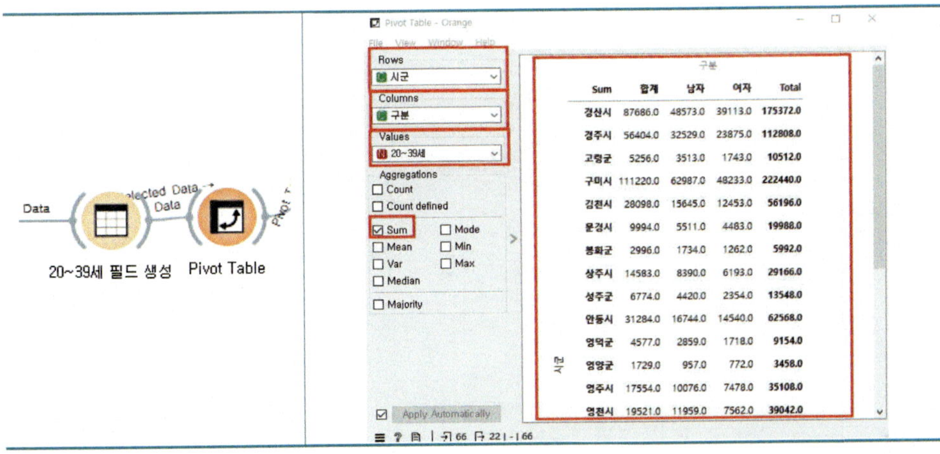

**09** 생성된 [Pivot Table]에서 여자의 합계를 추출하기 위해 [Select Columns] 위젯을 캔버스로 드래그하고, [Pivot Table] 위젯과 [Select Columns] 위젯을 연결합니다. [Select Columns] 위젯을 더블클릭하여 시군, 여자 필드를 선택합니다.

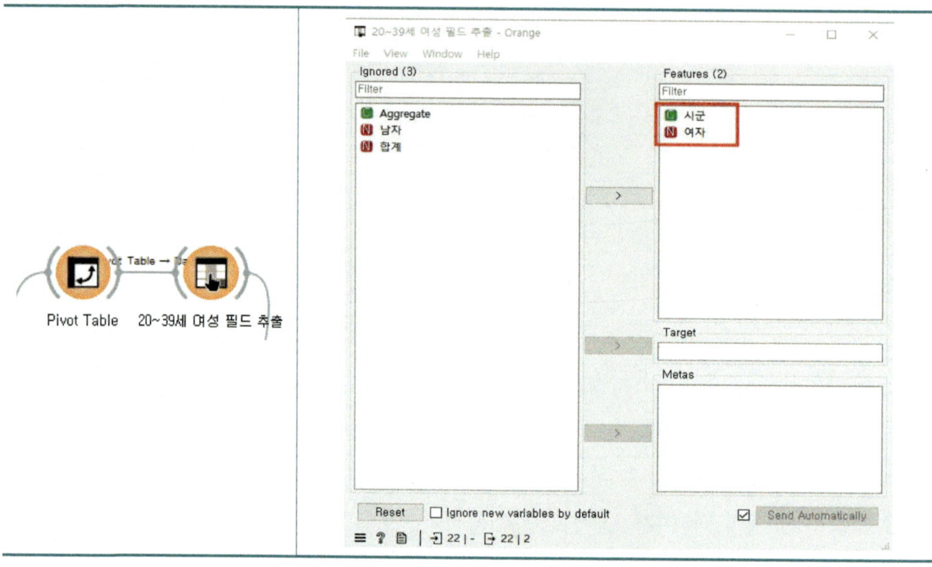


**10** [여자] 필드명을 수정하기 위해 [Data] 카테고리의 [Edit Domain] 위젯을 캔버스로 드래그하고, [Select Columns] 위젯과 연결합니다. [Edit Domain] 위젯을 더블클릭하여, 여자필드의 이름을 20~39세 여자로 수정합니다.

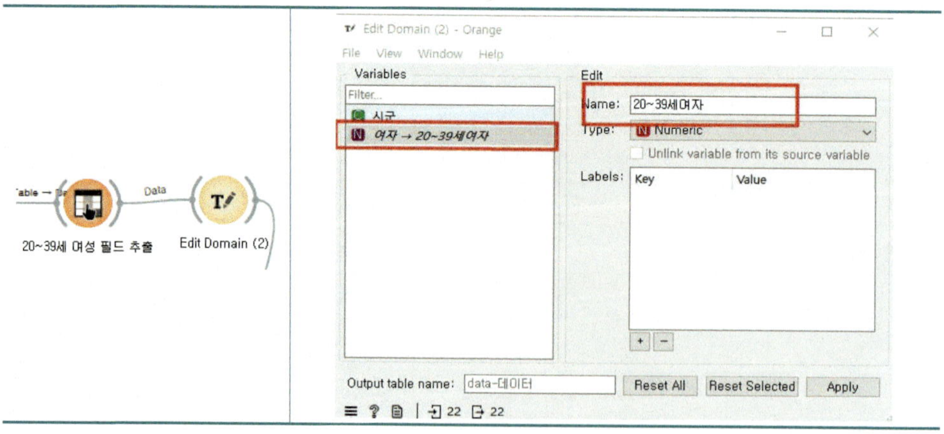

**11** [Data Table] 위젯을 캔버스로 드래그하고, [Edit Demain] 위젯을 연결합니다. [Data Table] 위젯을 더블클릭하여 최종 사용할 필드명과 데이터 값을 확인합니다. 시군의 데이터 출력이 총 22개의 데이터 값을 확인합니다.

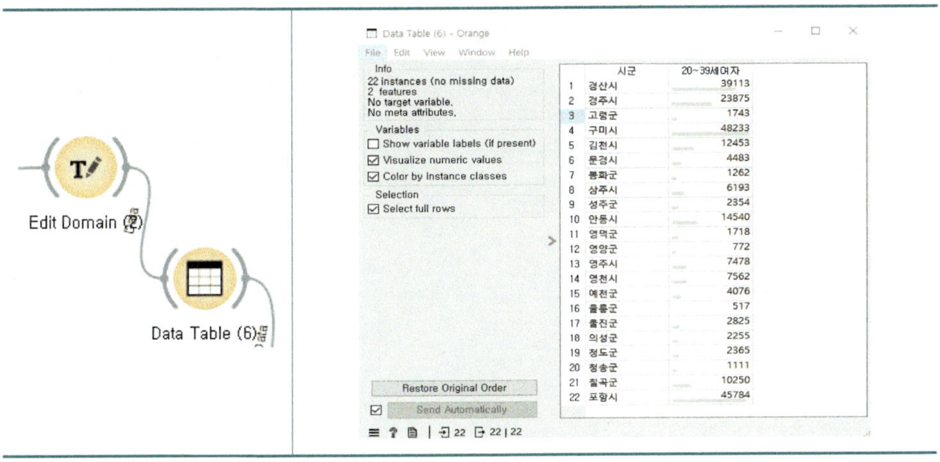


**12** 65세 이상의 인구의 합계를 추출하기 위해 [Transform] 카테고리의 [Pivot Table] 위젯을 캔버스로 드래그하고, 필드 출력 순서 정렬 확인 데이터의 [Data Table] 위젯과 연결합니다. [Pivot Table] 위젯을 더블클릭하여 [Rows] 항목 값은 시군, [Columns] 항목은 구분, [Values] 항목 값은 65세 이상 항목을 지정하고, 연산은 [Sum] 항목을 선택하여 65세 이상의 시군별 성별 및 합계의 합계를 출력하는 피벗테이블 보고서를 생성합니다.

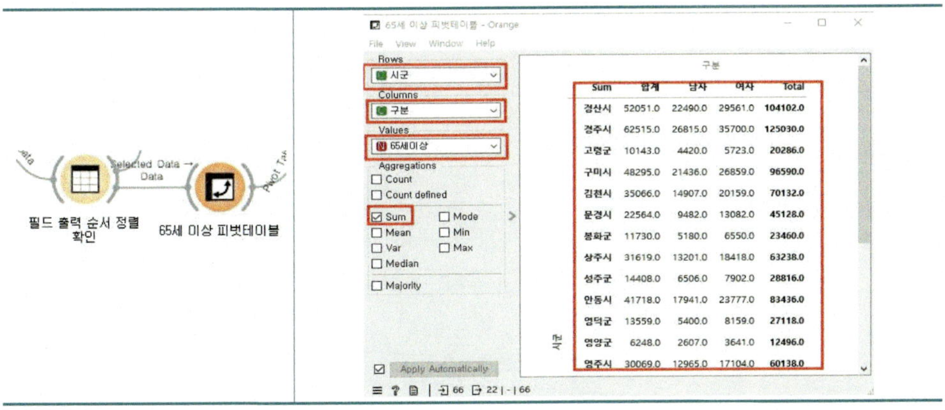

**13** 생성된 [Pivot Table]에서 65세 이상 데이터의 합계를 추출하기 위해 [Select Columns] 위젯을 캔버스로 드래그하고, 65세 이상 피벗테이블의 [Pivot Table] 위젯과 [Select Columns] 위젯을 연결합니다. [Select Columns] 위젯을 더블클릭하여 시군, 합계 필드를 선택합니다.

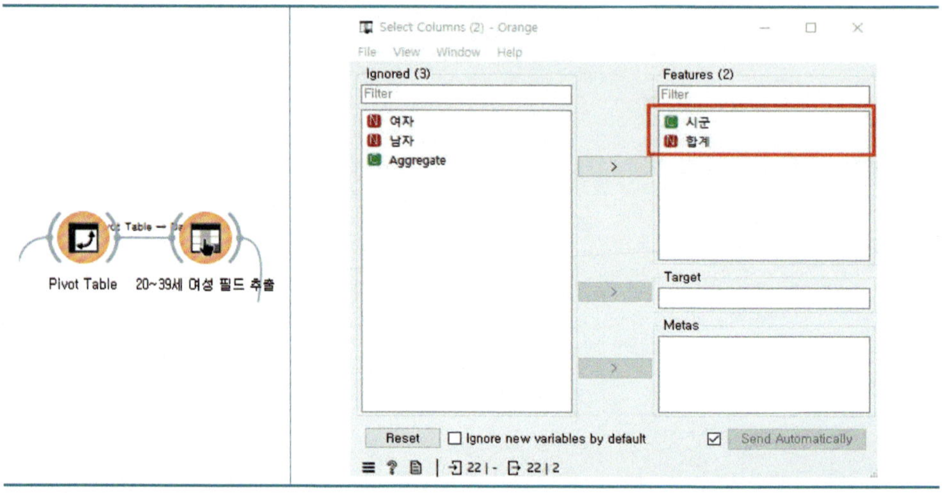


**14** 합계 필드명을 수정하기 위해 [Data] 카테고리의 [Edit Domain] 위젯을 캔버스로 드래그하고, [Select Columns] 위젯과 연결합니다. [Edit Domain] 위젯을 더블클릭하여, 합계 필드의 이름을 65세이상합계로 수정합니다.

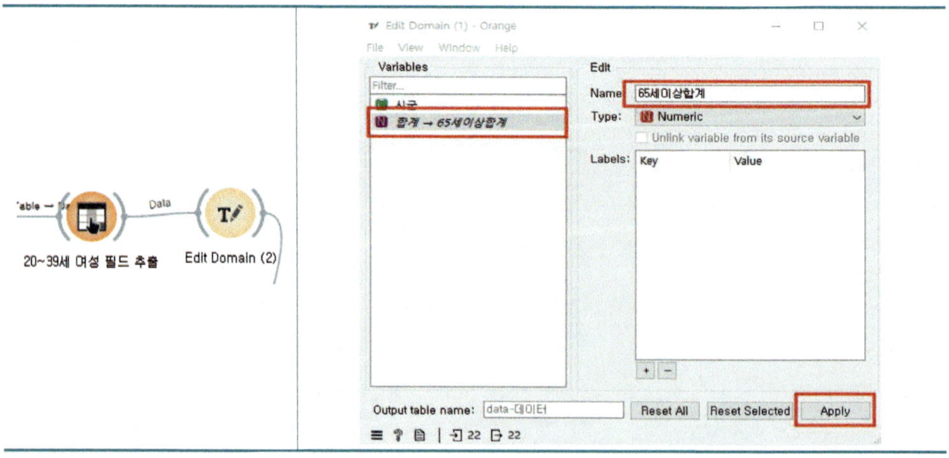

**15** [Data Table] 위젯을 캔버스로 드래그하고, [Edit Demain] 위젯을 연결합니다. [Data Table] 위젯을 더블클릭하여 최종 사용할 필드명과 데이터 값을 확인합니다. 시군, 65세이상합계 필드는 총 22개의 데이터 값을 출력합니다.

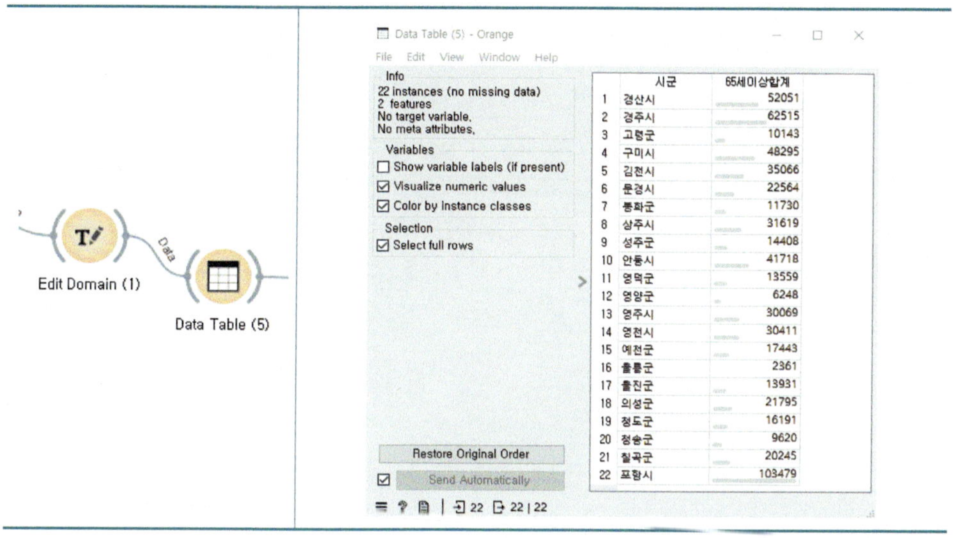


**16** 20~39세 여자 데이터와 65세 이상 데이터 테이블을 병합하기 위해 [Transform] 카테고리의 [Merge Data] 위젯을 캔버스로 드래그하고, 더블클릭하여 두 개의 데이터 테이블을 하나의 데이터 테이블로 병합합니다. 병합 옵션은 Row index가 일치하는 행을 병합하는 옵션을 선택하여 두 개의 테이블을 하나의 테이블로 병합합니다.

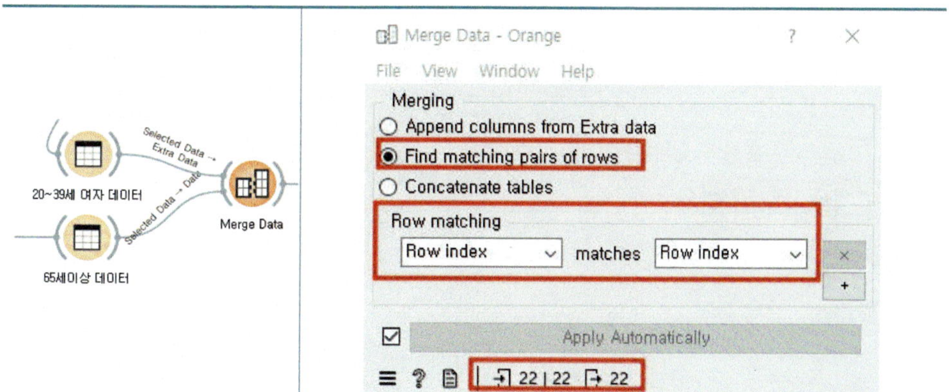

**17** [Data Table] 위젯을 캔버스로 드래그하고, [Merge Data] 위젯을 연결합니다. [Data Table] 위젯을 더블클릭하여 최종 사용할 필드명과 데이터 값을 확인합니다. 시군, 65이상합계, 20~39세여자 필드로 구성된 데이터 테이블의 데이터 출력이 총 22개의 데이터 값을 확인합니다.

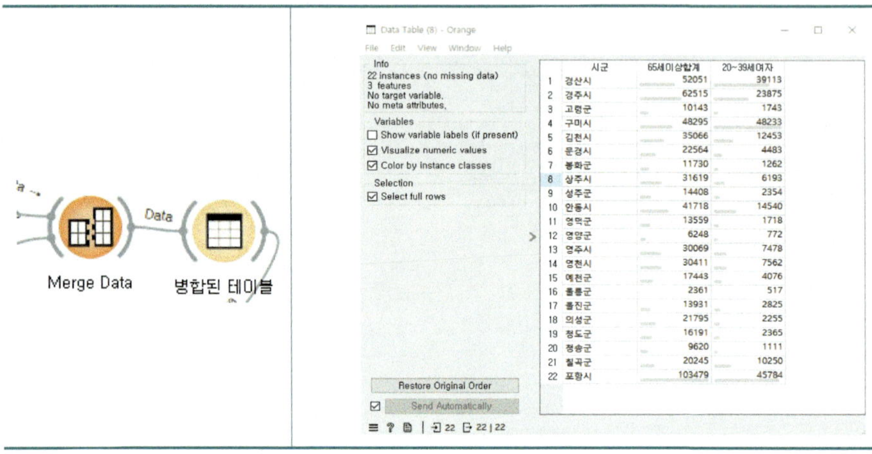


**18** 병합된 테이블을 이용하여 소멸비율 필드를 생성하기 위해 [Transform] 카테고리의 [Formula] 위젯을 캔버스로 드래그하고, [Data Table] 위젯과 연결합니다. [Formula] 위젯을 더블클릭하여 소멸비율 필드를 생성합니다. 소멸비율의 수식은 아래와 같습니다.

소멸비율 : _20_39세여자/_65세이상합계

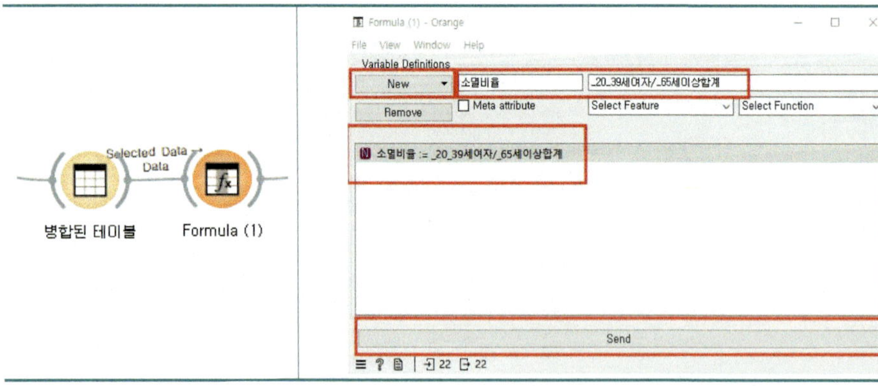

**19** 생성된 소멸비율 필드를 확인하기 위해 [Data Table] 위젯을 캔버스로 드래그하고, [Formula] 위젯과 연결합니다. [Data Table] 위젯을 더블클릭하여 데이터를 확인합니다.

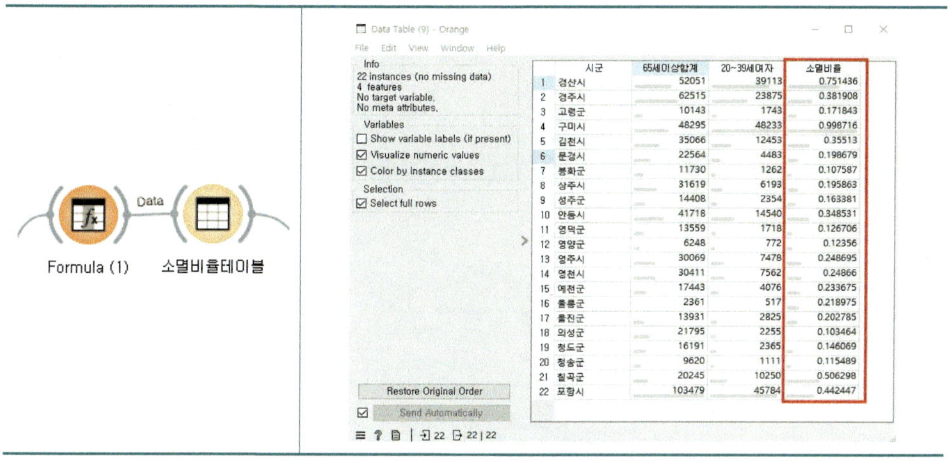


| | 시군 | 65세이상합계 | 20~39세여자 | 소멸비율 |
|---|---|---|---|---|
| 1 | 경산시 | 52051 | 39113 | 0.751436 |
| 2 | 경주시 | 62515 | 23875 | 0.381908 |
| 3 | 고령군 | 10143 | 1743 | 0.171843 |
| 4 | 구미시 | 48295 | 48233 | 0.998716 |
| 5 | 김천시 | 35066 | 12453 | 0.35513 |
| 6 | 문경시 | 22564 | 4483 | 0.198679 |
| 7 | 봉화군 | 11730 | 1262 | 0.107587 |
| 8 | 상주시 | 31619 | 6193 | 0.195863 |
| 9 | 성주군 | 14408 | 2354 | 0.163381 |
| 10 | 안동시 | 41718 | 14540 | 0.348531 |
| 11 | 영덕군 | 13559 | 1718 | 0.126706 |
| 12 | 영양군 | 6248 | 772 | 0.12356 |
| 13 | 영주시 | 30069 | 7478 | 0.248695 |
| 14 | 영천시 | 30411 | 7562 | 0.24866 |
| 15 | 예천군 | 17443 | 4076 | 0.233675 |
| 16 | 울릉군 | 2361 | 517 | 0.218975 |
| 17 | 울진군 | 13931 | 2825 | 0.202785 |
| 18 | 의성군 | 21795 | 2255 | 0.103464 |
| 19 | 청도군 | 16191 | 2365 | 0.146069 |
| 20 | 청송군 | 9620 | 1111 | 0.115489 |
| 21 | 칠곡군 | 20245 | 10250 | 0.506298 |
| 22 | 포항시 | 103479 | 45784 | 0.442447 |

## 데이터 시각화

**20** 소멸비율이 0.5 미만이면 소멸위험지역으로 판단합니다. 소멸위험지역을 시각화하기 위해 [Visualize] 카테고리의 [Bar Plot] 위젯을 캔버스로 드래그하고, 소멸비율의 [Data Table] 위젯과 연결합니다. [Bar Plot]을 더블클릭하여 [Values] 옵션은 소멸비율, [Group by] 옵션은 시군, [Annotatios]옵션은 None, [Color] 옵션은 시군으로 설정하여 소멸비율이 0.5 미만인 지역을 한번에 볼 수 있도록 시각화합니다.

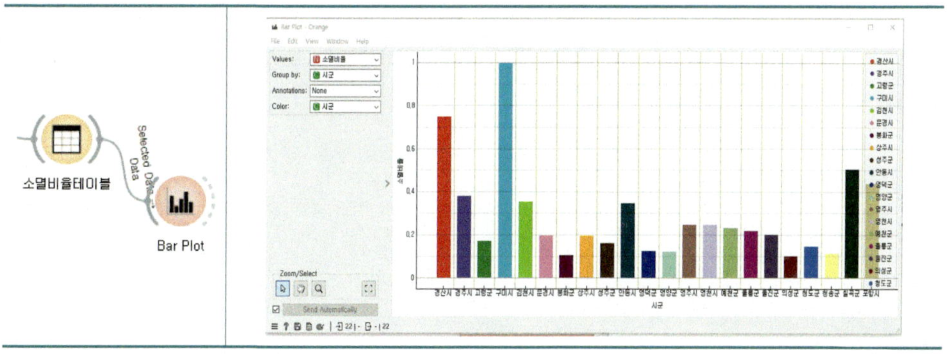

이 분석은 소멸비율이 0.5 미만인 지역을 소멸위험지역으로 식별하며, 소멸위험지역으로 나타난 지역은 경주시, 고령군, 김천시, 봉화군, 상주시, 성주군, 안동시, 영양군, 영주시, 영천시, 예천군, 울릉군, 울진군, 의성군, 칠곡군으로. 해당 지역들이 인구 감소와 관련된 정책적 노력이 필요함을 나타냅니다.

### 전체 워크 플로우

경상북도 행정기관별 인구소멸지역 분석 워크 플로우

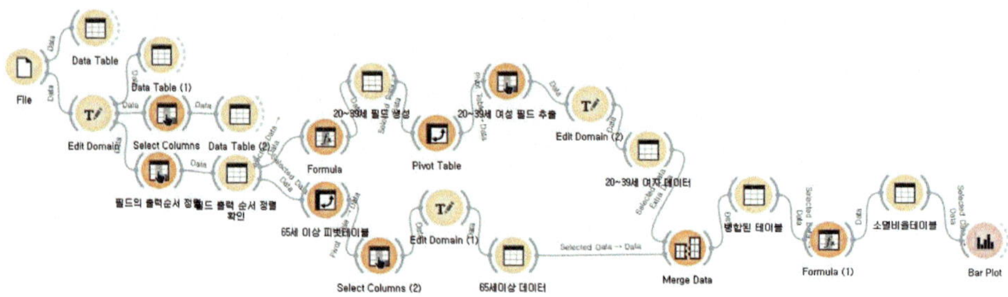

## 06장 연습문제

**01** EDA의 주요 목적 중 하나는 무엇인가?

① 데이터 입력을 자동화하기 위해
② 데이터의 품질을 높이고 잠재적 패턴을 식별하기 위해
③ 모델링 과정에서 데이터를 추정하기 위해
④ 데이터를 삭제하기 위해

**02** 기술 통계(Descriptive Statistics)에 포함되지 않는 항목은 무엇인가?

① 평균
② 중앙값
③ 회귀 분석
④ 표준편차

**03** 데이터 값의 빈도를 나타내는 표는 무엇인가?

( )

**04** EDA는 데이터를 ( )하고 이해하기 위한 중요한 초기 단계로, 데이터의 ( ), ( ) 관계 등을 시각화 및 요약하여 데이터를 명확하게 이해하도록 돕는다.

**05** EDA에서 상관계수(Correlation Coefficient)는 두 데이터 간의 ( )를 나타내는 값이다.

PART

# III

# 머신러닝의 이해

# 07장

# 지도학습과 회귀

**학습 목표**

- 지도학습의 정의와 원리를 이해하고, 회귀모델에 대해 설명할 수 있다.
- 다양한 지도학습 알고리즘(예: Linear Regression, SVM, Tree, kNN 등) 특징을 이해하고, 주어진 문제에 적합한 회귀모델을 선택할 수 있다.
- 회귀모델의 성능을 평가하기 위한 지표(MSE, RMSE, MAE, $R^2$)를 이해하고 해석할 수 있다.
- 데이터를 활용하여 이를 시각화하고, 회귀모델 분석 결과를 효과적으로 전달할 수 있다.

## 1 지도학습과 회귀모델

### 1.1 머신러닝의 개념과 유형

머신러닝이란 학자들에 따라 다양하게 정의 되고 있습니다. 일반적으로 머신러닝은 어떤 데이터를 분류하거나, 값을 예측(회귀)하는 것을 말합니다. 이렇게 데이터의 값을 잘 예측하기 위한 데이터의 특징들을 머신러닝/딥러닝에서는 Feature라고 부르며 적절한 Feature를 잘 정의하는 것이 중요합니다. 엑셀에서 Attribute(column)라고 부르는 것을 머신러닝에서는 통계학의 영향으로 Feature라고 부릅니다.

머신러닝은 인공지능의 한 분야로, 컴퓨터가 데이터를 통해 스스로 학습하고 예측 모델을 만들어 새로운 데이터에 대한 결과를 예측하는 기술입니다. 기존의 프로그래밍 방식이 명시적인 규칙을 기반으로 했다면, 머신러닝은 데이터 속에 숨겨진 패턴을 찾아 학습함으로써 더욱 유연하고 복잡한 문제를 해결할 수 있습니다.

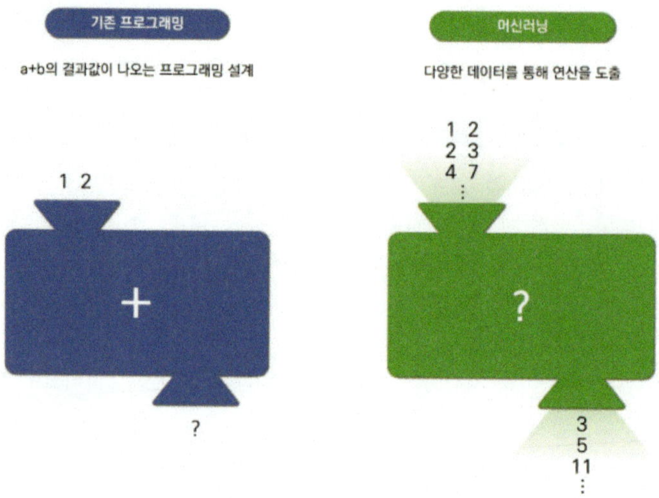


[그림 7-1] 기존의 프로그래밍과 머신러닝의 비교

## 머신러닝의 유형

머신러닝의 학습 방법은 지도학습, 비지도학습, 강화학습 크게 3가지로 분류됩니다. 지도 학습(Supervised Learning)은 레이블(정답이 있는) 데이터를 학습하는 방법으로 규칙을 찾아내는 학습방식입니다. 즉, 미리 문제와 정답을 알려주고 모델을 학습시켜 새로운 문제에 대한 정답을 알려고 하는 학습 방식입니다. 비지도학습은 미리 알려주지 않고 관찰을 통해 새로운 의미나 관계를 밝혀내는 학습 방식입니다. 강화학습은 에이전트가 환경과 상호작용하며 보상을 최대화하는 방향으로 학습하는 방식입니다. 지도학습, 비지도학습, 강화학습을 정리하면 다음과 같습니다.

〈표 7-1〉 머신러닝의 유형

| 구분 | 설명 | 특징 |
|---|---|---|
| 지도학습 | 분류(Classification) | • 이산값 예측<br>• 레이블 있음<br>• 주어진 데이터를 정해진 카테고리(라벨)에 따라 분류하는 문제<br>• 이진 분류 문제(맞다, 아니다 등) 또는 다중분류(사과, 바나나, 포도 등) 2가지 이상을 분류<br>• 스팸메일 분류, 개와 고양이 분류 등 |

| 구분 | 설명 | 특징 |
|---|---|---|
| 지도학습 | 회귀(Regression) | • 연속형 수치 예측<br>• 레이블 있음<br>• 어떤 데이터들의 Feature를 기준으로, 연속된 값(그래프)을 예측하는 문제로 주로 어떤 패턴이나 트렌드, 경향을 예측할 때 사용<br>• 답이 분류처럼 1이나 0으로 나눠지는 것이 아니고 어떤 수나 실수로 예측<br>• 아파트 집값 예측, 생존율 예측 등 |
| 비지도학습 | 군집화(Clustering) | • target 없음<br>• 레이블 없음<br>• 데이터의 유사한 정도에 따라 군집으로 분류<br>• 고객 세분화 등 |
| 강화 | • 경험과 보상에 기반<br>• 학습용 데이터가 적거나 존재하지 않는 경우<br>• 게임, 로봇 제어 등에 활용<br>• 알파고, 자율주행차 등 | |

### 머신러닝의 활용 분야

머신러닝은 다양한 분야에서 활용되고 있습니다. 대표적인 활용 사례는 다음과 같습니다.

- 이미지 분류 및 인식: 사진 속 물체, 얼굴 등을 자동으로 인식. 의료영상 분석을 통한 질병 진단 지원
- 자연어 처리: 문서 요약, 감정 분석, 기계 번역 등
- 추천 시스템: 사용자 취향에 맞는 상품, 콘텐츠 추천
- 금융 및 보안: 신용카드 사기 탐지, 주식 가격 예측
- 의료: 질병 진단, 신약 개발 지원
- 자율주행 자동차: 실시간 상황 인지 및 판단

이처럼 머신러닝은 다양한 분야에서 활용되며, 점점 더 발전하고 있습니다. 여러분도 관심 있는 분야에서 각자 머신러닝을 활용할 수 있습니다.

## 지도학습과 회귀분석

지도학습은 회귀와 분류로 나뉘며 각각 다른 문제 해결에 활용됩니다. 지도학습의 회귀는 변수들간의 상관관계를 함수로 나타내고 새로운 값을 예측하는 기법이다. 예를 들어 날짜, 온도, 습도, 아이스크림 가격 등 아이스크림 판매량과 어떤 관계가 있는지 이를 알면 아이스크림 판매량을 예측할 수 있습니다. 이때 아이스크림 판매량에 영향을 미치는 온도 등 다양한 요소(독립변수)와 아이스크림 판매량(종속 변수)의 관계를 통해 아이스크림 판매량을 예측하는 모델은 회귀에 해당합니다. 지도학습의 분류는 메일의 제목, 본문, 발신자 정보 등을 이용하여 스팸메일과 정상 메일을 구분하는 모델은 분류에 해당합니다. 이처럼 회귀는 숫자데이터를 예측하는 문제에, 분류는 범주형 데이터를 구분하는 문제에 활용됩니다. 그중 회귀모델을 먼저 실습해 보고 분류모델은 다음 장에서 살펴보도록 합니다.

# 2 국민건강 데이터로 BMI 예측하기

## 2.1 BMI를 예측해 보자

지도학습의 회귀를 이용하여 체질량 지수(Boody Mass Index, BMI)를 예측해 봅시다. 다음은 국민건강 BMI 데이터를 가져와 가공한 데이터셋입니다. 성별, 신장, 체중, BMI 등의 신체 측정 기록간의 상관관계를 확인할 수 있습니다. 우리는 BMI를 계산하는 공식은 이미 알고 있지만, 머신러닝의 지도학습을 쉽게 이해하기 위해서 어떠한 요인과 상관관계가 있는지 알아보고 신장과 체중으로 BMI를 예측해 봅시다.

## 2.2 데이터 준비

### 데이터 다운로드

Orange3의 Data 카테고리에서 [File] 위젯을 캔버스로 가져와서 더블클릭합니다. 이때 다운받아둔 Ch07\bmi 500 수치.csv 데이터를 찾아 더블클릭합니다.

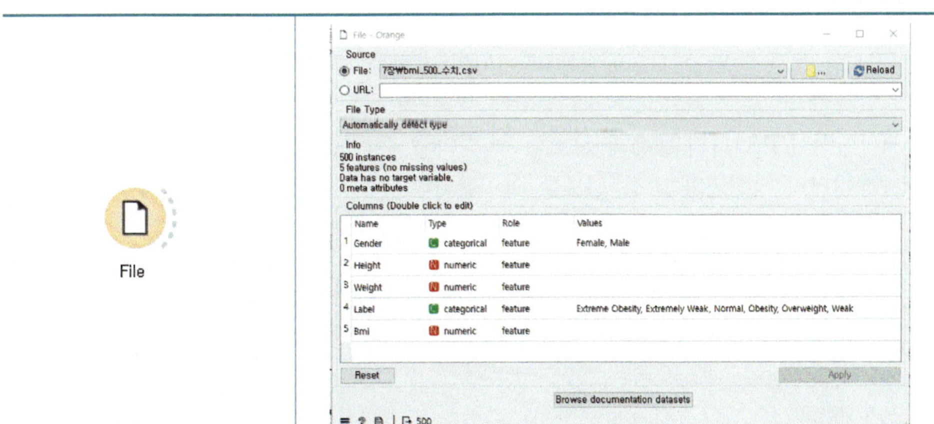


〈표 7-2〉 file 위젯 창 세부 설명

| | |
|---|---|
| File | 이전에 열었던 데이터 파일을 찾아보거나 샘플 파일을 불러온다. |
| Open | 데이터 파일을 찾는다. |
| Column Type | Numeric, categorical 등 |

## 데이터 불러오기

[Data] 카테고리에서 [Data Table] 위젯을 캔버스에 놓고 [Datasets] 위젯과 연결한 후 [Data Table] 위젯을 더블클릭하면 각각 5개의 속성으로 구성된, 500개 데이터를 확인할 수 있습니다.

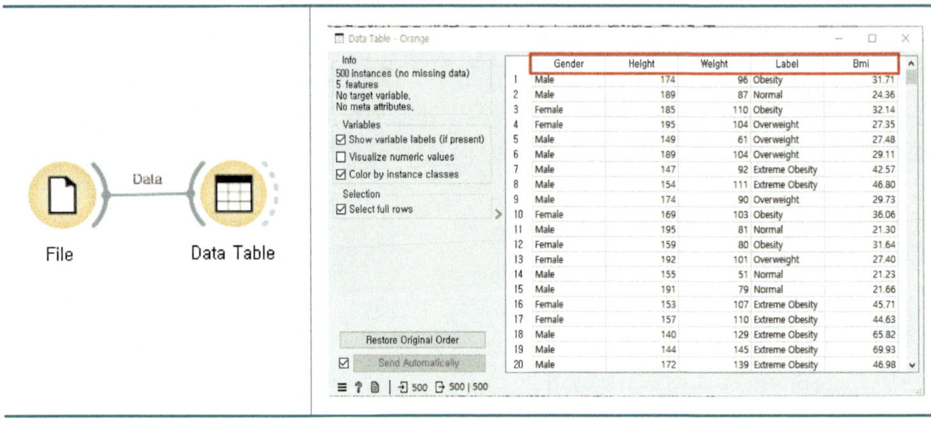


## 데이터 속성 정보 확인하기

인공지능 모델을 만들기 위해서는 데이터의 속성을 파악해야 합니다. 위젯을 통해 데이터를 종합적으로 살펴보고, 아래 데이터 속성 정보를 바탕으로 국민체력 측정 데이터를 시각화하면 데이터의 내용과 구조를 잘 파악할 수 있습니다. 그러기 위해서 국민체력 측정 데이터의 속성명과 속성 정보를 확인합니다.

〈표 7-3〉 BMI 데이터 속성 정보

| 속성명 | 속성 정보 |
|---|---|
| Gender | 성별 : Female, male |
| Height | 키 : Cm(실수) |
| Weight | 몸무게 : 정수 |
| Label | Extremely Weak, Weak, Norma, Over Weight, Obesity, Extreme obesity |
| Bmi | 신체질량지수 = 체중/키$^2$ |

## 데이터 시각화하기

데이터를 분석하기 위해서는 먼저 데이터에 대한 기본적인 정보를 파악하는 것이 중요합니다. 도표, 그래프, 지도와 같은 시각적 요소를 활용하면 데이터 간의 관계를 쉽고 효과적으로 파악하여 데이터의 구조나 패턴을 발견할 수 있습니다.

(1) [Scatter Plot] 위젯을 연결하여 산점도로 시각화하기

[Visualize] 카테고리의 [Scatter Plot] 위젯을 이용하여 산점도를 확인합니다.

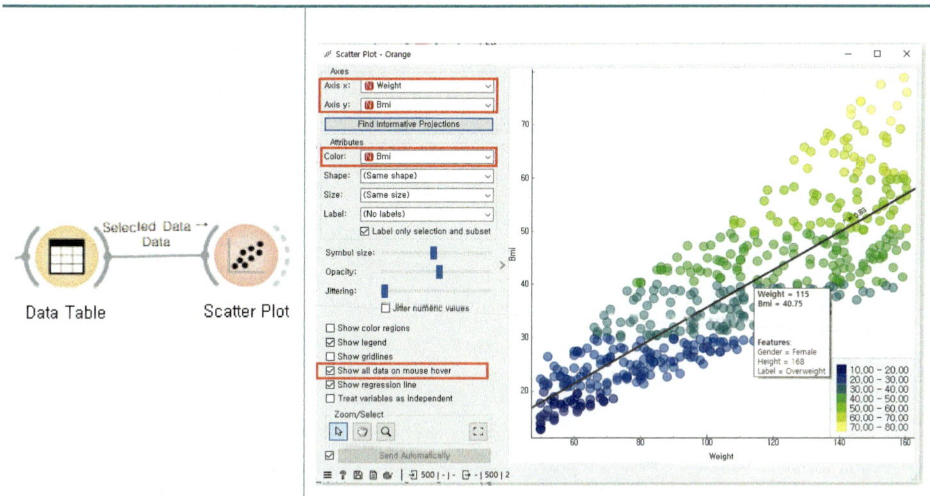


〈표 7-4〉 [Scatter Plot] 위젯 설정

| | |
|---|---|
| Axes | x축의 값을 'Weight'로, y축의 값을 'Bmi'로 설정한다.. |
| Atributes | color, Shape, Size, Label을 설정하여 점의 색, 모양, 크기, 라벨을 선택한다. |
| option | Show all data mouse hover를 체크하고 산점도 점 위에 마우스를 올려놓으면 해당하는 데이터 정보가 표시된다. |

위 그림은 Weight와 Bmi의 만나는 점을 나타낸 그래프입니다. x축의 값을 'Height'로 변경하여 속성에 따른 관계를 확인할 수 있습니다. 상관계수는 두 변수간의 연관성을

알려주는 지표로 -1부터 1사이의 값을 가지며, 절댓값이 1에 가까울수록 두 변수 간의 상관관계가 강하며, +1에 가까울수록 양의 상관관계, -1에 가까울수록 음의 상관관계, 0에 가까울수록 상관관계가 없음을 의미합니다. 따라서, 상관계수를 통해 'Weight'가 'BMI'에 영향을 미치는 정도를 수치적으로 확인할 수 있습니다.

### 데이터 전처리하기

[Datasets] 위젯으로 가져온 데이터를 모델 학습에 사용하기 위해서는 [Select Columns] 위젯으로 필요한 속성의 데이터만 선택합니다.

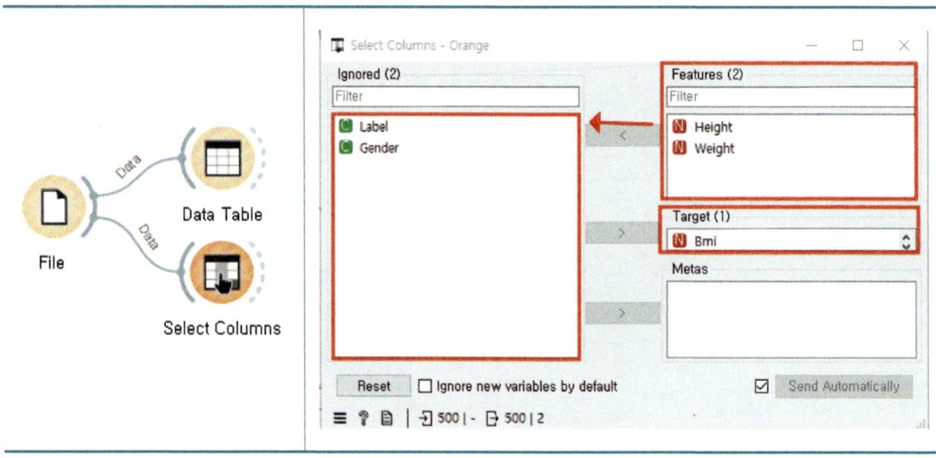


〈표 7-5〉 [Scatter Plot] 위젯 설정

| | |
|---|---|
| Features | 독립변수(Height, Weight) |
| Target | 종속변수(Bmi) |
| Ignored | 사용되지 않는 무시되는 데이터 |
| Metas | 분석시는 사용되지 않지만 보여져야할 데이터 |

이때 독립변수인 원인(x)인 Height와 Weight를 Feature로 설정하고 종속변수인 결과(y)인 Bmi를 Target으로 설정합니다. 즉 Feature로 설정된 데이터가 원인이 되어 Target인 결과를 예측합니다. 만약 참고만 하고 분석 시 사용되지 않지만 보여져야 할 데이터는 'Meta'로 설정하고, 무시되는 데이터는 'Ignored'로 이동하여 설정합니다.

## 2.3 모델 선택과 학습

### 학습데이터와 테스트데이터 나누기

[Data Sampler] 위젯을 사용하여 학습(Train)데이터와 테스트(Test)데이터로 나누어 진행합니다. 이는 전체 데이터 중 70%는 학습데이터, 30%는 테스트데이터로 사용합니다.

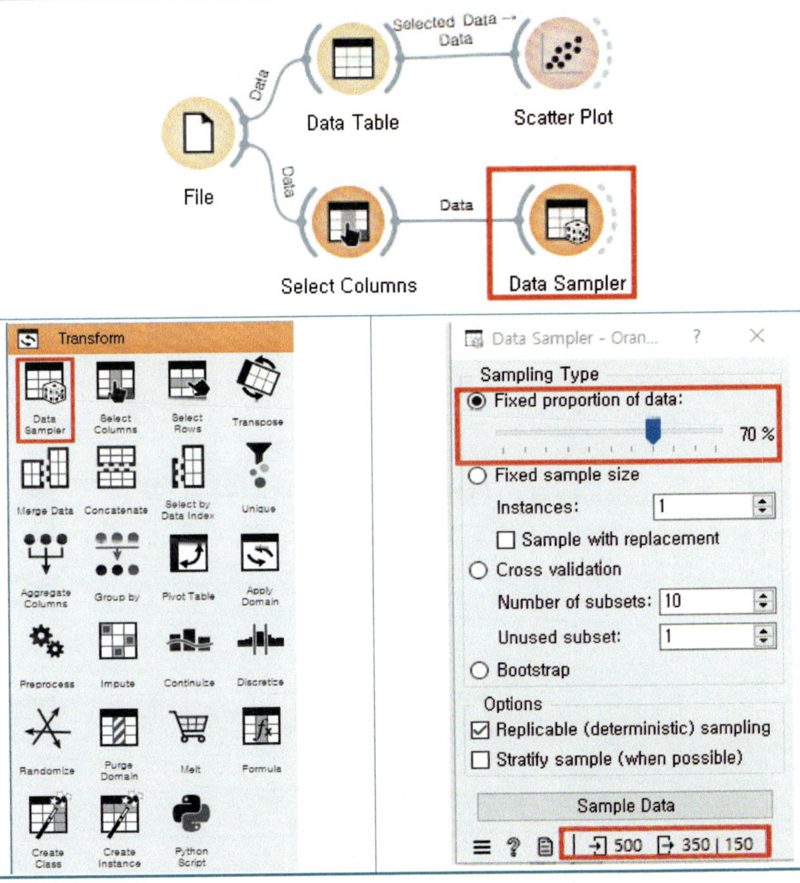


[Sampler Data] 위젯 설정에서는 Sampling Type의 'Fixed proportion of data' 학습데이터를 70%, 테스트 데이터 30%로 설정합니다. 'Sample Data'를 클릭하면 오른쪽 하단에 총 500개의 데이터가 입력되었고 그중에서 학습데이터가 70%(350개), 테스트 데이터가 30%(150개)로 나누어진 것을 확인할 수 있습니다.

## 학습데이터와 테스트데이터 분리하기

〈표 7-6〉 [Data Sampler] 설정

| 학습데이터 | Data Sample과 Data 연결 선택 |
|---|---|
| 테스트데이터 | Remaining Data와 Data 연결 선택 |

[Data Table] 위젯을 사용하여 학습데이터와 테스트데이터를 각각 연결합니다. 학습데이터와 테스트 데이터의 위젯 연결선을 더블클릭하여 아래와 같이 확인합니다. 학습데이터 70%와 테스트 데이터 30%로 각각 분리되어 나타나는 것을 확인할 수 있습니다. [Data Sampler] 위젯 설정은 다음과 같습니다.

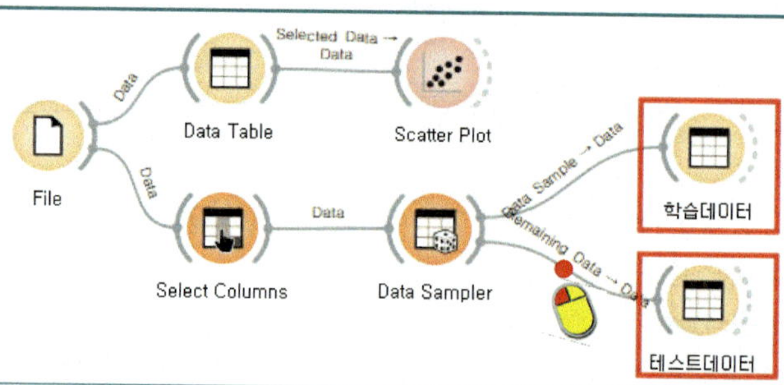


<table>
<tr><td>① 학습데이터 : Data Sample과 Data 연결 선택</td><td>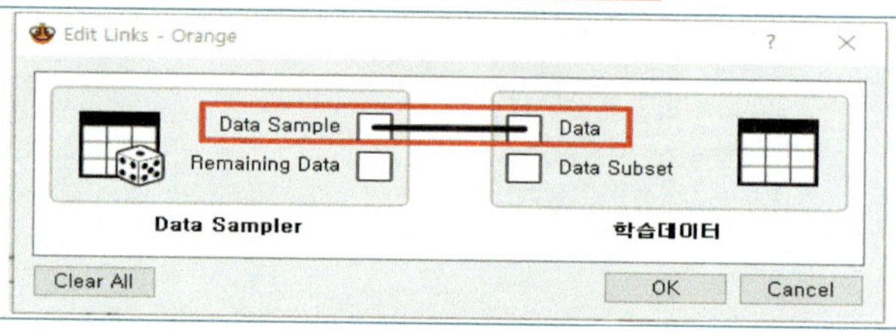
</td></tr>
<tr><td>② 테스트데이터 : Remaining Data와 Data 연결 선택</td><td>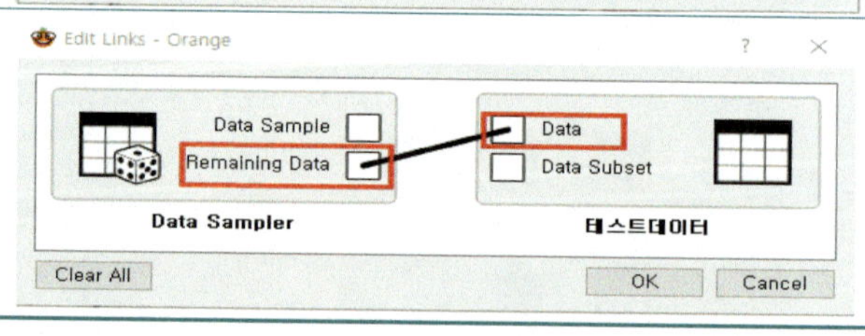
</td></tr>
</table>

## 모델 학습 시키기

[Model] 카테고리에 [Linear Regression] 위젯을 학습데이터와 연결하여 데이터를 학습합니다.

[Model] 카테고리의 [Linear Regression] 위젯을 가져와서 학습데이터와 연결합니다.

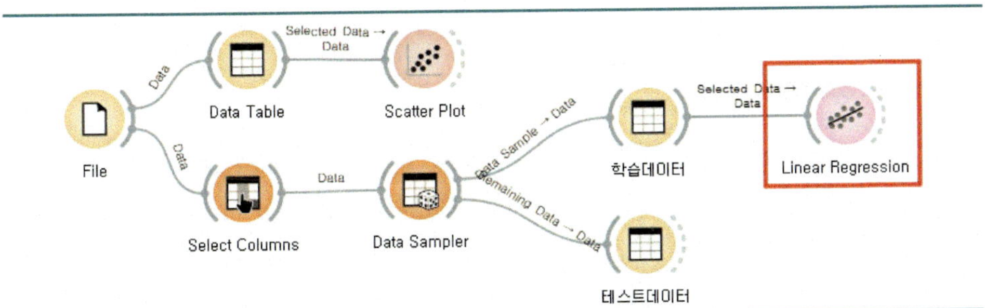


기계학습에서는 학습의 정도에 따라 모델의 성능이 달라질 수 있습니다. 정규화(Regulatization)는 머신러닝 모델의 일반화 성능을 높이기 위한 기법으로 모델이 과도하게 학습 데이터에 맞춰지는 것을 방지하여 새로운 데이터에 대한 예측 성능을 향상시킬 수 있습니다. 서로 다른 변수의 범위를 일괄적으로 맞추는(0 ~ 1사이) 방식입니다. 예를 들어 모델이 학습 데이터에 지나치게 맞춰져 새로운 데이터에 대한 일반화 성능이 낮아지는 문제, 과적합(Overfitting)이 일어납니다. 이를 해결하기 위해 정규화 방법을 사용합니다. 통계학에서 변수가 많아지면 과적합이라는 문제가 발생하기 때문입니다. [Linear Regression]을 더블클릭하여 설정을 확인합니다. 아래 설정은 과적합을 정규화 하는 3가지 방법입니다.

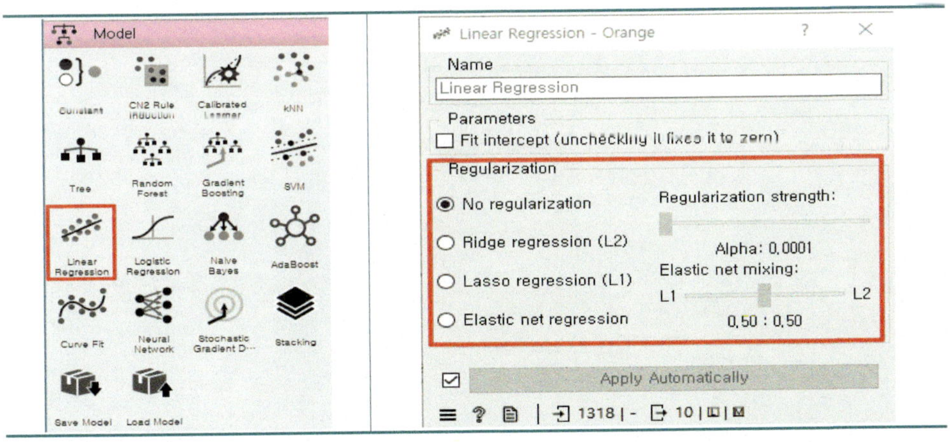


〈표 7-7〉 Regularization 설정

| | |
|---|---|
| Ridge regression(L2) | 각 계수의 제곱을 더하는 방식을 사용하여 과적합을 방지 |
| Lasso regression(L1) | 각 계수의 절댓값을 더하는 방식 |
| Elastic net regression | L2와 L1 방식을 절충하여 정규화를 결합한 방식 |

## 2.4 모델 성능 확인하기

### 학습 결과 확인하기

학습데이터를 불러와 선형 회귀모델을 만든 후 학습을 완료하였습니다. 이때 만들어진 선형 회귀 모델이 얼마나 정확하게 예측하는지 확인해 봅니다. [Predictions] 위젯을 더블 클릭하면 아래와 같은 결과창이 나타나 검증 결과를 확인할 수 있습니다. 결과창의 첫 번째 열은 Linear Regression열은 모델이 예측한 값을 나타내고, 회색 바탕의 두번째 Bmi열은 테스트 데이터의 실제 값을 나타낸 값입니다. 전체적으로 실제값과 예측한 값이 조금 차이는 있지만 유사한 것을볼 수 있습니다.

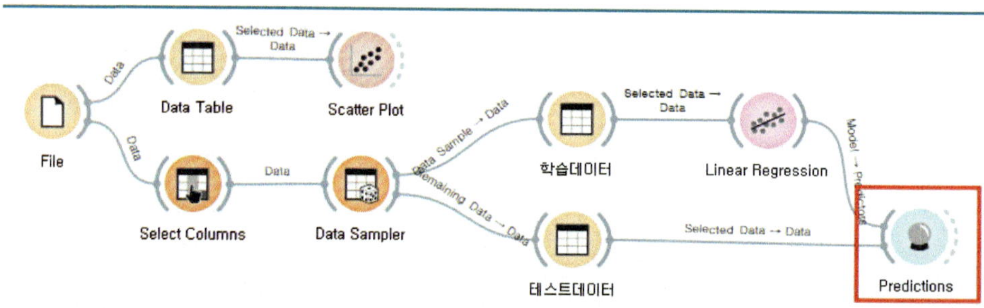


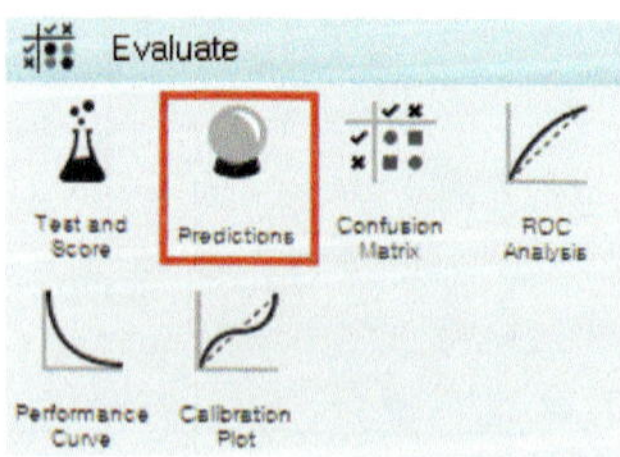


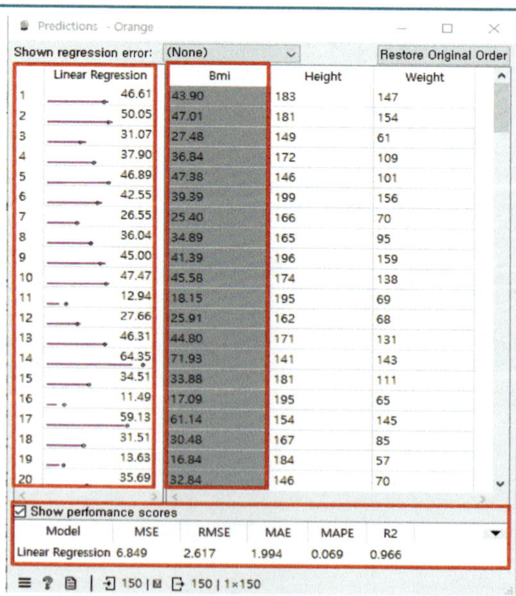

## 인공지능 모델 확인하기

BMI를 예측하는 인공지능 모델을 완성하였습니다. 어느 정도의 정확도로 예측하였는지 예측 모델의 성능을 평가하는 4개의 평가 지표[참고 7-1]를 살펴봅니다.

위 그림의 하단에 나타난 여러 지표를 살펴보면 MSE(6.84), RMSE(2.61), MAE(1.994)는 0에 가까울수록 정확도가 높습니다. $R^2$(결정계수)는 Target들의 분산을 사용하여 정규화된 값이기 때문에 다양한 데이터들에 대한 결과를 직접 비교하는 경우 유용하며 1에 가까울수록 정확도가 높다고 할 수 있습니다. 즉 목적에 따라 다르긴 하지만 BMI를 예측하는 선형회귀모델은 96.6%의 설명력을 가지며 비교적 우수한 성능이라고 볼 수 있습니다. 또한, MAE(평균 절대 오차) 값이 1.994라는 것은 평균적으로 예측값과 실제값의 차이가 1.994 정도임을 의미합니다.

## 전체 워크 플로우

**BMI 워크 플로우**

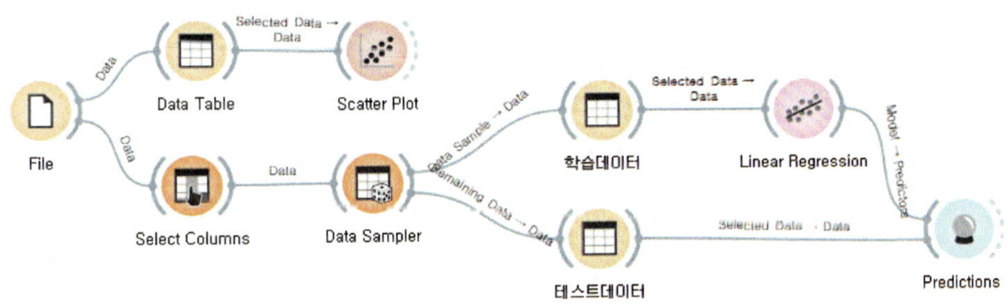

## 참고 7-1 예측(회귀)모델 평가 지표

[Predictions] 위젯에서는 MSE, RMSE, MAE, $R^2$의 4개의 평가 지표를 사용하여 모델을 평가합니다. 4가지 지표는 예측모델을 평가하는 데 널리 사용되므로 지표를 알아두고 결과를 직접 비교하면 유용합니다.

### 평가 지표

〈표 7-8〉 회귀모델 평가 지표

| 평가지표 | 특징 | 식 |
|---|---|---|
| MSE<br>(Mean Square Error)<br>**평균 제곱오차** | • 각 데이터에서 발생한 오차(예측값과 실제값 간의 차이)의 제곱한 후 평균을 측정<br>• 0에 가까울수록 예측값과 실제값의 차이가 없으므로 우수 | $MSE = \frac{1}{n}\sum_{i=1}^{n}(y_i - \hat{y}_i)^2$<br>※ (실제값 - 예측값)$^2$/크기 |
| RMSE<br>(Root Mean Squared Error)<br>**평균 제곱근 오차** | • 숫자 집합의 제곱의 산술 평균의 제곱근<br>• 0에 가까울수록 성능이 우수 | $RMSE = \sqrt{\frac{1}{n}\sum_{i=1}^{n}(y_i - \hat{y}_i)^2}$<br>※ sqrt{(실제값 - 예측값)$^2$/크기} |
| MAE<br>(Mean Absolute Error)<br>**평균 절대 오차** | • 각 데이터에서 발생한 오차 절대값의 평균<br>• 0에 가까울수록 성능이 우수 | $MAE = \frac{1}{n}\sum_{i=1}^{n} \mid H(x_i) - y_i \mid$<br>※ abs\|(실제값 - 예측값)\|/크기 |
| $R^2$<br>(R Squared,<br>$R^2$ **결정계수**) | • 독립변수로부터 예측 가능한 종속변수의 분산 비율로 해석<br>• 1에 가까울수록 예측 정확도가 높음 | $R^2 = 1 - \frac{\sum_{i=1}^{n}(y_i-\hat{y}_i)^2}{\sum_{i=1}^{n}(y_i-\bar{y}_i)^2}$<br>※ 예측값 Variance /실제값 Variance |

### 평가 지표 해석방법

MSE, RMSE, MAE는 오차의 크기를 나타내므로 0에 가까울수록 정확도가 높고 $R^2$는 1에 가까울수록 정확도가 높고 성능이 우수하다고 할 수 있습니다.

가장 간편한 지표는 MAE(평균 절대 오차)이다. $R^2$는 타겟값들의 분산을 사용하여 정규환 된 값이기 때문에 여러 데이터들의 결과를 직접 비교할 경우 유용합니다.

# 3 주택가격 예측하기

## 3.1 주택가격을 예측해보자

지도학습의 회귀를 이용하여 주택가격을 예측해 봅시다. 보스턴 주택가격 데이터 셋은 1970년대 보스톤 지역의 주택 정보입니다. 조금 오래되긴 했지만, 인공지능 알고리즘을 테스트하기 위해 많이 활용되고 있는 데이터셋입니다. 데이터는 범죄율, 강 인근 여부, 방의 개수, 학생/교사 비율 등 12개의 특징으로 구성되어 있으며 보스턴 시내 지역에 대해 각 특징의 값들이 기록되어 있습니다. 이러한 특징들로 주택가격을 예측해 봅시다.

## 3.2 데이터 준비

### 데이터 불러오기

Orange3의 Data 카테고리에서 [File] 위젯을 캔버스로 가져와서 더블클릭합니다. Ch07\Housing.xls 파일을 불러오기 합니다.

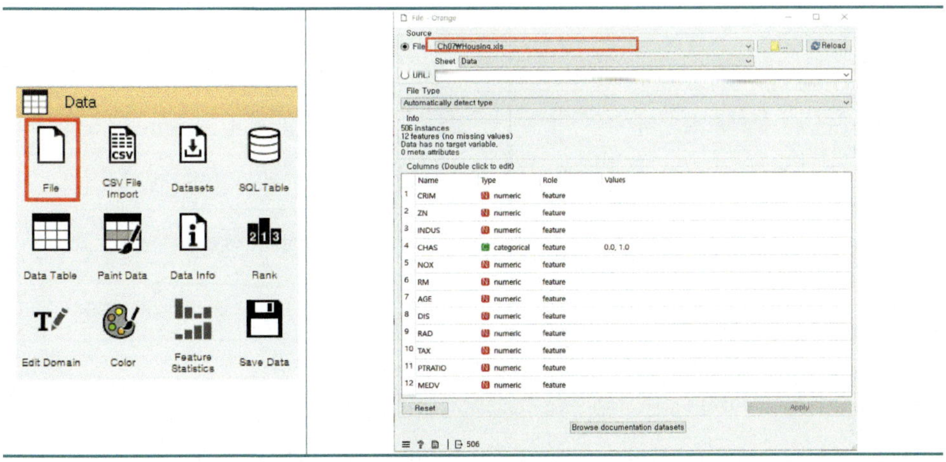


[Data Table] 위젯을 더블클릭하면 각각 12개의 속성으로 구성된, 506개 데이터를 확인할 수 있습니다.

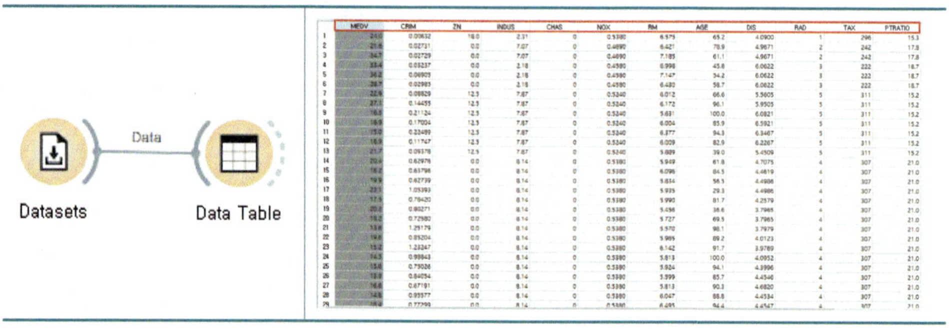


### 데이터 속성 정보 확인하기

데이터의 속성을 파악하기 위해 위젯을 활용하여 데이터를 종합적으로 살펴보고, 아래 데이터 속성 정보를 바탕으로 보스턴 주택 정보 데이터를 시각화하면 데이터의 내용과 구조를 잘 파악할 수 있습니다. 그러기 위해서 주택가격의 속성명과 속성 정보를 확인합니다.

〈표 7-9〉 주택가격 속성 정보

| 속성명 | 속성 정보 | 속성명 | 속성 정보 |
|---|---|---|---|
| MEDV | 해당 지역의 주택가격<br>(중앙값, $10000)) | RM | 주거당 평균 방의 개수 |
| CRIM | 마을 별 1인당 범죄율 | AGE | 1940년 이전에 지어진 주택비율 |
| ZN | 주거용 토지의 비율 | DIS | 보스턴 고용 센터 5곳 까지의 가중 거리 |
| INDUS | 도시당 비 소매사업 토지 비율 | RAD | 고속도로 접근성 지수 |
| CHAS | 찰스강 인근 여부<br>(강 경계라면=1, 그렇지 않으면 0) | TAX | $10,000당 전체 가치 재산 세율 |
| NOX | 산화질소 농도(1000 만분 율) | PRTATIO | 도시별 학생 및 교사 비율 |

### 데이터 시각화하기

데이터를 분석하기 위해서는 데이터에 대한 기초적인 정보를 먼저 파악해야합니다. 그러기 위해서 도표, 그래프, 지도와 같은 시각화 도구를 활용하면 데이터 간의 관계를 쉽고 효과적으로 파악하고, 숨겨진 패턴이나 구조를 발견할 수 있습니다.

(1) [Correlations] 위젯을 연결하여 집값과 상관관계 확인하기

[Visualize] 카테고리의 [Correlations] 위젯을 이용하여 각 특징과 상관관계를 파악해 봅니다.

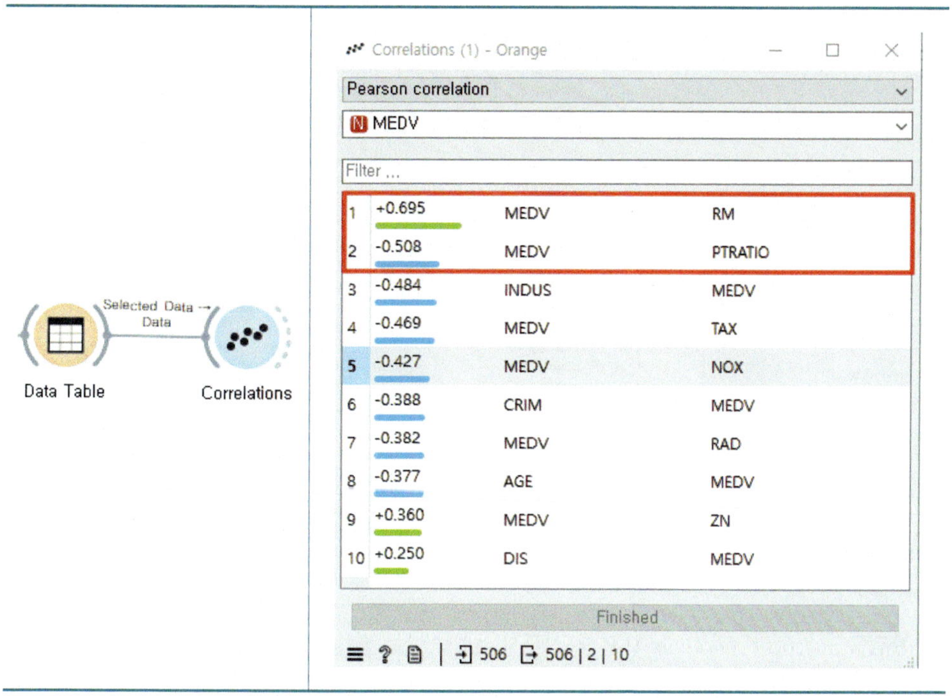


상관계수는 절대값이 1에 가까울수록 특징 간의 상관관계를 가진다고 할 수 있습니다. 가까울수록 특징 간의 관계가 밀접하므로 RM(방의 개수)가 집값에 큰 영향을 미치는 것을 알 수 있습니다. 방의 개수가 많을수록, PTRATIO(학생 및 교사 비율)이 낮을수록 주택의 가격이 높습니다. 높은 상관관계를 가진 특징들은 중복 정보를 제공하고 다중공선성 문제가 발생합니다[참고 7-2].

또한 연관이 있는 특징들은 어떤 것이 원인이고 결과인지 이 자료 만으로는 알 수가 없습니다. 상관계수의 의미는 [Scatter Plot] 위젯을 사용하면 더 직관적으로 알 수 있습니다.

(2) [Scatter Plot] 위젯을 연결하여 산점도로 시각화하기

[Visualize] 카테고리의 [Scatter Plot] 위젯을 이용하여 산점도를 확인합니다.

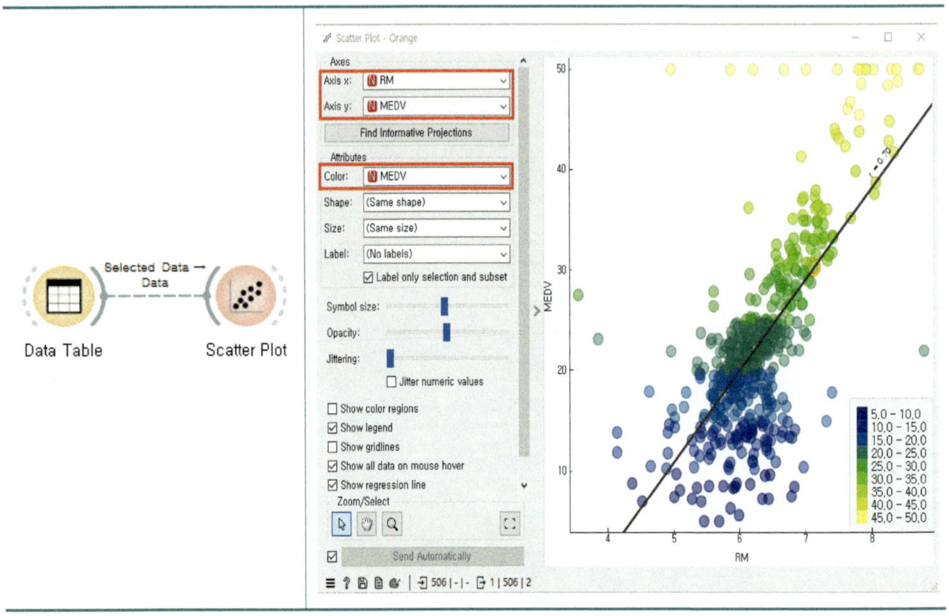


[그림 7-2] 방의 개수 비율 r= 0.70

산점도는 x축과 y축으로 설정하고 두 값이 만나는 곳을 점으로 나타내어 데이터를 직관적으로 볼 수 있습니다. 위와 같이 y축을 'MEDV'로 정하고, x축을 'RM(방갯수)'로 정하여 각 속성에 따른 'MEDV(주택가격)'과의 상관관계를 확인할 수 있습니다.

## 참고 7-2 다중공선성(多重共線性, Multicollinearity) 문제

다중공선성 문제는 통계학의 회귀분석에서 독립변수들 간에 강한 상관관계가 나타나는 문제이다. 독립변수들간에 정확한 선형관계가 존재하는 완전공선성의 경우와 독립변수들간에 높은 선형관계가 존재하는 다중공선성으로 구분하기도 한다. 이는 회귀분석의 전제 가정을 위배하는 것이므로 적절한 회귀분석을 위해 해결해야 하는 문제가 된다.

### 다중공선성 식별 방법

1. **높은 상관계수:** 두 예측 변수 간의 상관계수가 높을 경우(1 또는 -1에 가까운 경우), 다중공선성을 의심할 수 있다.
2. **분산 팽창 요인**(VIF): VIF는 예측 변수들이 서로 상관되어 있을 때 추정된 회귀계수의 분산이 얼마나 증가하는지를 측정합니다. 일반적으로 VIF 값이 10을 초과하면 다중공선성이 있다고 본다.
3. **조건 지수**(Condition Index): 조건 지수 값이 30을 초과하면 강한 다중공선성이 존재한다고 판단한다.

### 다중공선성 식별 방법

1. 상관관계가 높은 독립변수중 하나 혹은 일부를 제거한다.
2. 변수를 변형시키거나 새로운 관측치를 이용한다.
3. 자료를 수집하는 현장의 상황을 보아 상관관계의 이유를 파악하여 해결한다.
4. 주성분 분석(PCA, Principal Component Analysis)을 이용한 diagonal matrix의 형태로 공선성을 없애준다.

## 데이터 전처리하기

[Datasets] 위젯으로 가져온 데이터를 모델 학습에 사용하기 위해서는 [Select Columns] 위젯으로 필요한 속성의 데이터만 선택합니다.

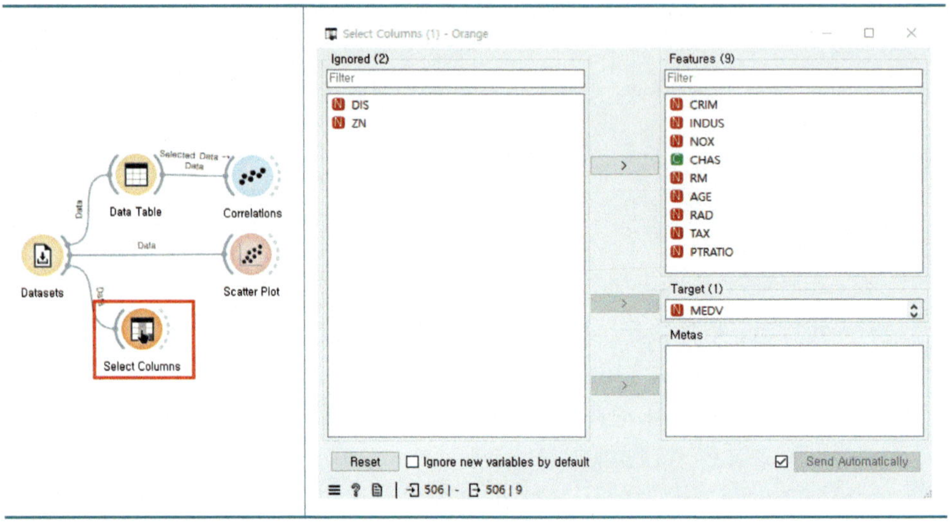

〈표 7-10〉 [Scatter Plot] 위젯 설정

| | |
|---|---|
| Features | CRIM, INOUS, NOX, RM, AGE, RAD, TAX, PTRATIO를 선택한다. |
| Target | MEDV를 선택한다. |
| Ignored | DIS, CHAS, ZN을 선택한다. |

## 3.3 모델 선택과 학습

### 학습데이터와 테스트데이터 나누기

[Data Sampler] 위젯을 사용하여 학습데이터와 테스트데이터로 나누어 진행합니다. 전체 데이터 중 70%는 학습데이터, 30%는 테스트데이터로 사용합니다. 아래 부분을 보면, 506개의 데이터가 입력되었고 그중에서 학습데이터가 70%(355개), 테스트데이터가 30%(151개)로 나누어진 것을 확인할 수 있습니다. [Data Sampler] 위젯 설정은 다음과 같습니다.

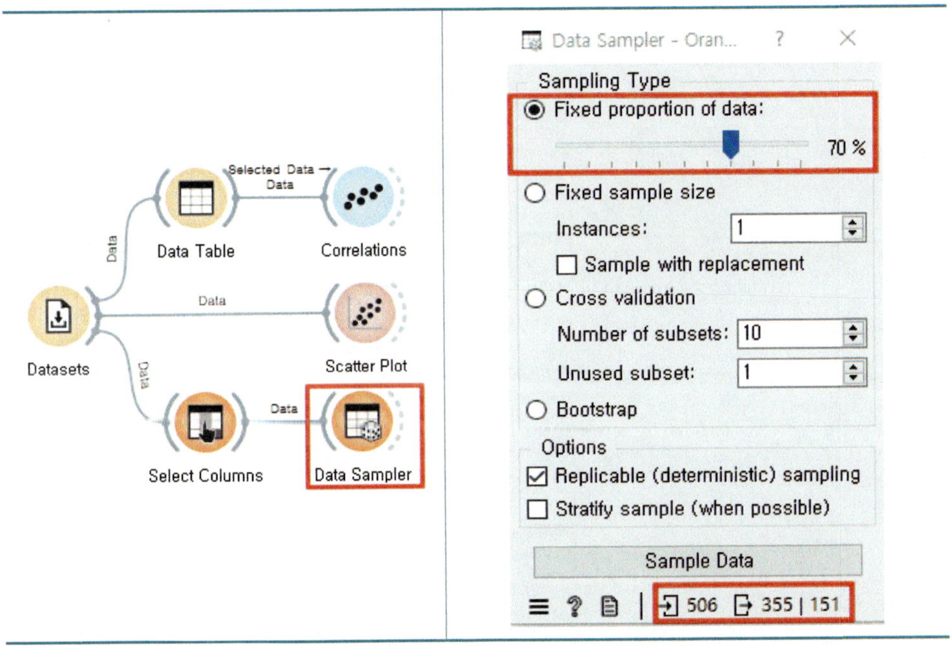


### 학습데이터와 테스트데이터 분리하기

[Data Table] 위젯을 사용하여 학습데이터와 테스트데이터를 각각 연결합니다. 학습데이터와 테스트데이터의 위젯 연결선을 더블클릭하여 아래와 같이 확인합니다. 학습데이터 70%와 테스트 데이터 30%로 각각 분리되어 나타나는 것을 확인할 수 있습니다.

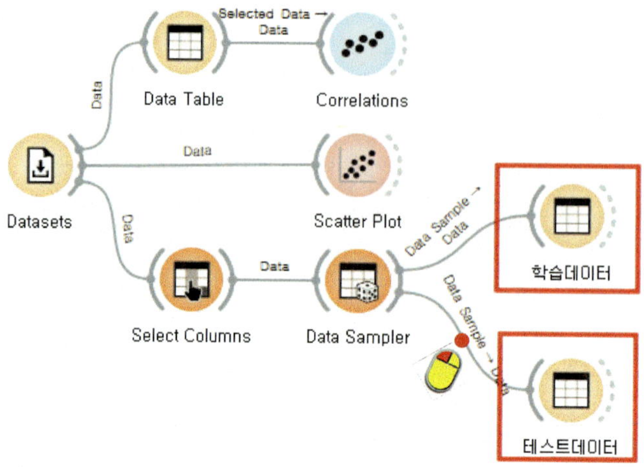


| | |
|---|---|
| ① 학습데이터 : Data Sample과 Data 연결 선택 | 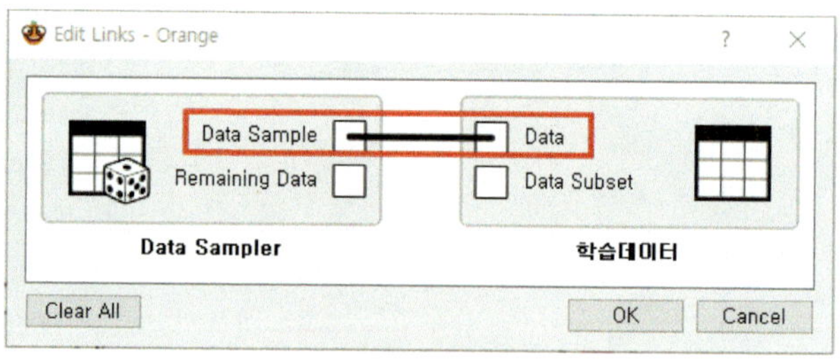 |
| ② 테스트데이터 : Remaining Data와 Data 연결 선택 | 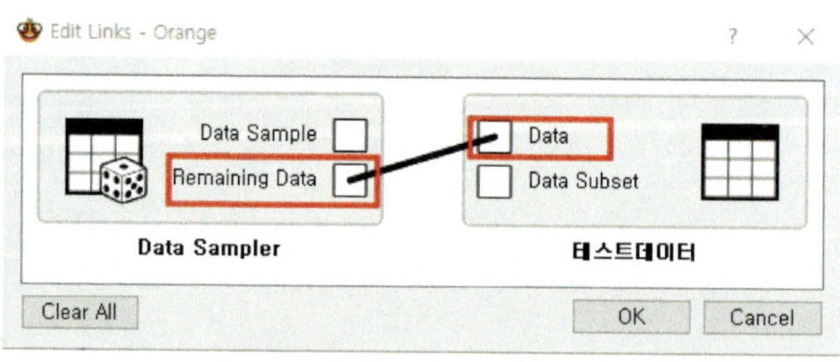 |

〈표 7-11〉 [Sampler Data] 위젯 설정

| | |
|---|---|
| 학습데이터 | Data Sample과 Data 연결 선택 |
| 테스트데이터 | Remaining Data와 Data 연결 선택 |

## 모델 학습 시키기

[Model] 카테고리에 [Linear Regression] 위젯을 학습데이터와 연결하여 데이터를 학습합니다.

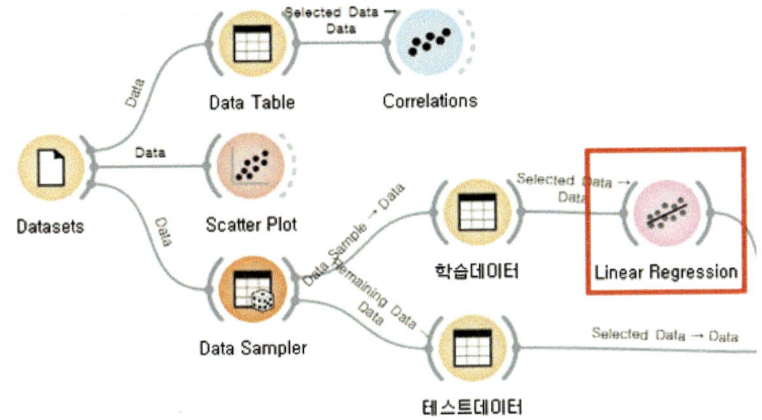


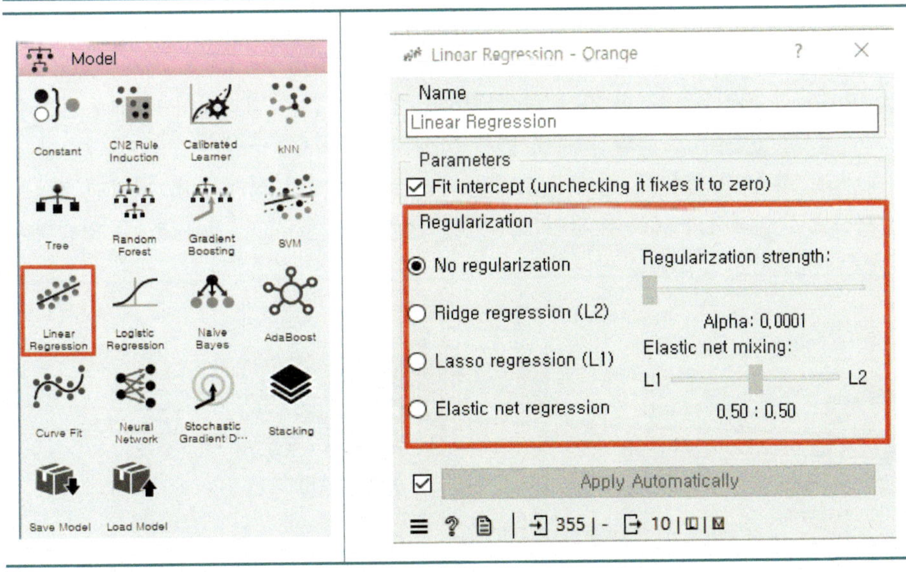


선형 회귀 모델은 과적합을 해결하기 위해 정규화(Regulatization) 방법을 사용하기도 합니다.

## 3.4 모델 성능 확인하기

### 학습 결과 확인하기

학습데이터를 불러와 선형 회귀모델을 만든 후 학습을 완료하였습니다. 이때 만들어진 선형 회귀 모델이 얼마나 정확하게 예측하는지 확인해 봅니다. [Predictions] 위젯을 테스트데이터와 연결합니다.

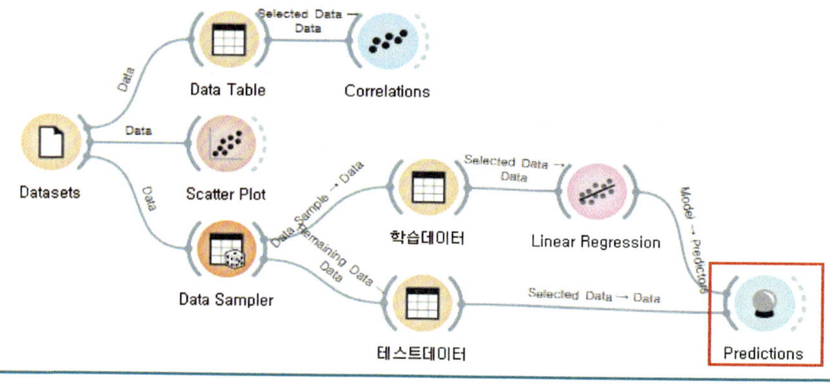


[Predictions] 위젯을 연결한 후 더블 클릭하면 아래와 같은 결과창이 나타나 검증 결과를 확인할 수 있습니다. 결과창의 첫 번째 Linear Regression열은 모델이 예측한 값을 나타내고, 회색 바탕의 세 번째 BMI열은 테스트 데이터의 실제 값을 나타낸 값입니다. 전체적으로 실제값과 예측한 값이 조금 차이는 있지만 유사한 것을 볼 수 있습니다.

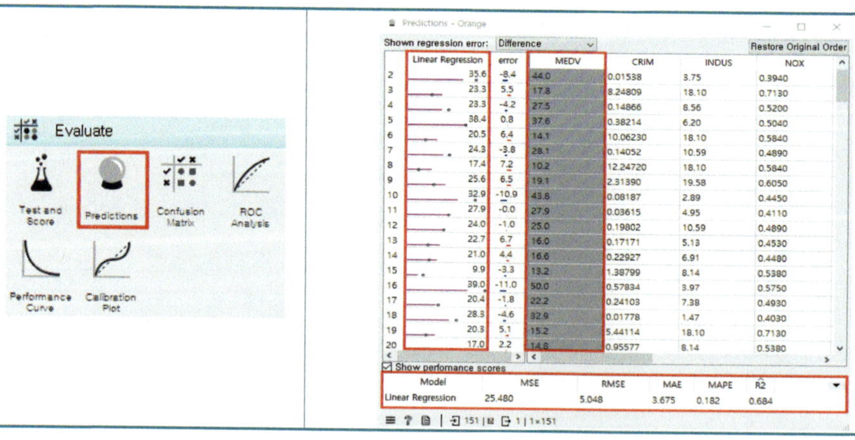

### 인공지능 모델 확인하기

집값을 예측하는 인공지능 모델을 완성하였습니다. 어느 정도의 정확도로 예측하였는지 예측 모델의 성능을 평가하는 4개의 평가 지표[참고 7-1]를 살펴봅니다. MSE, RMSE, MAE는 오차의 크기를 나타내는 지표로 정확할수록 0에 가깝고, $R^2$는 결과를 직접 비교하는 경우에 사용하며 1에 가까울수록 좋은 설명력이라고 할 수 있습니다.

위 그림의 하단에 나타난 여러 지표들 중에 가장 간편한 것은 MAE(평균 절대 오차)입니다. MAE 값이 3.675이므로 예측된 집값의 오차가 3.675라는 것을 알 수 있습니다. $R^2$(0.684)는 68.4%의 설명력을 가지고 예측하는 것을 확인할 수 있습니다.

## 3.5 모델 성능 비교하기

### kNN, SVM, Tree, Linear Regression 모델 학습하기

기계학습에서는 모델의 종류에 따라 성능이 달라질 수 있습니다. 따라서 여러 모델을 생성하고 비교할 필요가 있습니다. 다음은 지도학습에서 자주 사용되는 모델 몇가지를 살펴보고 성능을 비교해 봅니다. [Model] 카테고리의 [kNN], [SVM], [Tree], [Linear Regression] 위젯을 선택하여 학습데이터와 연결합니다.

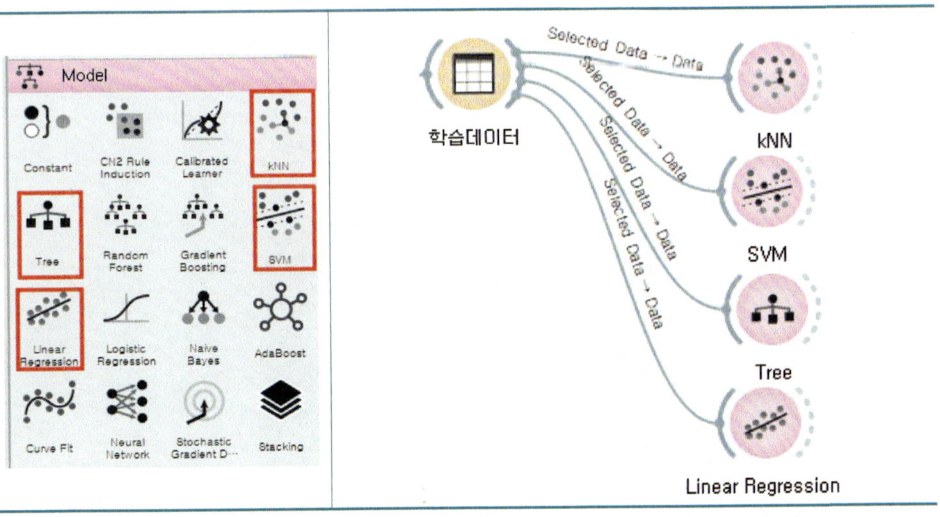

〈표 7-12〉 Model 위젯에서 자주 사용하는 모델의 특징

| 구분 | 특징 |
|---|---|
| kNN(k-최근접이웃) | 기능 공간에서 k개의 가장 가까운 교육 예제를 검색하고 평균을 예측으로 사용하는 kNN 알고리즘을 사용 |
| SVM(서포터 벡터 머신) | 데이터를 클래스 순도(범주에 대한 정보 획득, 숫자 대상 변수에 대한 MSE)별로 데이터를 노드로 분할하는 간단한 알고리즘 |
| Tree(트리) | 속성 공간을 초평면으로 분리하여 서로 다른 클래스 또는 클래스값의 인스턴스 사이의 여백을 최대화하는 알고리즘 |
| Linear Regression (선형 회귀) | 입력 데이터에서 선형 함수를 학습하는 학습자/예측자를 구성 |

### kNN, SVM, Tree, Linear Regression 모델 학습 결과 비교하기

[Evaluate] 카테고리의 [Test and Score] 위젯을 클릭하여 학습 모델과 연결합니다. 데이터에 대한 학습 알고리즘을 테스트할 때는 반드시 입력으로 학습데이터와 알고리즘이 연결되어야 합니다.

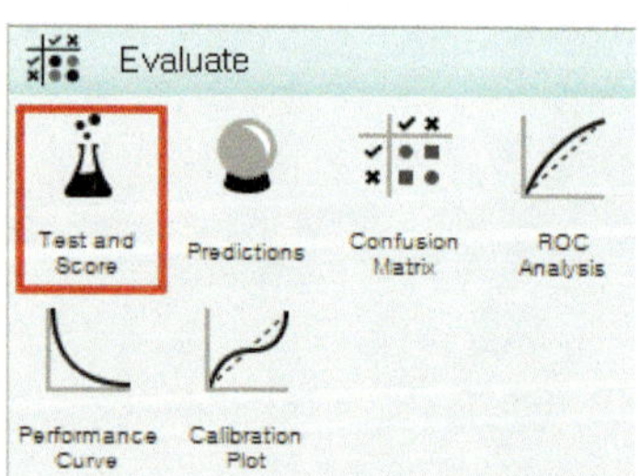


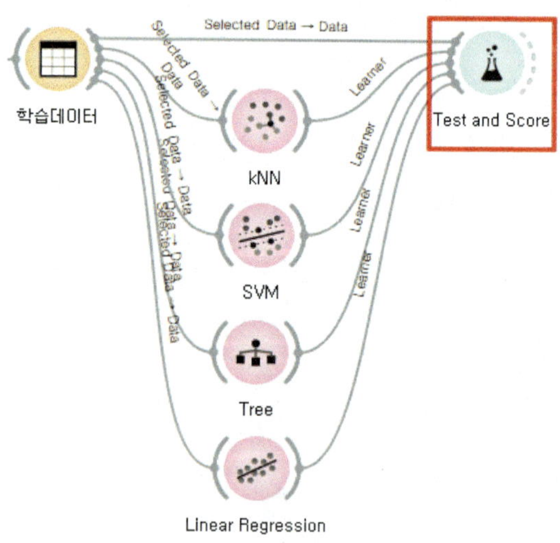


[Test and Score] 위젯을 더블클릭하면 결과창이 나타납니다.

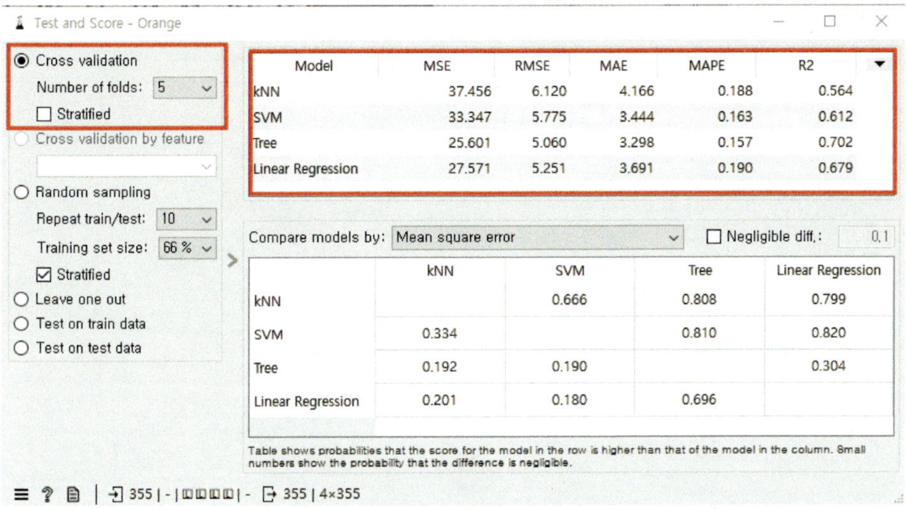


예측 결과의 수치가 무엇을 의미하는지 앞에서 학습한 7장[참고 7-1]을 살펴봅니다. 각 모델의 성능을 비교하기 위해 $R^2$값을 살펴보면 Tree(0.754)로 Tree가 70.2%의 가장 높은 설명력을 나타냅니다. 즉 $R^2$는 1에 가까울수록 성능이 우수하므로 Tree 모델이 성능이 가장 좋은 것으로 나타났습니다.

〈표 7-13〉 [Test and Score] 위젯 설정

| | |
|---|---|
| 교차 검증 (Cross validation) | • 교차검증은 테스트 데이터를 바꾸어 가면서 학습과 테스트를 반복하는 방법<br>• 모델 학습 과정에서 데이터가 수가 작으면 검증의 신뢰도가 떨어지는 문제가 발생할 수 있다. 이를 위해 train data와 test data를 나눌 때 k번 나누고, 각각의 학습 모델의 성능과 비교하여 검증을 모델의 학습 과정에서 **학습/데이터를 나누고** 각각의 학습 모델의 성능을 비교하여 평균값으로 성능을 표시<br>• train data로 학습하고 test data에 적용할 경우 모델이 학습 데이터에만 과도하게 최적화되어 실제 예측을 다른 데이터로 수행할 경우 예측 성능이 과도하게 떨어지는 **과적합(Overfitting)**이 발생 |
| Stratified | • 분류모델에서 target 데이터의 비율을 일정하게 유지하며 교차 검증을 진행<br>• 회귀모델에서 target 데이터가 연속된 숫자이므로 의미 없음 |

## kNN, SVM, Tree, Linear Regression 모델 학습 성능결과 비교하기

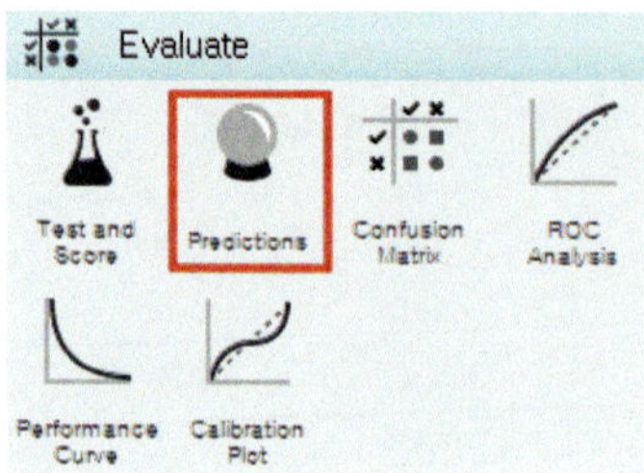


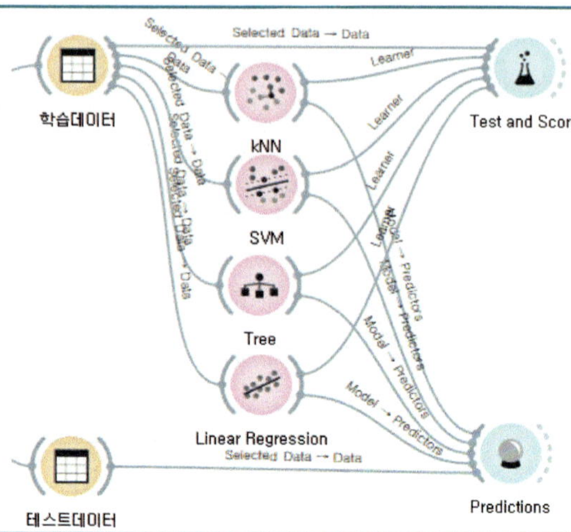


[Predicitions] 위젯을 사용하여 모델들이 얼마나 잘 예측하였는지 성능을 비교해 봅니다. 학습데이터를 모델 위젯과 연결하고 또한 테스트 데이터의 성능을 확인하기 위해서 모델의 출력을 [Predictions]과 연결합니다. [Predictions]를 더블클릭하여 결과창을 확인합니다.

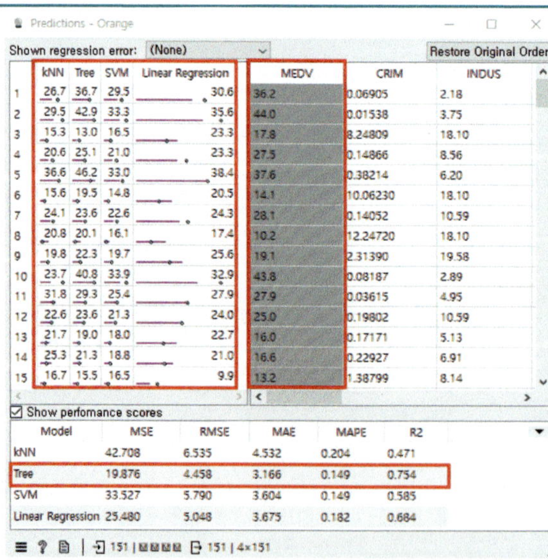

각 모델의 성능을 비교하기 위해 $R^2$값을 살펴보면 kNN(0.471), SVM(0.585), Tree (0.754), Linear Regression(0.684)로 Tree가 75.4%의 가장 높은 설명력을 나타냅니다. 즉 $R^2$는 1에 가까울수록 성능이 우수하므로 Tree 모델이 성능이 가장 좋은 것으로 나타났습니다.

## 전체 워크 플로우

**주택가격 예측 워크 플로우**

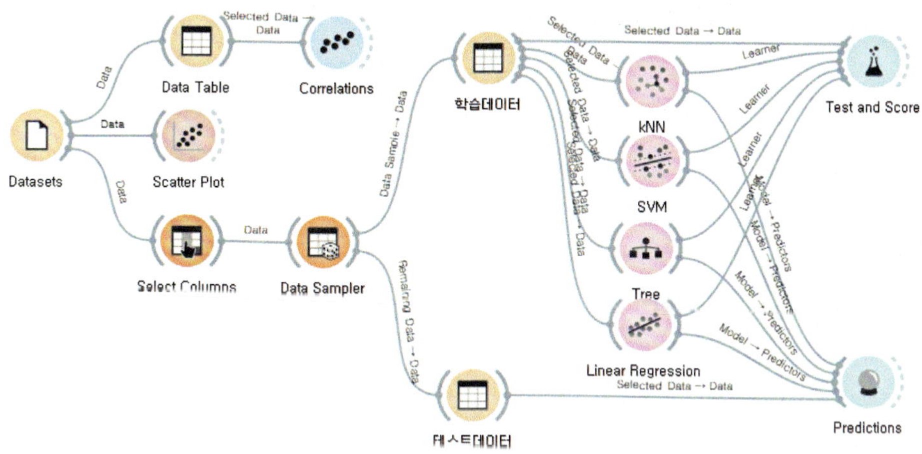

# 4 시험성적 예측하기

## 4.1 시험성적을 예측해보자

A 대학교 도서관에는 시험기간이 되면 학생들로 북적입니다. 시험기간에 도서관을 자주 찾는 학생들의 시험성적은 어떠한 상관관계가 있을까 궁금증이 생겼습니다. 데이터는 임의의 가공된 학생 시험점수 데이터를 바탕으로 지도학습의 회귀를 이용하여 시험대비 기간에 따른 시험점수를 예측해 봅시다. 데이터는 국어, 영어, 수학, 과학을 중심으로 총점과 평균, 시험대비기간 등 9개의 특징으로 구성되어 있으며 이러한 특징들로 시험점수의 총점을 예측해 봅니다.

## 4.2 데이터 준비

### 데이터 불러오기

Orange3의 Data 카테고리에서 [File] 위젯을 캔버스로 가져와서 더블클릭합니다. 이때 앞장에서 사용되었던 데이터셋 Ch07\student_example_data(중복데이터제거).csv 파일을 찾아 클릭합니다.

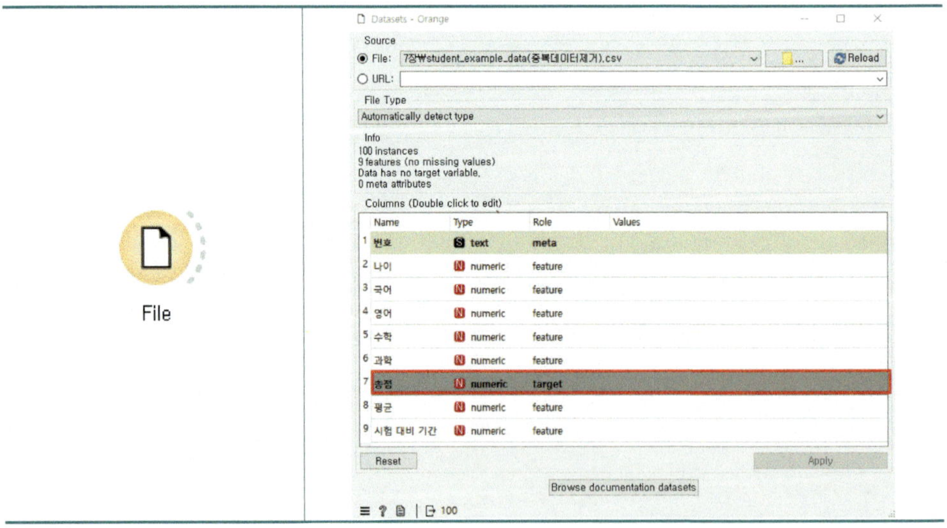

[Data Table] 위젯을 더블클릭하면 각각 9개의 속성으로 구성된, 100개 데이터를 확인할 수 있습니다.

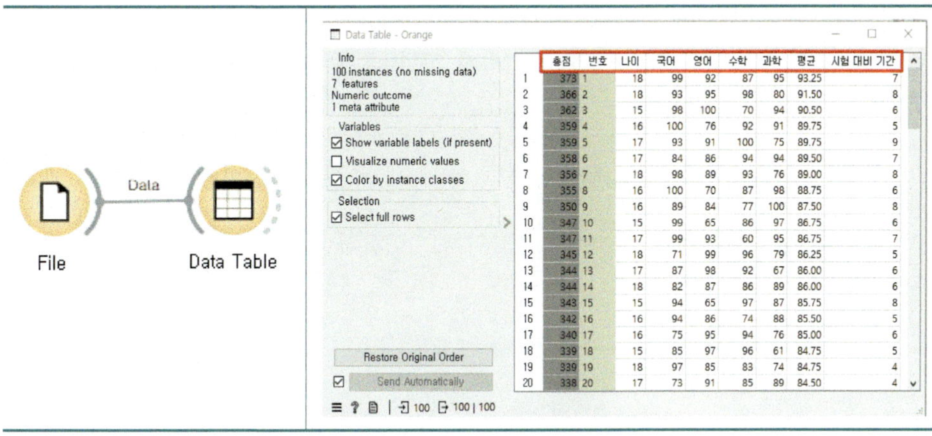


| | 총점 | 번호 | 나이 | 국어 | 영어 | 수학 | 과학 | 평균 | 시험 대비 기간 |
|---|---|---|---|---|---|---|---|---|---|
| 1 | 373 | 1 | 18 | 99 | 92 | 87 | 95 | 93.25 | 7 |
| 2 | 366 | 2 | 18 | 93 | 95 | 98 | 80 | 91.50 | 8 |
| 3 | 362 | 3 | 15 | 98 | 100 | 70 | 94 | 90.50 | 6 |
| 4 | 359 | 4 | 16 | 100 | 76 | 92 | 91 | 89.75 | 5 |
| 5 | 359 | 5 | 17 | 93 | 91 | 100 | 75 | 89.75 | 9 |
| 6 | 358 | 6 | 17 | 84 | 86 | 94 | 94 | 89.50 | 7 |
| 7 | 356 | 7 | 18 | 98 | 89 | 93 | 76 | 89.00 | 8 |
| 8 | 355 | 8 | 16 | 100 | 70 | 87 | 98 | 88.75 | 6 |
| 9 | 350 | 9 | 16 | 89 | 84 | 77 | 100 | 87.50 | 8 |
| 10 | 347 | 10 | 15 | 99 | 65 | 86 | 97 | 86.75 | 6 |
| 11 | 347 | 11 | 17 | 99 | 93 | 60 | 95 | 86.75 | 7 |
| 12 | 345 | 12 | 18 | 71 | 99 | 96 | 79 | 86.25 | 5 |
| 13 | 344 | 13 | 17 | 87 | 98 | 92 | 67 | 86.00 | 6 |
| 14 | 344 | 14 | 18 | 82 | 87 | 86 | 89 | 86.00 | 6 |
| 15 | 343 | 15 | 15 | 94 | 65 | 97 | 87 | 85.75 | 8 |
| 16 | 342 | 16 | 16 | 94 | 86 | 74 | 88 | 85.50 | 5 |
| 17 | 340 | 17 | 16 | 75 | 95 | 94 | 76 | 85.00 | 6 |
| 18 | 339 | 18 | 15 | 85 | 97 | 96 | 61 | 84.75 | 5 |
| 19 | 339 | 19 | 18 | 97 | 85 | 83 | 74 | 84.75 | 4 |
| 20 | 338 | 20 | 17 | 73 | 91 | 85 | 89 | 84.50 | 4 |

### 데이터 속성 정보 확인하기

데이터의 속성을 파악하기 위해 위젯을 통해 데이터를 종합적으로 살펴보고, 아래 데이터 속성 정보를 바탕으로 시험정보 데이터를 시각화하면 데이터의 내용과 구조를 잘 파악할 수 있습니다. 그러기 위해서 시험정보의 속성명과 속성 정보를 확인합니다.

〈표 7-14〉 시험성적 속성 정보

| 속성명 | 속성 정보 |
|---|---|
| 번호 | 학생 번호 |
| 나이 | 학생의 나이(15~18세) |
| 국어 | 국어 점수 |
| 영어 | 영어 점수 |
| 수학 | 수학 점수 |
| 과학 | 과학 점수 |
| 총점 | 국어+영어+수학+과학 |
| 평균 | (국어+영어+수학+과학)/4 |
| 시험 대비 기간 | 시험 대비 기간(0~9일) |

## 데이터 시각화하기

데이터를 분석하기 위해서는 데이터에 대한 기초적인 정보를 먼저 파악해야 합니다. 그러기 위해서 도표, 그래프, 지도와 같은 시각적인 요소들을 사용하여 쉽고 효과적으로 데이터 간의 관계를 이해하고 또 발견하지 못한 데이터의 구조나 패턴을 발견할 수 있습니다.

(1) [Correlations] 위젯을 연결하여 시험 대비 기간과 상관관계 확인하기

[Visualize] 카테고리의 [Correlations] 위젯을 이용하여 각 특징과 상관관계를 파악해 봅니다.

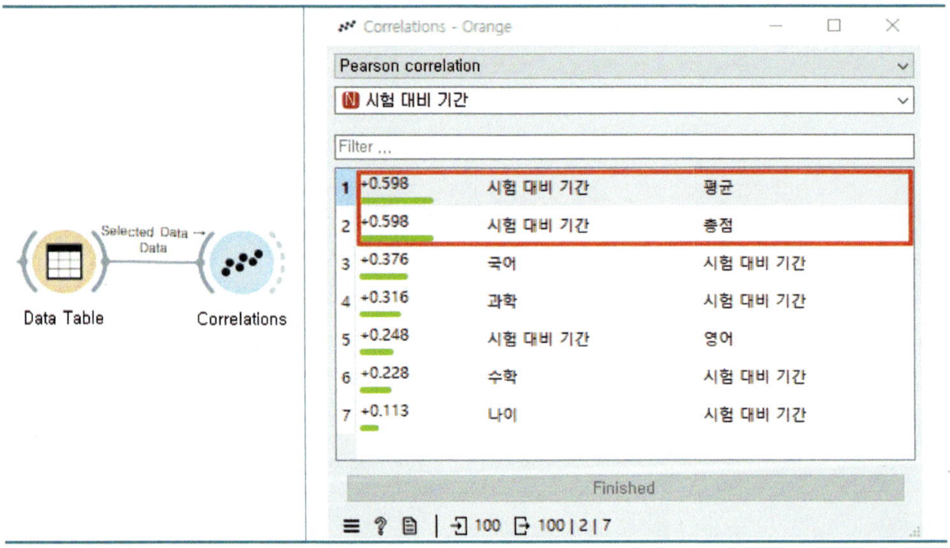


상관계수는 절대값이 1에 가까울수록 특징 간의 상관관계를 가진다고 할 수 있습니다. 가까울수록 특징 간의 관계가 밀접하므로 시험 대비 기간이 평균과 총점에 영향을 미치는 것을 알 수 있습니다.

(2) [Scatter Plot] 위젯을 연결하여 산점도로 시각화하기

[Visualize] 카테고리의 [Scatter Plot] 위젯을 이용하여 산점도를 확인합니다.

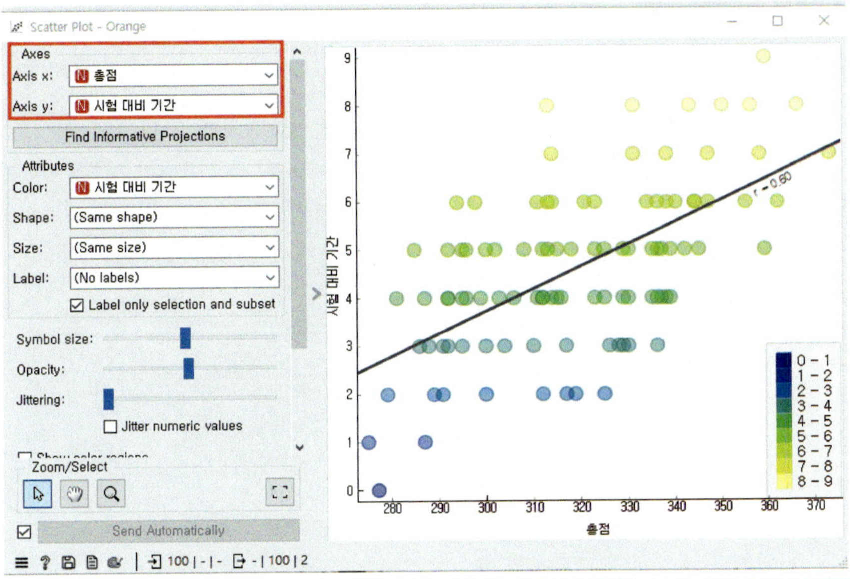

[그림 7-3] 시험 대비 기간에 따른 총점과의 상관관계

위와 같이 y축을 '시험 대비 시간'으로 정하고, x축을 '총점', '평균' 등의 값으로 변경하면서 각 속성에 따른 '상관관계'를 확인할 수 있습니다.

## 데이터 전처리하기

[Datasets] 위젯으로 가져온 데이터를 모델 학습에 사용하기 위해서는 [Select Columns] 위젯으로 필요한 속성의 데이터만 선택합니다. 이때 Target은 '총점'으로 합니다.

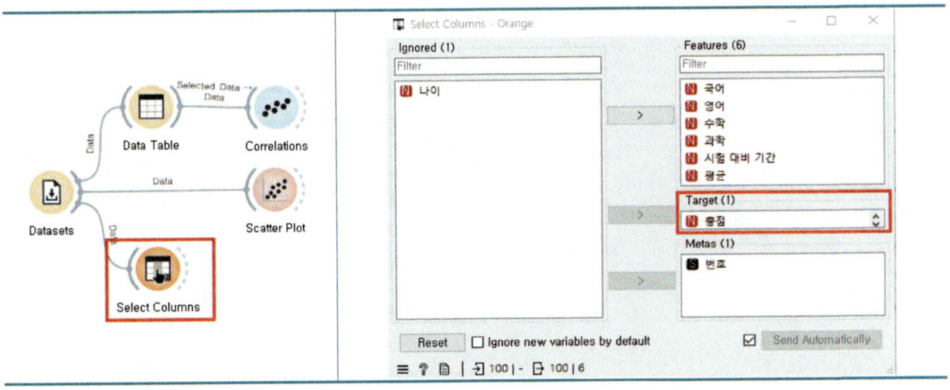

## 4.3 모델 선택과 학습

### 학습데이터와 테스트데이터 나누기

[Data Sampler] 위젯을 사용하여 학습데이터와 테스트데이터로 나누어 진행합니다. 전체 데이터 중 70%는 학습데이터, 30%는 테스트데이터로 사용합니다. 아래 부분을 보면, 506개의 데이터가 입력되었고 그중에서 학습데이터가 70%(355개), 테스트데이터가 30%(151개)로 나누어진 것을 확인할 수 있습니다. [Data Sampler] 위젯 설정은 다음과 같습니다.

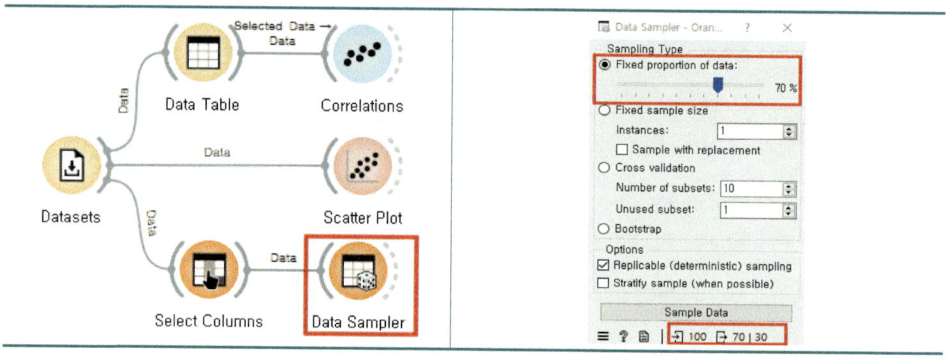


### 학습데이터와 테스트데이터 분리하기

[Data Table] 위젯을 사용하여 학습데이터와 테스트데이터를 각각 연결합니다. 학습데이터와 테스트데이터의 위젯 연결선을 더블클릭하여 아래와 같이 확인합니다. 학습데이터 70%와 테스트데이터 30%로 각각 분리되어 나타나는 것을 확인할 수 있습니다.

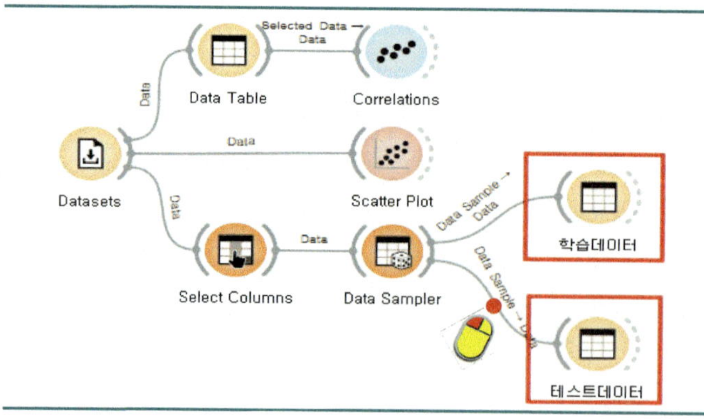


① 학습데이터 : Data Sample과 Data 연결 선택

② 테스트데이터 : Remaining Data와 Data 연결 선택

### 모델 학습 시키기

[Model] 카테고리에 [kNN], [SVM], [Random Forest], [Linear Regression], [AdaBoost] 위젯을 학습데이터와 연결하여 데이터를 학습합니다.

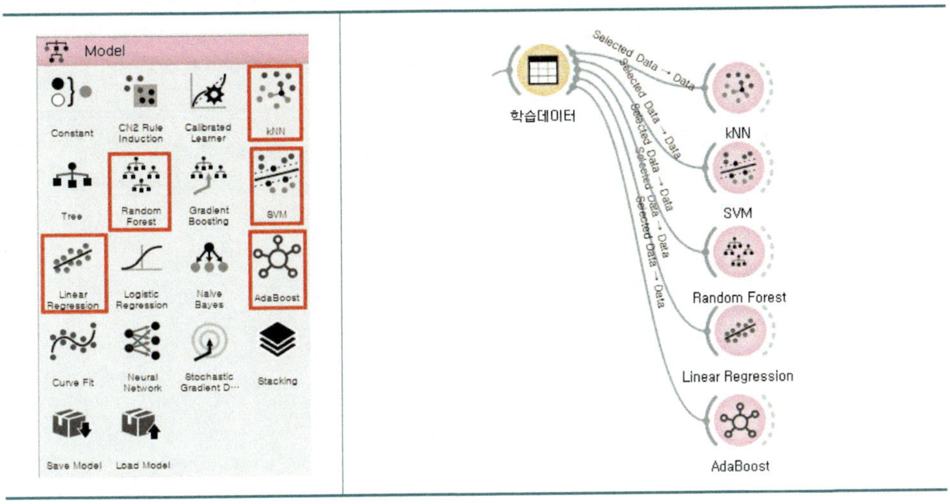

## 4.4 모델 성능 확인하기

### 학습 결과 확인하기

[Evaluate] 카테고리의 [Test and Score] 위젯을 클릭하여 학습 모델과 연결합니다. 데이터에 대한 학습 알고리즘을 테스트할 때는 반드시 입력으로 학습데이터와 알고리즘이 연결되어야 합니다.

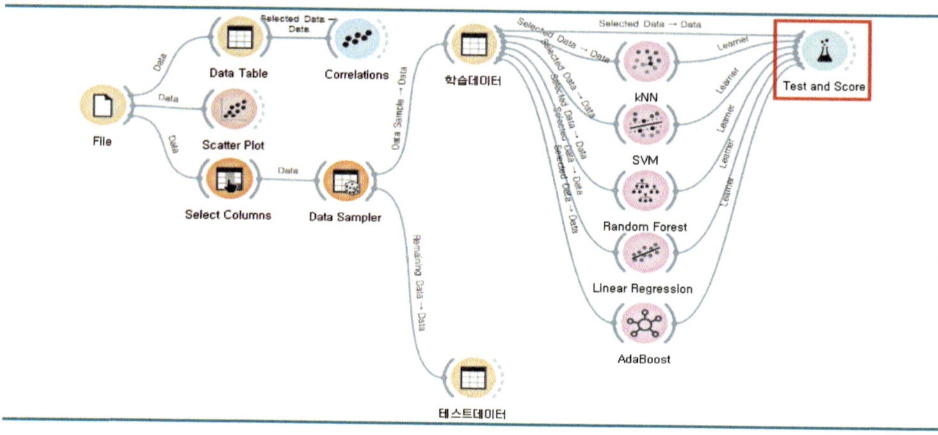


[Test and Score] 위젯을 더블클릭하면 결과창이 나타납니다.

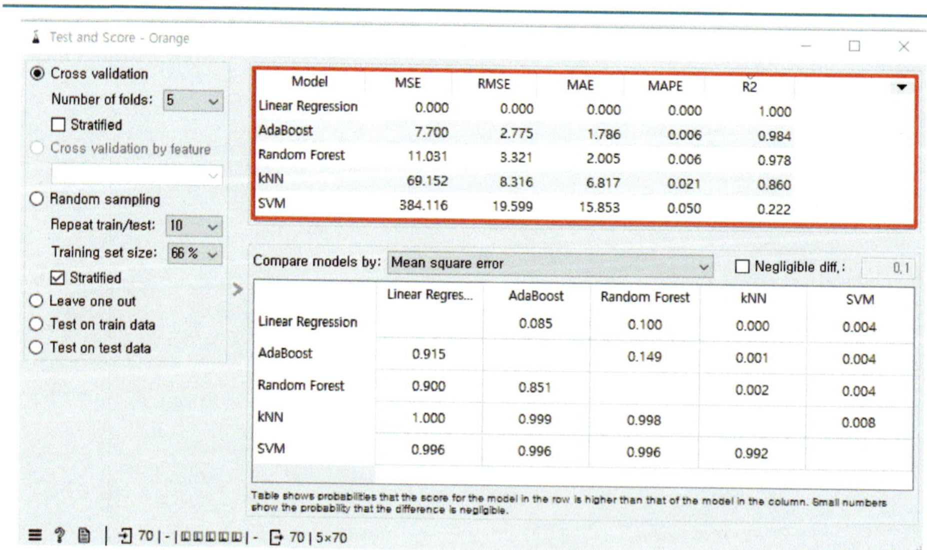

예측 결과의 수치가 무엇을 의미하는지 앞에서 학습한 [참고 7-1]을 살펴봅니다. 각 모델의 성능을 비교하기 위해 $R^2$값을 살펴보면 Regression(1.00)로 나타나 100%로 나타났으나 실제 데이터로는 100% 예측은 자주 나오는 결과는 아니라고 할 수 있습니다. 다음으로는 AdaBoost(0.984)로 98.4%의 높은 설명력을 나타냅니다. 즉 $R^2$는 1에 가까울수록 성능이 우수하므로 Linear Regression, AdaBoost, Random Forest, kNN, SVM 순으로 성능이 좋은 것으로 나타났습니다.

## 성능 결과 확인하기

학습데이터를 불러와 회귀모델을 만든 후 학습을 완료하였습니다. 이때 만들어진 회귀 모델이 얼마나 정확하게 예측하는지 [Predicitions] 위젯을 사용하여 성능을 비교해 봅니다. 테스트데이터 모델 위젯과 연결하고 또한 테스트 데이터의 성능을 확인하기 위해서 모델의 출력을 [Predictions]과 연결합니다.

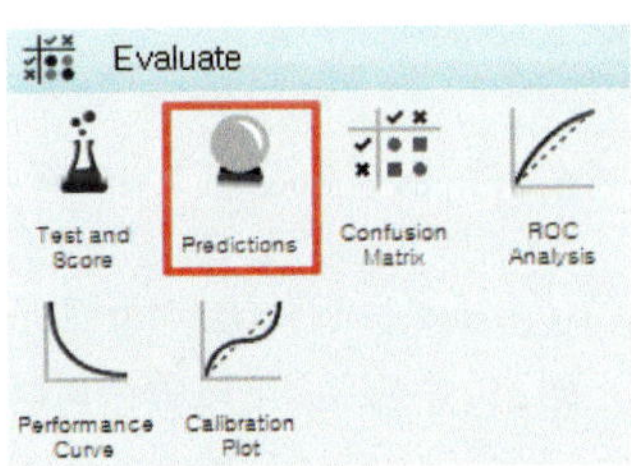


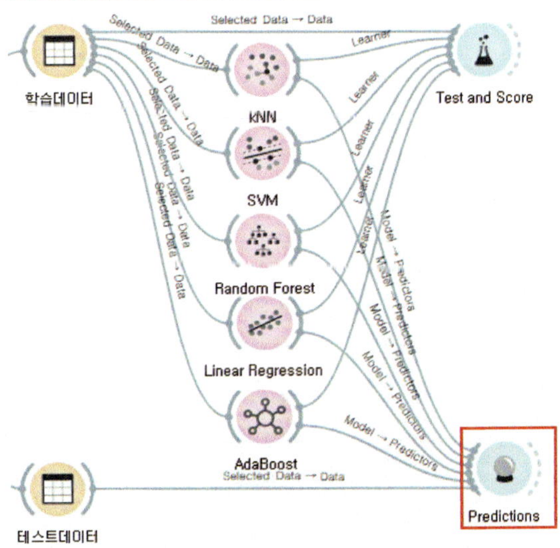


[Predictions] 위젯을 더블클릭하면 아래와 같은 결과창이 나타나 검증 결과를 확인할 수 있습니다. 결과창의 1~5번째 열은 모델이 예측한 값을 나타내고, 회색 바탕의 6번째 총점열은 테스트 데이터의 실제 값을 나타낸 값입니다. 전체적으로 실제값과 예측한 값이 조금 차이는 있지만 유사한 것을 볼 수 있습니다.

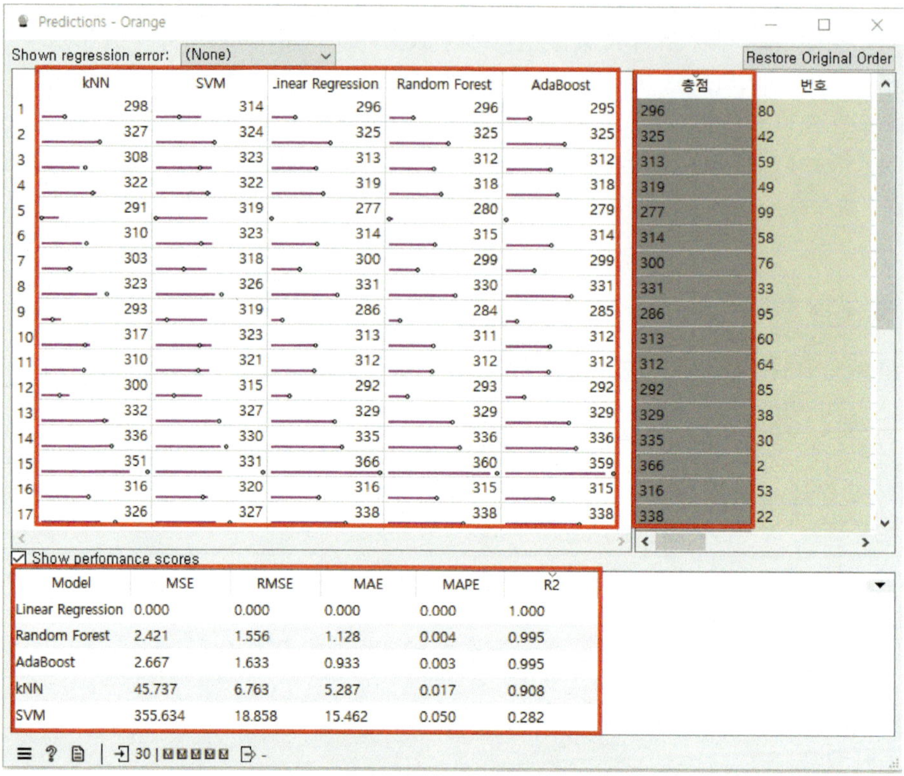


각 모델의 성능을 비교하기 위해 $R^2$값을 살펴보면 Linear Regression(1.00), Random Forest(0.995), AdaBoost(0.995), kNN(0.908), SVM(0.282) 순으로 나타났습니다. $R^2$는 1에 가까울수록 성능이 우수하므로 Linear Regression 이 100%의 설명력을 나타내는 Linear Regression이 가장 높은 설명력을 나타냅니다. 다음으로는 Random Forest와 AdaBoost가 99.5%의 설명을 나타내고 있습니다.

## 4.5 모델 저장하기

### 전체 워크 플로우

**시험점수 예측 워크 플로우**

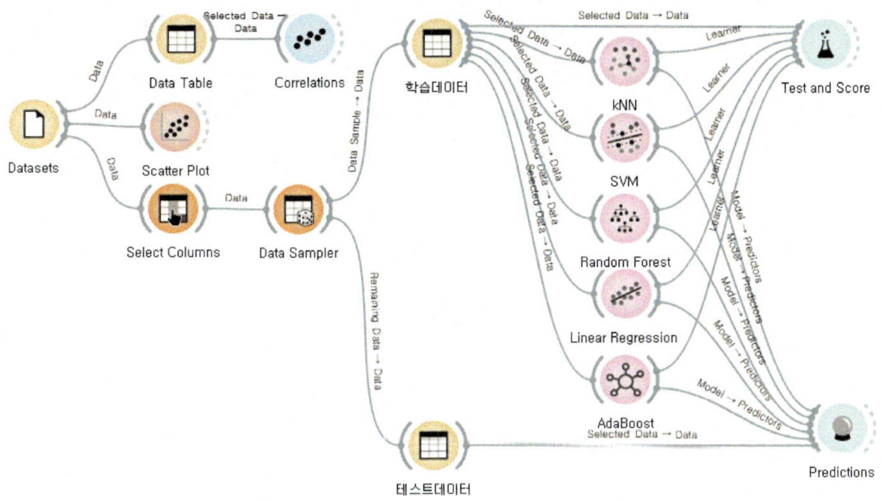

## 예제 7-1 야구경기 결과 점수를 예측해보자

### 01 야구경기 결과의 득점 예측

야구 시즌이 되면 야구경기 결과를 예측해보곤 합니다. 그날의 운으로 예측하기보다 기존의 데이터를 바탕으로 득점을 예측하는 모델을 만들어 봅시다. 본 데이터는 야구팀의 경기 결과를 정리한 가상의 합성 데이터셋입니다. 상대 팀, 홈/어웨이 구장, 타점, 득점, 안타, 출루율, 승패 등의 정보를 가지고 있으며, 다양한 특성의 상관관계를 바탕으로 가장 적절한 것을 찾아 이를 바탕으로 경기의 득점을 예상하는 이진 분류 모델을 만들어 보기에 적합한 데이터셋입니다[7]. 자! 이제 야구 경기 결과 득점을 예측해 봅시다.

### 02 데이터 불러오기

Orange3의 [Data] 카테고리에서 [File] 위젯을 캔버스로 가져와서 더블클릭합니다. 폴더모양의 파일 가져오기를 클릭하여 Ch07\야구 경기 결과 예시 데이터.xlsx 파일을 찾아 가져옵니다(득점을 'target'으로 설정, [Select Columns] 위젯에서도 설정 가능).

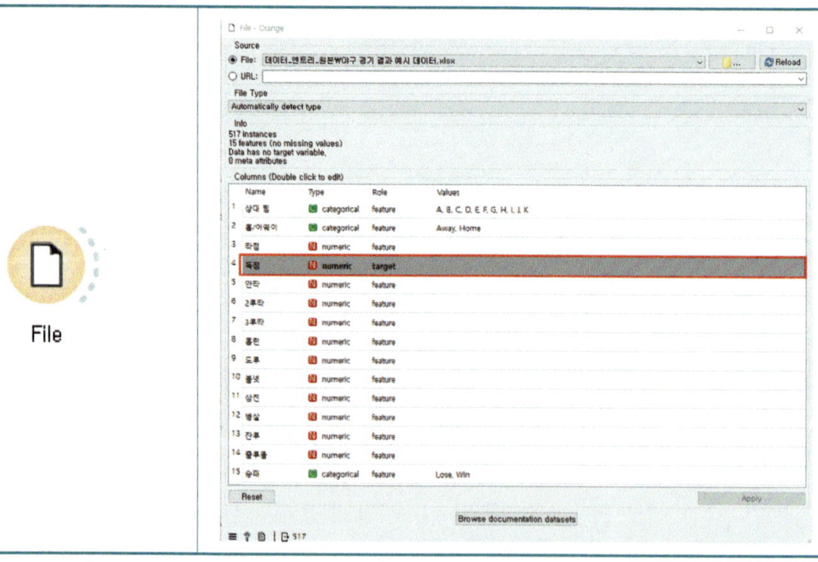


7) 출처 : https://playentry.org

[Data Table] 위젯을 [File] 위젯과 연결한 후 더블클릭하면 각각 15개의 속성으로 구성된, 517개 데이터를 확인할 수 있습니다.

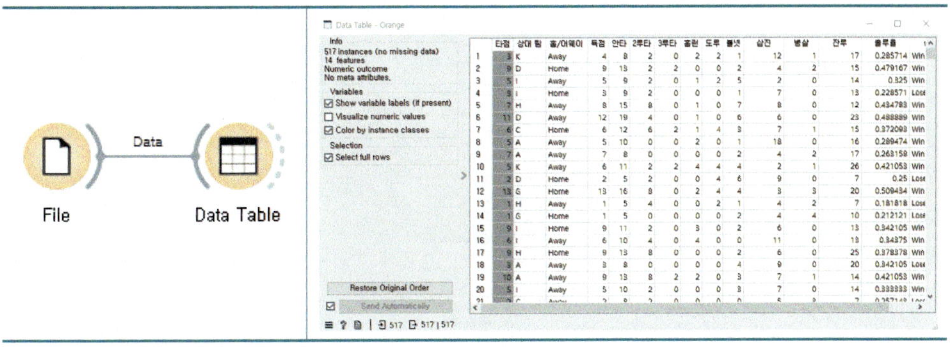


### 03 데이터 속성 정보 확인하기

데이터의 속성을 파악하기 위해 위젯을 통해 데이터를 종합적으로 살펴보고, 아래 데이터 속성 정보를 바탕으로 야구 정보 데이터를 시각화하면 데이터의 내용과 구조를 잘 파악할 수 있습니다. 속성명과 속성 정보는 다음과 같습니다.

| 속성명 | 속성 정보 | 속성명 | 속성 정보 |
|---|---|---|---|
| 상대팀 | A, B, C, D, E, F, G, H, I, J, K | 도루 | 도루 수 |
| 홈/어웨이 | Away, Home | 볼넷 | 볼넷 수 |
| 타점 | 타점 | 삼진 | 삼진 수 |
| 득점 | 점수 | 병살 | 병살 수 |
| 안타 | 안타 수 | 잔루 | 3아웃으로 이닝이 끝난 상황에서 누상에 남아 있는 주자 수 |
| 2루타 | 2루타 수 | 출루율 | 타자가 타석에서 베이스로 살아나갔는지 백분율 수치 |
| 3루타 | 3루타 수 | 승패 | Lose, Win |
| 홈런 | 홈런 수 | | |

### 04 데이터 시각화하기

먼저, [Scatter plot] 위젯을 연결하여 산점도로 데이터 시각화합니다.

[Visualize] 카테고리의 [Correlations] 위젯을 이용하여 각 특징과 상관관계를 파악해 봅니다. [Scatter Plot] 위젯을 사용하여 더 직관적으로 알 수 있습니다.

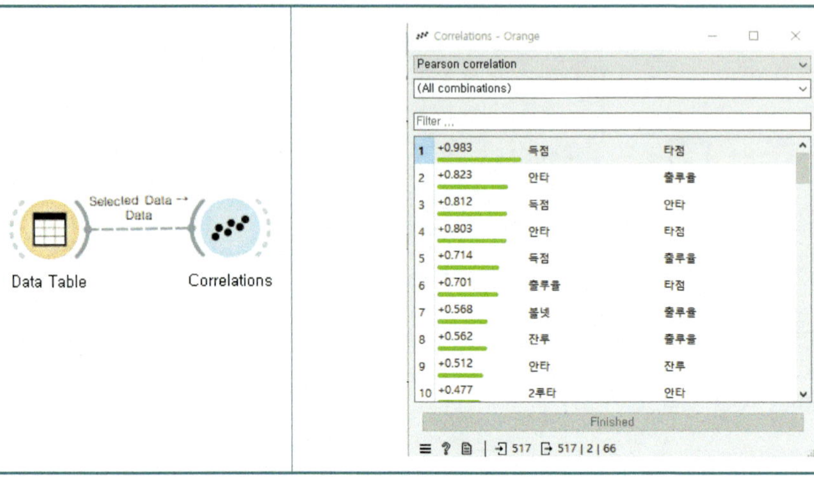


득점과 타점의 상관관계가 가장 높고, 안타와 출루율, 득점과 안타, 안타와 타점 등 어떠한 상관관계가 있는지 확인할 수 있습니다. 연관이 있는 특징들은 어떤 것이 원인이고 결과인지 이 자료만으로는 알 수가 없습니다. 다른 위젯을 사용하여 다양하게 시각화하면서 분석할 필요가 있습니다.

다음으로는 [Box Plot] 위젯을 연결하여 데이터 시각화합니다.

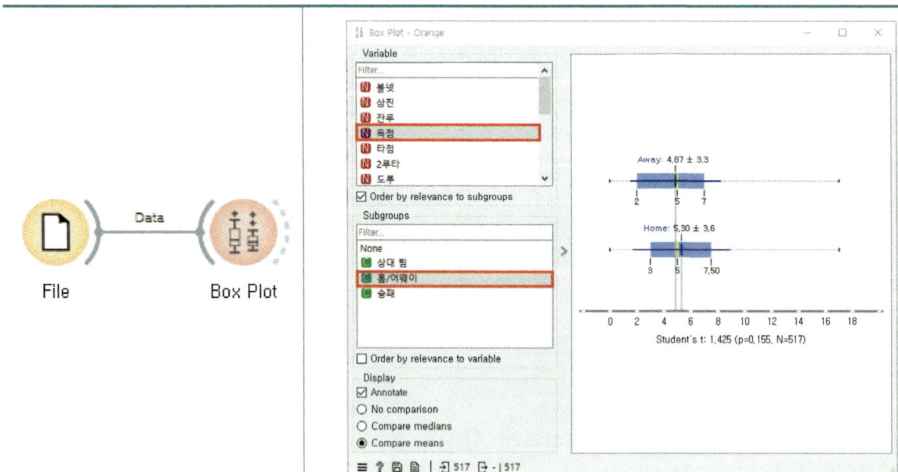

박스플롯은 데이터의 대략적인 분포와 개별적인 이상치를 보여주며 서로 다른 데이터 뭉치를 쉽게 비교할 수 있는 시각화 기능입니다. 위 그림에서 득점을 분석해 보면 홈/어웨이에 따른 득점의 최솟값, 최댓값, 중앙값, 사분위수 범위 등을 쉽게 파악할 수 있습니다.

### 05 학습데이터와 테스트데이터 나누기

[File] 카테고리와 [Data Sampler] 위젯을 연결하여 학습데이터와 테스트데이터로 나누어 진행합니다. [Data Sampler]을 더블클릭하여 전체 데이터 중 70%는 학습데이터, 30%는 테스트 데이터로 사용합니다. 하단을 보면, 517개의 데이터가 입력되었고 그중에서 학습데이터가 70%(362개), 테스트데이터가 30%(155개)로 나누어진 것을 확인할 수 있습니다. [Data Sampler] 위젯 설정은 다음과 같습니다.

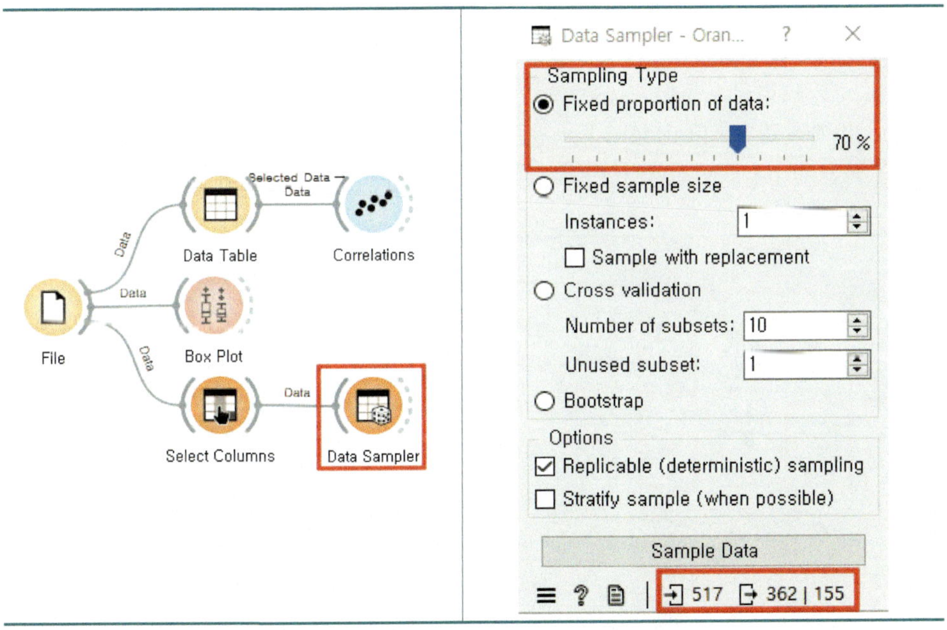


### 06 학습데이터와 테스트 데이터 분리하기

[Data Table] 위젯을 사용하여 학습데이터와 테스트데이터를 각각 연결합니다. 학습데이터와 테스트데이터의 위젯 연결선을 더블클릭하여 아래와 같이 확인합니다. 학습데이터 70%와 테스트 데이터 30%로 각각 분리되어 나타나는 것을 확인할 수 있습니다.

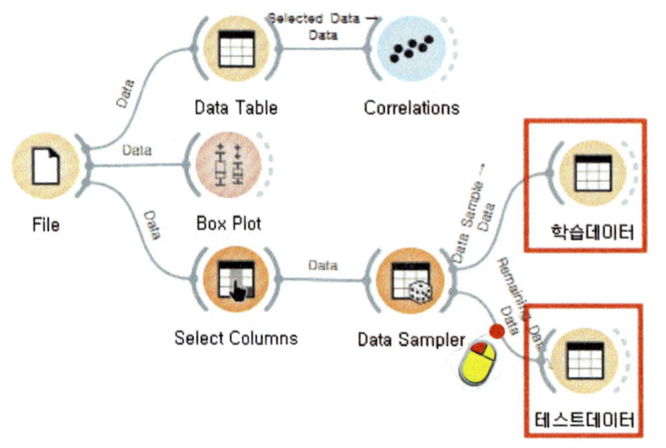


① 학습데이터 : Data Sample과 Data 연결 선택

② 테스트데이터 : Data Sample과 Data 연결을 클릭하여 해제한 후, Remaining Data와 Data 연결을 클릭하여 선택

## 07 모델 학습시키기

[Model] 카테고리에 [Random Forest], [kNN], [SVM], [Tree], [Logistic Regression] 위젯을 학습데이터와 연결하여 데이터를 학습합니다.

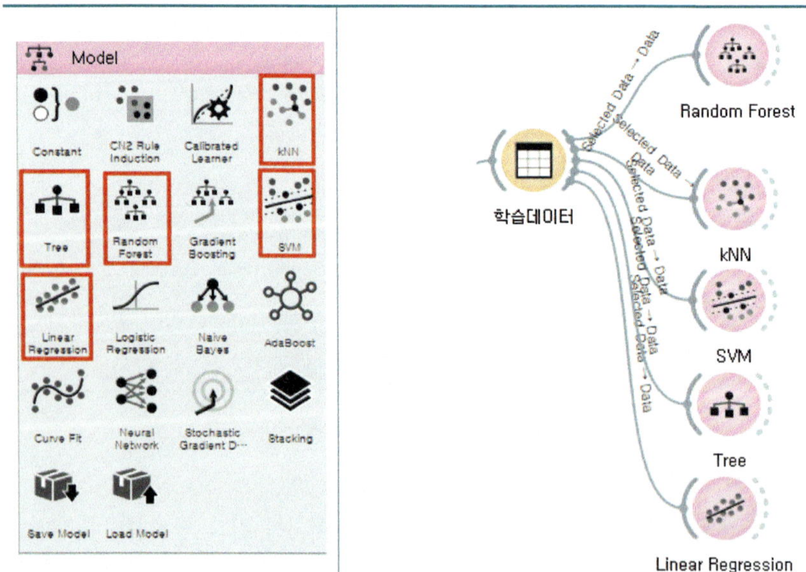

## 08 학습 결과 확인하기

[Evaluate] 카테고리의 [Test and Score] 위젯을 클릭하거나 오른쪽 화면에서 그래그하여 [Test and Score] 위젯을 선택합니다.

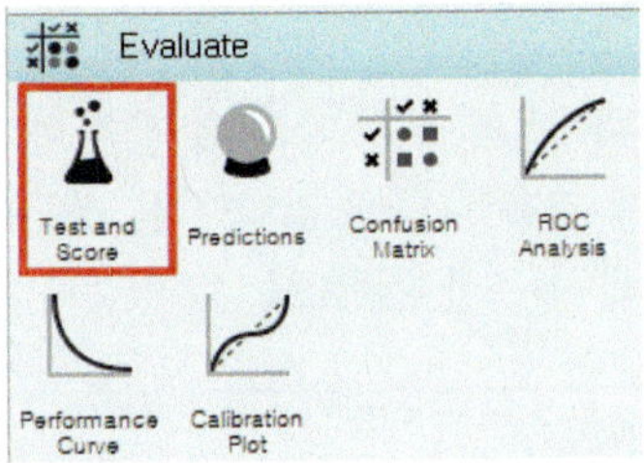


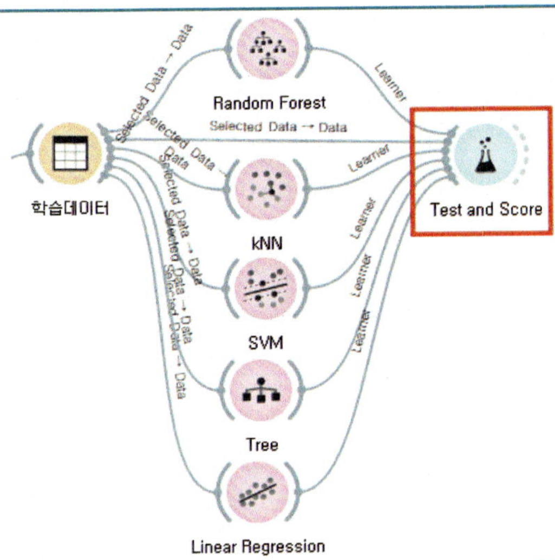


[Test and Score] 위젯을 더블클릭하면 아래와 같은 결과창이 나타나 학습 결과를 확인할 수 있습니다.

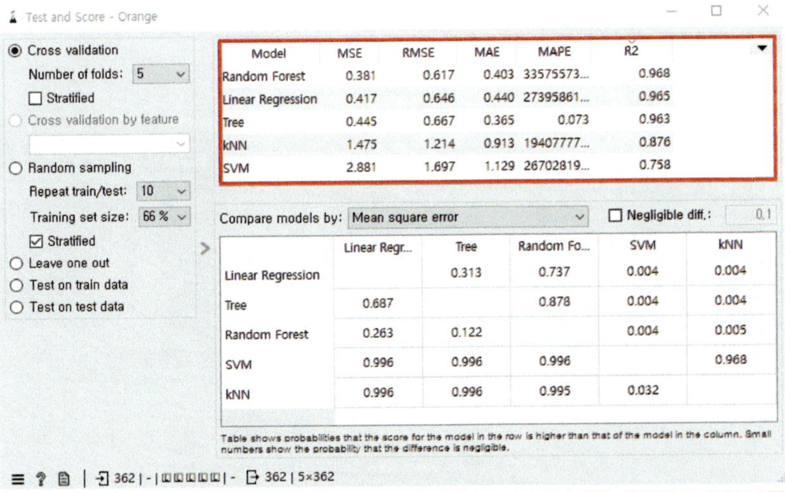

$R^2$값을 위주로 결과를 살펴보면, Ramdom forest(0.986)의 값을 가지며 98.6%의 설명력을 나타냅니다. 5가지 모델중에서 가장 우수한 성능을 보이는 것을 알 수 있습니다. 다음으로는 Linear Regression, Tree, kNN, SVM순으로 나타났습니다.

### 09 성능결과 확인하기

테스트데이터를 불러와 Random Forest, Linear Regression, Tree, kNN, SVM 학습 모델이 얼마나 정확하게 예측하는지 확인해 봅니다. [Predictions] 위젯을 더블 클릭하면 아래와 같은 결과창이 나타나 검증 결과를 확인할 수 있습니다. 결과창의 첫 번째 열은 Linear Regression 모델이 예측한 값을 나타내고, 두 번째 열은 kNN 모델이 예측한 값을 나타내고, 회색 바탕의 6번째 열은 데이터의 실제 값을 나타낸 값입니다. 전체적으로 실제값과 예측한 값이 조금 차이는 있지만 유사하게 예측한 것을 볼 수 있습니다.

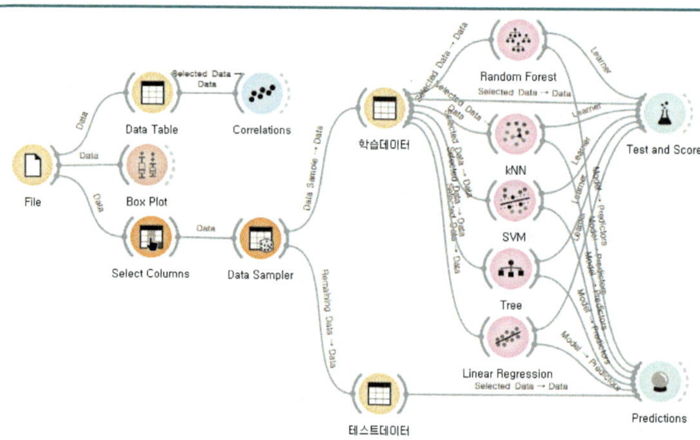


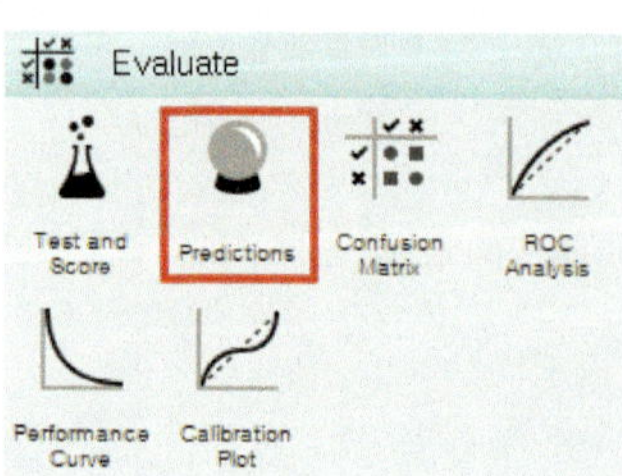


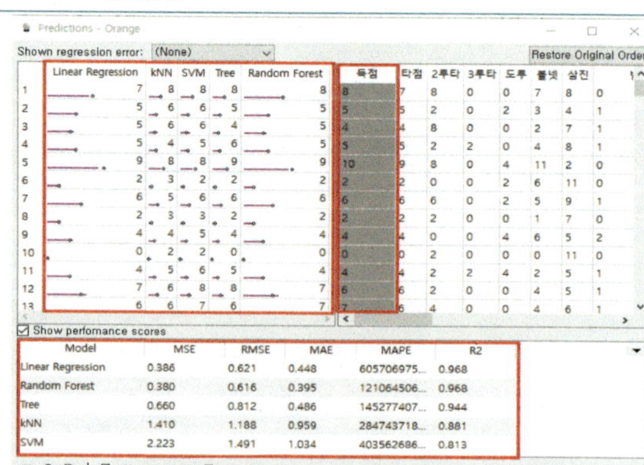

각 모델의 성능을 비교하기 위해 $R^2$값을 살펴보면 Linear Regression(0.968), Random Forest0.968), Tree(0.944), kNN(0.881), SVM(0.813)로 나타났습니다. Linear Regression 모델과 Random Forest모델이 96.8%의 가장 높은 설명력을 나타냅니다. 즉 $R^2$는 1에 가까울수록 성능이 우수하므로 Linear Regression 모델과 Random Forest 모델의 성능이 가장 좋은 것으로 나타났습니다

※ 회귀모델을 이용하여 야구 결과 득점 예측을 해 보았습니다. 다음 장에서는 야구의 승패를 예측하는 분류모델을 만들어보고 회귀모델과 분류모델의 차이점을 이해합니다.

**야구결과 득점 예측 워크 플로우**

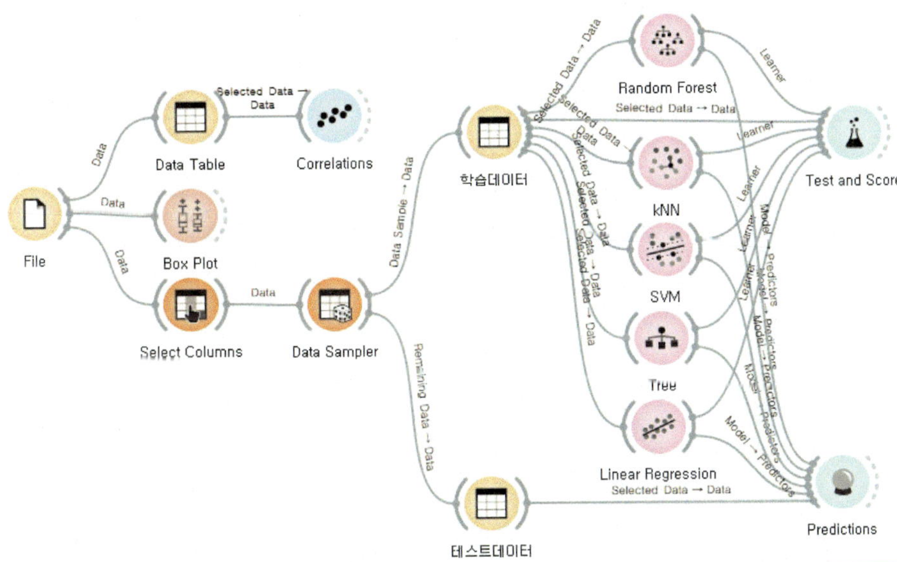

## 예제 7-2 자동차의 가격을 예측해 보자

### 01 자동차 가격 예측

대학생 A씨는 대중교통이 자주 다니지 않는 외곽에 살고 있어 중고 자동차를 구매하려고 합니다. 중고 자동차 데이터를 바탕으로 자동차의 가격을 예측하는 모델을 만들어 봅니다. 데이터 셋에는 이름, 년도, 판매가격, 연료 등이 있으며, 중고 자동차의 가격에 영향을 미치는 요인에는 어떠한 요인이 있는지 분석하고 자동차의 가격을 예측하는 모델을 만들어 봅시다[8].

### 02 데이터 불러오기

Orange3의 [Data] 카테고리에서 [File] 위젯을 캔버스로 가져와서 더블클릭합니다. 폴더모양의 파일 가져오기를 클릭하여 Ch07\car data.csv 파일을 찾아 가져옵니다(득점을 'target'으로 설정, [Select Columns] 위젯에서도 설정 가능).

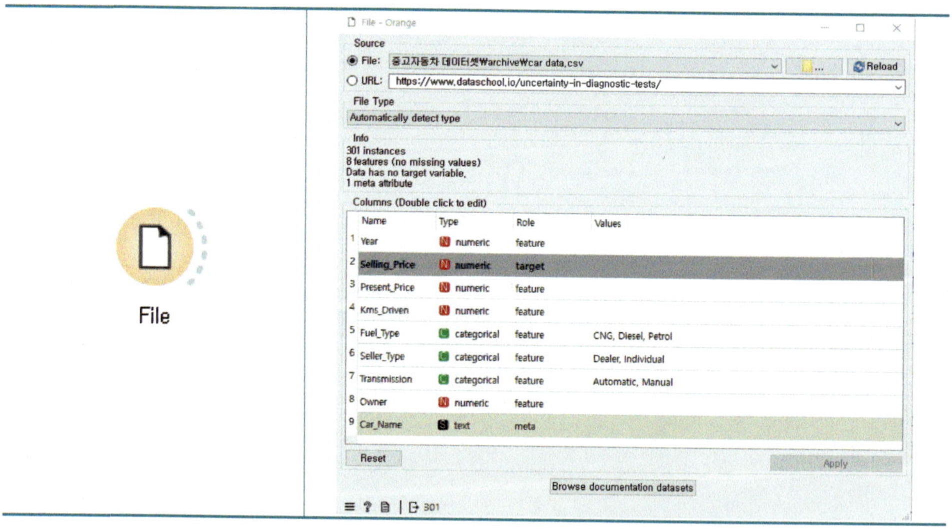


[Data Table] 위젯을 [File] 위젯과 연결한 후 더블클릭하면 각각 9개의 속성으로 구성된, 301개 데이터를 확인할 수 있습니다.

---

8) 출처 : https://www.kaggle.com/datasets/sauravstatthings/car-datacsv?resource=download

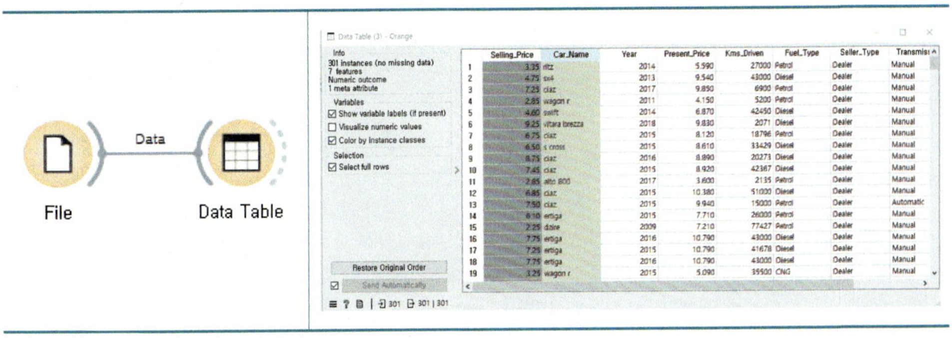


## 03 데이터 속성 정보 확인하기

데이터의 속성을 파악하기 위해 위젯을 통해 데이터를 종합적으로 살펴보고, 아래 데이터 속성 정보를 바탕으로 야구 정보 데이터를 시각화하면 데이터의 내용과 구조를 잘 파악할 수 있습니다. 속성명과 속성 정보는 다음과 같습니다.

〈표 7-15〉 자동차 데이터 속성

| 속성명 | 속성 정보 |
|---|---|
| Year | 년식 |
| Selling-Price | 판매 가격 |
| Present_Price | 현재 가격 |
| Kms_Driven | 주행거리(km) |
| Fuel_Type | 연료 타입(CNG, Diesel, Petrol) |
| Seller_Tpye | 판매자 유형(Dealer, individual) |
| Transmission | 오토/수동(Automatic, Manual) |
| Owner | 소유자 |
| Car_Name | 차종류 |

## 04 데이터 시각화하기

먼저, [Scatter plot] 위젯을 연결하여 산점도로 데이터 시각화합니다.

[Visualize] 카테고리의 [Scatter Plot] 위젯을 이용하여 각 특징과 상관관계를 파악해 봅니다. [Scatter Plot] 위젯을 사용하여 더 직관적으로 알 수 있습니다.

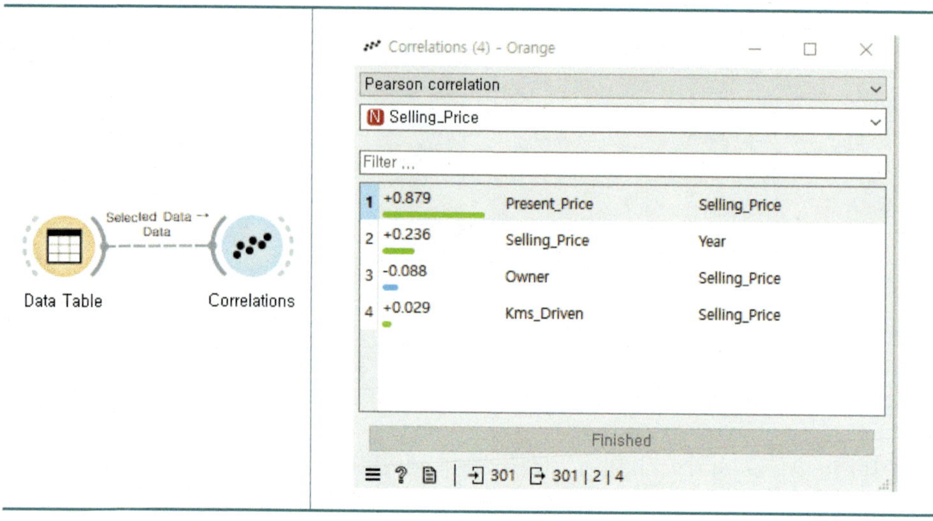


자동차 가격은 현재 가격과 상관관계가 가장 높은 것을 알 수 있습니다. 다른 위젯을 사용하여 다양하게 시각화하면서 분석할 필요가 있습니다. 다음으로는 [Box Plot] 위젯을 연결하여 데이터를 시각화합니다.

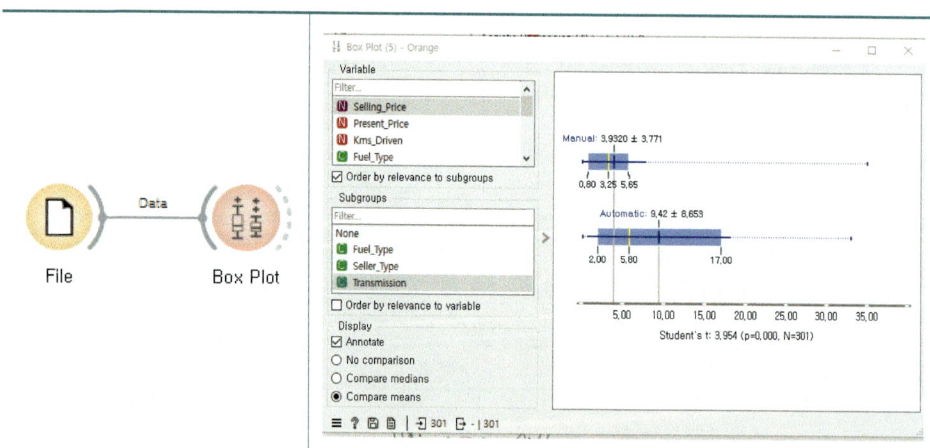


박스플롯은 데이터의 대략적인 분포와 개별적인 이상치를 보여주며 서로 다른 데이터 뭉치를 쉽게 비교할 수 있는 시각화 기능입니다. 위 그림에서 중고 자동차 가격을 분석해 보면 오토/수동 여부에 따른 자동차 가격 등 분포를 쉽게 파악할 수 있습니다.

다음은 특징별 분포를 나타내는 [Feature Statics] 위젯을 사용하여 Feature의 특징에 따라 평균, 중앙값, 최솟값, 최댓값을 시각화하여 나타냅니다.

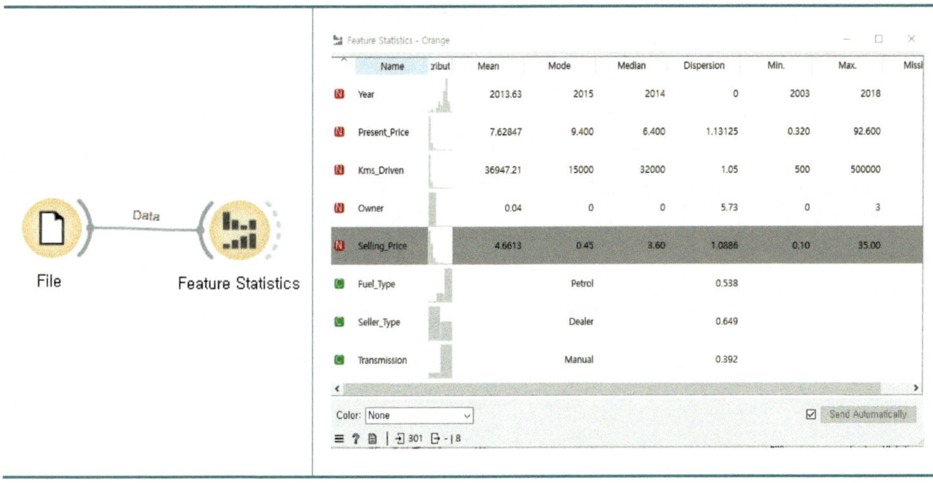


## 05 전처리하기

[File] 위젯과 [Select Columns] 위젯을 연결하여 모델 학습에 필요한 속성의 데이터만 선택합니다.

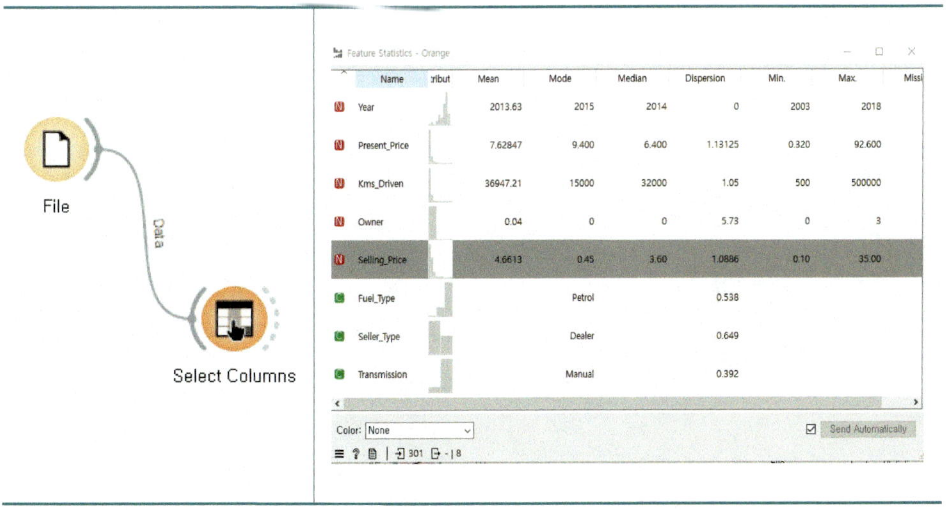

## 06 학습데이터와 테스트데이터 나누기

[File] 위젯과 [Data Sampler] 위젯을 연결하여 학습데이터와 테스트데이터로 나누어 진행합니다. [Data Sampler]을 더블클릭하여 전체 데이터 중 70%는 학습데이터, 30%는 테스트 데이터로 사용합니다. 하단을 보면, 301개의 데이터가 입력되었고 그중에서 학습데이터가 70%(211개), 테스트데이터가 30%(90개)로 나누어진 것을 확인할 수 있습니다. [Data Sampler] 위젯 설정은 다음과 같습니다.

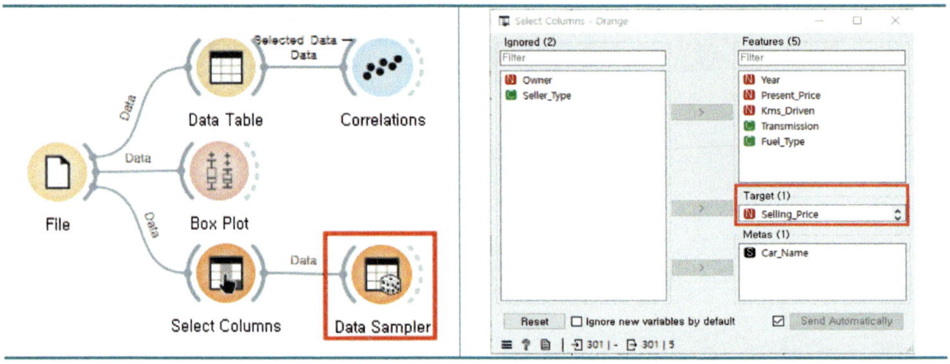


## 07 학습데이터와 테스트데이터 분리하기

[Data Table] 위젯을 사용하여 학습데이터와 테스트데이터를 각각 연결합니다. 학습데이터와 테스트데이터의 위젯 연결선을 더블클릭하여 아래와 같이 확인합니다. 학습데이터 70%와 테스트 데이터 30%로 각각 분리되어 나타나는 것을 확인할 수 있습니다.

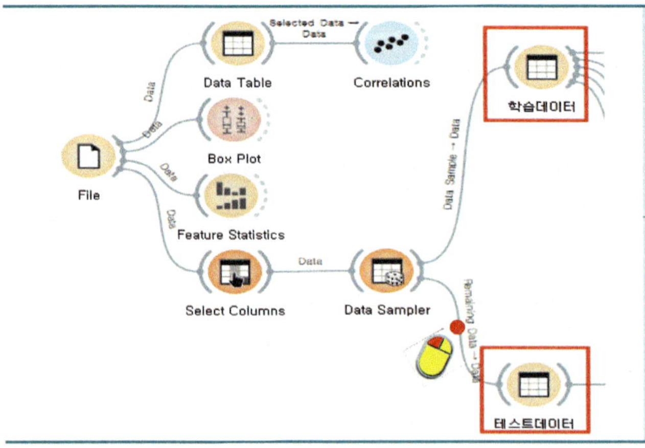


① 학습데이터 : Data Sample과 Data 연결 선택

② 테스트데이터 : Data Sample과 Data 연결을 클릭하여 해제한 후, Remaining Data와 Data 연결을 클릭하여 선택

## 08 모델 학습시키기

[Model] 카테고리에 [Linear Regression], [SVM], [Random Forest], [AdaBoost] 위젯을 학습데이터와 연결하여 데이터를 학습합니다.

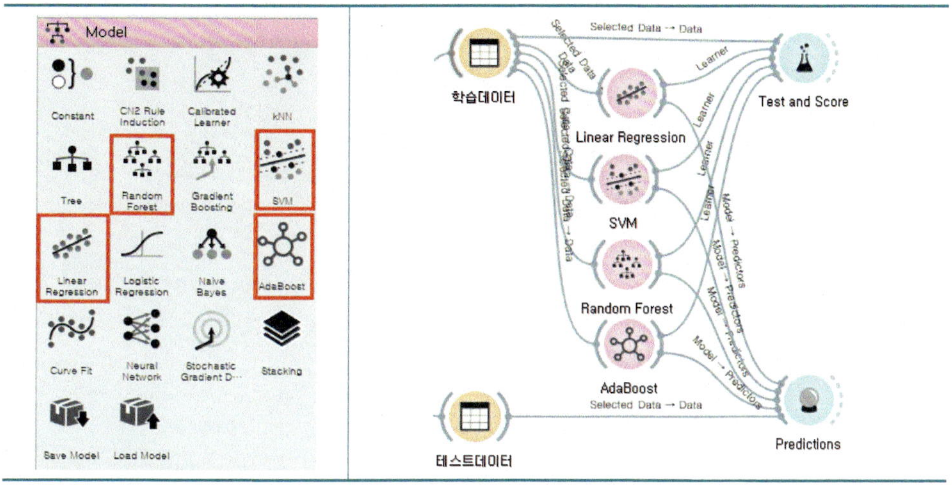


## 09 학습 결과 확인하기

[Evaluate] 카테고리의 [Test and Score] 위젯을 클릭하거나 오른쪽 화면에서 드래그하여 [Test and Score] 위젯을 선택합니다.

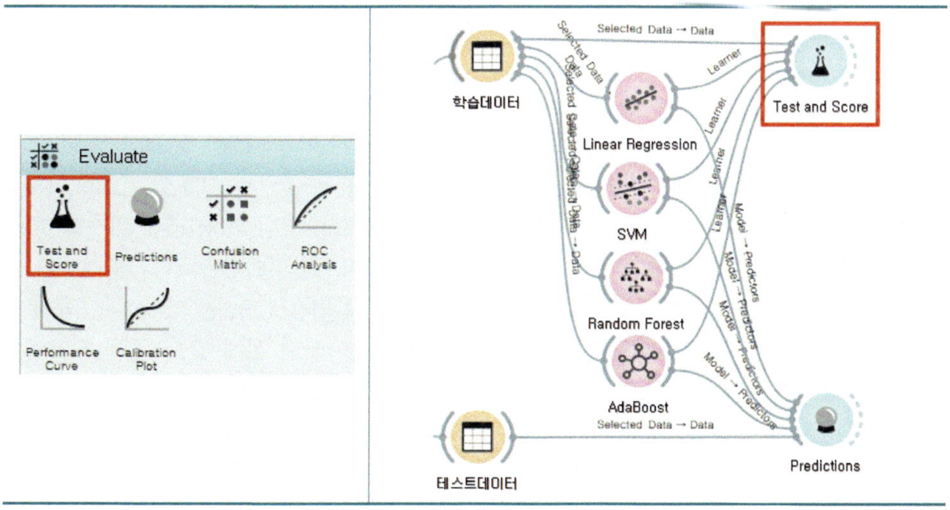

[Test and Score] 위젯을 더블클릭하면 아래와 같은 결과창이 나타나 학습 결과를 확인할 수 있습니다.

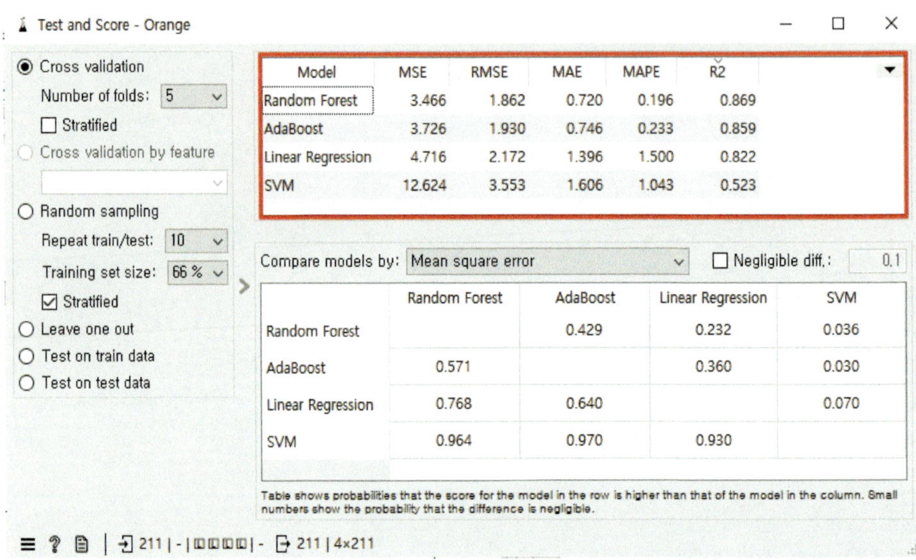


$R^2$값을 위주로 결과를 살펴보면, Ramdom forest(0.869)의 값을 가지며 86.9%의 설명력을 나타냅니다. 4가지 모델중에서 가장 우수한 성능을 보이는 것을 알 수 있습니다. 다음으로는 AdaBoost, Linear Regression, SVM 순으로 나타났습니다.

## 10 성능결과 확인하기

테스트데이터를 불러와 Random Forest, Linear Regression, Tree, kNN, SVM 학습 모델이 얼마나 정확하게 예측하는지 확인해 봅니다. [Predictions] 위젯을 더블클릭하면 아래와 같은 결과창이 나타나 검증 결과를 확인할 수 있습니다. 결과창의 첫 번째 열은 kNN 모델이 예측한 값을 나타내고, 두 번째 열은 Linear Regression 모델이 예측한 값을 나타내고, 회색 바탕의 세번째 열은 데이터의 실제 값을 나타낸 값입니다. 전체적으로 실제값과 예측한 값이 조금 차이는 있지만 유사하게 예측한 것을 볼 수 있습니다.

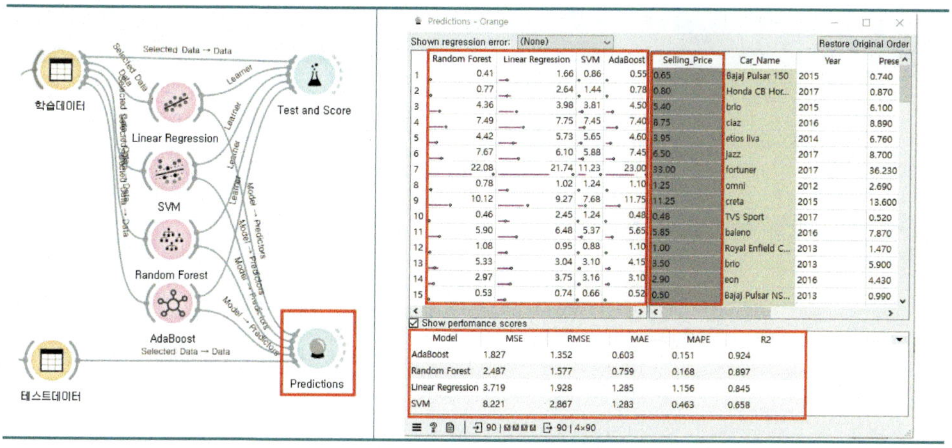


중고자동차 가격을 예측하는 5가지 인공지능 모델을 완성하였습니다. 어느 정도의 정확도로 예측하였는지 예측 모델의 성능을 평가하는 5개의 평가지표[참고 7-1]를 바탕으로 분석해 봅니다. 모델의 비교를 위해 $R^2$값을 살펴보면 AdaBoost(0.924)로 나타나 92.4%의 설명력을 가지며 가장 우수한 모델이라고 할 수 있습니다. 다음으로는 Random Forest(0.897), Linear Regression(0.845), SVM(0.658)순으로 높은 정확도를 나타냅니다.

## 자동차 가격 예측 워크 플로우

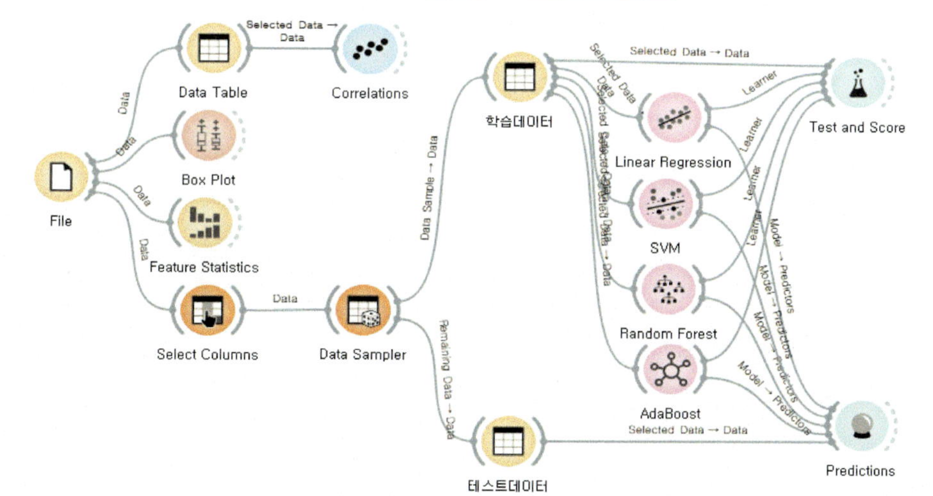

## 07장 연습문제

**01** 지도학습의 주요 특징은 (                    )이다.

**02** 회귀모델에서 예측하는 값은 (                    )이다.

**03** 과적합을 방지하기 위한 방법은 (                    )이다.

**04** KNN 알고리즘에서 K의 역할은 (                    )이다.

**05** 지도학습의 주요 특징은 무엇인가요?

① 레이블이 없는 데이터 사용
② 레이블이 있는 데이터 사용
③ 데이터의 군집화
④ 데이터의 차원 축소

**06** F1 점수는 어떤 경우에 유용한가요?

① 데이터가 균형일 때
② 데이터가 불균형일 때
③ 회귀 문제에서
④ 클러스터링에서

**07** 주성분 분석(PCA)의 주된 목적은 무엇인가요?

① 데이터의 차원 증가
② 데이터의 차원 축소
③ 데이터의 군집화
④ 데이터의 분류

**08** 교차 검증의 주된 목적은 무엇인가요?

① 모델의 학습 속도 증가
② 모델의 일반화 성능 평가
③ 데이터의 차원 축소
④ 데이터의 군집화

# 스스로 해결하기

## 01 폭염 일수 예측 하기

2024년 8월 뉴스를 보면 10일이상 폭염주의보가 발효 중이다. 폭염은 최고 체감온도가 35도 이상인 상태, 폭염경보는 체감온도 35도 이상인 상태, 폭염주의보는 일 최고 체감온도 33도 이상인 상태를 의미한다. '기상청 폭염 일수 데이터'를 불러와 여러 가지 회귀 모델을 사용하여 폭염일수를 예측하는 모델을 만들고 학습결과 및 성능결과를 확인해 봅니다[9].

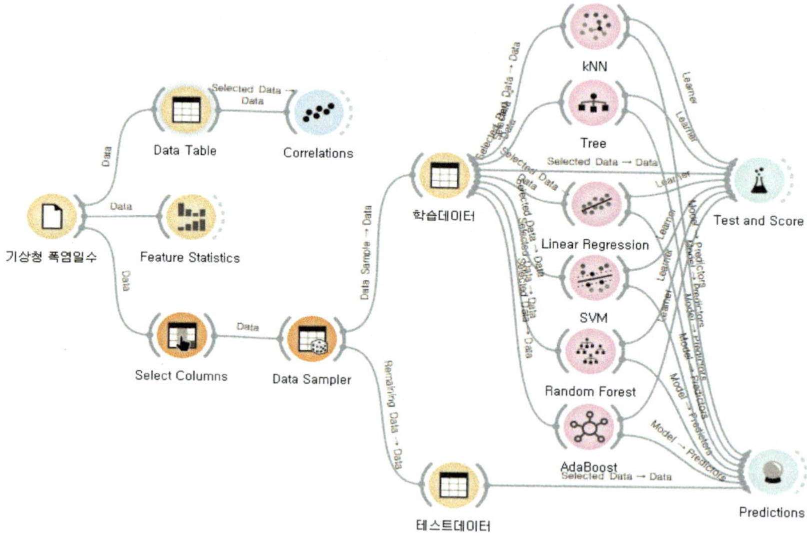


### 해결전략

❶ 데이터 시각화 Correlations, Feature Statistics 등 위젯을 사용하여 데이터를 분석한다.

❷ 회귀모델 설정 테이터의 특징을 고려하여 ghlrnl 모델을 선택하고 모델을 학습한다.

❸ [Test and Score], [Predictions] 위젯을 사용하여 학습 결과 및 성능 결과를 확인한다.

---

9) 출처 : https://data.kma.go.kr/climate/heatWave/selectHeatWaveChart.do

# 08장

# 지도학습과 분류

**학습 목표**

- 지도학습의 분류모델에 대해 이해하고 회귀모델과의 차이점을 설명할 수 있다.
- 다양한 지도학습 알고리즘(예: Losistic Regression, SVM, Tree, Naive Bayes 등) 특징을 이해하고, 주어진 문제에 적합한 분류모델을 선택할 수 있다.
- 분류모델의 성능을 평가하기 위한 지표(AUC, CA, F1, Precision, Recall)를 이해하고 해석할 수 있다.
- 데이터를 활용하여 이를 시각화하고 분류모델의 데이터 분석 결과를 효과적으로 전달할 수 있다.

## 1 지도학습과 분류모델

### 1.1 지도학습의 분류모델

앞서 7장에서 살펴본 바와 같이 지도학습(Supervised Learning)은 입력 데이터와 정답 레이블(Target)이 주어진 상태에서 모델을 학습시키는 방법입니다. 회귀(Regression)는 지도학습의 한 종류로, 입력 변수(X)와 출력 변수(Y) 간의 관계를 모델링하여 새로운 입력에 대한 연속적인 출력값을 예측하는 것이 목표인 반면, 분류(Classification)는 입력 데이터를 미리 정의된 클래스로 구분하는 것을 목표로 합니다. 예를 들어, 이미지 데이터를 학습하여 고양이, 강아지, 새 등으로 분류하는 모델을 만들 수 있습니다.

#### 분류 모델의 종류

지도학습의 분류 모델은 주어진 입력 데이터를 바탕으로 미지의 데이터를 특정 카테고리(클래스)로 분류하는 머신러닝 모델입니다. 예를 들어, 이메일이 스팸인지 아닌지를 분류하거나, 환자가 특정 질병에 걸릴 확률을 예측하는 등의 작업이 분류 모델을 통해 이루어집니다. 분류 모델의 주요 목표는 새로운 데이터가 어떤 클래스에 속하는지 예측하는 것입니다. 대표적인 분류 모델에는 다음과 같은 종류가 있습니다.

〈표 8-1〉 분류 모델의 특징과 예시

| 구분 | 특징 | 예시 |
|---|---|---|
| 로지스틱 회귀 (Logistic Regression) | 로지스틱 회귀는 두 개 이상의 범주로 데이터를 분류하는 데 사용되는 통계 모델이다. 이 모델은 로지스틱 함수를 사용하여 데이터가 특정 클래스에 속할 확률을 출력한다. | • 예시: 이메일이 스팸인지 아닌지 분류, 고객이 제품을 구매할지 여부 예측<br>• 스팸메일 분류, 개와 고양이 분류 등 |
| 나이브 베이즈 (Naive Bayes) | 나이브 베이즈는 조건부 확률을 기반으로 한 분류 알고리즘입니다. 각 특성이 독립적이라고 가정하며, 베이즈 정리를 사용하여 클래스의 사후 확률을 계산한다. | • 예시: 텍스트 분류 (예: 영화 리뷰의 감정 분석), 스팸 필터링 |
| 의사 결정 트리 (Decision Tree) | 의사 결정 나무는 데이터의 특성에 따라 분기하며, 최종적으로 결정 노드에 도달하여 클래스를 예측하는 모델이다. 시각적으로 이해하기 쉬우며, 복잡한 데이터 관계를 쉽게 설명할 수 있다. | • 환자의 질병 진단, 대출 승인 여부 결정 |
| 랜덤 포레스트 (Random Forest) | 랜덤 포레스트는 여러 개의 의사 결정 나무를 사용하여 예측을 수행하는 앙상블 학습 기법이다. 각각의 나무가 독립적으로 학습하고, 최종 예측은 각 나무의 예측 결과를 평균 내거나 다수결로 결정한다. | • 신용카드 사기 탐지, 주식 가격 예측 |
| 서포트 벡터 머신 (Support Vector Machine, SVM) | SVM은 데이터를 고차원 공간으로 매핑하여, 클래스 간의 최대 마진을 찾는 모델이다. 선형 분리가 불가능한 경우 커널 함수를 사용하여 비선형 분리를 수행할 수 있다. | • 얼굴 인식, 텍스트 분류 |
| k-최근접 이웃 (k-Nearest Neighbors, k-NN) | k-NN은 새로운 데이터 포인트를 분류할 때, 가장 가까운 k개의 이웃 데이터 포인트를 기준으로 클래스를 결정하는 비모수적 방법이다. 단순하지만 계산 비용이 많이 들 수 있다. | • 추천 시스템, 이미지 분류 |

이와 같이 다양한 분류 모델을 통해 데이터를 분석하고 예측할 수 있습니다. 각각의 모델은 고유한 장점과 단점을 가지며, 데이터의 특성과 분석 목적에 따라 적절한 모델을 선택하는 것이 중요합니다.

# 2 국민건강 데이터로 BMI의 Label 예측하기

## 2.1 BMI의 Label을 예측해 보자

우리는 7장에서 지도학습의 회귀를 이용하여 연속형 데이터인 BMI를 예측해 보았습니다. 회귀와 분류를 비교하고 쉽게 이해하기 위해서 동일한 데이터이지만 범주형 데이터인 BMI의 Label을 예측해 봅시다. 7장에서 사용한 BMI 데이터를 가져온 데이터셋입니다. 성별, 신장, 체중, BMI를 통해 신체 측정 기록간의 상관관계를 확인할 수 있었습니다. 우리는 또 BMI 관련 식을 바탕으로 도식화를 이용하여 categorical값을 나타낼 수 있습니다. 이러한 데이터의 Type을 알고 신장과 체중으로 BMI의 Label을 예측해 봅니다. 특히 이번장에서는 회귀형의 연속형 회귀모델과 분류의 범주형 로지스틱회귀의 차이점을 이해해 봅시다.

## 2.2 데이터 준비

### 데이터 다운로드

Orange3의 Data 카테고리에서 [File] 위젯을 캔버스로 가져와서 더블클릭합니다. 이때 다운받아둔 Ch08\bmi 500 수치.csv 데이터를 찾아 더블클릭합니다.

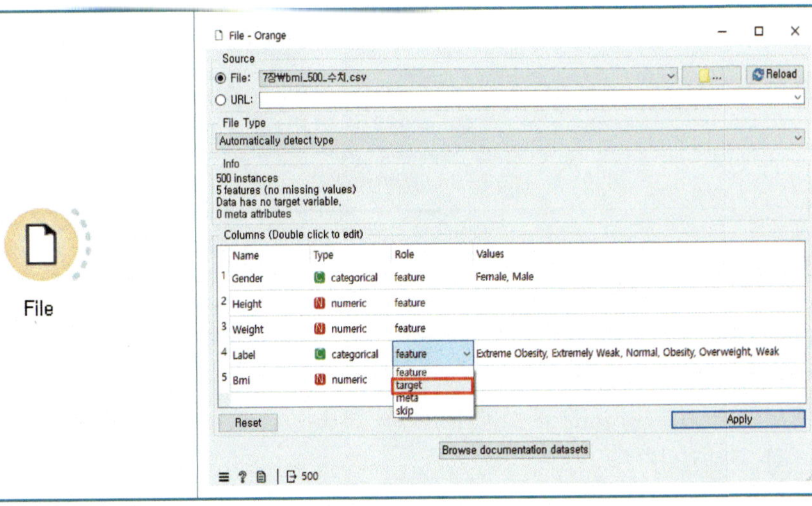

〈표 8-2〉 file 위젯 창 세부 설명

| File | 이전에 열었던 데이터 파일을 찾아보거나 샘플 파일을 불러온다. |
|---|---|
| Open | 데이터 파일을 찾는다. |
| Column Type | Numeric, categorical 등 |

[File] 위젯에서 Role은 역할을 의미하므로 Label의 role값을 'target'으로 설정합니다. 앞장에서처럼 [Select Columns] 위젯에서 'target'을 설정해도 동일합니다.

### 데이터 불러오기

[Data] 카테고리에서 [Data Table] 위젯을 캔버스로 가져와서 [Datasets] 위젯과 연결한 후 [Data Table] 위젯을 더블클릭하면 각각 5개의 속성으로 구성된, 500개 데이터를 확인할 수 있습니다. 앞장에서와 다른점은 Target로 설정하여 첫 번째(Bmi)열은 회색으로 나타납니다.

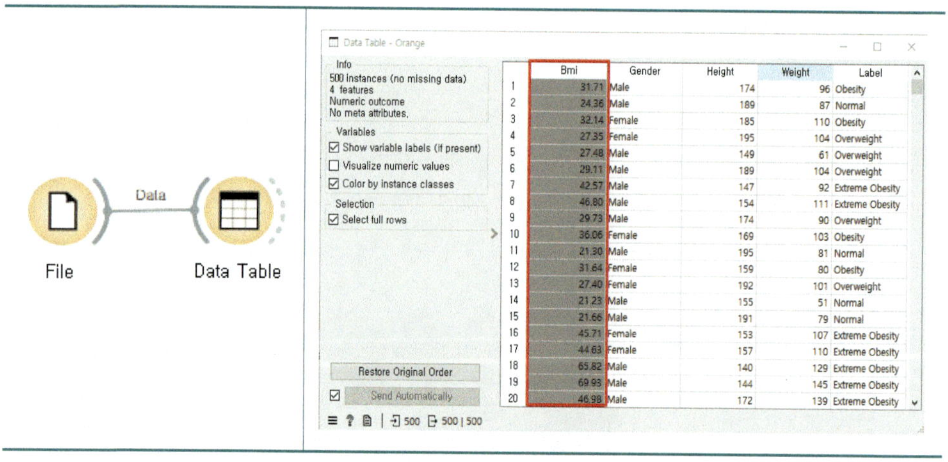


### 데이터 속성 정보 확인하기

인공지능 모델을 만들기 위해서는 데이터의 속성을 파악해야 합니다. 앞장에서와 마찬가지로 동일한 속성명과 속성 정보를 확인합니다. 이때 차이점은 회귀모델에서는 수치데이터 Bmi를 target으로 설정하였지만, 분류에서는 categorical 데이터를 target로 설정한 부분입니다.

〈표 8-3〉 BMI 데이터 속성 정보

| 속성명 | 속성 정보 |
|---|---|
| Gender | Female, male |
| Height | Cm(정수) |
| Weight | Kg(정수) |
| Label | 신체정보에 따른 레이블명<br>Extremely Weak, Weak, Norma, Over Weight, Obesity, Extreme obesity |
| Bmi | 신체질량지수 = 체중/키$^2$ |

## 데이터 시각화하기

데이터를 분석하기 위해서 시각적인 요소들을 사용하여 쉽고 효과적으로 데이터 간의 관계를 이해하고 데이터의 구조나 패턴을 발견할 수 있습니다.

(1) [Scatter Plot] 위젯을 연결하여 산점도로 시각화하기

[Visualize] 카테고리의 [Scatter Plot] 위젯을 이용하여 산점도를 확인합니다.

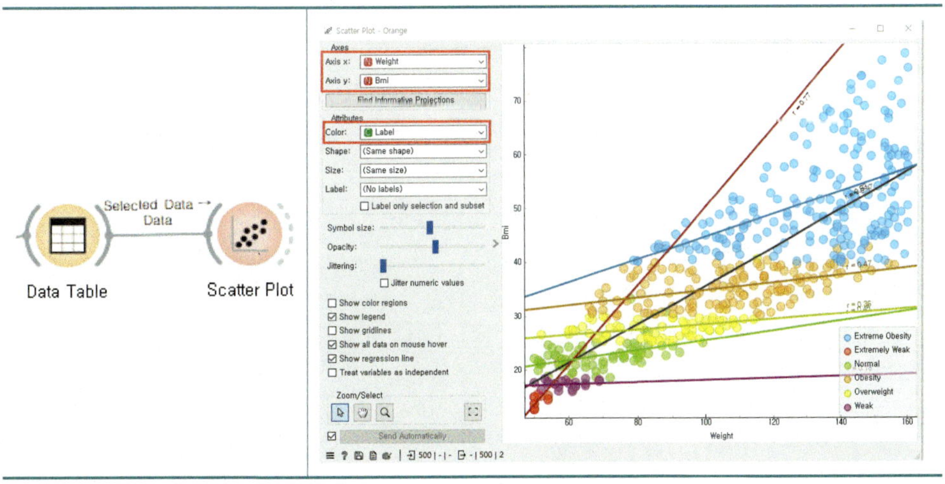


[Scatter Plot] 위젯 x축의 값은 'Weight', y축의 값을 'Bmi'로 설정합니다. x축의 값을 'Height'로 변경하여 속성에 따른 관계를 확인할 수 있습니다.

## 데이터 전처리하기

[Datasets] 위젯으로 가져온 데이터를 모델 학습에 사용하기 위해서는 [Select Columns] 위젯으로 필요한 속성의 데이터만 선택합니다.

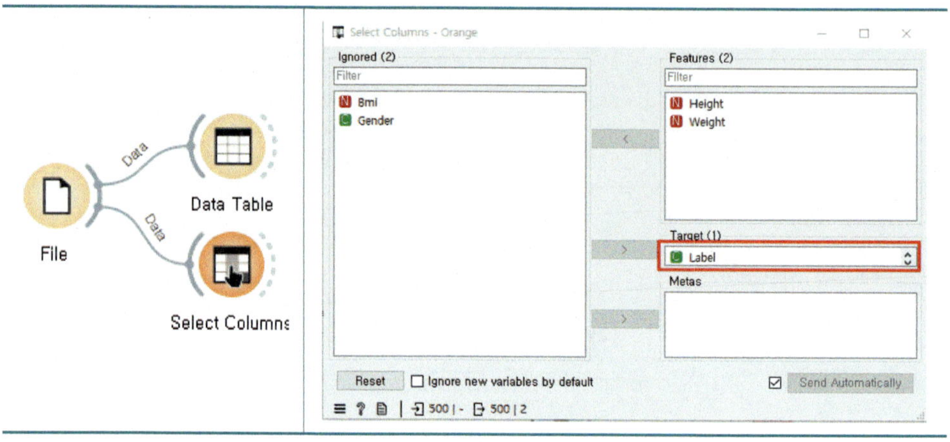


이때 독립변수인 원인(x)인 Height와 Weight를 Feature로 설정하고 종속변수인 결과(y)인 Label을 Target으로 설정합니다.

## 2.3 모델 선택과 학습

### 학습데이터와 테스트 데이터 나누기

[Data Sampler] 위젯을 사용하여 학습데이터와 테스트데이터로 나누어 진행합니다. 이는 전체 데이터 중 70%는 학습데이터, 30%는 테스트데이터로 사용합니다.

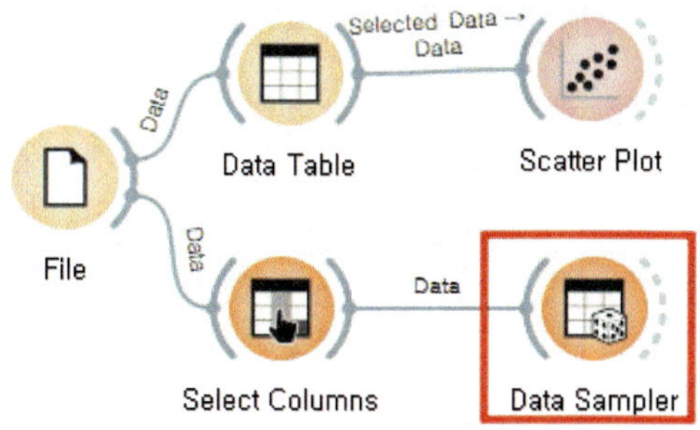


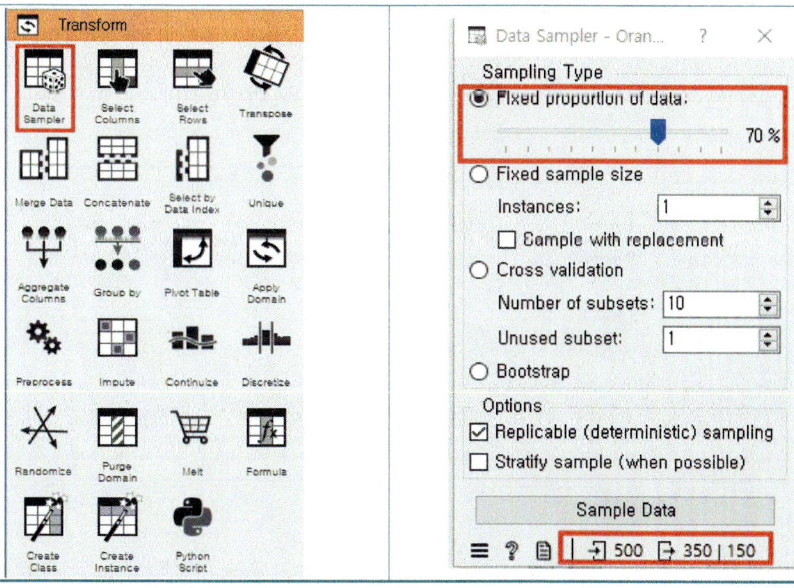


[Sampler Data] 위젯 설정에서는 Sampling Type의 'Fixed proportion of data' 학습데이터를 70%, 테스트 데이터 30%로 설정합니다. 'Sample Data'를 클릭하면 오른쪽 하단에 총 500개의 데이터가 입력되었고 그중에서 학습데이터가 70%(350개), 테스트데이터가 30%(150개)로 나누어진 것을 확인할 수 있습니다.

### 학습데이터와 테스트데이터 분리하기

[Data Table] 위젯을 사용하여 학습데이터와 테스트데이터를 각각 연결합니다. 학습데이터와 테스트데이터의 위젯 연결선을 더블클릭하여 아래와 같이 확인합니다. 학습데이터 70%와 테스트 데이터 30%로 각각 분리되어 나타나는 것을 확인할 수 있습니다. [Data Sampler] 위젯 설정은 다음과 같습니다.

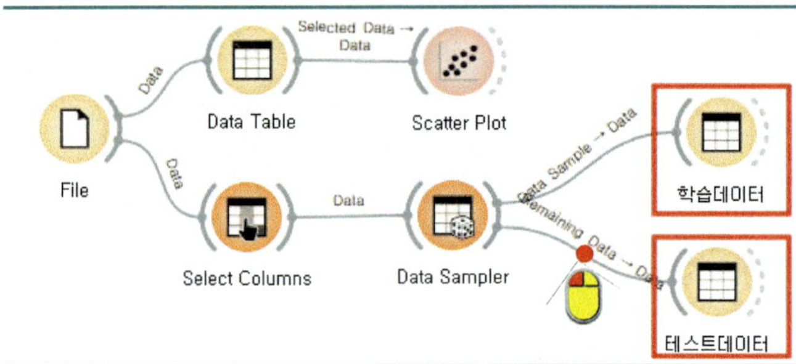


① 학습데이터 : Data Sample과 Data 연결 선택

② 테스트데이터 : Data Sample과 Data 연결을 클릭하여 해제한 후, Remaining Data와 Data 연결을 클릭하여 선택

### 모델 학습 시키기

[Model] 카테고리에 [Linear Regression] 위젯을 학습데이터와 연결하여 데이터를 학습합니다.

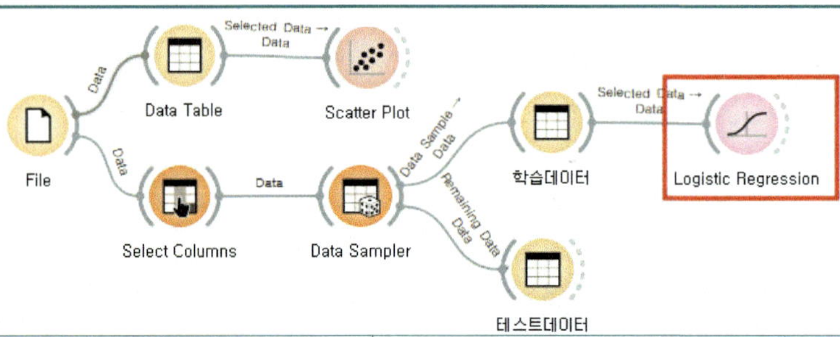


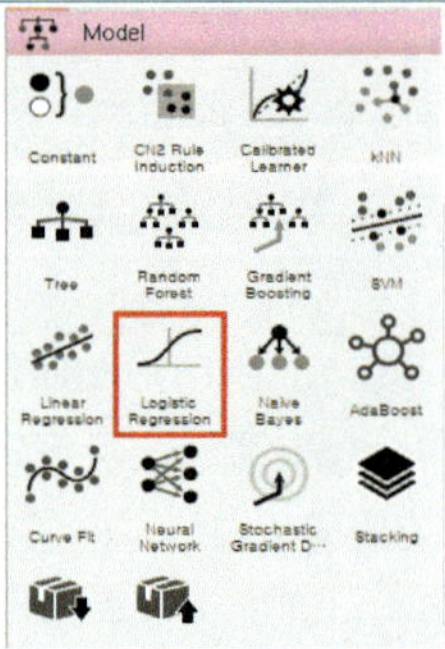


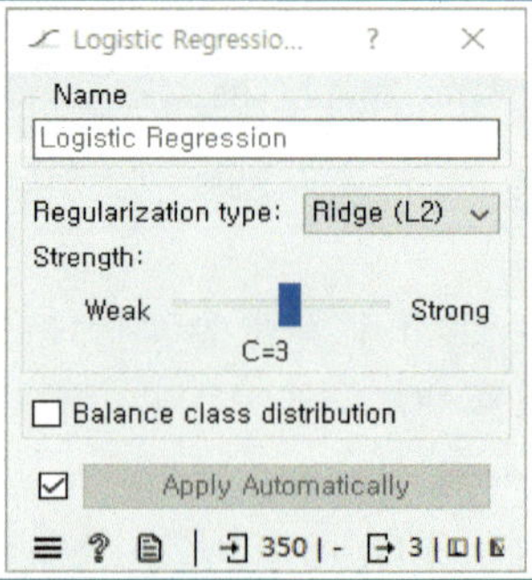

〈표 8-4〉 Logistic Regularization 설정

| Ridge (L2) | 분류를 위한 식의 가중치 제곱의 합 |
|---|---|
| Lasso (L1) | 분류를 위한 식의 가중치 절대값의 합 |
| Weak와 Strong | 데이터를 분류할 때의 강도 |

기계학습에서는 학습의 정도에 따라 모델의 성능이 달라질 수 있습니다. 정규화(Regulatization)는 머신러닝 모델의 일반화 성능을 높이기 위한 기법으로 모델이 과도하게 학습 데이터에 맞춰지는 것을 방지하여 새로운 데이터에 대한 예측 성능을 향상시킬 수 있습니다. 예를 들어 모델이 학습데이터에 지나치게 맞춰져 새로운 데이터에 대한 일반화 성능이 낮아지는 문제 과적합(Overfitting)이 일어납니다. 이를 해결하기 위해 정규화 방법을 사용합니다.

## 2.4 모델 성능확인하기

### 학습 결과 확인하기

학습데이터를 불러와 로지스틱 회귀모델을 만든 후 학습을 완료하였습니다. 이때 만들어진 로지스틱 회귀 모델이 얼마나 정확하게 예측하는지 확인해 봅니다. [Predictions] 위젯을 더블 클릭하면 아래와 같은 결과창이 나타나 검증 결과를 확인할 수 있습니다. 결과창의 첫 번째 열은 Logistic Regression열은 모델이 예측한 값을 나타내고, 회색 바탕의 세번째 Bmi열은 테스트 데이터의 실제 값을 나타낸 값입니다. 전체적으로 실제 값과 예측한 값이 조금 차이는 있지만 유사한 것을 볼 수 있습니다.

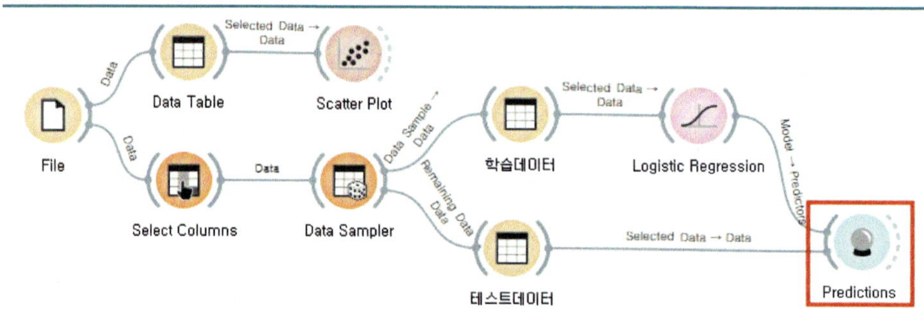


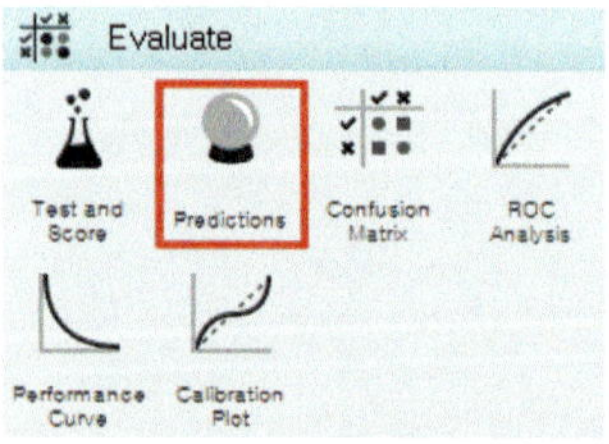


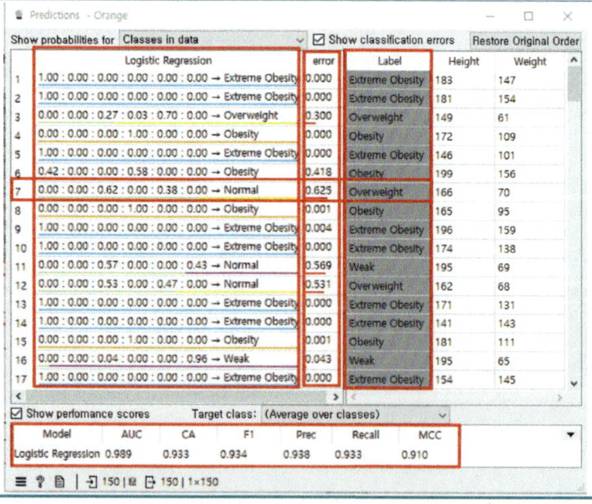


7행의 데이터를 살펴보면 Logistic Regression 모델이 예측한 결과는 Normal이지만 실제 Label 값은 Overweight입니다. 즉 잘못 분류된 것을 알 수 있습니다.

## 인공지능 모델 확인하기

BMI의 Label을 예측하는 인공지능 모델을 완성하였습니다. 어느 정도의 정확도로 예측하였는지 예측 모델의 성능을 평가하는 5개의 평가 지표[참고 8-1]를 살펴봅니다. 위 그림의 하단에 나타난 지표를 보면 분류모델은 회귀모델과 다른 성능지표를 참고한다는 것을 알 수 있습니다.

하단에 나타난 여러 지표를 살펴보면 AUC(0.989), CA(0.933), F1(0.934), Prec(0.938), Recall(0.910)은 1에 가까울수록 정확도가 높습니다. F1값을 중심으로 살펴보면 약 93.4%로 BMI의 Label를 예측합니다. 즉 목적에 따라 다르긴 하지만 BMI를 예측하는 로지스틱 회귀모델은 93.4%의 정확도를 가지며 비교적 우수한 성능이라고 볼 수 있습니다.

## Confusion Matrix를 이용하여 성능 확인하기

[Evaluate]카테고리의 [Confusion Matrix] 위젯을 클릭하거나 오른쪽 화면에서 [Predictions] 위젯을 드래그하여 [Confusion Matrix] 위젯을 선택합니다.

| Actual \ Predicted | Extreme Obesity | Extremely Weak | Normal | Obesity | Overweight | Weak |
|---|---|---|---|---|---|---|
| Extreme Obesity | 61 | 0 | 0 | 0 | 0 | 0 |
| Extremely Weak | 0 | 4 | 1 | 0 | 0 | 0 |
| Normal | 0 | 0 | 17 | 0 | 2 | 0 |
| Obesity | 1 | 0 | 0 | 32 | 2 | 0 |
| Overweight | 1 | 0 | 2 | 0 | 17 | 0 |
| Weak | 0 | 0 | 1 | 0 | 0 | 9 |
| Σ | 63 | 4 | 21 | 32 | 21 | 9 |

이와 같이 [Confusion matrix] 위젯을 이용하면 구체적으로 어떤 경우는 맞혔고 어떤 경우는 틀리게 예측했는지 등을 자세히 알 수 있습니다. 자세한 지표의 개념은 [참고 8-2]를 살펴봅니다. Confusion matrix(혼돈행렬)은 전체 데이터중에서 가로축(실제값)과 세로축(예측값)으로 해당값이 나타납니다. 예를 들어 1행1열을 살펴보면, 실제값 'Extreme obesity'을 'Extreme Obesity'값으로 맞게 예측한 경우 61개 맞췄습니다.

대각선(보라색셀)을 위주로 자세히 살펴보면, Extreme obesity를 맞게 예측한 경우(61), Extrenly weak(4), Normal(17), Obesity(32), Over weight(17), Weak(9)로 맞게 예측한 경우의 갯수입니다. 반면, 4행1열(핑크색셀) Obesity를 Extreme obesity로 잘못 예측한 경우(1)입니다.

## 전체 워크 플로우

### BMI 워크 플로우

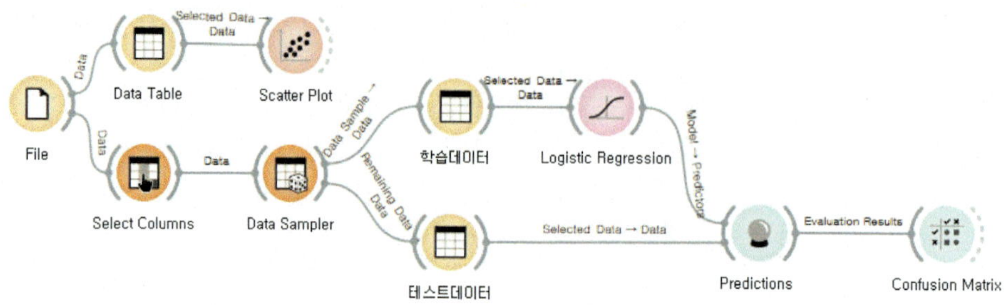

## 참고 8-1 분류 모델 평가 지표

분류 모델의 학습에서 예측[Predictions] 위젯이나 성능평가[Test&Score]를 실행하면 평가지표를 볼 수 있다. AUC, CA, F1, Prec, Recall 의 5개의 평가지표를 사용하여 모델을 평가한다. 4가지 지표는 예측모델을 평가하는 데 널리 사용되므로 지표를 알아두고 결과를 직접 비교하면 유용하다. **참고로 AUC, 정확도, 정밀도, 재현율, F1 Score는 모두 0~1사이의 값을 가지며, 1에 가까워질수록 성능이 좋다.**

### 성능 평가 지표

| 평가지표 | 특징 | 그래프 또는 수식 |
|---|---|---|
| AUC (Area Under the Curve) | ROC 곡선 아래의 면적을 나타내며, 분류 모델의 정확도 지표의 하나로 분류 성능을 평가한다. FPR(거짓양성율)과 TPR(참양성율)의 비율 관계를 나타낸 면적 | 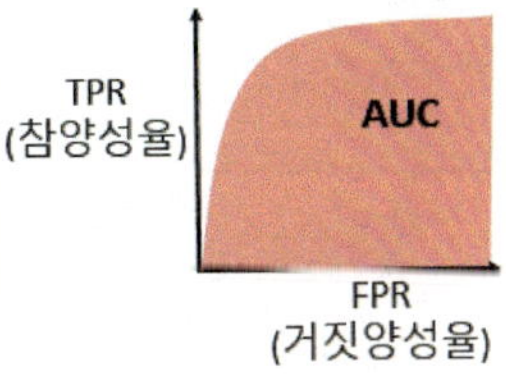  |
| CA (Classfication Accuracy, 분류 정확도) | **가장 일반적인 성능평가 지표로**, 전체 데이터 중 True 또는 False를 정확히 분류하는지 예측한 비율 | $\frac{TP+TN}{(TP+FN+FP+TN)}$ |
| F1 (Precision과 Recall의 조화평균) | 정밀도와 재현율을 어느 한쪽으로 치우치지 않도록 나타낸 수치<br>1에 가까울수록 모델 성능이 좋음 | $2\times\frac{Preecision\times Recall}{Preecision+Recall}$ |
| Precision (PPV, Positive Predictive Value, 정밀도) | True라고 분류한 것 중에서 실제 True인 것의 비율 | $\frac{TP}{TP+FP}$ |
| Recall (재현율, 민감도) | 실제 True인 것 중에서 모델이 True라고 예측한 것의 비율 | $\frac{TP}{TP+FN}$ |

## 참고 8-2 혼동행렬(Confusion Matrix) 평가 지표

분류 모델의 학습에서 [Confusion Martix] 위젯을 실행하면 혼동행렬 평가지표를 볼 수 있다. 혼동행렬 전체 데이터 중에서 어떤 부분을 얼마나 맞추고 틀렸는지 그 개수를 표시해 놓은 표이다. 재현율과 정밀도라는 지표는 관심 있는 척도가 다르기 때문에 하나의 척도만을 측정 방법으로 사용하면 왜곡이 발생할 수 있다.

| | | Predicted(모델의 예측값) | |
|---|---|---|---|
| | | Nagative(음성 No) | Positive(양성 Yes) |
| Actual (실제답) | Nagative(음성 No) | True Negative(TN) | False Positive(FP) |
| | Positive(양성 Yes) | False Negative(FN) | True Positive(TP) |

정밀도 보는방향

재현율 보는 방향

- True Negative(TN) : 실제 False인 정답을 False라고 예측 **(정답)**
- False Positive(FP) : 실제 False인 정답을 True라고 예측 **(오답)**
- False Negative(FN) : 실제 True인 정답을 False라고 예측 **(오답)**
- True Positive(TP) : 실제 True인 정답을 True라고 예측 **(정답)**

## 참고 8-3 머신러닝 모델의 성능평가

### 머신러닝 모델 성능평가의 특징

- 실제값과 모델에 의해 예측된 값을 비교하여 오차를 구한다.
- 예) 실제값 - 예측값 = 0이면 오차가 없이 100%를 잘 맞춘 경우
- 현실적으로 100% 일치하지 않으므로 어느 정도 오차를 허용할지 결정한다.
- 모델 성능평가는 실제값이 있어야 확인할 수 있으므로 지도학습에서 사용한다.
- 모델링의 목적이나 목표 변수의 유형에 따라 평가지표가 다른 것을 알 수 있다

### 머신러닝의 회귀모델과 분류모델 성능평가의 특징

〈표 8-5〉 머신러닝의 회귀와 분류모델 성능평가 비교

| 지도학습 | 예측해야하는 값 | 모델 | 평가방법 |
|---|---|---|---|
| 회귀 (Regression) | 연속형 | kNN, SVM, Tree 등 | MSE, RMSE, MAE, $R^2$ |
| 분류 (Classification) | 범주형 | Logistic Regression, Tree, SVM 등 | AUC, CA, F1, Precision, Recall |

회귀모델과 분류모델의 가장 큰 차이점은 회귀는 연속형 데이터를 분류는 범주형 데이터를 Target으로 설정하고 결과를 예측하는 것이다. 대표적인 모델로는 회귀(Linear Regression), 분류(Logistic Regression, Naive Bayes) 등이 있으며 평가 지표도 각각 다른 지표를 참고한다.

# 3 붓꽃의 분류

## 3.1 붓꽃의 종류를 예측해보자

데이터 분석에서 가장 많이 사용하는 Iris 데이터셋은 머신러닝에서 가장 유명한 데이터셋 중 하나입니다. Iris 데이터는 1930년대에 통계학자이자 유전학자였던 로널드 피셔가 정리한 데이터로, 붓꽃 중 [Setosa, Versicolour, Virginica] 3가지 품종의 꽃잎과 꽃받침의 길이와 넓이 데이터를 갖고 있습니다. 우리는 붓꽃의 꽃잎 길이, 꽃잎 너비, 꽃받침 길이, 꽃받침 너비 특징을 활용해 품종 예측 모델을 구축하고 분류해봅시다.

Iris Setosa Iris Versicolour Iris Virginica

[그림 8-1] Iris 종류10)

## 3.2 데이터 준비

### 데이터 불러오기

Orange3의 Data 카테고리에서 [Datasets] 위젯을 캔버스로 가져와서 더블클릭합니다. 이때Orange3에서 제공하는 'Iris' 파일을 찾아 클릭합니다. 또는 제공된 'Ch08\Iris.csv' 파일을 [Data Table] 위젯을 더블클릭하면 각각 4개의 속성으로 구성된, 150개의 데이터를 확인할 수 있습니다.

10) 출처: wikipedia

Datasets

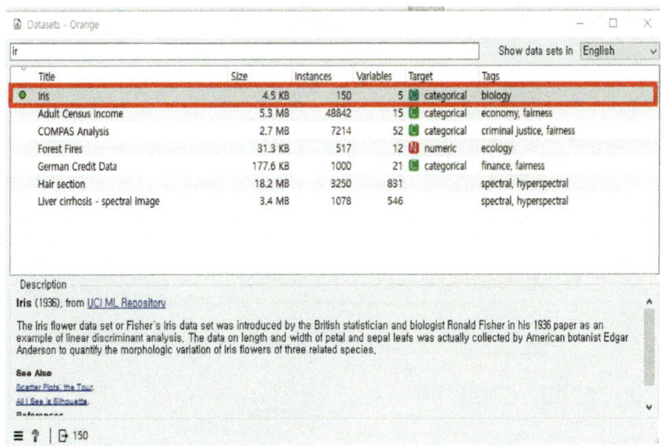

Datasets Data Table

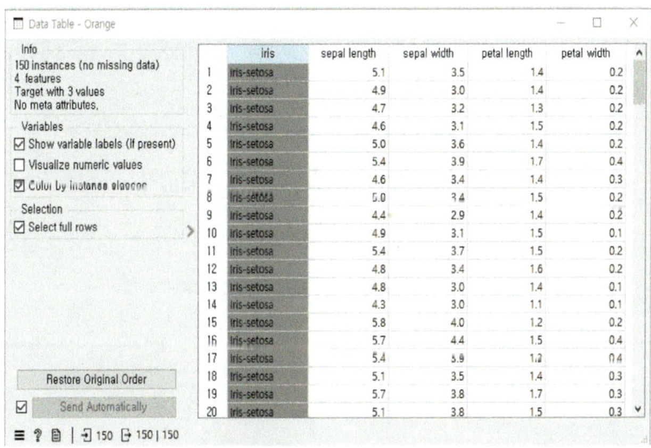


## 데이터 속성 정보 확인하기

인공지능 모델을 만들기 위해서는 데이터의 속성을 파악해야합니다. 위젯을 통해 데이터를 종합적으로 살펴보고, 아래 데이터 속성 정보를 바탕으로 Iris 데이터를 시각화하면 데이터의 내용과 구조를 잘 파악할 수 있다. 그러기 위해서 Iris 데이터의 속성명과 속성 정보를 확인합니다.

〈표 8-6〉 아이리스 데이터 속성

| 속성명 | 속성 정보 |
|---|---|
| Iris | 붓꽃의 종류(Setosa, Versicolour, Virginica) |
| sepal length | 꽃받침 길이 |
| sepal width | 꽃받침 너비 |
| petal length | 꽃잎 길이 |
| petal width | 꽃잎 너비 |

## 데이터 시각화하기

데이터를 분석하기 위해서는 데이터에 대한 기초적적인 정보를 먼저 파악해야합니다. 그러기 위해서 도표, 그래프, 지도와 같은 시각적인 요소들을 사용하여 쉽고 효과적으로 데이터 간의 관계를 이해하고 또 미쳐 발견하지 못한 데이터의 구조나 패턴을 발견할 수 있습니다.

(1) [Feature Statistics] 위젯을 연결하여 시각화하기

[Data] 카테고리의 [Feature Statistics] 위젯을 이용하여 각 특징별로 분포, 평균, 분산, 최솟값, 최댓값, 결측 등을 확인합니다.

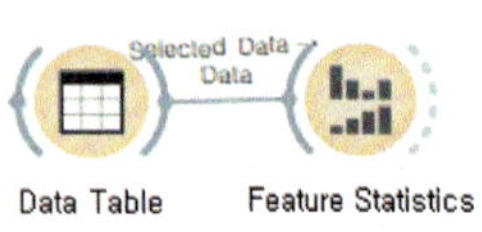

위젯 좌측하단에 Color옵션은 'Iris'를 선택하여 각 꽃들의 특징별 분포를 시각화하여 확인할 수 있습니다. 꽃받침의 길이, 꽃잎의 너비 등 모든 특징에서 차이를 확인할 수 있습니다.

(2) [Scatter Plot] 위젯을 연결하여 시각화하기

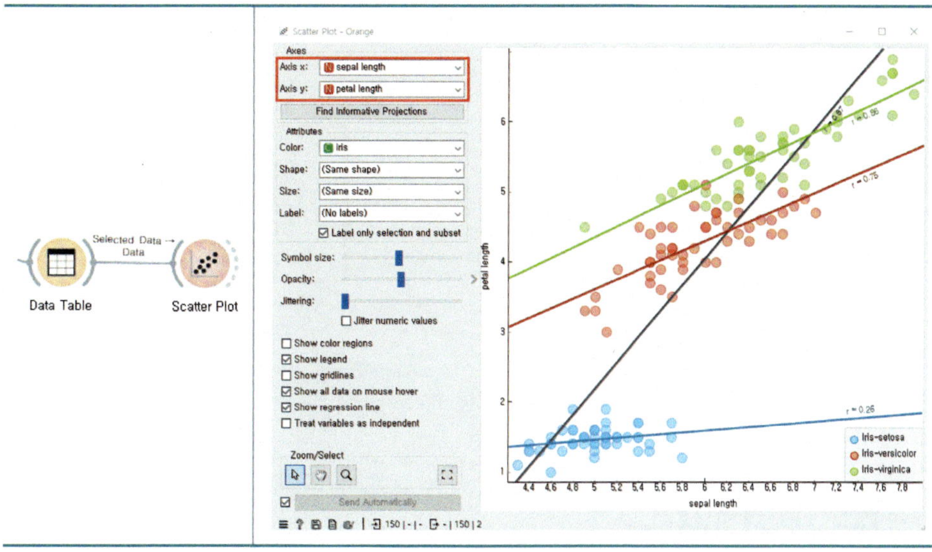


위젯 좌측상단에 Axes의 옵션은(Axis x : 'sepal length', Axis y : 'petal length'를 선택하여 꽃받침의 길이와 꽃잎의 길이의 상관관계를 확인할 수 있습니다. 또 각 꽃들의 특징별 분포를 시각화하여 차이를 확인할 수 있습니다.

## 3.3 모델 선택과 학습

### 학습데이터와 테스트 데이터 나누기

[Data Sampler] 위젯을 사용하여 학습데이터와 테스트데이터로 나누어 진행합니다. 이는 전체 데이터 중 70%는 학습데이터, 30%는 테스트데이터로 사용합니다. 아래 부분을 보면, 150개의 데이터가 입력되었고 그중에서 학습데이터가 70%(105개), 테스트데이터가 30%(45개)로 나누어진 것을 확인할 수 있습니다.

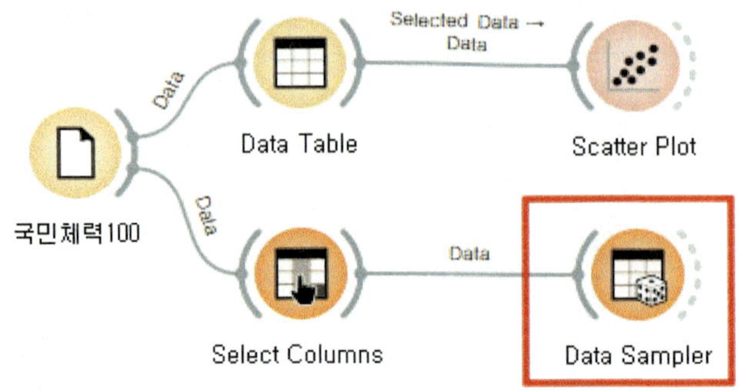


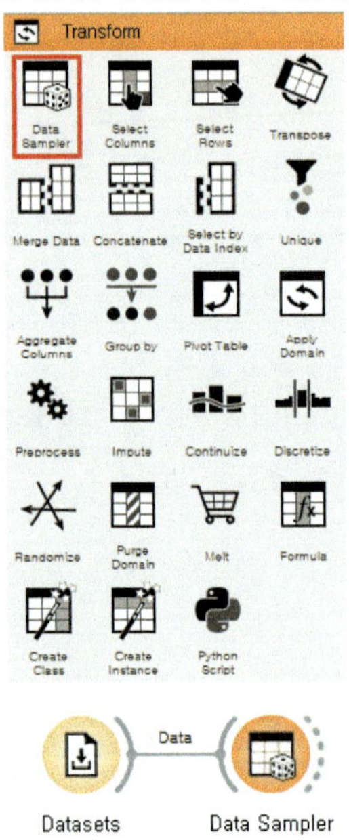


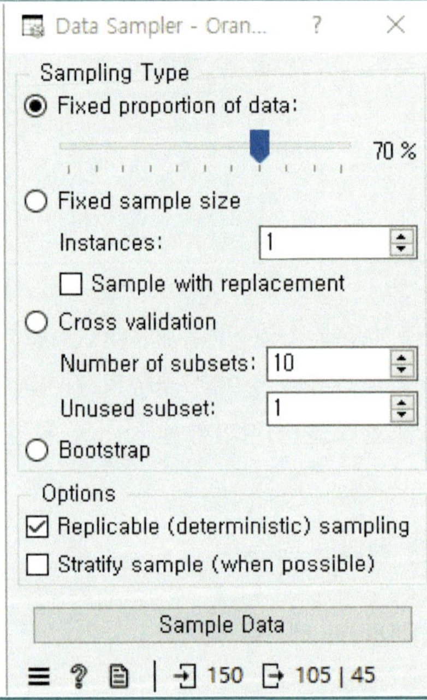


〈표 8-7〉 [Sampler Data] 위젯 설정

| Sampling Type | Fixed proportion of data : 학습데이터를 70%, 테스트 데이터 30%로 설정 |
|---|---|

Fixed proportion of data : 학습데이터를 70%, 테스트 데이터 30%로 설정로 설정합니다.

## 학습데이터와 테스트데이터 분리하기

[Data Table] 위젯을 사용하여 학습데이터와 테스트데이터를 각각 연결합니다. 학습데이터와 테스트데이터의 위젯 연결선을 더블클릭하여 아래와 같이 확인합니다. 학습데이터 70%와 테스트 데이터 30%로 각각 분리되어 나타나는 것을 확인할 수 있습니다. [Data Sampler] 위젯 설정은 다음과 같습니다.

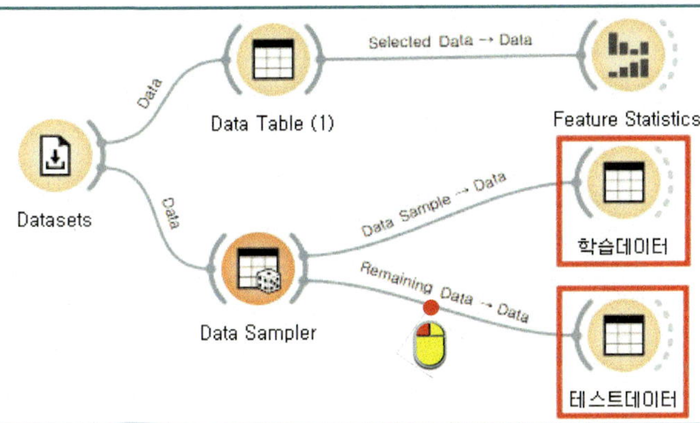


## 모델 학습 시키기

[Model] 카테고리의 [Logistic Regression], [kNN], [Random Forest] 위젯을 학습데이터와 연결하여 데이터를 학습합니다.

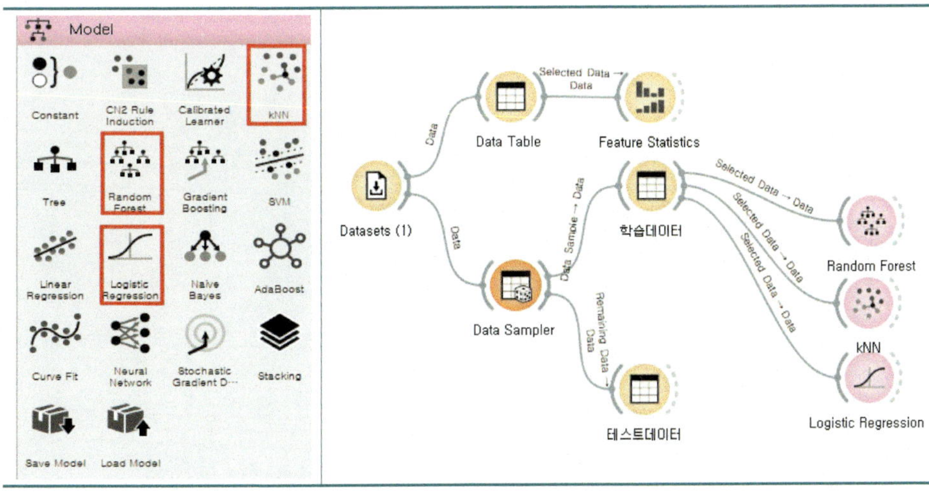

〈표 8-8〉 Model 위젯에서 자주 사용하는 모델의 특징

| 구분 | 특징 |
|---|---|
| Random Forest | • 의사결정나무(Decision Tree) 모델을 여러 개 결합한 앙상블 모델<br>• 개별 의사결정나무의 약점을 보완하여 높은 정확도와 안정성 제공<br>• 다양한 유형의 데이터에 적용 가능하며 과적합 문제를 해결할 수 있음 |
| kNN | • 분류 및 회귀 문제에 모두 적용 가능하며, 특히 비선형 경계면을 가진 문제에서 좋은 성능을 보임<br>• 데이터 특성과 문제 유형에 따라 적절한 거리 측정 방법과 k 값을 선택하는 것이 중요함 |
| Logistic Regression | • 종속변수가 이진 분류(binary classification) 문제에 적합한 모델<br>• 독립변수와 종속변수 간의 비선형 관계를 로지스틱 함수를 통해 모델링 |

## 3.4 모델 성능 확인하기

### 학습 결과 확인하기

[Evaluate] 카테고리의 [Test and Score] 위젯을 클릭하여 학습 모델과 연결합니다. 데이터에 대한 학습 알고리즘을 테스트할 때는 반드시 입력으로 학습데이터와 알고리즘이 연결되어야 합니다. 학습데이터를 불러와 [Logistic Regression], [kNN], [Random Forest] 모델을 만든 후 학습을 완료하였습니다. 이때 만들어진 학습 모델이 얼마나 정확하게 예측하는지 확인해 봅니다. [Test and Score] 위젯을 더블클릭하여 학습 결과를 확인합니다.

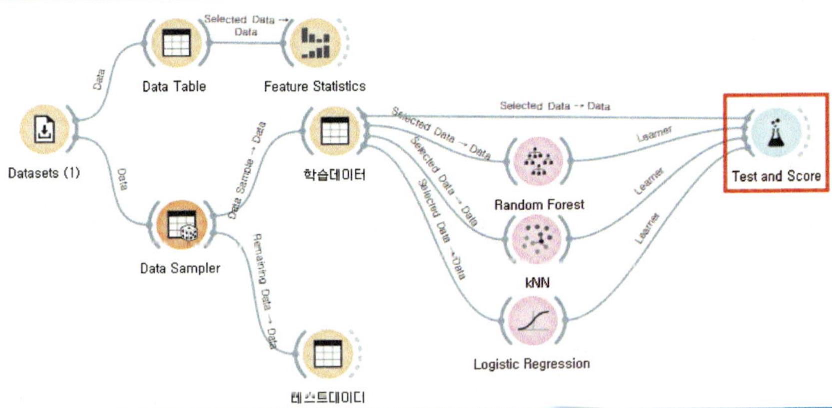


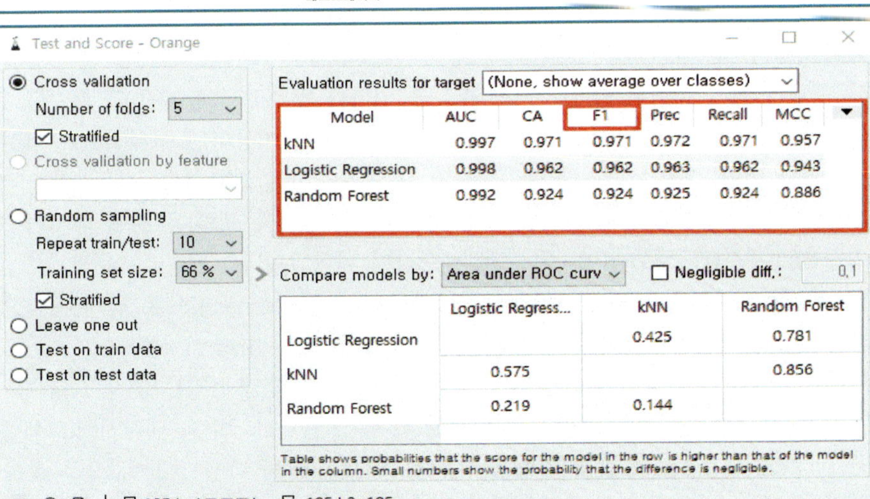

Iris를 예측하는 분류 모델을 완성하였습니다. 어느 정도의 정확도로 예측하였는지 예측 모델의 성능을 평가하는 4개의 평가지표[참고 8-1]를 바탕으로 결과를 확인합니다. 결과에 나타난 여러 지표를 살펴보면 AUC, CA, F1, Prec, Recall은 1에 가까울수록 정확도가 높습니다. F1값을 중심으로 살펴보면 kNN(0.971), Logistic Regression(0.962), Random forest(0.924)로 나타났습니다. 'F1' 항목을 클릭하면 정렬이 됩니다. 즉 목적에 따라 다르긴 하지만 kNN 학습 모델이 97.1%로 가장 높은 설명력을 가지며 비교적 우수한 성능이라고 볼 수 있습니다.

### Confusion Matrix를 이용하여 성능 확인하기

각 지표의 모델의 성능을 정확히 판단하기 위해서는 [Test and Score] 또는 [Predictions] 모델에 추가적으로 혼동행렬을 연결하여 분석할 수 있어야 합니다. [Evaluate]카테고리의 [Confusion Matrix] 위젯을 클릭하거나 오른쪽 화면에서 [Test and Score] 위젯을 드래그하여 [Confusion Matrix] 위젯을 선택합니다.

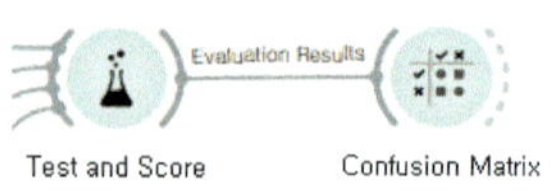


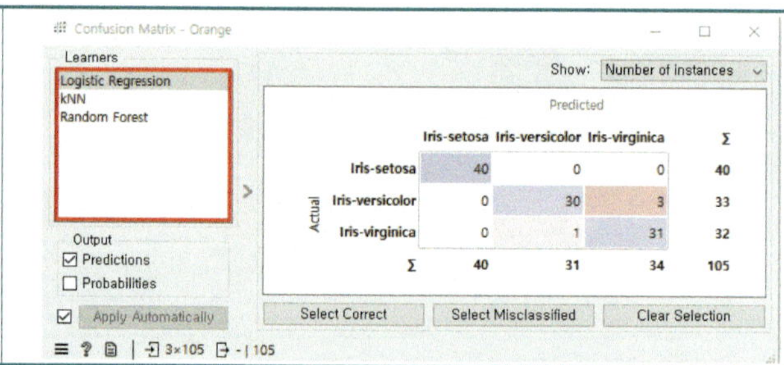


혼동행렬은 전체 데이터 중에서 어떤 부분을 얼마나 맞추고 틀렸는지 그 개수를 표시해 놓은 표입니다. 위와같이 [Confusion matrix] 위젯을 이용하면 구체적으로 어떤 경우는 맞혔고 어떤 경우는 틀리게 예측했는지 등을 자세히 알 수 있습니다. 자세한 지표의 개념은 [참고 8-2]를 살펴봅니다. Confusion matrix(혼돈행렬)은 전체 데이터 중에서 가로축(실제값)과 세로축(예측값)으로 해당값이 나타납니다.

대각선(보라색셀)을 위주로 자세히 살펴보면, setosa를 setosa값으로 맞게 예측한 경우(40), versicolor를 versicolor로 맞게 예측한 경우(30), virginica를 virginica로 맞게 예측한 경우(31)로 정확하게 예측한 개수입니다. 즉 대각선에 있는 숫자가 클수록 컴퓨터가 학습을 잘했거나 예측을 잘한것이라고 할 수 있습니다. 반면, 대각선(핑크색셀)의 versicolor를 virginica로 잘못 예측한 경우(3), virginica를 versicolor값으로 잘못 예측한 경우(1)을 나타냅니다. 학습모델명을 클릭하면서 예측 성공, 실패를 확인해 봅니다.

### 모델 성능 결과 확인하기

학습데이터를 불러와 로지스틱 회귀모델을 만든 후 학습을 완료하였습니다. 이때 만들어진 로지스틱 회귀 모델이 얼마나 정확하게 예측하는지 확인해 봅니다. [Predictions] 위젯을 불러와 테스트 데이터와 연결한 후 더블 클릭하면 아래와 같은 결과창이 나타나 검증 결과를 확인할 수 있습니다.

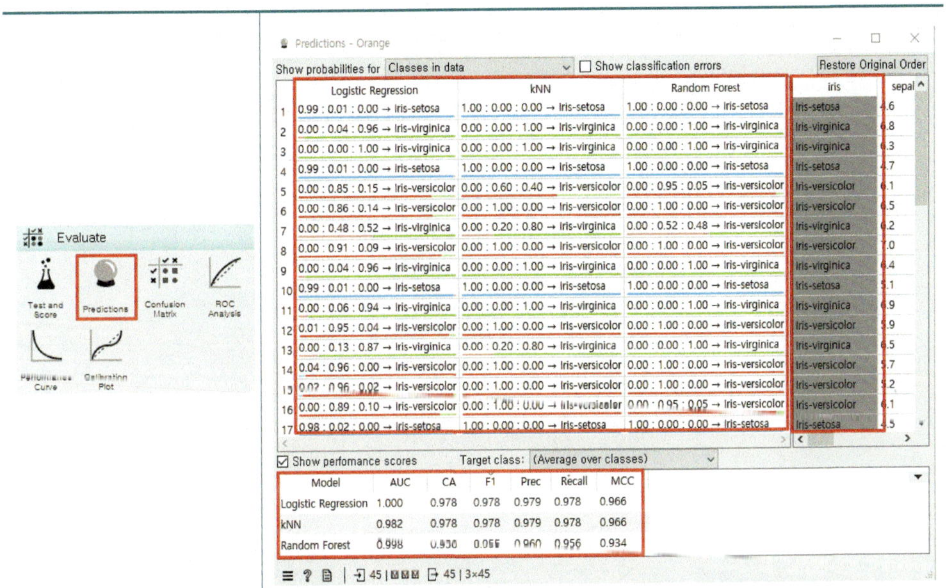


결과창의 1~3번째 열은 Logistic Regression, kNN, Random Forest 모델이 예측한 값을 나타내고, 회색 바탕의 4번째 iris열은 실제 값을 나타낸 값입니다. 전체적으로 실제값과 예측한 값이 유사한 것을 볼 수 있습니다.

하단의 지표중 F1을 살펴보면 Logistic Regression(0.987), kNN(0.987)로 나타났으며, 98.7%의 가장 높은 설명력을 나타냅니다. 즉 F1값은 1에 가까울수록 성능이 우수하므로 Random Forest 모델이 성능이 가장 좋은 것으로 나타났습니다.

## 전체 워크플로우

Iris 워크 플로우

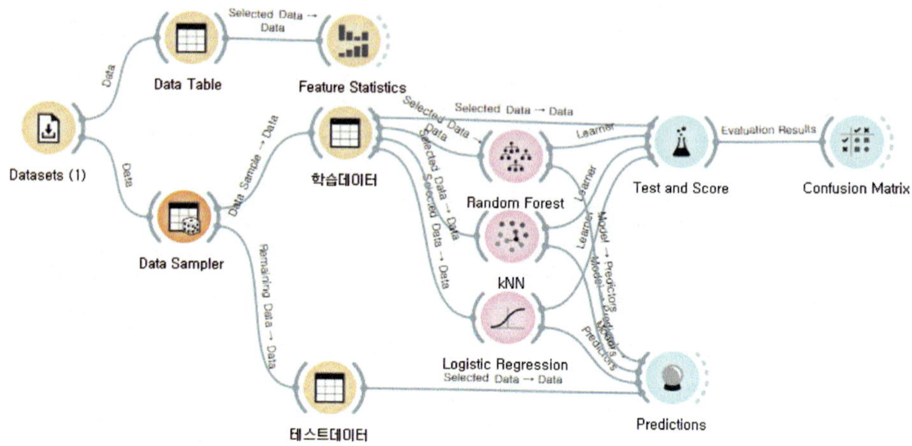

## 4 생존율 예측하기

### 4.1 생존율을 예측해보자

지도학습의 회귀를 이용하여 타이타닉 데이터를 분석하여 생존자를 예측해 봅시다. 타이타닉호는 사우샘프턴에서 뉴욕으로 가는 첫 항해를 시작하니 4일만에 1912년 4월 15일 새벽 북대서양에서 침몰하였습니다. 그 당시에는 'Lady First'라는 인식이 존재하여 어린이와 여성부터 우선적으로 구조했다고 합니다. 타이타닉호에는 부자, 일반인, 가난한 이민자, 사회적 위치가 높거나 낮은 사람 등 다양한 부류의 사람들이 있었습니다. 또한 객실은 1등실 ~ 3등실이 있었으며 3등실은 여러 구역이 철창으로 막혀 제한되어 있었고 배가 미로처럼 복잡했기 때문에 탈출에 지장을 빚었으며, 3등실은 승객들 중에는 영어를 잘 하지 못하는 승객들도 많았다고 합니다. 이러한 탑승자 데이터의 다양한 특징을 기반으로 승객이 생존 예측 모델을 만들어 봅니다. Titianic 데이터는 데이터 분석, 머신러닝, 예측 모델링을 배우는 사람들에게 인기 있는 입문 데이터셋 역할을 합니다.

[그림 8-2] 타이타닉 영화 포스터11)

#### 타이타닉 생존 예측

타이타닉 데이터셋을 사용하여 생존 여부를 예측하는 작업은 분류 문제의 대표적인 예입니다. 승객의 나이, 성별, 승선 클래스 등의 정보를 바탕으로 해당 승객이 생존했는지 여부를 예측합니다.

11) 출처 : https://www.kaggle.com/datasets/mahmoudshogaa/titanic-dataset

- 로지스틱 회귀: 승객의 특성을 사용하여 생존 확률을 계산
- 랜덤 포레스트: 여러 의사 결정 나무를 사용하여 생존 여부를 예측
- 나이브 베이즈: 승객의 각 특성에 대한 조건부 확률을 사용하여 생존 여부를 예측

이와 같이 다양한 분류 모델을 통해 데이터를 분석하고 예측할 수 있습니다. 각각의 모델은 고유한 장점과 단점을 가지며, 데이터의 특성과 분석 목적에 따라 적절한 모델을 선택하는 것이 중요합니다.

## 4.2 데이터 준비

### 데이터 불러오기

Orange3의 [Datasets] 위젯에서 Titanic 데이터셋은 4개의 특징이 있습니다. 더 많은 특징을 가져오기 위하여 캐글사이트를 접속하여 'Titanic'으로 검색 후 타이나틱 데이터를 다운받습니다(https://www.kaggle.com/datasets/mahmoudshogaa/titanic-dataset). 압축을 풀어 Orange3의 Data 카테고리에서 [File] 위젯을 캔버스로 가져와서 더블클릭합니다. 다운받은 Titanic-Dataset.csv 파일을 찾아 불러옵니다. 이때 Survived 항목을 'target'로 설정합니다([Select Columns] 위젯을 사용하여 필요시 'target' 설정 가능).

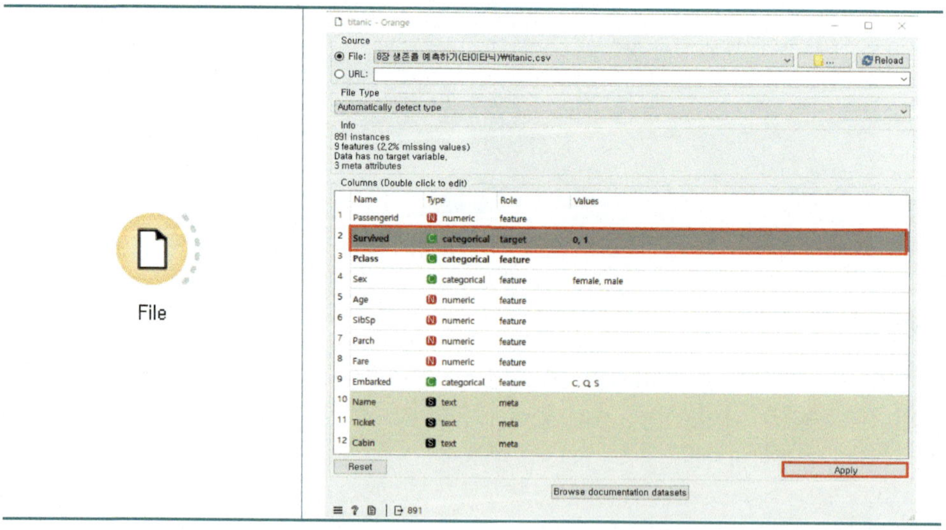

[Data Table] 위젯을 더블클릭하면 각각 12개의 속성으로 구성된, 891개의 데이터를 확인할 수 있습니다.

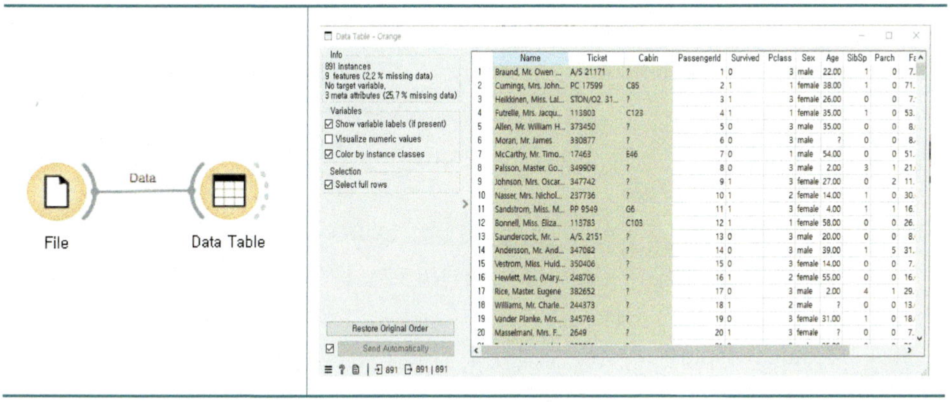


## 데이터 속성 정보 확인하기

인공지능 모델을 만들기 위해서는 데이터의 속성을 파악해야합니다. 데이터의 속성을 파악하기 위해 위젯을 통해 데이터를 종합적으로 살펴보고, 아래 데이터 속성 정보를 바탕으로 타이타닉 승객 데이터를 시각화하면 데이터의 내용과 구조를 잘 파악할 수 있습니다. 승객 데이터의 속성명과 속성 정보는 다음과 같습니다.

〈표 8-9〉 타이타닉 속성 정보

| 속성명 | 속성 정보 |
|---|---|
| PassengerId | 승객 번호 |
| Survived | 승객의 생존 여부 (1 : 생존, 0 : 사망) |
| Pclass(티켓 등급) | 승선권 클래스<br>(1등급, 2등급, 3등급) |
| Name | 승객의 이름 |
| Sex | 승객의 성별 |
| Age | 승객의 나이 |
| SibSp | 타이타닉호 탑승시 동승한 형제 자매 또는 배우자의 수 |
| Parch | 타이타닉호 탑승시 동승한 부모 또는 자녀의 수 |
| Ticket | 티켓 번호 |

| 속성명 | 속성 정보 |
|---|---|
| Fare | 티켓 금액 |
| Cabin | 선실번호 |
| Embarked | 승선장소(C= Cherbourg, Q= Queenstown, S= Southampton) |

## 데이터 시각화하기

데이터를 분석하기 위해서 도표, 그래프, 지도와 같은 시각적인 요소들을 사용하여 효과적으로 데이터 간의 관계를 이해하고 데이터의 구조나 패턴을 발견할 수 있습니다.

(1) [Mosaic Display] 위젯을 연결하여 집값과 상관관계 확인하기

[Visualize] 카테고리의 [Mosaic Display] 위젯을 이용하여 각 특징과 상관관계를 파악해 봅니다.

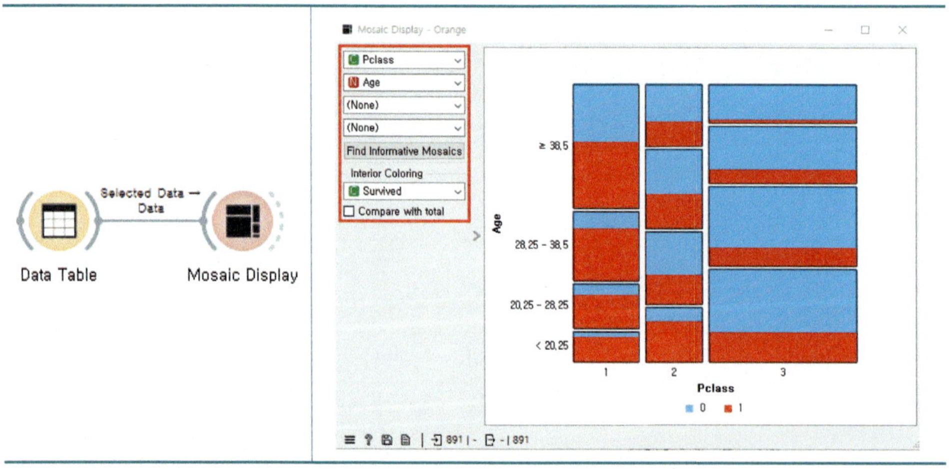


[Mosaic Display] 위젯 창에서 상단에는 'Pclass'와 'Age' 항목을 선택하고, Interior Coloring 옵션은 'Survived'로 설정합니다. 위 그림은 생존여부에 따른 티켓 등급별 나이에 관한 데이터를 시각화하여 나타냅니다. 1등급에서 3등급으로 갈수록 생존자보다 사망자가 많다는 것을 알 수 있습니다. 3등급에서 20.25세 이하가 높은 비율을 차지하고 있습니다.

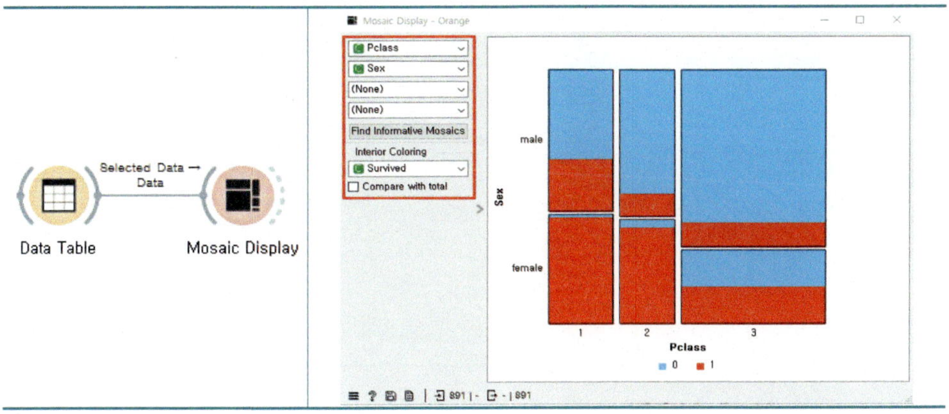


이번에는 [Mosaic Display] 위젯 창에서 'Pclass'와 'Sex' 항목으로 변경하고 선택하고, Interior Coloring 옵션은 'Survived'로 설정합니다. 위 그림은 생존여부에 따른 티켓 등급별 성별에 관한 데이터를 시각화하여 나타냅니다. 1등급에서 생존율이 가장 높았으며, 특히 'female'은 96.8%로 높은 생존율을 보였습니다. 3등급으로 갈수록 생존자보다 사망자가 많다는 것을 알 수 있습니다. 성별의 비율은 1등급, 2등급에서는 거의 비슷하고, 3등급은 남자의 비율이 더 높습니다.

(2) [Box Plot] 위젯을 연결하여 시각화하기

[Visualize] 카테고리의 [Box Plot] 위젯을 이용하여 값을 확인합니다.

[Box plot] 위젯을 이용하여 Variable를 'Age'로 설정하고, Subgroups옵션은 'Pclass'로 설정하여 등급별 연령의 차이를 시각적으로 확인할 수 있습니다.

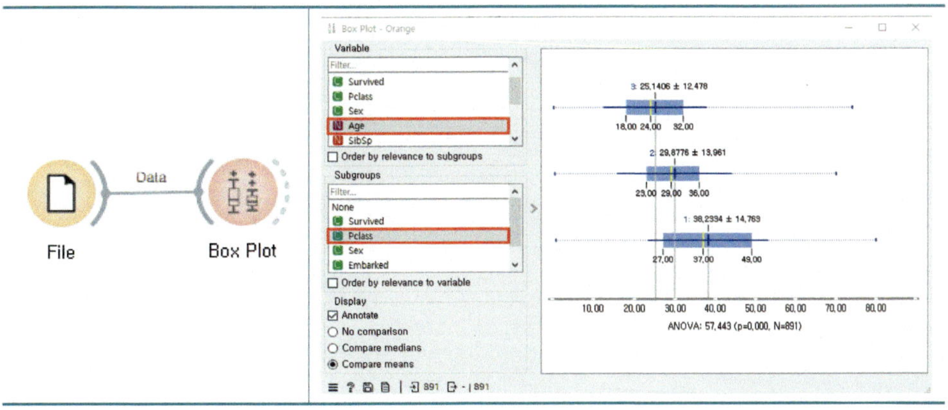

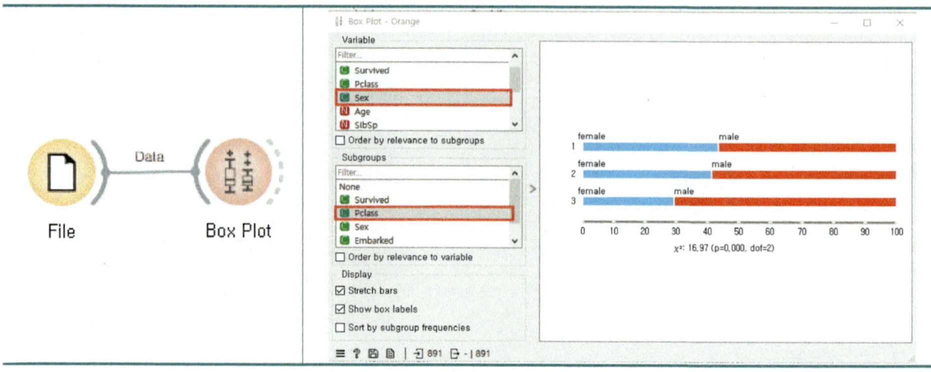


[Box plot] 위젯을 이용하여 Variable를 'Sex'로 설정하고, Subgroups옵션은 'Pclass'로 설정하여 등급별 성별의 생존율 차이를 시각적으로 확인할 수 있으며, 여성의 비율이 남성의 비율보다 생존율이 높다는 것을 알 수 있었습니다.

## 데이터 전처리하기

[Datasets] 위젯으로 가져온 데이터를 모델 학습에 사용하기 위해서는 [Select Columns] 위젯으로 필요한 속성의 데이터만 선택할 수 있습니다. Target 설정이나 분석에 필요하지 않은 데이터를 설정하기 위해 [Select Columns] 위젯을 더블클릭하여 실행합니다. Embarked, Passengerld, Survived 속성을 좌측 Ignored 창으로 이동한 후 Survived 속성은 다시 다시 우측 Target 창으로 이동합니다. Name, Ticket, Cabin은 Metas로 이동합니다.

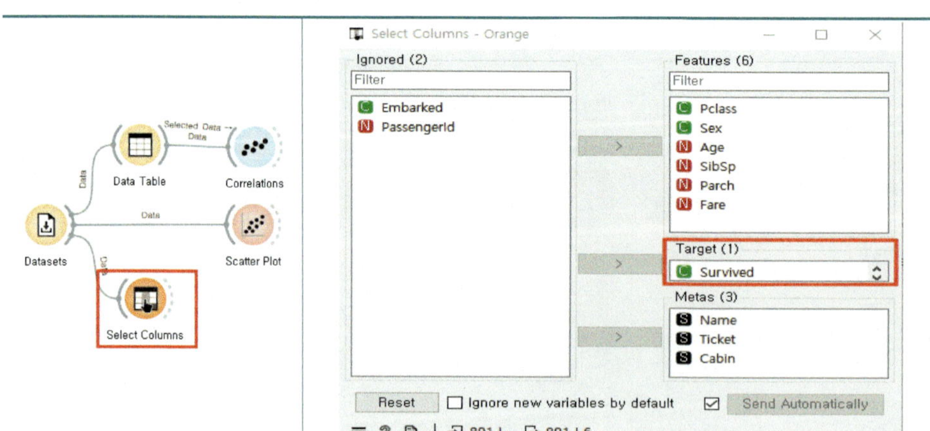

## 4.3 모델 선택과 학습

### 학습데이터와 테스트데이터 나누기

[Data Sampler] 위젯을 사용하여 학습데이터와 테스트데이터로 나누어 진행합니다. 전체 데이터 중 70%는 학습데이터, 30%는 테스트데이터로 사용합니다. 하단을 보면, 891개의 데이터가 입력되었고 그중에서 학습데이터가 70%(624개), 테스트데이터가 30%(267개)로 나누어진 것을 확인할 수 있습니다. [Data Sampler] 위젯 설정은 다음과 같습니다.

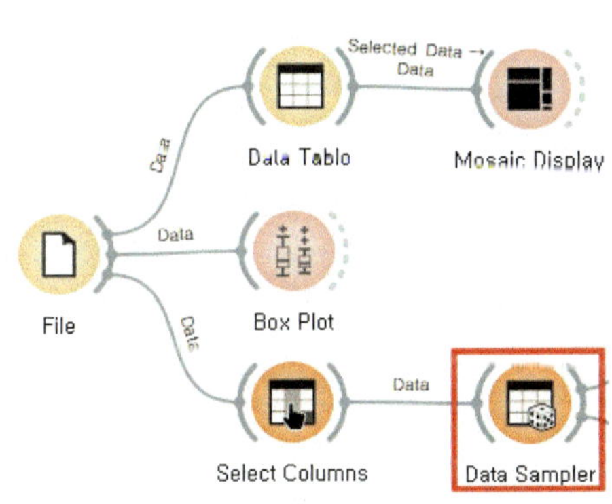


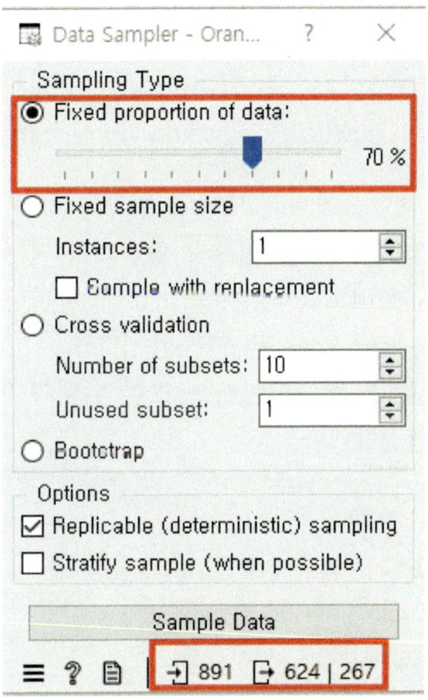


### 학습데이터와 테스트 데이터 분리하기

[Data Table] 위젯을 사용하여 학습데이터와 테스트데이터를 각각 연결합니다. 학습데이터와 테스트데이터의 위젯 연결선을 더블클릭하여 아래와 같이 확인합니다. 학습데이터 70%와 테스트 데이터 30%로 각각 분리되어 나타나는 것을 확인할 수 있습니다.

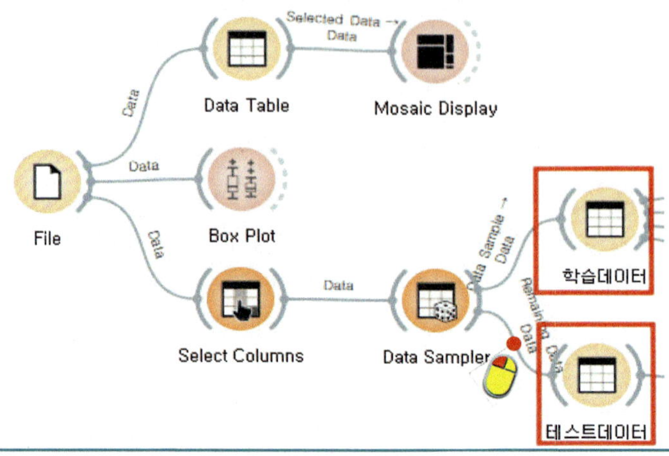


### Logistic Regression, Randaom Forest, Tree, Naive Bayes 모델 학습하기

기계학습에서는 모델의 종류에 따라 성능이 달라질 수 있습니다. 따라서 여러 모델을 생성하고 비교할 필요가 있습니다. 다음은 지도학습에서 자주 사용되는 분류 모델 몇가지를 살펴보고 성능을 비교해 봅니다. [Model] 카테고리에 [Logistic Regression], [Random Forest], [Tree], [Naive Bayes] 위젯을 학습데이터와 연결하여 데이터를 학습합니다. 학습데이터를 모델 위젯과 연결한 후 모델의 출력을 [Test and Score] 위젯과 연결합니다.

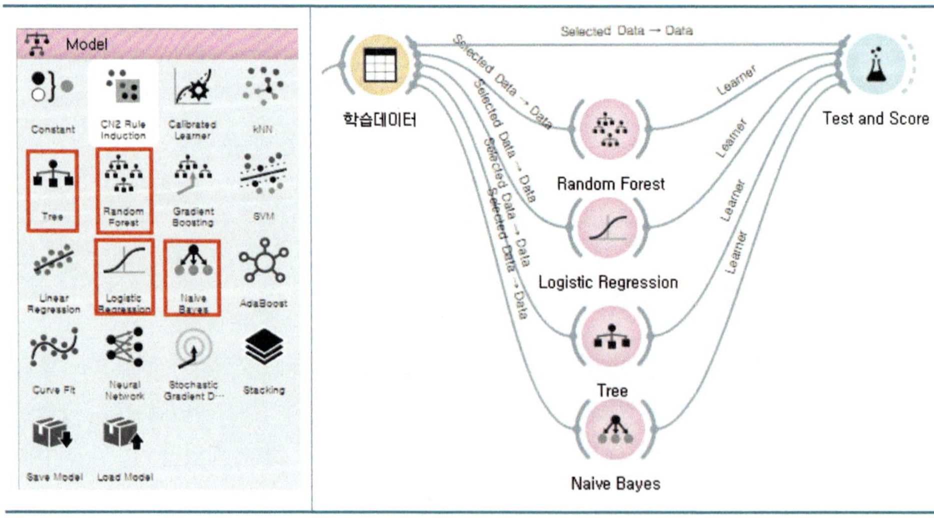

〈표 8-10〉 Model 위젯에서 자주 사용하는 모델의 특징

| 구분 | 특징 |
| --- | --- |
| Random Forest<br>(랜덤 포레스트) | • 새로운 데이터 포인트의 분류를 위해 가장 가까운 k개의 이웃을 찾아 다수결로 결정하는 알고리즘<br>• 데이터의 분포에 대한 가정이 필요 없어 유연하고 직관적인 모델 |
| Naive Bayes<br>(나이브베이즈) | • 나이브 베이즈는 조건부 확률을 기반으로 한 분류 알고리즘<br>• 각 특성이 독립적이라고 가정하며, 베이즈 정리를 사용하여 클래스의 사후 확률을 계산 |
| Tree(트리) | • 속성 공간을 초평면으로 분리하여 서로 다른 클래스 또는 클래스 값의 인스턴스 사이의 여백을 최대화 하는 알고리즘 |
| Logistic Regression<br>(로지스틱 회귀) | • 종속변수가 이진 분류(binary classification) 문제에 적합한 모델<br>• 독립변수와 종속변수 간의 비선형 관계를 로지스틱 함수를 통해 모델링 |

## 4.4 모델 성능 확인하기

### 학습 결과 확인하기

학습데이터를 불러와 Random Forest, Logistic Regression, Tree, Naive Bays 학습 모델을 만든 후 학습을 완료하였습니다. 이때 만들어진 학습모델이 얼마나 정확하게 예측하는지 확인해 봅니다.

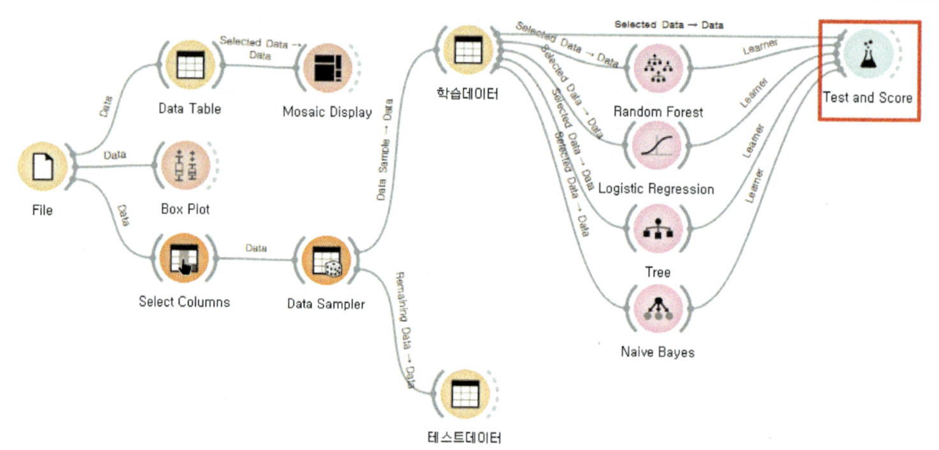


[Test and Score] 위젯을 더블 클릭하면 아래와 같은 결과창이 나타나 학습 결과를 확인할 수 있습니다.

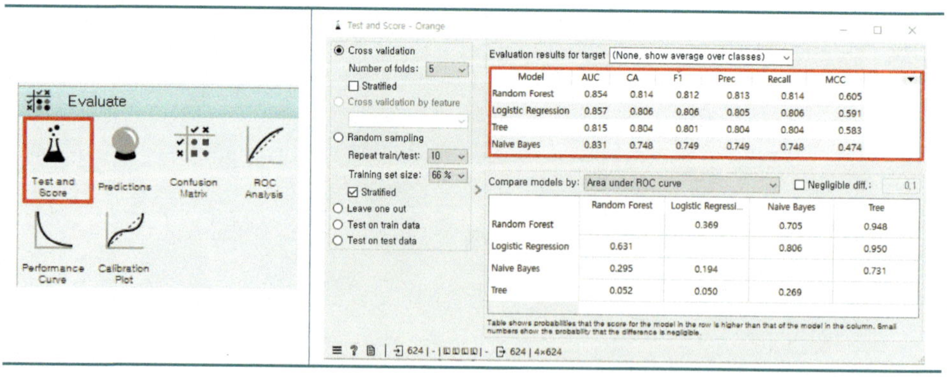

타이타닉 생존율을 예측하는 인공지능 모델(Logistic Regression, Randaom Forest, Tree, Naive Bayes)을 완성하였습니다. 어느 정도의 정확도로 예측하였는지 학습 모델의 성능을 평가하는 4개의 평가지표[참고 8-1]를 살펴봅니다. 각 모델의 성능을 비교하기 위해 F1값을 중심으로 살펴보면 Random Forest(0.812)로 나타났으며, 81.2%의 가장 높은 설명력을 나타냅니다. 즉 F1값은 1에 가까울수록 성능이 우수하므로 Random Forest 모델이 성능이 가장 좋은 것으로 나타났습니다.

## Confusion Matrix를 이용하여 성능 확인하기

[Evaluate] 카테고리의 [Confusion Matrix] 위젯을 클릭하거나 오른쪽 화면에서 [Predictions] 위젯을 드래그하여 [Confusion Matrix] 위젯을 선택합니다.

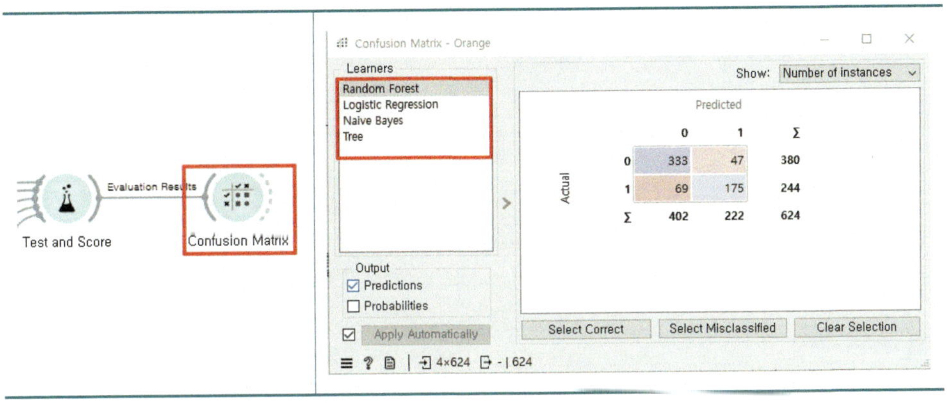


이와 같이 [Confusion matrix] 위젯을 이용하면 구체적으로 어떤 경우는 맞혔고 어떤 경우는 틀리게 예측했는지 등을 자세히 알 수 있습니다. 자세한 지표의 개념은 [참고 8-2]를 살펴봅니다. Confusion matrix(혼돈행렬)은 전체 데이터 중에서 가로축(실제값)과 세로축(예측값)으로 해당값이 나타납니다. 먼저 Random Forest의 경우 대각선(보라색셀)을 위주로 자세히 살펴보면, 실제값 '0'을 예측값 '0'으로 맞게 예측한 경우(333), 실제값 '1'을 예측값 '1'로 맞게 예측한 경우(175)로 맞게 예측한 경우의 갯수입니다. 반면, 대각선(핑크색셀)을 보면 '0'을 '1'로 틀리게 예측한 경우(47), '1'을 '0'으로 틀리게 예측한 경우(69)개로 잘못 예측한 경우입니다.

각각 4개의 모델을 클릭하면서 실제값과 예측값의 맞춘 횟수를 비교해 봅니다. 이렇게 실제 예측할 때는 여러 모델을 사용해보고 목적에 따라 정확도가 높거나 에러율이 적은 모델 등 목적에 맞게 모델을 선택할 수 있습니다.

## 성능 결과 확인하기

[Predictions] 위젯에서 데이터에 대한 학습 알고리즘을 테스트할 때는 반드시 입력으로 테스트할 데이터와 알고리즘이 연결되어야 합니다.

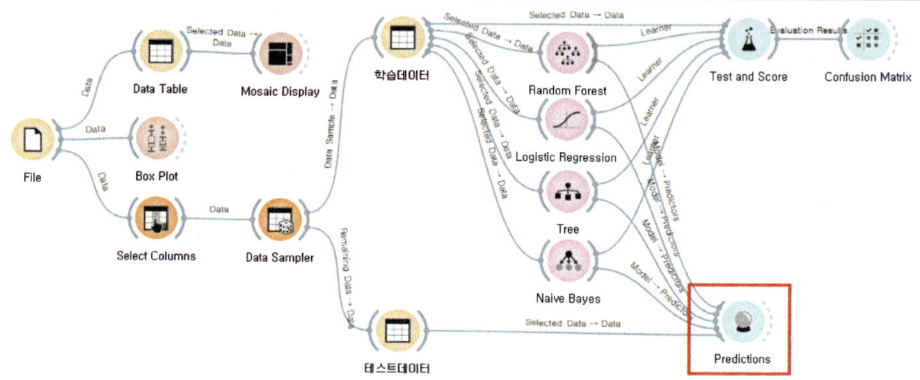


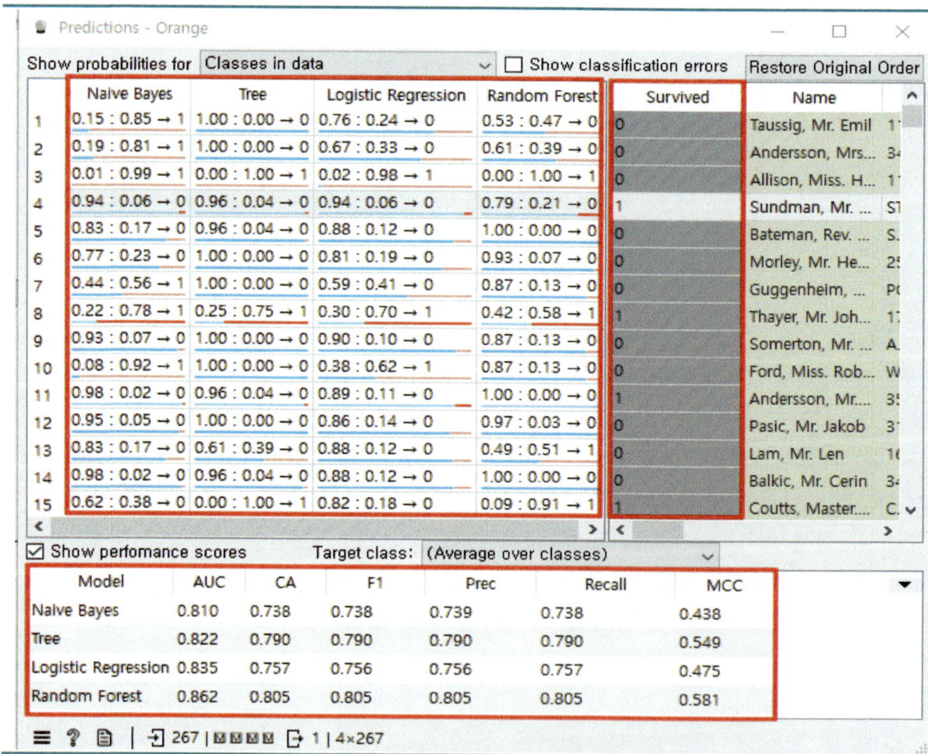


| | Naive Bayes | Tree | Logistic Regression | Random Forest | Survived | Name |
|---|---|---|---|---|---|---|
| 1 | 0.15 : 0.85 → 1 | 1.00 : 0.00 → 0 | 0.76 : 0.24 → 0 | 0.53 : 0.47 → 0 | 0 | Taussig, Mr. Emil |
| 2 | 0.19 : 0.81 → 1 | 1.00 : 0.00 → 0 | 0.67 : 0.33 → 0 | 0.61 : 0.39 → 0 | 0 | Andersson, Mrs.... |
| 3 | 0.01 : 0.99 → 1 | 0.00 : 1.00 → 1 | 0.02 : 0.98 → 1 | 0.00 : 1.00 → 1 | 0 | Allison, Miss. H... |
| 4 | 0.94 : 0.06 → 0 | 0.96 : 0.04 → 0 | 0.94 : 0.06 → 0 | 0.79 : 0.21 → 0 | 1 | Sundman, Mr. ... |
| 5 | 0.83 : 0.17 → 0 | 0.96 : 0.04 → 0 | 0.88 : 0.12 → 0 | 1.00 : 0.00 → 0 | 0 | Bateman, Rev. ... |
| 6 | 0.77 : 0.23 → 0 | 1.00 : 0.00 → 0 | 0.81 : 0.19 → 0 | 0.93 : 0.07 → 0 | 0 | Morley, Mr. He... |
| 7 | 0.44 : 0.56 → 1 | 1.00 : 0.00 → 0 | 0.59 : 0.41 → 0 | 0.87 : 0.13 → 0 | 0 | Guggenheim, ... |
| 8 | 0.22 : 0.78 → 1 | 0.25 : 0.75 → 1 | 0.30 : 0.70 → 1 | 0.42 : 0.58 → 1 | 1 | Thayer, Mr. Joh... |
| 9 | 0.93 : 0.07 → 0 | 1.00 : 0.00 → 0 | 0.90 : 0.10 → 0 | 0.87 : 0.13 → 0 | 0 | Somerton, Mr. ... |
| 10 | 0.08 : 0.92 → 1 | 1.00 : 0.00 → 0 | 0.38 : 0.62 → 1 | 0.87 : 0.13 → 0 | 0 | Ford, Miss. Rob... |
| 11 | 0.98 : 0.02 → 0 | 0.96 : 0.04 → 0 | 0.89 : 0.11 → 0 | 1.00 : 0.00 → 0 | 1 | Andersson, Mr.... |
| 12 | 0.95 : 0.05 → 0 | 1.00 : 0.00 → 0 | 0.86 : 0.14 → 0 | 0.97 : 0.03 → 0 | 0 | Pasic, Mr. Jakob |
| 13 | 0.83 : 0.17 → 0 | 0.61 : 0.39 → 0 | 0.88 : 0.12 → 0 | 0.49 : 0.51 → 1 | 0 | Lam, Mr. Len |
| 14 | 0.98 : 0.02 → 0 | 0.96 : 0.04 → 0 | 0.88 : 0.12 → 0 | 1.00 : 0.00 → 0 | 0 | Balkic, Mr. Cerin |
| 15 | 0.62 : 0.38 → 0 | 0.00 : 1.00 → 1 | 0.82 : 0.18 → 0 | 0.09 : 0.91 → 1 | 1 | Coutts, Master.... |

| Model | AUC | CA | F1 | Prec | Recall | MCC |
|---|---|---|---|---|---|---|
| Naive Bayes | 0.810 | 0.738 | 0.738 | 0.739 | 0.738 | 0.438 |
| Tree | 0.822 | 0.790 | 0.790 | 0.790 | 0.790 | 0.549 |
| Logistic Regression | 0.835 | 0.757 | 0.756 | 0.756 | 0.757 | 0.475 |
| Random Forest | 0.862 | 0.805 | 0.805 | 0.805 | 0.805 | 0.581 |

다음은 각 모델이 예측한 값과 실제값(회색열)을 나타냅니다. 각 모델들은 AUC, CA, F1, Prec, Recall, MCC의 5개 지표를 사용하여 모델을 평가합니다. 예측 결과의 수치가 무엇을 의미하는지 [참고 8-2]를 통하여 살펴봅니다. 회색 열에 해당하는 실제값과 비교해보면 전체적으로 유사하게 예측되고 있다는 것을 볼 수 있습니다. Logistic Regression, Randaom Forest, Tree, Naive Bayes 모델의 F1 값을 살펴보면, Random Forest 모델이 0.805로 나타나 1에 가까울수록 성능이 우수하므로 Random Forest가 80.5%의 설명력을 가지며 성능이 가장 좋은 것으로 나타났습니다.

## 전체 워크플로우

**타이타닉 생존예측 워크 플로우**

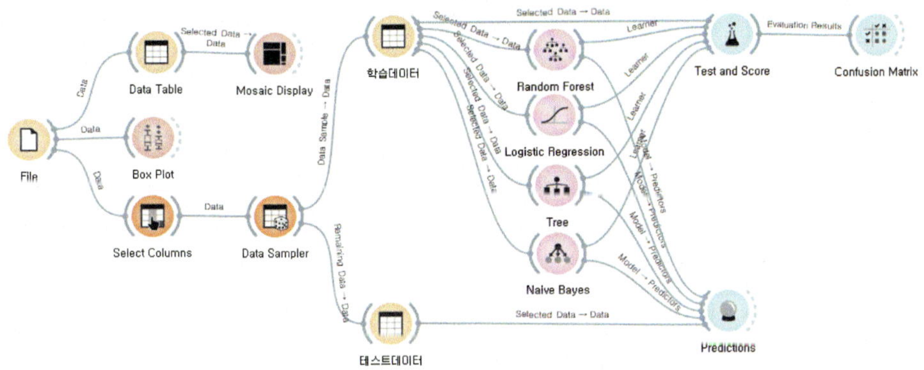

## 예제 8-1 티셔츠 사이즈를 예측해보자

### 01 티셔츠 사이즈 문제 해결

A대학교 단대 체육대회를 위해 단체 티셔츠를 제작하려고 합니다. 단체 주문을 위해 학생 600명의 키, 몸무게, 티셔츠 사이즈를 조사했습니다. 티셔츠의 사이즈를 예측하는 모델을 생성하여 사이즈를 모르는 친구들의 사이즈를 예측해 봅시다. 본 데이터는 Chat GPT를 이용하여 가상의 대학생 데이터(키, 몸무게, 티셔츠 사이즈)를 생성한 데이터 셋을 엑셀 파일로 받은 것입니다. 사이즈를 모르는 친구의 키와 몸무게 데이터로 사이즈를 예측해 봅니다.

### 02 데이터 불러오기

Orange3의 [Data] 카테고리에서 [File] 위젯을 캔버스로 가져와서 더블클릭합니다. 폴더모양의 파일 가져오기를 클릭하여 Ch08\university_student_sizedata.xlsx 파일을 찾아 가져옵니다.

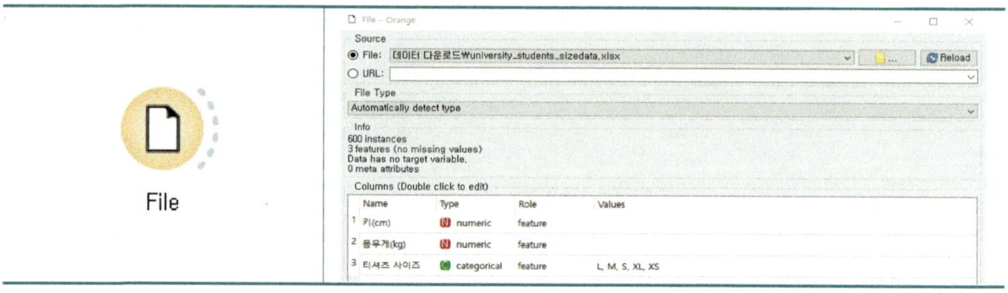


[Data Table] 위젯을 [File] 위젯과 연결한 후 더블클릭하면 각각 3개의 속성으로 구성된, 600개 데이터를 확인할 수 있습니다.

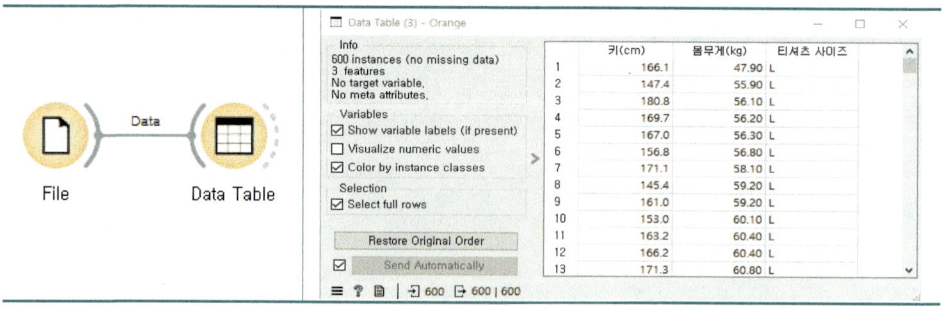

## 03 데이터 속성 정보 확인하기

데이터의 속성을 파악하기 위해 위젯을 통해 데이터를 종합적으로 살펴보고, 아래 데이터 속성 정보를 바탕으로 대학생의 키와 몸무게 및 티셔츠 사이즈를 정보 데이터를 시각화하면 데이터의 내용과 구조를 잘 파악할 수 있습니다. 그러기 위해서 속성명과 속성 정보를 확인합니다.

| 속성명 | 속성 정보 |
| --- | --- |
| 키(Cm) | 대학생의 키 |
| 몸무게(kg) | 대학생 몸무게 |
| 티셔츠 사이즈 | 티셔츠 사이즈(XL, L, M, S, XS) |

## 04 데이터 시각화하기

[Scatter plot] 위젯을 연결하여 산점도로 데이터 시각화합니다.

[Visualize] 카테고리의 [Scatter Plot] 위젯을 이용하여 각 특징과 상관관계를 파악해 봅니다. [Scatter Plot] 위젯을 사용하여 더 직관적으로 알 수 있습니다.

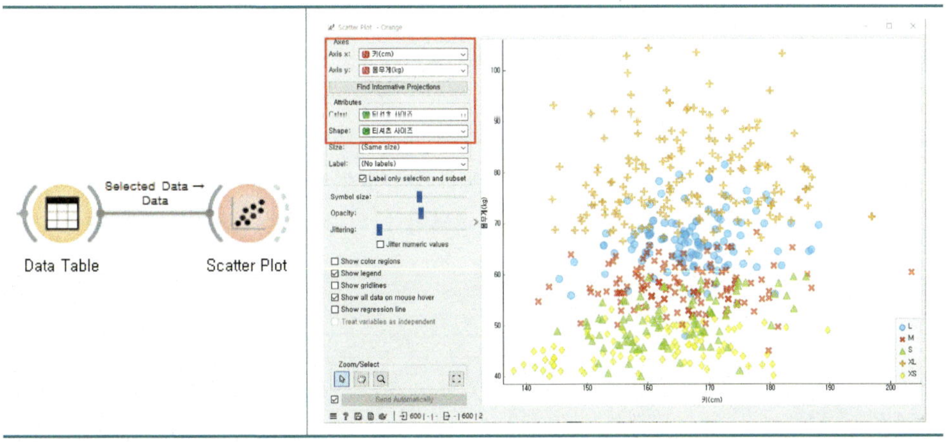


키와 몸무게는 티셔츠 사이즈와 어떠한 상관관계가 있는지 확인할 수 있습니다. 연관이 있는 특징들은 어떤 것이 원인이고 결과인지 이 자료 만으로는 알수가 없습니다. 상관계수의 의미는 [Scatter Plot] 위젯을 사용하여 더 직관적으로 알 수 있습니다.

### 05 학습데이터와 테스트데이터 나누기

[File] 위젯과 [Data Sampler] 위젯을 연결하여 학습데이터와 테스트데이터로 나누어 진행합니다. [Data Sampler]을 더블클릭하여 전체 데이터 중 70%는 학습데이터, 30%는 테스트 데이터로 사용합니다. 하단을 보면, 600개의 데이터가 입력되었고 그중에서 학습데이터가 70%(480개), 테스트데이터가 30%(120개)로 나누어진 것을 확인할 수 있습니다. [Data Sampler] 위젯 설정은 다음과 같습니다.

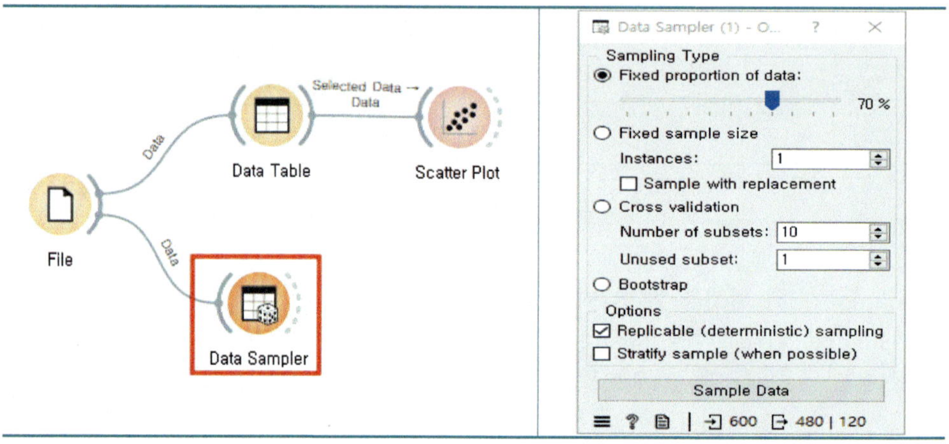


### 06 학습데이터와 테스트 데이터 분리하기

[Data Table] 위젯을 사용하여 학습데이터와 테스트데이터를 각각 연결합니다. 학습데이터와 테스트데이터의 위젯 연결선을 더블클릭하여 아래와 같이 확인합니다. 학습데이터 70%와 테스트 데이터 30%로 각각 분리되어 나타나는 것을 확인할 수 있습니다.

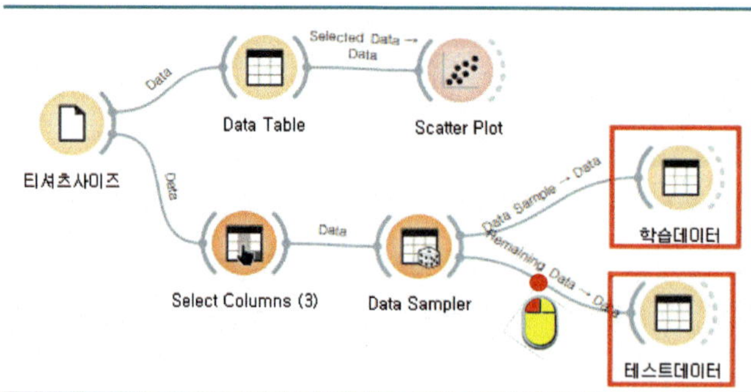


① 학습데이터 : Data Sample과 Data 연결 선택

② 테스트데이터 : Data Sample과 Data 연결을 클릭하여 해제한 후, Remaining Data와 Data 연결을 클릭하여 선택

## 07 모델 학습시키기

[Model] 카테고리에 [kNN]과 [Logistic Regression] 위젯을 학습데이터와 연결하여 데이터를 학습합니다.

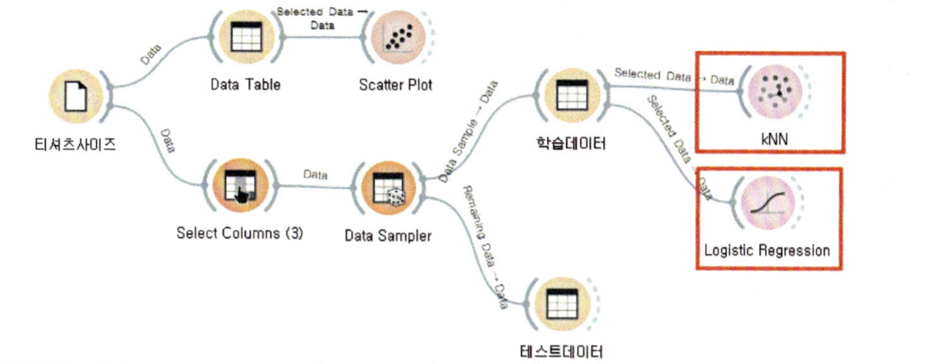


kNN(k-Nearest Neighbors) 분석방법은 새로운 데이터를 분류할 때, 가장 가까운 K개의 이웃을 찾아서 이웃들의 클래스를 확인하고 결정하는 방법으로 데이터를 분류합니다. 이때 k값은 이웃의 수를 의미하는데 예를 들어 사이즈가(XS, S, M, L, XL)로 분류하고 싶다면 k=5로 설정합니다. 즉 이웃의 수(Number of neighbors)를 5로 설정합니다.

## 08 학습 결과 확인하기

기계학습에서는 모델의 종류에 따라 성능이 달라질 수 있습니다. 그래서 여러 모델을 생성하고 성능을 비교해 봅니다.

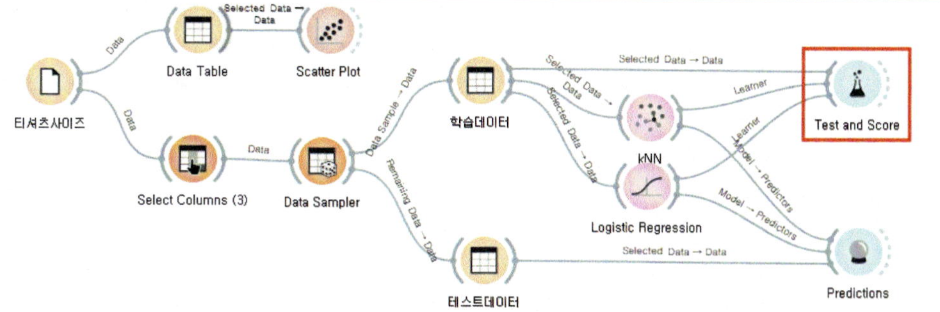

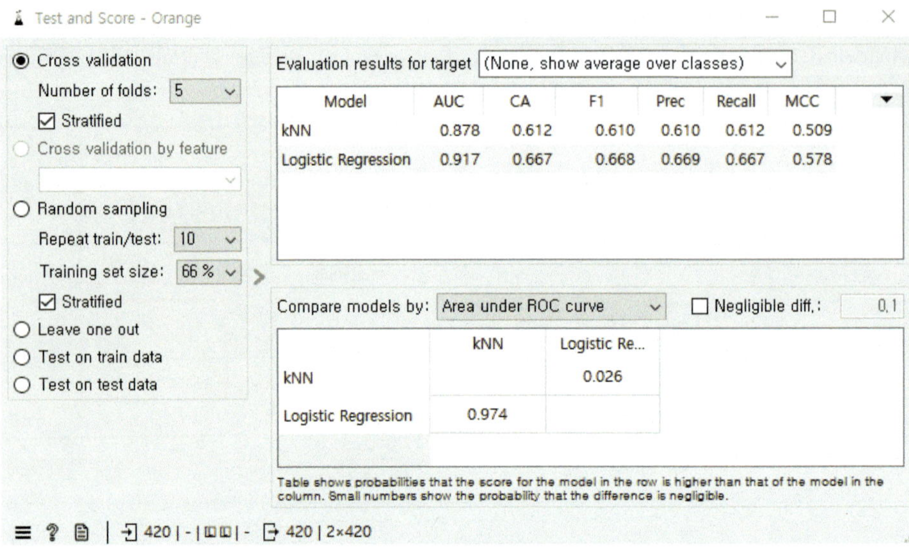


티셔츠 사이즈를 예측하는 2가지 인공지능 모델을 완성하였습니다. 어느 정도의 정확도로 예측하였는지 예측 모델의 성능을 평가하는 5개의 평가지표[참고 8-1]를 바탕으로 분석해 봅니다.

## 09 Confusion Matrix를 이용하여 성능 확인하기

[Evaluate] 카테고리의 [Confusion Matrix] 위젯을 클릭하거나 오른쪽 화면에서 [Test and Score] 위젯을 드래그하여 [Confusion Matrix] 위젯을 선택합니다.

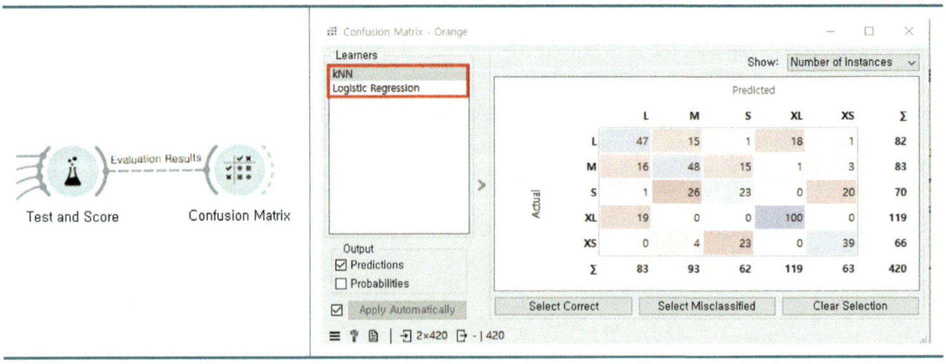

이와 같이 [Confusion matrix] 위젯을 이용하면 구체적으로 어떤 경우는 맞혔고 어떤 경우는 틀리게 예측했는지 등을 자세히 알 수 있습니다. 자세한 지표의 개념은 [참고 8-2]를 살펴봅니다. Confusion matrix(혼돈행렬)은 전체 데이터 중에서 가로축(실제값)과 세로축(예측값)으로 해당값이 나타납니다. 예를 들어 1행1열을 살펴보면, 실제값 'L'을 'L'값으로 맞게 예측한 경우 47개 맞췄습니다.

### 10 성능결과 확인하기

테스트데이터를 불러와 여러종류의 학습모델이 얼마나 정확하게 예측하는지 확인해 봅니다. [Predictions] 위젯을 더블 클릭하면 아래와 같은 결과창이 나타나 검증 결과를 확인할 수 있습니다. 결과창의 첫 번째 열은 kNN 모델이 예측한 값을 나타내고, 두 번째 열은 Logistic Regression 모델이 예측한 값을 나타내고, 회색 바탕의 세번째 열은 데이터의 실제 값을 나타낸 값입니다. 전체적으로 실제값과 예측한 값이 조금 차이는 있지만 유사하게 예측한 것을 볼 수 있습니다.

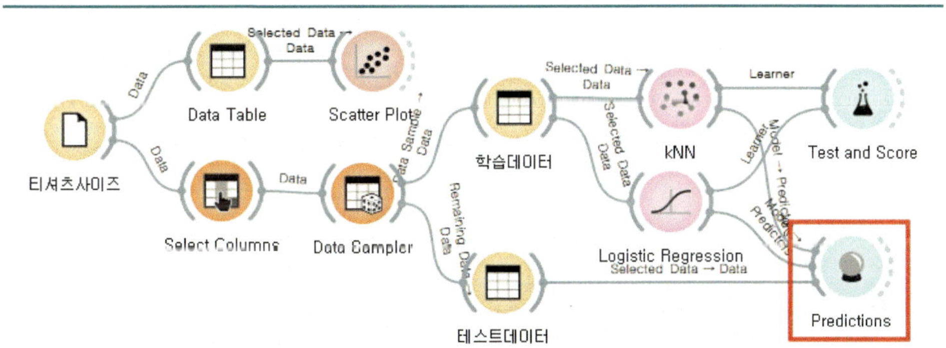


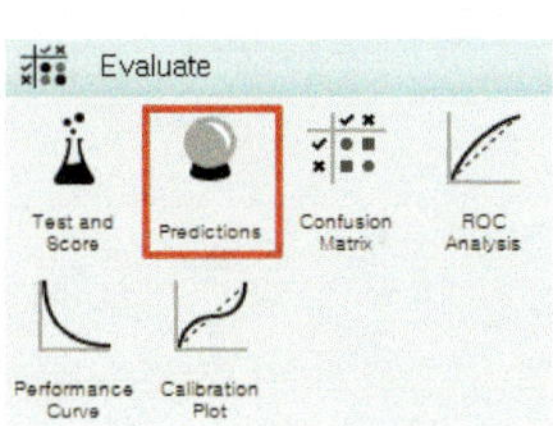


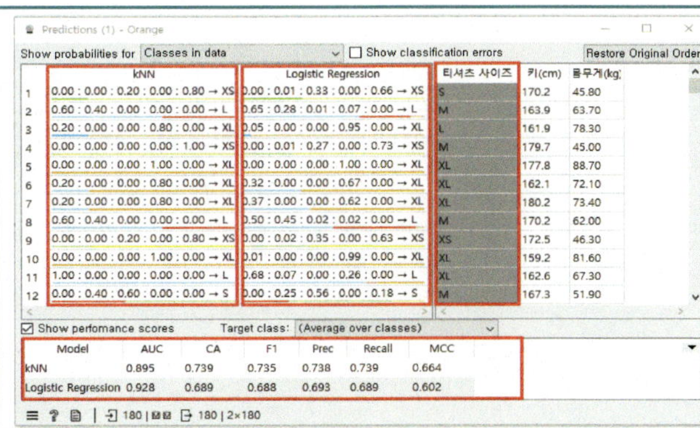

티셔츠 사이즈를 예측하는 2가지 인공지능 모델을 완성하였습니다. 어느 정도의 정확도로 예측하였는지 예측 모델의 성능을 평가하는 5개의 평가지표[참고 8-1]을 바탕으로 분석해 봅니다. kNN 모델은 정확도를 나타내는 CA(0.739), F1(0.735)이고, Logistic Regression 모델은 CA(0.689), F1(0.688)로 나타났습니다. kNN은 73.9%로 정확도가 더 높은 예측을 하는 모델이라고 할 수 있습니다. 또 kNN모델의 F1값은 0.735로 73.5% 정확도로 예측하는 모델입니다.

### 11 다양한 모델 성능 결과 비교하기

[Predictions] 위젯에서 데이터에 대한 학습 알고리즘을 테스트할 때는 반드시 입력으로 테스트할 데이터와 알고리즘이 연결되어야 합니다. 학습데이터를 여러 가지 다양한 모델 위젯과 연결하고 모델의 출력을 [Test and Score] 위젯과 연결합니다.

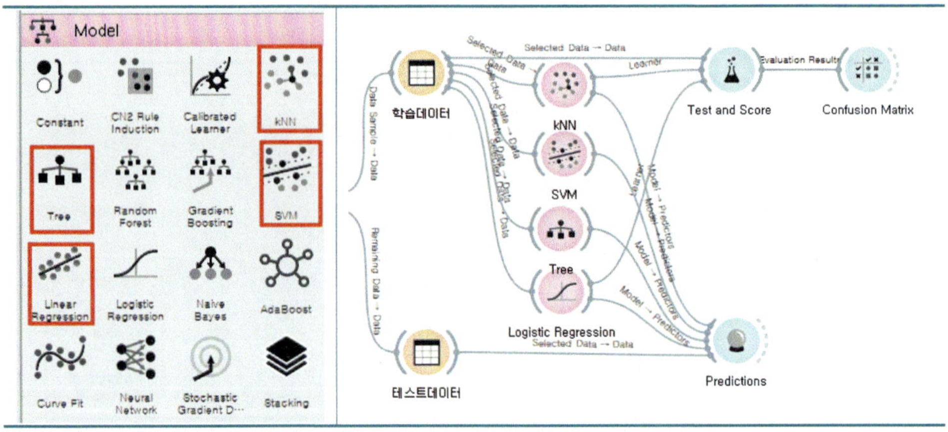


※ 현재 수업을 듣고 있는 같은 분반 친구들의 티셔츠 사이즈를 조사해서 실데이터를 바탕으로 인공지능 모델을 만들어 보는건 어떨까요?

## 티셔츠 분류 워크 플로우

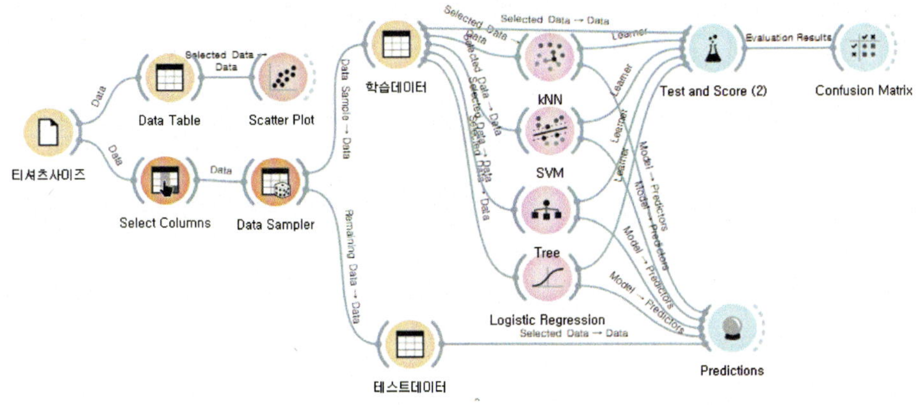
티셔츠사이즈
Data
Data Table
Selected Data → Data
Scatter Plot
Data
Select Columns
Data
Data Sampler
Data Sample → Data
Remaining Data → Data
학습데이터
테스트데이터
Selected Data → Data
Learner
kNN
SVM
Tree
Logistic Regression
Model → Predictions
Test and Score (2)
Evaluation Results
Confusion Matrix
Predictions

## 예제 8-2 와인의 종류를 분류해보자

### 01 와인의 종류 예측

현대인들은 와인을 일상 생활속에서 즐겨 먹고 있습니다. 와인은 다양한 성분으로 구성되어 있으며 종류도 다양합니다. 우리는 화이트 와인과 레드 와인의 성분을 분석하여 와인의 종류를 구분해 봅시다. 이 데이터셋은 포르투갈 북부의 레드 및 화이트 비뉴 베르데 와인 샘플과 관련된 두 개의 데이터셋이 포함되어 있습니다[12].

### 02 데이터 불러오기

Orange3의 [Data] 카테고리에서 [Datasets]을 캔버스로 가져와서 더블클릭합니다. [Datasets] 위젯의 Wine quality-red, Wine quality-white 데이터 셋을 각각 선택하여 2개의 데이터를 가져오기 합니다. 파일의 이름을 레드와인과 화이트 와인으로 변경합니다.

또는 [File] 위젯 폴더모양의 파일 가져오기를 클릭하여 Ch08\winequality-red.csv, Ch08\winequality-white.csv 파일을 찾아 가져와 동일한 방법으로 파일이름을 변경합니다.

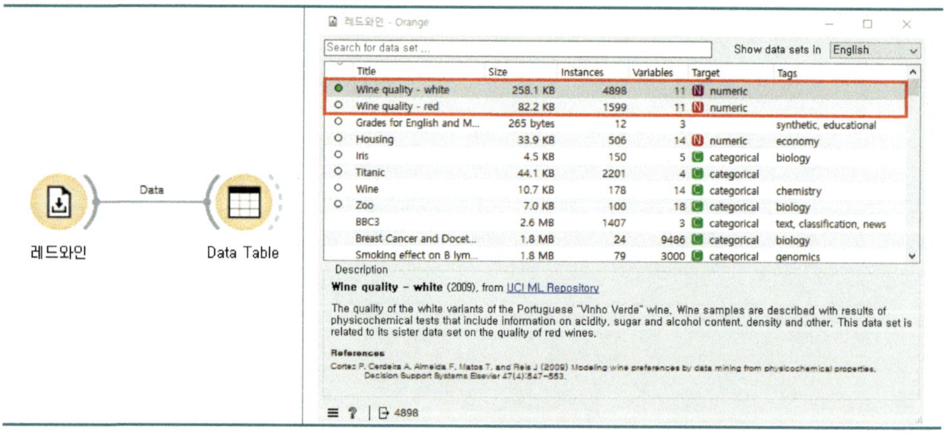


[Data Table] 위젯을 [File] 위젯과 연결한 후 더블클릭하면 레드와인 각각11개의 속성으로 구성된, 4898개 데이터를 확인할 수 있습니다.

12) 출처 : https://archive.ics.uci.edu/dataset/186/wine+quality

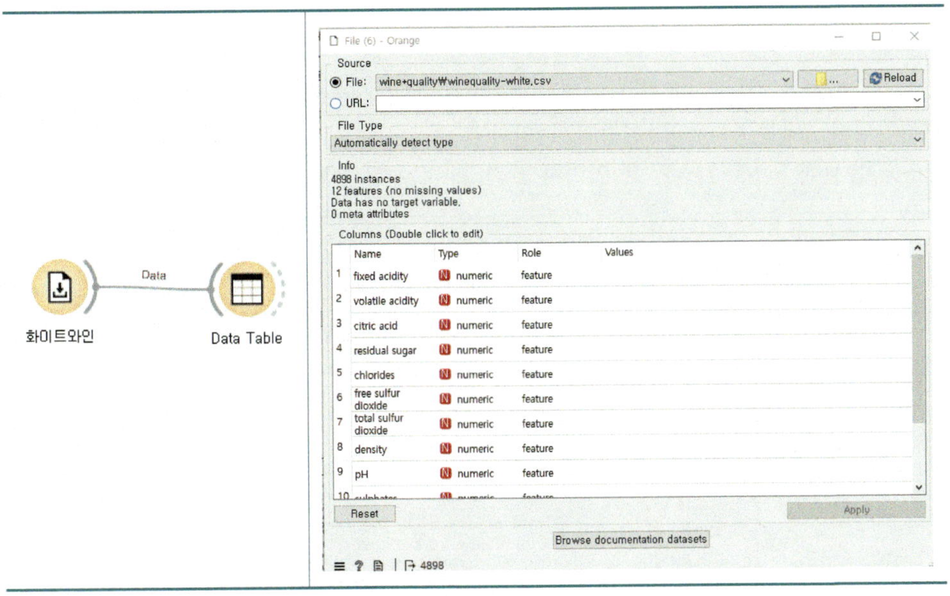


[Data Table] 위젯을 [File] 위젯과 연결한 후 더블클릭하면 레드와인 각각11개의 속성으로 구성된, 4898개 데이터를 확인할 수 있습니다.

## 03 데이터 속성 정보 확인하기

데이터의 속성을 파악하기 위해 위젯을 통해 데이터를 종합적으로 살펴보고, 아래 데이터 와인의 정보를 시각화하면 데이터의 내용과 구조를 잘 파악할 수 있습니다. 그러기 위해서 속성명과 속성 정보를 확인합니다.

| 속성명 | 속성 정보 | 속성명 | 속성 정보 |
|---|---|---|---|
| fixed acidity | 고정 산도 | total sulfur dioxide | 총 이산화황 농도 |
| volatile acidity | 휘발성 산도 | pH | 산도 |
| citric acid | 구연산 농도 | sulphates | 황산칼륨 농도 |
| residual sugar | 잔류 | alcohol | 알코올 함량(%) |
| chlorides | 염화물 | quality | 품질: 1~10 |
| free sulfur dioxide | 유리 이산화황 | | |

## 04 데이터 합치기

2개의 파일을 하나로 합치기 위해서 [Transform] 카테고리의 [Concatenate] 위젯을 연결합니다. 더블클릭하여 설정이 나타나면 Append data source IDS의 Feature name 옵션에 'wine type' 을 입력하고 Place 옵션은 'Class attribute'를 선택합니다.

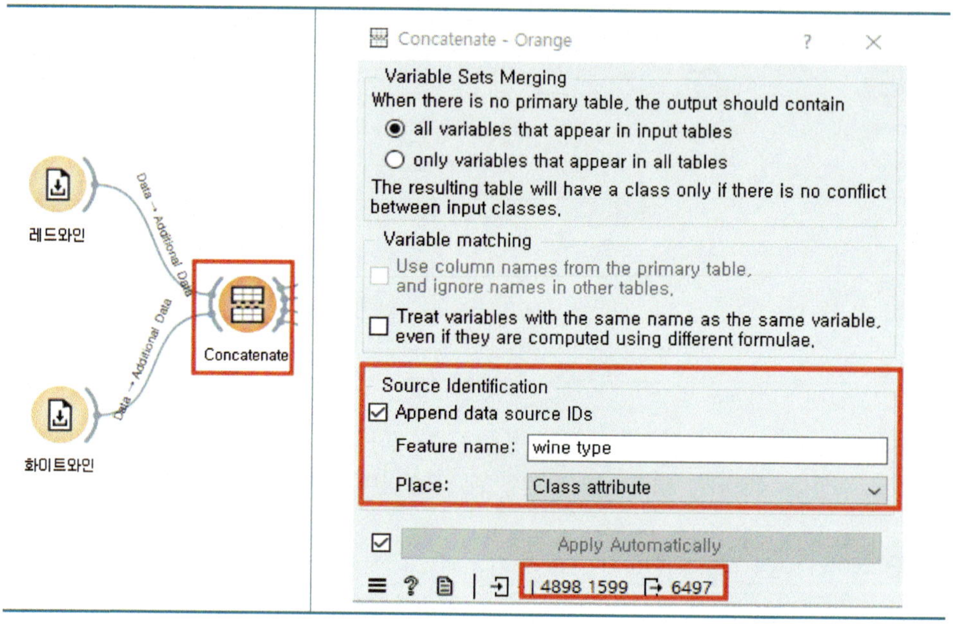


[Data Table] 위젯을 연결하여 더블클릭합니다. 'wine type' 항목이 추가되었으며 파일이 합쳐져 총 6497개를 확인할 수 있습니다.

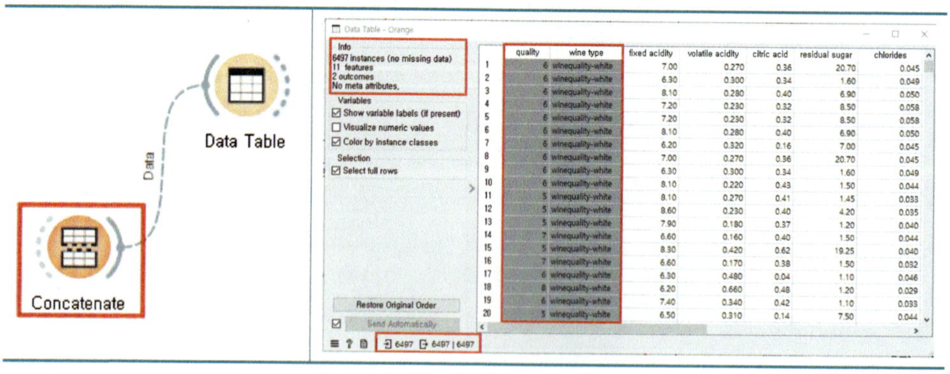

## 05 데이터 시각화하기(Box Plot, Scatter Plot, Distributions)

### 가. [Box Plot] 위젯을 연결하여 데이터 시각화

[Visualize] 카테고리의 [Box Plot] 위젯을 이용하여 와인의 종류에 따른 특징과 상관관계를 파악해 봅니다. white 와인의 수가 red와인의 수보다 훨씬 많은 것을 볼 수 있습니다.

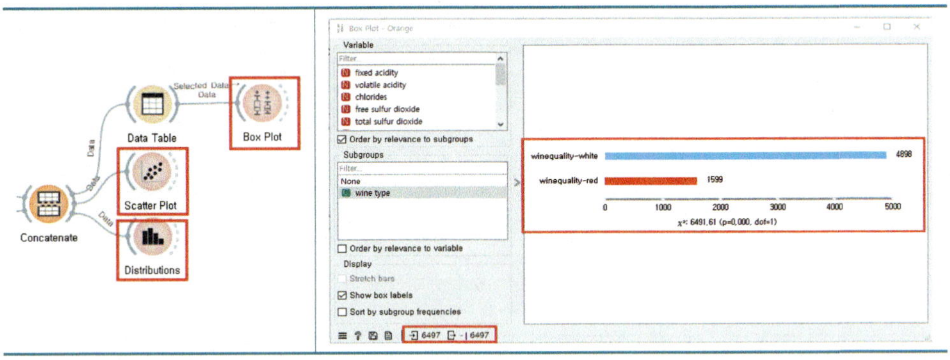

### 나. [Scatter plot] 위젯을 연결하여 산점도로 데이터 시각화

[Visualize] 카테고리의 [Scatter plot] 위젯을 이용하여 와인의 종류에 따른 특징과 상관관계를 파악해 봅니다. 상관계수의 의미는 [Scatter Plot] 위젯을 사용하여 더 직관적으로 알 수 있습니다. 와인의 종류에 다른 total sulfur dioxide(이산화황 농도)와 chlorides(염화물)의 상관관계 등을 확인할 수 있습니다.

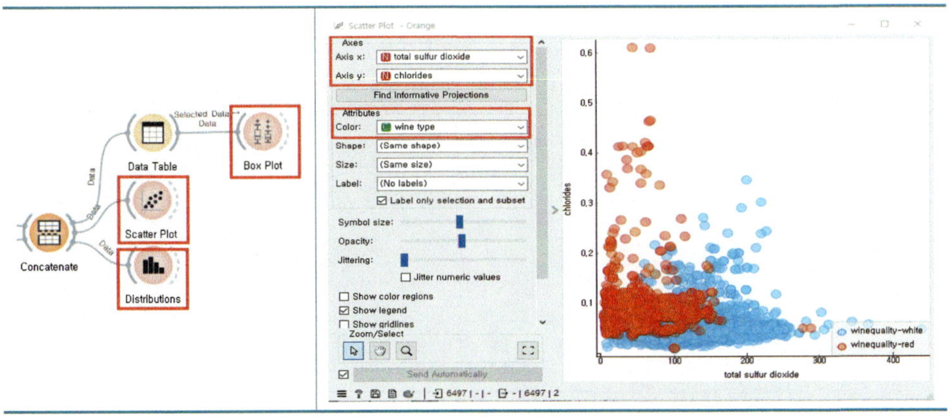

### 다. [Distributions] 위젯을 연결하여 산점도로 데이터 시각화

[Distributions] 위젯을 사용하여 와인의 종류에 따른 Feature별 특징을 직관적으로 비교할 수 있습니다. 다양한 방법의 시각화를 통해 데이터를 분석할 수 있습니다.

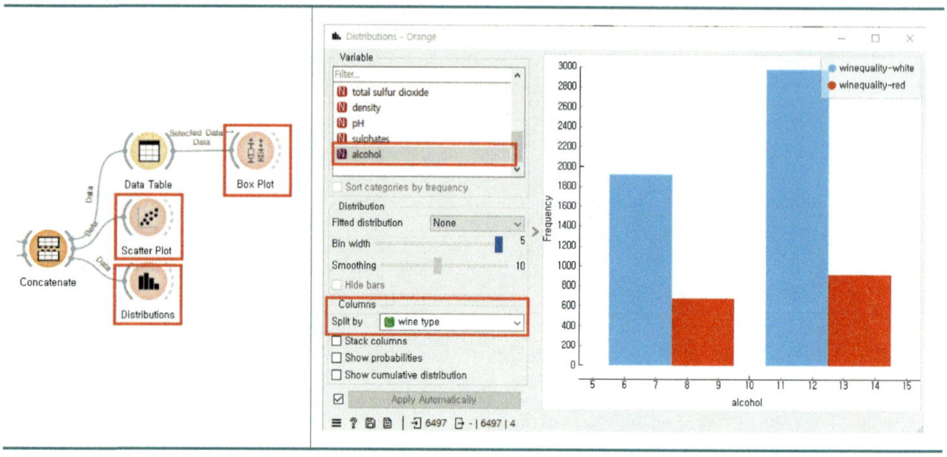

## 06 학습데이터 전처리 하기

[Select Columns] 위젯을 사용하여 새로 추가된 'wine type'를 타겟으로 설정합니다.

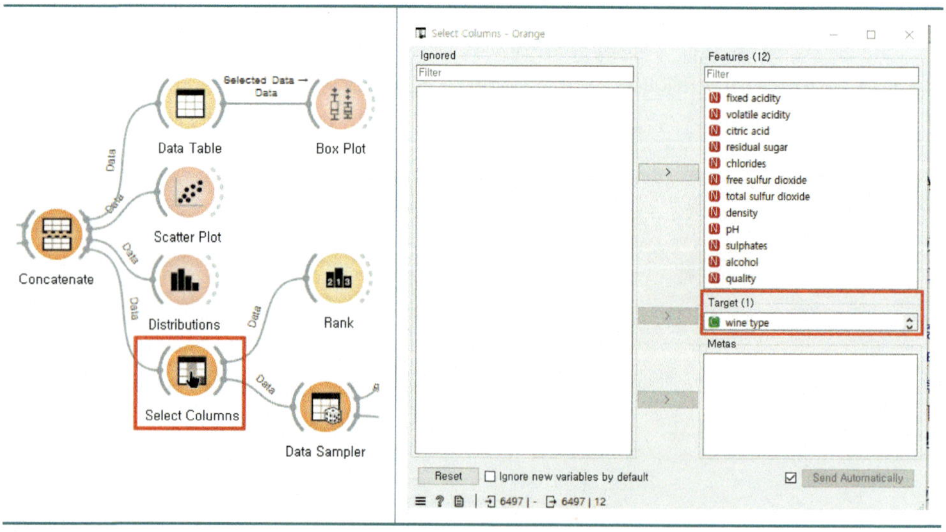

[Rank] 위젯을 사용하여 속성을 추출합니다.

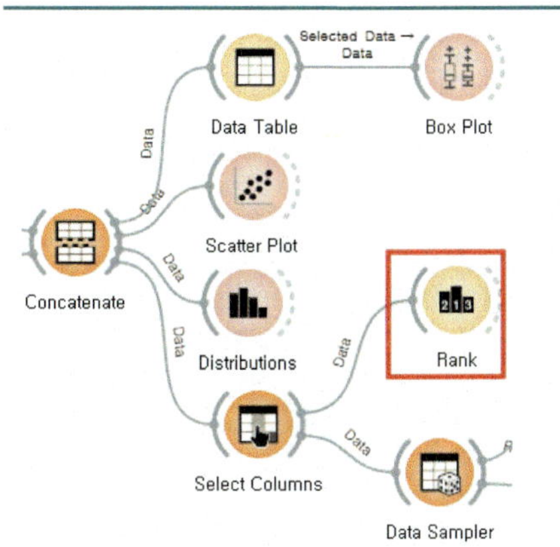


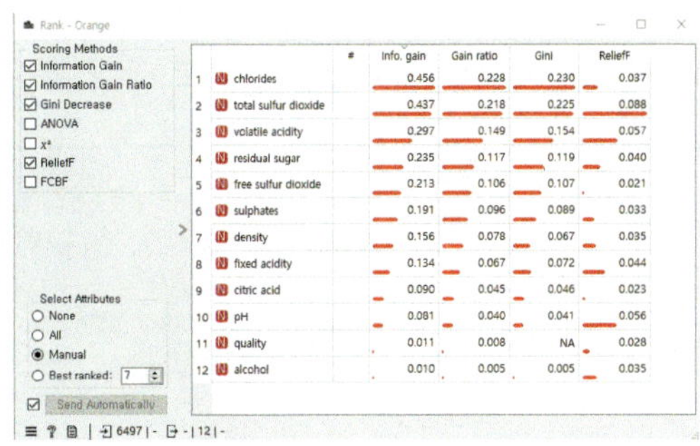


## 07 학습데이터와 테스트데이터 나누기

[File] 위젯과 [Data Sampler] 위젯을 연결하여 학습데이터와 테스트데이터로 나누어 진행합니다. [Data Sampler]을 더블클릭하여 전체 데이터 중 70%는 학습데이터, 30%는 테스트 데이터로 사용합니다. 하단을 보면, 6497개의 데이터가 입력되었고 그중에서 학습데이터가 70%(4548개), 테스트데이터가 30%(1949개)로 나누어진 것을 확인할 수 있습니다. [Data Sampler] 위젯 설정은 다음과 같습니다.

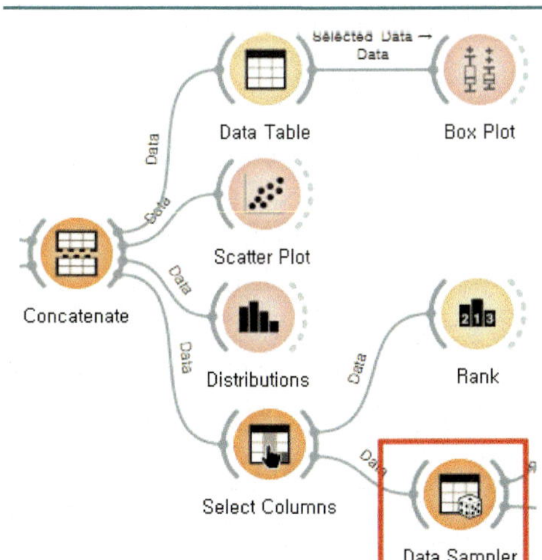


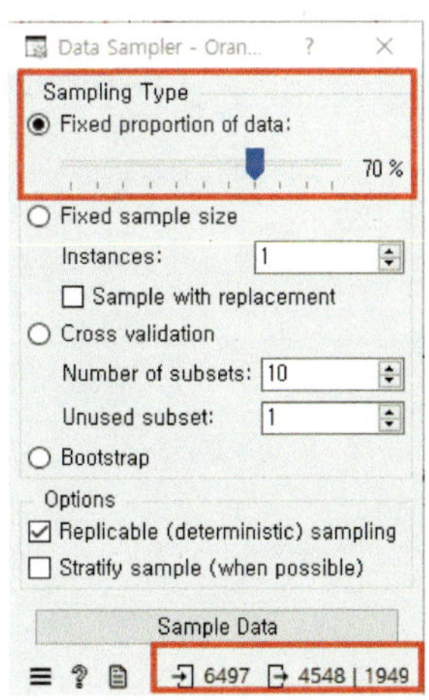

## 08 학습데이터와 테스트 데이터 분리하기

[Data Table] 위젯을 사용하여 학습데이터와 테스트데이터를 각각 연결합니다. 학습데이터와 테스트데이터의 위젯 연결선을 더블클릭하여 아래와 같이 확인합니다. 학습데이터 70%와 테스트 데이터 30%로 각각 분리되어 나타나는 것을 확인할 수 있습니다.

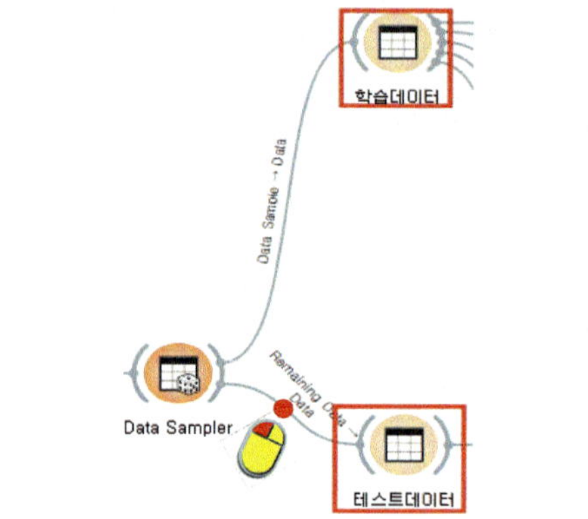


① 학습데이터 : Data Sample과 Data 연결 선택

② 테스트데이터 : Data Sample과 Data 연결을 클릭하여 해제한 후, Remaining Data와 Data 연결을 클릭하여 선택

## 09 모델 학습시키기

기계학습에서는 모델의 종류에 따라 성능이 달라질 수 있습니다. 그래서 여러 모델을 생성하고 성능을 비교해 봅니다. [Model] 카테고리에 [Random Forest], [Logistic Regression], [SVM]과 [kNN] 위젯을 학습데이터와 연결하여 데이터를 학습합니다.

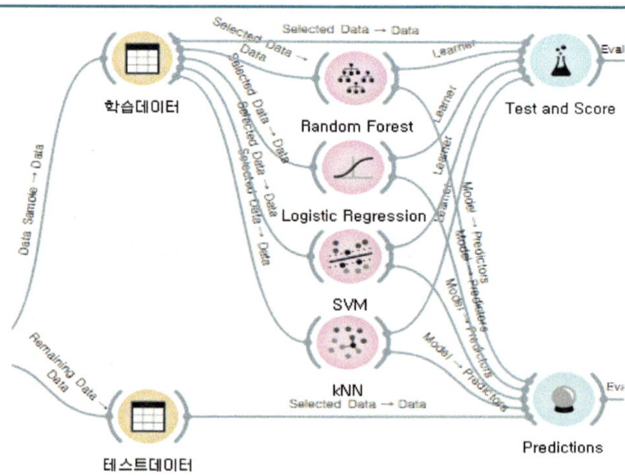

## 10 학습 결과 확인하기

[Evaluate] 카테고리의 [Test and Score] 위젯을 연결하여 더블클릭합니다.

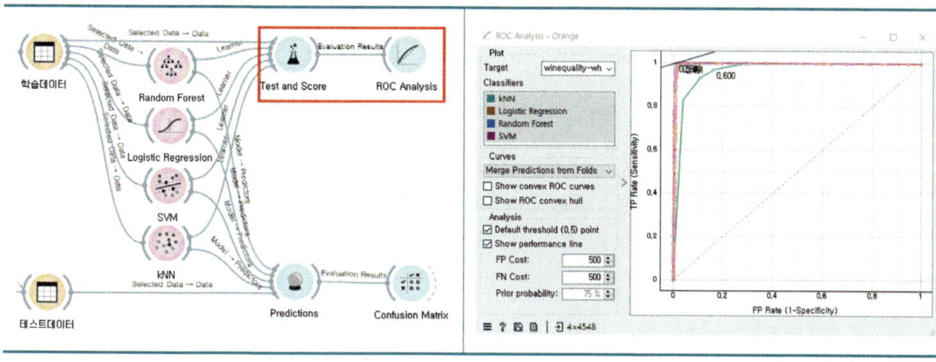


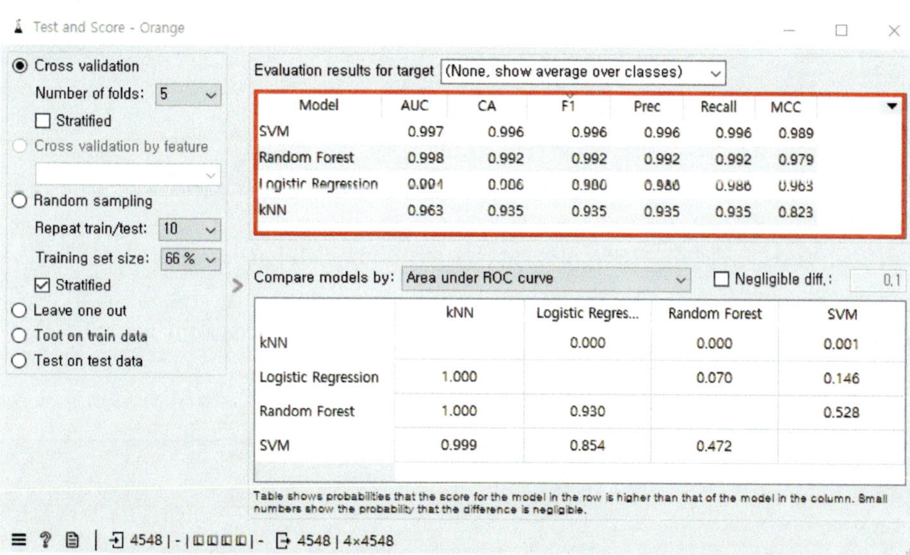


위 결과를 살펴보면 [Test and Score] 위젯 결과에서 F1값을 중심으로 살펴보면 SVM(0.996)으로 99.6%의 가장 높은 정확도로 예측을 합니다. [ROC Analysis] 위젯으로 어느 모델이 성능이 좋은지 ROC 그래프로 살펴봅니다. 1에 가까울수록 AUC가 클수록 모셍의 성능이 우수한 것을 볼 수 있습니다.

### 11 성능결과 확인하기, Confusion Matrix를 이용하여 성능 확인하기

테스트데이터를 불러와 여러종류의 학습 모델이 얼마나 정확하게 예측하는지 확인해 봅니다. [Predictions] 위젯을 더블 클릭하면 아래와 같은 결과창이 나타나 검증 결과를 확인할 수 있습니다. 결과창의 1번째 ~ 4번째열은 모델이 예측한 값을 나타내고, 회색 바탕의 5번째 열은 데이터의 실제 값을 나타낸 값입니다. 전체적으로 실제값과 예측한 값이 조금 차이는 있지만 유사하게 예측한 것을 볼 수 있습니다.

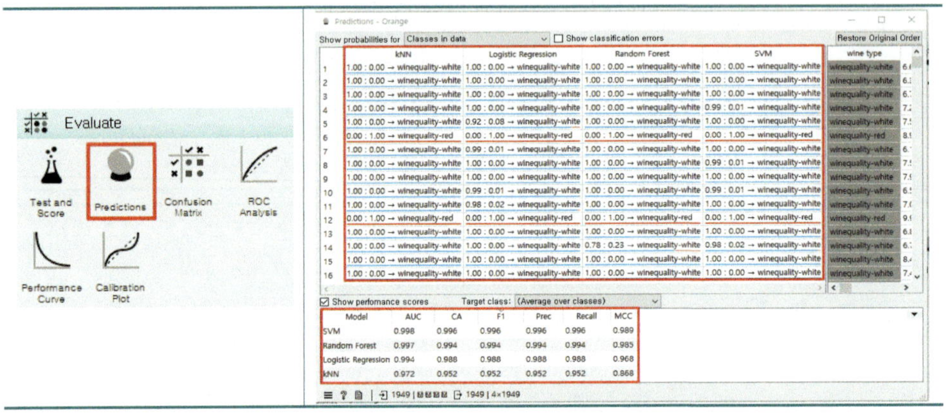


와인의 종류를 예측하는 인공지능 모델을 완성하였습니다. 어느 정도의 정확도로 예측하였는지 예측 모델의 성능을 평가하는 5개의 평가지표[참고 8-1]을 바탕으로 분석해 봅니다. F1값을 중심으로 살펴보면, SVM(0.996)으로 나타나 99.6%의 정확도를 나타내므로 가장 높은 예측을 하는 모델이라고 할 수 있습니다.

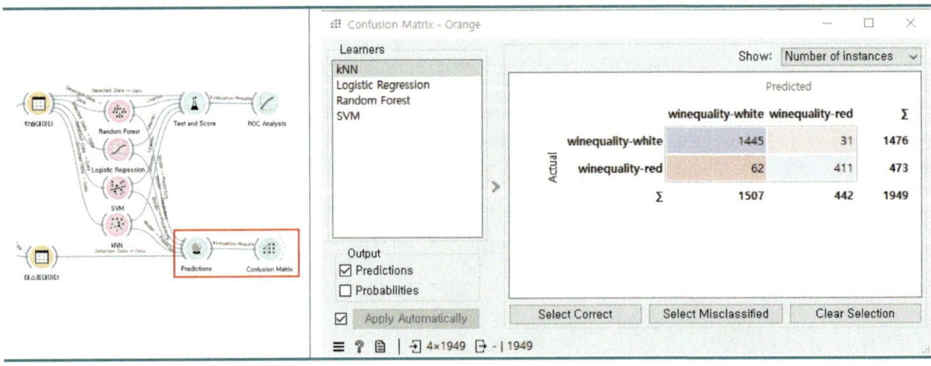

위와같이 [Confusion matrix] 위젯을 이용하면 구체적으로 어떤 경우는 맞혔고 어떤 경우는 틀리게 예측했는지 등을 자세히 알 수 있습니다. 자세한 지표의 개념은 [참고 8-2]를 살펴봅니다. Confusion matrix(혼돈행렬)은 전체 데이터중에서 가로축(실제값)과 세로축(예측값)으로 해당값이 나타납니다. 예를 들어 1행1열을 살펴보면, 실제값 'white' 와인을 'white'와인값으로 맞게 예측한 경우 1,445개 맞췄습니다.

## 와인 분류 워크 플로우

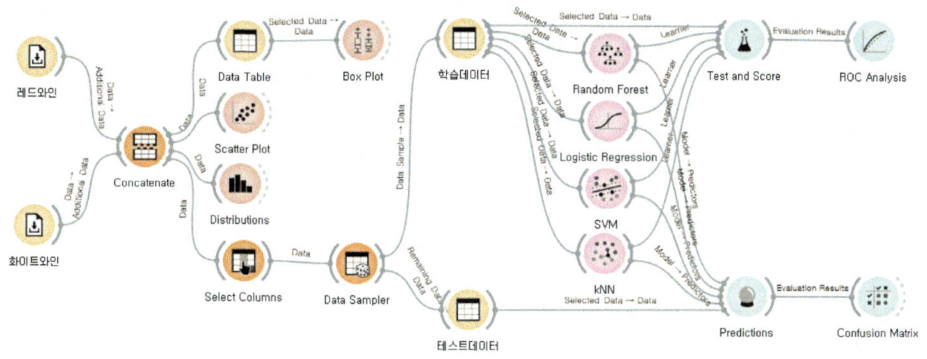

## 08장 연습문제

01 분류모델에서 예측하는 값은 (                    )이다.

02 분류모델의 예측 결과를 시각화하는 방법은 (                    )이다..

03 분류모델의 일반화 성능을 평가하기 위한 방법은 (                    )이다.

04 분류모델에서 예측하는 값은 무엇인가?

① 연속값 ② 범주 ③ 정수 ④ 비율

05 분류모델에서 F1 점수는 무엇을 나타내는가?

① 정확도 ② 정밀도와 재현율의 조화 평균 ③ 손실 함수 ④ ROC 곡선

06 ROC 곡선의 의미는 무엇인가?

① 정밀도와 재현율의 관계 ② 민감도와 특이도의 관계
③ 정확도와 손실의 관계 ④ F1 점수와의 관계

07 분류모델에서 사용하는 알고리즘의 예시는 무엇인가?

① KNN ② PCA ③ 회귀 분석 ④ 군집 분석

08 분류모델에서 사용하는 정규화 기법은 (                    )이다.

09 KNN의 거리 측정 방법으로는 (                    )가 있다.

10 분류모델의 예측 결과를 시각화하는 방법은 (                    )이다.

**11** 분류모델에서 변수 선택의 목적은 무엇인가?

① 모델의 복잡성을 줄이고, 해석 가능성을 높이는 것이다.
② 데이터의 양을 늘리고, 정확도를 향상시키는 것이다.
③ 클러스터링의 품질을 높이는 것이다.
④ 이상치 탐지의 정확성을 높이는 것이다.

**12** SVM의 주된 목적은 무엇인가?

① 데이터의 분포를 시각화하는 것이다.
② 최대 마진을 통해 데이터를 분리하는 것이다.
③ 데이터의 군집화를 수행하는 것이다.
④ 회귀 분석을 통해 연속적인 값을 예측하는 것이다.

# 스스로 해결하기

## 01 야구경기 결과 승패 예측 하기

야구 시즌이 되면 야구 팬들은 본인이 응원하는 팀의 승리를 기원한다. 다음 '야구 경기 결과 예시 데이터'를 불러와 5가지 분류모델을 사용하여 야구 경기 승패 결과를 예측하는 모델을 만들고 학습시켜 학습결과 및 성능결과를 확인해 봅시다.

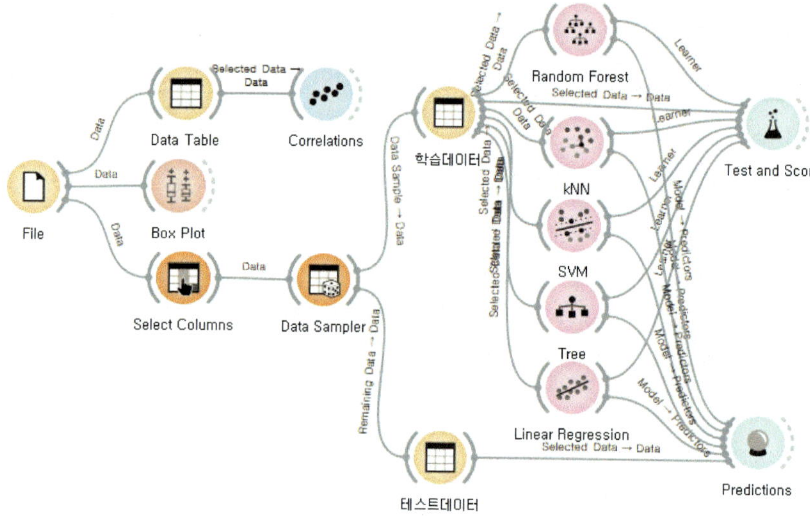


### 해결전략

❶ 데이터 시각화 Correlations, Box Plot, Scatter Plot 등 위젯을 사용하여 데이터를 분석한다.

❷ 회귀모델 설정 테이터의 특징을 고려하여 분류 모델을 선택하고 모델을 학습한다.

❸ [Test and Score] 위젯, [Predictions] 위젯을 사용하여 학습결과 및 성능 결과를 확인한다.

# 09장

# 비지도 학습과 군집

**학습 목표**

- 비지도 학습이란 무엇이며, 지도 학습과의 차이점을 명확히 설명할 수 있다.
- K-mean 알고리즘을 이해하고, 실제 데이터에 적용하여 군집을 형성할 수 있다.
- 실루엣 점수의 개념을 이해하고, 이를 계산하여 클러스터의 품질을 평가할 수 있다.

## 1 비지도 학습

### 1.1 비지도 학습의 군집

앞서 8장에서 살펴본 바와 같이 지도학습(Supervised Learning)은 입력 데이터와 정답 레이블(Target)이 주어진 상태에서 모델을 학습시키는 방법입니다. 비지도 학습(Unsupervised Learning)는 데이터에 대한 레이블이 없는 상태에서 패턴이나 구조를 발견하는 기계학습의 한 분야입니다. 이 방법은 데이터의 숨겨진 구조를 이해하고, 데이터 간의 관계를 파악하는 데 유용합니다. 비지도학습의 주요 목적은 데이터의 분포를 이해하고, 클러스터링, 차원 축소 등의 기법을 통해 데이터의 특성을 추출하는 것입니다.

#### 군집의 종류

비지도학습은 레이블이 없는 데이터를 사용하며, 결과의 해석이 어려울 수 있지만, 데이터의 구조 파악이나 차원 축소, 이상치 탐지, 생성 모델 등 다양한 분야에서 활용됩니다. 비지도학습에는 여러 가지 알고리즘이 있습니다. 이 중에서 대표적인 비지도학습의 모델의 종류는 다음과 같습니다.

〈표 9-1〉 비지도 학습 모델의 특징과 예시

| 구분 | 특징 | 예시 |
|---|---|---|
| Clustering (군집화 ) | 군집화는 비슷한 특성을 가진 데이터를 그룹으로 묶는 알고리즘 | • 예시: 고객 데이터를 군집화하여 비슷한 성향을 가진 고객 그룹을 찾을 수 있음. |
| Dimensionality Reduction (차원 축소) | 차원 축소는 고차원 데이터를 저차원으로 축소하는 알고리즘입니다. 주성분 분석 (PCA)은 이에 해당하며, 데이터의 복잡도를 줄이고 시각화에 활용할 수 있습니다. | • 예시: 텍스트 분류 (예: 영화 리뷰의 감정 분석), 스팸 필터링 |
| Topic Modeling (토픽 모델링) | 텍스트 데이터에서 주제를 추출하는 알고리즘입니다. | • 뉴스 기사에서 주제별로 어떤 단어들이 많이 등장하는지 분석할 수 있음. |
| K-Means Clustering (K-평균 클러스터링) | 데이터를 K개의 클러스터로 나누는 알고리즘입니다. 각 클러스터는 중심점(centroid)을 기준으로 정의되며, 데이터 포인트는 가장 가까운 중심점에 할당됩니다. 간단하고 빠른 계산 속도와 클러스터 수 K를 사전에 지정해야 합니다. | • 고객 세분화에서 K-평균 클러스터링을 사용하여 비슷한 구매 패턴을 가진 고객 그룹을 식별할 수 있음 |
| Hierarchical Clustering (계층적 클러스터링) | 데이터 포인트 간의 유사성을 기반으로 계층적인 구조를 형성하는 클러스터링 방법입니다. 덴드로그램(dendrogram)을 통해 클러스터의 관계를 시각화할 수 있습니다. | • 생물학적 분류에서 계층적 클러스터링을 사용하여 종의 유사성을 기반으로 분류 |
| PCA, Principal Component Analysis (주성분 분석) | 고차원 데이터를 저차원으로 변환하여 데이터의 분산을 최대화하는 기법입니다. 데이터의 주요 특성을 유지하면서 차원을 축소합니다.데이터 시각화 및 노이즈 제거에 효과적이며, 데이터의 중요한 특성을 강조합니다. | • 이미지 데이터의 차원 축소를 통해 시각화하거나, 머신러닝 모델의 성능을 향상시키기 위해 사용 |
| t-SNE (t-Distributed Stochastic Neighbor Embedding) | 고차원 데이터를 저차원으로 변환하여 데이터 포인트 간의 유사성을 유지하는 기법입니다. 주로 데이터 시각화에 사용됩니다. | • 고차원 데이터의 시각화를 통해 클러스터의 구조를 이해하는 데 사용 |
| DBSCAN (Density-Based Spatial Clustering of Applications with Noise) | 데이터의 밀도를 기반으로 클러스터를 형성하는 알고리즘입니다. 밀도가 높은 지역을 클러스터로 정의하고, 밀도가 낮은 지역은 노이즈로 간주합니다. | • 지리적 데이터 분석에서 특정 지역의 밀집도를 기반으로 클러스터를 형성하는 데 사용 |
| SOM, Self-Organizing Map(자기조직화지도) | 고차원 데이터를 저차원으로 시각화하고 군집화하는 데 사용되는 신경망 모델입니다. | • 고객 세분화 및 마케팅, 이미지처리 등 |

이와 같이 다양한 분류 모델을 통해 데이터를 분석하고 예측할 수 있습니다. 각각의 모델은 고유한 장점과 단점을 가지며, 데이터의 특성과 분석 목적에 따라 적절한 모델을 선택하는 것이 중요합니다.

## 2 휴게소 위치 군집화

### 2.1 전국 휴게소의 위치를 군집화해보자

공공데이터 포털 사이트[13] '전국휴게소정보표준데이터' 데이터셋을 다운받습니다. 「도로법」에 따라 고속도로와 일반간선도로(국도 등)에 설치된 편의시설로서 운전자와 승객의 휴식 및 편의를 제공하는 휴게소의 정보(일반휴게소, 화물차휴게소, 간이휴게소를 대상으로 하며, 졸음쉼터, 임시휴게소를 제외함) 정보를 제공하고 있습니다. 우리는 전국 휴게소 데이터의 휴게소명과 위도 및 경도를 이용하여 휴게소의 위치를 군집화하고 휴게소 위치의 경향과 패턴 등을 파악해 봅시다.

### 2.2 데이터 준비

#### 데이터 불러오기

Orange3의 Data 카테고리에서 [File] 위젯을 캔버스로 가져와서 더블클릭합니다. 이때 다운받은 파일 'Ch09\전국휴게소 위치데이터.csv' 파일을 찾아 클릭합니다. [Data Table] 위젯을 더블클릭하면 3개의 속성으로 구성된, 205개의 데이터를 확인할 수 있습니다. 3개의 속성 중 휴게소명은 참고하기 위해 'meta'로 설정하고 나머지 속성은 feature로 설정합니다. 앞서 지도학습에서의 예측이나 분류에서와 달리 Target으로 설정하는 변수가 없습니다. 그래서 비지도학습인 것입니다.

13) 출처 : https://www.data.go.kr/data/15025446/standard.do

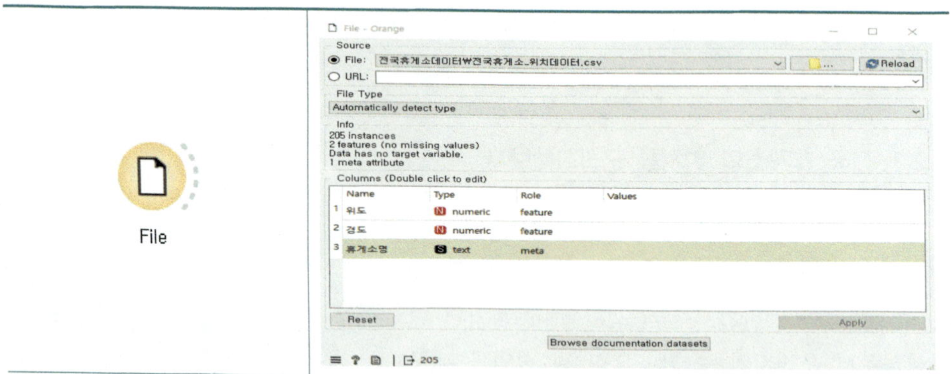


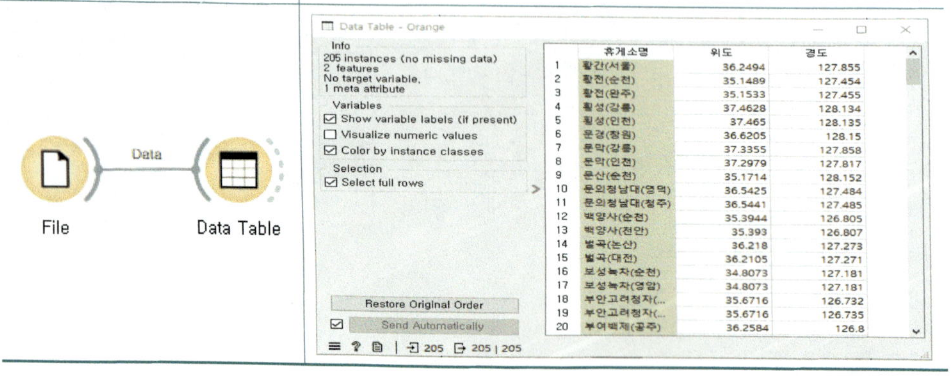


## 데이터 속성 정보 확인하기

인공지능 모델을 만들기 위해서는 데이터의 속성을 파악해야합니다. 위젯을 통해 데이터를 종합적으로 살펴보고, 아래 데이터 속성 정보를 바탕으로 전국휴게소 데이터를 시각화하면 데이터의 내용과 구조를 잘 파악할 수 있습니다. 그러기 위해서 전국휴게소 데이터의 속성명과 속성 정보를 확인합니다.

〈표 9-2〉 전국 휴게소 위치 데이터 속성

| 속성명 | 속성 정보 |
|---|---|
| 휴게소명 | 휴게소명 |
| 위도 | 지구상에서 적도를 기준으로 북쪽 또는 남쪽으로 얼마나 떨어져있는지 나타내는 위치(latitude) |
| 경도 | 지구상의 위치를 나타내는 좌표의 하나로 본초자오선으로부터 동서로 얼마나 떨어져있는가에 대한 정도(longitude) |

### 시각화 하기

데이터를 살펴보기 위해 [Feature Statistics] 위젯을 연결하여 위도와 경도 데이터의 범위를 시각화하여 나타내어보았습니다.

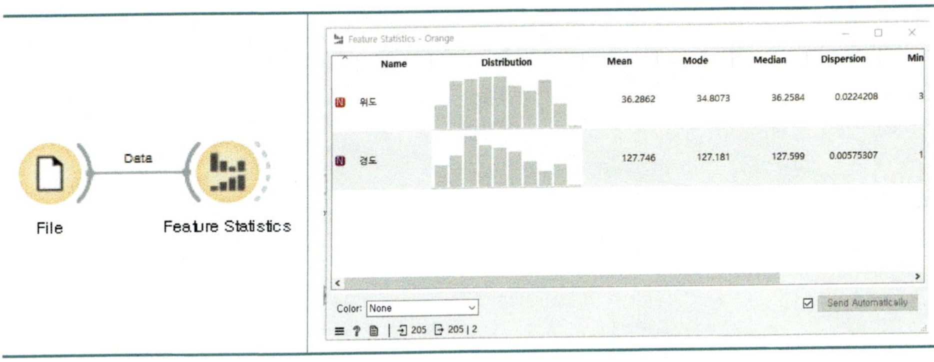


## 2.3 모델 선택하기와 학습

### [k-Means] 모델을 연결하여 군집화하기

데이터를 분석하기 위해서는 어떤 모델을 선택하고 학습시키면 좋을지 파악해야 합니다. [Unsrpervised] 카테고리의 [k-Means] 위젯을 이용하여 [File] 위젯과 연결합니다. [k-Means] 위젯을 더블클릭한 후 옵션을 확인합니다.

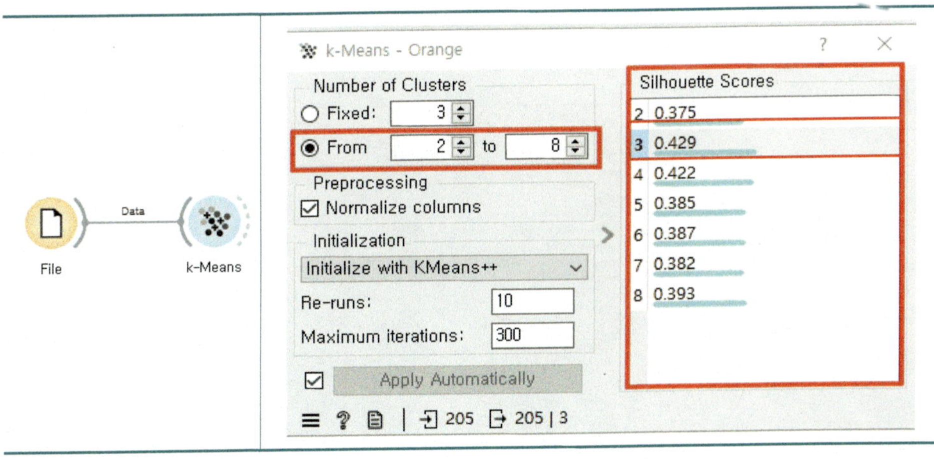

[k-Means]위젯을 더블클릭하면 옵션창이 나타납니다. 위와 같이 나타나면 옵션을 설정하여 군집화를 확인할 수 있습니다. 위에서 확인한 것과 같이 가장 높은 실루엣스코어(Silhouette Scores)는 0.429로 나타나 k(Fixed)를 3으로 정하였습니다.

### 모델 학습시키기

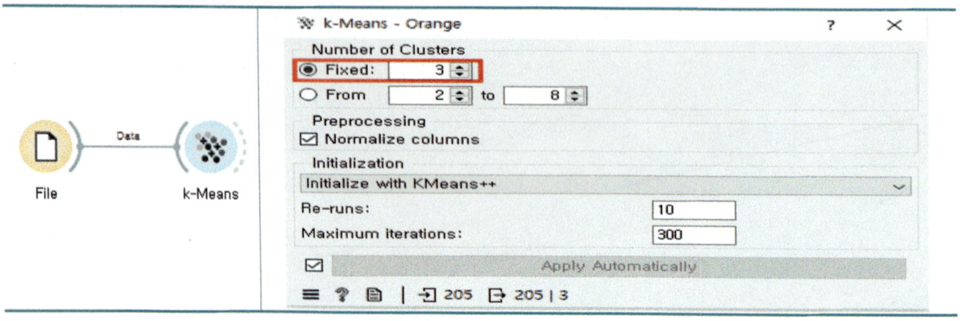


[k-Means] 위젯의 옵션창에서 Fixed값을 3으로 설정합니다. Fixed값으로 군집 개수를 정하면 그에 맞춰서 그룹을 3개 만들어 준다는 의미입니다. k값은 그 숫자가 가장 합리적이고 정확한 수라고 보기는 어렵지만, 인공지능은 3이 적절하다고 추천을 하고 있습니다.

## 2.4 결과 확인하기

### [Data Table] 위젯으로 결과 확인하기

[Data Table] 위젯을 사용하여 데이터를 불러옵니다. 전과 다르게 Cluster항목과 Silhouette항목이 추가 되었습니다. Cluster항목에는 C1, C2, C3 중에서 하나의 값으로 나타난 것을 확인 할 수 있습니다.

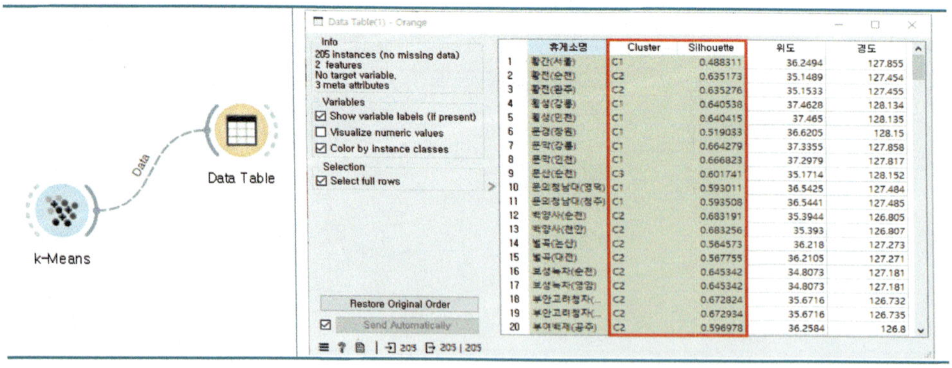

### [Scatter Plot] 위젯으로 결과 확인하기

[Scatter Plot] 위젯을 사용하여 [k-Mean] 위젯에 연결한 후 더블클릭을 합니다. [Data Sampler] 위젯 옵션은 Axis x는 '위도', Axis y는 '경도', color는 'Cluster'로 설정합니다.

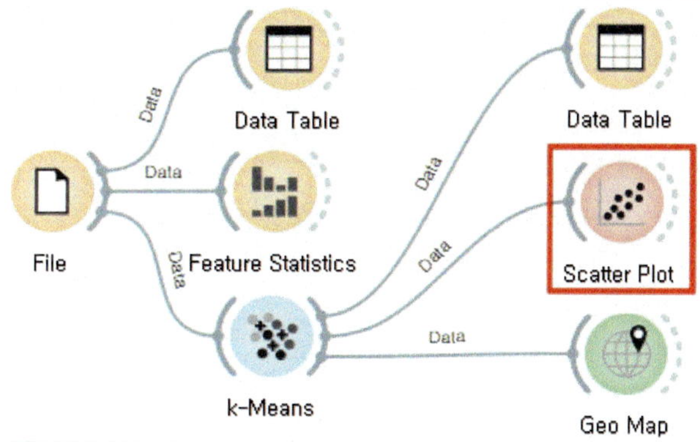


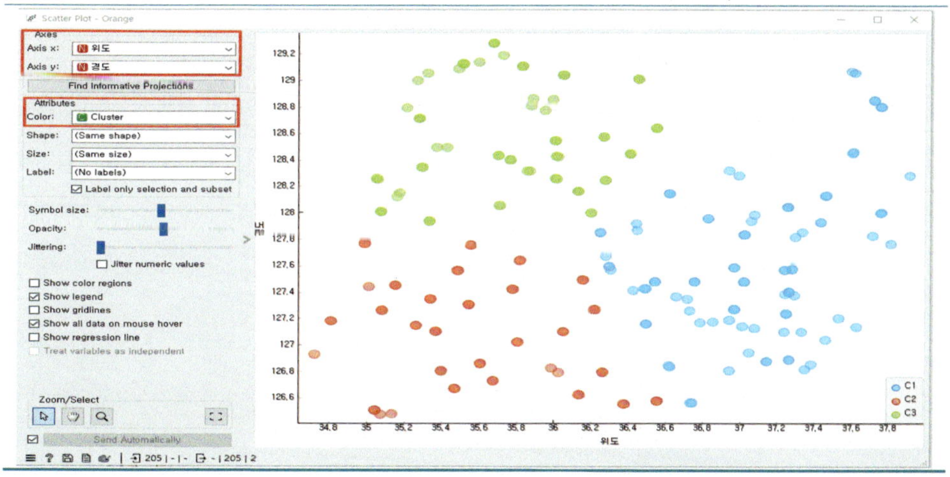


처음에는 점들이 모두 같은 색으로 되어 있어서 잘 구분되지 않습니다. 군집별로 색상을 다르게 설정하면 클러스터별로 다른 색깔의 점으로 구분됩니다. 서로 다른 3개의 군집이 잘 형성된 것을 확인할 수 있습니다.

산점도만으로 군집이 어떻게 형성되었는지 알 수 있지만, 군집점을 늘려가며 [k-Means] 위젯을 더블 클릭하여 Fixed의 값을 4, 5로 바꾸어 가면서 조금더 세밀하게 구분해 봅시다.

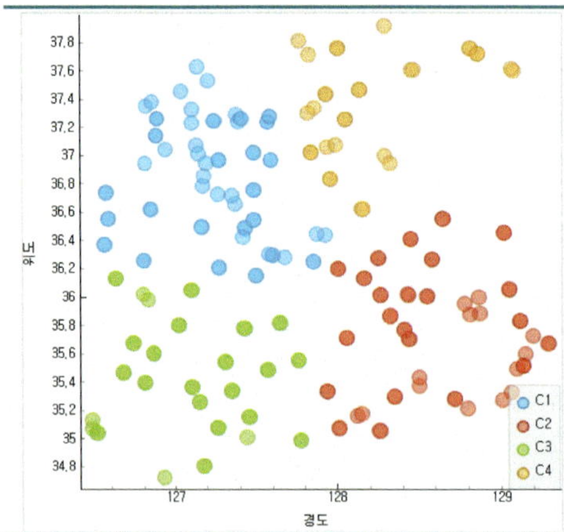

군집점이 4개일 때(k=4)

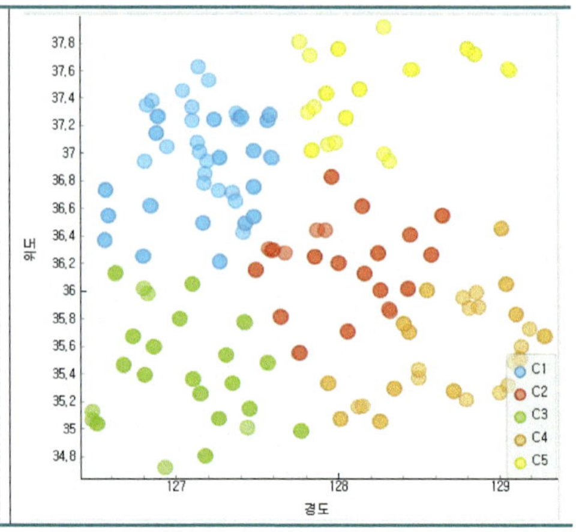

군집점이 5개일 때(k=5)

위와 같이 k값을 늘려갈수록 조금 더 세분화되어 구별할 수 있는 것을 확인하였습니다.

### [Geo Map] 위젯으로 결과 확인하기

이번에는 지도를 보면서 위도와 경도의 위치를 시각화하여 나타내어 봅니다. 먼저 지도를 사용하기 위해서는 Orange3의 상단 Option메뉴에서 추가 카테고리를 설치해야 합니다. 여러가지 기증 중 'Geo'에 체크하고 'ok'를 클릭하면 카테고리가 설치됩니다.

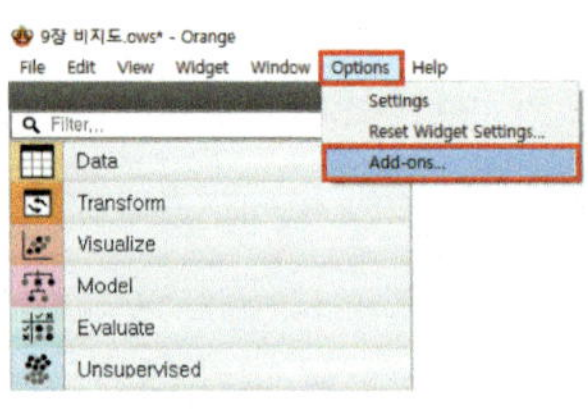


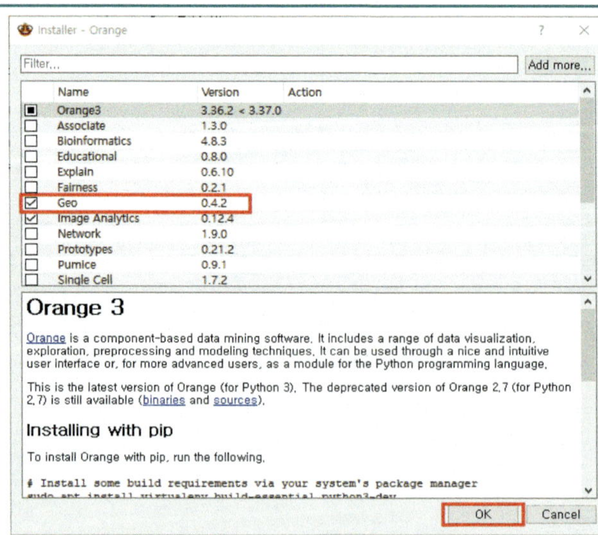

아래와 같이 [Geo] 카테고리가 하단에 설치된 것을 확인할 수 있습니다. [k-Means] 위젯에 [Geo Map] 위젯을 연결하고 더블클릭을 합니다.

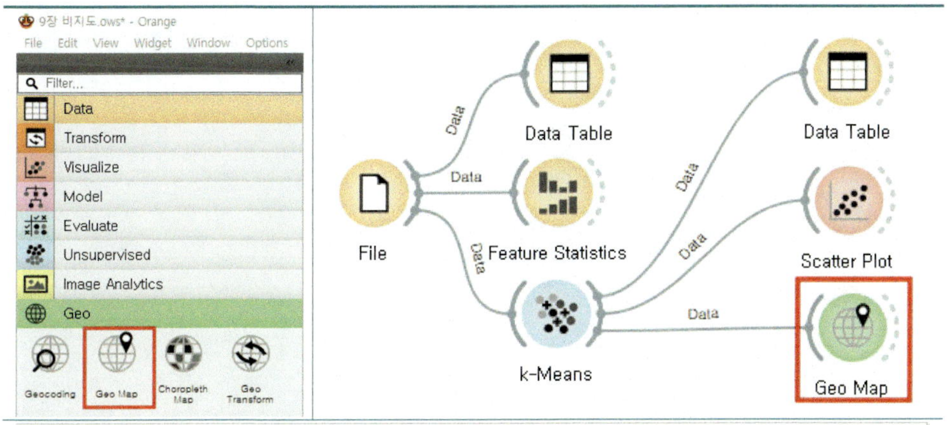


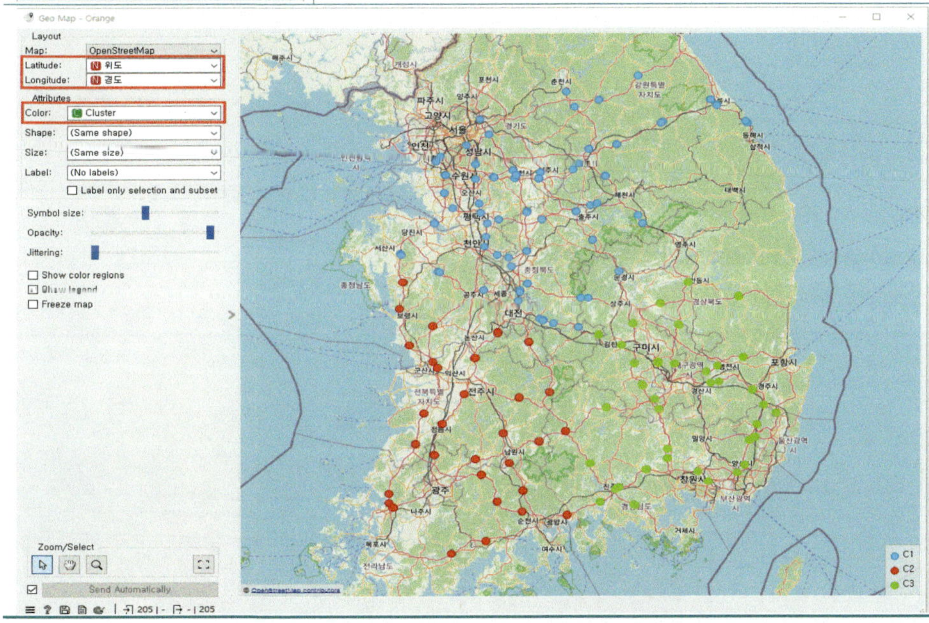


위와같이 Map에 '위도'와 '경도'를 설정하고 Color는 'Cluster'로 설정하면 지도에 위도와 경도를 군집화하여 동시에 나타낼 수 있습니다. 따라서 우리나라 지도에 휴게소의 위치를 쉽게 확인할 수 있습니다. 또한 이러한 군집화는 C1(서울 경기권, 강원권, 충청권), C2(전라권), C3(경상권)로 형성되었음을 확인할 수 있습니다.

'Show color regions'를 체크하여 영역을 색상으로 시각화합니다.

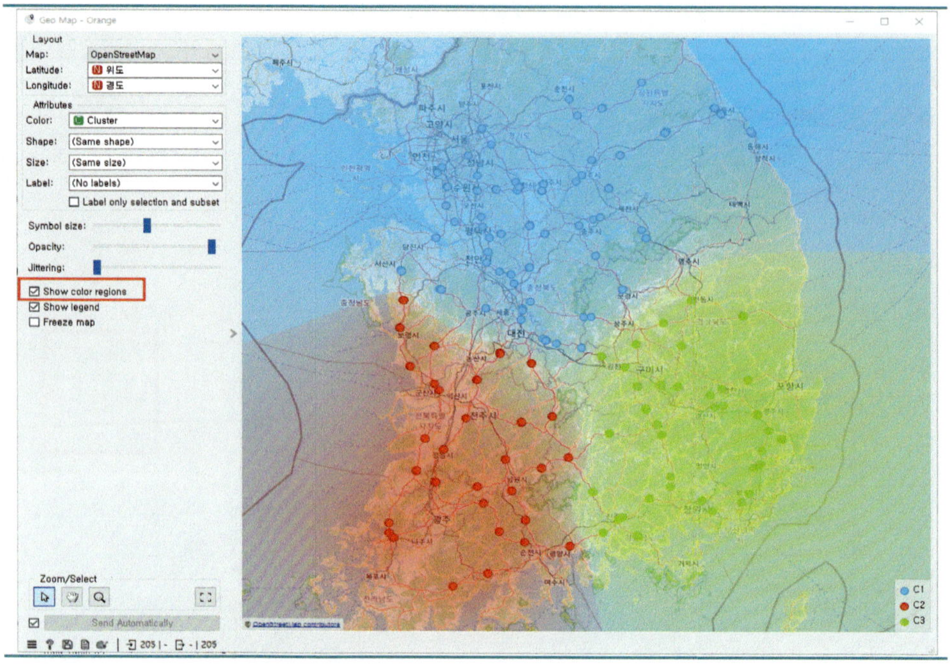


[k-Means] 위젯의 k값을 각각 다르게 하여 [Geo Map] 위젯으로 지도에 나타나는 군집을 자세히 살펴봅시다.

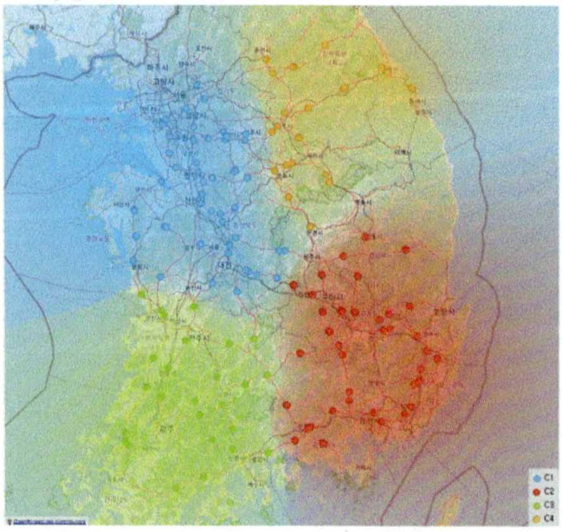
군집점이 4개일 때(k=4)

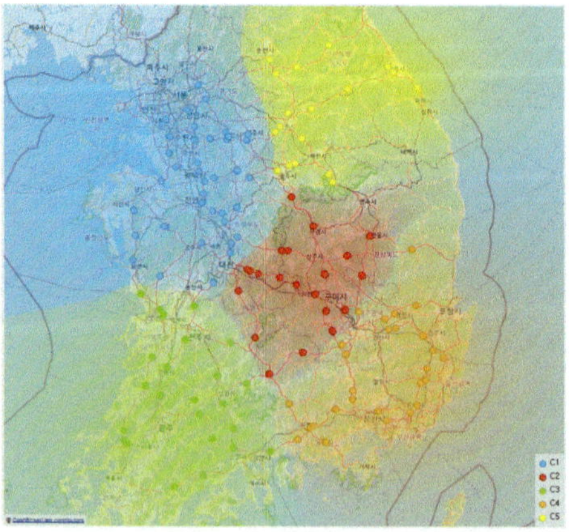
군집점이 5개일 때(k=5)

군집점이 4개 일때는 C1(서울 경기권, 충청권), C2(경상권), C3(전라권), C4(강원권)으로 형성되었습니다. 군집점이 5개 일때는 C1(서울 경기권, 충청권), C2(경북내륙권), C3(전라권), C4(경북해안권, 경남권), C5(강원권)으로 형성된 것을 볼 수 있습니다. 이러한 군집화 결과를 바탕으로 휴게소를 조금 더 효율적으로 관리할 수 있을 것입니다. 이처럼 [Geo] 카테고리의 역할은 지리 정보를 시각화하고 분석하는 데 중요한 역할을 합니다. 이 카테고리를 통해 사용자는 데이터를 지도 위에 효과적으로 표현하고, 지리적 패턴을 분석할 수 있습니다.

**휴게소 위치 군집화 워크 플로우**

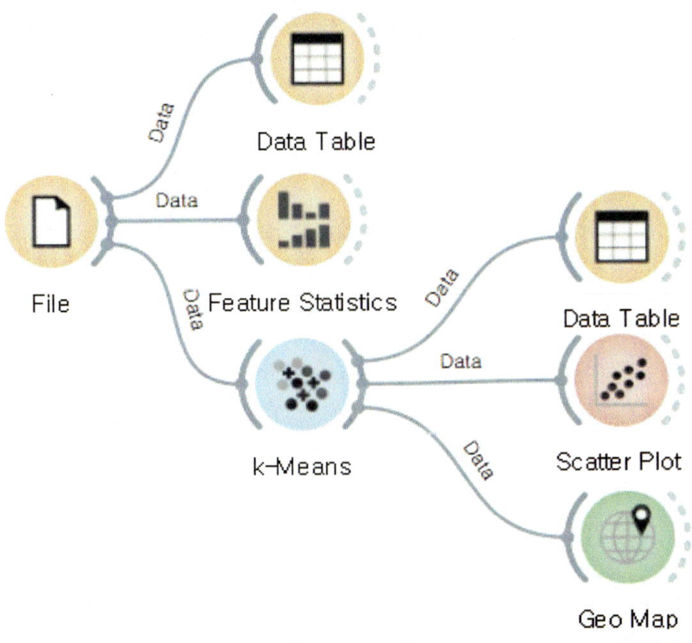

## 참고 8-4 k-Mean(k평균) 알고리즘

k-Means 알고리즘은 데이터 군집화의 대표적인 비지도 학습 기법으로, 주어진 데이터셋을 k개의 클러스터로 나누는 방법이다. 이 알고리즘은 각 클러스터의 중심(centroid)을 계산하고, 데이터를 가장 가까운 중심에 할당하는 과정을 반복하여 클러스터를 형성한다.

### k-Means 알고리즘의 군집화 과정

- **초기 중심 설정**: 데이터 포인트 중에서 k개의 중심(centroid)을 무작위로 선택한다
- **군집 할당**: 각 데이터 포인트를 가장 가까운 중심에 할당하여 군집을 형성한다.
- **중심 재계산**: 각 군집에 속한 데이터 포인트의 평균 위치를 계산하여 새로운 중심으로 업데이트한다.
- **반복**: 군집 할당과 중심 재계산 과정을 중심이 더 이상 변하지 않거나 설정한 반복 횟수에 도달할 때까지 반복한다.
- **결과**: 최종적으로 각 데이터 포인트가 할당된 군집과 중심 위치를 확인할 수 있다.

이 과정을 통해 데이터가 k개의 군집으로 효과적으로 나누어진다.

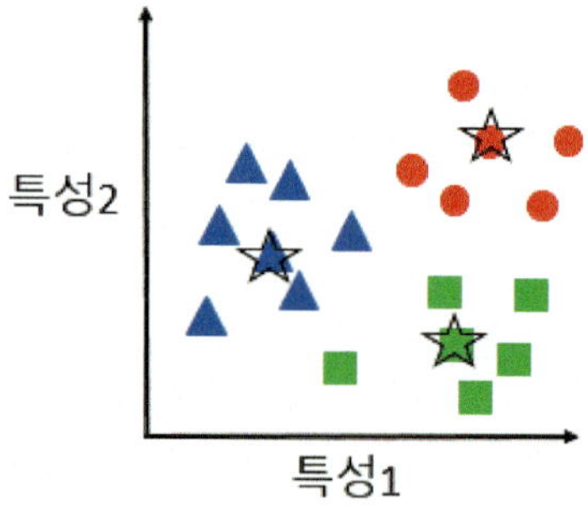


[그림 9-1] k=3일 때 군집화 예

# 3 동물원의 동물 분류하기

## 3.1 동물원의 동물을 분류해보자

우리나라 동물원이 없는 지역에 새로운 동물원을 개관하려고 합니다. 약 100마리의 동물들은 다양한 특성을 가지고 있습니다. 이러한 특성을 가진 동물들을 비슷한 종류로 분류하여 배치를 하려고 합니다. 동물을 분류하는 모델을 생성하여 동물들의 특성에 맞게 분류해 봅시다. 본 데이터는 Orange3에서 제공되는 데이터셋을 이용하여 동물들의 특성에 맞게 분류해 봅니다.

## 3.2 데이터 준비

### 데이터 불러오기

Orange3의 [Data] 카테고리에서 [Datasets] 위젯을 캔버스로 가져와서 더블클릭합니다. 검색창에 'Zoo' 파일을 검색하여 더블클릭하여 가져옵니다.

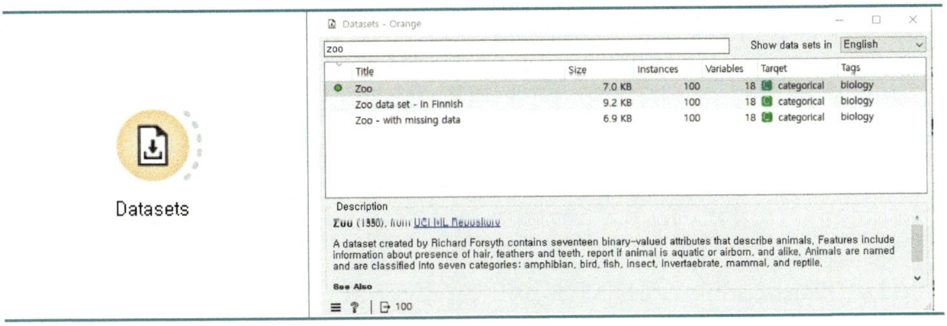


[Data Table] 위젯을 [Datasets] 위젯과 연결한 후 더블클릭하면 각각 18개의 속성으로 구성된, 100개 데이터를 확인할 수 있습니다.

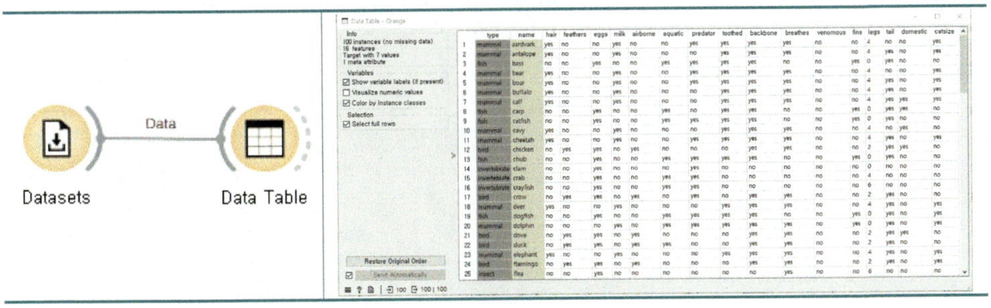

### 데이터 속성 정보 확인하기

데이터의 속성을 파악하기 위해 위젯을 통해 데이터를 종합적으로 살펴보고, 아래 데이터 속성 정보를 바탕으로 동물원의 동물 종류 및 특성 정보 데이터를 시각화하면 데이터의 내용과 구조를 잘 파악할 수 있습니다. 그러기 위해서 속성명과 속성 정보를 확인합니다.

〈표 9-3〉 동물원 데이터 속성 정보

| 속성명 | 속성 정보 | 속성명 | 속성 정보 |
|---|---|---|---|
| type | 물의 종류 | toothed | 치아 유무 |
| name | 이름 | backbone | 척추 유무 |
| hair | 머리카락의 유무 | breathes | 공기호흡 가능 유무 |
| feathers | 깃털의 유무 | venomous | 독 유무 |
| eggs | 알을 낳는지 유무 | fins | 지느러미 유무 |
| milk | 젖을 먹이는지 유무 | legs | 다리 갯수 |
| airborn | 공중 비행 유무 | tail | 꼬리 유무 |
| aquatic | 수생 유무 | domestic | 사육 유무 |
| predator | 포식자 유무 | catsize | 고양이 크기 유무 |

### 데이터 시각화하기

데이터를 분석하기 위해서는 데이터에 대한 기초적인 정보를 먼저 파악하기 위해서 도표, 그래프와 같은 시각적인 요소들을 사용하여 쉽고 효과적으로 데이터 간의 관계를 이해하고 또 미쳐 발견하지 못한 데이터의 구조나 패턴을 발견할 수 있습니다. [Distribution] 위젯은 사용자가 데이터의 특성을 쉽게 이해할 수 있습니다.

(1) [Distribution] 위젯을 연결하여 데이터 시각화

[Visualize] 카테고리의 [Distribution] 위젯을 이용하여 각 동물들의 특징의 분포를 한눈에 파악해 봅니다. 시각적으로 표현하여 더 직관적으로 알 수 있습니다.

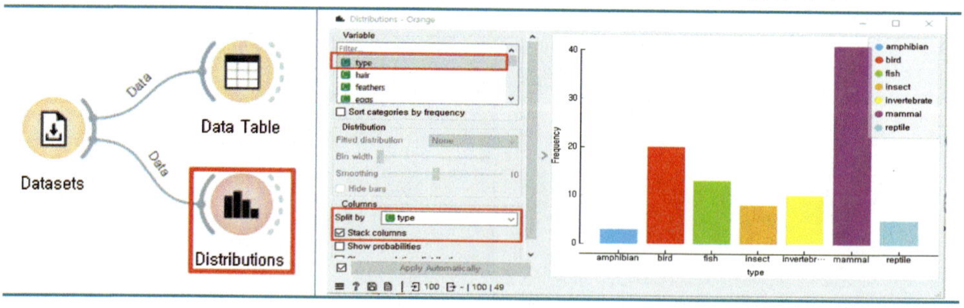

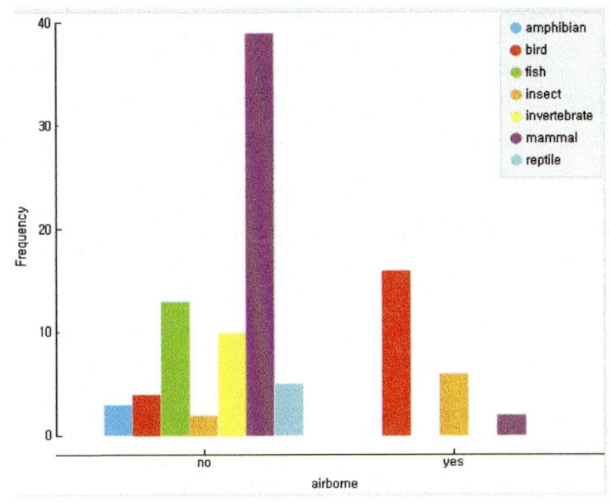


공중비행 가능 유무

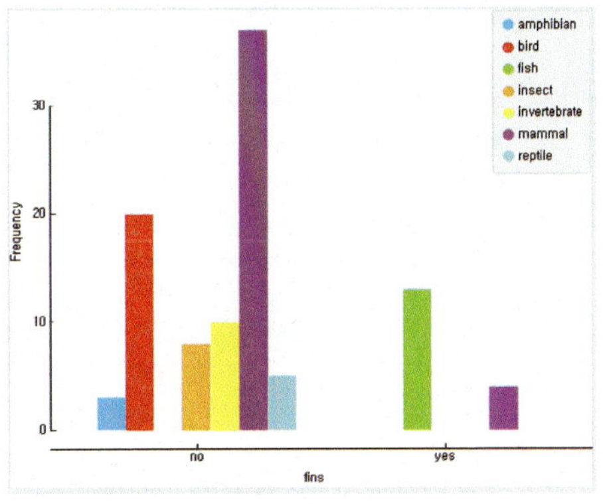


지느러미 유무

위와 같이 동물들의 종류와 특징별로 어떠한 상관관계가 있는지 확인할 수 있습니다. 동물들의 공중 비행 유무, 지느러미 유무 등의 정보를 시각적으로 나타내어 데이터의 의미를 더 명확히 파악할 수 있습니다.

(2) [Box Plot] 위젯을 연결하여 데이터 시각화

[Visualize] 카테고리의 [Box Plot] 위젯을 이용하여 각 동물들의 특징의 분포를 파악해 봅니다. 시각적으로 표현하여 더 직관적으로 알 수 있습니다.

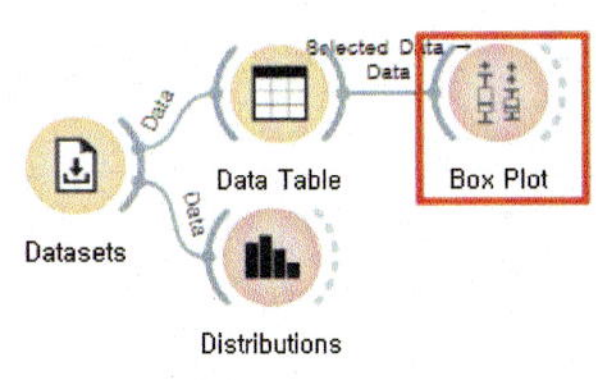


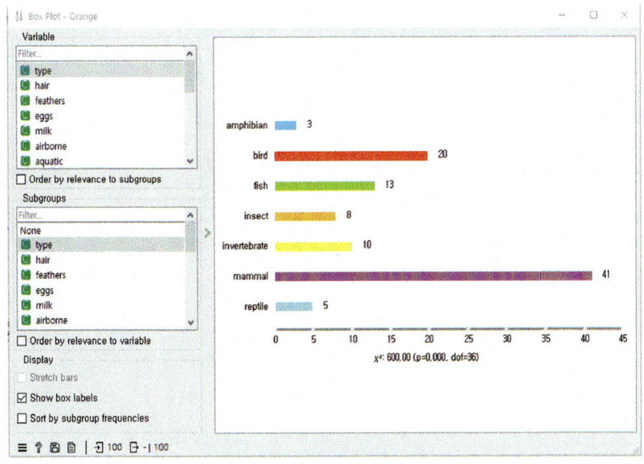

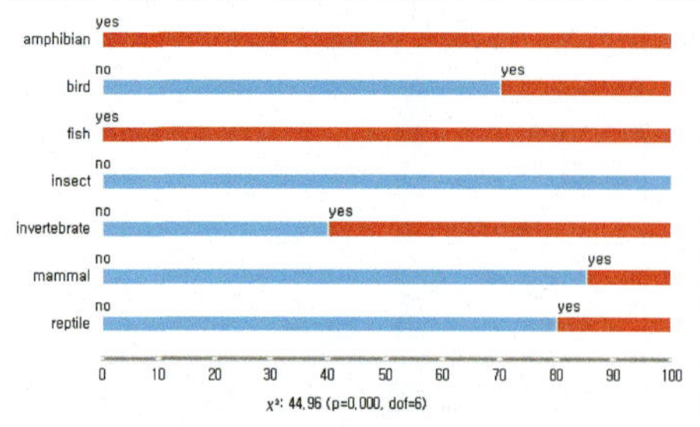


수생 유무

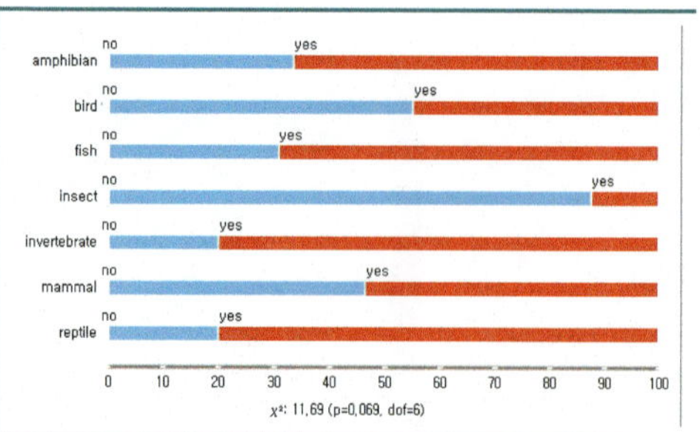


포식자 유무

위와 같이 동물들의 종류와 특징별로 어떠한 상관관계가 있는지 확인할 수 있습니다. 수생 유무, 포식자 유무 등의 정보를 시각적으로 나타내어 데이터의 의미를 더 명확히 파악할 수 있습니다.

## 3.3 모델 선택하기와 학습

### [Select Columns] 위젯으로 특징 선택하기

[Select Columns] 위젯을 사용하여 데이터를 분석하기 위해서는 분석할 특징을 선택해야 합니다. Target에 있는 'type'를 좌측 Ignored로 이동합니다. 비지도 학습은 Target이 없는 것이 특징입니다. 나머지 특성들은 Feature가 되고, 'name'항목은 데이터분석에 포함되지는 않지만 분류 결과를 파악하는데 사용합니다.

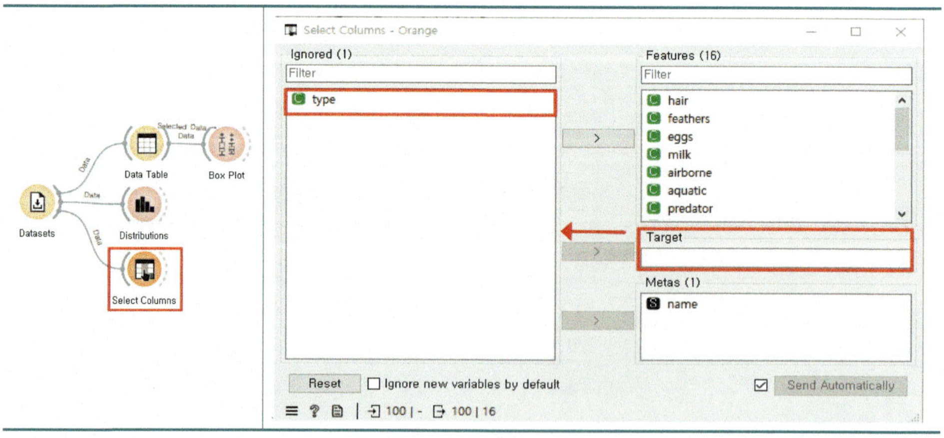

[Unsupervised] 카테고리의 [k-Means] 위젯을 이용하여 [File] 위젯과 연결합니다. [k-Means] 위젯을 더블클릭한 후 옵션을 확인합니다.

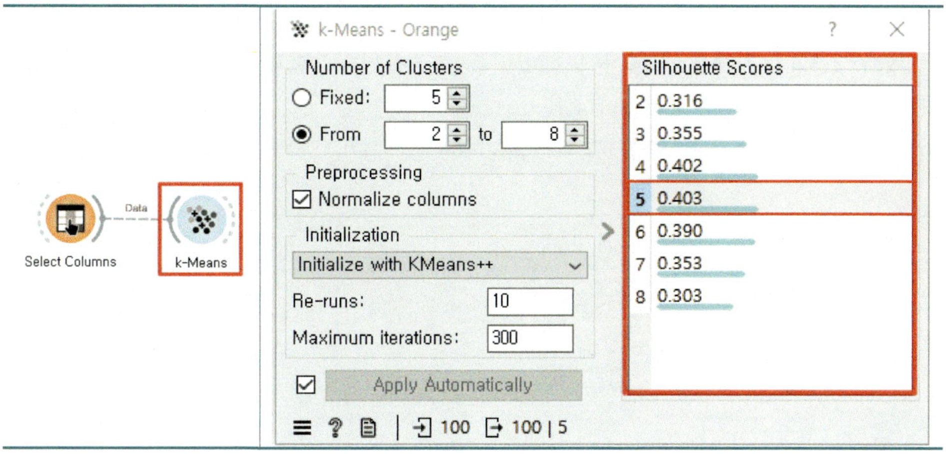


[k-Means]위젯을 더블클릭하면 옵션창이 나타납니다. 위 대화창과 같이 나타나면 옵션을 설정하여 군집화를 확인할 수 있습니다. 위에서 확인한 것과 같이 가장 높은 실루엣스코어(Silhouette Scores)에서 0.403으로 나타나 k(Fixed)를 5로 정하였습니다.

## 모델 학습시키기

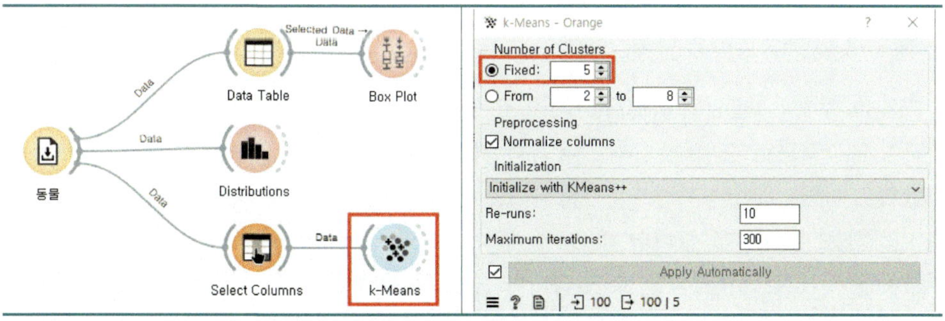


[k-Means] 위젯의 옵션창에서 Fixed값을 5로 설정합니다. Fixed값으로 군집 개수를 정하면 그에 맞춰서 그룹을 5개 만들어 준다는 의미입니다. k값은 그 숫자가 가장 합리적이고 정확한 수라고 보기는 어렵지만, 인공지능은 5가 적절하다고 추천하고 있습니다.

## 3.4 결과 확인하기

### [Data Table] 위젯으로 결과 확인하기

[Data Table] 위젯을 사용하여 데이터를 불러옵니다. 전과 다르게 Cluster항목과 Silhouette항목이 추가 되었습니다. Cluster항목에는 C1, C2, C3, C4, C5 중에서 하나의 값으로 나타난 것을 확인 할 수 있습니다.

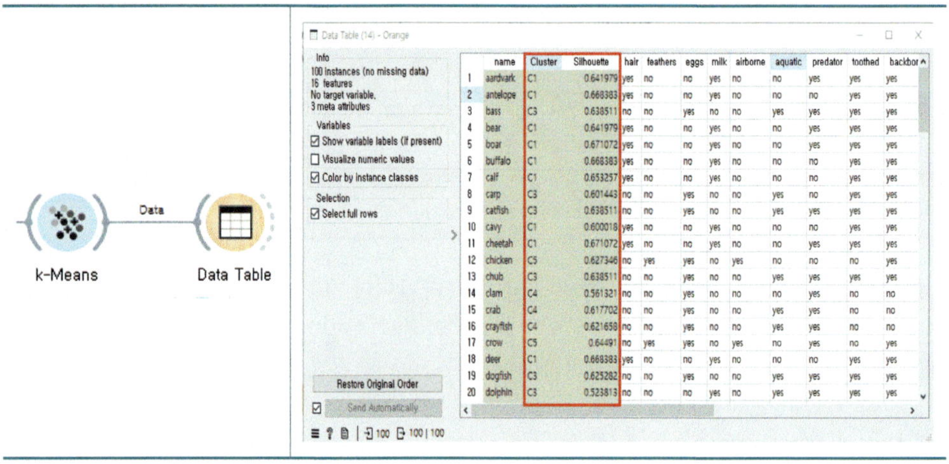


### [MDS] 위젯으로 결과 확인하기

Orange3에서 MDS(Multidimensional Scaling)는 고차원 데이터를 저차원으로 변환하여 시각적으로 표현하는 데 사용되는 기법입니다. 이 기법은 데이터 간의 유사성을 기반으로 하여, 데이터 포인트를 2차원 또는 3차원 공간에 배치함으로써 데이터의 구조를 이해하는 데 도움을 줍니다. MDS를 분석 초기에 사용하면 데이터의 패턴, 클러스터, 이상치를 시각적으로 탐색할 수 있습니다. 군집화 결과를 MDS로 시각화하면, 각 클러스터의 분포와 관계를 쉽게 이해할 수 있습니다. 즉, 데이터 클러스터링을 시각적으로 표현하는 데 유용합니다.

[k-Means] 위젯과 [Unsupervised] 카테고리의 [MDS] 위젯을 연결한 후 더블클릭합니다. 비슷한 특성을 가진 동물들을 그룹하여 시각적으로 나타냅니다.

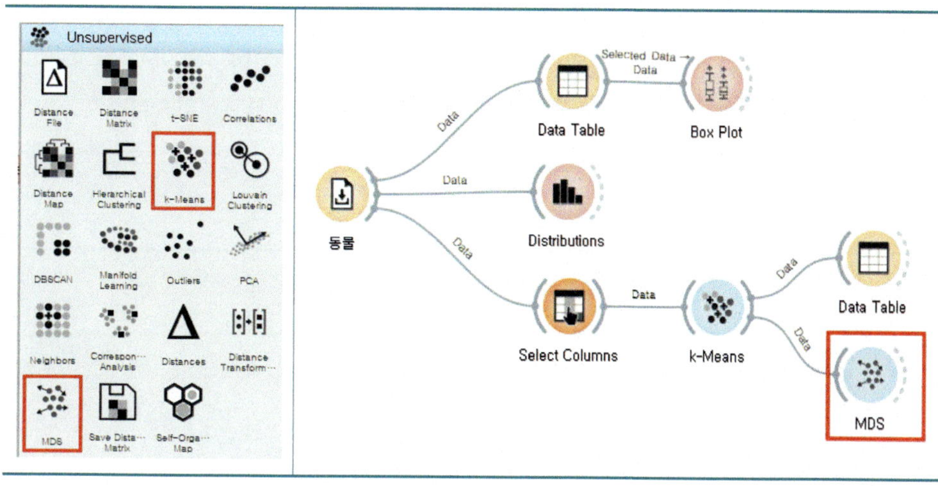


옵션에서는 Color와 Shape는 'Cluster'로 선택합니다. 선택 영역을 색상으로 나타내기 위해 'Show color regions' 옵션을 선택하여 영역을 시각화합니다.

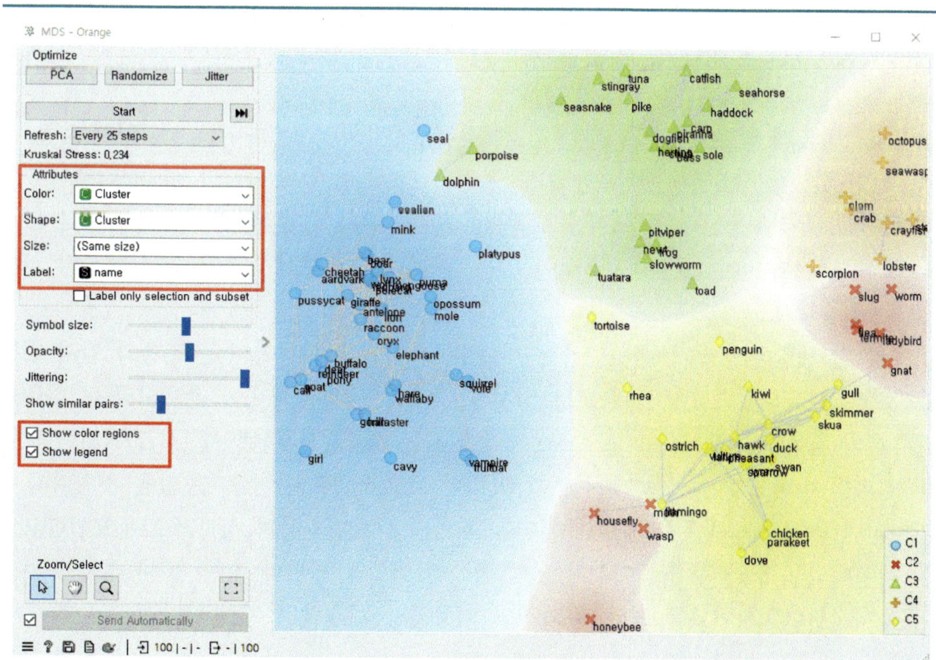

이와 같이 k를 5로 설정한 결과 동물들이 5개의 부류로 분류가 되었습니다. 이러한 군집화는 C1(포유류), C2(털이 없는 곤충, 털이 있는 곤충), C3(바다에 사는 포유류, 물고기, 양서류), C4(무척추동물), C5(새)로 형성되었음을 확인 할 수 있습니다.

[k-Means] 위젯의 k값을 각각 다르게 하여 [MDS] 위젯으로 나타나는 군집을 자세히 살펴봅시다

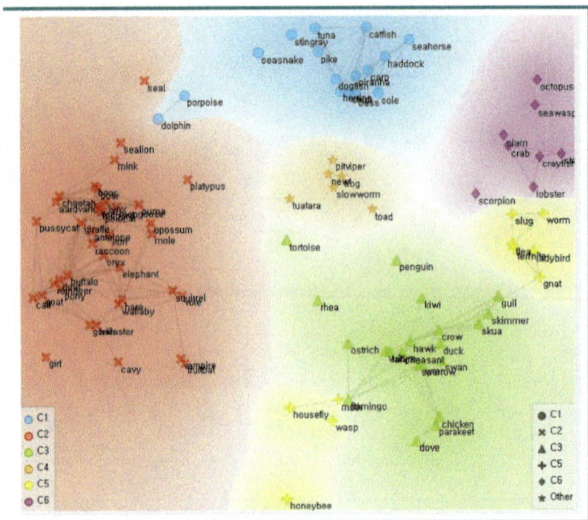


군집점이 6개일 때(k=6)

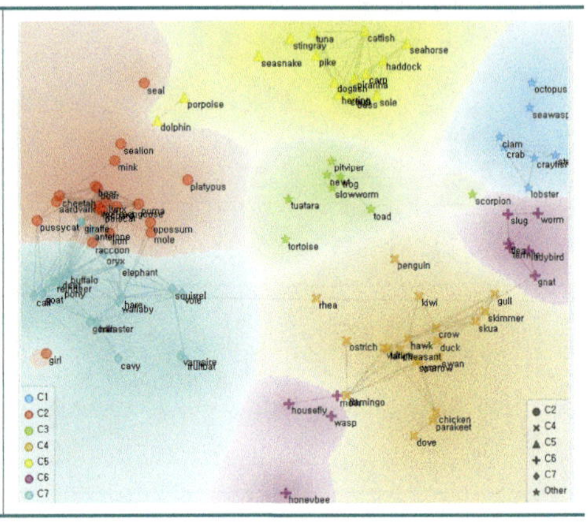


군집점이 7개일 때(k=7)

군집점이 6개 일때는 C1(물고기), C2(포유류), C3(새), C4(양서류), C5(털이 없는 곤충, 털이 있는 곤충), C6(무척추동물)로 형성된 것을 볼 수 있습니다. 또 군집점이 7개 일때는 C1(무척추동물), C2(포식자 포유류), C3(양서류), C4(새), C5(물고기, 바다에 사는 포유류), C6(털이 없는 곤충, 털이 있는 곤충), C7(비포식자 포유류)로 형성된 것을 볼 수 있습니다.

조금 더 세밀하게 살펴보면, 곤충은 하나로 분류가 되나 털이 있는 곤충과 털이 없는 곤충으로 분류되었습니다. 파충류는 양서류, 물고기, 새에 나뉘어 분포되었습니다. 또 포유류의 경우에도 포식자, 비포식자, 바다에 사는 포유류로 나뉘었습니다. 이러한 군집화 결과를 바탕으로 동물을 배치하면 조금 더 효율적으로 관리할 수 있을 것입니다.

이처럼 [MDS] 역할은 고차원 데이터를 저차원으로 변환하여 시각적으로 표현함으로써 데이터의 구조와 관계를 이해하는 데 중요한 역할을 합니다. 이를 통해 데이터 분석가는 더 나은 인사이트를 얻고, 효과적인 의사결정을 내릴 수 있습니다.

## 전체 워크 플로우

### 동물원 그룹화 워크 플로우

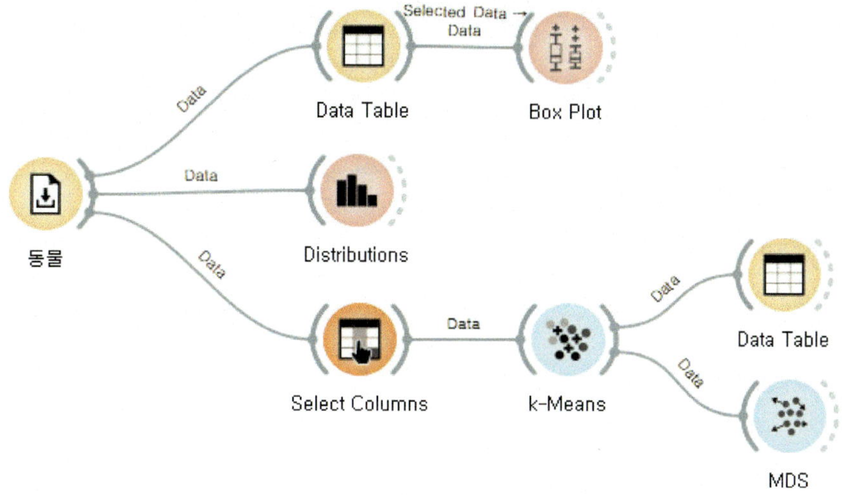

# 4 학생성적 차이 시각화

## 4.1 학생들간의 성적 차이를 분류해보자

학생들이 중간고사를 치고 나면 실습을 위해 팀을 구성할 일이 많습니다. 그러나 성적이 비슷하여 수동으로 그룹화하기는 시간이 많이 걸립니다. 그룹별 전략을 위해 이러한 학생간 성적의 패턴을 분석하고 학생성적을 그룹화하여 나타내어 봅니다. 본 데이터는 Orange3에서 제공되는 성적 데이터셋을 이용하여 분류해 봅니다.

## 4.2 데이터 준비

### 데이터 불러오기

Orange3의 [Data] 카테고리에서 [Datasets] 위젯을 캔버스로 가져와서 더블클릭합니다. 검색창에 'Grades for English and Math' 파일을 검색하여 더블클릭하여 가져옵니다.

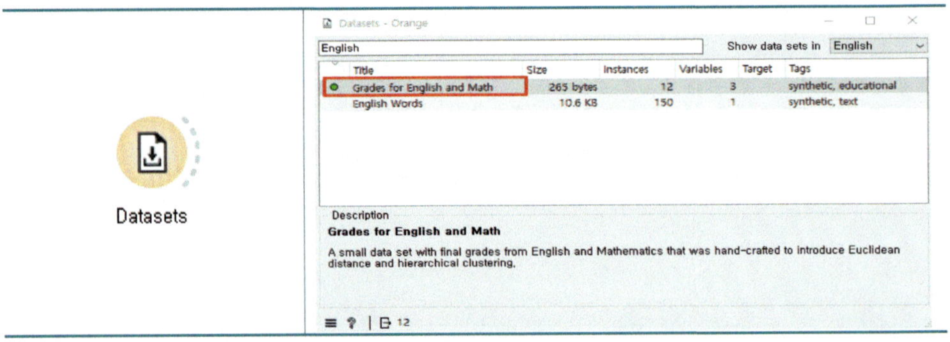


[Data Table] 위젯을 [Datasets] 위젯과 연결한 후 더블클릭하면 각각 3개의 속성으로 구성된, 12개 데이터를 확인할 수 있습니다.

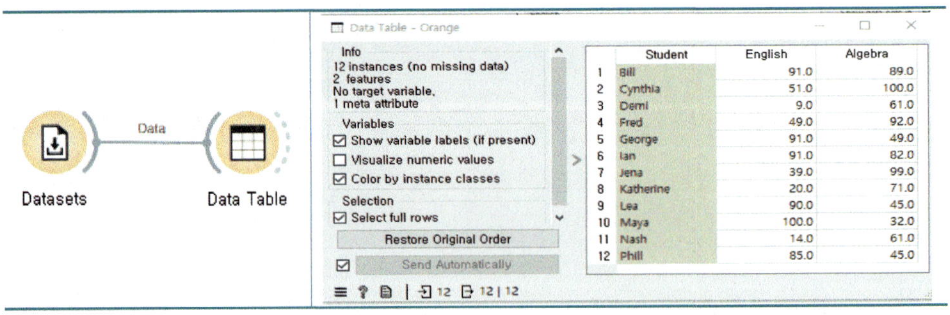

### 데이터 속성 정보 확인하기

데이터의 속성을 파악하기 위해 학생 데이터를 바탕으로 영어, 수학 성적 데이터의 내용과 구조를 잘 파악하기 위해 속성명과 속성 정보를 확인합니다.

| 속성명 | 속성 정보 |
|---|---|
| student | 학생 이름 |
| English | 영어 점수 |
| Algebra | 수학의 분야 |

### 데이터 시각화하기

데이터를 분석하기 위해 시각적인 요소들을 사용하여 쉽고 효과적으로 데이터 간의 관계를 이해할 수 있습니다. [Scatter Plot] 위젯을 사용하여 분류를 어떻게 하면 좋을지 데이터의 특성을 파악해봅니다.

(1) [Scatter Plot] 위젯을 연결하여 데이터 시각화

[Visualize] 카테고리의 [Scatter Plot] 위젯을 이용하여 학생간의 성적 분포를 한눈에 파악해 봅시다. 시각적으로 표현하여 더 직관적으로 알 수 있습니다.

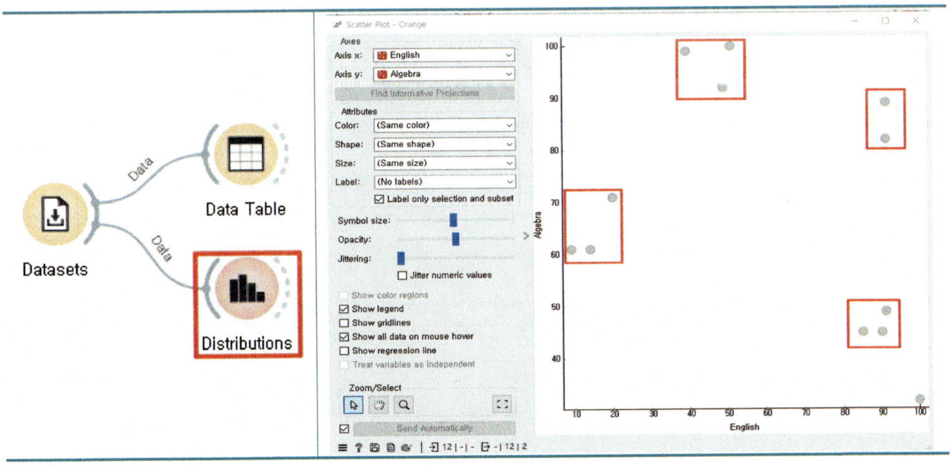


위와 같이 학생간 성적의 분포를 살펴보면 크게 4부분으로 분포되어 있다는 것을 볼 수 있습니다.

## 4.3 모델 학습 및 분석결과 시각화

### [Distance] 위젯으로 계층화하기

[Distance] 위젯을 사용하면 각 데이터 학생간의 거리를 계산하는 기능입니다. [Distances] 위젯을 더블클릭합니다.

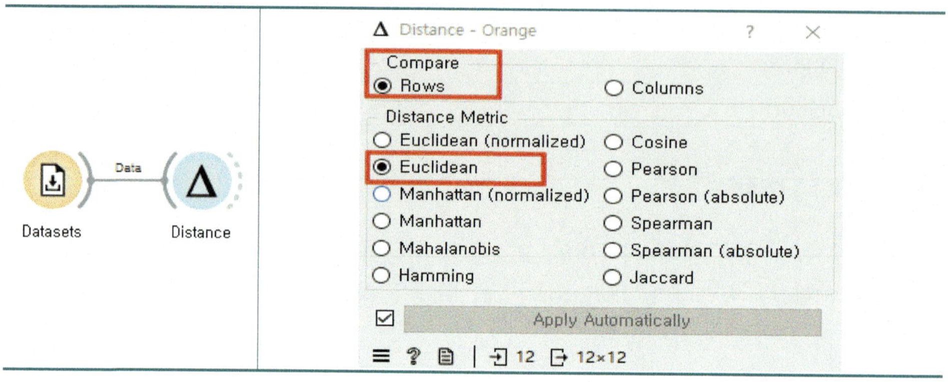


[Distances] 옵션창을 살펴보면 Compare 옵션은 'Rows'를 distance Metric는 'Euclidean'으로 설정합니다. [Distance] 위젯은 계산된 거리 정보를 사용하여 군집을 만들어 주는 기능을 합니다. 유클리드 거리, 맨하탄 거리, 코사인 유사도 등 다양한 거리 측정 방법을 사용할 수 있는데 여기서는 유클리드를 선택합니다. 즉, 데이터 포인트 간의 유사성을 평가하고, 클러스터링을 위한 기초 데이터를 준비하는 데 유용합니다.

### [Hierarchical Clustering] 위젯으로 계층화하기

[Hierarchical Clustering] 위젯과 [Distance]를 연결해줍니다.

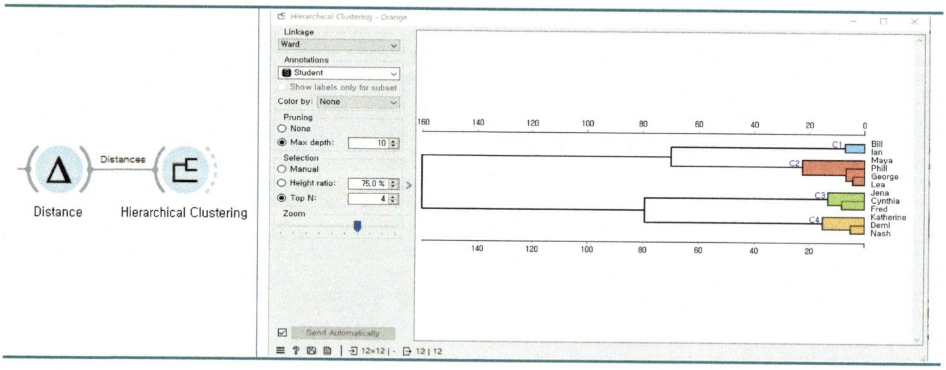

[Hierarchical Clustering] 위젯을 더블클릭하면 옵션창이 나타납니다. 위 대화창과 같이 나타나면 옵션을 설정하여 군집화를 확인할 수 있습니다. Annotations는 각 데이터의 표기여부를 타나내고, Top N은 '4'로 설정하여 4개의 그룹으로 나타냅니다. 영어와 수학 점수가 그룹별로 차이가 있는 것을 확인하였습니다. [Hierarchical Clustering] 위젯은 데이터 포인트를 계층적으로 클러스터링하여 군집 구조를 시각화합니다. 즉, 데이터의 군집 구조를 탐색하고, 비슷한 특성을 가진 데이터 포인트를 그룹화하여 분석하는 데 유용합니다.

[Distance] 위젯은 데이터 포인트 간의 거리 계산에 중점을 두고 거리 행렬을 생성하는 반면, [Hierarchical Clustering] 위젯은 이러한 거리를 기반으로 클러스터링 한 결과를 시각화하여 나타내는 데 중점을 둡니다.

## [Distance] 위젯으로 분석 결과 시각화

[Distance] 위젯에 [Distance Marix] 위젯을 연결합니다.

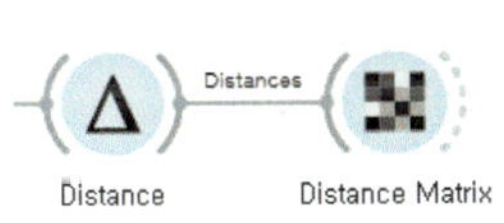


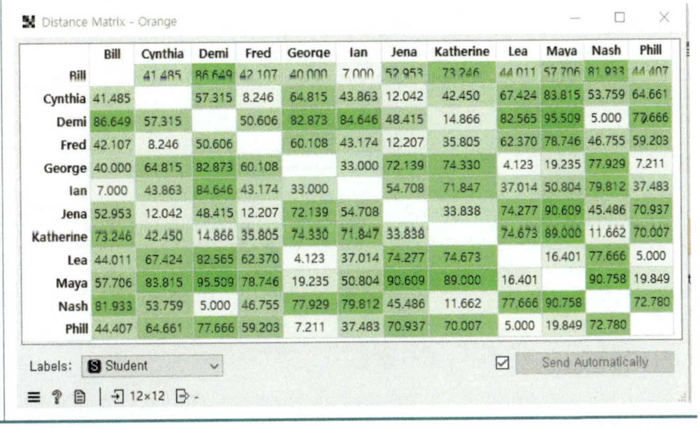


| | Bill | Cynthia | Demi | Fred | George | Ian | Jena | Katherine | Lea | Maya | Nash | Phill |
|---|---|---|---|---|---|---|---|---|---|---|---|---|
| Bill | | 41.485 | 86.649 | 42.107 | 40.000 | 7.000 | 52.953 | 73.246 | 44.011 | 57.706 | 81.933 | 44.407 |
| Cynthia | 41.485 | | 57.315 | 8.246 | 64.815 | 43.863 | 12.042 | 42.450 | 67.424 | 83.815 | 53.759 | 64.661 |
| Demi | 86.649 | 57.315 | | 50.606 | 82.873 | 84.646 | 48.415 | 14.866 | 82.565 | 95.509 | 5.000 | 77.666 |
| Fred | 42.107 | 8.246 | 50.606 | | 60.108 | 43.174 | 12.207 | 35.805 | 62.370 | 78.746 | 46.755 | 59.203 |
| George | 40.000 | 64.815 | 82.873 | 60.108 | | 33.000 | 72.139 | 74.330 | 4.123 | 19.235 | 77.929 | 7.211 |
| Ian | 7.000 | 43.863 | 84.646 | 43.174 | 33.000 | | 54.708 | 71.847 | 37.014 | 50.804 | 79.812 | 37.483 |
| Jena | 52.953 | 12.042 | 48.415 | 12.207 | 72.139 | 54.708 | | 33.838 | 74.277 | 90.609 | 45.486 | 70.937 |
| Katherine | 73.246 | 42.450 | 14.866 | 35.805 | 74.330 | 71.847 | 33.838 | | 74.673 | 89.000 | 11.662 | 70.007 |
| Lea | 44.011 | 67.424 | 82.565 | 62.370 | 4.123 | 37.014 | 74.277 | 74.673 | | 16.401 | 77.666 | 5.000 |
| Maya | 57.706 | 83.815 | 95.509 | 78.746 | 19.235 | 50.804 | 90.609 | 89.000 | 16.401 | | 90.758 | 19.849 |
| Nash | 81.933 | 53.759 | 5.000 | 46.755 | 77.929 | 79.812 | 45.486 | 11.662 | 77.666 | 90.758 | | 72.780 |
| Phill | 44.407 | 64.661 | 77.666 | 59.203 | 7.211 | 37.483 | 70.937 | 70.007 | 5.000 | 19.849 | 72.780 | |

[Distance Matrix] 샘플간 거리를 테이블 형태로 나타내었습니다.

## [Distance Map] 위젯으로 결과 확인하기

[Distance Matrix]와 [Distance Map] 위젯은 비슷하지만 거리행렬과 거리 지도의 결과를 확인할 수 있으며, 계층적 군집 분류 결과와 함께 볼 수 있습니다.

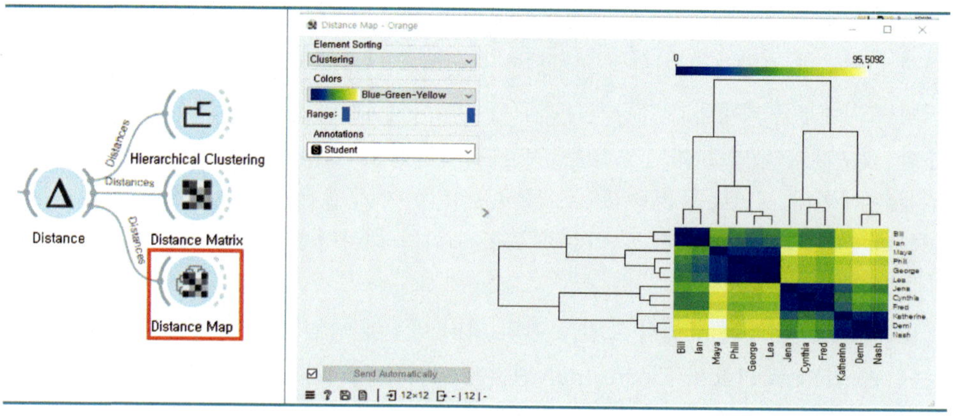


학생별 샘플간 거리를 계층별 시각적으로 잘 나타내었습니다.

### [MDS] 위젯으로 결과 확인하기

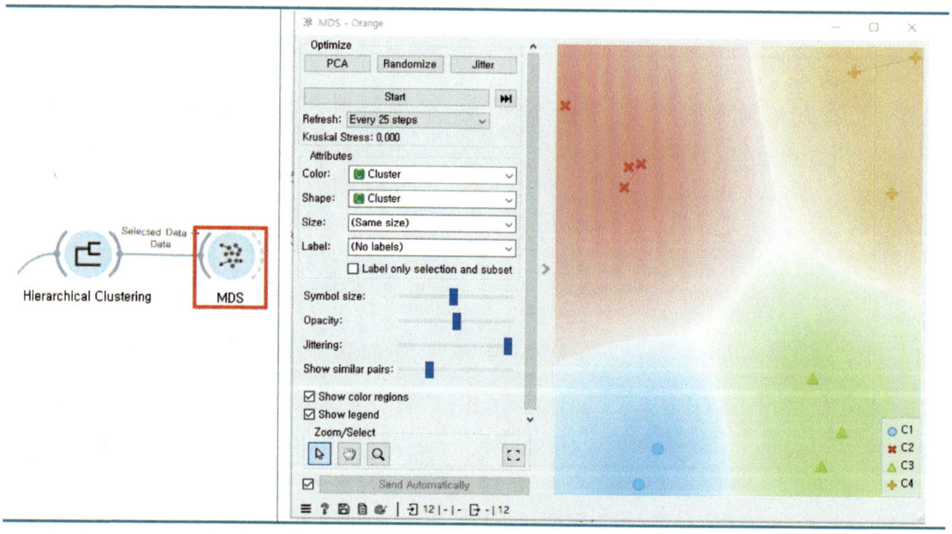


조금 더 세밀하게 살펴보면, 4개의 그룹으로 영어상위권이 2개그룹과 영어 하위권인 2개 그룹으로 나타낼수 있어 분석에 유용하게 사용될 수 있습니다. 지금은 데이터수가 작지만 대량의 데이터에서는 고차원 데이터를 저차원으로 변환하여 시각적으로 표현함으로써 데이터의 구조와 관계를 이해하는 데 중요한 역할을 합니다. 이를 통해 데이터 분석가는 더 나은 인사이트를 얻고, 효과적인 의사결정을 내릴 수 있습니다.

## 학생성적 차이 시각화 워크 플로우

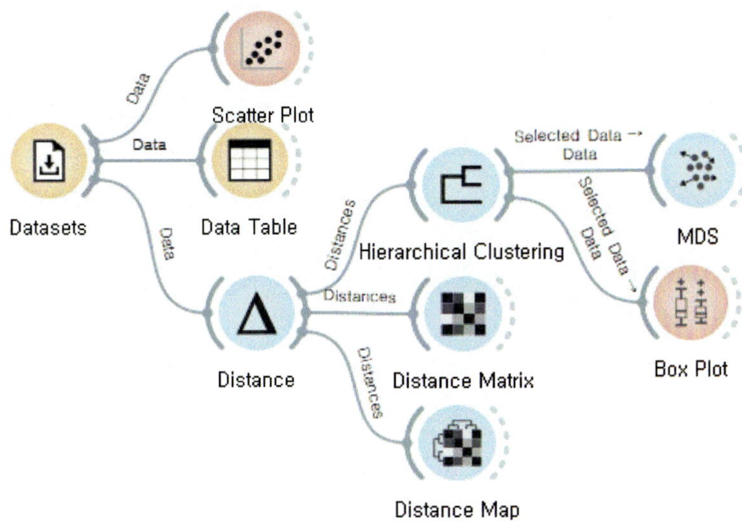

## 예제 9-1 학교 위치를 군집화 해보자

### 01 공립 고등학교 위치 군집화

A대학교에서는 입시 홍보를 위해 전국에 있는 고등학교를 방문하여 3학년을 대상으로 신입생 유치를 위한 홍보활동을 준비중입니다. 현장 방문단을 구성하여 효율적인 현장 방문 및 홍보활동을 할 수 있도록 전국 고등학교의 위치 데이터를 분석하여 공립 고등학교의 위치를 군집화하여 나타내 봅시다.

데이터셋은 공공데이터 포털[14]에서 전국 초중등학교 위치 데이터를 기반으로 공립 고등학교의 위도 경도 데이터를 군집화하여 나타내어 봅니다.

### 02 데이터 불러오기

Orange3의 [Data] 카테고리에서 [File] 위젯을 캔버스로 가져와서 더블클릭합니다. 폴더모양의 파일 가져오기를 클릭하여 'Ch09\초중등학교 위치표준데이터.xlsx' 파일을 찾아 가져옵니다.

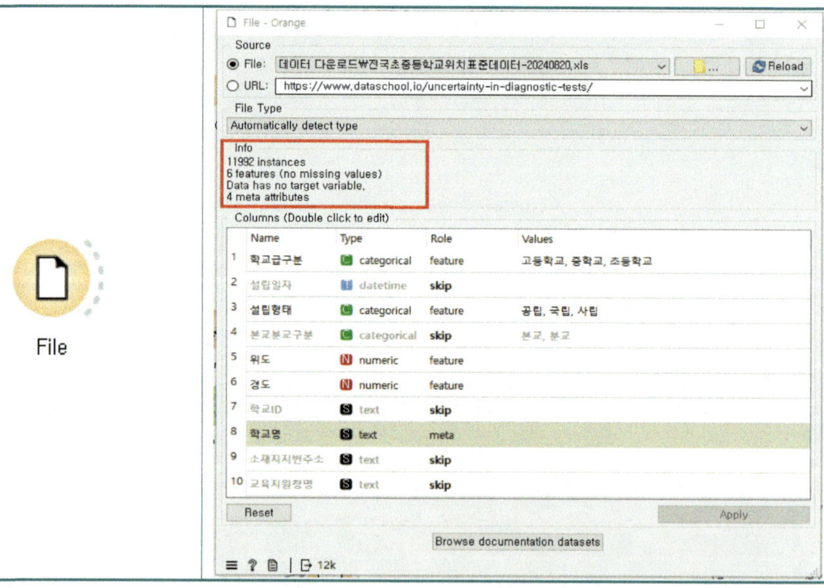


14) 출처 : https://www.data.go.kr/index.do

[Data Table] 위젯을 [File] 위젯과 연결한 후 더블클릭하면 10개의 속성으로 구성된, 12k(11992개) 데이터를 확인할 수 있습니다.

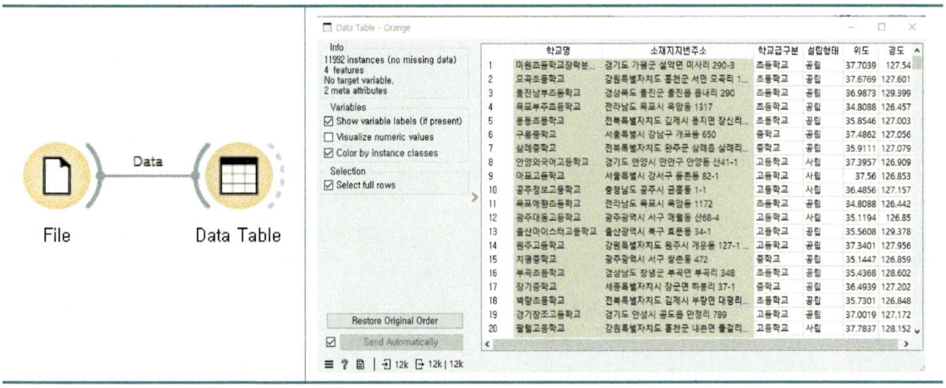

## 03 데이터 속성 정보 확인하기

초·중등학교 위치 표준 데이터의 속성 정보를 바탕으로 정보 데이터를 시각화하면 데이터의 내용과 구조를 잘 파악할 수 있습니다. 그러기 위해서 속성명과 속성 정보를 확인합니다.

〈표 9-4〉 전국 초·중등학교 위치 속성 정보

| 속성명 | 속성 정보 | 속성명 | 속성 정보 |
|---|---|---|---|
| 학교급 구분 | 고등학교, 중학교, 초등학교 | 경도 | 경도를 나타냄 |
| 설립일자 | 학교 설립일자 | 학교ID | 각 학교의 ID |
| 설립형태 | 공립, 국립, 사립 | 학교명 | 각 학교의 이름 |
| 본교분교구분 | 본교, 분교 | 소재지지번주소 | 학교의 주소 |
| 위도 | 위도를 나타냄 | 교육지원청명 | 해당 교육지원청명 |

## 04 데이터 시각화하기

[Scatter plot] 위젯을 연결하여 산점도로 데이터 시각화합니다.

[Visualize] 카테고리의 [Distributions] 위젯을 이용하여 그룹별 각 특징을 상관관계를 파악해 봅니다. Scatter Plot] 위젯을 사용하여 더 직관적으로 알 수 있습니다.

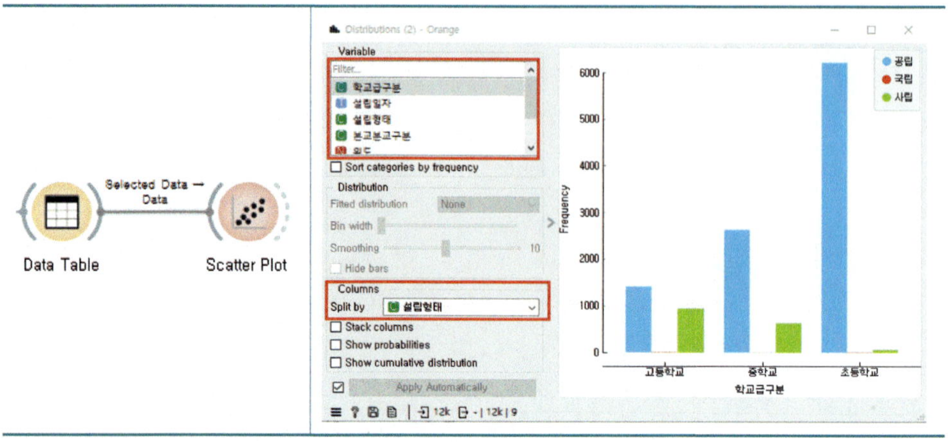


학교급별로 그룹화여 나타내면 초등학교가 가장 많고 고등학교가 가장 적습니다. 그리고 공립이 사립보다 많으며, 고등학교로 갈수록 사립의 비율이 많아지는 것을 확인할 수 있습니다.

## 05 전처리하기

[File] 위젯과 [Select Rows] 위젯을 연결하여 학교급 구분을 '고등학교' 설립형태는 '공립'으로 선택하여 진행합니다. 총 11,992개의 데이터 중에 공립 고등학교에 해당하는 데이터는 1418개로 확인할 수 있습니다. [Select Rows] 위젯 설정은 다음과 같습니다.

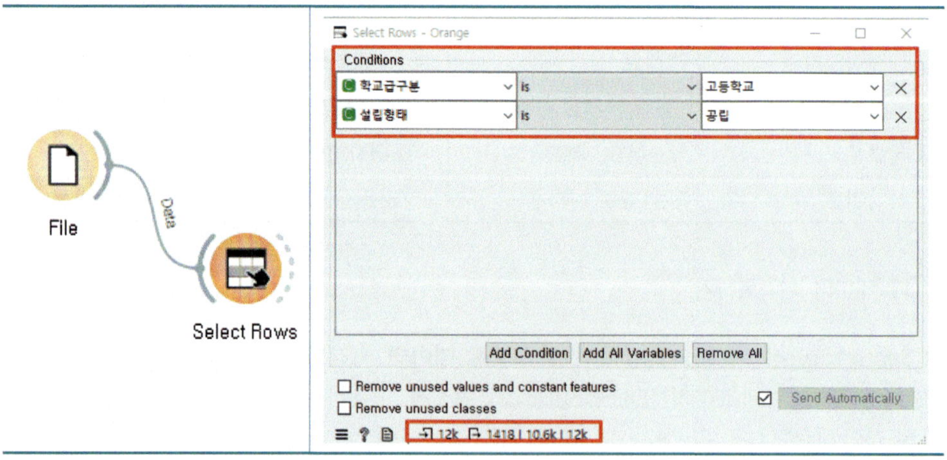

## 06 모델 학습시키기

[Select Rows] 위젯과 [k-Means] 위젯을 연결하여 더블클릭합니다.

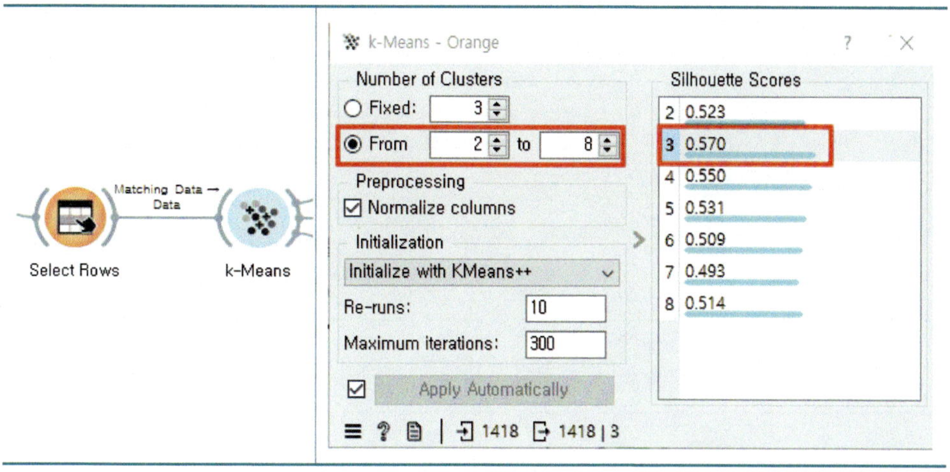


[k-Means] 위젯의 대화창이 나타나면 옵션을 설정하여 군집화를 확인할 수 있습니다. 위에서 확인한 것과 같이 가장 높은 실루엣스코어(Silhouette Scores)에서 0.570으로 나타나 k(Fixed)를 3으로 정하였습니다.

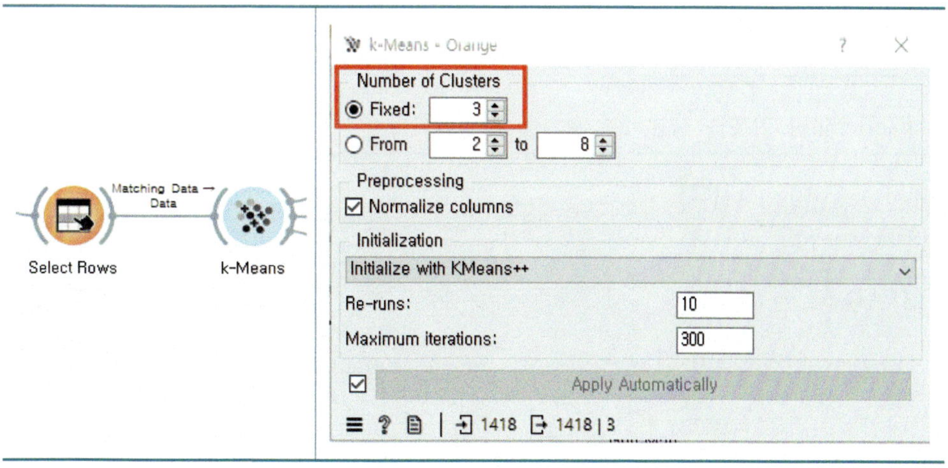

## 07 성능 결과 확인하기

[Data Table] 위젯을 사용하여 데이터를 불러옵니다. 전과 다르게 Cluster항목과 Silhouette항목이 추가 되었습니다. Cluster항목에는 C1, C2, C3 중에서 하나의 값으로 나타난 것을 확인 할 수 있습니다.

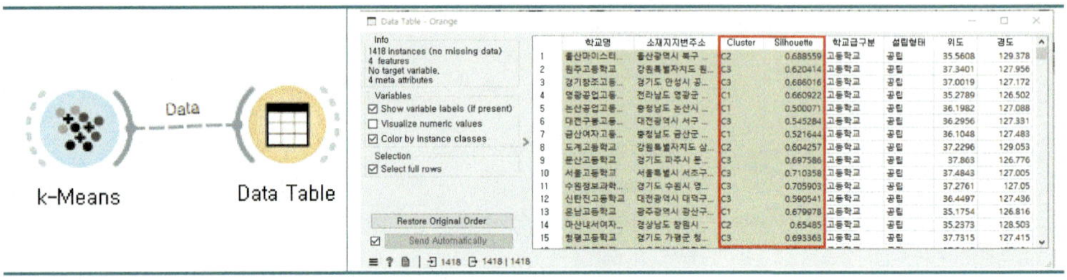


[Scatter Plot] 위젯을 사용하여 결과를 확인합니다.

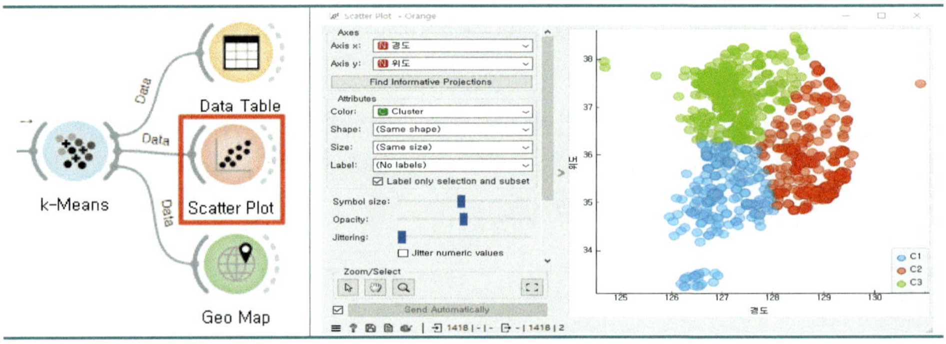


[Geo Map] 위젯을 사용하여 결과를 확인합니다.

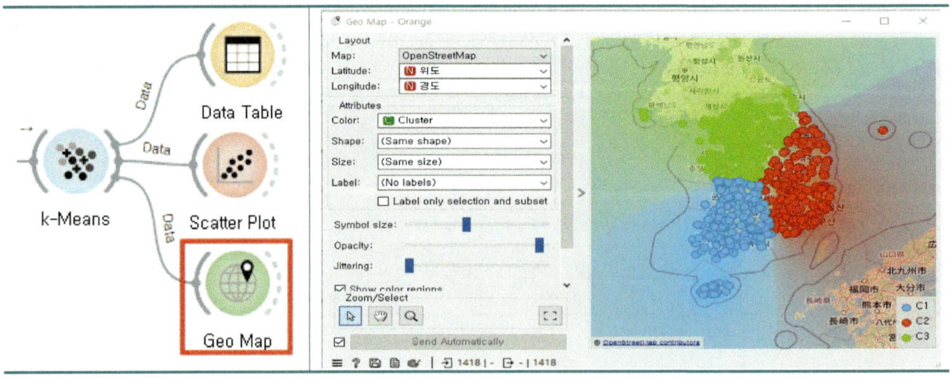

위와같이 Map에 '위도'와 '경도'를 설정하고 Color는 'Cluster'로 설정하면 지도에 위도와 경도를 군집화하여 동시에 나타낼 수 있습니다. 따라서 우리나라 지도에 고등학교의 위치를 쉽게 확인할 수 있습니다. 또한 이러한 군집화는 C1(충북권, 전라권, 제주권), C2(경상권, 충북권), C3(서울 경기권, 강원권, 충남권)로 형성되었음을 확인할 수 있습니다.

이렇게 3개팀으로 나누어 현장 방문을 구성하면 적절할 것이라고 학습모델이 분석하였습니다. 이때 k=4, k=5, k=6, k=7 등으로 설정하여 현장방문팀의 그룹수에 따라 다르게 설정하여 결과를 확인해볼 수 있습니다.

## 전체 워크 플로우

**공립고등학교 위치 군집화 워크 플로우**

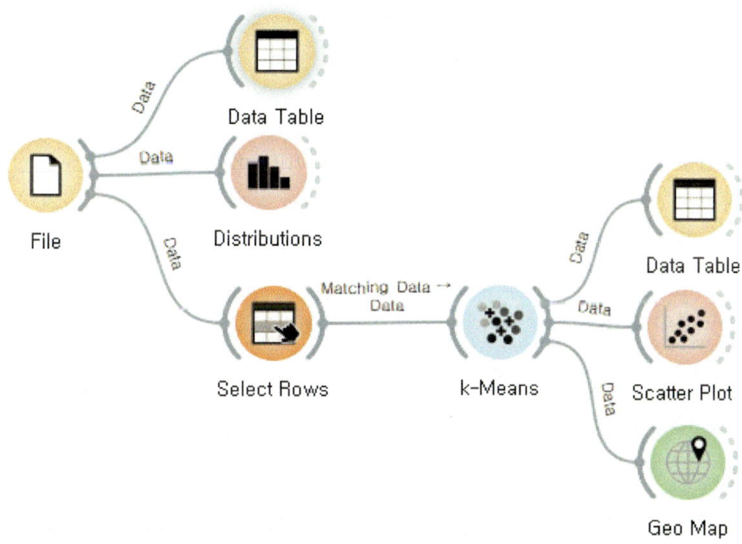

# 09장 연습문제

**01** 클러스터링의 주된 목적은 (                                        )이다.

**02** PCA의 주된 목적은 (                                        )이다.

**03** 비지도학습의 주요 특징은 무엇인가?

① 데이터에 라벨이 없으며, 주로 군집화에 사용된다.
② 데이터에 라벨이 있으며, 예측 모델을 학습하는 데 사용된다.
③ 데이터가 연속형이며, 회귀 분석에만 사용된다.
④ 데이터가 비율형이며, 분류 문제에만 사용된다.

**04** 비지도학습에서 사용하는 평가 지표는 무엇인가?

① RMSE와 MSE로, 주로 회귀 문제에 사용된다.
② 실루엣 점수로, 클러스터의 품질을 평가하는 데 사용된다.
③ $R^2$ 와 MAE로, 주로 군집 문제에 사용된다.
④ 정밀도와 재현율로, 주로 이상치 탐지에 사용된다.

**05** 비지도학습에서 사용하는 데이터 전처리 기법은 무엇인가?

① 스케일링으로, 데이터의 범위를 조정하는 것이다.
② 클러스터링으로, 데이터를 그룹화하는 것이다.
③ PCA로, 차원을 축소하는 것이다.
④ 회귀 분석으로, 연속적인 값을 예측하는 것이다.

**06** 비지도학습에서 이상치 탐지의 목적은 무엇인가?

① 데이터 품질을 향상시키기 위해서이다.
② 데이터의 양을 늘리기 위해서이다.
③ 정확도를 향상시키기 위해서이다.
④ 클러스터링의 품질을 높이기 위해서이다.

07 다음 중 비지도학습에서 사용하는 클러스터링 알고리즘이 아닌 것은 무엇인가?

① K-평균 클러스터링
② 계층적 클러스터링
③ DBSCAN
④ 선형 회귀

# 스스로 해결하기

## 01 국내 지진 발생 지도

‘기상청사이트’ 2022-01-01 부터 현재까지 지진발생 데이터를 다운받아 지도로 시각화하여 봅니다. 지진 발생을 예측하고 대비하여 안전한 지진 대피활동을 할 수 있도록 데이터를 분석해 봅니다[15].

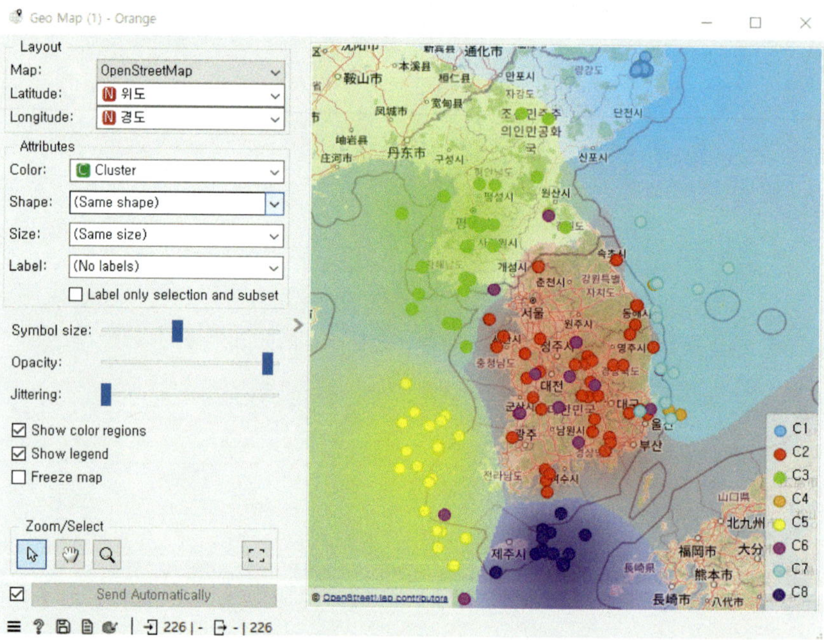


### 해결전략

❶ 데이터셋 기상청 사이트접속(https://www.weather.go.kr) – 지진조회 – 국내 – 2022-01-01 부터 현재(2024-08-20)까지 국내지진 조회 – 검색하기 – 엑셀 다운로드

❷ 모델 설정 [k-Means] 위젯을 선택하고 군집화한다.

❸ [Scatter Plot], [Geo Map] 시각화 결과를 분석한다.

---

15) 출처 : https://www.weather.go.kr/w/eqk-vol/search/korea.do

PART

# Ⅳ 딥러닝의 이해

# 10장

# 딥러닝 개념 및 응용

**학습 목표**

- 심층신경망과 딥러닝의 개념을 이해한다.
- 심층신경망을 구축하고 데이터를 예측한다.

## 1 딥러닝 개요

### 1.1 인공신경망(Artificial Neural Network: ANN)

인공신경망이란 인간의 뇌 구조를 모방하여 설계된 머신러닝 모델로 다수의 입력값을 받아 하나의 출력값을 내보내는 다층 구조의 네트워크입니다. 다수의 노드를 그물망 형태로 연결하여 네트워크를 구성하면 사람의 뇌가 가지는 간단한 기능을 모방할 수 있다는 이론을 바탕으로 제안되었습니다. [그림 10-1]은 인간의 뉴런과 인공신경망의 인공뉴런을 비교한 것입니다.

[그림 10-1]의 왼쪽 그림은 인간의 뉴런을 나타내는 그림으로, 가지돌기(Dendrite), 세포체(Soma), 그리고 축삭돌기(Axon)로 이루어져 있습니다. 외부의 자극 또는 다른 뉴런에서 전달된 신경전달물질이 가지돌기를 통해 입력되면 전기적인 신호로 변환되어 세포체로 전달됩니다. 세포체에서는 여러 입력 신호가 하나로 합산되며, 신호의 세기가 특정 임곗값을 초과하면 축삭돌기를 통해 다음 뉴런의 가지돌기로 전달됩니다. 인간의 뇌는 이러한 과정을 통해 행동과 반응을 조절할 수 있게 됩니다.

[그림 10-1]의 오른쪽 그림은 인공신경망을 나타내는 그림으로 입력층(Input Layer), 은닉층(Hidden Layer), 출력층(Output Layer)으로 이루어져 있으며 인간의 뉴런과 유사하게 동작합니다. 입력층은 인공신경망의 첫 번째 층으로, 외부로부터 데이터를 받아들입니다. 은닉층은 입력층과 출력층 사이에 있는 층으로, 입력 데이터를 변환하고 중간 표현을 생성합니다. 인공신경망에는 여러 개의 은닉층이 존재할 수 있습니다. 출력층은 인공신경망의 마지막 층으로, 최종 결과를 출력합니다. 출력층의 구조와 노드의 수는 해결하려는 문제의 종류에 따라 달라집니다. 외부의 데이터는 입력층의 각 노드에 전달되고, 가중치가 곱해져 은닉층으로 전달됩니다. 은닉층에서는 전달받은 데이터가 하나로 합산되며, 그 값이 특정 임곗값을 초과하면 다음 은닉층 또는 출력층으로 전달됩니다.

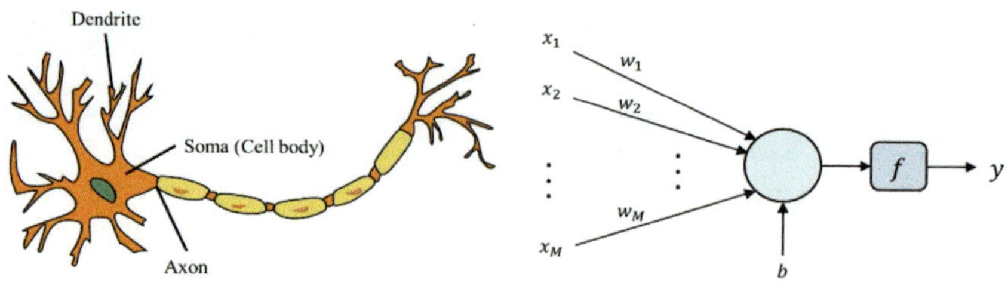


[그림 10-1] 인간의 뉴런 구조(좌)와 인공신경망 구조(우)

## 1.2 얕은 신경망(Shallow Neural Network: SNN)

초기 형태의 인공신경망은 입력층과 출력층 두 층으로 이루어진 단순한 구조로 구축되었고, 이를 단층 퍼셉트론(Single-Layer Perceptron) 또는 얕은 신경망(Shallow Neural Network)이라 부릅니다. 이러한 구조는 단순한 문제를 해결하는 데 유용하며, 기본적인 패턴 인식 작업에 자주 사용됩니다.

한편, AND, OR과 같은 기본적인 논리 연산은 컴퓨터 과학의 기초를 이루는 문제로, 이러한 문제를 해결하는 것은 신경망 모델의 유용성을 증명하는 첫걸음이었습니다. 이에 단층 퍼셉트론을 활용하여 기본 논리 게이트 문제를 해결하려는 시도가 있었습니다. [그림 10-2]의 왼쪽 그림은 두 입력 $x_1$과 $x_2$가 모두 1일 때 출력이 1이 되는 AND 게이트를 나타내는데, 단층 퍼셉트론을 활용하여 선형적으로 구분할 수 있습니다. [그림 10-2]의 가운데 그림은 두 입력 중 하나라도 1일 때 출력이 1이 되는 OR 게이트를 나타내며 이 경우도 역시 단층 퍼셉트론을 활용하여 선형적으로 구분할 수 있습니다. 반면, [그림 10-2]의 오른쪽 그림은 입력값이 다를 때 출력이 1이 되는 XOR(Exclusive OR) 게이트를 나타내며 이는 선형적으로 구분할 수 없는 문제입니다. 단층 퍼셉트론은 구조상 한 개의 선형 라인만을 정의할 수 있으므로 해당 로직을 구현하는 것은 불가능합니다[16].

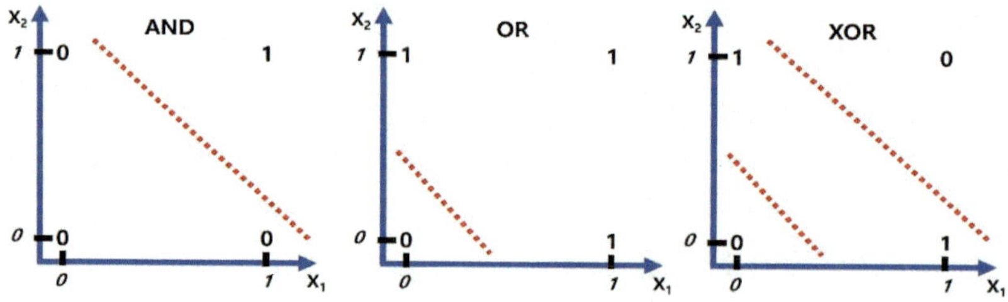


[그림 10-2] 기본 논리 게이트 문제

16) Minsky, M., & Papert, S. (1969). Perceptrons: An Introduction to Computational Geometry. MIT Press.

### 1.3 심층신경망(Deep Neural Network: DNN)

앞서 설명한 XOR 문제를 해결하기 위해서는 비선형 라인이 필요하고, 이는 입력층과 출력층 사이에 은닉층이라 불리는 중간층이 추가된 형태의 퍼셉트론으로 해결할 수 있습니다. 이러한 구조의 퍼셉트론을 다중 퍼셉트론(Multi-Layer Perceptron, MLP)이라 합니다. 다중 퍼셉트론은 하나 이상의 은닉층을 포함하며, 비선형 활성화 함수를 통해 입력 데이터를 변환하여 더 복잡한 패턴을 학습할 수 있습니다. 다중 퍼셉트론은 XOR 문제와 같은 비선형 문제를 해결할 수 있는 기본적인 구조를 제공하였습니다. 하지만, 더 복잡한 문제를 해결하기 위해서는 단일 은닉층만으로는 충분하지 않다는 것이 밝혀졌습니다.

이후 학자들은 인공신경망으로 복잡한 문제를 해결하기 위해서는 더 많은 은닉층이 필요하다는 사실을 깨달았습니다. 이에 따라 다수의 은닉층을 포함한 심층신경망이 제안되었습니다. [그림 10-3]과 같이 2개 이상의 은닉층을 포함한 신경망 구조를 통해, 데이터의 복잡한 비선형 관계를 학습할 수 있게 되었고 이러한 학습 방식을 딥러닝(Deep Learning)이라 합니다. 딥러닝은 심층신경망의 다수의 은닉층을 활용하여, 데이터의 높은 수준의 추상화를 가능하게 하고, 복잡한 패턴을 인식할 수 있게 합니다. 이를 통해 이미지 인식, 자연어 처리, 음성 인식 등 다양한 분야에서 혁신적인 성과를 거두고 있습니다.

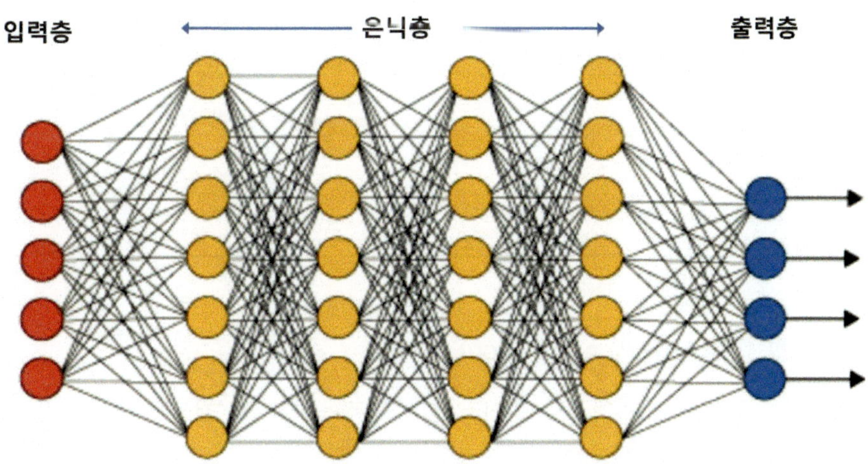


[그림 10-3] 심층신경망(Deep Neural Network)

### 1.4 딥러닝(Deep Learning)

심층신경망 은닉층의 각 노드에서 수행되는 연산을 설명하기 위해 [그림 10-4]에 나타낸 간단한 구조의 심층신경망을 예로 들겠습니다.

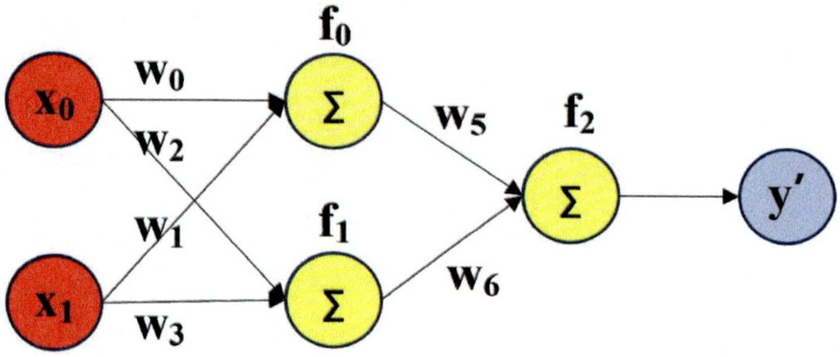


[그림 10-4] 심층신경망 예제

이 신경망은 입력층, 두 개의 은닉층, 그리고 출력층으로 구성됩니다. 입력층은 두 개의 노드($x_0$, $x_1$)를 가지고 있으며, 출력층은 하나의 노드(y')를 갖습니다. 첫 번째 은닉층은 두 개의 노드로, 두 번째 은닉층은 한 개의 노드로 구성되어 있습니다. 각 층 사이의 연결에는 가중치 w가 설정되어 있습니다(편의상 편향 b는 생략). 각 노드의 입력값과 출력값은 〈표 10-1〉에 정리되어 있습니다.

〈표 10-1〉 노드의 입력값과 출력값

| 노드 | 입력 | 출력 |
|---|---|---|
| $f_0$ | $w_0 * x_0$,<br>$w_1 * x_1$ | $w_0 * x_0 + w_1 * x_1$ |
| $f_1$ | $w_2 * x_0$,<br>$w_3 * x_1$ | $w_2 * x_0 + w_3 * x_1$ |
| $f_2$ | $w_5 * (w_0 * x_0 + w_1 * x_1)$,<br>$w_6 * (w_2 * x_0 + w_3 * x_1)$ | $w_5 * (w_0 * x_0 + w_1 * x_1) +$<br>$w_6 * (w_2 * x_0 + w_3 * x_1)$ |

### 1.5 활성화 함수(Activation Function)

신경망의 각 뉴런은 입력 신호를 받아 가중치를 적용하고, 그 값들을 합산한 후 활성화 함수를 적용하여 다음 층으로 전달할 출력값을 생성합니다. 각 노드의 출력 값은 머신러닝에서 보았던 H(X) = wX + b 수식과 유사한 형태를 띱니다. 다만, 입력값이 증가

함에 따라 가중치도 늘어나고, 은닉층을 거치면서 더 많은 가중치가 곱해집니다.

이러한 복잡한 구조가 더 정교하고 정확한 예측을 가능하게 할까요? 답은 '그렇지 않다'입니다. 은닉층을 거치더라도 입력 값과 가중치의 선형 결합만 반복되기 때문입니다. 예를 들어, $f_2$ 노드의 출력값을 $x_0$과 $x_1$으로 묶으면 $(w_5w_0 + w_6w_2) * x_0 + (w_5w_1 + w_6w_3) * x_1$이 되어, 결국 $x_0$와 $x_1$의 선형 함수가 됩니다. 이러한 선형 구조로는 아무리 많은 은닉층을 추가하더라도 결국 선형 결합이 되어 비선형 관계를 파악할 수 없습니다.

이 문제를 해결하기 위해 각 노드의 출력값에 비선형성을 추가하는 활성화 함수(Activation Function)가 도입되었습니다. [그림 10-5]는 활성화 함수가 적용된 심층신경망 구조를 보여줍니다. 여기서 은닉층의 모든 노드의 출력 값에 활성화 함수가 적용되어 비선형성을 갖게 됩니다. 단, 이 예제는 회귀 문제에 적용되는 심층신경망 구조로 출력층에는 활성화 함수를 적용하지 않습니다.

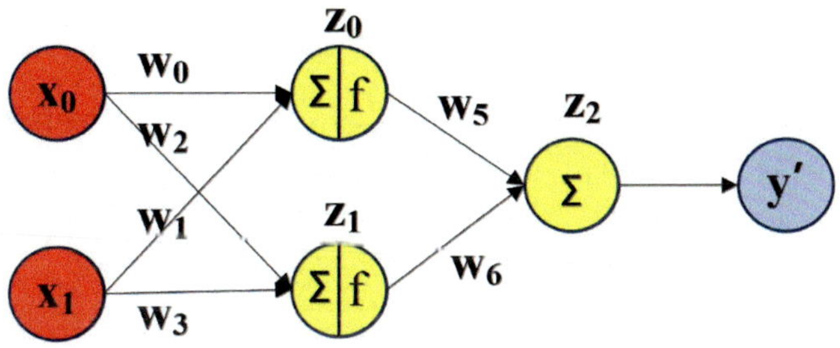


[그림 10-5] 활성화 함수가 적용된 심층신경망

딥러닝에 주로 적용되는 활성화 함수는 다음과 같습니다.

### 시그모이드(Sigmoid)

출력 값이 항상 0과 1 사이의 값을 가집니다. 신경망의 초기 형태에서 많이 사용되었으나, 기울기가 0으로 수렴되는 기울기 소실 문제(vanishing gradient problem)로 인해 깊은 신경망에서는 잘 사용되지 않습니다.

### 하이퍼볼릭 탄젠트(Hyperbolic Tangent, tanh)

출력 값이 -1과 1 사이의 값을 가집니다. 시그모이드 함수보다 중앙값이 0에 가까워 학습이 더 빠르게 수렴할 수 있습니다. 기울기 소실 문제가 시그모이드 함수보다 덜 발생하지만, 여전히 기울기 소실 문제를 완전히 해결하지는 못합니다.

### 렐루(Rectified Linear Unit, ReLU)

입력 값이 0보다 크면 그대로 출력하고, 0보다 작으면 0을 출력합니다. 현재 가장 널리 사용되는 활성화 함수 중 하나입니다. 기울기 소실 문제가 거의 발생하지 않으며, 계산이 간단하지만 입력 값이 0보다 작을 때 뉴런이 죽어버리는 문제(dying ReLU)가 발생할 수 있습니다.

### 리키 렐루(Leaky Rectified Linear Unit, Leaky ReLU)

ReLU 함수의 변형으로, 입력 값이 0보다 작을 때 0.001과 같은 매우 작은 기울기를 유지하여 기울기가 0이 되는 것을 방지합니다. ReLU의 단점을 보완하여 뉴런이 죽는 문제를 줄일 수 있습니다.

### 소프트맥스(Softmax)

n 차원의 입력을 받아 입력 값의 총합이 1이 되도록 변환하는 함수로 여러 클래스 중 하나를 선택하는 다중 클래스 분류 문제에서 주로 사용됩니다. 각 클래스에 대한 확률을 출력합니다.

## 2 딥러닝 학습 과정

딥러닝 모델의 학습 과정은 데이터 준비부터 모델 평가까지 여러 단계로 구성됩니다. 본 절에서는 '시험 점수 예측 예제'를 통해 이 과정을 살펴보겠습니다.

학습이란 학습 데이터의 특성과 분포를 가장 잘 반영하는 최적화된 수식을 찾는 과정입니다. 여기서 최적화란 오차를 최소화하는 것을 의미합니다. 즉, 오차를 줄이는 방향으로 수식을 조정해 나가는 과정이 바로 학습입니다. 〈표 10-2〉는 공부 시간 대비 획득한 시험 점수를 나타냅니다.

〈표 10-2〉 공부 시간 대비 점수 데이터

| 시간(X) | 0 | 1 | 2 | 3 | 4 | 5 | 6 | 7 |
|---|---|---|---|---|---|---|---|---|
| 점수(Y) | 15 | 30 | 43 | 55 | 64 | 72 | 82 | ? |

### 2.1 문제 정의

- 학습 데이터 Feature (trainX) : 공부 시간 0~6시간
- 학습 데이터 Label (trainY): 점수 15~82점
- 테스트 데이터 Feature (testX) : 공부 시간 7시간
- 테스트 데이터 Label (testY) : 7시간 공부했을 때의 예상 점수

이 문제는 0~6시간 공부했을 때(X)의 시험 점수 데이터(Y)를 토대로 모델을 학습한 후 7시간 공부했을 때의 점수를 예측하는 것으로 정의할 수 있습니다.

### 2.2 초기 가설화

공부 시간 X와 점수 Y의 선형 관계를 유추하기 위해 초기 가설(Hypothesis)을 세우고 이를 수학적 식으로 표현하는 과정을 초기 가설화라고 합니다.

$$H(X) = wX + b$$

여기서 X는 입력 값, H(X)는 X에 대한 예측 출력 값, w는 가중치(weight), b는 편향(bias)을 나타냅니다. 이 초기 가설은 공부 시간과 점수 간의 관계를 선형적으로 모델링하려는 시도로, w와 b 값을 조정하여 데이터를 가장 잘 설명하는 직선을 찾는 것입니다. [그림 10-6]은 다양한 w와 b 값에 따른 예측 함수의 결과를 보여줍니다.

### w=5, b=0

예측 함수 H(x)=5X가 되고, 이 직선은 원점을 지나며 X에 비례하여 증가합니다. 하지만 데이터 포인터들이 이 직선보다 위에 분포되어 있어, 데이터의 패턴을 제대로 반영하지 못하고 있습니다.

### w=11, b=18

예측 함수 H(x)= 11X+18이 되고, 이 직선은 데이터 포인트들의 분포를 더 잘 설명하며, 데이터의 패턴에 더 가깝습니다.

이처럼 w 값이 클수록 직선의 기울기가 가파르고, b 값이 클수록 직선이 y축 방향으로 위로 이동합니다. 딥러닝의 목표는 이러한 파라미터 조정을 통해 데이터를 가장 잘 설명하는 최적의 직선을 찾는 것입니다.

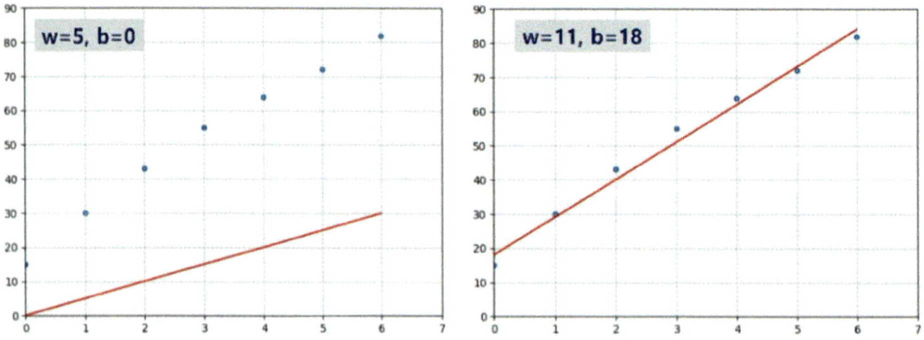


[그림 10-6] w, b 값에 따른 H(X)

## 2.3 오차 계산

가설로부터 얻은 예측값 H(X) 또는 Y'와 실제값 Y 사이의 차이를 오차(Error), 비용(Cost), 또는 손실(Loss)이라고 합니다. 이는 가설이 얼마나 정확한지 또는 얼마나 벗어

났는지를 평가하는 척도입니다. [그림 10-7]은 예측값과 실제값 사이의 오차를 시각적으로 나타낸 것입니다.

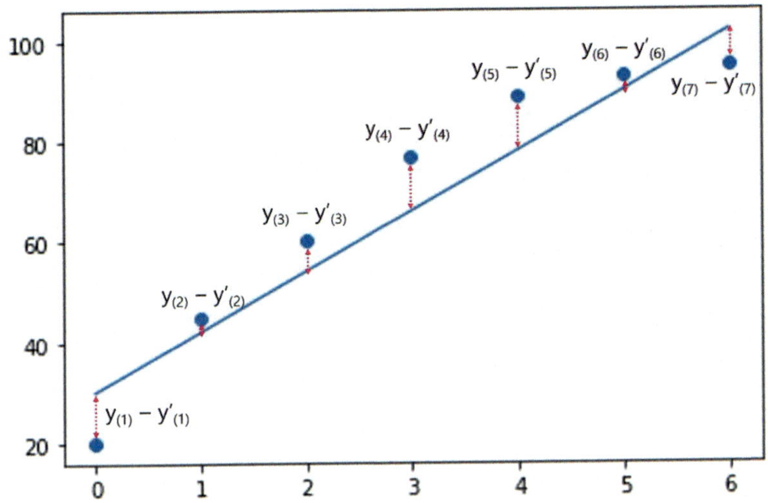


[그림 10 7] 예측값과 실제 값 사이의 오차

모델의 예측 정확도를 정량화하기 위해 손실 함수(Loss Function) 또는 비용 함수(Cost Function)를 사용합니다. 모델 학습의 주요 목표는 이 함수의 결과가 최소화되는 방향으로 가중치와 편향을 조정하는 것입니다.

오차는 (+) 오차와 (-) 오차가 존재하는데, 실제값이 예측값보다 클 때 (+) 오차, 실제값이 예측값보다 작을 때 (-) 오차가 발생합니다. 이 오차들을 단순히 합산하게 되면, (+) 오차와 (-) 오차가 상쇄되어 실제 오차의 크기를 정확하게 반영하지 못하게 됩니다. 따라서 오차의 절대적인 크기를 계산하여 평가해야 합니다. 이렇게 하면 모든 오차를 양수로 만들어 모델의 성능을 더 정확하게 평가할 수 있습니다.

대표적인 손실 함수는 다음과 같습니다.

### 평균 절대 오차 (Mean Absolute Error, MAE)

예측값과 실제값 사이의 오차의 절댓값 평균을 구하는 함수로 절댓값을 사용하여 모든 오차를 양수로 변환합니다. 각 오차의 크기를 동일하게 반영하므로, 이상치(outlier)에 덜 민감합니다.

### 평균 제곱 오차 (Mean Squared Error, MSE)

예측값과 실제값 사이의 오차를 제곱한 후 평균을 구하는 함수입니다. 오차를 제곱하기 때문에 큰 오차에 더 큰 페널티를 부여합니다. 이 함수는 주로 연속형 출력값을 예측하는 회귀 문제에 사용되며, 이상치에 민감한 특성을 가집니다.

### 평균 제곱근 오차 (Root Mean Squared Error, RMSE)

MSE의 제곱근을 구한 함수로 MSE와 비슷한 특성을 가지며, 오차의 크기를 직접적으로 비교할 수 있습니다.

손실 함수는 모델의 성능을 평가하고 학습 방향을 결정하는 핵심 도구입니다. 각 손실 함수의 특징을 이해하고, 문제에 적합한 함수를 선택하는 것이 모델 성능 최적화의 열쇠입니다. 적절한 손실 함수 선택은 효과적인 모델 구축과 예측 정확도 향상에 크게 기여합니다.

## 2.4 최적화

파라미터 w와 b의 값에 따라 다양한 직선이 그려질 수 있음을 [그림 10-6]에서 확인하였습니다. 이는 파라미터의 값에 따라 손실이 달라짐을 의미합니다. 파라미터 변화는 모델의 예측값을 변화시키고, 이에 따라 예측값과 실제값 사이의 오차가 변합니다. 최적의 파라미터를 찾기 위해, w와 손실 함수의 관계를 [그림 10-8]과 같은 그래프로 표현할 수 있습니다. 여기서는 단순화를 위해 편향 b를 생략하고 w만 고려합니다. w의 최적값을 11이라 가정할 때, w가 11보다 작아지거나 커질수록 손실이 증가하는 것을 알 수 있습니다.

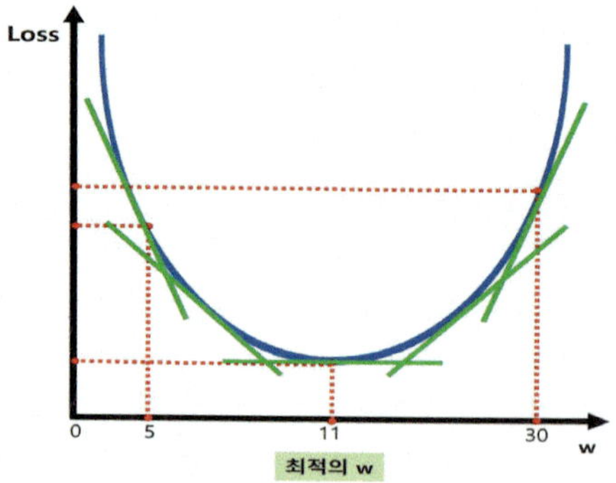


[그림 10-8] w와 Loss의 관계

최적화의 목표는 손실을 최소화하는 w를 찾는 것입니다. [그림 10-8]에서 손실이 가장 낮은 지점, 즉 접선의 기울기가 0인 지점의 w가 최적의 w입니다. 또한, 기울기가 음수일 때는 w를 증가시키고, 양수일 때는 w를 감소시켜야 하므로 기울기와 w는 역의 관계에 있다고 볼 수 있습니다. 기울기는 손실 함수를 w로 편미분하여 구할 수 있으며, 기울기가 계산되면 최적화를 위해 w 값을 갱신할 수 있습니다. 앞서 살펴본 바와 같이 기울기와 w는 역의 관계에 있으므로 현재 w 값에 기울기를 빼주면, 기울기가 양수일 때는 w가 감소하고 기울기가 음수일 때 w가 증가하는 로직이 완성됩니다. 다만 기울기에 따라 w의 증감 폭을 미세하게 조정해야 할 필요가 있으므로 기울기에 학습률(Learning Rate)이라 불리는 상수 $\alpha$를 곱하여 계산합니다. 일반적으로 learning rate $\alpha$는 0.001과 같은 작은 값을 사용하여 w 값이 점진적으로 조정되도록 합니다.

최적화 함수는 모델의 손실 함수를 최소화하기 위해 파라미터를 조정하는 알고리즘입니다. 다양한 최적화 함수가 있으며, 각각 고유한 방식으로 학습 속도를 조절하고 최적화를 수행합니다. 주요 최적화 함수의 종류와 특징은 다음과 같습니다.

### 경사 하강법 (Gradient Descent, GD)

가장 기본적인 최적화 알고리즘으로, 손실 함수의 기울기를 이용해 파라미터를 조정합니다. 각 반복(iteration)마다 손실 함수의 기울기를 계산하고, 기울기의 반대 방향으로 파라미터를 업데이트합니다.

### 확률적 경사 하강법 (Stochastic Gradient Descent, SGD)

경사 하강법의 변형으로, 전체 데이터셋이 아닌 무작위로 선택된 하나의 데이터 포인트를 사용해 기울기를 계산하고 파라미터를 업데이트합니다. 계산 속도가 빨라 큰 데이터셋에서 효율적입니다. 단, 파라미터 업데이트가 불안정할 수 있으며, 손실 함수의 진동이 발생할 수 있습니다.

### 미니 배치 경사 하강법 (Mini-Batch Gradient Descent, MGD)

경사 하강법과 SGD의 장점을 결합한 방법으로, 전체 데이터셋을 작은 배치로 나누어 각 배치 단위로 기울기를 계산하고 파라미터를 업데이트합니다. 경사 하강법에 비해 계산 속도가 빠르고 SGD에 비해 안정적인 업데이트를 제공합니다.

### 모멘텀 (Momentum)

경사 하강법에 속도를 더해주는 방법으로, 파라미터를 업데이트할 때 이전 기울기에 특정 가중치를 곱하여 파라미터를 업데이트합니다.

### 아다그라드 (Adaptive Gradient, Adagrad)

학습률을 각 파라미터에 맞게 조정하여 자주 업데이트되는 파라미터의 학습률을 낮추는 방법으로, 드문 업데이트가 필요한 파라미터에 효과적이나 자주 업데이트되는 파라미터의 학습률이 너무 낮아질 수 있습니다.

### 알엠에스프롭(Root Mean Squared Propagation, RMSProp)

Adagrad 알고리즘의 문제를 해결하기 위해 제안된 방법으로, 최근 기울기의 제곱을 지수 가중 이동 평균으로 계산하여 학습률을 유지하면서 각 파라미터의 학습률을 조정합니다.

### 아담 (Adaptive Moment Estimation, Adam)

모멘텀과 RMSProp을 결합한 방법으로, 학습률을 적응적으로 조정하며 모멘텀을 사용해 파라미터를 업데이트합니다. 대부분 문제에서 좋은 성능을 보여 현재 가장 많이 사용되는 최적화 함수 중 하나입니다.

# 3 딥러닝 실습

## 3.1 전복 나이 예측 회귀 문제

본 실습에서는 머신러닝 커뮤니티에서 널리 알려진 Abalone 데이터셋을 활용하여 심층신경망 모델을 구축합니다. 이 데이터셋은 그 유용성과 접근성으로 인해 데이터 과학 분야에서 벤치마크로 자주 사용됩니다.

데이터셋에 포함된 8개의 독립변수는 전복의 나이를 예측하는 신체적 특성을 나타냅니다. 예를 들어, 성별, 길이, 직경, 높이 등이 있습니다. 종속변수는 전복의 나이를 추정할 수 있는 변수인 Rings입니다. 각 변수에 대한 상세한 설명은 〈표 10-3〉에서 제공됩니다.

본 실습에서는 Orange3에 기본적으로 포함된 Abalone 데이터셋을 사용합니다. 이를 통해 데이터 준비 과정을 간소화하고, 즉시 모델 구축과 분석에 집중할 수 있습니다. DNN 모델을 통해 이 다차원 데이터를 학습시키고, 최종적으로 전복의 나이를 예측하는 모델을 개발하게 됩니다.

〈표 10-3〉 Abalone 데이터셋 설명

| 변수 | 설명 |
|---|---|
| Sex | 전복의 성별(M: 수컷, F: 암컷, I: 미성숙) |
| Length | 전복의 길이(cm) |
| Diameter | 전복의 직경(cm) |
| Height | 전복의 높이(cm) |
| Whole weight | 껍데기와 내장을 포함한 전복의 총 무게(grams) |
| Shucked weight | 껍데기를 제거한 후 전복의 무게(grams) |
| Viscera weight | 내장의 무게(grams) |
| Shell weight | 껍데기의 무게(grams) |
| Rings | 전복의 껍데기에 생기는 동심원 모양의 테두리로<br>1.5를 더하면 전복의 나이를 추정할 수 있음 |

## 01 데이터 다운로드

Orange3의 좌측 위젯 팔레트에서 [Data] 카테고리 내의 [Datasets] 위젯을 캔버스에 추가합니다. 이 위젯은 오렌지3에 내장된 다양한 샘플 데이터셋에 접근할 수 있게 해줍니다. 캔버스에 추가된 [Datasets] 위젯을 더블클릭하여 가져올 데이터셋을 선택합니다. 본 실습에서는 Abalone 데이터를 사용합니다.

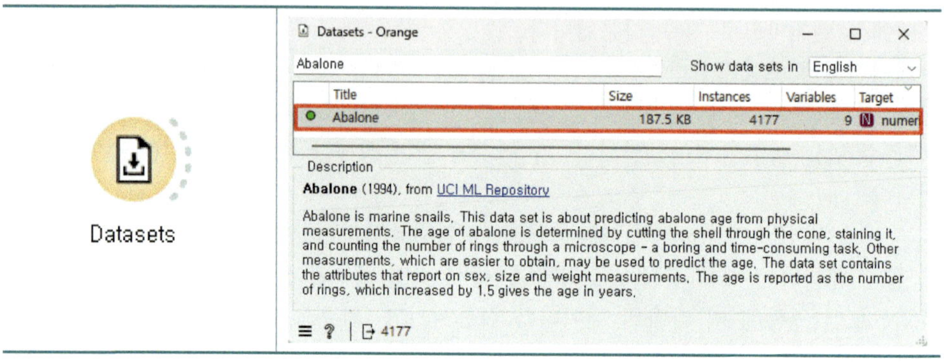


## 02 데이터 불러오기

[Data] 카테고리의 [Data Table] 위젯을 캔버스에 추가하고 [Datasets] 위젯과 연결합니다. 연결된 [Data Table] 위젯을 더블클릭하면 8개의 속성으로 구성된 4,177개의 데이터가 위젯 창에 출력됩니다.

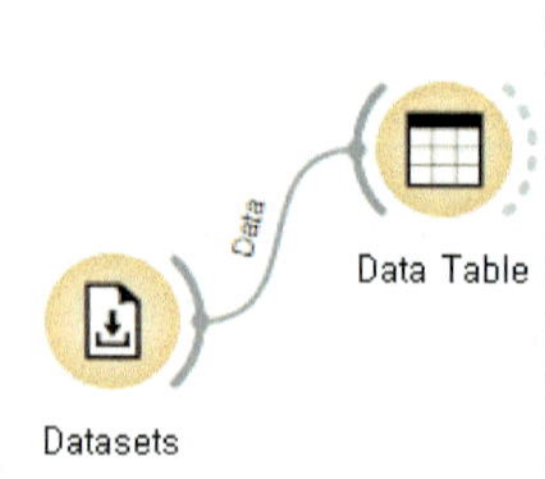


| | Rings | Sex | Length | Diameter | Height | Whole weight |
|---|---|---|---|---|---|---|
| 1 | 15 | M | 0.455 | 0.365 | 0.095 | 0.5140 |
| 2 | 7 | M | 0.350 | 0.265 | 0.090 | 0.2255 |
| 3 | 9 | F | 0.530 | 0.420 | 0.135 | 0.6770 |
| 4 | 10 | M | 0.440 | 0.365 | 0.125 | 0.5160 |
| 5 | 7 | I | 0.330 | 0.255 | 0.080 | 0.2050 |
| 6 | 8 | I | 0.425 | 0.300 | 0.095 | 0.3515 |
| 7 | 20 | F | 0.530 | 0.415 | 0.150 | 0.7775 |
| 8 | 16 | F | 0.545 | 0.425 | 0.125 | 0.7680 |
| 9 | 9 | M | 0.475 | 0.370 | 0.125 | 0.5095 |
| 10 | 19 | F | 0.550 | 0.440 | 0.150 | 0.8945 |
| 11 | 14 | F | 0.525 | 0.380 | 0.140 | 0.6065 |
| 12 | 10 | M | 0.430 | 0.350 | 0.110 | 0.4060 |
| 13 | 11 | M | 0.490 | 0.380 | 0.135 | 0.5415 |
| 14 | 10 | F | 0.535 | 0.405 | 0.145 | 0.6845 |
| 15 | 10 | F | 0.470 | 0.355 | 0.100 | 0.4755 |
| 16 | 12 | M | 0.500 | 0.400 | 0.130 | 0.6645 |
| 17 | 7 | I | 0.355 | 0.280 | 0.085 | 0.2905 |
| 18 | 10 | F | 0.440 | 0.340 | 0.100 | 0.4510 |
| 19 | 7 | M | 0.365 | 0.295 | 0.080 | 0.2555 |
| 20 | 9 | M | 0.450 | 0.320 | 0.100 | 0.3810 |
| 21 | 11 | M | 0.355 | 0.280 | 0.095 | 0.2455 |

## 03 데이터 전처리하기

[Datasets] 위젯으로 가져온 데이터를 모델 학습에 사용하기 위해서는 [Transform] 카테고리의 [Select Columns] 위젯으로 필요한 속성의 데이터만 선택하여야 합니다. 본 실습에서는 전복의 나이를 나타내는 Rings 컬럼을 종속변수로 설정하고 나머지 모든 컬럼을 속성으로 선택합니다.

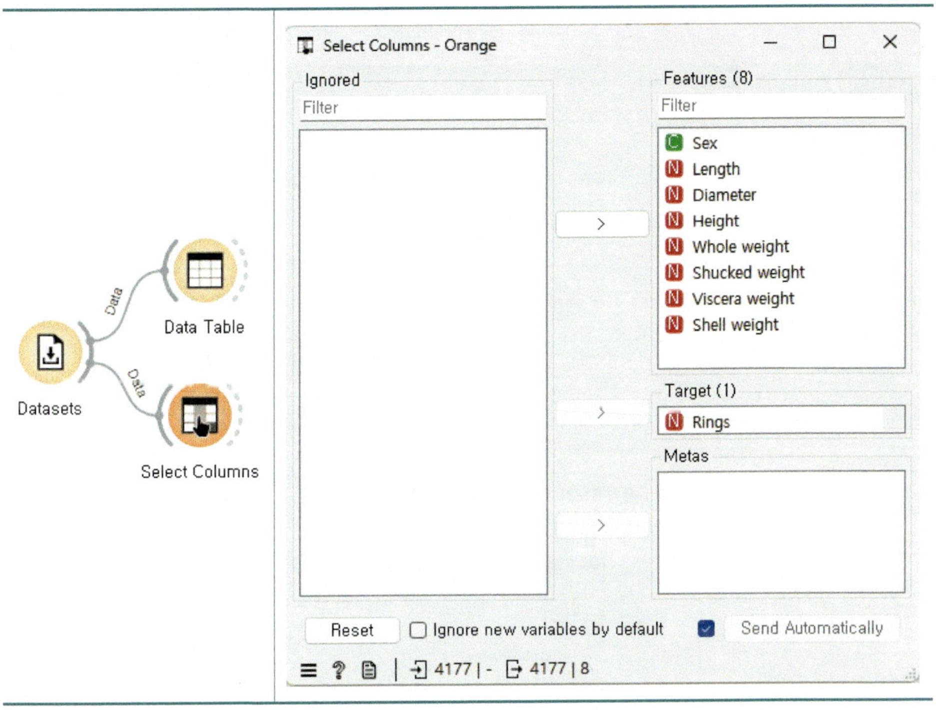


## 04 학습 데이터와 테스트 데이터 분리하기

[Transform] 카테고리의 [Data Sampler] 위젯을 사용하여 학습 데이터와 테스트 데이터를 분리합니다. 본 예제에서는 전체 데이터의 70%를 학습 데이터로, 나머지 30%를 테스트 데이터로 사용합니다. 분리된 데이터는 각각 [Data Table] 위젯을 사용하여 확인할 수 있습니다.

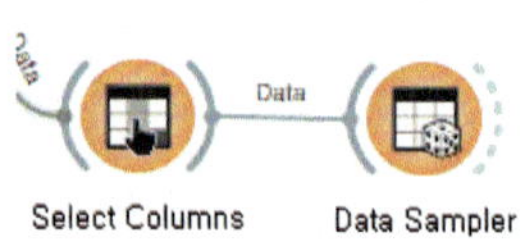
Data
Select Columns
Data Sampler

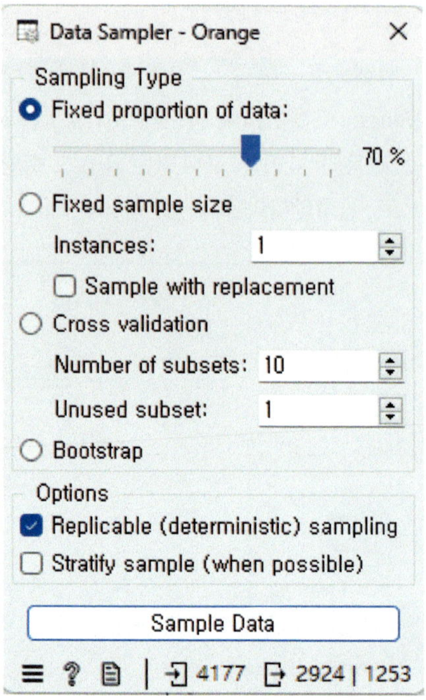
Data Sampler - Orange
Sampling Type
Fixed proportion of data:
70 %
Fixed sample size
Instances: 1
Sample with replacement
Cross validation
Number of subsets: 10
Unused subset: 1
Bootstrap
Options
Replicable (deterministic) sampling
Stratify sample (when possible)
Sample Data
4177
2924 | 1253

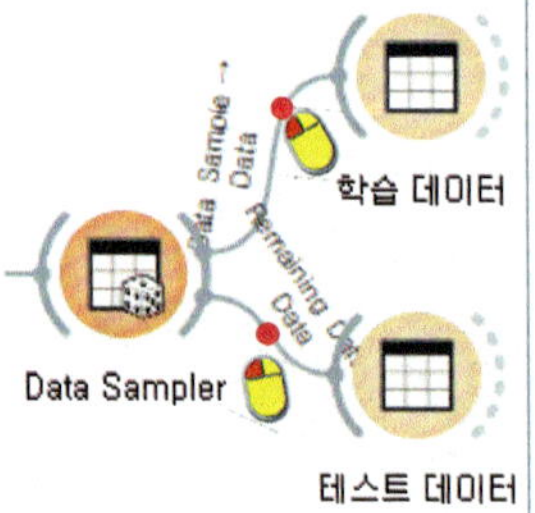
Data Sample → Data
학습 데이터
Remaining Data
Data Sampler
테스트 데이터

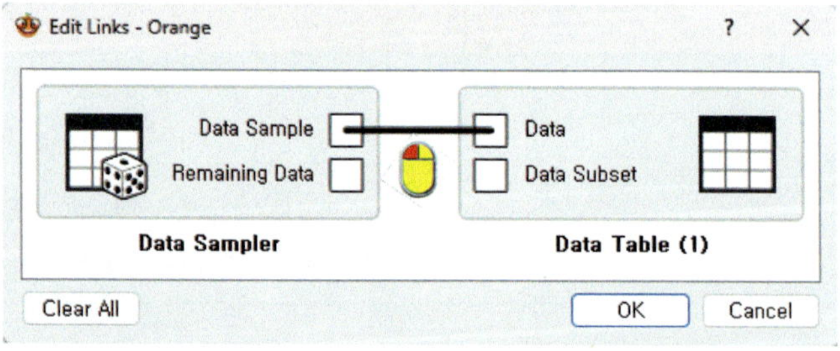
Edit Links - Orange
Data Sample
Remaining Data
Data
Data Subset
Data Sampler
Data Table (1)
Clear All
OK
Cancel

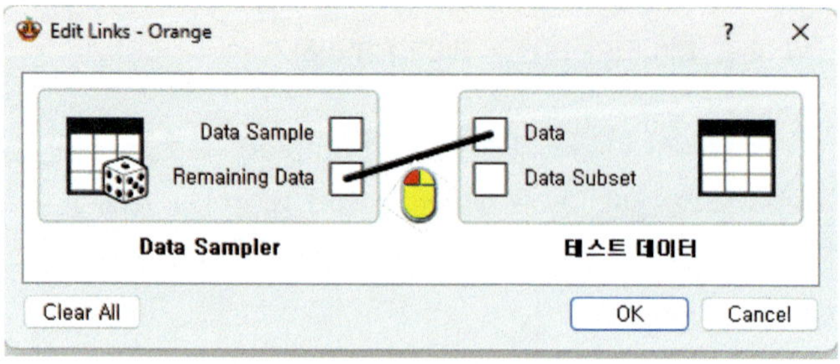
Edit Links - Orange
Data Sample
Remaining Data
Data
Data Subset
Data Sampler
테스트 데이터
Clear All
OK
Cancel

## 05 학습하기

[Model] 카테고리의 [Neural Network] 위젯을 사용하여 심층신경망을 구축하고 학습합니다. 이 위젯에서는 다음 항목들을 설정할 수 있습니다.

- 은닉층의 개수와 각 층의 노드 개수
- 활성화 함수
- 최적화 함수
- 학습률
- 반복 횟수

본 실습에서는 각각 노드의 수가 100, 200, 100개인 은닉층 3개를 생성하고, 활성화 함수로는 ReLu, 최적화 함수로는 Adam을 선택하며, 학습률은 0.0001, 반복 횟수는 200회로 설정합니다.

오렌지3의 [Neural Network] 위젯은 출력층과 연결된 마지막 은닉층을 제외한 나머지 모든 은닉층에 위젯에서 설정한 활성화 함수를 적용해주며, 마지막 은닉층의 활성화 함수는 문제의 유형에 따라 자동으로 적용해줍니다. 본 예제는 전복의 나이를 예측하는 회귀 문제이므로, 마지막 은닉층에는 활성화 함수가 적용되지 않도록 자동 설정됩니다.

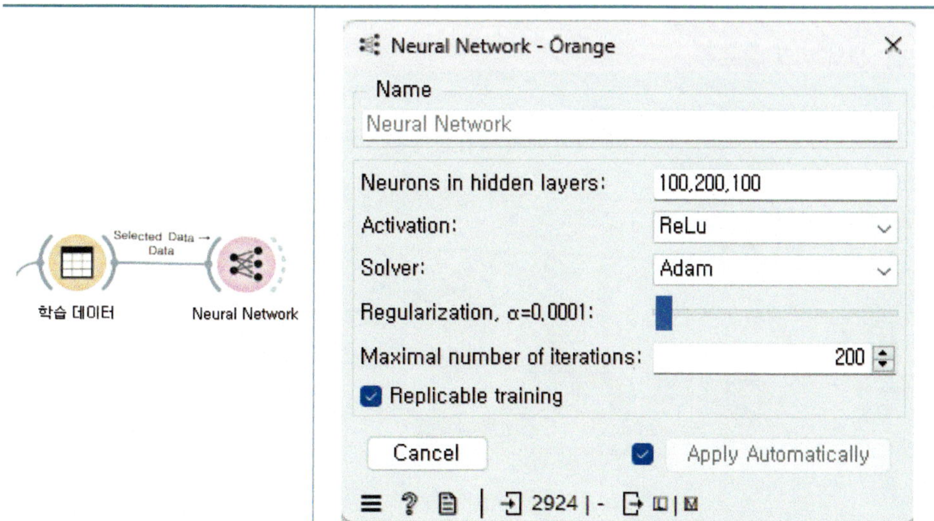

## 06 모델 성능 확인하기

학습 데이터를 불러와 심층신경망을 만든 후 학습을 완료하였습니다. 모델의 성능을 확인하기 위해 [Evaluate] 카테고리의 [Predictions] 위젯을 추가하였으며, 성능 비교를 위해 [Model] 카테고리의 [Linear Regression] 위젯 또한 추가하였습니다.

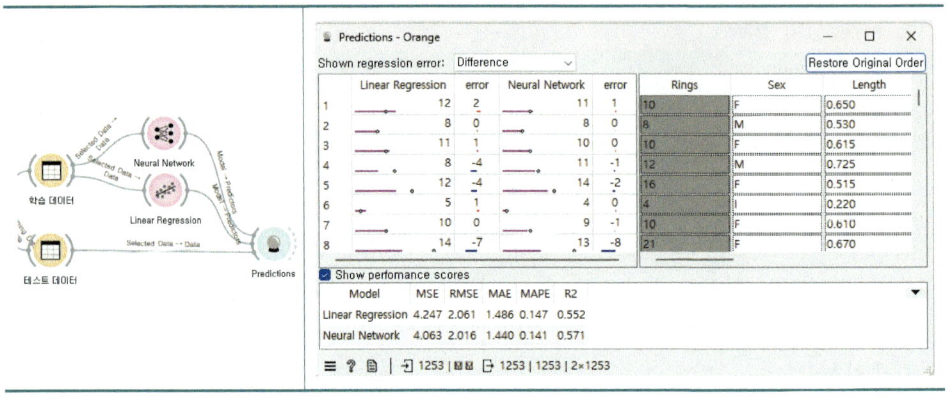


[Predictions] 위젯을 통해 평가된 결과를 살펴보면, 심층신경망을 사용하였을 때 MSE는 4.063이며, Linear Regression을 사용하였을 때 MSE는 4.247로 Linear Regression보다 심층신경망의 예측 성능이 더 우수함을 확인할 수 있습니다.

### 전체 워크 플로우

**전복 나이 예측 회귀 문제 워크 플로우**

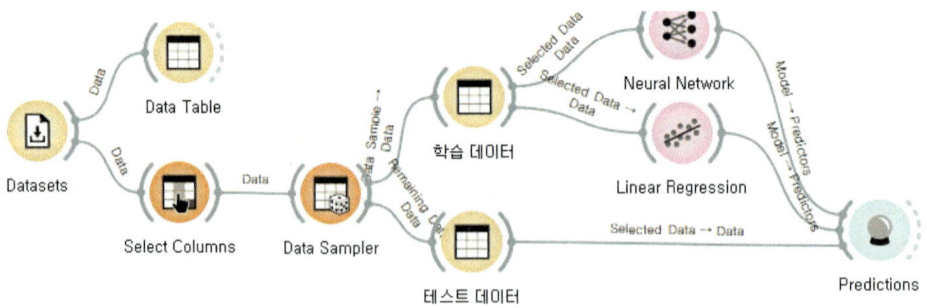

## 3.2 아이리스 붓꽃 분류 문제

본 실습에서는 Iris 데이터셋을 활용하여 심층신경망 모델을 구축합니다. Iris 데이터셋은 붓꽃의 종을 분류하기 위한 데이터로 꽃잎의 길이와 너비, 꽃받침의 길이와 너비를 나타내는 4개의 독립변수(feature)와 품종을 나타내는 1개의 종속변수(label)로 이루어져 있습니다. Iris 데이터셋은 매우 유명한 데이터셋으로 캐글(Kaggle), 시본(Seabone), 케라스(Keras), 사이킷런(Scikit-Learn), OpenML 등 대부분의 머신러닝 라이브러리뿐만 아니라 오렌지3의 데이터셋에도 포함되어 있습니다. 본 실습에서는 오렌지3에 포함된 데이터셋을 사용합니다.

### 01 데이터 다운로드

오렌지3의 [Data] 카테고리에서 [Datasets] 위젯을 선택하여 캔버스에 추가합니다. 캔버스에 추가된 [Datasets] 위젯을 더블클릭하여 가져올 데이터셋을 선택합니다. 본 실습에서는 Iris 데이터를 사용합니다.

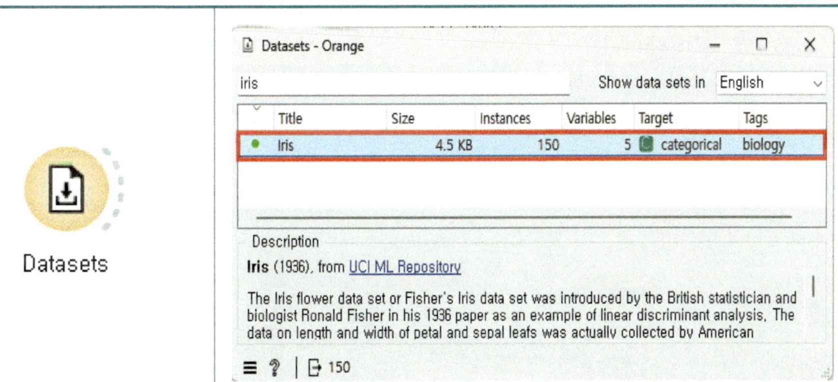


### 02 데이터 불러오기

[Data] 카테고리의 [Data Table] 위젯을 캔버스로 가져와 [Datasets] 위젯과 연결한 후 [Data Table] 위젯을 더블클릭하면 5개의 속성으로 구성된 150개 데이터를 확인할 수 있습니다.

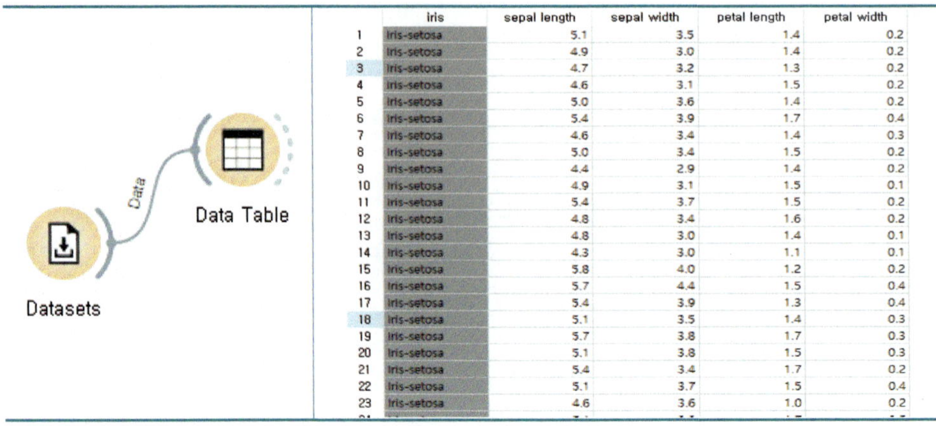


| | iris | sepal length | sepal width | petal length | petal width |
|---|---|---|---|---|---|
| 1 | Iris-setosa | 5.1 | 3.5 | 1.4 | 0.2 |
| 2 | Iris-setosa | 4.9 | 3.0 | 1.4 | 0.2 |
| 3 | Iris-setosa | 4.7 | 3.2 | 1.3 | 0.2 |
| 4 | Iris-setosa | 4.6 | 3.1 | 1.5 | 0.2 |
| 5 | Iris-setosa | 5.0 | 3.6 | 1.4 | 0.2 |
| 6 | Iris-setosa | 5.4 | 3.9 | 1.7 | 0.4 |
| 7 | Iris-setosa | 4.6 | 3.4 | 1.4 | 0.3 |
| 8 | Iris-setosa | 5.0 | 3.4 | 1.5 | 0.2 |
| 9 | Iris-setosa | 4.4 | 2.9 | 1.4 | 0.2 |
| 10 | Iris-setosa | 4.9 | 3.1 | 1.5 | 0.1 |
| 11 | Iris-setosa | 5.4 | 3.7 | 1.5 | 0.2 |
| 12 | Iris-setosa | 4.8 | 3.4 | 1.6 | 0.2 |
| 13 | Iris-setosa | 4.8 | 3.0 | 1.4 | 0.1 |
| 14 | Iris-setosa | 4.3 | 3.0 | 1.1 | 0.1 |
| 15 | Iris-setosa | 5.8 | 4.0 | 1.2 | 0.2 |
| 16 | Iris-setosa | 5.7 | 4.4 | 1.5 | 0.4 |
| 17 | Iris-setosa | 5.4 | 3.9 | 1.3 | 0.4 |
| 18 | Iris-setosa | 5.1 | 3.5 | 1.4 | 0.3 |
| 19 | Iris-setosa | 5.7 | 3.8 | 1.7 | 0.3 |
| 20 | Iris-setosa | 5.1 | 3.8 | 1.5 | 0.3 |
| 21 | Iris-setosa | 5.4 | 3.4 | 1.7 | 0.2 |
| 22 | Iris-setosa | 5.1 | 3.7 | 1.5 | 0.4 |
| 23 | Iris-setosa | 4.6 | 3.6 | 1.0 | 0.2 |

## 03 데이터 전처리하기

[Datasets] 위젯으로 가져온 데이터를 모델 학습에 사용하기 위해서는 [Transform] 카테고리의 [Select Columns] 위젯으로 필요한 속성의 데이터만 선택하여야 합니다. 본 예제에서는 붓꽃 품종을 나타내는 iris 컬럼을 타깃으로 설정하고 나머지 모든 컬럼을 속성으로 선택합니다.

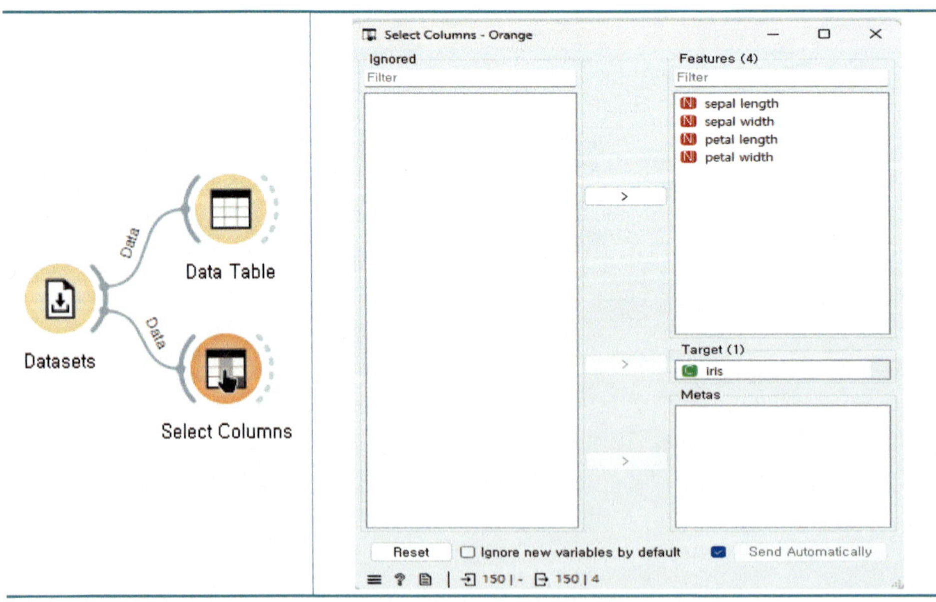

## 04 학습 데이터와 테스트 데이터 분리하기

[Transform] 카테고리의 [Data Sampler] 위젯을 사용하여 학습 데이터와 테스트 데이터를 분리합니다. 본 예제에서는 전체 데이터의 80%를 학습 데이터로, 나머지 20%를 테스트 데이터로 사용합니다. 분리된 데이터는 각각 [Data Table] 위젯을 사용하여 확인할 수 있습니다.

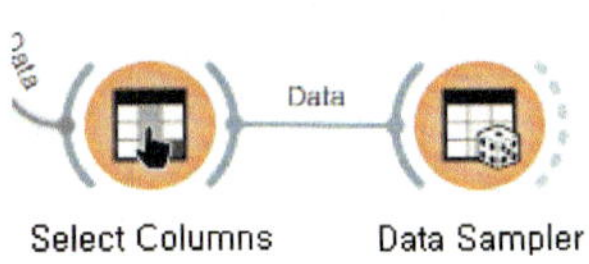


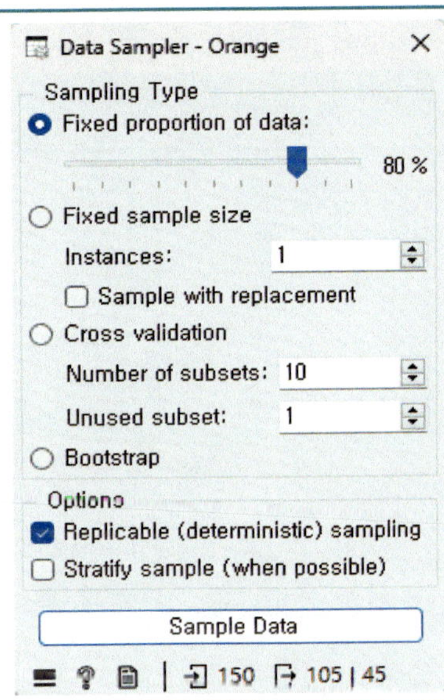


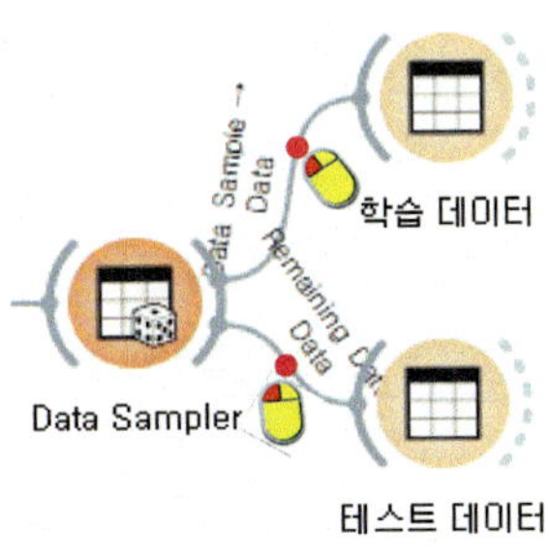


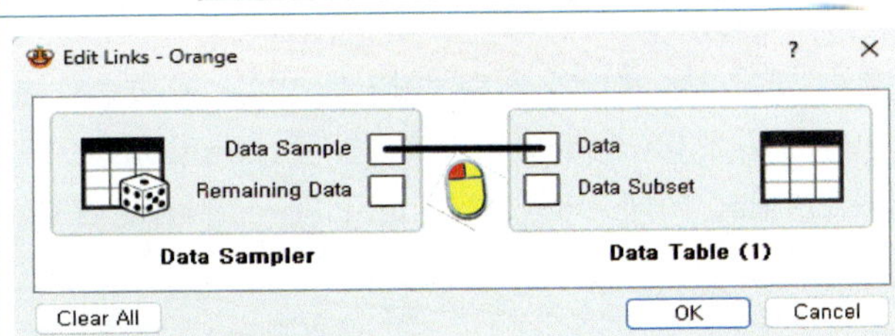


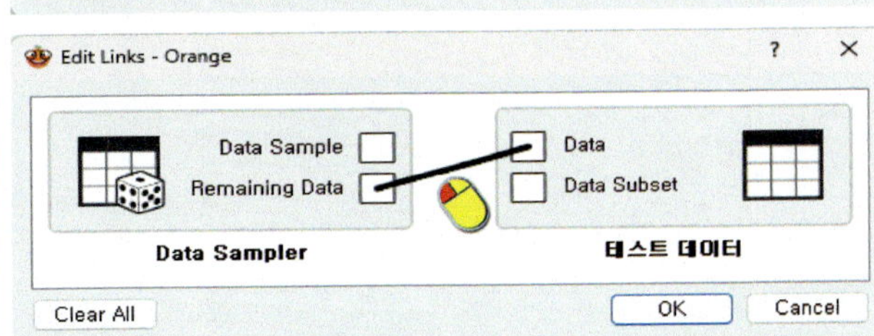

## 05 학습하기

[Model] 카테고리의 [Neural Network] 위젯을 사용하여 심층신경망을 구축하고 학습합니다. [Neural Networks] 위젯 창에서는 은닉층의 개수와 각 층의 노드 개수, 활성화 함수, 최적화 함수, 학습률, 반복 횟수를 설정할 수 있습니다. 본 예제에서는 각각 노드의 수가 32, 64, 32개인 은닉층 3개를 생성하고, 활성화 함수로는 ReLu, 최적화 함수로는 Adam을 선택하며, 학습률은 0.0001, 반복 횟수는 200회로 설정합니다. 본 예제는 붓꽃의 품종을 분류하는 문제이므로, 마지막 은닉층에는 Softmax 활성화 함수가 자동으로 설정됩니다.

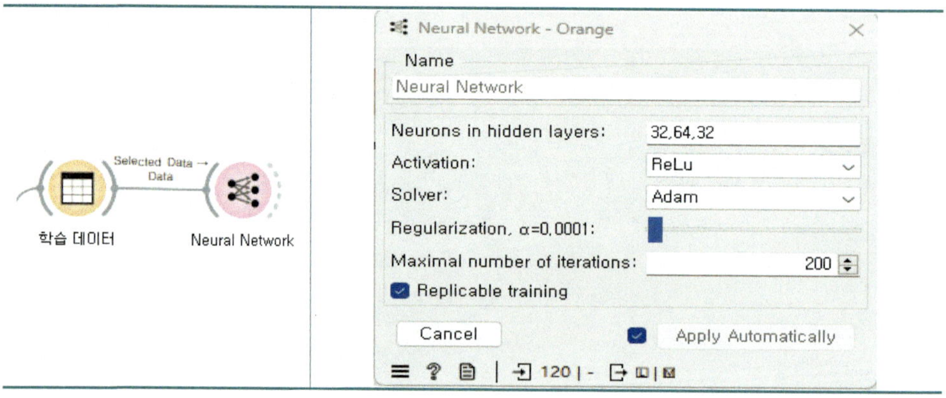


## 06 모델 성능 확인하기

학습 데이터를 불러와 심층신경망을 만든 후 학습을 완료하였습니다. 모델의 성능을 확인하기 위해 [Evaluate] 카테고리의 [Predictions] 위젯을 추가하였으며, 성능 비교를 위해 [Model] 카테고리의 [Random Forest] 위젯 또한 추가하였습니다.

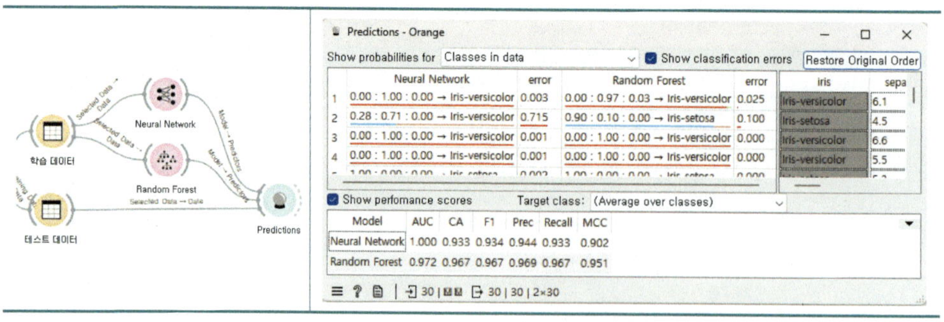

[Predictions] 위젯을 통해 평가된 결과를 살펴보면, 심층신경망의 경우 Classification Accuray(CA)가 0.93이고, Random Forest의 경우 0.97로 평가되었습니다. Random Forest의 평가 결과에 비해 낮은 점수지만, 정확도가 90%를 넘는 우수한 모델인 것을 확인할 수 있습니다.

## 전체 워크 플로우

### 아이리스 붓꽃 워크 플로우

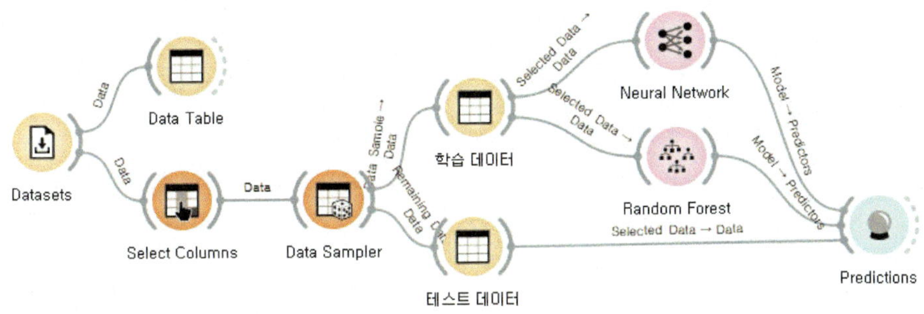

## 10장 연습문제

**01** 심층 신경망을 통해 기계를 학습시키는 방식을 ( ) 이라 한다.

**02** 딥러닝 모델이 학습할 때 모델의 성능을 최대화하거나 오차를 최소화하는 방향으로 가중치를 조정하는 데 사용되는 함수를 ( ) 함수라고 한다.

**03** 가설로부터 얻은 예측값과 실제값 사이의 차를 계산하는 함수를 무엇이라 하는가?

① 예측
② 비용 함수
③ 콜백 함수
④ 가변 함수

**04** 심층신경망에서 모델의 복잡도를 올리기 위해 이전 층의 결괏값을 변환하여 다른 층의 뉴런으로 신호를 전달하는 함수를 무엇이라 하는가?

① 손실함수(Loss Function)
② 최적화(Optimization)
③ 콜백함수(Callback Function)
④ 활성화함수(Activation Function)

**05** 딥러닝의 역전파 과정에서 입력층으로 갈수록 기울기가 작아져 입력층에 가까운 층들에서 가중치들의 업데이트가 제대로 되지 않는 현상을 무엇이라 하는가?

① 과적합(Over Fitting)
② 과소적합(Under Fitting)
③ 기울기 소실(Vanishing Gradient)
④ 정규화(Normalization)

**06** 다음 중 비용 함수의 종류가 아닌 것은 무엇인가?

① 평균 절대값 오차
② 평균 제곱 오차
③ 평균 제곱근 오차
④ 평균 오차

# 스스로 해결하기

## 01 보험료 예측하기

최근 보험 시장에서 개인의 의료비 예측이 중요한 이슈로 떠오르고 있습니다. 특히, 개인의 나이, 성별, 흡연 여부, BMI(체질량 지수), 자녀 수, 거주 지역 등 다양한 요소들이 의료비에 미치는 영향을 파악하는 것이 필요합니다. 이러한 데이터를 바탕으로, 다양한 회귀 모델을 사용하여 의료비를 예측하는 모델을 만들고자 합니다. Kaggle의 보험 데이터셋을 활용하여 데이터를 전처리한 후 여러 회귀 모델을 학습시키고, 그 성능 평가 결과를 비교하여 최적의 예측 모델을 만들고 성능 결과를 확인해 봅시다.

**Medical Cost Personal Datasets**

Insurance Forecast by using Linear Regression

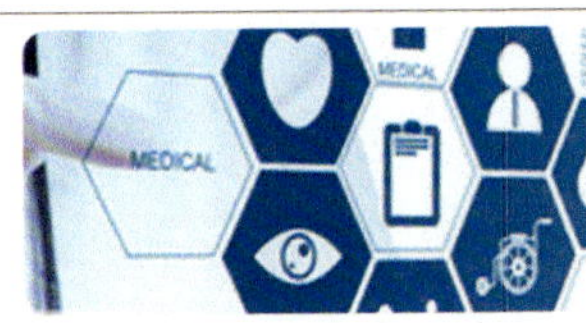

### 해결전략

❶ 캐글 사이트에 접속한 후 데이터셋 검색 창에 "medical cost personal dataset"을 입력하여 검색한다.

❷ 검색 결과 중 "Miri Choi"의 "medical cost personal dataset"의 데이터셋을 선택한 후 다운로드한다.

❸ 오렌지3의 [CSV File Import] 위젯을 사용하여 다운로드한 "insurance.csv" 파일을 불러온 후 데이터 전처리 및 예측을 수행한다.

❹ [Neural Network]의 옵션창에서 레이어 개수와 각 레이어별 노드의 개수를 변경해가면 성능을 평가해보자.

❺ [Linear Regression], [Random Forest] 위젯 등 다양한 회귀 분석 모델과의 성능 비교도 수행해보자.

# 11장

# 이미지 처리

**학습 목표**

- 디지털 이미지의 개념을 이해한다.
- 합성곱 신경망의 원리와 필요성을 이해한다.
- 이미지 임베딩의 원리를 이해하고, 특징 벡터를 활용한 분석 방법을 이해한다.

## 1 이미지 처리 개요

### 1.1 이미지와 픽셀

컴퓨터 그래픽에서 이미지란 컴퓨터 내에서 생성, 복사, 저장된 사진이나 그림을 말합니다. 이미지는 크게 비트맵 이미지와 벡터 이미지로 구분할 수 있습니다.

#### 비트맵 이미지

이미지를 구성하는 최소 단위인 점(픽셀)들이 모여 전체 이미지를 표현하는 방식입니다. 각 픽셀은 색상 정보를 가지고 있으며, 픽셀 수가 많을수록 이미지의 해상도가 높아지고 이미지 화질이 좋아집니다. 해상도가 높은 비트맵 이미지는 더 많은 세부 사항을 포함할 수 있습니다. 그러나 해상도가 높아질수록 파일 크기도 커지며, 이미지를 확대하면 픽셀화되어 선명도가 떨어질 수 있습니다.

#### 벡터 이미지

수학적인 선, 곡선, 도형 등을 이용하여 이미지를 표현하는 방식입니다. 벡터 이미지는 각 요소가 수학적 정의를 통해 구성되므로 이미지 크기를 자유롭게 변환해도 선명도가 유지됩니다. 이는 로고, 아이콘, 도면 등에서 흔히 사용되며, 크기에 구애받지 않고 고품질을 유지할 수 있는 장점이 있습니다.

### 1.2 RGB 컬러 모델

이미지를 이루는 픽셀의 컬러를 정의하기 위한 모델로, 빛의 삼원색인 빨강(RED), 초록(Green), 파랑(Blue)을 혼합하여 다양한 색상을 표현합니다. RGB 컬러 모델에서 각 픽셀은 빨강, 초록, 파랑의 3가지 색상 정보를 저장하며, 각 색상 정보는 0에서 255 사이의 값을 가집니다. 예를 들어 (R, G, B) 포맷에서 (0,0,0)은 검정색, (255,0,0)은 빨간색, (255,255,255)는 흰색을 뜻합니다. [그림 11-1]은 RGB 컬러 모델을 사용한 색상 조합을 나타냅니다.

[그림 11-1] RGB 컬러 모델

### 1.3 딥러닝에서의 이미지 처리

이미지 처리를 위한 딥러닝 모델에서는 각 픽셀이 중요한 특징(Feature)으로 작용합니다. 전복 나이 예측 예제에서 Length, Height 등의 컬럼 데이터가 특징으로 사용된 것처럼, 이미지 처리에서는 각 픽셀의 색상 값이 모델의 입력으로 사용됩니다.

이미지를 신경망에 입력하기 위해서는 2차원 형태의 이미지 데이터를 1차원 벡터로 변환해야 합니다. 예를 들어, 128x128 크기의 컬러 이미지는 128×128×3=49,152 길이의 1차원 벡터로 변환됩니다. 이는 각 픽셀의 RGB 값이 연속적으로 배열된 형태입니다.

[그림 11-2]는 이미지가 심층신경망에서 어떻게 처리되는지를 보여줍니다. 4x4 픽셀로 구성된 2차원 배열 형태의 이미지는 1차원 벡터로 변환되고, 입력층의 각 노드는 각 픽셀 값을 받아들인 다음 은닉층을 거쳐 최종 출력층에서 처리 결과를 도출합니다.

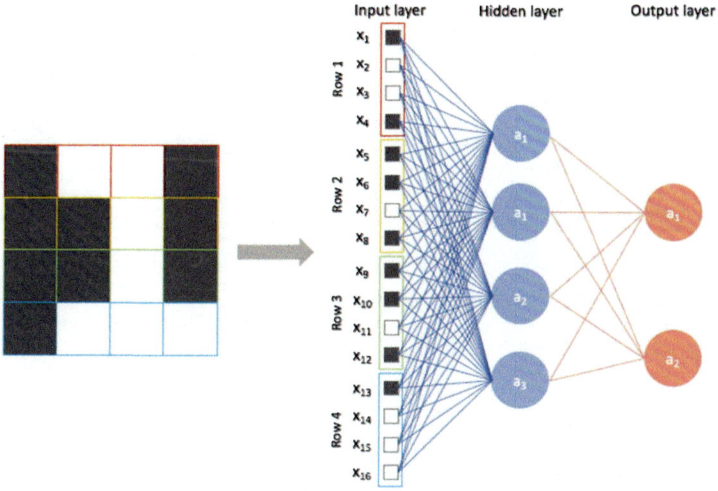


[그림 11-2] DNN을 이용한 이미지 분류 과정17)

2차원 배열의 픽셀 값을 1차원 벡터로 변환할 때, 이미지의 공간적 관계가 손실되는 문제가 발생합니다. 이는 이미지의 각 픽셀이 원래 위치 정보 없이 연속적으로 배열되기 때문에 발생합니다. 이미지는 인접 픽셀간 높은 상관관계를 가지는데, 1차원 벡터로 변환함으로써 이러한 중요 정보를 잃어버리게 됩니다. 결과적으로 이미지 분류의 정확도가 낮아질 수 있습니다. [그림 11-3]은 이러한 문제를 시각적으로 보여줍니다.

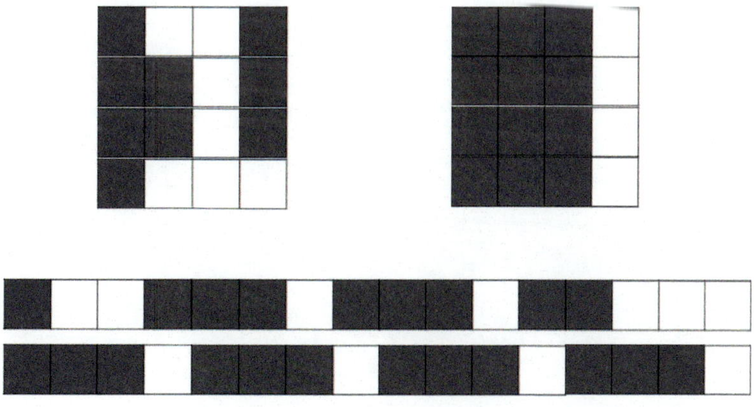

[그림 11-3] DNN 이미지 분류의 문제점

17) 출처: Jeremy Jordan, Convolutional neural networks, 2017. 07

이러한 변환 과정에서 중요한 공간 정보를 잃게 되면, 딥러닝 모델이 이미지의 패턴과 구조를 효과적으로 이해하지 못하게 됩니다. 이는 모델이 이미지의 특성을 학습하는 데 큰 장애가 되며, 궁극적으로는 예측 성능의 저하로 이어질 수 있습니다. 따라서 이미지 데이터를 다룰 때는 이러한 문제를 인식하고, 공간 정보를 최대한 보존할 수 있는 방법을 모색하는 것이 중요합니다.

이와 같은 문제를 해결하기 위해, Convolutional Neural Networks (CNN)와 같은 모델이 개발되었습니다. CNN은 이미지의 공간적 구조를 유지하면서 특징을 추출할 수 있어, 더 높은 정확도로 이미지를 분류할 수 있습니다.

# 2 합성곱 신경망

## 2.1 합성곱 신경망 개요

합성곱 신경망 (Convolutional Neural Networks, CNN)은 합성곱 연산을 기반으로 한 네트워크입니다. 앞서 살펴본 바와 같이, DNN은 입력 이미지 데이터를 1차원 형태로 평탄화하여 사용하기 때문에 공간 정보가 손실됩니다. 이러한 이유로 DNN은 이미지나 영상 데이터 처리에는 적합하지 않습니다.

반면, CNN은 커널(kernel)이라 불리는 2차원 또는 3차원 형태의 필터를 사용하여 합성곱 연산을 수행합니다. 이를 통해 공간 정보를 유지하면서 특징을 추출할 수 있습니다. 이러한 구조적 특성 덕분에 CNN은 이미지나 영상 처리에 매우 우수한 성능을 보입니다. CNN의 구조는 [그림 11-4]와 같습니다.

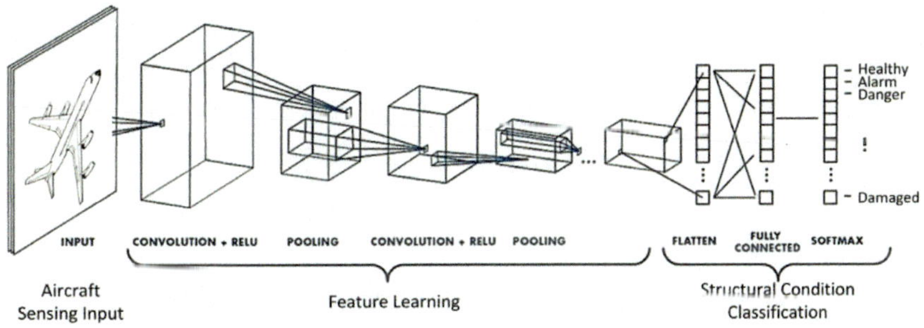


[그림 11-4] CNN 구조[18)]

CNN은 이미지의 특징을 추출하는 CNN 부분과 추출된 특징을 기반으로 학습하는 DNN이 연결된 형태로 구성됩니다. CNN의 주요 구성요소는 다음과 같습니다.

### 합성곱 층(Convolution Layer)

입력 이미지에서 특징을 추출하는 층으로, 여러 개의 커널(필터)을 사용하여 입력 이미지에 합성곱 연산을 수행합니다. 필터는 이미지의 다양한 부분을 탐색하여 선분, 질감 등의 특징을 추출합니다.

18) 출처 : Tabian., et. al., A Convolutional Neural Network for Impact Detection and Characterization of Complex Composite Structures, Sensors, 2019, 19(22)

### 풀링 층(Pooling Layer)

합성곱 층의 출력 결과인 특징 맵(Feature Map)의 크기를 줄여 계산량을 감소시키고 중요한 특징만을 추출하는 층입니다, Max Pooling, Min Pooling, Average Pooling 등의 방법이 있으며, 주로 Max Pooling이 사용됩니다. Max Pooling은 필터 크기 내에서 가장 큰 값을 선택하여 공간 정보를 압축합니다.

### 완전 연결 층 (Fully Connected Layer, DNN)

평탄화된 특정 맵을 입력으로 받아 회귀 또는 분류 문제를 해결하는 층으로 여러 개의 뉴런이 완전히 연결된 형태로 구성되어 있으며, 최종 출력층에서 각 클래스에 대한 예측 확률을 계산합니다.

CNN에서 가중치(weight)는 필터 자체입니다. 필터는 학습이 거듭될수록 최적화되어 이미지 내 포함된 다양한 선분, 질감 등 특징을 잘 추출할 수 있도록 발전합니다.

Pooling 층은 공간 정보를 압축하기 위해 사용되는 층으로, 합성곱 층을 resizing하여 새로운 층을 얻어냅니다. Pooling 층의 종류로는 특정 맵에서 최댓값만 추출하는 Max Pooling, 최솟값을 추출하는 Min Pooling, 평균값을 추출하는 Average Pooling이 있지만 이미지 처리에 있어서는 Max Pooling을 주로 사용합니다.

마지막으로 다수의 합성곱 층과 풀링 층을 통과한 특징맵은 평탄화가 된 후 실제 회귀 또는 분류 문제를 해결하기 위한 DNN 모델의 입력값으로 사용됩니다.

## 2.2 추론과 전이 학습

### 추론(Inference)

추론은 사전 학습된 모델을 사용하여 새로운 데이터에 대한 예측을 수행하는 과정입니다. 머신러닝과 딥러닝에서 추론은 모델이 이미 학습된 패턴과 규칙을 바탕으로 새로운 입력 데이터에 대해 결과를 예측하는 것을 의미합니다. 다만, 이미 만들어진 모델에서 순방향 실행을 위한 용도로만 사용할 수 있어 학습은 불가능합니다. 사전 학습된 모델을 사용하려면 해당 모델의 구조가 어떻게 되었는지를 파악하고, 그것에 맞게 입력값을 변환해주어야 합니다.

### 전이 학습(Transfer Learning)

전이 학습은 한 도메인에서 학습한 모델을 다른 도메인에 재사용하는 방법입니다. 이는 새로운 도메인을 처음부터 학습하는 대신, 이미 학습된 모델을 기반으로 하는 방식입니다. 예를 들어, ImageNet 데이터셋으로 학습된 VGG, ResNet, Inception(GoogleNet)과 같은 모델들은 CNN을 통해 다양한 일반적인 이미지 특징을 이미 학습했습니다. 이러한 모델을 기반으로 의료 이미지 분석과 같은 새로운 도메인에 전이 학습을 적용할 수 있습니다. 이때 모델의 초기 레이어(CNN 부분)는 그대로 활용하고, 최종 레이어(DNN 부분)만 새로운 데이터로 재학습시켜 성능을 최적화합니다. 전이 학습은 데이터 부족과 연산 자원 소모 문제를 해결하는 동시에, 기존 모델의 지식을 새로운 문제에 적용함으로써 딥러닝의 효율성을 극대화하는 방법입니다.

#### 참고 11-1 사전학습모델과 ILSVRC

합성곱 신경망(Convolutional Neural Networks, CNN)은 이미지나 영상 데이터 처리에서 탁월한 성능을 보이는 딥러닝 모델입니다. CNN은 이미지를 특징 맵으로 변환하여 중요한 패턴을 추출하는 방식으로 작동하며, 이미지의 저수준 특징(모서리, 경계 등)부터 고수준 특징(복잡한 객체 형태)까지 계층적으로 학습합니다. 이러한 구조적 특성으로 인해 CNN은 이미지의 특성을 효과적으로 추출할 수 있습니다.

CNN의 발전에 큰 기여를 한 대회로 ILSVRC(ImageNet Large Scale Visual Recognition Challenge)를 들 수 있습니다. 이 대회는 2010년부터 2017년까지 매년 개최되었으며, 대규모 이미지 데이터셋인 ImageNet을 사용하여 이미지 분류, 객체 탐지, 객체 위치 추정 등의 작업에서 알고리즘의 성능을 평가했습니다. ILSVRC는 컴퓨터 비전 분야의 혁신을 촉진했으며, 특히 2012년 AlexNet의 등장으로 CNN이 획기적인 성능 향상을 보이면서 딥러닝 시대의 서막을 열었습니다.

ImageNet은 약 1,400만 개의 이미지와 1,000개의 클래스를 포함하고 있어, 다양한 패턴과 특징을 학습하는 데 매우 유용합니다. 이렇게 대규모 데이터셋으로 사전 학습된 CNN 모델은 특정 이미지에 국한되지 않고, 일반적인 이미지 특징을 잘 추출할 수 있게 됩니다. 이러한 사전 학습 모델은 CNN의 이미지 특징을 추출하는 부분(합성곱 계층)은 그대로 유지하고, 새롭게 필요한 작업(예: 이미지 분류, 객체 탐지)을 위한 상위 계층만 재학습시키는 전이 학습에 활용됩니다.

ILSVRC에서 우수한 성능을 보이고 현재까지도 널리 사용되는 CNN 모델로는 VGG, ResNet, Inception(GoogleNet) 등이 있습니다. 이 모델들은 각각의 독특한 구조와 장점을 통해 다양한 이미지 처리 작업에서 높은 성능을 발휘하며, 전이 학습을 통해 다양한 컴퓨터 비전 응용에 적용되고 있습니다.

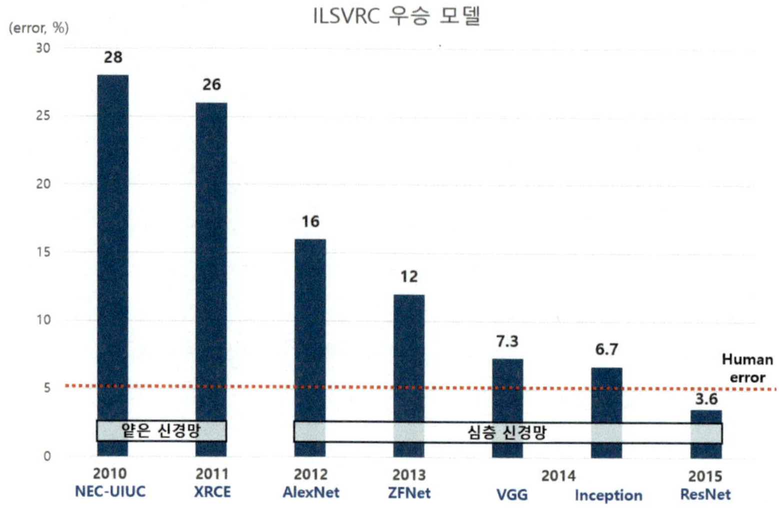


### VGG (Visual Geometry Group)

옥스퍼드 대학의 Visual Geometry Group에서 개발한 CNN 모델입니다. VGG16과 VGG19가 대표적인 아키텍처로, 각각 16개와 19개의 레이어를 가지는 깊은 신경망 구조로, 모든 합성곱 레이어에서 작은 3×3 크기의 필터를 사용하는 것이 특징입니다.

### ResNet (Residual Networks)

잔차 연결(skip connections)을 도입한 모델로, 네트워크가 깊어질수록 발생하는 기울기 소실(vanishing gradient) 문제를 해결합니다. 대표적인 ResNet 모델로 ResNet-50과 ResNet-101이 있습니다. 잔차 블록을 사용하여 입력을 출력에 더해주는 방식을 통해 기울기 소실 문제를 해결하였고, 이로 인해 네트워크가 매우 깊어져도 성능이 비교적 안정적인 특징이 있습니다.

### Inception

Google이 개발한 CNN 구조로, 다중 크기 필터를 사용하여 동일한 레이어에서 다양한 크기의 패턴을 학습할 수 있도록 설계되었습니다. Inception v1부터 Inception v4까지 다양한 버전이 있으며, 특히 Inception-v3가 널리 사용됩니다.

# 3 이미지 처리 실습

## 3.1 교통 표지판 분류 실습

본 실습에서는 오렌지3에 포함된 교통 표지판 데이터셋을 활용하여 이미지 분류 문제를 해결합니다.

### 01 이미지 애드온 설치

오렌지3에서 이미지 처리 및 분석 작업을 수행하기 위해서는 [Image Analytics] 애드온을 설치해야 합니다. 이 애드온은 이미지 임포트, 임베딩, 시각화 등 다양한 이미지 관련 기능을 제공합니다. 설치 과정은 다음과 같습니다.

① 프로그램 상단의 메뉴 바에서 [Options] 메뉴 클릭
② 드롭다운 메뉴에서 [Add-ons] 선택
③ 애드온 목록에서 [Image Analytics]를 검색한 후 체크박스를 클릭하여 선택
④ 창 하단의 [OK] 버튼을 클릭하여 설치
⑤ 설치가 완료되면, 오렌지3를 재시작하여 변경사항 적용

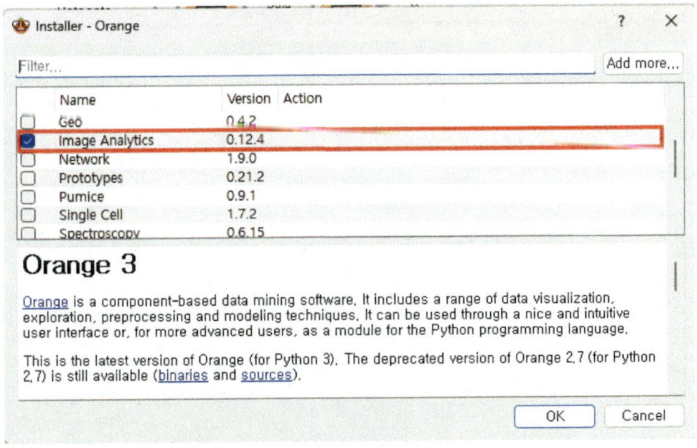


### 02 데이터 다운로드

[Data] 카테고리의 [Datasets] 위젯을 선택하여 캔버스에 추가합니다. 캔버스에 추가된 [Datasets] 위젯을 더블클릭하여 가져올 데이터셋을 선택합니다. 본 실습에서는 Traffic signs 데이터를 사용합니다.

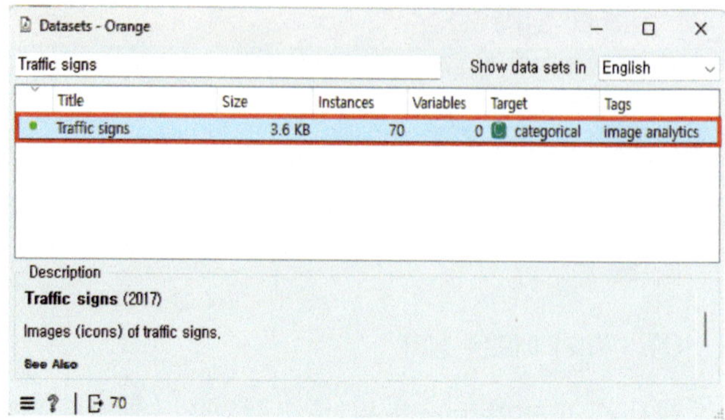


## 03 데이터 불러오기

[Data] 카테고리의 [Data Table] 위젯을 캔버스로 가져와 [Datasets] 위젯과 연결합니다. [Data Table] 위젯을 더블클릭하면 3개의 속성으로 구성된 70개 데이터를 확인할 수 있습니다. 단, 해당 데이터는 이미지 파일에 대한 정보만을 보여줄 뿐, 실제 이미지 데이터를 포함하고 있는 것은 아닙니다.

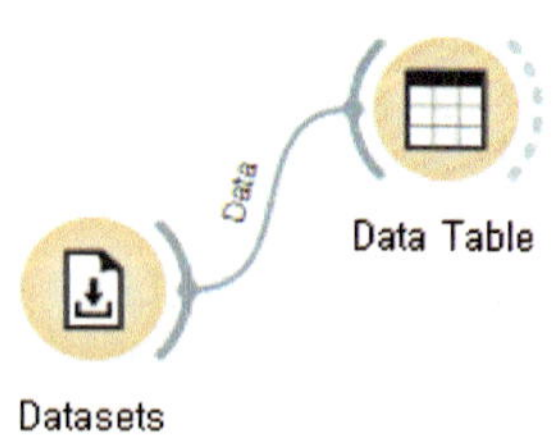


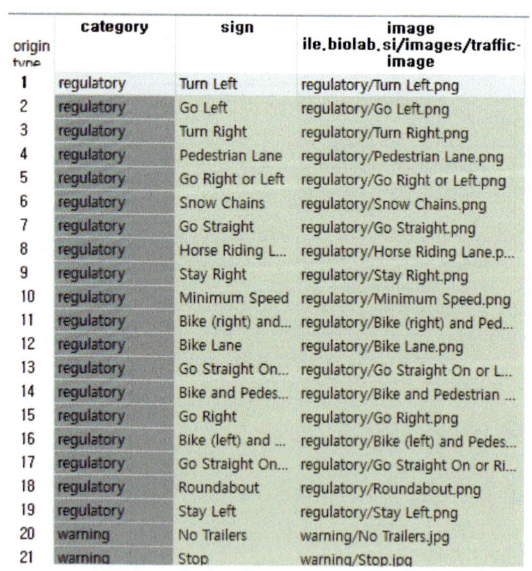

| origin type | category | sign | image<br>ile.biolab.si/images/traffic-<br>image |
|---|---|---|---|
| 1 | regulatory | Turn Left | regulatory/Turn Left.png |
| 2 | regulatory | Go Left | regulatory/Go Left.png |
| 3 | regulatory | Turn Right | regulatory/Turn Right.png |
| 4 | regulatory | Pedestrian Lane | regulatory/Pedestrian Lane.png |
| 5 | regulatory | Go Right or Left | regulatory/Go Right or Left.png |
| 6 | regulatory | Snow Chains | regulatory/Snow Chains.png |
| 7 | regulatory | Go Straight | regulatory/Go Straight.png |
| 8 | regulatory | Horse Riding L... | regulatory/Horse Riding Lane.p... |
| 9 | regulatory | Stay Right | regulatory/Stay Right.png |
| 10 | regulatory | Minimum Speed | regulatory/Minimum Speed.png |
| 11 | regulatory | Bike (right) and... | regulatory/Bike (right) and Ped... |
| 12 | regulatory | Bike Lane | regulatory/Bike Lane.png |
| 13 | regulatory | Go Straight On... | regulatory/Go Straight On or L... |
| 14 | regulatory | Bike and Pedes... | regulatory/Bike and Pedestrian ... |
| 15 | regulatory | Go Right | regulatory/Go Right.png |
| 16 | regulatory | Bike (left) and ... | regulatory/Bike (left) and Pedes... |
| 17 | regulatory | Go Straight On... | regulatory/Go Straight On or Ri... |
| 18 | regulatory | Roundabout | regulatory/Roundabout.png |
| 19 | regulatory | Stay Left | regulatory/Stay Left.png |
| 20 | warning | No Trailers | warning/No Trailers.jpg |
| 21 | warning | Stop | warning/Stop.jpg |

### 04 이미지 확인하기

[Image Analytics] 카테고리의 [Image Viewer] 위젯을 캔버스로 가져와 실제 이미지를 확인할 수 있습니다.

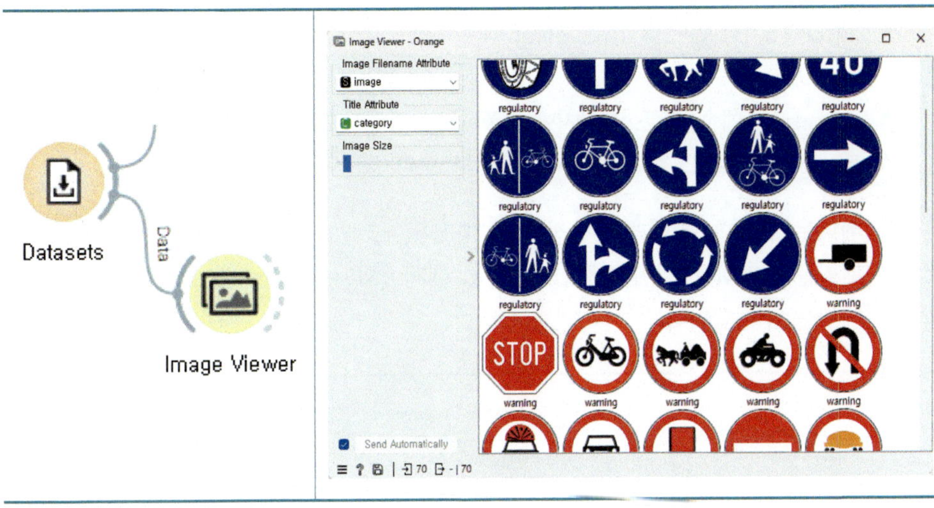


### 05 이미지 임베딩

이미지를 모델 학습에 사용하기 위해서는 [Image Analytics] 카테고리의 [Image Embedding] 위젯으로 이미지를 고유한 벡터 형태로 변환하여야 합니다. 이미지 임베딩은 2차원 이미지 데이터를 고정된 길이의 벡터로 변환하는 과정을 말합니다. 이는 이미지의 핵심 특징을 수치화하여 딥러닝 모델이 처리할 수 있는 형태로 만드는 작업을 말합니다. 임베딩된 이미지 벡터는 후속 분석 단계(예: 군집화, 분류 등)에서 직접 사용될 수 있습니다. 이미지 임베딩 위젯이 제공하는 기능은 다음과 같습니다.

- 사전 학습된 CNN 모델 활용: 이미지의 특징을 효과적으로 추출하기 위해 대규모 데이터셋으로 사전 학습된 딥러닝 모델 사용
- 특징 추출: 선택된 CNN 모델을 통해 각 이미지의 고유한 특징을 벡터 형태로 추출
- 차원 축소: 고차원의 이미지 데이터를 저차원의 벡터로 변환

오렌지3에서는 제공하는 사전 학습된 모델 또는 임베더(Embedder)는 다음과 같습니다.

- SqueezeNet: 빠르고 가벼운 모델로, 인터넷이 연결되어 있지 않더라도, 로컬 컴퓨터에서 활용 가능
- Inception v3: ImageNet 데이터셋으로 학습된 구글의 딥러닝 모델
- VGG-16, VGG-19: ImageNet 데이터셋으로 학습된 옥스포드 대학에서 제안한 모델
- Painters: 예술 작품 이미지에서 화가를 예측하도록 학습된 모델
- DeepLoc: 효모 세포 이미지를 분석하도록 학습된 모델

각 임베더는 고유한 특성과 장단점을 가지고 있어, 분석 목적과 데이터 특성에 따라 적절한 모델을 선택하는 것이 중요합니다. 본 예제에서는 Inception v3를 사용하여 이미지 임베딩을 수행합니다.

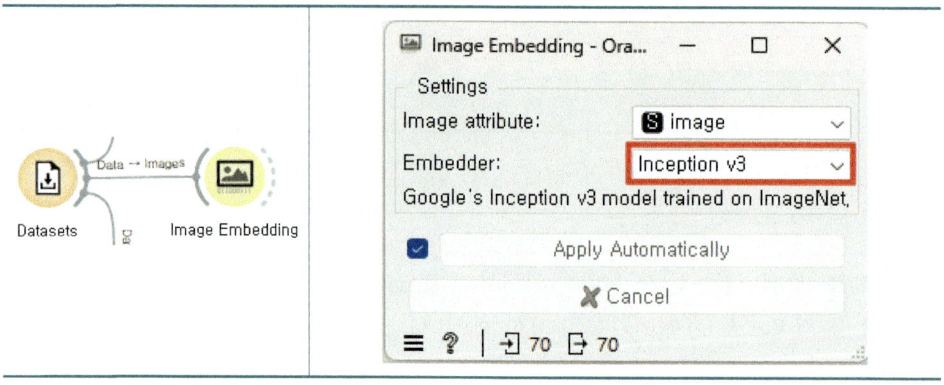


### 06 이미지 임베딩 결과 확인

[Data] 카테고리의 [Data Table] 위젯을 사용하여 데이터를 확인해보면 원본 데이터 컬럼(카테고리, 이미지 파일명, 레이블)과 함께 n0부터 n2047까지 총 2,048개의 컬럼이 추가되었음을 알 수 있습니다. 이 2,048개의 새 컬럼이 바로 이미지 임베딩의 결과물인 특징 벡터입니다. 각 이미지는 이제 2,048차원의 벡터로 표현되며, 이 벡터는 해당 이미지의 고유한 시각적 특징을 수치화한 것입니다. 이렇게 생성된 특징 벡터는 이후의 분류, 군집화, 유사도 분석 등 다양한 작업의 입력 데이터로 활용됩니다.

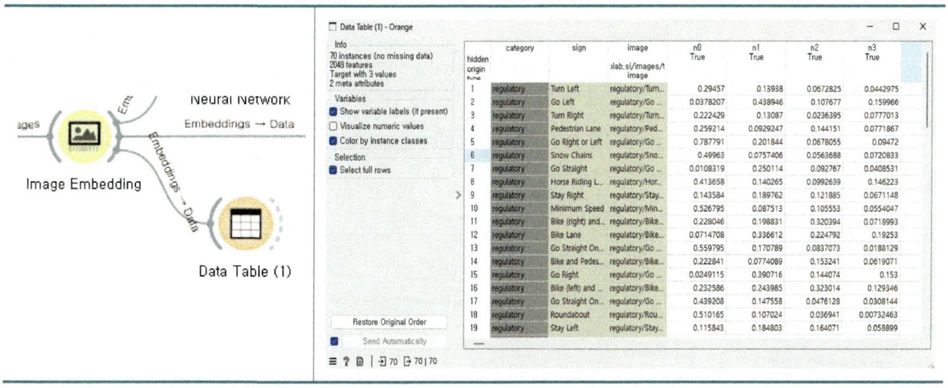


## 07 학습하기

[Model] 카테고리의 [Neural Network] 위젯을 사용하여 심층신경망을 구축하고 학습합니다. 이미지 임베딩을 거친 특징 벡터들이 심층신경망의 입력 값으로 주어집니다.

[Neural Networks] 위젯에서 각각 노드의 수가 100, 200개인 은닉층 2개를 생성하고, 활성화 함수로는 ReLu, 최적화 함수로는 Adam을 선택하며, 학습률은 0.0001, 반복 횟수는 100회로 설정합니다. 본 예제는 교통표지판을 분류하는 문제에 속하므로, 마지막 은닉층에는 Softmax 활성화 함수가 자동으로 설정됩니다.

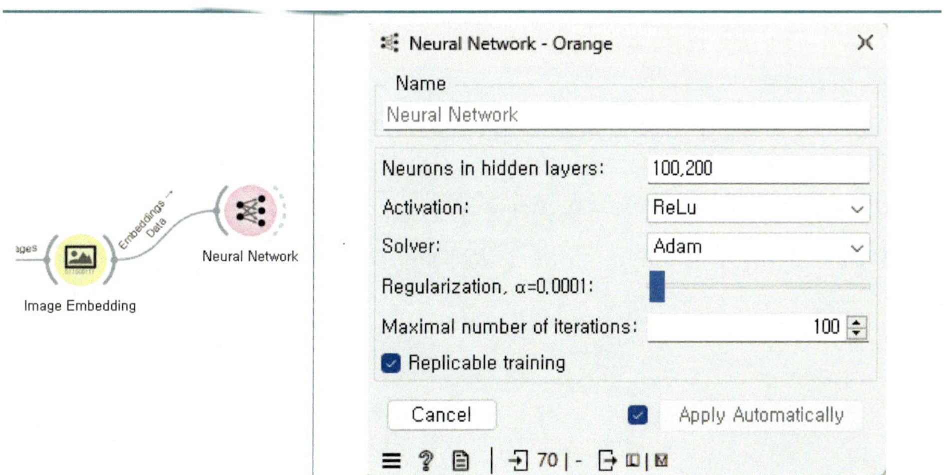

### 08 모델 성능 확인하기

이미지 데이터를 불러와 임베딩을 통해 특징 벡터를 추출하고, DNN을 통해 학습을 완료하였습니다. 모델의 성능을 확인하기 위해 [Evaluate] 카테고리의 [Test and Score] 위젯을 추가합니다.

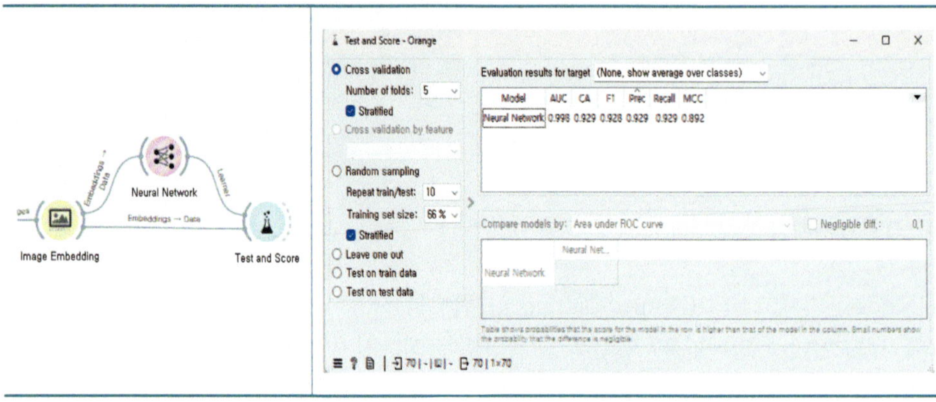


[Test and Score] 위젯을 통해 평가된 결과를 살펴보면, Classification Accuray(CA)가 0.929로 평가되었습니다. 이는 해당 모델이 약 92.9%의 정확도로 이미지를 분류했다는 의미입니다. 일부 이미지에서는 오분류가 발생하였는데, 이러한 오분류 사례를 더 자세히 살펴보기 위해 [Confusion Matrix] 위젯과 [Image Viewer] 위젯을 추가로 활용할 수 있습니다.

[Confusion Matrix] 위젯은 모델의 예측 결과를 시각적으로 표현하여, 각 클래스별로 정확히 분류된 사례와 오분류된 사례의 수를 한눈에 파악할 수 있게 해줍니다. 이 위젯의 [Select Misclassified] 옵션을 선택하면 오분류된 이미지들만을 필터링할 수 있으며, 필터링된 이미지는 [Image Viewer] 위젯에서 확인할 수 있습니다.

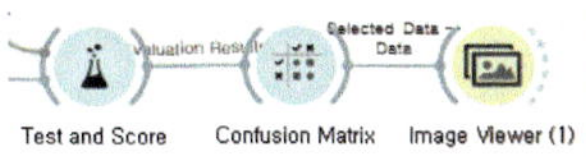


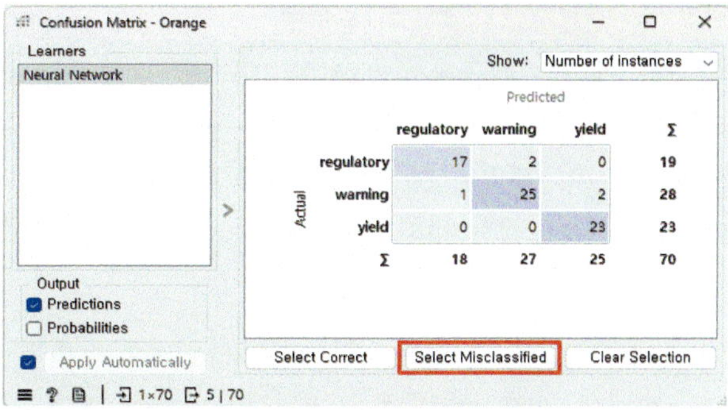

## 전체 워크 플로우

### 이미지 분류 워크 플로우

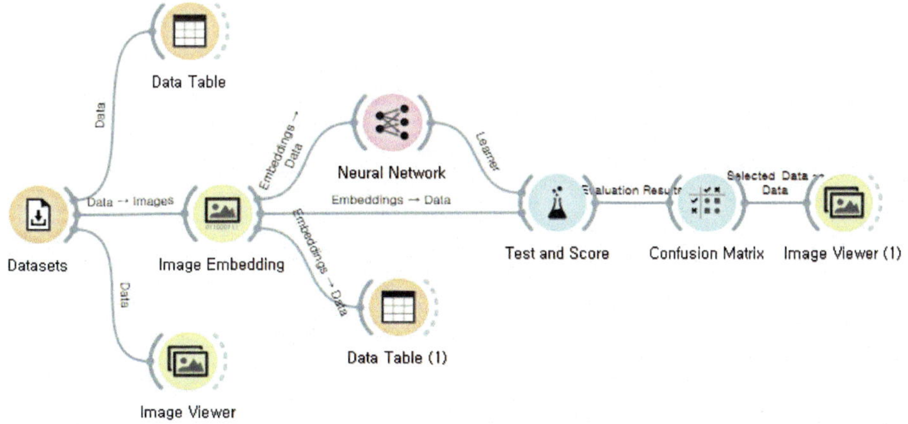

## 3.2 마네와 모네 작품 분류 실습

본 실습에서는 캐글에서 제공하는 마네와 모네(Manet and Monet art works) 데이터셋[19]를 활용하여 두 화가의 작품을 자동으로 구분하는 이미지 분류 모델을 개발하고자 합니다. 이 데이터셋은 19세기 프랑스 인상주의의 대표적 화가인 에두아르 마네(Édouard Manet)와 클로드 모네(Claude Monet)의 작품들로 구성되어 있습니다.

### 01 데이터 다운로드

본 실습을 위해 먼저 Kaggle 웹사이트에 접속합니다. 사이트 상단의 검색창에 Manet and Monet art works를 입력하여 해당 데이터셋을 찾습니다. 검색 결과에서 관련 데이터셋을 클릭하고 [Download] 버튼을 클릭하여 파일을 다운로드합니다. (또는 Ch11\manet_monet.zip)

다운로드한 zip 파일의 압축을 해제하면 manet_monet 디렉토리가 생성됩니다. 이 디렉토리 내부에는 train과 test 두 개의 하위 디렉토리가 있으며, 각각의 디렉토리 안에 다시 manet과 monet디렉토리가 포함되어 있습니다.

오렌지3에서 이미지 데이터를 효과적으로 처리하기 위해서는 디렉토리 구조를 조정해야 합니다. 오렌지3는 이미지의 레이블(Label)을 디렉토리 구조를 기반으로 자동 할당하는 특성이 있습니다. 따라서, 효율적인 데이터 처리와 정확한 레이블링을 위해 [그림 11-5]와 같이 디렉토리 구조를 변경하는 것이 좋습니다. test와 train 디렉토리 내부에 있는 모든 manet 이미지 파일은 manet 디렉토리로, 모든 monet 이미지 파일은 monet 디렉토리로 복사합니다.

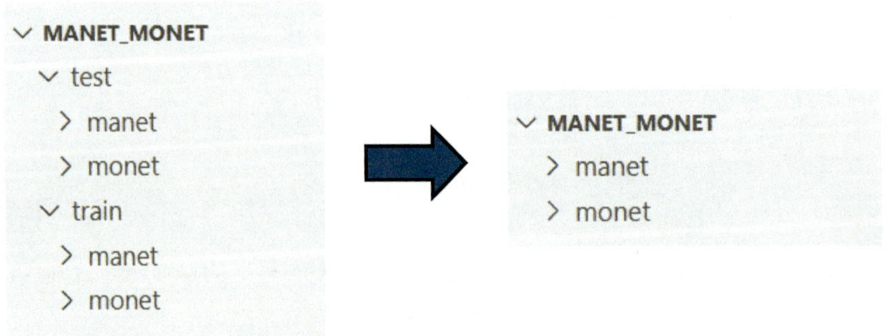


[그림 11-5] 데이터 디렉토리 구조 변경

19) Manet and Monet art works, Kaggle, https://www.kaggle.com/datasets/kathyx53/manet-and-monet-art-works

## 02 데이터 불러오기

[Image Analytics] 카테고리의 [Import Images] 위젯을 캔버스로 가져와 manet_monet 디렉토리를 선택합니다. 이미지 Import 결과 163개의 이미지가 있으며, 2개의 카테고리(manet, monet)가 있음을 확인할 수 있습니다.

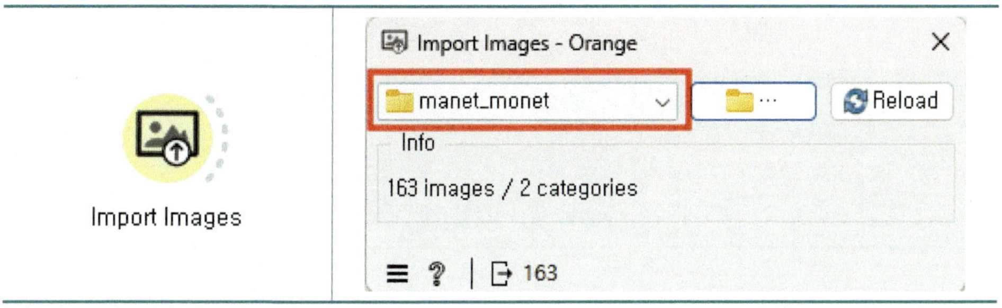


## 03 이미지 확인하기

[Image Analytics] 카테고리의 [Image Viewer] 위젯을 통해 실제 이미지를 확인할 수 있습니다.

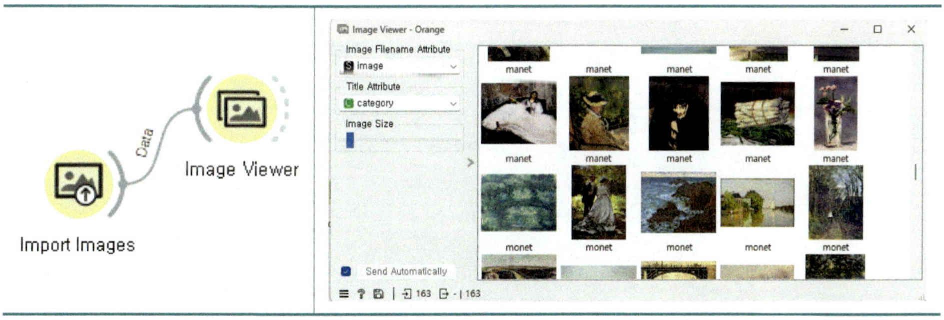


## 04 이미지 임베딩

이미지를 모델 학습에 사용하기 위해 [Image Analytics] 카테고리의 [Image Embedding] 위젯으로 이미지를 고유한 벡터 형태로 변환합니다. 본 예제에서는 SqueezeNet(local)를 사용합니다. 이 모델은 인터넷이 연결되지 않은 환경에서도 사용 가능하다는 장점이 있습니다.

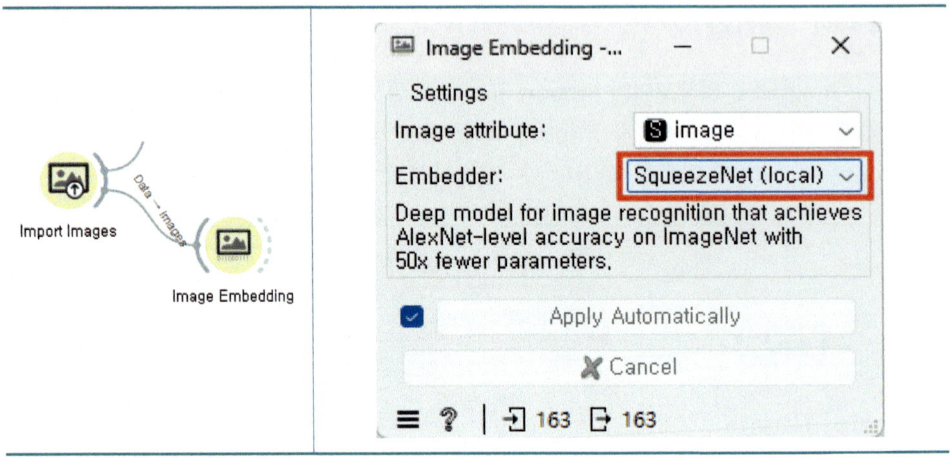


## 05 학습하기

[Model] 카테고리의 [Neural Network] 위젯을 사용하여 DNN을 구축하고 학습합니다. [Neural Networks] 위젯 창에서 각각 노드의 수가 100, 200개인 은닉층 2개를 생성하고, 활성화 함수로는 ReLu, 최적화 함수로는 Adam을 선택하며, 학습률은 0.0001, 반복 횟수는 100회로 설정합니다. 본 예제는 마네와 모네의 그림을 분류하는 문제에 속하므로, 마지막 은닉층에는 Softmax 활성화 함수가 자동으로 설정됩니다.

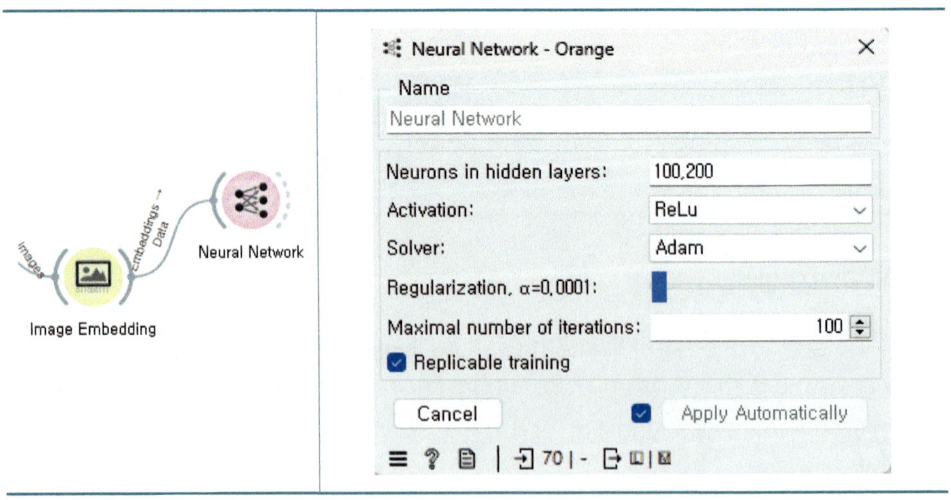

## 06 모델 성능 확인하기

이미지 데이터를 불러와 임베딩을 통해 특징 벡터를 추출하고, DNN을 통해 학습을 완료하였습니다. 모델의 성능을 확인하기 위해 [Evaluate] 카테고리의 [Test and Score] 위젯을 추가하였습니다.

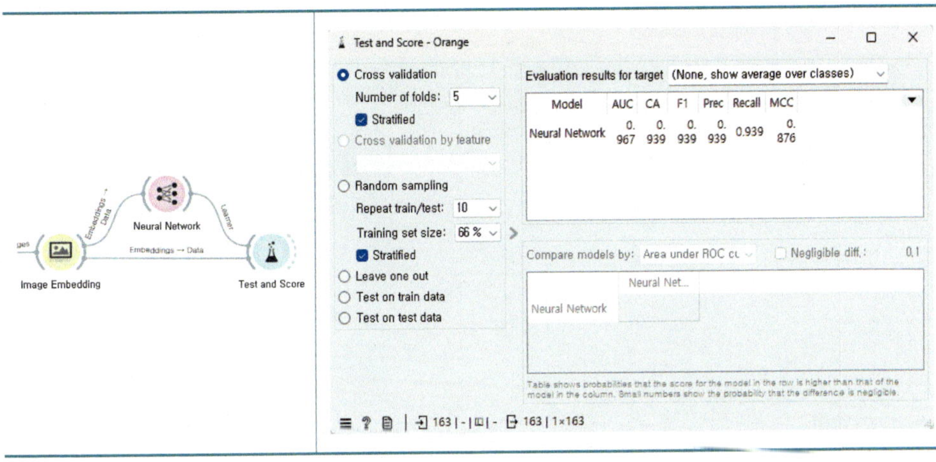

[Test and Score] 위젯을 통해 평가된 결과를 살펴보면, Classification Accuray(CA)가 0.939로 평가되었습니다. [Confusion Matrix] 위젯과 [Image Viewer] 위젯을 추가하여 분류에 실패한 이미지를 필터링하여 볼 수 있습니다. [Confusion Matrix] 위젯창의 [Select Misclassified]를 선택하면 오분류된 이미지를 [Image Viewer] 위젯창에서 확인할 수 있습니다.

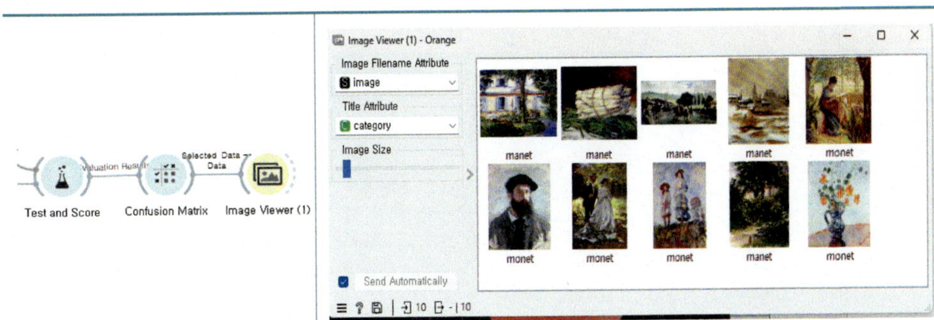

## 전체 워크 플로우

### 이미지 분류 워크 플로우

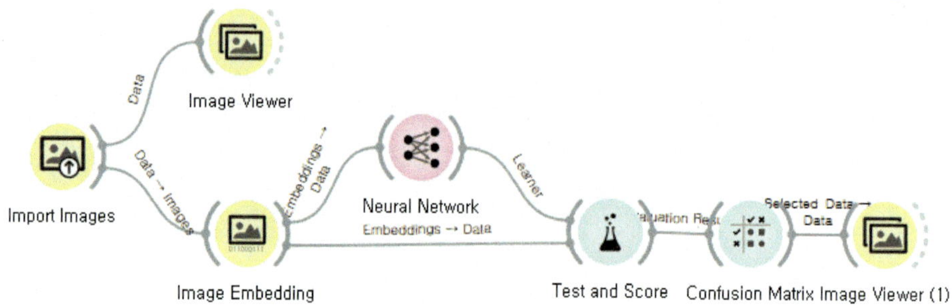

## 3.3 이미지 군집화 실습

본 실습에서는 앞선 예제에서 사용한 마네와 모네 그림 데이터셋을 활용하여 이미지 군집화 문제를 해결합니다. 이미지 군집화는 유사한 특징을 가진 이미지들을 자동으로 그룹화하는 비지도 학습 기법입니다.

오렌지3에서는 이미지 임베딩 기술을 사용하여 각 이미지의 고차원 특징 벡터를 추출합니다. 이 과정에서 사전 학습된 딥러닝 모델(예: VGG16, ResNet 등)을 활용하여 이미지의 핵심 특징을 수치화된 벡터로 변환합니다. 추출된 특징 벡터들 간의 거리(예: 유클리디안 거리, 코사인 유사도 등)를 계산하여 이미지 간 유사성을 측정합니다. 이 거리 정보를 기반으로 군집화 알고리즘(예: K-means, 계층적 클러스터링 등)을 적용하여 유사한 이미지들을 자동으로 그룹화합니다.

이러한 방식으로 마네와 모네의 그림들은 화풍, 색감, 구도 등의 특징에 따라 여러 클러스터로 분류될 수 있습니다. 이는 단순히 화가별로 구분하는 것을 넘어, 작품 스타일의 유사성을 기반으로 한 더 세밀한 그룹화를 가능하게 합니다.

이 과정을 통해 대규모 이미지 데이터셋에서 자동으로 패턴을 발견하고, 시각적 특징에 기반한 이미지 분류 및 검색 시스템 구축에 활용할 수 있습니다. 또한, 예술 작품의 스타일 분석, 유사 작품 추천 등 다양한 응용 분야에 적용될 수 있습니다.

### 01 데이터 불러오기

[Image Analytics] 카테고리에서 [Import Images] 위젯을 캔버스로 가져와 manet_monet 디렉토리를 선택합니다. 이미지 Import 결과 163개의 이미지가 있으며, 2개의 카테고리(manet, monet)이 있음을 확인할 수 있습니다.

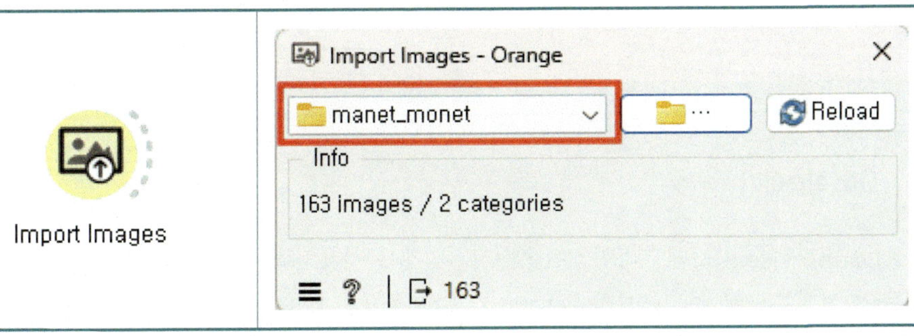

## 02 이미지 확인하기

[Image Analytics] 카테고리에서 [Image Viewer] 위젯을 캔버스로 가져와 실제 이미지를 확인할 수 있습니다.

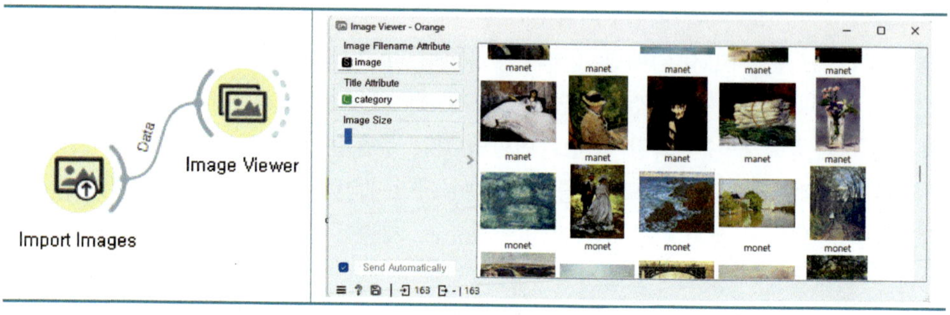


## 03 이미지 임베딩

이미지를 모델 학습에 사용하기 위해 [Image Analytics] 카테고리의 [Image Embedding] 위젯으로 이미지를 고유한 벡터 형태로 변환합니다. 본 예제에서는 Inception v3를 사용합니다.

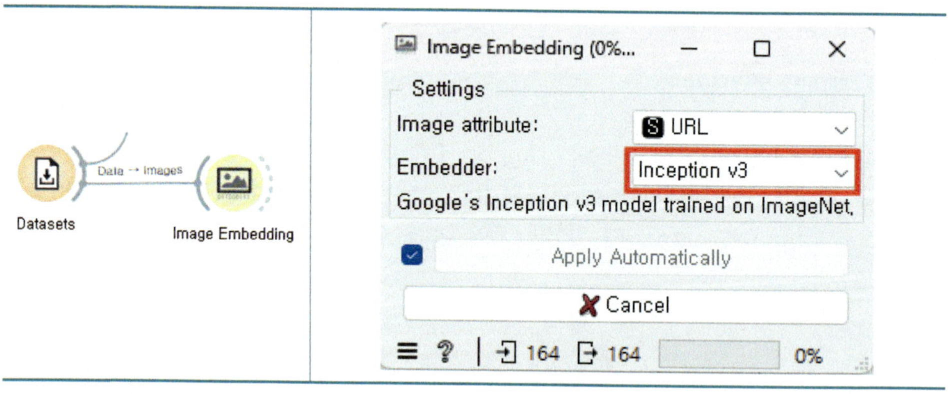


## 04 학습하기

[Unsupervised] 카테고리의 [Distance] 위젯을 사용하여 이미지 임베딩을 거친 특징 벡터들의 거리를 계산하고, 거리에 따라 그룹화합니다. [Distance] 위젯 창에는 Compare 옵션과 Distance Metric 옵션이 있는데 Compare 옵션은 어떤 기준으로 거리를 계산할

지에 관한 옵션이고, Distance Metric 옵션은 거리를 측정하는 방식에 관한 옵션입니다.

Compare 옵션의 기능은 다음과 같습니다.

- Rows: 데이터셋의 각 행 간의 거리를 계산하는 옵션으로 개별 데이터 포인트 간의 유사성을 측정하는 데 사용
- Columns: 데이터셋의 각 열(특징) 간의 거리를 계산하는 옵션으로 각 특징 간의 유사성을 측정하는 데 사용

Distance Metric 옵션의 기능은 다음과 같다.

- Euclidean: 피타고라스 정리를 바탕으로 두 점 사이의 직선거리 측정
- Manhattan: 두 점 사이의 축을 따라 이동한 거리의 합 측정
- Hamming: 이진 벡터 또는 문자열에서 서로 다른 비트(문자)의 개수 측정
- Cosine: 두 벡터 간의 각도를 기반으로 유사성 측정
- Pearson: 값 간의 선형 상관관계를 [0, 1] 구간의 거리로 변환
- Spearman: 값의 순위 간의 선형 상관관계를 [0, 1] 구간의 거리로 변환
- Jaccard: 두 집합의 교집합 크기를 합집합 크기로 나눈 값 계산

Distance Metric 옵션 중 현재 가장 많이 사용되는 방식으로는 Euclidean, Manhattan, Hamming, Cosine 방식이 있습니다. 그림 [11-6(1)]의 Euclidean 방식은 두 점 사이의 직선거리를 측정하는 방식입니다. 이 거리는 피타고라스 정리를 바탕으로 계산되며, 연속형 데이터를 다룰 때 가장 기본적이고 직관적인 방식입니다. 그림 [11-6(2)]의 Manhattan 방식은 두 점 사이의 축을 따라 이동한 거리의 합을 측정합니다. 이는 그리드형 도시에서 거리(블록)를 이동하는 방식과 유사하여 맨하탄 거리라고 불립니다. 유클리디안 거리보다 더 직선적인 이동을 반영하며, 이상치(outliers)에 덜 민감하다는 특징이 있습니다. 그림 [11-6(3)]의 Hamming 방식은 두 이진 벡터 또는 문자열에서 동일한 위치에 있는 비트 또는 문자가 다른 경우마다 1씩 카운트하여 거리를 계산하는 방식으로, 이진 데이터나 텍스트 데이터의 차이점 또는 오류 검출에 많이 사용됩니다. 그림 [11-6(4)]의 Cosine 방식은 두 벡터 간의 각도를 기반으로 유사성을 측정하는 방식으로, 값이 1에 가까울수록 벡터는 동일한 방향을 가리키며, 0에 가까울수록 유사성이 적습니다. 벡터의 크기보다는 방향에 초점을 맞춘 방식입니다.

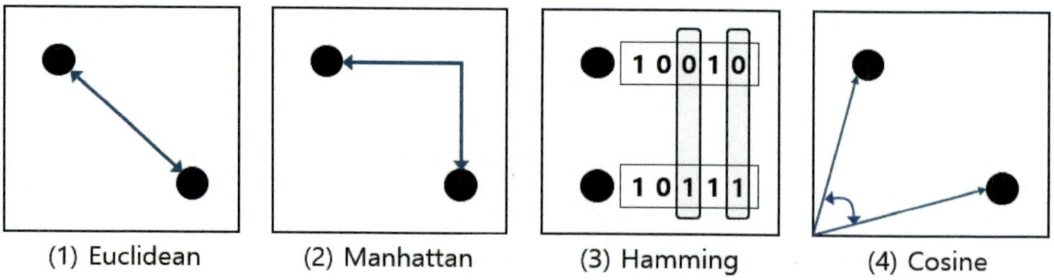


[그림 11-6] 주요 Distance Metric

본 실습에서는 Compare 옵션에서 Rows를, Distance Metric 옵션에서 Euclidean (normalized)을 선택합니다. Euclidean(normalized)는 일반적인 Euclidean과 계산 방식은 같지만, 정규화를 통해 데이터의 범위를 일정하게 맞춘 후에 거리를 계산하는 방식입니다.

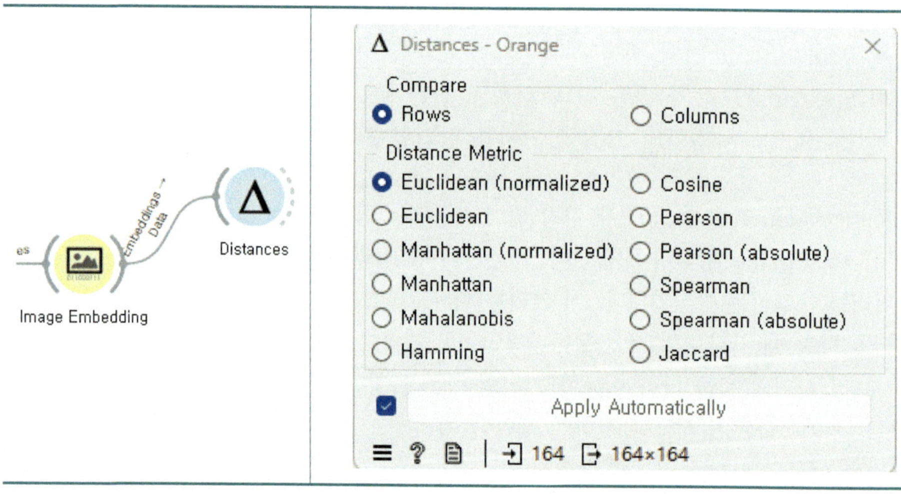


## 05 결과 확인하기

군집화 결과를 확인하기 위해 [Unsupervised] 카테고리의 [Hierachical Clustering] 위젯을 선택합니다. 군집화 결과를 보면 이미지 데이터는 특징 벡터의 거리에 따라 크게 2개의 그룹으로 군집화 되었음을 알 수 있습니다.

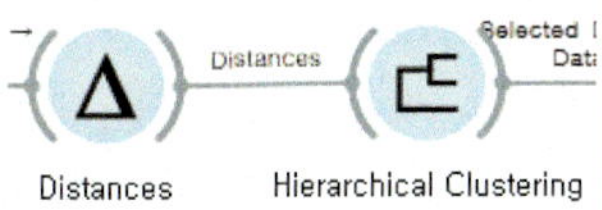


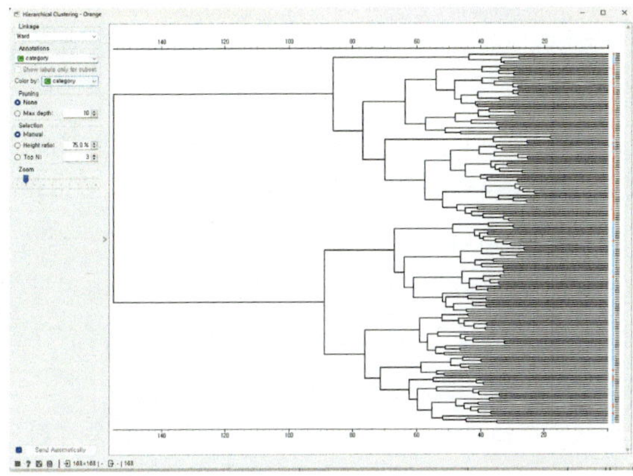

군집화 결과를 확대해보면 [그림 11-7]과 같습니다.

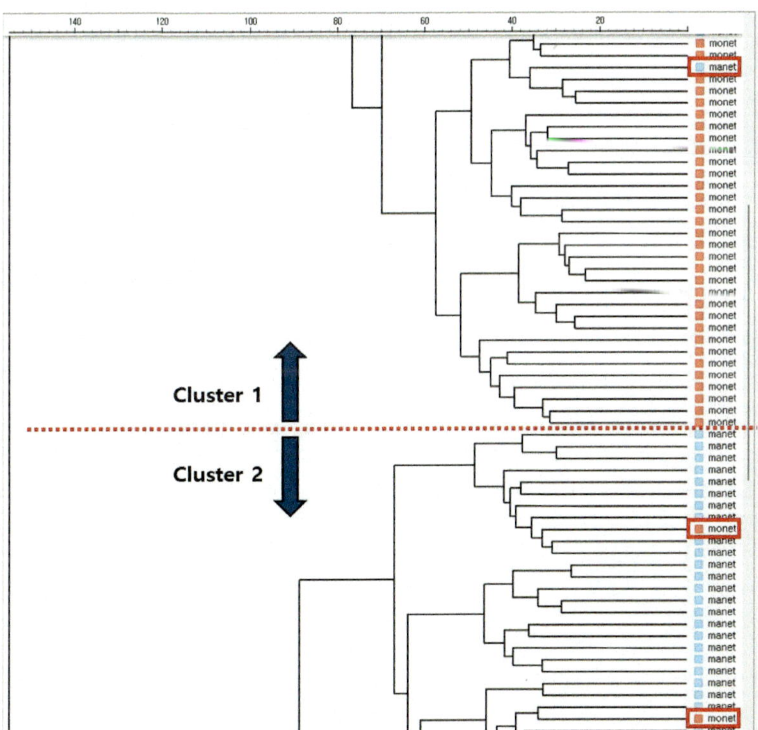


[그림 11-7] 군집화 결과

그림 [11-7]에서 가운데 점선은 군집을 두 개의 주요 그룹으로 나누는 기준선입니다. 점선 위쪽에 위치한 이미지들은 Cluster 1로, 아래쪽에 위치한 이미지들은 Cluster 2로 분류되었습니다. 그림의 오른쪽 카테고리에 사각 박스로 표시한 부분은 잘못 분류된 이미지를 나타냅니다. 이는 모델의 군집화 결과가 실제 카테고리와 일치하지 않는 경우를 의미합니다. 이러한 오분류 사례를 더 상세히 살펴보기 위해 [Image Viewer] 위젯을 활용할 수 있습니다. [Hierarchical Clustering] 위젯과 [Image Viewer] 위젯을 연결하면, 실제로 잘못 군집화된 이미지들을 직접 확인할 수 있습니다. 구체적인 분석을 위해, [Hierarchical Clustering] 위젯에서 특정 소그룹을 선택하여 [Image Viewer]에서 그 결과를 확인할 수 있습니다.

본 실습에서는 모네의 작품 3점과 마네의 작품 1점으로 구성된 소그룹을 선택하여 살펴보았습니다. 이 그룹은 군집화 모델이 유사하다고 판단한 작품들의 집합이지만, 실제로는 서로 다른 화가의 작품이 섞여 있는 경우입니다. 그 결과는 다음과 같습니다.

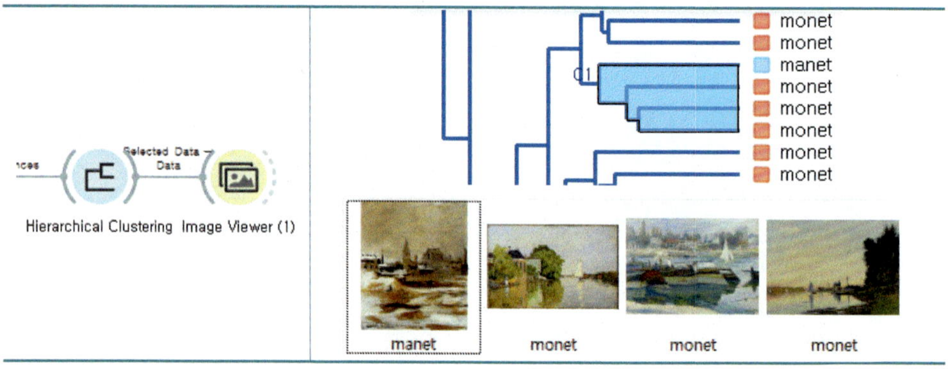


## 전체 워크 플로우

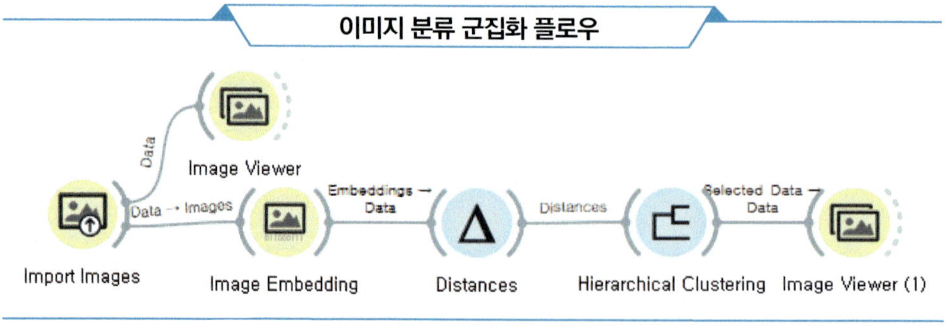

## 3.4 유사 이미지 찾기 실습

본 실습은 앞서 다룬 마네와 모네 그림 데이터셋을 활용하여 유사 이미지 찾기를 수행합니다. 마네의 작품 중 하나를 선택하면 이와 가장 유사한 모네의 그림을 찾아 출력하도록 합니다. 이를 위해 앞서 학습한 이미지 임베딩 기술을 활용합니다. 각 그림은 고차원의 특징 벡터로 변환되며, 이 벡터들 간의 거리를 계산함으로써 이미지 간 유사성을 측정할 수 있습니다.

### 01 데이터 불러오기

[Image Analytics] 카테고리에서 [Import Images] 위젯 두 개를 캔버스에 추가하고 위젯의 이름을 각각 마네 이미지와 모네 이미지로 변경합니다. 이 두 위젯은 각각 마네와 모네의 작품을 불러오는 역할을 합니다. [마네 이미지] 위젯은 manet_monet 디렉토리 아래의 manet 디렉토리를 선택하도록 설정합니다. [모네 이미지] 위젯은 manet_monet 디렉토리 아래의 monet 디렉토리를 선택하도록 설정합니다.

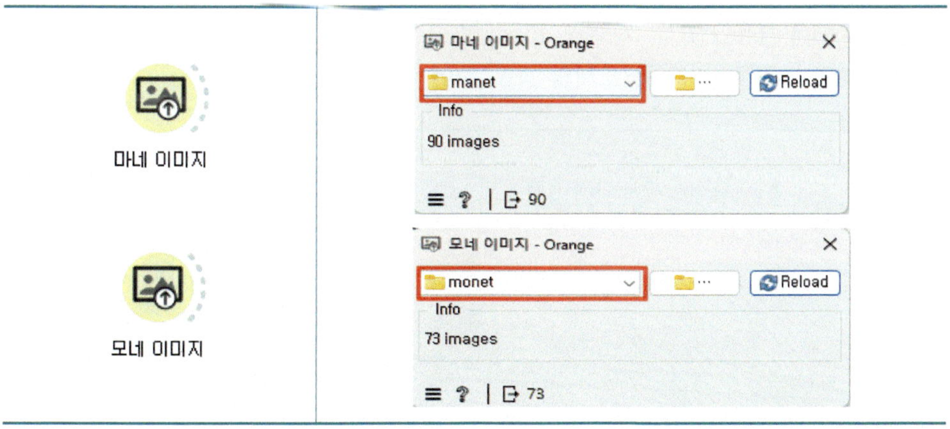


### 02 이미지 임베딩

이미지의 특징을 추출하기 위해 [Image Analytics] 카테고리의 [Image Embedding] 위젯으로 이미지를 고유한 벡터 형태로 변환합니다. 본 예제에서는 Inception v3를 사용합니다.

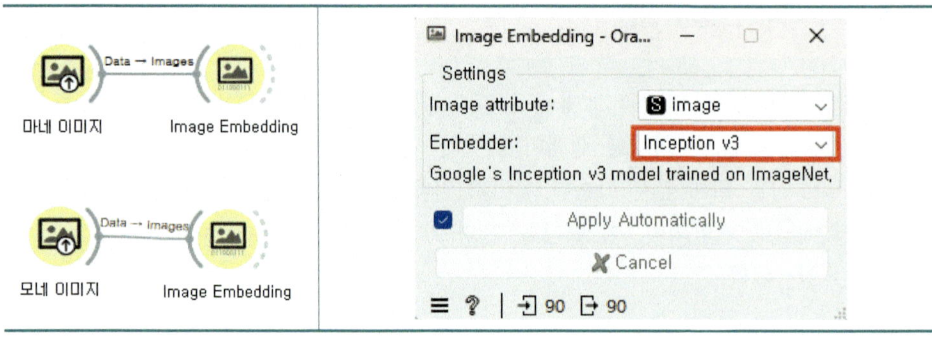


## 03 유사 이미지 찾기

유사 이미지 찾기 기능을 구현하기 위해 [Unsupervised] 카테고리의 [Neighbors] 위젯을 추가하고 [모네 이미지] 위젯과 연결합니다. [Neighbors] 위젯의 Distance metric 옵션은 Euclidean으로, 최대 검색 수 옵션은 3으로 설정합니다. 데이터 연결은 Embeddings와 Data가 연결되도록 합니다. Embeddings는 이미지의 특징 벡터를 제공하여 유사성 계산의 기반이 되고, Data는 원본 이미지 정보를 포함하여 최종 결과를 시각화하는 데 사용됩니다. 그 결과, [Neighbors] 위젯은 입력으로 받은 마네 이미지와 가장 유사한 3개의 이미지를 모네의 작품 중에서 검색하게 됩니다.

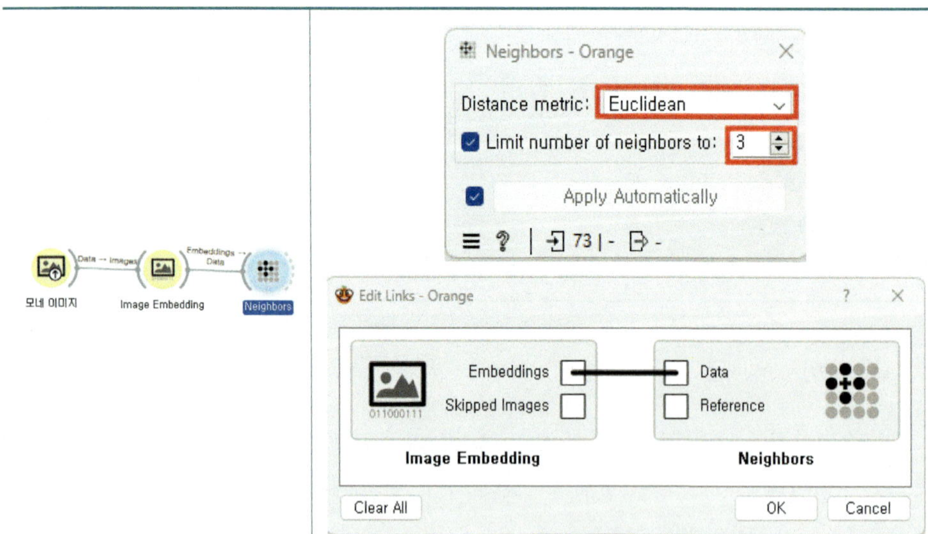

다음으로, 마네의 작품 중에서 참조 이미지를 선택할 수 있는 기능을 추가합니다. 이를 위해 [마네 이미지] 위젯에 [Image Viewer] 위젯을 연결하고 이 위젯의 이름을 [참조 이미지]로 변경합니다. [참조 이미지] 위젯을 아래쪽에 위치한 [Neighbors] 위젯과 연결하되, [참조 이미지] 위젯의 Selected Images와 [Neighbors] 위젯의 Reference가 연결되도록 구성합니다. 이를 통해 사용자가 선택한 마네의 작품이 [Neighbors] 위젯의 참조 이미지로 전달됩니다.

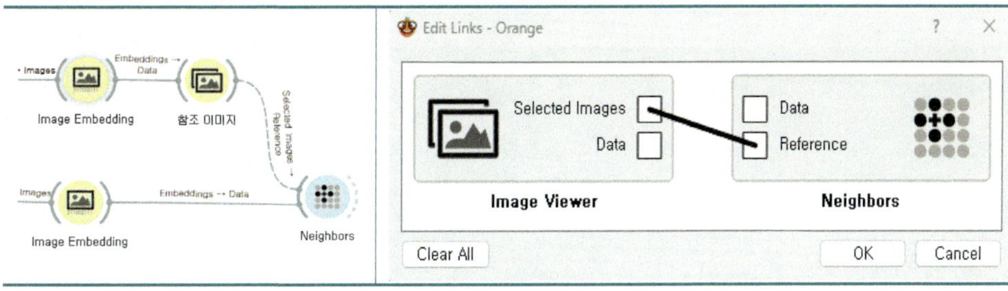


## 04 결과 확인하기

유사 이미지 찾기 결과를 확인하기 위해 [Image Viewer] 위젯을 추가하고 위젯 이름을 결과 이미지로 변경합니다. 참조 이미지 뷰어와 결과 이미지 뷰어를 모두 띄워두고 참조 이미지 뷰어에서 특정 이미지를 선택하면, 결과 이미지 뷰어에 이와 유사한 이미지 3개가 출력됨을 확인할 수 있습니다.

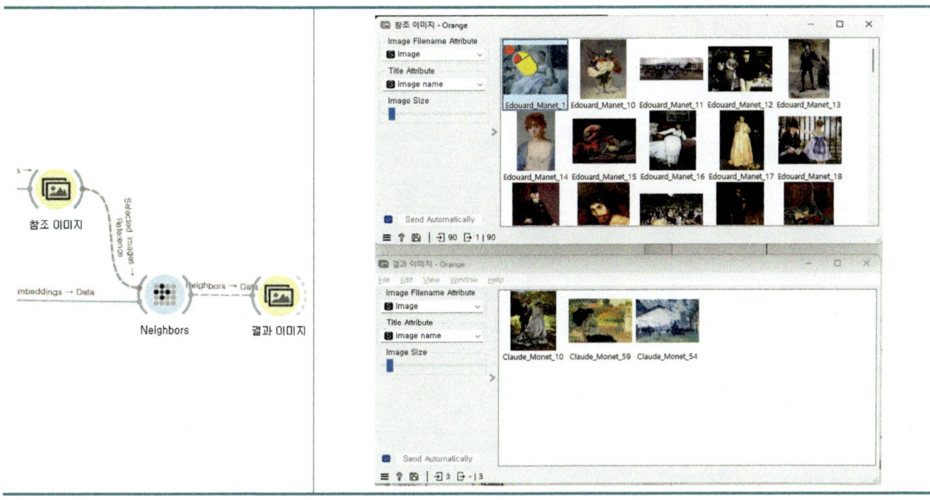

위 결과에 따르면, 참조 이미지로 마네 이미지 중 Edourd_Manet_1 이미지를 선택하면 Neighbor 위젯은 모네 이미지에서 이와 가장 유사한 이미지 3개(Claud_Monet_10, Claud_Monet_59, Claud_Monet_54)를 출력합니다.

### 전체 워크 플로우

**유사 이미지 찾기 워크 플로우**

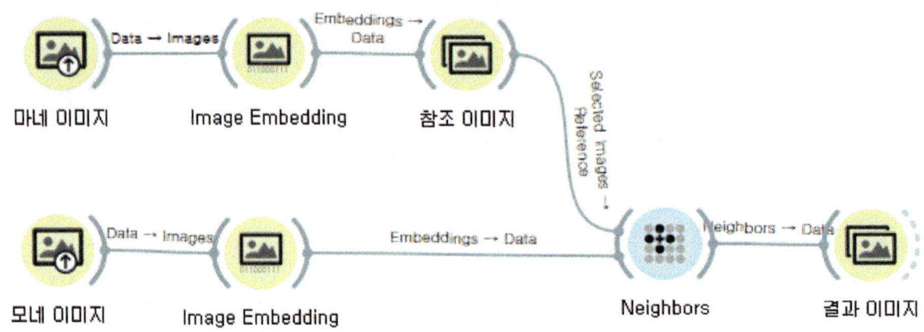

## 11장 연습문제

**01** 이미지를 표현하는 방식 중 이미지를 구성하는 최소 단위인 점(픽셀)들이 모여 전체 이미지를 표현하는 방식을 (      ) 이미지 방식이라 한다.

**02** 이미지를 이루는 픽셀의 컬러를 정의하기 위한 모델로, 빛의 삼원색을 혼합하여 다양한 색상을 표현하는 방식을 (      ) 컬러 모델이라 한다.

**03** 딥러닝에서 추론이란 무엇을 의미하는가?

① 모델을 학습시키는 과정
② 학습된 모델을 사용하여 새로운 데이터에 대한 예측을 수행하는 과정
③ 학습 과정 중에 손실을 계산하는 과정
④ 모델의 가중치를 업데이트하는 과정

**04** 인간의 시신경 구조를 모방한 네트워크 모델로, 특성(Feature)의 공간적/지역적 정보를 유지한 채 학습하는 방식으로 이미지 또는 영상 학습에 주로 사용되는 네트워크 모델은 무엇인가?

① CNN(Convolutional Neural Network)
② DNN(Deep Neural Network)
③ Perceptron
④ FCN(Fully-Connected Network)

**05** 특정 도메인에서 수집한 데이터로 학습된 모델을 다른 도메인의 데이터를 인식하는 데 활용해 성능을 향상시키는 방법을 무엇이라 하는가?

① 전이학습(Transfer Learning)
② 추론(Inference)
③ 역전파(Backpropagation)
④ 예측(Prediction)

**06** 다음 중 이미지 분류에 사용되는 사전 학습 모델이 아닌 것은 무엇인가?

① VGG
② ResNet
③ Inception
④ LLM

**07** 복잡한 이미지 데이터를 압축하여 고차원 공간에서 표현하는 방법을 (        ) 이라고 한다. 이 과정을 통해 이미지 간의 유사성을 벡터 간의 거리 계산을 통해 비교할 수 있다

# 스스로 해결하기

## 01 강아지와 고양이 분류하기

인터넷에서 수집한 강아지와 고양이의 다양한 이미지 데이터를 바탕으로 딥러닝 기반의 분류 모델을 구축하여, 두 동물을 구분하는 문제를 해결해봅시다. 합성곱 신경망(CNN)으로 사전 학습된 여러 모델을 사용하여 이미지 분류 모델을 학습시킵니다. 그 후, 모델의 학습 결과 및 성능 평가를 통해 정확한 분류 모델을 선정하고 최적화된 결과를 확인해 봅시다.

### 해결전략

❶ 구글, 네이버 등에서 수집한 강아지와 고양이 이미지를 학습이 용이하도록 아래와 같은 디렉토리 구조로 저장한다.

```
∨ DOGS_CATS
  > cats
  > dogs
```

❷ [Image Analytics] 카테고리의 [Import Images] 위젯을 캔버스로 가져와 "dogs_cats" 디렉토리를 선택한다.

❸ [Image Embedding] 위젯으로 이미지를 고유한 벡터 형태로 변환한다.

❹ [Neural Network] 위젯을 사용하여 DNN을 구축하고 학습한다. 이때, 은닉층의 개수와 각 층의 노드 수를 다양하게 변경해가며 실습해보자.

# 12장 자연어 처리

**학습 목표**

- 자연어 처리의 개념을 이해한다.
- 텍스트 마이닝의 개념과 단계를 이해한다.
- 텍스트 임베딩의 원리와 필요성을 이해한다.

## 1 자연어 처리 개요

자연어 처리(Natural Language Processing, NLP)는 인간이 사용하는 언어를 컴퓨터가 이해하고 처리할 수 있도록 하는 기술을 말합니다. NLP는 단순히 단어나 문장을 기계적으로 해석하는 것을 넘어서, 언어의 맥락과 뉘앙스를 파악하고 인간의 의도를 정확히 이해하는 것을 지향합니다. 이 기술은 음성 인식, 언어 번역, 감정 분석, 텍스트 요약, 질의응답 시스템 등 다양한 응용 분야에서 사용됩니다.

NLP 크게 자연어 이해(Natural Language Understanding, NLU)와 자연어 생성(Natural Language Generation, NLG)으로 나눌 수 있습니다. 이 두 영역은 자연어 처리의 핵심 구성 요소로, 각각 고유한 역할과 중요성을 가지고 있습니다.

NLU는 컴퓨터가 인간의 언어를 해석하고 그 의미를 파악하는 과정을 다룹니다. 이는 단순히 단어나 문장을 인식하는 것을 넘어서, 문맥, 의도, 감정 등을 종합적으로 이해하는 것을 목표로 합니다. NLU는 여러 단계의 복잡한 처리 과정을 거치는데, 이는 형태소 분석, 구문 분석, 의미 분석 등을 포함합니다. 예를 들어, "나는 배가 고프다"라는 문장을 분석할 때, NLU 시스템은 각 단어의 품사를 파악하고, 문장 구조를 이해하며, 궁극적으로 화자가 음식을 원한다는 의도를 파악합니다.

반면, NLG는 컴퓨터가 인간이 이해할 수 있는 자연스러운 언어를 생성하는 과정을 다룹니다. 이는 데이터나 의도를 바탕으로 문장이나 문단을 만들어내는 기술입니다. NLG는 내용 계획, 문장 구조화, 단어 선택, 문법적 일관성 유지 등의 복잡한 과정을 포함합니다. 예를 들어, 날씨 데이터를 바탕으로 일기 예보를 작성하거나, 사용자의 질문에 대한 답변을 생성하는 데 NLG가 사용됩니다.

NLU와 NLG는 상호 보완적인 관계에 있습니다. 예를 들어, 챗봇 시스템에서 NLU는 사용자의 입력을 이해하고, NLG는 적절한 응답을 생성합니다. 또한, 자동 번역 시스템에서는 원어의 의미를 NLU로 파악한 후, NLG를 통해 목표 언어로 변환합니다.

두 영역 모두 딥러닝과 같은 최신 인공지능 기술의 발전으로 크게 향상되었습니다. 특히, 트랜스포머 모델과 같은 대규모 언어 모델의 등장으로 NLU와 NLG의 성능이 비약적으로 발전했습니다. 이러한 모델들은 방대한 양의 텍스트 데이터를 학습하여 인간의 언어 사용 패턴을 더욱 정확히 이해하고 모방할 수 있게 되었습니다.

# 2 텍스트 마이닝

## 2.1 텍스트 마이닝 개요

텍스트 마이닝(Text Mining)은 비정형 텍스트 데이터에서 유용한 정보와 인사이트를 추출하고 패턴을 발견하는 과정을 말합니다. 이는 데이터 마이닝의 한 형태로, 자연어 처리, 통계학, 머신러닝 등의 기술을 활용하여 대량의 텍스트 데이터를 분석하고 의미 있는 패턴을 발견하는 것을 목표로 합니다. 텍스트 마이닝은 일반적으로 다음과 같은 주요 단계를 포함합니다.

### 데이터 수집

- 웹 스크래핑(Web Scraping): 웹사이트에서 데이터를 자동으로 수집
- 데이터베이스 추출: 기존 데이터베이스에서 텍스트 데이터 추출
- API 사용: 트위터, 페이스북 등의 소셜 미디어 API를 사용하여 데이터 수집

### 텍스트 전처리

- 정규화(Normalization): 텍스트를 소문자로 변환하고, 특수 문자 제거
- 토큰화(Tokenization): 텍스트를 단어, 문장 등으로 분리
- 불용어 제거(Stopword Removal): 'and', 'the', 'is' 등 의미 없는 단어 제거
- 어간 추출(Stemming) 및 표제어 추출(Lemmatization): 단어의 어근이나 기본 형태로 변환하여 일관성 유지

### 특징 추출

- Bag of Words (BoW): 문서에서 단어의 빈도를 계산하여 벡터화
- Term Frequency-Inverse Document Frequency(TF-IDF): 단어의 빈도와 역문서 빈도를 사용하여 단어의 중요도 계산
- Word Embeddings: Word2Vec, GloVe 등 기법을 사용하여 단어를 벡터 공간에 임베딩

### 모델 학습

- 분류(Classification): 문서를 사전 정의된 카테고리로 분류(예: 스팸 이메일 분류)
- 군집화(Clustering): 유사한 문서를 그룹화(예: 뉴스 기사 군집화)
- 주제 모델링(Topic Modeling): 문서 집합에서 숨겨진 주제 추출 (예: 리서치 논문 분석)

### 결과 시각화

- 워드 클라우드(Word Cloud): 단어의 빈도를 시각적으로 표현
- 주제 분포도(Topic Distribution): 각 문서의 주제 분포 시각화
- 군집화 맵(Cluster Map): 문서의 클러스터 구조 시각화

## 2.2 워드 클라우드 실습

워드 클라우드(Word Cloud)는 텍스트 데이터를 시각화하는 방법의 하나로, 텍스트 내에서 자주 등장하는 단어들을 다양한 크기와 색상으로 강조되도록 배치하여 구름 모양의 이미지로 나타냅니다. 단어의 출현 빈도가 높을수록 더 크고 눈에 띄는 형태로 표시되어, 사용자는 한눈에 텍스트의 핵심 주제와 주요 개념을 파악할 수 있습니다. 예를 들어, 수천 개의 고객 리뷰를 워드 클라우드로 변환하면, 가장 자주 언급되는 제품 특성이나 서비스 품질을 즉시 식별할 수 있습니다. 또한, 소셜 미디어 게시물이나 뉴스 기사의 트렌드를 분석할 때도 유용하게 활용됩니다.

오렌지3에서 텍스트 처리 및 분석 작업을 수행하기 위해서는 [Text] 애드온을 설치해야 합니다. 설치 과정은 다음과 같습니다.

① 프로그램 상단의 메뉴 바에서 [Options] 메뉴 클릭
② 드롭다운 메뉴에서 [Add-ons] 선택
③ 애드온 목록에서 [Text]를 검색한 후 체크박스를 클릭하여 선택
④ 창 하단의 [OK] 버튼을 클릭하여 설치
⑤ 설치가 완료되면, 오렌지3를 재시작하여 변경사항 적용

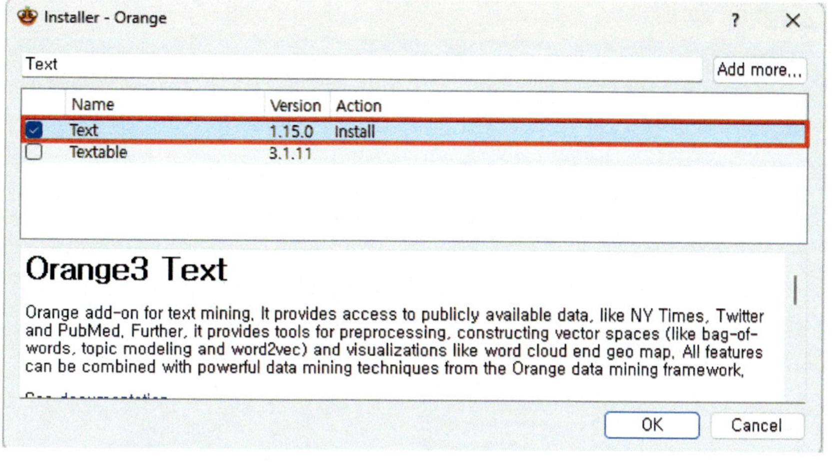


## 01 데이터 불러오기

[Text Mining] 카테고리에서 [Corpus] 위젯을 캔버스로 가져온 후 위젯 창에서 불러올 데이터를 선택합니다. 본 실습에서는 2016년 미국 대선 기간에 작성된 후보자들의 트윗 내용으로 구성된 Ch12\election-tweets-2016.tab 파일을 사용합니다. 코퍼스(Corpus)는 자연어 처리와 언어학에서 사용되는 대규모의 텍스트 데이터셋을 의미하며 뉴스 기사, 소설, 학술 논문, 대화 로그 등 다양한 형식으로 존재합니다.

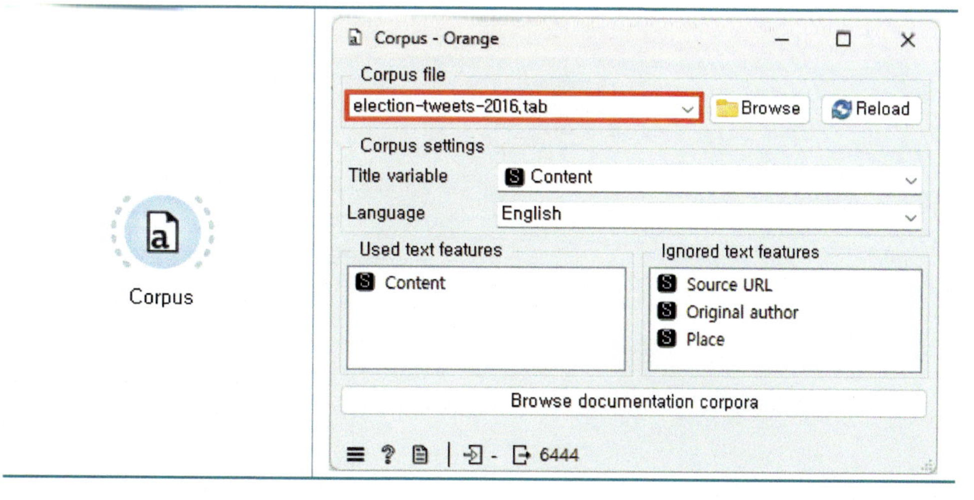

## 02 데이터 확인

코퍼스 내용을 확인하기 위해 [Text Mining] 카테고리의 [Corpus Viewer] 위젯을 사용한다. 데이터 확인 결과 6,444개의 트윗 내용이 포함되어 있고, 작성자, URL, 내용(Content) 등의 정보가 포함되어 있습니다.

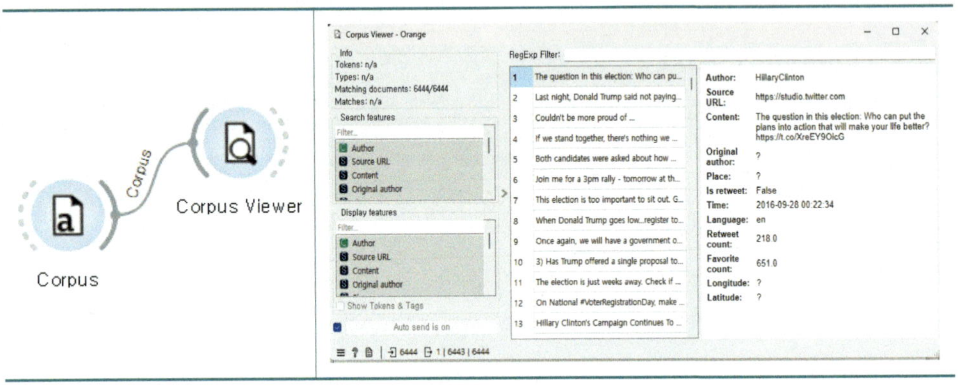


## 03 워드 클라우드

Corpus 위젯과 [Text Mining] 카테고리의 [Word Cloud] 위젯을 연결하여 워드 클라우드 작업을 수행합니다. [Word Cloud] 위젯 창을 통해 전체 데이터에서 각 텍스트가 사용된 빈도와 이를 토대로 생성한 워드 클라우드를 확인할 수 있습니다.

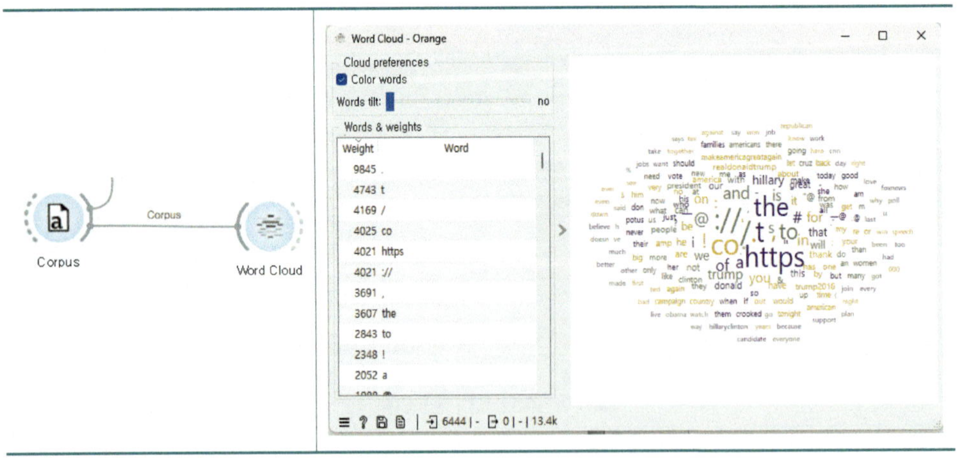

## 04 텍스트 전처리

앞선 과정에서 생성한 워드 클라우드를 보면 '.', 't', 'co', 'https', '://' 등의 텍스트가 강조되었습니다. 이러한 텍스트들은 의미 없는 텍스트이므로 워드 클라우드 생성 시 제거되어야 합니다. 이처럼 의미 없거나 불필요한 텍스트들을 제거하는 과정을 텍스트 전처리라 합니다. 이를 위해 [Corpus] 위젯과 [Word Cloud] 위젯 사이에 [Text Mining] 카테고리의 [Preprocess Text] 위젯을 추가합니다.

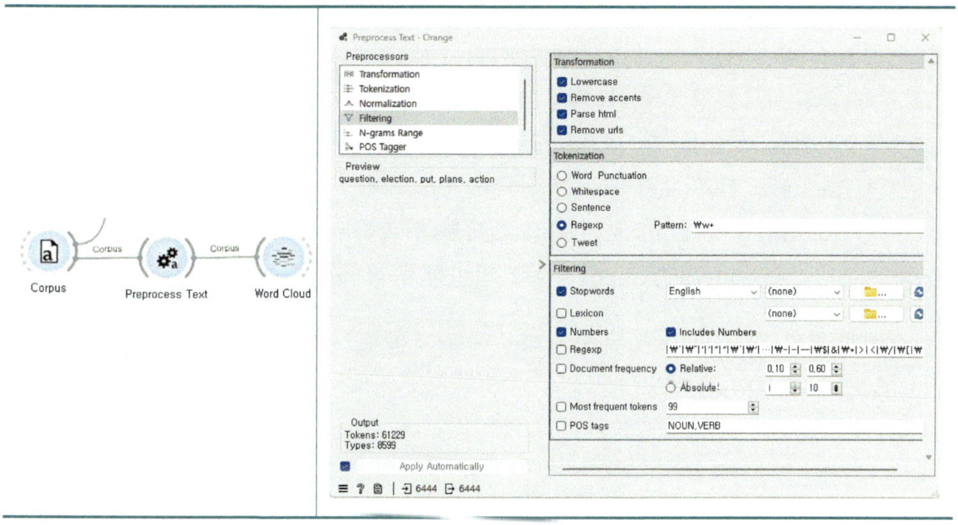


텍스트 전처리에 사용되는 주요 설정은 다음과 같습니다.

■ Transformation

- Lowercase: 워드 클라우드 생성 시 대문자와 소문자를 다른 단어로 취급하여 빈도수를 계산하는 반면, Lowercase를 선택하면 모든 단어를 소문자로 변환하여 빈도수 계산
- Remove accents: 단어에 표시된 엑센트 기호 제거
- Parse html: 순수 텍스트만 남도록 HTML 태그 제거
- Remove urls: 텍스트에 포함된 URL 주소 제거

■ Tokenization

- Word Punctuation: 단어와 구두점을 기준으로 텍스트 분할

- Whitespace: 공백을 기준으로 텍스트 분할
- Sentence: 문장 단위로 텍스트 분할
- Regexp: 정규 표현식을 사용하여 텍스트 분할
- Tweet: 트위터 토큰화를 사용하여 해시태그, 이모티콘 등을 유지하면서 텍스트 분할

■ Filtering

- Stopwords: and, or, in과 같은 불용어를 제거. 사용자 정의 불용어 리스트도 사용 가능
- Lexicon: 특정 단어 목록에 포함된 단어만 남김
- Numbers: 숫자 제거. Includes Numbers는 단어에 포함된 숫자까지 제거
- Regexp: 정규 표현식과 일치하는 단어 제거
- Document Frequency: 특정 빈도를 만족하는 단어만 남김
- Most Frequent Tokens: 가장 빈번히 등장하는 단어만 남김

텍스트 전처리 설정에 따른 워드 클라우드 결과는 [그림 12-1]과 같습니다.

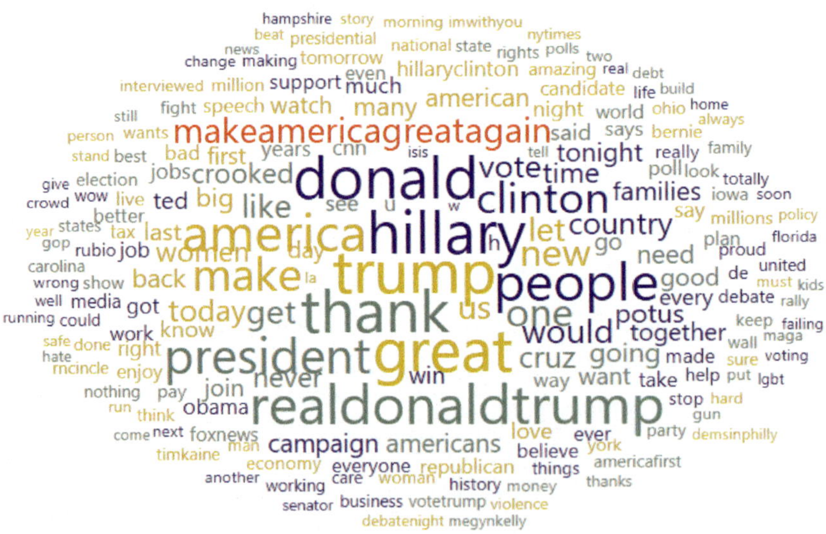


[그림 12-1] 워드 클라우드 결과

워드 클라우드 결과에 따르면 'donald'와 'hillary'의 빈도가 가장 높은 것으로 나타납니다. 해당 단어를 제거하려면 [Preprocess Text] 위젯 창의 Stopwords 설정에서 사용자 정의 불용어를 적용하면 됩니다. 이를 위해 우선 [그림 12-2]와 같이 메모장에 'donald', 'trump', 'hillary', 'clinton'을 입력한 후 text 파일로 저장합니다. 그 후 [그림 12-3]과 같이 텍스트 전처리 설정에서 이 파일을 불러와 적용합니다.

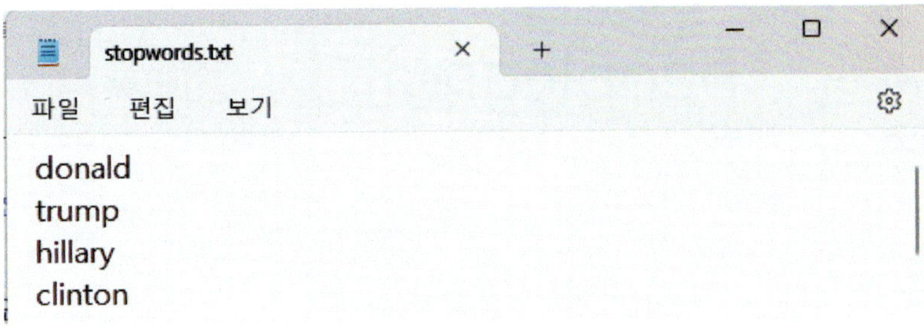


[그림 12-2] 사용자 정의 불용어

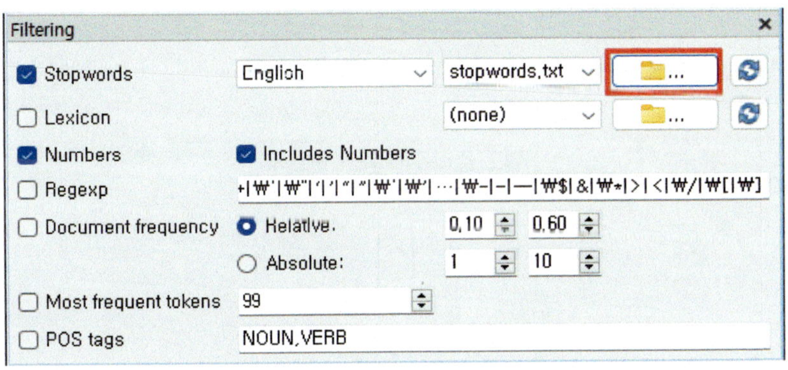


[그림 12-3] 사용자 정의 불용어 적용 화면

## 05 결과 확인하기

[Word Cloud] 위젯 창을 통해 최종 생성된 워드 클라우드를 확인할 수 있습니다. [그림 12-4]에 따르면, 사용자 정의 불용어가 적용되어 'donald', 'trump', 'hillary', 'clinton'이 제거되었습니다.

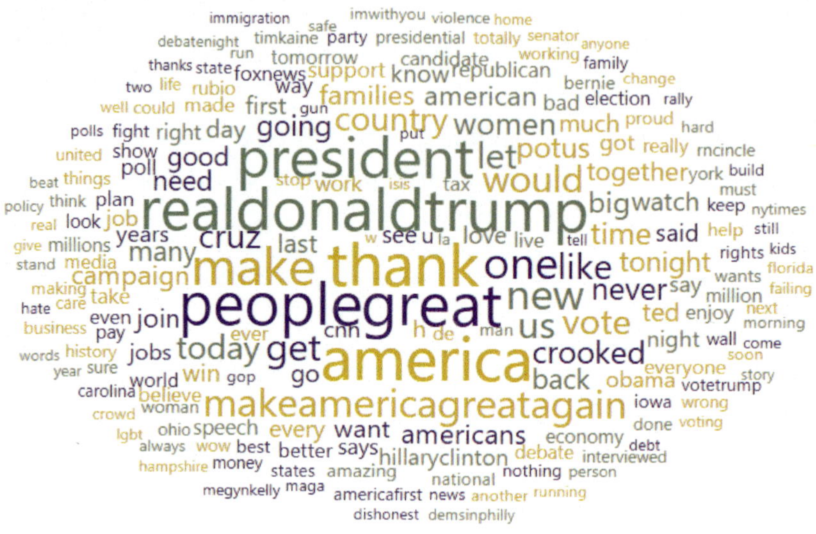


[그림 12-4] 사용자 정의 불용어가 적용된 워드 클라우드 결과

## 전체 워크 플로우

### 워드 클라우드 워크 플로우

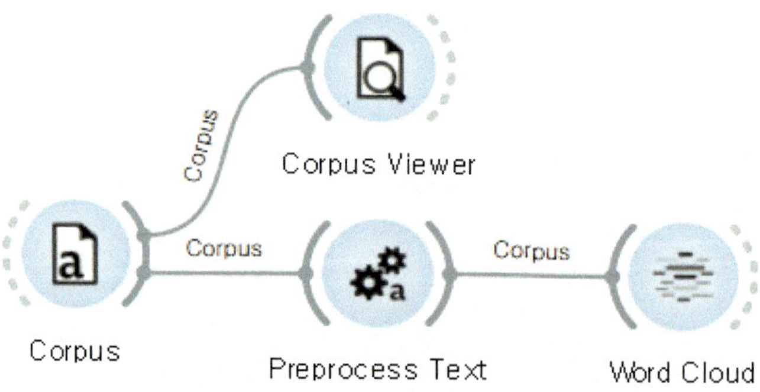

## 2.3 텍스트 분류 실습

텍스트 분류(Text Classification)는 자연어 처리(NLP)의 한 분야로, 주어진 텍스트 데이터를 사전 정의된 카테고리 또는 클래스에 자동으로 할당하는 작업입니다. 이는 문서, 이메일, 소셜 미디어 포스트, 리뷰 등 다양한 형태의 텍스트 데이터를 분류하는 데 사용됩니다.

본 실습에서는 캐글에서 제공하는 스팸 메시지(SMS Spam Collection Dataset) 데이터셋[20]을 활용하여 스팸 메시지와 일반 메시지를 구분하는 텍스트 분류 모델을 개발하고자 합니다.

### 01 데이터 다운로드

본 실습을 위해 먼저 Kaggle 웹사이트에 접속합니다. 사이트 상단의 검색창에 SMS Spam Collection Dataset를 입력하여 해당 데이터셋을 찾습니다. 검색 결과에서 관련 데이터셋을 클릭하고 [Download] 버튼을 클릭하여 파일을 다운로드합니다.(또는 Ch12\spam.csv)

### 02 데이터 불러오기

[Text Mining] 카테고리의 [Corpus] 위젯을 캔버스로 가져와 다운로드한 spam.csv 파일을 선택합니다.

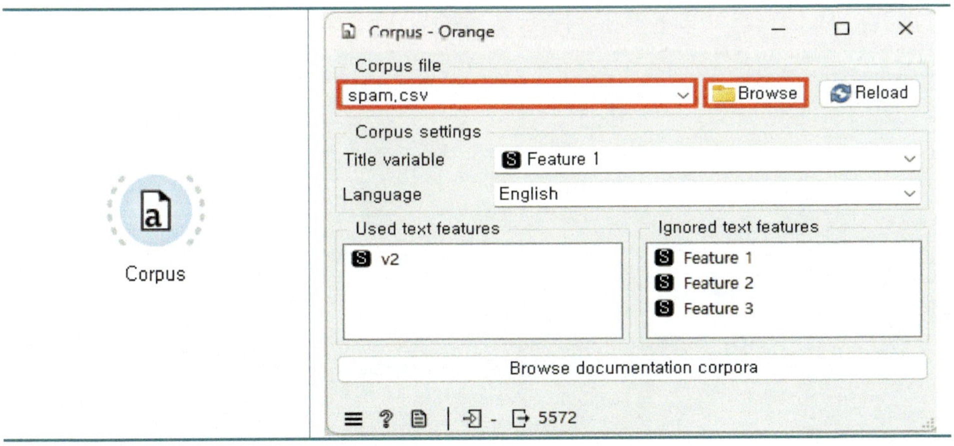


20) SMS Spam Collection Dataset, Kaggle,
https://www.kaggle.com/datasets/uciml/sms-spam-collection-dataset

## 03 데이터 확인

코퍼스 내용을 확인하기 위해 [Text Mining] 카테고리의 [Corpus Viewer] 위젯을 사용합니다. 데이터 확인 결과 v2에는 메시지가 포함되어 있고, v1에는 ham, spam 두 종류의 레이블이 포함되어 있습니다.

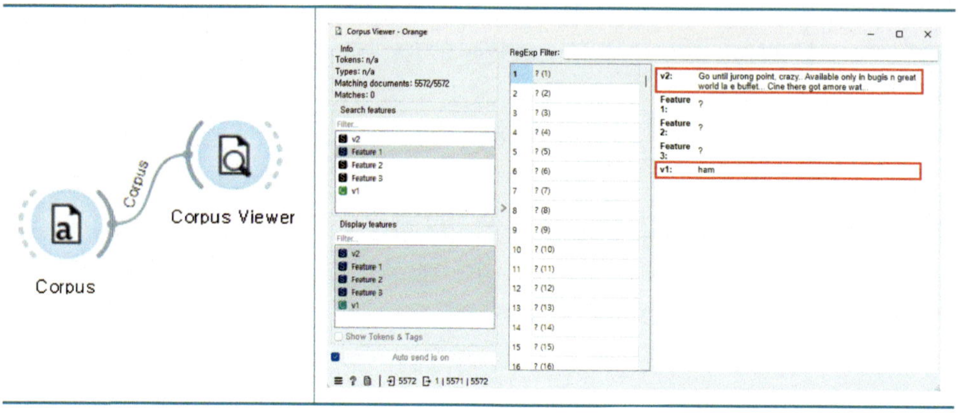


## 04 텍스트 전처리

[Text Mining] 카테고리의 [Preprocess Text] 위젯을 추가하여 텍스트 전처리를 수행합니다. 텍스트 전처리 옵션은 디폴트로 설정된 값 그대로 사용합니다.

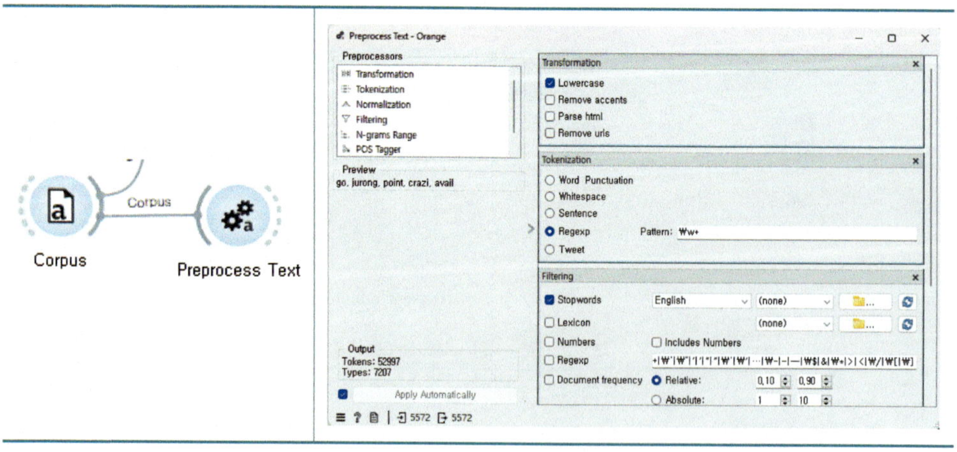

## 05 텍스트 임베딩

텍스트를 모델 학습에 사용하기 위해서는 텍스트 데이터를 고유한 벡터 형태로 변환하여야 합니다. 텍스트 임베딩은 텍스트 데이터를 고정된 길이의 벡터로 변환하는 과정을 말합니다. 이는 텍스트의 핵심 특징을 수치화하여 딥러닝 모델이 처리할 수 있는 형태로 만드는 작업입니다.

오렌지3에서 제공하는 [Document Embedding] 위젯과 [Bag of Words] 위젯은 텍스트 데이터를 벡터로 변환하는 두 가지 다른 접근 방식을 제공합니다.

- Document Embedding: 문장의 의미적 정보를 보존하면서 벡터로 변환하는 Multilingual SBERT, 사전 학습된 모델을 사용하여 단어의 하위 단어를 통해 단어 벡터를 생성하는 fastText 알고리즘 제공
- Bag of Words: 단어의 출현 빈도를 기반으로 벡터화하는 방식으로 단어의 순서나 문맥을 고려하지 않으며, 각 단어의 빈도만을 반영

일반적으로, 문맥 정보와 의미적 유사성이 중요한 경우 [Document Embedding] 위젯을 사용하고, 단순한 텍스트 분류나 빈도 분석이 목적이라면 [Bag of Words]를 사용하는 것이 적합합니다. 본 실습에서는 두 가지 방식 모두를 사용하고자 합니다. 이를 위해 [Preprocess Text] 위젯 다음에 [Text Mining] 카테고리의 [Document Embedding] 위젯과 [Bag of Words] 위젯을 각각 추가합니다.

[Document Embedding] 위젯에서는 Multilingual SBERT 옵션을 선택하고 [Bag of Words] 위젯에서 Term Frequency 옵션을 Count로 선택합니다. Term Frequency 옵션은 단어의 빈도를 계산하는 방법을 지정하는 옵션입니다. 오렌지3에서는 세가지 옵션을 제공합니다. 본 실습에서는 Count 옵션을 선택합니다.

- Count: 각 단어가 문서 내에서 출현하는 횟수를 세어 벡터로 변환
- Binary: 단어의 출현 여부만을 고려하여 벡터 생성. 문서에 단어가 포함되어 있으면 1, 그렇지 않으면 0으로 표시
- Sublinear: 단어의 빈도수를 로그 스케일로 변환하여 벡터 생성하는 방식으로 빈도가 높은 단어의 영향을 줄이고, 자주 등장하는 단어가 너무 큰 값을 갖지 않도록 함

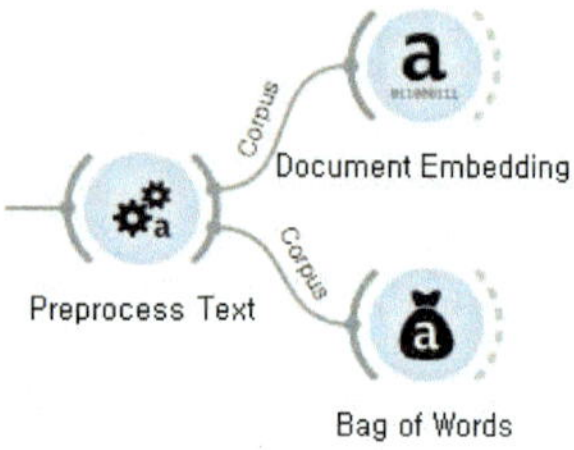


• Document Embedding 설정

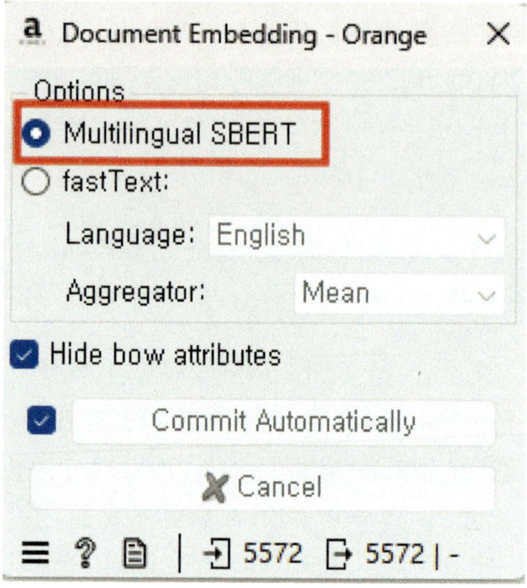


• Bag of Words 설정

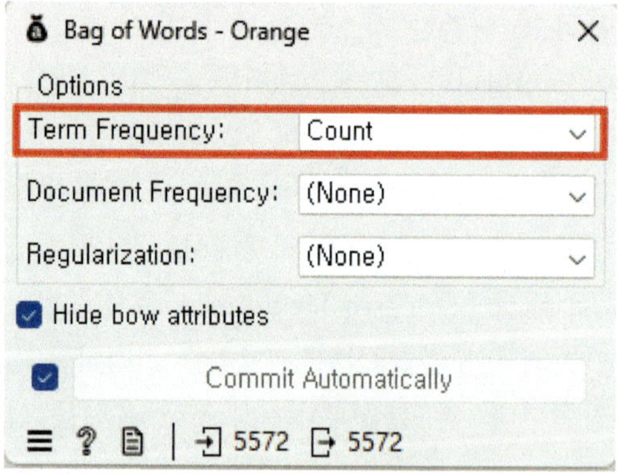


### 06 속성 선택

[Transform] 카테고리의 [Select Columns] 위젯으로 필요한 속성의 데이터만 선택하여야 합니다. 본 실습에서는 v1을 타깃 속성으로 선택합니다.

- Document Embedding 설정

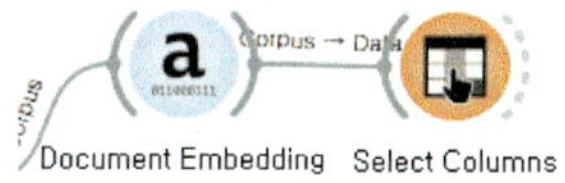

- Bag of Words 설정

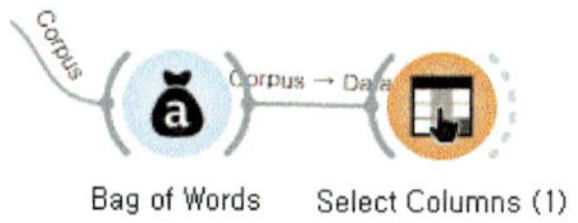


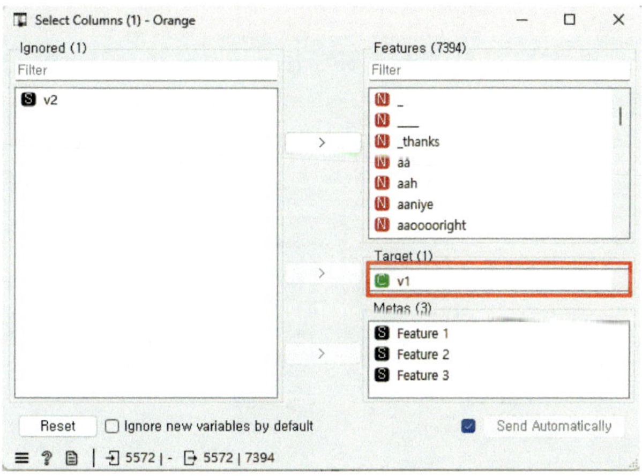


## 07 학습하기

[Model] 카테고리의 [Neural Network] 위젯을 사용하여 DNN을 구축하고 학습합니다. [Neural Networks] 위젯 창에서 각각 노드의 수가 100, 200개인 은닉층 2개를 생성하고, 활성화 함수로는 ReLu, 최적화 함수로는 Adam을 선택하며, 학습률은 0.0001, 반복 횟수는 100회로 설정합니다. 본 예제는 스팸 메시지와 일반 메시지를 분류하는 문제에 속하므로, 마지막 은닉층에는 Softmax 활성화 함수가 자동으로 설정됩니다.

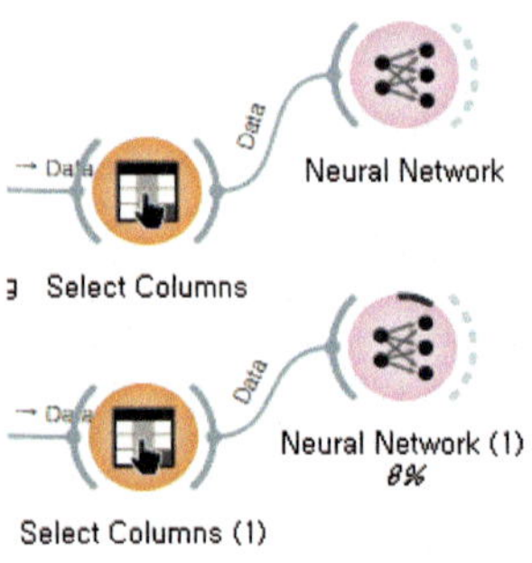


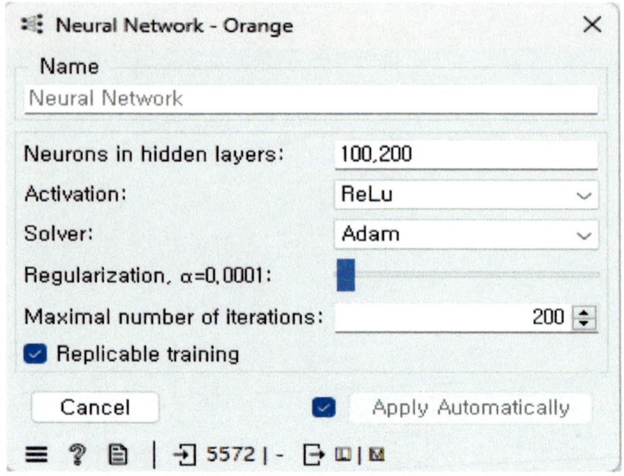


## 08 모델 성능 확인하기

모델의 성능을 확인하기 위해 [Evaluate] 카테고리의 [Test and Score] 위젯을 추가하였습니다.

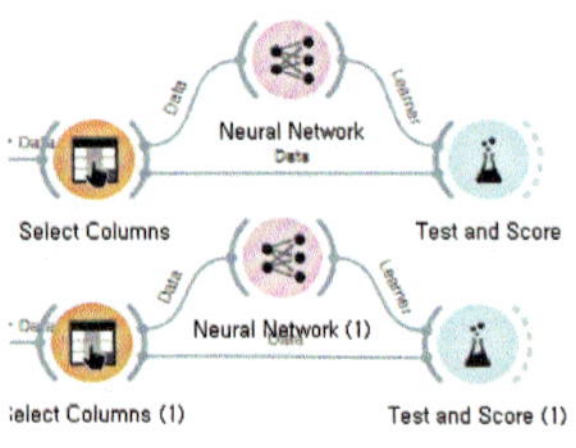


- Document Embedding 분류 결과

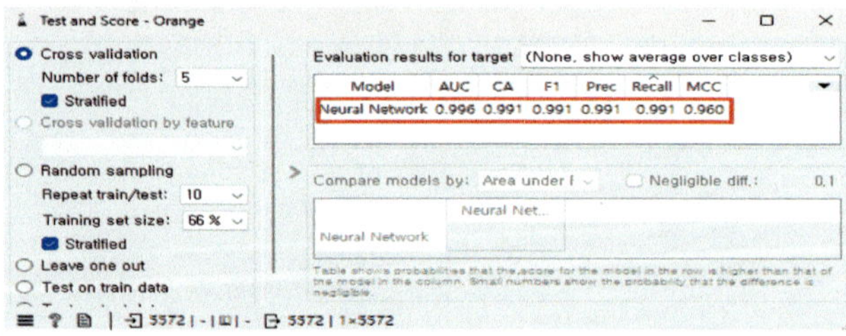


- Bag of Words 분류 결과

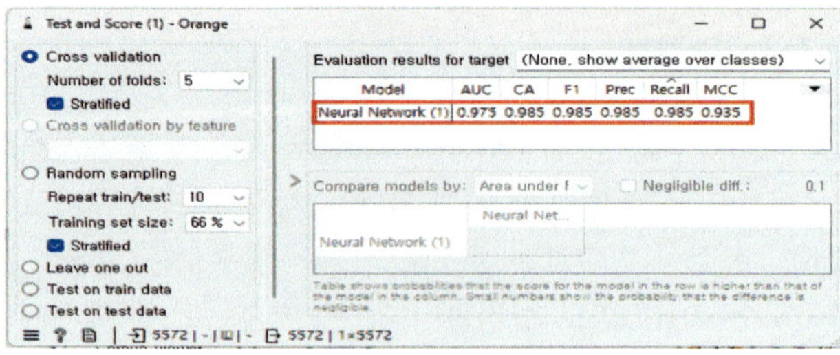

[Test and Score] 위젯을 통해 평가된 결과를 살펴보면, [Document Embedding] 위젯을 사용한 경우 Classification Accuray(CA)가 0.991이었고 [Bag of Words] 위젯을 사용한 경우 CA는 0.985로 평가되었습니다. 본 실습의 스팸 분류 예제는 비교적 단순한 예제이기 때문에 Document Embedding 방식과 Bag of Words 방식이 비슷한 성능을 보여줍니다. 좀 더 정확한 평가를 위해 [Select Columns] 위젯 다음에 [Data Sampler] 위젯을 추가하여 학습용, 테스트용 데이터를 분리하여 사용해 볼 수 있습니다.

### 전체 워크 플로우

**텍스트 분류**

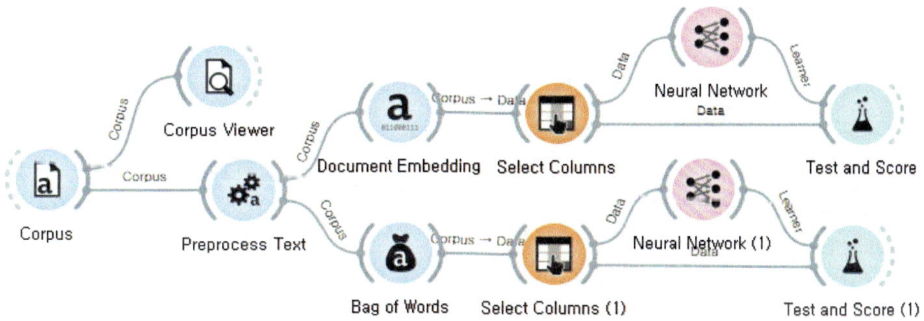

## 12장 연습문제

01 (　　　　　　)는 인간이 사용하는 언어를 컴퓨 터가 이해하고 처리할 수 있도록 하는 기술을 말한다.

02 웹사이트에서 데이터를 자동으로 수집하는 기술을 (　　　　　　) 이라 한다.

03 비정형 텍스트 데이터에서 유용한 정보와 인사이트를 추출하고 패턴을 발견하는 과정을 무엇이라 하는가?

① 빅데이터
② 군집화
③ 텍스트 마이닝
④ 데이터 전처리

04 다음 중 텍스트 전처리 작업에 속하지 않는 것을 고르시오.

① 정규화
② 토큰화
③ 불용어 제거
④ 패턴 추출

05 텍스트의 특징을 추출하는 과정으로 문서에서 단어의 빈도를 계산하여 벡터화하는 기술을 무엇이라 하는가?

① Bag of Words
② Word Embedding
③ Text Extraction
④ Topic modeling

06 텍스트 내에서 자주 등장하는 단어들을 다양한 크기와 색상으로 강조되도록 배치하여 구름 모양의 이미지로 나타내는 방법을 무엇이라 하는가?

① 워드 클러스터링
② 워드 클라우드
③ 워드 임베딩
④ 워드 모델링

# 스스로 해결하기

## 01 그림 형제 동화 워드 클라우드

고전 문학 작품의 단어 빈도 분석을 통해 핵심 내용을 시각적으로 파악하는 워드 클라우드를 생성해봅시다. 그림 형제의 동화 중 44편이 포함된 grimm-tales-selected.tab 데이터셋을 사용하여, 이야기에서 자주 등장하는 주요 단어를 추출하고 워드 클라우드로 시각화할 수 있습니다. 이를 통해 각 동화에서 빈번하게 사용된 단어들을 한눈에 파악할 수 있으며, 문서 간의 공통점과 차이점도 확인할 수 있습니다. 데이터 전처리 과정을 거쳐 불필요한 단어(예: 관사, 접속사)를 제거한 후, 시각화 결과를 통해 이야기의 주제와 핵심 키워드를 직관적으로 분석해 봅시다.

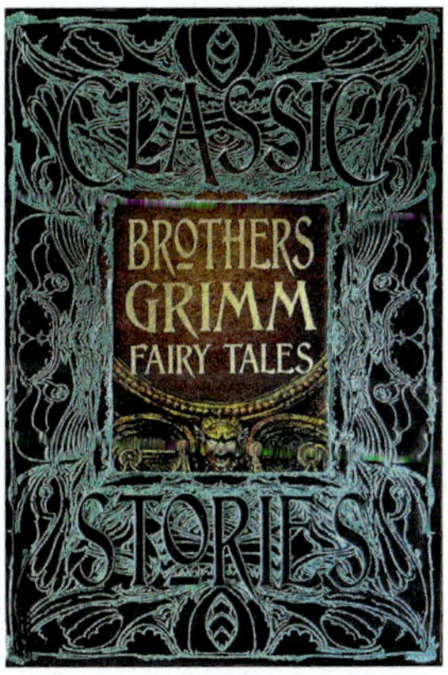


### 해결전략

❶ [Text Mining] 카테고리에서 [Corpus] 위젯에서 "grimm-tales-selected.tab' 코퍼스를 로드한다.

❷ [Text Mining] 카테고리의 [Preprocess Text] 위젯을 추가하여 의미 없거나 불필요한 텍스트들을 제거하는 텍스트 전처리 과정을 수행한다.

❸ [Word Cloud] 위젯을 통해 워드 클라우드를 생성하고, 핵심 키워드를 직관적으로 분석해보자.

# 부 록

## 예제를 통한 실전 프로젝트

**학습 목표**

- 정형 데이터와 비정형 데이터의 차이를 이해하고, 각각의 데이터에 적합한 분석 방법을 적용할 수 있다.
- 실전 예제를 통해 프로젝트의 전체 과정을 경험하고, 데이터 분석 및 모델링의 실무 적용 가능성을 탐색할 수 있다.

## 1 데이터 유형

데이터는 크게 정형 데이터와 비정형 데이터로 구분할 수 있으며, 각각의 유형은 데이터 분석과 머신러닝 프로젝트에서 중요한 역할을 합니다. 정형 데이터와 비정형 데이터는 그 구조와 분석 방법에 따라 다르게 처리되며, 이를 효과적으로 분석하기 위해서는 적절한 기법과 도구를 선택하는 것이 중요합니다. 정형 데이터는 구조화된 형식으로 저장되며, 통계적 기법과 머신러닝 알고리즘을 통해 쉽게 분석할 수 있습니다. 반면, 비정형 데이터는 구조가 없거나 매우 다양하여, 딥러닝과 같은 고급 분석 기법이 필요합니다. 이 장에서는 정형 데이터와 비정형 데이터의 특징, 예시, 처리 방법에 대해 살펴보겠습니다.

### 정형 데이터 (Structured Data)

정형 데이터는 규칙에 따라 명확한 구조로 정리된 데이터를 의미합니다. 이러한 데이터는 일반적으로 테이블 형식으로 저장되며, 행과 열로 구성되어 있어 각 데이터의 속성과 값을 명확히 구분할 수 있습니다. 정형 데이터는 테이블, 열, 행 등의 명확한 구조를 가지며, 각 데이터 항목은 미리 정의된 형식에 따라 저장됩니다. 정형화된 형태로 인해, 데이터를 쉽게 검색하고 분석할 수 있습니다. 이를 통해 빠른 데이터 처리와 효율적인 분석이 가능합니다. 고객 정보, 판매 기록, 재고 목록 등. 이러한 데이터는 일반적으로 데이터베이스에서 관리되며, SQL과 같은 쿼리 언어를 통해 쉽게 접근하고 분석할 수 있습니다.

Orange3에서는 CSV, Excel, SQL 데이터베이스 등 다양한 형식의 정형 데이터를 불러올 수 있습니다. 파일 입력 위젯을 사용해 데이터를 불러와 분석을 시작할 수 있습니다.

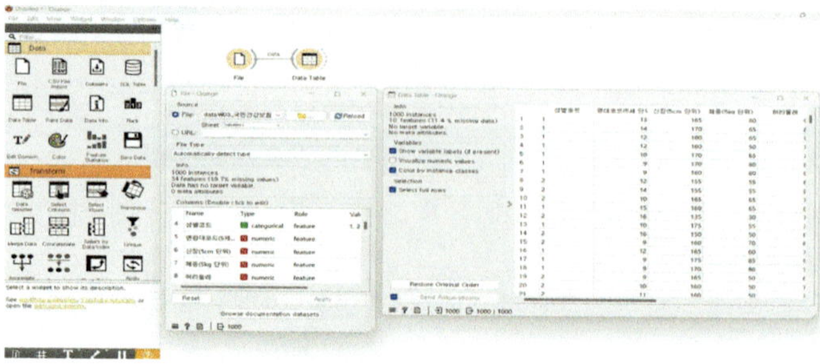

[그림 13-1] 오렌지3 정형데이터

### 비정형 데이터 (Unstructured Data)

비정형 데이터는 특정한 구조나 형식을 갖지 않은 데이터로, 대개 텍스트나 멀티미디어 콘텐츠를 포함합니다. 이러한 데이터는 표준화된 형식이 없어, 기존의 컴퓨터 처리 방식으로 다루기 어려운 특징을 가지고 있습니다. 비정형 데이터는 일정한 형식이나 모델이 없으며, 다양한 형태로 존재합니다. 이러한 데이터는 텍스트 파일, 이미지, 동영상, 소셜 미디어 포스트 등 여러 가지 형식을 포함합니다. 비정형 데이터는 분석을 위해 텍스트 분석, 이미지 인식, 자연어 처리 등의 고급 기술이 필요합니다. 이러한 기술을 통해 데이터를 정리하고, 유의미한 정보를 추출할 수 있습니다. 이메일, 소셜 미디어 게시물, 비디오, 사진, PDF 문서와 같은 비정형 데이터는 구조화되지 않은 정보로, 전통적인 데이터베이스에 쉽게 저장되거나 분석되기 어렵습니다.

Orange3는 주로 정형 데이터를 다루는 도구로 알려져 있지만, 비정형 데이터도 처리할 수 있는 기능을 제공합니다. Orange3에서 비정형 데이터를 처리하기 위한 기능은 주로 텍스트와 이미지 데이터를 대상으로 하며, 텍스트 마이닝과 이미지 분석을 중심으로 한 다양한 도구와 플러그인을 통해 비정형 데이터를 효과적으로 분석할 수 있습니다.

[그림 13-2] 오렌지3 비정형데이터

# 2 건강검진 정형데이터 분석

## 2.1 건강검진 데이터 수집

공공 데이터는 공공기관이 수집한 정보를 시민들이 쉽게 접근할 수 있도록 제공하는 데이터입니다. 공공데이터포털 사이트(https://www.data.go.kr)를 통해 파일 데이터, 오픈 API, 시각화 등 다양한 방식으로 제공되며, 누구나 쉽게 원하는 공공 데이터를 빠르고 정확하게 검색하고 활용할 수 있습니다.

공공데이터포털 사이트에 접속하여 '국민건강보험공단' 키워드를 입력하고 '국민건강보험공단_건강검진정보' 데이터를 수집합니다.

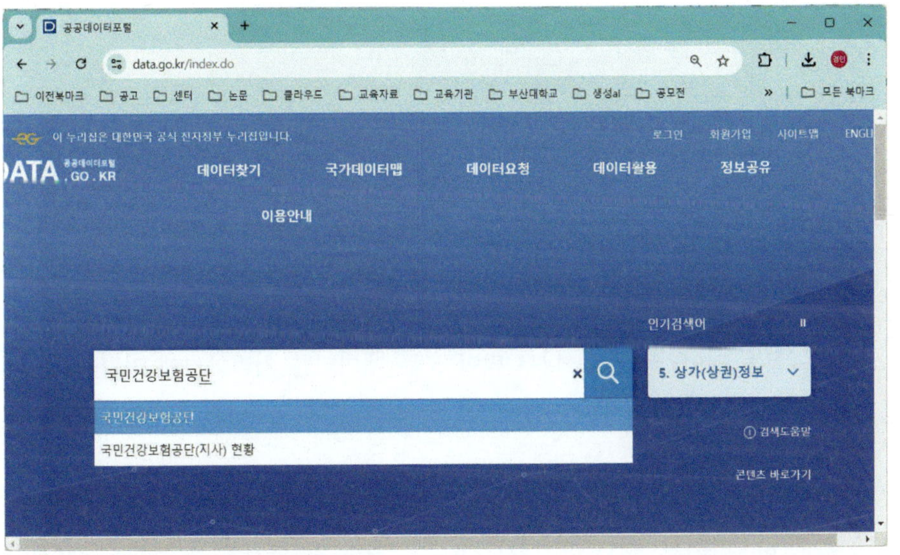


[그림 13-3] 공공데이터포털 사이트[21)]

검색된 자료에서 파일데이터 탭에서 '국민건강보험공단_건강검진정보' 데이터를 선택합니다. 이 데이터는 해당 연도에 건강검진을 받은 국민건강보험 가입자 100만 명에 대한 데이터를 제공합니다.

21) 출처 : https://www.data.go.kr

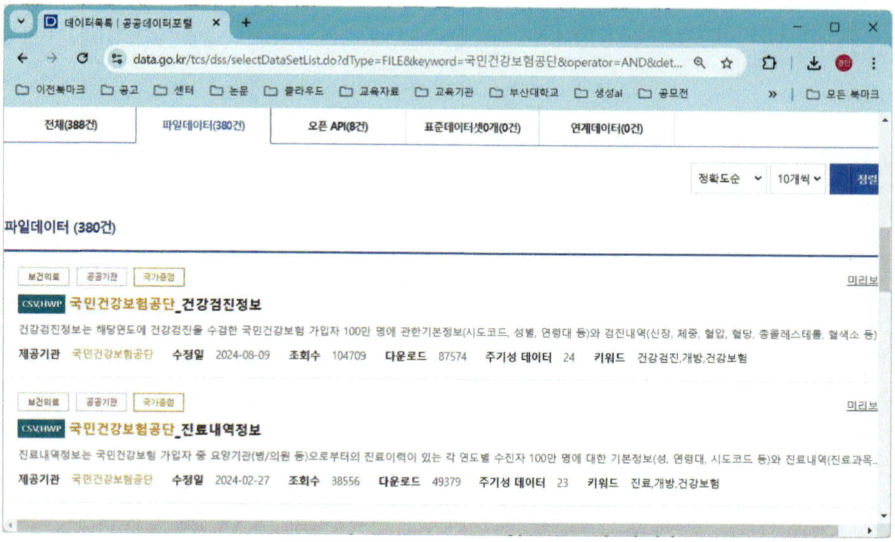


[그림 13-4] 국민건강보험공단_건강검진정보

데이터는 기본 정보(시도코드, 성별, 연령대 등)와 검진 내역(신장, 체중, 혈압, 혈당, 총콜레스테롤, 혈색소 등)으로 구성되어 있습니다. 직장가입자, 20세 이상의 피부양자, 세대주인 지역가입자, 그리고 20세 이상의 지역가입자 중에서 일반건강검진 및 생애전환기 건강진단을 받은 수진자 100만 명을 무작위로 선정하여 연도별로 수집한 자료입니다.

오렌지3에서는 데이터의 수가 너무 많아 모든 데이터를 처리하기에 어려움이 있으므로, 이 데이터를 분석할 때 1,000개의 데이터를 무작위로 추출하여 사용합니다.

### 대사증후군

국민건강보험공단에서 정의하는 대사증후군은 질병 전 단계에 해당하는 대표적인 생활습관병으로, 복부 비만, 높은 혈압, 높은 혈당, 높은 중성지방, 낮은 HDL 콜레스테롤의 다섯 가지 건강 위험 요인 중 세 가지 이상을 가지고 있는 경우를 말합니다. 검진 결과에 따라 다섯 가지 건강 위험 요인 중 한두 가지에 해당하면 '주의군'으로, 세 가지 이상에 해당하면 '위험군'으로 분류합니다. 분류 기준은 다음과 같습니다.

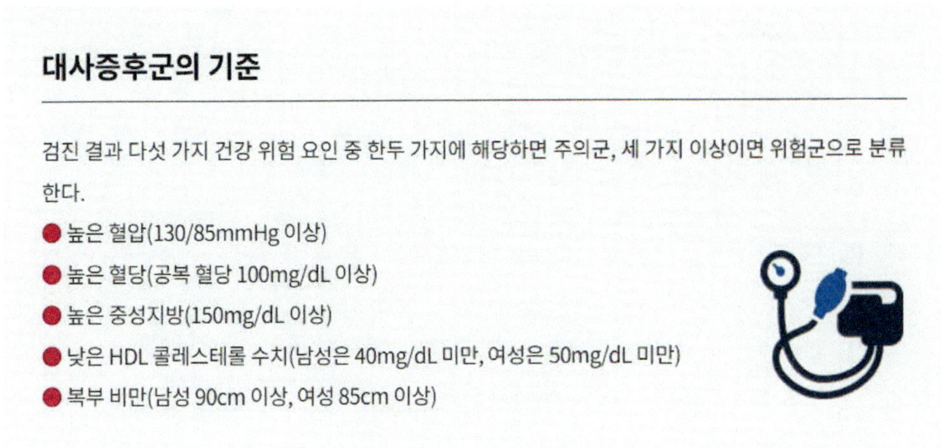


[그림 13-5] 대사증후군 기준[22)]

## 2.2 건강검진 분석 및 학습데이터 생성

이번 절에서는 건강검진 데이터를 불러와 대사증후군 분류를 위한 데이터 전처리 과정을 수행합니다. 또한, 건강검진 데이터를 간단히 분석하고, 대사증후군을 분류하기 위한 학습 데이터를 생성해 봅니다.

### 데이터 불러오기

파일 위젯을 이용하여 랜덤으로 추출한 1,000건의 건강검진 데이터를 불러옵니다. 불러온 데이터에서 대사증후군 판별에 필요한 열인 '성별코드', '연령대코드(5세 단위)', '신장(5cm 단위)', '체중(5kg 단위)', '허리둘레', '수축기 혈압', '이완기 혈압', '식전혈당(공복혈당)', '트리글리세라이드', 'HDL콜레스테롤' 열을 제외하고 나머지 열은 Role을 'skip'으로 선택합니다.

22) 출처 : https://www.nhis.or.kr/static/alim/paper/oldpaper/202102/sub/s04_01.html

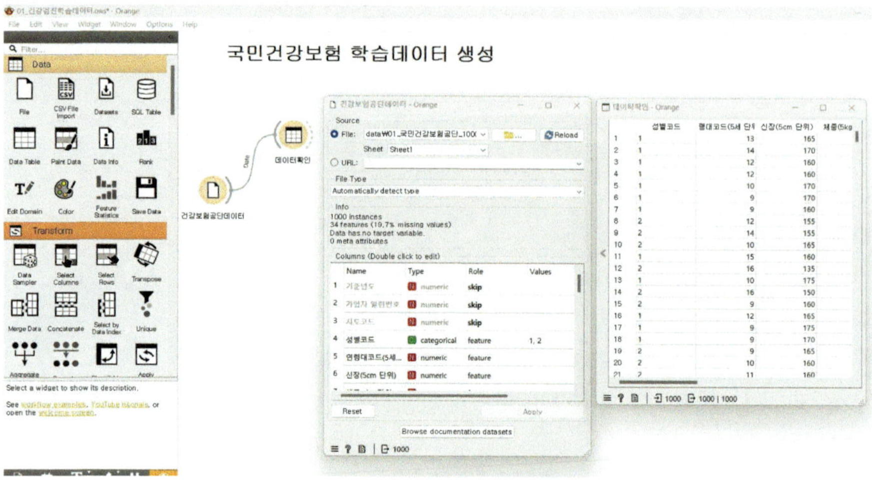


[그림 13-6] 데이터 Role 결정

## 결측치 데이터 처리

대사증후군 분류를 위한 학습 데이터를 생성하기 위해, 먼저 대사증후군 판별에 필요한 모든 데이터가 포함된 행만을 사용하도록 결측치를 처리합니다. 특히, '트리글리세라이드' 열에 값이 없는 행은 모두 제거합니다. 이를 위해 Select Rows 위젯을 사용하여 '트리글리세라이드' 열이 정의되어 있는 행만 추출합니다. 1,000건의 데이터가 440건의 데이터로 변경되는 것을 확인할 수 있습니다.

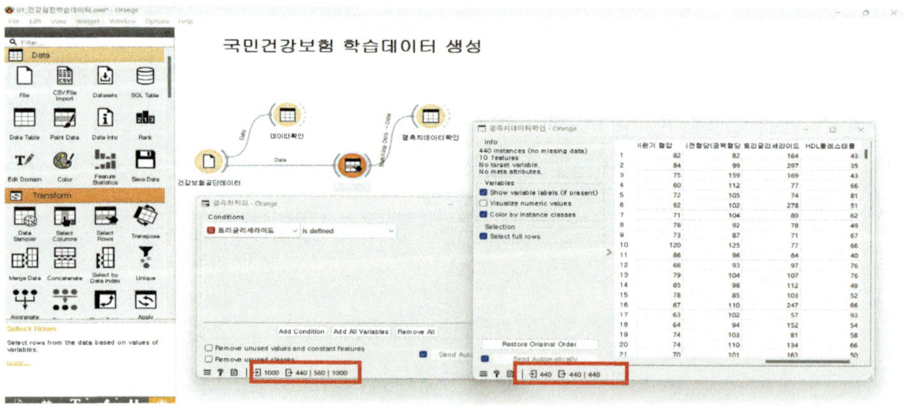


[그림 13-7] 결측치 처리

## 열 명과 데이터값 변경

Edit Domain 위젯을 이용하여 대사증후군 수를 계산하기 위해, 계산식에 사용되는 열의 이름을 변경하고, 성별을 나타내는 성별 코드의 범주형 값을 '남'과 '여'로 변경하고 열명을 성별로 변경해봅니다.

우선 [그림 13-8]과 같이 Edit Domain 위젯을 열어 '성별코드' 열을 선택하고 오른쪽 Edit 영역에서 Name 값을 '성별'로 변경하고 Values 값에 '1'을 더블클릭하여 '남'으로 변경하고 '2'를 더블클릭하여 '여'로 변경합니다.

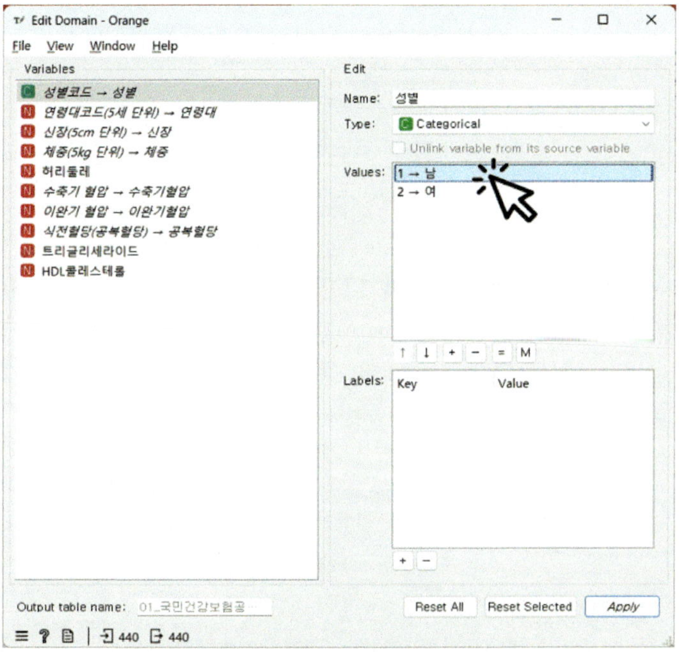


[그림 13-8] Edit Domain 위젯으로 열명과 값 변경

다음으로 [그림 13-8]과 같이 수치형 데이터의 열명을 '연령대코드(5세 단위)'는 '연령대', '신장(5cm 단위)'는 '신장', '체중(5kg 단위)'는 '체중', '수축기 혈압'과 '이완기 혈압'은 공백을 제거하고 각각 '수축기혈압'과 '이완기혈압'으로 변경합니다. '식전혈당(공복혈당)'열은 '공복혈당'으로 변경합니다.

열 명을 변경한 후 Data Table 위젯으로 확인하면 [그림 13-9]와 같이 변경된 내용을 확인할 수 있습니다.

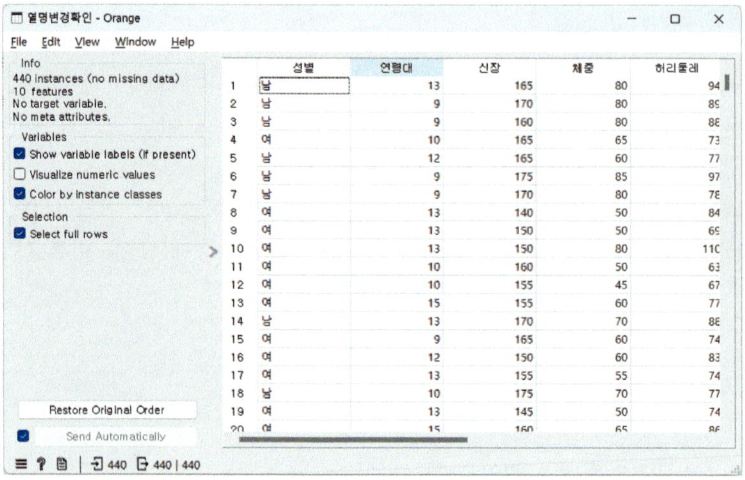

[그림 13-9] 값과 열명 변경 확인

### 대사증후군 수 구하기

대사증후군 수를 계산하기 위해 [그림 13-5] 대사증후군 기준을 적용하여 기준에 맞으면 1을 기준에 맞지 않으면 0으로 Formula 위젯을 이용하여 [그림 13-9]과 같이 각각의 Numeric 열을 생성합니다. Formula 위젯으로 열을 생성할 때는 반드시 New 버튼을 눌러서 열의 속성을 선택해야 합니다.

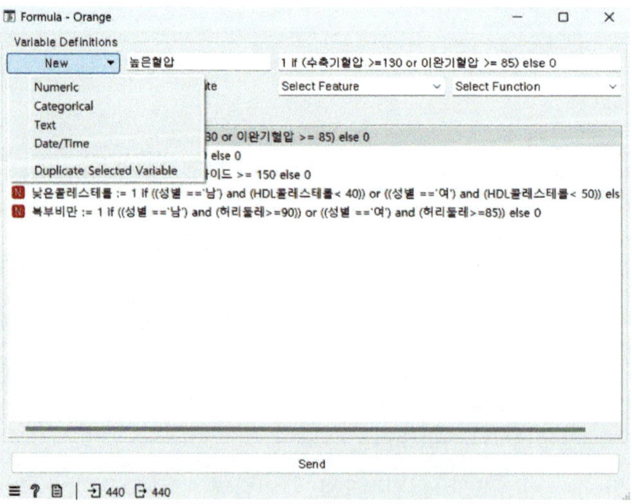

[그림 13-10] Formula 위젯으로 대사증후군 판별

각 대사증후군을 판별하는 수식은 다음 표와 같습니다.

| 열명 | 수식 |
|---|---|
| 높은혈압 | 1 if (수축기혈압 >=130 or 이완기혈압 >= 85) else 0 |
| 높은혈당 | 1 if 공복혈당 >= 100 else 0 |
| 높은중성지방 | 1 if 트리글리세라이드 >= 150 else 0 |
| 낮은콜레스테롤 | 1 if ((성별 =='남') and (HDL콜레스테롤< 40))<br>or ((성별 =='여') and (HDL콜레스테롤< 50)) else 0 |
| 복부비만 | 1 if ((성별 =='남') and (허리둘레>=90))<br>or ((성별 =='여') and (허리둘레>=85)) else 0 |

Formula 위젯을 이용하여 Numeric을 선택하고 열명을 '대사증후군수'라고 작성합니다. 수식입력란에 각 대사증후군을 판별한 열의 합계를 계산합니다.

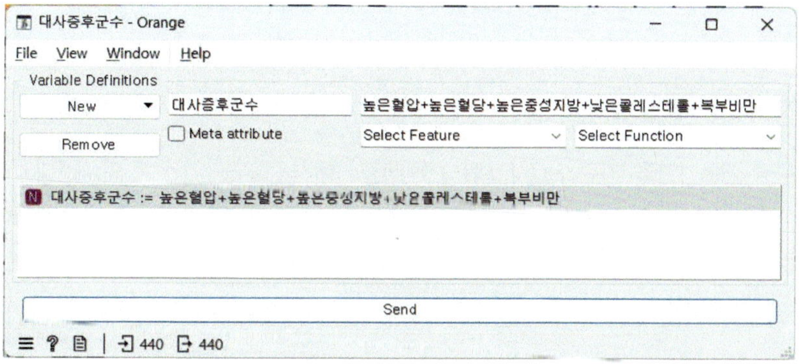


[그림 13-11] Formula 위젯으로 대사증후군수 구하기

지금까지 작성된 워크플로우는 [그림 13-12]와 같습니다.

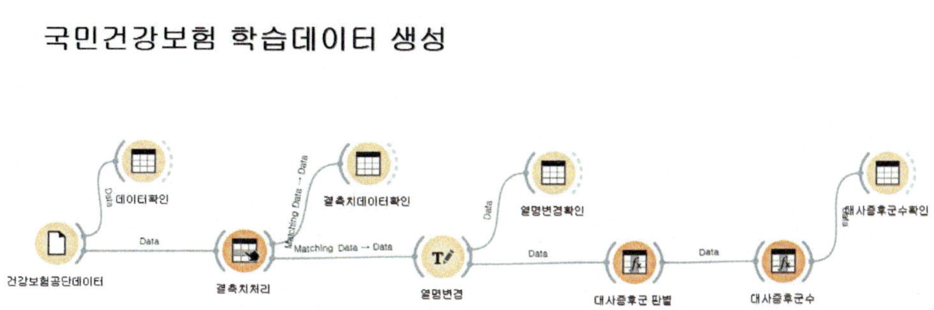


[그림 13-12] 대사증후군수를 구하기 위한 워크플로우

'대사증후군수'를 구하고 확인한 Data Table 위젯의 내용은 [그림 13-13]과 같습니다.

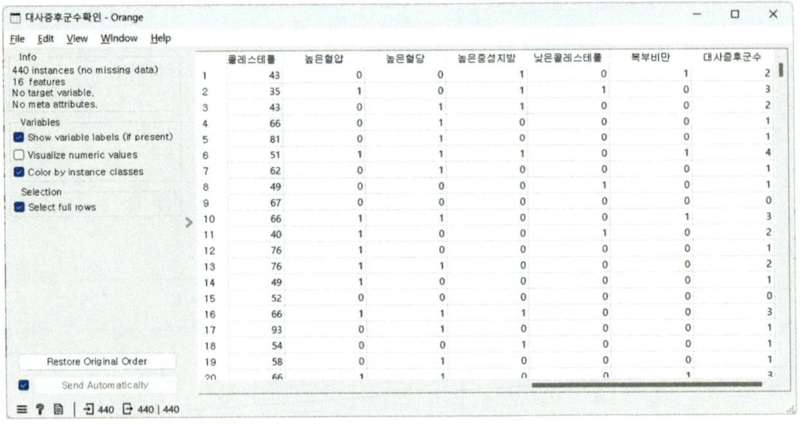


[그림 13-13] 대사증후군수 확인

## 대사증후군 판별

'대사증후군수' 열을 기준으로 [그림 13-14]의 대사증후군 기준에 맞춰 '대사증후군판별'열을 생성합니다. Formula 위젯을 이용하여 New버튼을 눌러 Categorical을 선택하고 범주형 자료를 만듭니다.

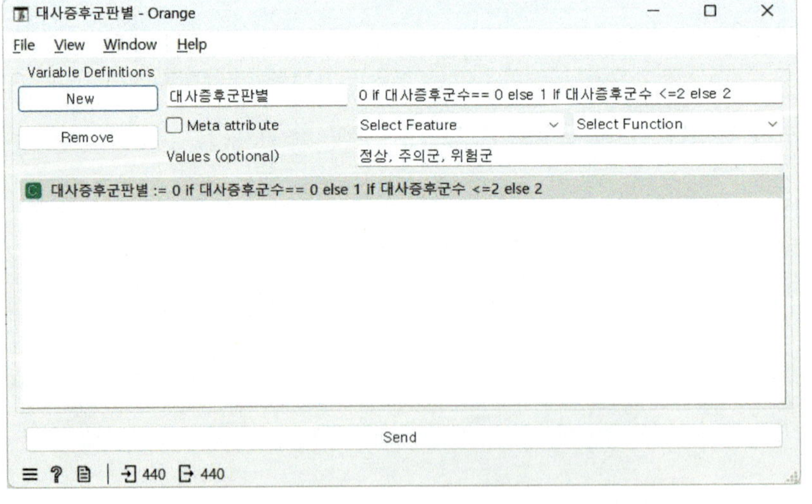


[그림 13-14] Formula 위젯으로 대사증후군판별 열 생성

열 이름을 '대사증후군판별'로 입력합니다. 그런 다음, Values (optional) 입력란에 '정상', '주의군', '위험군' 순으로 범주형 값을 입력합니다. 여기서 입력된 순서는 수식에서 사용되는 0, 1, 2의 값에 해당합니다. 입력된 수식은 다음 표와 같습니다.

| 열명 | 수식 |
|---|---|
| 대사증후군판별 | 0 if 대사증후군수 == 0 else 1 if 대사증후군수 <= 2 else 2 |

이 수식에서, '대사증후군수' 열의 값이 0이면 0이 할당되며, 이는 Values (optional) 입력란의 첫 번째 값인 '정상'을 의미합니다. 값이 0이 아닌 경우, else 뒤의 조건에 따라 1이 됩니다. 이때 if 뒤의 조건은 '대사증후군수' 열의 값이 2 이하, 즉 1 또는 2인 경우로, 이때 '주의군'이 할당됩니다. 그렇지 않은 경우에는 2가 할당되어 '위험군'으로 분류됩니다. '대사증후군판별' 열을 생성하고 Data Table 위젯으로 결과를 확인하면 [그림 13-15]와 같습니다.

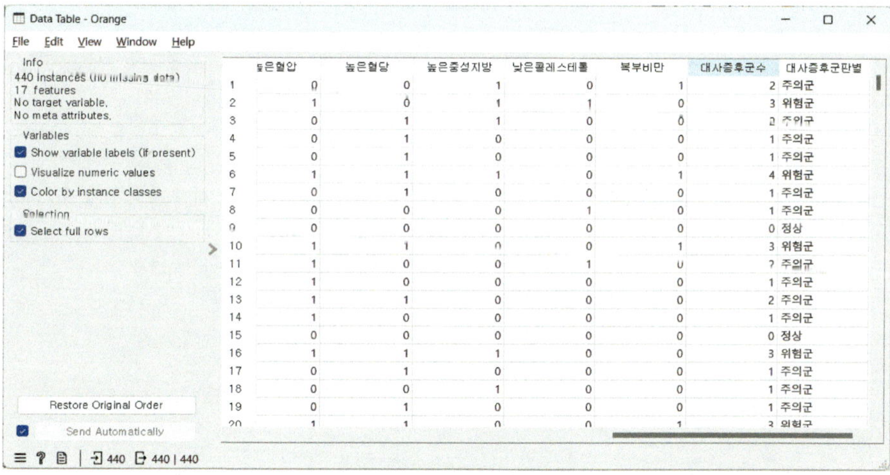


[그림 13-15] 대사증후군판별 확인

## 학습 데이터 저장

학습데이터를 생성하기 위해 필요한 열을 추출합니다. 앞서 '대사증후군판별' 열을 만들기 우해 생성했던 각 대사증후군 판별 열과 대사증후군수 열은 필요하지 않음으로 Select Columns 위젯을 이용하여 필요한 열만 추출합니다.

[그림 13-16]의 오른쪽 Features 영역에서 필요하지 않은 열을 선택하고 '〈' 버튼을 눌러 Ignored 영역으로 보냅니다.

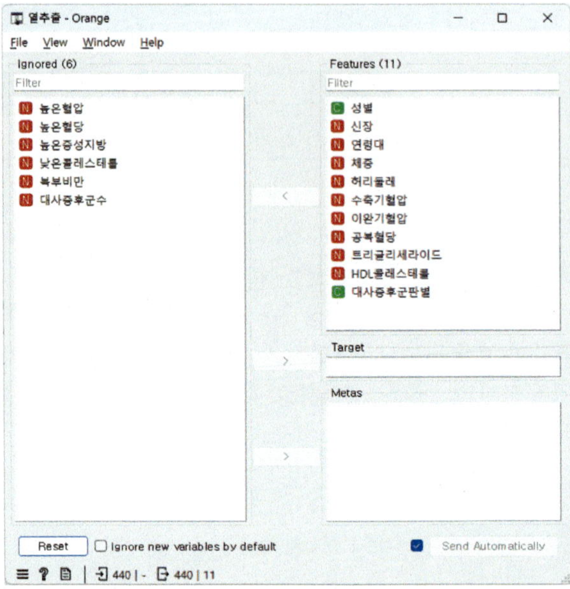


[그림 13-16] 필요한 열 추출

이렇게 추출된 내용을 Data Table 위젯을 이용하여 확인해 보면 [그림 13-17]과 같습니다.

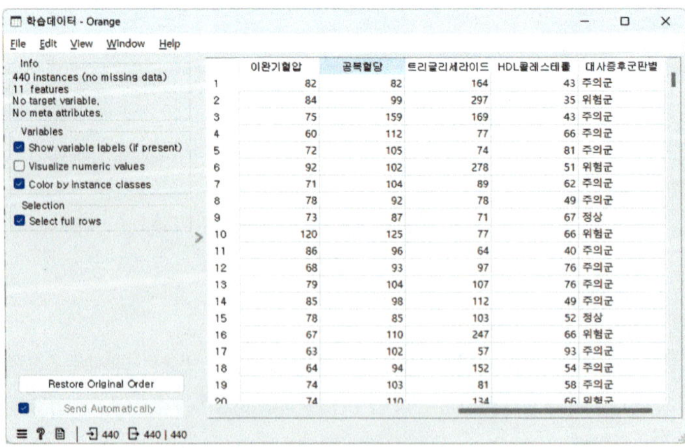


[그림 13-17] 필요한 열 추출 확인

이 Data Table 위젯의 내용을 Save 위젯을 이용하여 학습 데이터로 저장합니다. Save 위젯을 더블클릭하여 'Save' 버튼을 눌러 파일을 저장할 위치를 선택하고 파일명을 입력하고 저장버튼을 눌러줍니다.

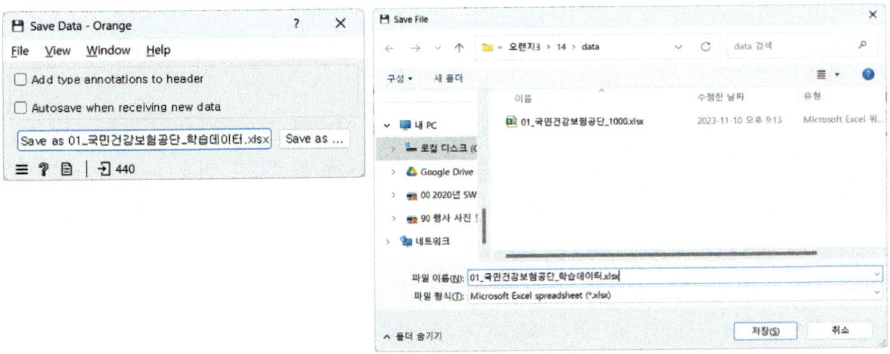


[그림 13-18] 학습 데이터 저장하기

지금까지 전체 워크플로우는 [그림 13-19]와 같습니다.

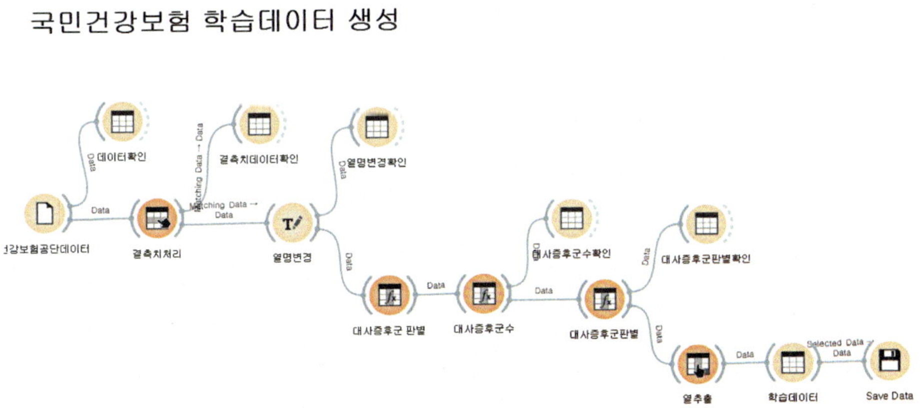


[그림 13-19] 학습 데이터 생성 워크플로우

## 2.3 건강검진 머신러닝 분류 모델

이번 절에서는 오렌지3를 사용하여 대사증후군 판별을 위한 머신러닝 모델을 생성하고 학습하는 과정을 단계별로 살펴봅니다. 이전 절에서 준비한 학습데이터를 바탕으로 머신러닝 모델을 구축하고 평가하는 과정을 수행합니다.

### 데이터 불러오기

파일 위젯을 이용하여 이전 절에서 생성한 학습데이터를 불러옵니다. 모델 학습에 사용할 변수를 선택합니다. 이는 모델이 예측에 사용하게 될 독립 변수(features)와 종속 변수(target)를 정의합니다.

독립 변수(features)는 학습할 때 활용하는 입력 데이터입니다. 이 변수들은 대사증후군 판별에 중요한 역할을 하며, 모델이 예측을 수행할 때 참고하는 주요 정보입니다. 건강검진 데이터에서 선택할 수 있는 주요 특징 변수로는 성별, 신장, 체중, 허리둘레, 수축기혈압, 이완기혈압, 공복혈당, 트리글리세라이드, HDL콜레스테롤을 feature로 선택합니다.

종속 변수(target)는 예측하려는 결과값을 의미합니다. 대사증후군 판별을 위해 '대사증후군판별' 열을 target으로 설정합니다. 이 열은 '정상', '주의군', 또는 '위험군'에 해당하는지를 나타내며, 모델이 이 값을 예측하도록 학습됩니다.

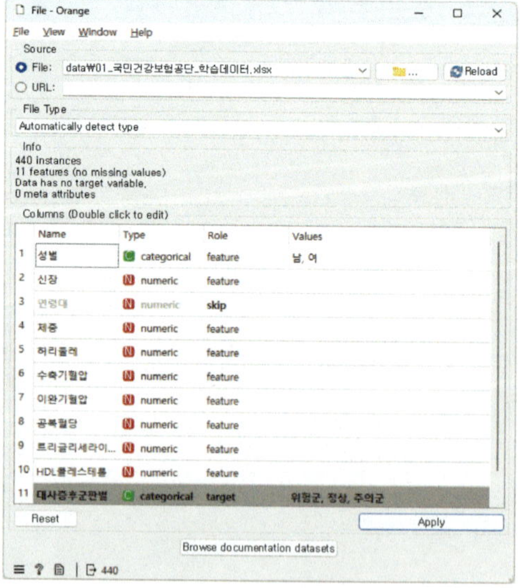


[그림 13-20] 데이터 불러오기

### 학습데이터와 테스트데이터 분리

모델을 학습시키고 평가하기 위해서는 데이터를 학습용과 테스트용으로 분리하는 과정이 필수적입니다. 이 과정에서 학습데이터는 모델을 학습시키는 데 사용되며, 테스트데이터는 학습된 모델의 성능을 평가하는 데 사용됩니다. 오렌지3에서는 이러한 데이터 분리를 간편하게 수행할 수 있는 Data Sampler 위젯을 제공합니다. 이번 절에서는 Data Sampler 위젯을 이용하여 데이터를 학습용과 테스트용으로 분리하는 방법을 자세히 살펴보겠습니다.

Data Sampler 위젯을 추가합니다. Proportion 슬라이더를 사용하여 학습데이터와 테스트데이터의 비율을 설정할 수 있습니다. 일반적으로 70%를 학습데이터로, 30%를 테스트데이터로 설정하는 경우가 많습니다. 이번 절에서는 80%를 학습데이터로, 20%를 테스트데이터로 설정해 보겠습니다.

또한, 데이터의 샘플링 방식을 선택합니다. 데이터 샘플링 방식으로 Replicable sampling과 Stratified sampling을 제공합니다. Replicable sampling은 데이터를 무작위로 샘플링할 때, 동일한 조건에서 반복해도 같은 결과를 얻을 수 있도록 하는 기능입니다. 이 기능은 무작위성을 보장하면서도 결과를 재현할 수 있어, 실험 결과의 일관성을 유지하는 데 매우 유용합니다. 데이터 샘플링에서 무작위성을 사용하는 경우, 샘플링이 수행될 때마다 다른 샘플이 선택될 수 있습니다. 이는 동일한 데이터를 사용하는 실험에서 서로 다른 결과를 초래할 수 있어, 결과의 일관성을 유지하기 어렵게 만듭니다. Replicable sampling은 이 문제를 해결합니다. Stratified sampling은 데이터를 샘플링할 때, 특정 범주의 비율을 유지하도록 데이터를 나누는 방법입니다. 이 방법은 특히 분류 문제에서 클래스가 불균형할 때 유용합니다. Stratified sampling을 사용하면, 학습데이터와 테스트데이터에서 각 클래스의 비율이 원본 데이터의 비율과 일치하게 됩니다. 분류 문제에서 데이터가 불균형한 경우, 예를 들어 대사증후군 판별에서 '정상' 클래스가 '위험군' 클래스보다 훨씬 더 많은 경우, 단순 무작위 샘플링은 테스트 데이터에서 특정 클래스가 과소 대표되거나 과 대표될 위험이 있습니다. Stratified sampling은 이러한 문제를 방지합니다.

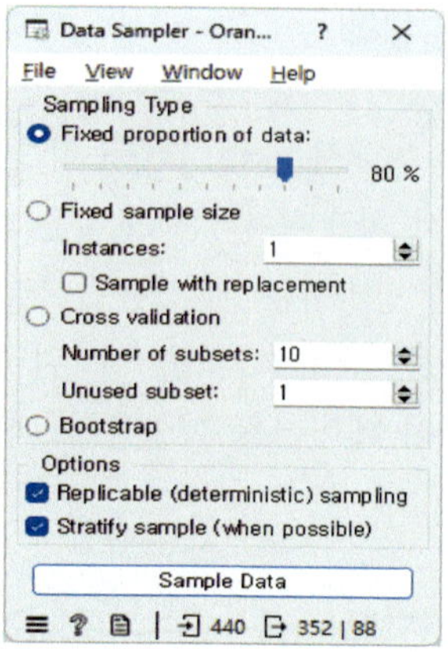


[그림 13-21] 데이터 분리

Data Sampler 위젯을 사용하여 학습데이터와 테스트데이터를 분리한 후, 이를 각각 확인하기 위해 Data Table 위젯을 연결합니다. Data Sampler 위젯의 Data 출력 포트에서 Data Table 위젯으로 샘플링된 학습데이터가 Data Table 위젯으로 전달되어 학습데이터를 확인할 수 있습니다. Data Sampler 위젯의 Remaining Data 출력 포트를 사용하여 테스트데이터를 별도로 연결합니다. Remaining Data 출력은 샘플링되지 않은 나머지 데이터를 의미하며, 일반적으로 테스트데이터로 사용됩니다. Remaining Data 포트를 클릭한 후, 이를 두 번째 Data Table 위젯으로 연결합니다. 이 연결을 통해 테스트데이터를 확인할 수 있습니다.

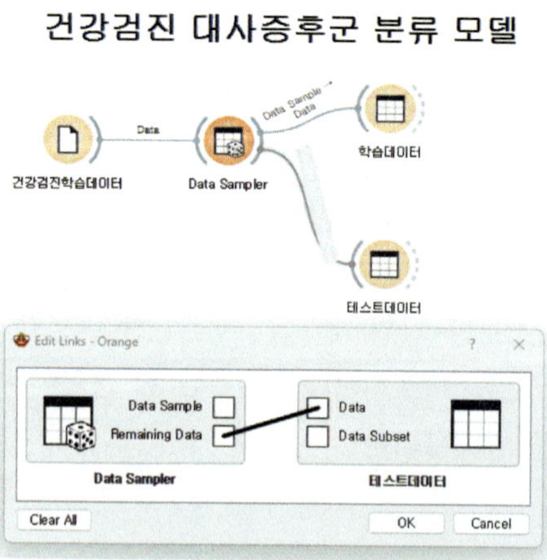


[그림 13-22] 테스트데이터

## 모델 학습 및 평가

데이터가 적절히 분리된 후에는 학습데이터를 사용하여 모델을 학습시키고, 테스트데이터를 활용하여 모델의 성능을 평가할 수 있습니다. 학습데이터를 바탕으로 패턴을 학습하고, 이를 바탕으로 새로운 데이터를 예측할 수 있도록 적합한 머신러닝 알고리즘을 선택합니다.

로지스틱 회귀 (Logistic Regression), 결정 트리 (Decision Tree), k-최근접 이웃 (k-NN), 랜덤 포레스트 (Random Forest)와 같은 대표적인 분류 모델 위젯을 선택합니다. 학습된 모델을 Test and Score 위젯에 연결하여 성능을 평가합니다.

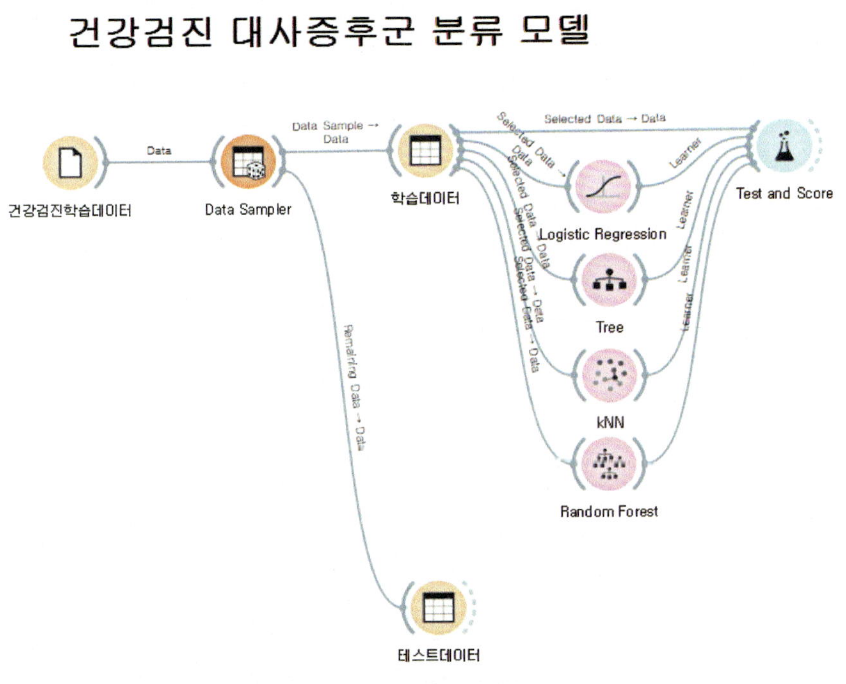

[그림 13-23] 모델 학습

Test & Score 위젯에서 제공하는 Cross Validation 옵션은 모델이 학습 데이터에 과적합되지 않고, 새로운 데이터에 대해서도 잘 일반화될 수 있는지 평가하는 데 사용됩니다. Cross Validation은 데이터를 여러 개의 폴드(folds)로 나누어, 각각의 폴드가 한 번씩 테스트 데이터로 사용되고 나머지 폴드는 학습 데이터로 사용되는 방식입니다. 이 과정은 모델의 성능을 보다 신뢰성 있게 평가하기 위해 데이터를 최대한 활용하면서도, 모델이 데이터에 과적합되는 것을 방지하는 데 도움을 줍니다. Cross Validation은 데이터셋을 k개의 폴드로 나눕니다. 예를 들어, 5-fold 교차 검증에서는 데이터셋을 5개의 동일한 크기로 분할합니다. 매번 다른 폴드가 테스트데이터로 사용되고, 나머지 k-1개의 폴드는 학습 데이터로 사용됩니다. 모델은 각 반복에서 학습된 후, 테스트 폴드로 성능을 평가 받습니다. 모든 폴드에 대한 평가가 완료되면, 각각의 폴드에서 계산된 성능 지표(예: 정확도, F1 스코어 등)를 평균내어 최종 성능을 도출합니다. 이 평균 성능은 모델의 일반적인 성능을 나타내며, 모델이 새로운 데이터에 대해 어떻게 성능을 발휘할지를 예상하는 데 유용합니다.

Test & Score 위젯 결과 화면은 선택한 모델들의 성능을 다양한 지표로 평가한 결과를 보여줍니다.

| 모델 | 지표 |
|---|---|
| AUC<br>(Area Under the ROC Curve) | ROC 곡선 아래 면적을 나타내는 지표로, 모델의 분류 성능을 평가하는 데 사용됩니다. 값이 1에 가까울수록 좋은 성능을 나타냅니다. |
| CA<br>(Classification Accuracy) | 분류 정확도를 의미하며 전체 샘플 중 올바르게 분류된 비율을 나타냅니다/ 1에 가까울수록 좋습니다. |
| F1 Score | 정밀도(Precision)와 재현율(Recall)의 조화 평균을 나타냅니다. 불균형한 데이터셋에서 유용한 지표입니다. |
| Prec<br>(Precision) | 모델이 예측한 긍정 클래스 중 실제로 긍정 클래스인 샘플의 비율을 나타냅니다. |
| Recall | 실제 긍정 클래스 중에서 모델이 올바르게 예측한 비율을 의미합니다. |
| MCC<br>(Matthews Correlation Coefficient) | 이 지표는 -1에서 1 사이의 값을 가지며, 1에 가까울수록 더 나은 분류 성능을 나타냅니다. 데이터셋의 클래스 불균형에 덜 민감한 지표로, 전반적인 성능을 평가하는 데 유용합니다. |

[그림 13-24]의 평가지표 결과를 살펴보면 Random Forest 모델은 AUC, 정확도(CA), F1 Score, Precision, Recall, 그리고 MCC 등 모든 성능 지표에서 가장 높은 점수를 기록하여, 전체적인 분류 성능이 가장 우수함을 보여줍니다. Random Forest 모델이 대사증후군 판별에서 다른 모델들보다 전반적으로 뛰어난 성능을 발휘하고 있음을 의미합니다.

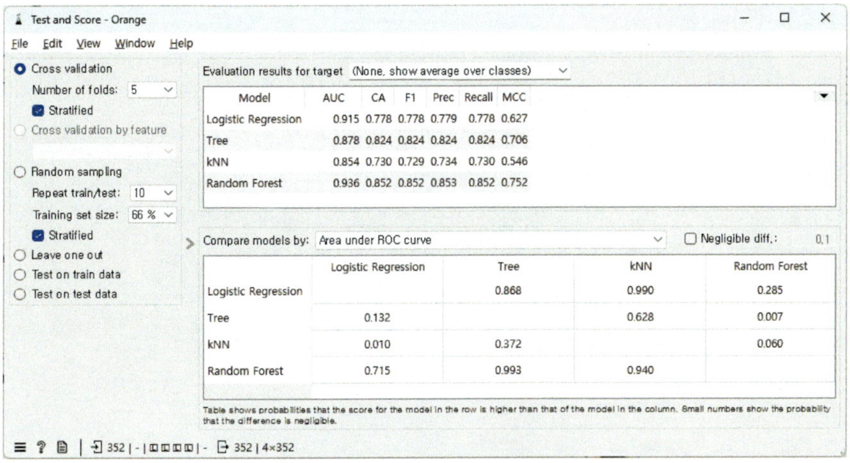


[그림 13-24] 평가지표

예측 결과에 대해 Confusion Matrix 위젯을 사용하여 모델이 특정 범주를 얼마나 잘 예측했는지, 그리고 어느 범주에서 오분류가 발생했는지를 시각적으로 확인할 수 있습니다. Confusion Matrix는 Test & Score에서 얻은 성능 평가를 바탕으로, 모델의 세부적인 예측 결과를 심도 있게 분석할 수 있도록 도와줍니다.

[그림 13-25]에서 정확하게 예측된 데이터는 대각선(81, 54, 165)에 위치한 값들입니다. 이 값들이 높을수록 모델의 성능이 좋다는 것을 의미합니다. 오분류된 데이터는 대가선 이외의 셀(예: 19, 18, 9, 6)에 위치한 값들입니다. 이 값들은 모델이 각 클래스를 혼동하여 잘못 예측한 사례를 나타냅니다.

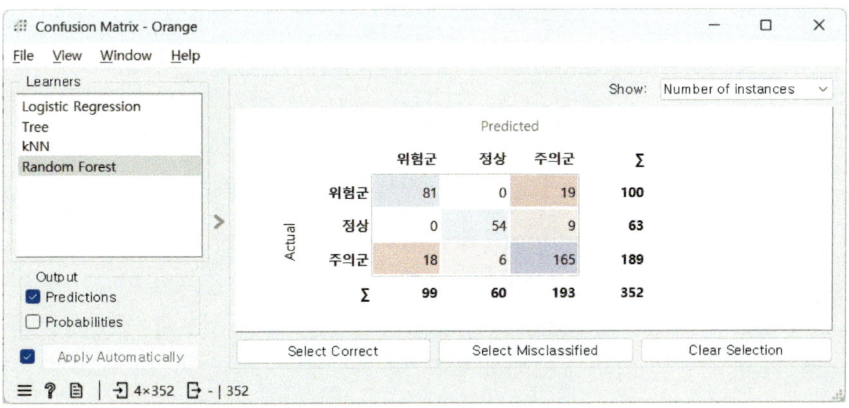


[그림 13-25] Confusion Matrix

## 테스트데이터 분석

학습데이터 외의 새로운 데이터에 대해 얼마나 잘 예측하는지를 평가하기 위해 테스트데이터에 대한 예측 결과를 분석해 봅니다. Predictions 위젯은 Test & Score 위젯에서 테스트데이터에 대한 예측이 완료된 후 테스트데이터에 대한 성능을 시각적으로 평가하기 위해 사용됩니다. 이를 통해 사용자는 모델이 실제 데이터에서 얼마나 잘 예측하는지 명확하게 이해하고, 필요한 경우 모델을 개선할 수 있습니다.

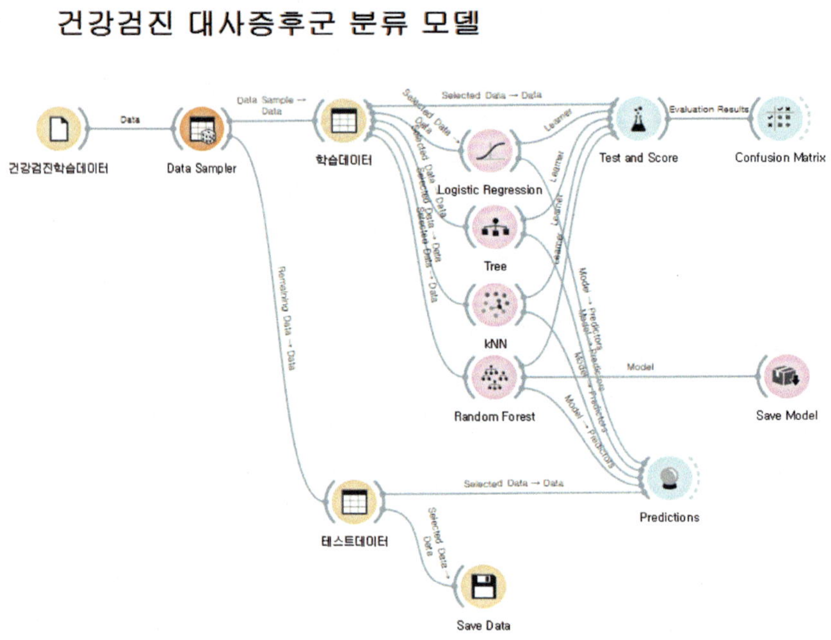


[그림 13-26] 테스트데이터 분석

Predictions 위젯의 하단에서는 각 모델의 성능을 다양한 지표로 요약한 표가 제공됩니다. 이 표의 예측 결과는 Random Forest 모델이 테스트데이터에서 가장 높은 일반화 성능을 보였으며, 다른 모델들보다 더 신뢰할 수 있는 예측을 제공한다는 결론을 내릴 수 있습니다. k-NN과 Logistic Regression 모델은 중간 정도의 성능을 보였으며, Decision Tree 모델은 일부 지표에서 높은 성능을 보였지만 특정 데이터에서 심각한 오분류를 발생시켰다는 점에서 약점을 가지고 있습니다.

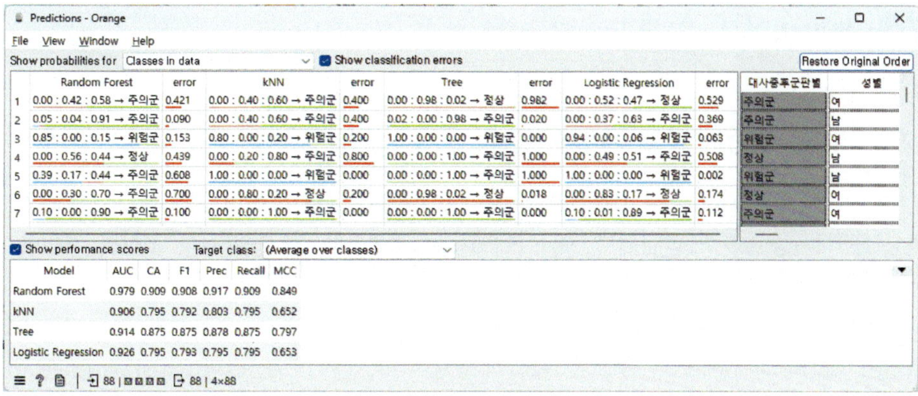


[그림 13-27] 테스트데이터 예측 결과 비교

### 학습모델 저장

학습된 머신러닝 모델은 Save Model 위젯과 Load Model 위젯을 사용하면 학습된 모델을 파일로 저장하여 나중에 다시 사용할 수 있으며, 이는 모델의 재사용성과 공유성을 높이는 데 매우 유용합니다. 이 과정을 통해 모델을 재학습할 필요 없이, 다양한 데이터셋에 동일한 모델을 적용할 수 있습니다.

Save Model 위젯은 학습된 모델을 '.pkcls' 확장자로 저장합니다. Load Model 위젯을 이용하여 저장된 모델을 불러옴으로써, 학습을 다시 수행할 필요 없이 이전에 학습된 모델을 즉시 사용할 수 있습니다. 앞에서 사용한 테스트데이터를 저장한 후 File 위젯을 이용하여 불러와서 Save Model 위젯으로 저장한 모델을 Load Model로 예측해봅니다.

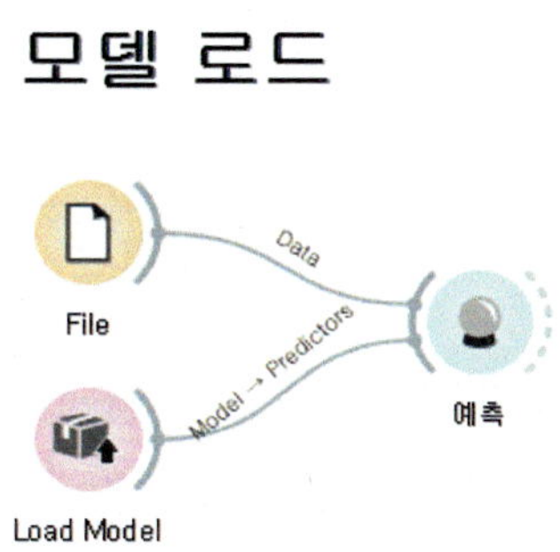


[그림 13-28] Load Model

## 3 과일 이미지 비정형데이터 분석

### 3.1 비지도 학습과 과일 이미지 군집화

비지도 학습은 데이터에 대한 레이블 없이 구조를 파악하거나 데이터를 그룹화하는 데 사용되는 중요한 기법입니다. 이 절에서는 사과와 바나나 이미지를 군집화 기법을 통해 그룹화하는 방법을 살펴봅니다.

비지도 학습은 입력 데이터만 주어지고 그에 대한 종속변수(target)가 없는 상태에서 모델이 데이터의 패턴이나 구조를 학습하게 됩니다. 데이터 군집화(Clustering)는 비슷한 데이터를 그룹으로 묶는 작업으로 군집화 알고리즘을 통해 데이터의 특성을 분석하여 자연스럽게 형성된 그룹을 찾아냅니다.

사과와 바나나 이미지를 군집화하기 위해 사과와 바나나 이미지를 각각의 폴더에 모아둡니다. '과일' 폴더 아래에 '사과' 폴더와 '바나나' 폴더를 생성하고, 각각의 폴더에 관련 이미지를 저장합니다.

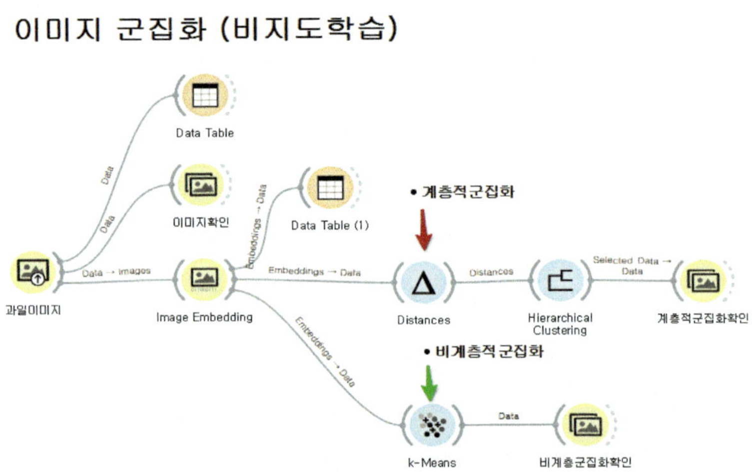


[그림 13-29] 이미지 군집화(Clustering)

Image 위젯을 사용하여 '사과' 폴더와 '바나나' 폴더를 가지고 있는 '과일' 폴더를 선택하여 과일 이미지를 불러옵니다. Image Embedding 위젯을 이용하여 이미지를 임베딩(Embedding)된 데이터로 변환합니다. 이 예제에서는 구글에서 개발한 심층 신경망 구조로 이미지 분류 및 특징 추출을 위해 사용되는 Inception v3를 사용합니다. 임베딩 과정에서는 고차원 이미지 데이터를 벡터 형태로 변환하여, 각 이미지가 숫자 벡터로 표현됩니다. 이 벡터는 이미지 간의 유사성을 계산하는 데 사용됩니다.

계층적 군집화(Hierarchical Clustering)를 위해 먼저 Distances 위젯을 사용하여 임베딩된 데이터 간의 거리를 계산합니다. 이 거리는 이미지 간의 유사성을 나타내며, 유사한 이미지는 짧은 거리를, 유사하지 않은 이미지는 긴 거리를 가지게 됩니다. 그런 다음, 계산된 거리를 Hierarchical Clustering 위젯에 연결하여 계층적 군집화를 수행합니다. 이 위젯은 덴드로그램(dendrogram)을 생성하여 이미지들이 어떻게 그룹화되는지를 트리 구조로 시각화합니다. 또한, Hierarchical Clustering 위젯에 Image Viewer 위젯을 연결하여 덴드로그램 결과를 시각적으로 확인할 수 있습니다.

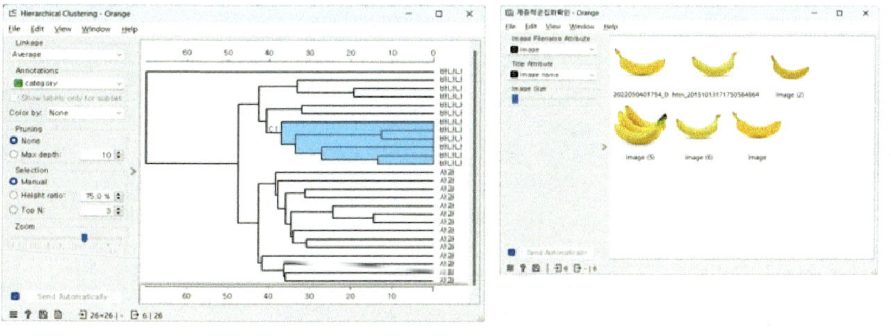

[그림 13-30] 계층적 군집화(Hierarchical Clustering )

K-means 군집화는 데이터를 미리 정해진 수의 그룹으로 나누는 비계층적 군집화(K-means Clustering)입니다. K-means 위젯을 추가하여, 이미지 데이터를 설정된 수의 군집으로 나눕니다. 예를 들어, K를 2로 설정하면 사과와 바나나로 두 개의 군집으로 나뉩니다. K-means 위젯은 데이터를 무작위로 초기화한 후, 군집의 중심을 반복적으로 계산하여 데이터가 가장 적합한 군집으로 할당되도록 합니다.

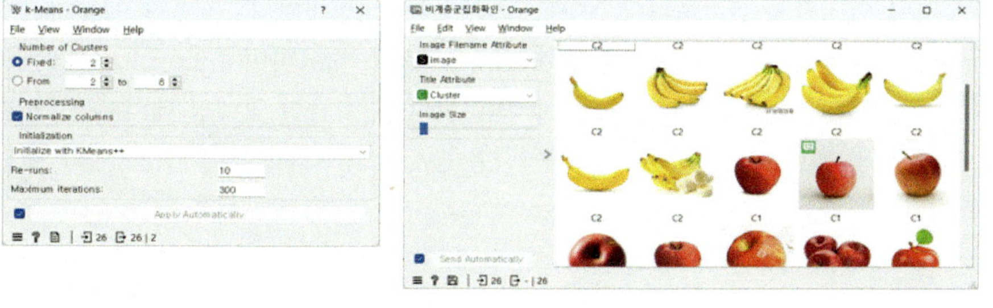

[그림 13-31] 비계층적 군집화(K-means Clustering)

### 3.2 지도 학습과 과일 이미지 분류

지도 학습은 주어진 데이터에 대해 종속변수(target)가 존재하는 경우, 학습 알고리즘이 입력 데이터인 독립변수와 그에 해당하는 종속변수(target) 간의 관계를 학습하는 방법입니다. 이 예제에서는 사과와 바나나 이미지를 사용하여, 로지스틱 회귀(Logistic Regression)와 랜덤 포레스트(Random Forest) 분류 모델을 학습시키고, 테스트 이미지를 분류해 봅니다.

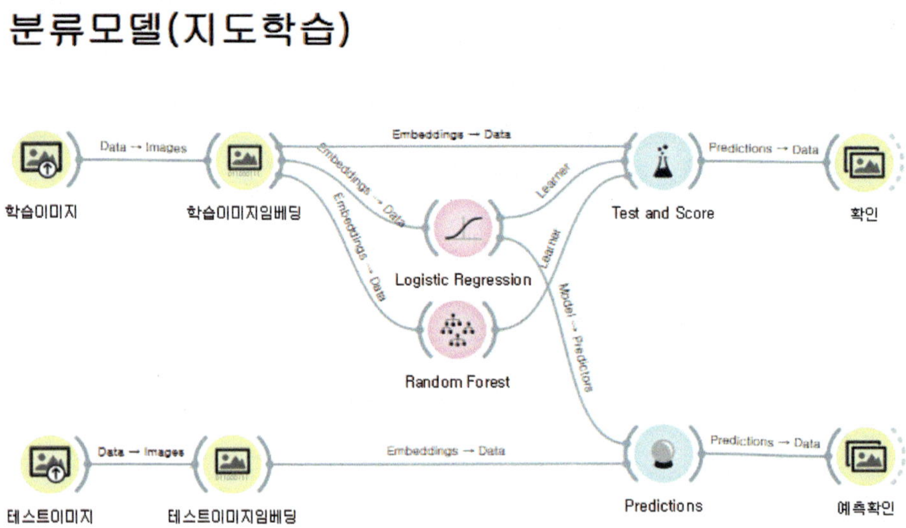


[그림 13-32] 이미지 분류

Image 위젯을 사용하여 '사과' 폴더와 '바나나' 폴더를 가지고 있는 '과일' 폴더를 선택하여 과일 이미지를 불러옵니다. 이때, '사과' 폴더와 '바나나' 폴더의 이름이 종속변수(target)로 사용됩니다, Image Embedding 위젯을 사용하여 Inception v3 임베더를 사용하여 학습 이미지를 벡터 형식으로 변환합니다. 학습된 임베딩 데이터를 Logistic Regression 및 Random Forest 위젯을 사용하여 각각 로지스틱 회귀 모델과 랜덤 포레스트 모델 학습을 진행합니다.

Test & Score 위젯과 Image Viewer 위젯을 연결하여 결과를 확인해 봅니다.

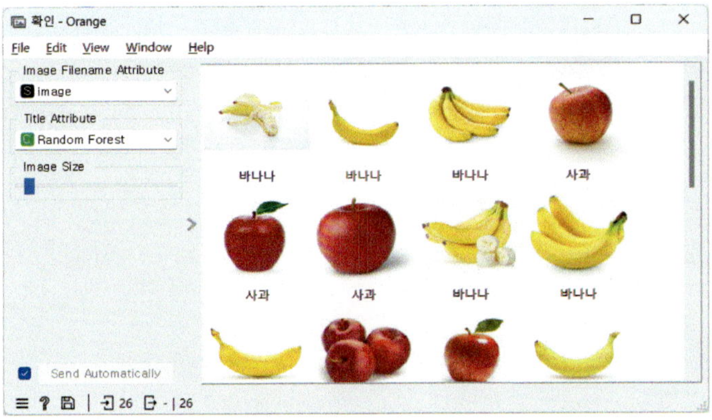


[그림 13-33] 이미지 분류 모델 결과 확인

학습에 사용된 데이터는 사과와 바나나의 실제 사진 데이터로 구성되었으며, 이 데이터를 활용하여 모델을 학습시켰습니다. 학습된 모델의 성능을 평가하기 위해 테스트데이터로는 일러스트로 그린 사과와 바나나 이미지를 사용하여 예측을 수행해 보겠습니다.

Image 위젯을 사용하여 일러스트로 그린 사과와 바나나 이미지를 저장하고 있는 과일테스트 폴더를 선택합니다. Image Embedding 위젯을 사용하여 학습 시에 사용한 Inception v3 임베더를 동일하게 사용하여 테스트 이미지를 벡터 형식으로 변환합니다. Predictions 위젯을 이용하여 학습된 모델을 사용하여 새로운 이미지를 예측합니다. Predictions 위젯에 Image 위젯을 연결하여 예측 결과를 확인합니다.

[그림 13-34] 이미지 예측 결과 확인